KB190679

신학은 아이러니하게 인간의 포악과 탐욕을 정당화해주곤 했다. 아메리카 대륙에서도 그랬다. 콜럼버스가 아메리카를 찾아간 직후, 기독교도들은 그 땅에서 조상 대대로 살던 원주민의 존재를 근본에서 부정하고, 그들의 세계를 철저하게 유린했다. 기독교가 비기독교 세계를 부정하도록 교사하고, 원주민의 모든 권리를 박탈하게 했으며, 무력으로 그들의 땅과 소유를 약탈하게 하고, 마침내 그들의 역사를 지워버리게 했기 때문이다. 본서에서 저자는 아메리카 대륙에서 일어난 포악의 역사 500년을 되살피며 구원의 종교라는 가면에 숨겨진 기독교의 진면목이 약탈과 정복자의 종교였다는 진실을 드러낸다. 이 땅의 기독교가 어떤 것이어야 하는가를 묻는 이라면 반드시 살펴 읽어야 할 책이다.

박충구 생명과 평화 연구소 소장

콜럼버스의 신대륙 진출 이후 중남미에서 수백 년간 전개된 비극적 역사는 정치 권력과 종교가 얼마나 추악하고 잔인하게 결탁할 수 있는지 가장 적나라하게 보여준 사례로 기억될 만하다. 물론 그 살육의 역사와 암흑의 시대에도 예언자는 있었다. 일부 도미니코회 수사들의 정직한 인류애, 바르톨로메 데 라스 카사스 같은 뛰어난 예언자적 지성과 양심이 그나마 당시 서구 유럽인의 악마화에 다소간의 방어적 항체를 제공했지만 그럼에도 인류 역사에서 신대륙 발견이라는 허명 아래 중남미의 수백 년 식민지배만큼 끔찍한 비인간화의 현장은 없었다. 특히 스페인을 비롯한 유럽 제국주의 세력이 콜럼버스 이후 중남미 대륙을 착취, 약탈하면서 보여준 일련의 식민화 과정은 그토록 영광스럽게 추앙해온 서구 기독교 신학과 교리는 물론, 철학과 법률 등 온갖 지성적 신앙적 도구들이 기실 얼마나 자기중심적인 탐욕의 기제로 전락할 수 있는지를 생생하게 보여준다는 점을 본서는 상세한 역사 자료의 논증을 통해 재현한다. 성경마저 그 가운데 편취되어 중남미 원주민의 노예화를 정당화했다는 사실은 오늘날 일부 열광적인 기독교 세력의 '내가복음'의 선례를 보는 듯하다. 본서는 우리에게 비교적 낯설고 뜸한 중남미의 제국주의적 침탈의 역사를 소재 삼아 풍성한 자료 분석과 비평적 재구성을 통해 기독교 신앙의 현주소를 통렬하게 성찰하도록 유도한다.

차정식 한일장신대학교 신학과 교수, 한국신약학회 회장 기독교 선교역사에서 식민주의와 제국주의 전성기인 16-19세기를 기독교/화(Christianity 혹은 Christianization), 문명(Civilization), 그리고 상업(Commerce) 등 3C로 규정한다. 아메리카 대륙 발견(수용?) 500주년을 맞아 기술된 이 탁월한 책은 선교와 복음화라는 미명하에 서구 식민주의 세력이 저지른 인류 역사 가운데 가장 참혹하고 비기독교적인 사건들 가운데 하나를 학문적으로 치밀하게 서술한다. 3부로 구성된 본서에서 저자는 기독교 왕국 시대의 황혼기에 국가종교인 서구 기독교가 어떻게 인디오들에 대한 정치·경제적 지배를 합리화하기 위해 무력을 통한 정복과 불법적 수용 그리고 착취와 비인간화를 자행하고 서구 백인 중심의 자민족/자문화 중심주의 세계관에 함몰되었는가를 보여준다. 따라서 저자는 본서에서 기독교 신앙과 신학에 대한 잘못된 이해와 적용이 낳은 비참한 결과인 착취, 대학살, 질병, 노예화 등과 더불어 신학적 반성과 신앙적 참회의 절실한 필요성을 제시한다. 인류 역사를 돌이켜볼 때, 기독교 선교와 복음화를 앞세워 저질러진 모든 악행을 참회의 눈물로 기억하여 기록하는 것은 우리 모두에게 주어진 몫이며 미래의 선교를 위한 초석이 될 것이다. 이런 의미에서 본서는 오래전 아메리카 대륙에서 일어난 역사적 사건들에 담긴 역사신학적 반성뿐 아니라 세계사 전반에 걸쳐 일어났고 지금도 일어나고 있는 수치스러운 사건들에 대한 반성과 지속적 회심을 요청한다. 본서를 읽으며 마치 성경 이야기 속에 나타난 하나님의 백성의 수치스러운 범죄와 우상숭배에 관한 이야기들 그리고 그에 대해 처절하게 항거했던 예언자들의 이야기를 다시 반추하는 기회가 되었다. 본서를 통해 하나님의 형상으로 창조된 인간의 존엄성에 대한 옹호와 인간의 탐욕이 끝없이 펼쳐지고 맞부딪치는 치열한 갈등의 역사적 현장을 생생하게 체험한다. 한국 기독교와 교회의 변혁을 위해서 반드시 읽어야 할 귀중한 책으로 모든 그리스도인에게 일독을 권한다.

최형근 서울신학대학교 선교학 교수

이 책은 아메리카의 이른바 '발견' 500주년에 대한 직접적인 관심보다 훨씬 더 오래 갈 것이다.

로버트 맥아피 브라운 캘리포니아 대학교 버클리 태평양 종교학부 신학 및 윤리학 명예 교수

책들은 나타났다가 사라지지만 루이스 N. 리베라 박사의 본서는 다음 세 가지 이유에서 오래 갈 것이다. 첫째, 이 책에 담겨 있는 풍부한 원천 자료들로 인해 본서는 여러 학문 분야 중 특히 역사, 문화, 신학 방면의 연구서가 되었다. 둘째, 스페인 사람들이 아메리카를 정복한 동기와 이유를 꿰뚫어 보는 리베라 박사의 능력은 오늘날의 많은 히스패닉에 관한 문제들과 관점들의 밑바탕에 깔린 이유를 이해할 수 있게 해주는 독특한 자원이다. 셋째, 이 책은 아메리카의 발견과 정복에 대해 열정적으로 재고한 신선한 관점을 제시한다.

아다 마리아 이사시-디아스 드루 대학교 윤리학 및 신학 조교수

루이스 리베라는 복음주의적인 추론과 상징주의가 신세계의 주민과 땅에 대한 무력 장악을 정당화하고 원주민의 평화로운 개종과 강압적인 개종을 정당화하는 데 이용되었다고 책임감 있게 주장한다. 그는 본서에서 사제들과 신학자들이 스페인의 군사적 정복과 이를 열렬히 옹호하는 이들에 맞서 반대의 목소리를 낸 16세기의 정치적 논쟁들을 재현한다. 리베라는 "발견"과 정복을 대조하며 그 비극적인 결과, 즉 콜럼버스가 처음 발견한 섬들에서부터 페루의 잉카 제국에 이르기까지 일어난 인구의 붕괴를 자세히 살펴본다.

　본서는 탁월하고 시선을 집중시키는 책으로서, 풍부하고 탄탄한 역사 연구에 충분한 근거를 두고 유럽의 기독교와 아메리카 원주민 간의 운명적인 만남에 대한 광범위하고 다차원적이며 고도로 정교한 신학적 연구 결과를 제공한다.

페르난도 F. 세고비아 반더빌트 대학교 신학부 신약 및 초기 기독교 교수

A VIOLENT EVANGELISM

The Political and Religious Conquest of the Americas

LUIS N. RIVERA

복음 전도를 빙자한
폭력과 수탈의 역사

아메리카는 어떻게 기독교 세계의 희생제물이 되었는가?

루이스 N. 리베라 지음

이용중 옮김

새물결플러스

루이스 리베라(Luis Rivera)와 안나 리베라(Ana Rivera),

내게 믿음과 정직의 품격을 가르쳐주신 부모님께 이 책을 바칩니다.

목차

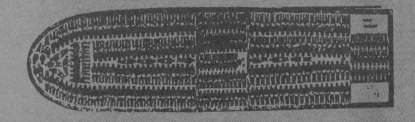

서문

하나님이 어떻게 하늘을 창조하셨는지 생각해보라.

본서는 역사—약 500년 전에 시작된 역사—에 관한 책이다. 그리고 현대 세계에서 살고 있는 우리 모두에 관한—우리의 문명, 우리의 문화, 심지어 우리가 믿는 신앙에 관한—책이기도 하다. 이는 참된 역사란 과거에 죽어버린 것이 아니라 아직도 생존하여 우리와 함께 존재하면서, 우리가 그것을 알지 못하는 중에도 살아가면서 서로 관계를 맺는 방식을 형성하기 때문이다.

본서에서 다루는 주제가 그토록 중요한 이유는 바로 이 때문이다. 1492년부터 시작된 사건들에 대해 1992년에 이야기한다고 해서 우리가 과거에 대한 심심풀이식 호기심이나 과거의 영웅들과 악당들에 대해 다루는 것은 아니다. 우리는 바로 오늘날 우리 눈앞에 펼쳐진 현대사회의 탄생을 다루고 있다. 오늘날까지 우리 각자를 포함해서 수백만 명이나 되는 사람들이 그 사건들의 직접적인 영향 아래 놓여 있다. 이것은 분명 그곳의 지배 사회에 의해 자기들의 인간성 자체가 계속해서 부정당하면서 자기들의 땅을 탈취당해온 과테말라의 키체족이나 칠레의 마푸체족에게 지금도 해당하는 일이다. 이것은 스페인 사람들과 포르투갈 사람들을 흉내낸 다른 유럽 사람들에 의해 똑같이 땅을 빼앗긴 미국의 체로키족에게도 해당하는 사실이다. 세계 곳곳의 많은 지역도 마찬가지다. 루이스 리베라가 본서에서 보여주듯이 1492년부터 시작된 일련의 사건들로 인해 대규모의 흑인노예제, 근대 식민주의, 자본주의를 비롯하여 우리의 삶을 다양한 방식으로 규정하는 크고 작은 현상들이 나타날 무대가 마련되었다. 우리는 "아일랜드" 감자라든가 "이탈리아" 토마토라든가 "스위스" 초콜릿이라고 이야면서 그 사실을 인정하기를 거부하지만, 사실 이 식물들의 원산지는 모두 아메리카 대륙이다.

　1492년의 사건과 이후 일련의 사건에 관한 논쟁이 이토록 뜨거워진 이유도 바로 이 때문이다. 1992년 올림픽이 바르셀로나에서 개최될 것이고 세비야에서는 만국 박람회도 열릴 것이다. 이런 행사들의 개최 시기와 장소는 마구잡이로 선택된 것이 아니다. 여기에는 스페인의 과거 영광과 잃어버린 제국을 세상 사람들에게 상기시키려는 의도가 깔려있다. 바르셀로나는 콜럼버스가 제1차 항해에서 귀환한 직후 이사벨 여왕과 페르난도 왕에게 보고를 올렸던 도시이고, 세비야는 여러 세기 동안 "인디아스"에 대한 여행 및 무역 독점권을 보유했었던 도시다. 바르셀로나 올림픽과 세비야 만국 박람회에서는 사람들이 이러한 사실들을 상기시키는 문구나 조형물을 자주 접할 것이다. 이와 동일한 취지에서 콜럼버스가 사용했던 배 세 척을 본떠 만든 선단이 그의 항해 경로를 따라 운항할 것이고 그 후에는 서반구의 여러 항구를 방문할 것이다. 이에 뒤질세라 이탈리아의 제노바도 비슷한 선단을 띄워서 전 세계를 대상으로 콜럼버스가 결국은 제노바 사람이었다는 사실을 홍보하려고 할 것이다. 어쨌든 스페인과 제노바 모두 당시에 황금기를 구가하고 있었으므로 [이렇게 야단법석을 떠는 것이] 이해가 되기는 한다. 한편 대서양 건너편의 도미니카 공화국에서도 콜럼버스가 그 지역에 서반구 최초의 유럽식 도시를 세웠고, 또한 그곳에 디에고 콜럼버스의 궁전이 아직도 서 있다는 사실에 근거해서 대규모의 기념행사를 준비하고 있다. 이러한 행사를 벌이는 목적은 두말할 것도 없이 관광 사업을 진흥시켜 황폐한 지역 경제에 돈이 들어오게 하려는 것이며, 따라서 이러한 사정을 이해 못할 바는 아니다.

　이와 대조적으로 멕시코 대성당 앞의 담장에는 굵은 흑색으로

"1492년 10월 12일, 민족적 대재앙의 날!"이라고 쓰인 커다란 현수막이 걸려 있다. 라틴 아메리카 도처에서 지배 사회에 속한 교회들과 다른 기관들의 지원을 받아 여러 아메리카 원주민 단체들이 1992년을 기념하기 위한 행사들을 계획하고 있다. 하지만 그들이 기념하려는 것은 아메리카 대륙의 "발견"이나 "복음화"가 아니라 그들이 말하는 "오백 년간 이어져온 저항의 역사"다. 그리고 미국에서도 여러 아메리카 원주민 단체들 및 미국 교회협의회와 여러 교단들이 아메리카 대륙의 "발견"을 "기념"하는 행사를 거부해오고 있다.

본서는 그토록 많은 사람이 이른바 "신"세계의 "발견"을 기념하는 것이 부적절하다고 생각하는 이유를 분명히 밝혀줄 것이다. 그러므로 내가 여기서 그러한 기념행사가 부적절한 이유를 굳이 나열하지는 않을 것이다. 1492년에 발생한 사건의 결과로 인생이 망가진 사람 각자가 아메리카 대륙의 발견을 기념하지 말아야 할 이유라면 그 자체만으로도 수백만 가지가 넘는 이유가 제공될 것이다. 하지만 내가 분명히 말하고 싶은 것은 이 사건이야말로 1992년이 끝나고 난 뒤에도 두고두고 논의되어야 할 주제라는 점이다. 아메리카 발견 "500주년"이 계기가 되어 활발한 토론이 이어지겠지만, 만일 그러한 토론이 1993년에 접어들어 뒷전으로 밀려난다면, 그것은 그저 흥미로운 논쟁 정도로 기억되고 말 것이다. 리베라의 말마따나 우리에게 "비판적 성찰[의 과정]을 통해 학문적 정직성과 도덕적 성실성을 결합할 것"이 요구된다. 그 과정은 1-2년보다 더 긴 기간, 아니 훨씬 더 긴 기간을 필요로 할 것이다. 왜냐하면 비판적 성찰에 깊이 개입할수록 우리는 자신이 속한 사회와 우리 삶의 방식을 받쳐주는 여러 전제를 문제삼지 않을 수 없기 때문이다.

이러한 이유들 때문에 본서는 정확히 1492년의 "500주년"에 출간되었다는 점에서 매우 시의적절하다고 하겠으나, 우리가 다음 500년에 걸쳐 보다 공정한 사회를 건설하고자 한다면 앞으로 오랫동안 연구와 토론의 대상이 되어야 할 책이기도 하다.

1991년 11월 14일

조지아주 디케이터에서

후스토 L. 곤살레스

영문판 서론

아메리카 대륙 발견 500주년은 이전에 예상치 못한 정도로 역사 연구를 활성화했다. 학술회의와 일반 논문, 전공논문과 단행본이 봇물 터지듯 쏟아져 나와 서반구의 기원과 탄생, 구세계와 신세계의 만남 등과 같은 주제를 취급했다. 이러한 저술 가운데 일부는 전통적 글쓰기 방식을 따라가다 보니 콜럼버스를 비롯한 유럽의 그리스도인들을 야만적 이교도인 아메리카 원주민(이 말은 미국 독립 선언서에서 언급한 "무자비한 인디언 야만인들"을 연상시킨다)이 살았던 황무지를 식민화하고 문명화하며 기독교화한 역사적 영웅들로 칭송했다.

　　최근의 출판물 중 몇몇은 비교적 유용한 방식을 따라 작은 연구주제에 집중하기도 하는데, 그중에는 콜럼버스의 상륙장소로 알려진 거의 신화적인 과나하니 섬의 위치에 대한 끊임없는 조사나 콜럼버스 제독이 히스파니올라 섬의 숙명적인 "크리스마스 마을"에 남겨둔 불행한 선원들의 명단과 같은 주제가 포함된다. 그러한 연구 조사가 지닌 가치를 부정할 수는 없지만, 이런 연구는 극단으로 흐를 경우, 독설로 둘째가라면 서러울 멕시코 학자 에드문도 오고르만이 "전공논문 지상주의"(monographical byzantinism)이자 "현미경적 근시안"이라고 부르는 수준으로 떨어질 위험성이 다분하다.

　　하지만 500주년에 대한 관심으로 인해, 흔히 "아메리카 대륙의 발견과 정복"이라고 알려진 역사 과정을 우리가 제대로 이해함에 있어 매우 긍정적인 두 가지 성과가 나타났다. 첫째, 이에 자극을 받아 상당수의 15세기 및 16세기 저술들이 출간되었는데, 그중에는 처음 출판되었거나, 해당 사건들의 복잡다단한 성격을 연구함에 있어 필수불가결한 자료도 있었다. 주요 인물들—몇몇만 언급하자면, 콜럼버스, 바르톨로메 데 라스 카사스, 에르난 코르테스, 프란시스코 데 비토리아, 후안 히네스 데 세풀베다, 호세 데 아코스타, 헤로니모 데 멘디에타, 스페인 인디아스 평의회—이 남긴 글들을 담은 최신 개정판들은 언제, 어디서, 누가, 무엇을, 왜 행하고 말하고 기록했는지와 같은 기본적인 사항들에 대한 우리의 인식을 심화시켰다. 우리는 이를 통해서 역사에 대한 이해를 진전시킬 수 있는 신선한 재료를 더 많이 가지게 되었다.

두 번째 결과는 훨씬 더 중요하다. 사료들이 많다고 해서 여러 관점들이 하나로 수렴되는 결과를 가져오지는 않았다. 그러기는커녕 사료들로 인해 시작부터 사건들에 뒤따라 발생했던 격렬한 논쟁들의 이면이 드러나게 되었고 이와 동시에 이들 사건을 대하는 매우 다양하고 때로 적대적이기까지 한 다양한 관점들이 더 풍부해졌다. 예를 들어 크리스토퍼 콜럼버스에 대해 최근에 영어로 출판된 저술들을 언급하자면, 커크패트릭 세일(*The Conquest of Paradise: Christopher Columbus and the Columbian Legacy*, 1990), 펠리페 페르난데스-아르메스토(*Columbus*, 1991), 데이비드 헤니지(*In Search of Columbus*, 1991), 파올로 에밀리오 타비아니(*Columbus: The Great Adventure*, 1991)의 저술을 들 수 있는데, 이들의 저술은 연구 대상은 동일하지만 그들이 채택한 이론적 관점과 방법론적 전제가 공유된 것은 거의 없다.

쟁점들을 분석하다 보면 유의미하고 중요한 사실이 하나 드러난다. 이른바 "검은 전설"의 추종자들이 16세기 스페인이 잔인함의 극치였다고 묘사해온 천편일률적인 희화화를 고착시키려 했지만, 사실 그

나라와 그 시대는 관점과 시각에 있어 놀랄만한 다양성과 충돌로 특징 지어진다. 당시 논쟁에서 가장 두각을 나타낸 이론적 투사라고 할 수 있는 바르톨로메 데 라스 카사스, 후안 히네스 데 세풀베다, 프란시스코 데 비토리아, 호세 데 아코스타, 헤로니모 데 멘디에타 간에는 근본적이고 실질적인 차이점이 존재했었다. 실로 16세기 스페인에는 상이하고 모순되는 목소리와 시각이 넘쳐났었다. 그 나라는 진정으로 화성 음악을 울려내고 있었는데 그것이 항상 화음을 잘 맞추는 것은 아니었다. 이 합창단원들 중의 많은 이들이 불협화음을 들려줄 뿐 아니라 라스 카사스를 비롯한 몇몇 이들처럼 아예 귀에 거슬리는 독창을 부르기도 한다. 검은 전설의 실패는 그것이 아메리카 대륙 정복에 관한 논의에서 비판적이고 예언자적인 목소리가 가담했다는 결정적이고도 중요한 사실을 인식하지 못한 데서 기인한다.

이러한 상이한 시각들은 세상에 그 어떤 제국도 16세기 스페인처럼 해외 팽창 과정의 공정성과 정당성에 대해—루이스 행키 교수의 적절한 표현을 빌리자면—그와 같은 "열과 빛"을 가지고 그토록 치열하게 논의했던 적이 없다는 사실을 전면에 드러냈다. 그러한 논쟁들이 스페인 사회의 윤리적 양심을 각성시켜 신세계의 원주민들에 대한 군사적 정복이 정당한지, 이들에게 노예제 또는 강제노동을 부과하는 것이 공정한지, 이들이 이성적 존재인지 아니면 "야수"에 불과한 것인지, 이들의 자생적 신앙과 종교적 관습을 철폐한 것이 과연 옳은 것인지, 여러 원주민 집단의 인구가 붕괴된 원인이 무엇인지 등을 둘러싸고 한 세기 동안 격렬한 논란이 벌어지게 되었다. 아울러 아프리카 흑인들을 대량으로 수입해오기 시작한 것도 이들 아메리카 원주민을 대체하기 위한 것이었는데, 그들의 입지는 공언된 그들의 천부적 자유 원칙과 그러한 원칙이 부인된 구체적인 형태들 사이를 오락가락했음을 우리는 잊지 말아야 할 것이다.

　역사가가 16세기 스페인에서 벌어진 논쟁들의 특이성을 이해하고 존중해야 그 논쟁들이 왜곡되지 않을 수 있다. 그 논쟁들은 주로 신학적·종교적 개념과 관련되어 있었다. 16세기 스페인의 이념적 산물 가운데 신학적 담론이 차지하는 중요성을 제대로 인식하지 못하는 것이 오늘날 그 시대를 다루는 여러 연구들이 지닌 주된 결점이다. 진실로 스페인의 아메리카 대륙 정복자들은 하나님과 금과 명예 추구에 의해 동기가 부여되었다. 그러나 하나님에 관한 언어 곧 **신학**은 그들의 탐욕과 야심을 합리화하는 데 동원되었을 뿐, 그 반대의 경우는 성립하지 않았다. 종교가 정치적 지배와 경제적 착취를 신성화하려 했다.

　본서는 스페인에 의한 아메리카 대륙의 발견과 정복을 자의적이고 이질적인 해석의 패턴을 부과하지 않고, 그 자체의 이념적 배경 안에서, 그리고 그 사건에 의해 촉발된 이론적 논쟁의 지평 안에서 재고하려는 시도다. 내가 사료들을 광범위하게 인용하는 것은 바로 이러한 이유 때문이다. 당대에 벌어졌던 논쟁의 주인공들은 유럽의 패권과 기독교라는 종교가 전 세계로 확대되어가는 역사 형성의 과정에 개입된 여러 쟁점에 대해 그들 각자가 인식을 달리하고 있음을 분명하고 명철하게 진술했다. 나는 강력한 한 국가가 무력을 통해 제국을 건설함과 동시에 자신의 헤게모니에 대한 찬반 토론을 그토록 강력하게 전개했던 다른 사례를 알지 못한다. 따라서 나는 역사 논쟁의 주인공들이 각자의 언어와 담화로 자신의 관점을 표현하도록 허용하려고 한다.

　본서는 여러 해 동안 이 주제에 대해 학문적 노력을 집중한 산물이다. 본서는 푸에르토리코 대학교 리오 피에드라스 캠퍼스의 학술처장이 후원한 연구 프로젝트에서 비롯되었다. 그러나 이 책은 도덕적으로 "중립적인" 입장을 취하지 않는다. 도리어 그 반대다! 이 책은 군사적 패배와 문화적 억압의 와중에, 그 시대의 전형적인 야망 및 탐욕과 결부된 독특한 메시아적 섭리주의의 제단에 희생물로 바쳐진 아메리카 원주민들에게 경의와 존경을 담아 바치는 찬사다. 이 책은 또한 아메리카 원주민 부족들과 그들의 조국의 자유 및 생존을 위한 투쟁에 자신의 개인적 운명을 영구히 결속시키겠다고 결심했던 도미니코회 수도사 바르톨로메 데 라스 카사스와 같은 유럽인들을 흠모하여 집필되었다.

그러한 찬사를 표현하기 위해 낯설고 시대착오적인 윤리적 패러다임을 부과할 필요는 없다. 라스 카사스에게 신흥 제국의 파괴적인 폭력이나 억압받는 민족들이 정의와 신원을 부르짖는 목소리에 대해 가르치기 위해 굳이 프란츠 파농이나 기타 현대 자유주의 사상가를 소환할 이유가 있겠는가? 내 생각에는 그럴 이유가 별로 없다.

본서는 세 부분으로 구분되어 있고 각 부분은 동심원을 이루고 있으며, 전체 구조는 아메리카 대륙의 발견과 정복에 대한 16세기 논쟁들의 논리를 따른다. "발견, 정복, 복음화"라는 제목의 제1부에서는 비판적 시각에서 해당 사건들에 대해 서술하고, 이를 통해 아메리카 대륙의 발견과 군사적 정복 간의 긴밀한 연결 관계를 드러내는데, 이러한 일련의 과정은 수도회의 개념, 상징, 이미지를 차용하여 정당화되고 있다. "아메리카 정복에 있어서의 자유와 예속"이라는 제목의 제2부에서는 그 시대의 커다란 이론적 쟁점 중 하나의 핵심 요소, 즉 아메리카 원주민의 자치권 폐기와 노예제 및 강제노동의 부과가 과연 정당한지에 대한 문제를 다룬다. "정복에 대한 신학적 비판"이라는 제목의 제3부에서는 정복자들이 자신의 행위를 정당화하기 위해 동원한 신학적 개념과 상징 및 이미지를 사용하여 아메리카 대륙의 정복에 대한 비판을 명확히 표현하고자 한다.

본서에는 극적이고 고통스러운 유럽의 기독교 문화와 아메리카 원주민 공동체 간의 조우 과정이 진행되던 그 시대에 그려진 여러 그림들이 수록되어 있다. 이들 작품은 그러한 극적인 사건과 고통뿐 아니라 아메리카 대륙의 정복이라는 역사 창조 사건을 이해하기 위한 예술가들의 시도를 훌륭하게 대변해준다. 제1장과 제3장에 실린 삽화들은 크리스토퍼 콜럼버스의 유명한 1493년 2월 15일자 편지를 바탕으로 그린 것인데, 거기서 콜럼버스는 자신의 첫 번째 항해에서 발견한 환상적인 섬들과 그곳에 거주하는 주민들에 대한 이야기를 유럽 사회에 들려준다. 이 이야기는 『아메리카 인디언에 대한 최초의 생생한 표현』(*Las primeras representaciones gráficas del indio americano*, 1493-1523, 2d ed., by Ricardo E. Alegria [San Juan: Centro de Estudios Avanzados de Puerto Rico y el Caribe, 1986]) 이라는 책에서도 찾아볼 수 있다. 해당 작품의 작가가 누구인지는 알려져 있지 않다. 서문과 나머지 장에 등장하는 삽화는 구아만 푸마 데 아얄라의 작품인데, 그는 안데스의 원주민으로서 아비야 얄라(Abya Yala: 안데스 원주민의 언어로 아메리카를 가리킴)의 발견 및 정복과 식민화를 당한 피억압자의 시각에서 그것들을 묘사하고 있다. 그의 작품집은 16세기 말과 17세기 초에 『새로운 연대기 및 선정(善政)』(*Nueva córonica y buen gobierno*, by Felipe Guaman Puma de Ayala)이라는 제목으로 처음 출간되었다. 아얄라의 원 작품은 코펜하겐에 소재한 덴마크 왕립 도서관에서 소장하고 있다.

모든 지적 활동은 많은 사람들의 협력 덕분에 가능하다. 본서를 쓰는 과정에서 여러 차례 유익한 후원과 적절한 조언을 베풀어준 두 동료인 푸에르토리코 대학교의 사회과학대학 교수 사무엘 실바-고타이와 할릴 수에드-바디요에게 깊은 감사의 뜻을 표하고 싶다. 학생인 페르난도 실바-카라바요와 윌리엄 폰트는 자료조사에 기여해준 성실한 연구 조교들이었다. 푸에르토리코 대학교 호세 라사로 도서관의 도서관 상호대출 부서 소속인 카르멘 곤살레스와 글래디스 포라타도 소중한 도움을 베풀어주었다.

본서는 1990년 스페인어로 출판되었고 1991년과 1992년 재판을 발행했다. 푸에르토리코의 아메리카 대륙 및 푸에르토리코 발견 500주년 기념 위원회를 특별히 언급하고자 한다. 그 위원회의 명칭과 분위기 자체가 아메리카 대륙의 발견에 대해 (본서에는 전혀 없는) 찬사를 보내는 등 본서와는 분명 시각을 달리하고 있음에도 불구하고, 본서의 초판과 2판의 발간을 후원해주었다. 푸에르토리코 장로교 보리켄 대회에서 2판의 발간을 위해 협력해 준 것에 대해서도 감사드린다.

여러 사람과 기관의 지원이 없었다면 본 영문판은 세상에 나오지 못했을 것이다. 그 가운데 미국장로교회(PCUSA) 다인종 선교 부서 소속인 호벨리노 라모스, 푸에르토리코 장로교 보리켄 대회의 행정 총무인 해리 델 발레, 푸에르토리코 복음주의 협의회와 그 의장인 루이스 피델 메르카도 박사를 특별히 언급하고 싶다. 아울러 웨스트민스터/존 녹스 출판사의 일반서적 및 전문서적 편집부 소속인 알렉사 스미스는 내가 이 책의 주제를 북미 지역 독자들의 입장에서 재고하도록 수 개월간 압력을 넣었고, 이를 통해 나는 관련된 쟁점들을 사실상 더 잘 이해할 수 있었다.

내 가족은 (주제를 구상하고, 연구 프로젝트를 신청하고, 여러 편의 소논문과 강의 원고를 작성하고, 3판에 걸쳐 스페인어로 집필하고, 마침내 이 영문판을 출간하기까지) 이 저작을 집필하고 개정하는 과정 전반에 걸쳐 힘든 고비마다 동행해주었다. 아버지가 너무나 여러 번 조용히 혼자 있게 해달라고 부탁한 데 대해 참고 인내해준 나의 여섯 아이들—니나, 오마르, 이반, 타마라, 오마야, 구아일리—에게 감사의 뜻을 표한다. 나의 아내 아나이다 파스쿠알-모란 박사는 여러 편의 초고를 검토하고 그 내용과 문체에 대해 훌륭한 논평을 해 주었다. 아내는 또한 내게 학문 연구에 필요한, 영적 자양분을 제공하는 평온함까지 더해주었다.

이 책을 큰 사랑으로 나를 지지해주시는 부모님께 헌정한다. 부모님은 내게 믿음과 정직과 용기의 가치를 다른 누구보다도 더 많이 가르쳐주셨다.

1부

발견, 정복, 복음화

1

아메리카 대륙의 발견: 신화와 현실

33일 만에 나는 지극히 고매하신 우리 군주, 왕과 여왕께서 내게 하사하신 선단을 이끌고 인디아스에 도착했다. 그곳에서 나는 무수히 많은 사람이 거주하는 수많은 섬들을 발견하였으며, 왕실의 깃발을 펄럭이는 가운데 포고령을 공표함으로써 그 모든 영토를 폐하의 소유로 삼았다.

- 크리스토퍼 콜럼버스

그곳은 당연히 신세계라고 불러야 한다. 우리 선조들은 그 지역에 대해 전혀 아는 바가 없었으며, 그 지역에 대해 듣게 된다면 그곳이 완전히 새로운 땅이라는 것을 알게 될 것이다.… 나는 지난번에 여행하면서 내가 남쪽에서 하나의 대륙을 발견한 것을 알게 되었다. 그곳에는 심지어 유럽이나 아시아나 아프리카보다 마을과 동물이 더 많이 분포해 있다.

- 아메리고 베스푸치

~~~

발견의 신화

1992년에 열린 아메리카 대륙 발견 500주년 기념행사는 그 획기적인 사건의 참된 의미가 무엇인가에 관한 해묵은 논쟁을 다시 점화시켰다.[1] 우리가 마주해야 할 첫 번째 질문은 그 사건의 역사적 성격과 관련된다. 우리가 이 사건을 두고 "발견"이라고 부르는 것이 과연 옳은가? 그것이 정말 "기념"할 만한 일인가?

우리는 "발견"을 다루고 있는가? 그것은 우리가 15세기 말 유럽 대륙의 사고방식 속에 갇힌 기독교의 '우물 안 개구리'와 같은 시각을 받아들일 경우에만 "발견"이다. 이 "발견"이라는 명칭이 적절한지 여부는 꽤나 골치 아픈 문제다. 스페인 사람들이 도착한 땅은 (11세기 노르만인들의 불가사의한 여행을 굳이 말하지 않더라도) 이미 수세기 전에 그곳을 발견한 사람들이 정착해서 살고 있던 곳이다. 1492년 10월 12일에 과나하니에 도착한 배들은 무인도를 발견한 것이 아니었다. 절대적이고 초월적인 의미에서 발견이라고 말할 수 있으려면 새로 발견한 땅에 인간의 역사라든가 문화가 전혀 존재하지 않았어야 한다. 따라서 이 "발견"이라는 말은 터무니없을 뿐 아니라 뿌리 깊은 시대착오적인 자민족 중심주의를 드러낸다.

더구나 이 논쟁 전체는 크리스토퍼 콜럼버스가 자신이 실제로 찾

---

1   Ortega y Medina(1987, 127-171)는 라틴 아메리카 대륙 전체에서 가장 열띤 논쟁이었던 멕시코 논쟁에 관해 검토했다.

고 있던 땅에 도착한 것이 아니라 의도하지 않은 곳에 도착했다는 엄청
난 역설로 얼룩져 있다. 이 해군 제독은 자신의 이 유명한 "발견"이 무
엇을 의미하는지 전혀 이해하지 못했다. 생애 말년인 1506년까지도 그
는 여전히 자신이 발견한 곳이 아시아에 속했다는, 그때쯤에는 이미 한
물간 생각에 사로잡혀 있었다.[2] 콜럼버스는 "유럽에서 출발하여 인도까
지 항해하기로 했던…자신의 꿈을 달성했다고 믿으며 죽음을 맞이하고
있었다"(Varela 1982, xxiii).[3]

바르톨로메 데 라스 카사스는 콜럼버스의 의도를 다음과 같이 묘
사한다.

그래서 그는 다음과 같이 제안했다. 남서 방향으로 항해하면 은금과 진주
와 보석이 풍부한 축복된 땅들과 섬들, 그리고 그곳에 살고 있는 수많은
민족을 발견하게 될 것이다. 그리고 그는 그 경로를 계속해서 따라가면 인
도 땅과 거대한 치팡고(일본) 섬과 위대한 칸의 왕국들을 발견하게 될 것

---

2   Sauer(1984, 216-222)에 따르면, Columbus가 마지막이 된 자신의 제4차 항해를 통해
    자신의 세계관 및 지리적 개념이 잘못된 것임을 보여주는 지표들을 많이 목격했음에도
    불구하고 자기 생각을 바꾸기를 거부했다고 한다. "콜럼버스는 마지막 항해에서도 자기
    가 처음부터 가졌던 기존의 생각을 고수했다.…자신의 오류를 보여주는 증거가 그의 머
    릿속에 하나도 들어오지 않았던 것이다." Sauer는 Columbus 제독의 사후에 그의 형제
    Bartolomé가 로마로 가져온 지도들을 복원한다. 그 지도들은 아메리카 대륙이 아시아에
    속했음을 독창적인 방식을 통해 주장하려고 한다. 이는 새로 발견된 땅과 중국 간에 지리
    적 통일성이 있음을 전제하는 가설에 기초한 것이다.
3   Varela의 확언은 너무 단정적이다. Columbus의 마지막 서신을 살펴보면 그가 갈망했던
    엄청난 부를 찾지 못한 것과 동양의 대제국을 발견하여 과거에 마르코 폴로가 개척했
    던 접촉점을 복원하지 못한 것에 대한 울적한 감정이 드러난다. 게다가 히스파니올라에
    서 어쩔 수 없이 쫓겨나야 했던 고통스런 경험도 있었으므로, 이 모든 것을 고려해볼 때,
    Columbus 제독이 "자신의 꿈을 달성했다고 믿으며" 죽음을 맞이했다는 주장은 성립하
    기 어렵다.

이라고 믿었다(Las Casas 1986, 1.1.28:174).[4]

사건의 주인공이 실제로 벌어진 일과 상당히 다른 의미로 생각한 사건을 기념한다는 것은 어처구니없는 일이다. 이는 사건과 의식, 실제와 해석 간에 거대한 불일치를 기념하는 이상한 상황을 연출한다. 콜럼버스를 전공한 스페인의 역사가인 콘수엘로 바렐라(1982, xxxii)는 이것을 가리켜 "[콜럼버스의] 인지 능력과 그를 둘러싼 세계[아메리카] 간의 명백한 부조화"라고 부른다.

　　콜럼버스가 발견한 것과 그것에 대한 그의 인식 간의 이러한 불일치는 시간이 흐를수록 커졌다. 나중에 콜럼버스는 자기가 발견하고서 "은혜의 섬"이라고 이름붙인 장소가 성경의 창세기에서 말하는 지상낙원에 매우 가깝다는 이론을 주장하기까지 한다(Varela 1986, 238-247).[5] 그의 이러한 생각은 1503년 7월에 보낸 편지에 드러나 있는데, 당시 그는 네 번째이자 마지막이 될 항해 도중에 자메이카에서 열병에 걸려 길을 잃은 채로 자기가 에덴에 가까이 와 있다는 확신을 되풀이 했으며, 자신이 솔로몬이 하나님의 성전을 짓기 위해 금을 채굴했던 광산 부근

4　Las Casas의 *Historia de las Indias*를 권-책-장-페이지로 구분하여 인용하는 것은 멕시코에서 출간한 본 저술의 1986년도 판에 따른 것이다. Columbus는 첫 번째 항해를 출발하여 타르타르 제국의 군주인 칸에게 전달할 스페인 국왕의 소개장을 갖고 있었다(참조. Las Casas 1986, 1.1.33:174). Beatriz Pastor(1984, 17-107)는 Christopher Columbus가 자신이 도착한 땅의 실체를 "허구화"한 것과 그 땅을 아시아에 있는 멋진 반신화적(quasi-mythical) 장소와 동일시하는 주장에 대해 다소 자극적으로 분석하고 있다.

5　에덴동산을 아메리카에서 찾으려는 강박관념은 끈질기게 지속되었다. 17세기(1650-1656)에 Antonio León Pinelo(페루 리마에 살았던 한 독특한 인물)는 이 낙원이 마라뇬강과 아마존강 사이에 위치해 있었음을 증명하기 위해 성경의 참조 구절로 가득한 글 한 편을 남겼다. 이 저술은 1943년 *El paraíso en el Nuevo Mundo. Comentario apologético, historia natural y peregrina de las Indias Occidentales*(신세계의 낙원: 인디아스의 자연과 답사지의 역사에 대한 변증적 주해집)로 재편집되어 출간되었다.

에 와 있다고 단언했었다(같은 책, 292-293).[6] 끝으로 그는 쿠바의 지형이 반도이며 따라서 그것이 아시아에 속해 있는 것이 틀림없다고 고집스럽게 주장하기도 했다.[7]

콜럼버스는 지구가 3원적(triadic) 성격을 지니고 있다고 보는 중세적인 '둥근 땅'(*orbis terrarum*) 개념에 젖어 있었던 것으로 보인다. 사실 그것은 세계의 구조에 관한 개념이라기보다 신학적 관념에 더 가깝다. 그것은 오랜 세월 동안 중세 신학자들을 사로잡아온 삼위일체 하나님에 대한 수많은 관념과 이미지에 속한다. 콜럼버스는 자신의 실수를 통해 배울 수 있는 처지가 아니었다. 유럽의 지식인들이 지구가 얼마나 광대하고 또 그 속에 얼마나 다양성이 넘쳐나는지를 깨달아가던 시기에 그의 지구구조론은 이미 과거의 유물로 퇴락해 있었다.

에드문도 오고르만은 "아메리카의 발견"이라는 개념에 대한 예리한 비판을 훌륭하게 전개한다.[8] 그는 이후에(O'Gorman, 1984, 159) 그 개

---

6 사람들은 성경에 나오는 오빌 또는 다시스라는, 솔로몬 왕이 운영했던 전설적인 광산을 지상 낙원보다 더 관심을 갖고 찾아다녔다. 성서문자주의자들과 신학자들은 신세계에서 이 광산이 있을 만한 위치에 대해 논의하기도 했다. 프란치스코회 수사 Bernadino de Dahagún([1582] 1985, 719)은 이 생각을 지지했던 반면 예수회 소속의 José de Acosta([1590] 1985, 1:13-14, 40-43)는 이를 부정했다. 프란치스코회 수사 Toribio de Motolinía(Toribio de Benavente 1984, 3.11:167)는 수많은 스페인 사람이 자신의 고국을 떠나 아메리카로 항해해 간 까닭은 "솔로몬 왕이 정금(精金)을 채굴했던" 광산을 찾기 위한 것이었다고 단언한다.

7 서기인 Fernando Pérez de Luna는 1494년 6월 12일 "콜럼버스 제독이 쿠바섬을 정찰한 후에 그곳이 [섬이 아니라] 본토임을 확신하게 된 것에 관한 정보와 증언"이라는 기록을 남겼다(Fernández de Navarrete 1945, 2:171-178). 콜럼버스는 탐험대의 모든 대원들로 하여금 후아나(쿠바)는 섬이 아니라 "인디아스에 속한 본토이며 스페인에서 걸어서 오기를 원하는 사람들의 최종 목적지"라고 말하도록 맹세시킨 뒤, 자신이 확증한 말을 부정하는 자는 누구든지 벌금 1만 마라베디에스와 채찍질 100대, 그리고 혀를 자르는 형벌에 처하겠다고 공포했다. Friederici [1925] 1986, 1:269-270을 보라.

8 "콜럼버스가 자신의 업적이라고 내세우는 업적은 사실 '아메리카의 발견'과는 아무 관계가 없다"(O'Gorman 1951, 42). "이 '업적'과 관련하여 현대 역사서술이 제시하는 논

넘은 "서구만이 지구상의 모든 민족을 자유의 기치 아래 하나로 모을 수 있는 잠재력을 가진 유일한 문명이므로, 서구문명이 추구하는 보편적 성취를 향한 도상에서 북반구의 발전과 병행한 아메리카의 '발명'은 결정적이고 되돌릴 수 없는 단계에 해당한다"는[9] 식으로 서구의 자민족 중심주의에 깊이 뿌리박고 있다고 부연하는데, 우리는 그의 이후의 논지를 인정하지 않고서도 원래의 비판을 옳은 것으로 인정할 수 있다.

콜럼버스가 발견했다고 가정되는 땅이 그 최초 발견자의 이름을 따라 명명된 것이 아니라 그 땅이 신세계임을 최초로 인지한 인물인 아메리고 베스푸치의 이름을 따라 명명되었다는 사실이 바로 흔히 콜럼버스가 "발견"했다고 하는 주장이 지닌 모순을 보여주는, 지워지지 않는 흔적이다. 베스푸치는 1503년 작성되어 1504년 아우크스부르크에서 출판된 『신세계』(*Mundus Novus*)라는 제목의 서간집에서 다음과 같이 말한다.

그곳을 신세계라고 부르는 것은 정당하다. 우리 선조들은 그 지역에 대해 전혀 아는 바가 없었으며, 그 지역에 대해 듣게 된다면 그곳이 완전히 새

제, 즉 콜럼버스가 우연히 아메리카를 발견했으나 그 사실을 깨닫지 못했다는 명제 속에는 해결될 수 없는 내적 모순이 들어 있다"(같은 책, 357).

9   나는 O'Gorman의 관점에 대한 Dussel의 다음과 같은 평가(1988, 36)가 옳다고 생각한다. "첫째, 아메리카 대륙의 발견에 대한 해석은 콜럼버스와 유럽이라는 존재를 세계의 중심에 위치시킨다. 둘째, 그 해석은 대양에서 발견된 것을 하나의 실체(entity)로 받아들인다. 이는 역사적으로 정확하며 현실과 부합한다. 사실 유럽인은 콜럼버스가 발견한 것을 하나의 실체 곧 하나의 대상(thing)으로 간주했다. 그는 그것을 '타자'(Other)로, 하나의 세계로, 콜럼버스의 세계관 속에 존재 가능한 것을 넘어서는 어떤 것으로서 존중하지 않았다." Dussel은 500주년 기념일은 축하하고 경축해야 할 기회가 아니라 침략자의 후손들이 토착민들을 향해 참회와 속죄를 행하는 계기로 삼을 것을 제안했다. Las Casas의 시각에서 본다면, 우리도 어떤 다른 형태의 배상을 생각해야 하지 않겠는가?

로운 땅이라는 것을 알게 될 것이다.…고대인들 대다수는 춘(추)분점을 넘어가면 땅이나 대서양이라고 불리는 바다도 없다고 생각했다. 그러나 누군가 거기에 어떤 대륙이 있다고 주장하려 한다면 그는 다른 이유에서 그곳에는 사람이 살지 않아야 한다고 주장할 것이다. 하지만 그런 견해는 거짓이며 진실에 반한다. 나는 지난번에 여행하면서 내가 남쪽에서 하나의 대륙을 발견한 것을 알게 되었다. 그곳에는 심지어 유럽이나 아시아나 아프리카보다 마을과 동물이 더 많이 분포해 있다.[10]

새로 발견된 땅이 신세계 곧 기존에 알려진 나머지 세 대륙과 구별되는 네 번째 대륙으로 확인된 것은 이때가 처음이었다. 1507년에 마르틴 힐라코밀루스 발트제뮐러가 제작한 지도는 넌지시 제안하는 식으로 새로운 땅에 최초로 아메리카라는 이름을 부여한다. 이 이름은 『세계 구조론 입문』(*Cosmographiae introductio*)이라는 제목의 과학 교재에 포함되었고, 베스푸치의 서신에도 그대로 실렸다. "그곳은 아메리고가 발견했으므로 세계의 네 번째 대륙을 가리켜 아메리가 또는 아메리카라고 부르는 것이 마땅하다"(Esteve Barba 1964, 42).[11] 반면 콜럼버스는 자신이 발견한 것에 대해 분명하거나 확실한 개념을 갖고 있지 못했다. 그가 발견한 땅과 그 땅에 거주하는 주민들은 그 자신의 공상, 신화, 유토피아, 야망,

---

10   Vignaud(1917, 305)에 수록되어 있다. 이 텍스트의 스페인어 번역과 영어 번역은 Vespucci 1951에 들어 있다.

11   Waldseemüller가 제작한 그 유명한 지도는 오랫동안 유실되었다가 1901년 독일의 한 성에서 발견되었고 Rodney W. Shirley 1983, *The Mapping of the World*, 30-31에 재인쇄되었다. "신세계"라는 개념은 Pedro Mártir de Anglería의 인기 있는 저술, 『신세계에 대하여』(*De orbe novo*) 덕분에 상당 부분 확립되었다. 그 책 전체가 1530년 라틴어로 처음 출판되었다.

열광적인 메시아적 편협성과 혼재되어 있었다.

『신세계』는 인기가 매우 높아 판을 거듭해서 출간되었고 수차례 번역되었다. 역사가인 슈테판 츠바이크의 말은 다소 길지만 여기서 인용할 가치가 있다(1942, 52-53).

『신세계』는 콜럼버스의 서술을 비롯한 여타의 모든 서술을 능가하는 역사적 영향력을 지녔다. 그러나 이 소책자가 지닌 진정한 명성과 탁월성은 그 내용에서 비롯된 것이 아니다.…이 편지의 사건은 적절하게 말하자면…기이하게도 편지 그 자체가 아니라 단지 (두 단어와 네 음절에 불과한) 그 제목만을 가지고도…세계를 인식하는 방식에 있어서 전례 없는 혁명을 낳았다.…몇 개 밖에 안 되지만 결정적인 그 단어들은 『신세계』를 인류의 기억할 만한 문헌으로 만들었다. 그 단어들은 미국이 독립하기 270년 전 최초로 아메리카 대륙의 독립 선언서를 공표한다. 콜럼버스는 죽는 순간까지도 자기가 과나하니와 쿠바에 발을 디딘 순간 인도에 도착했었다는 망상에 사로잡혀 있었으므로, 그 망상으로 인해 동시대 사람들에게 세계를 훨씬 좁아보이게 만들었다. 반면에 베스푸치는 새로 발견된 대륙이 신세계라고 단정적으로 확언하여 그 땅이 인도라는 가설을 논박하였으므로 그가 바로 신세계라는 개념을 소개한 인물이며, 그가 소개한 이 신세계라는 개념은 오늘날에도 여전히 유효하다.

스페인의 법학자들과 연대기 작가들은 '아메리카'라는 이름이 갑작스럽게 인기를 얻게 된 것이 달갑지 않았다. 이 명칭은 비남미 국가들에서 먼저 도입되었으나 카스티야 사람들은 수 세기 동안 그것을 거부했다. 심지어 바르톨로메 데 라스 카사스마저도 "인디아스"를 아메리카라고 부르는 습관이 점차 확산되어 가는 것을 통렬히 비난했다. "이것은 콜럼버스 제독에게 속한 것을 탈취해 간 것이나 다름없다.…그 땅의 이름을 아메리고의 이름을 따라서 아메리카라고 부를 것이 아니라…발견자의 이름을 따라서 콜룸바나 콜룸보라고 부르는 것이 가장 적절할 것이기 때문이다."[12]

그러나 라스 카사스는 가장 결정적인 요소는 누가 먼저 도착했느냐가 아니라 누가 최초로 그 지역을 유럽-아프리카-아시아의 세 부분으로 이루어진 중세의 '둥근 땅'과 구별되는 별개의 대륙으로 인식했느냐라는 것임을 깨닫지 못한 것 같다.[13]

---

12 Las Casas(1986, 1.1.5:38)는 새로 발견된 땅을 "인디아스"(Indias/Indies: 스페인의 공식 용어로 오랫동안 사용된 명칭)라고 부르게 된 연유를 설명한다. "크리스토퍼 콜럼버스는 인디아의 동쪽 끝이 알려지지 않았으므로 그것은 서쪽에서 접근할 경우 우리에게 가장 가까운 쪽이어야 할 것이라고 추론했다. 따라서 그가 발견한 땅을 인디아스라고 부를 수 있었던 것은…그 땅이 갠지스강 너머에 있는 인디아의 동쪽 지역이기 때문이었다." 법학자이자 페르난도 왕의 자문관인 Juan López de Palacios Rubios가 "인디아스"라는 용어가 부적절함을 지적했음에도 불구하고, 그 용어는 스페인어의 사법적·정치적 용법에 남아 있었다. "일반 대중은 무지함으로 인해 그 섬들을 인디아스라고 부른다. 하지만 그 섬들은 인디아스가 아니다"(Palacios Rubios and Paz 1954, 6). 이런 잘못된 지명이 "일반 대중" 사이에서만이 아니라 일반적으로 끈질기게 사용되었던 예는 멕시코의 한 성당을 주교좌성당(cathedral)으로 전환하는 것에 관한 추기경 회의의 조치에 대한 기록에서 찾아볼 수 있다. "인디아의 멕시코시티에 세워진 교회를 주교좌성당으로 승격시켰다"(Shiels 1961, 341-342).

13 Las Casas (1986, 2.1.139:40). 같은 책, 163:114-119도 참조하라. 상당수의 논의가 Vespucci가 보도하는 내용의 진위성에 집중되어 있다. Vignaud는 자신의 책에 나오는 첫 문장에서 이 문제의 본질을 정확히 지적한다. "우리는 베스푸치의 여행에 대해 단지 그가 하는 말을 통해서만 알 수 있다." 그러나 그가 전하는 이야기의 본질적인 부분들이 Las Casas 등 그를 폄하하는 이들의 주장대로 기만적이라 하더라도, 그가 "대양의 섬들과 본토"가 전혀 다른 실체 곧 "신세계"임을 공개적으로 지적한 최초의 인물이라는 점은 부인할 수 없다. 그렇게 함으로써 Vespucci는 유럽의 유토피아적인 상상력을 자극하는 데 기여했다. 그의 이야기는 Thomas More가 『유토피아』(1516)를 집필하는 데 중요한 영향을 끼쳤다. Uncein Tamayo(1981, 94-97)와 특히 Baudet의 흥미로운 저술(1965, 32-42)을 참고하라. Baudet는 아메리카 원주민의 존재와 르네상스 후기에 발달된 "유토피아" 개념 간의 역사적 관련성을 강조한다. Vespucci의 여행기가 표방하는 사실성과 그의 작

~

수용으로서의 발견

더구나 콜럼버스나 그의 후임자들 편에서 "새로운 땅의 발견에 있어" 강제 수용이라는, 법률적으로 발견과는 전혀 다른 성격을 지닌 조치가 동반되지 않은 행동을 취한 적이 없었다. "33일 만에 나는 지극히 고매하신 우리 군주, 왕과 여왕께서 내게 하사하신 선단을 이끌고 인디아스에 도착했다. 그곳에서 나는 무수히 많은 사람들이 거주하는 수많은 섬들을 발견하였으며, 왕실의 깃발이 펄럭이는 가운데 포고령을 공표함으로써 **그 모든 영토를 폐하의 소유로 삼았다**"(Varela 1982, 140; 강조는 덧붙인 것임).

콜럼버스는 자신의 항해일지에서 자신이 발견한 첫 번째 섬인 과나하니/산살바도르를 수용한 것에 대해 묘사한다. 그는 자신을 수행하던 두 명의 서기에게 "자신이 국왕 및 여왕 폐하의 이름으로 만인의 목전에서 앞서 말한 섬을 취득한 것에 대해 증인이 될 것"을 명령했다 (Varela 1986, 62). 이는 콜럼버스가 1회성으로 취한 조치가 아니었다. 그

품으로 여겨지는 편지와 보도의 진정성에 대한 가장 중요한 현대적 변호는 다음에서 찾아볼 수 있다. Levillier, "*Américo Vespucci: Concordancia de sus viajes y cartas con los mapas de la época*"[아메리고 베스푸치: 그의 여행기, 편지 및 당대 지도에 등장하는 용어 색인] (Vespucci 1951, 13-92). 그러나 Levillier는 이 문제가 지닌 주요 측면. 즉 Vespucci가 보도하는 내용의 진실성 여부를 취급하지 않는다. 이 피렌체 출신의 항해사가 토착민의 풍속에 대해 제공하는 일부 정보는 공상적인 것으로 보인다. 예를 들어 그의 말에 따르면 욕정에 가득찬 원주민 여성이 남성의 성기를 흥분시키는 데 사용하는 기이한 기술에 관한 보도가 그러하다(같은 책, 181). 일반적으로 베스푸치의 민족지학적 묘사를 문학적 상상으로부터 분리시키기는 어렵다. 후자는 오늘날 "마술적 실재론"이라고 불리는 것의 초기 형태로 귀결된다.

것은 자신이 발견하는 땅은 무엇이든지 다 수용하겠다는 제독의 의지를 표출한 것이었다. "어떤 섬이든 소유물로 삼지 않고 그냥 지나가지 않겠다는 것이 나의 의지였다"(같은 책, 67).

"발견"과 "수용"은 동시에 발생하는 행동이 되었다. 전통적인 역사 서술에서는 1492년 10월 12일에 일어난 일을 "발견"이라고 강조하면서, 그 사건의 핵심을 회피한다. 유럽인들과 새로 발견된 땅의 주민들 간의 만남은 실상은 극단적인 **무력** 행사였다. 그것은 유럽인들이 그 원주민들에 대해, 그들의 땅과 그들의 신체에 대해 지배권을 취득한 사건이었다. 16세기에 활동했던 도미니코회 신학자인 프란시스코 데 비토리아는 유명한 『인디아스에 대하여』(De indis)의 서두에서 그 점에 대해 다음과 같이 표현했다. "이 모든 논란은…흔히 인디오라고 부르는 신세계의 야만인들로 인해 야기되었다.…이들은 40년 전부터 스페인 사람들의 지배를 받게 되었다"(Urdanoz, 642). 수용 조치는 공식적이고 법률적인 행위로서 카스티야인과 인디오 간의 지배종속 관계의 본질에 관한 격렬한 논쟁에 가담한 당사자들 사이에서도 문제 삼지 않던 당연한 전제였다. 다만 당시로서는 혁신적 사고를 하고 있던 바르톨로메 데 라스 카사스만이 이에 관한 근본적인 질문을 제기하였고 그 법률적 타당성을 문제시하였는데, 그 내용은 그의 말년에 집필하였으나 출간하지 못한 『페루의 보화』(Los tesoros del Perú; Losada 1949, passim)라는 작품에 들어 있다.

"왕실의 깃발을 펄럭이는 가운데 포고령을 공포함으로써 그 모든 영토를 폐하의 소유로 삼았다." 콜럼버스가 취한 이 수용 조치는 상징적 표현으로 가득하였지만, 엄중한 법률적 성격을 띠고 있었다. 앤틸리스 제도의 주민들은 이 행위가 무엇을 의미하는지 처음에는 이해하지 못했다. 그렇다고 해서 콜럼버스 제독에게 전혀 문제될 것은 없었다. 사실 그는 그들을 상대한 것이 아니었다. 수용은 서기의 출석하에 공식적으로 등재된 공적인 행위로서, 다른 이해 당사자들 곧 유럽의 여타 기독교 군주들을 겨냥한 것이었다. 그것은 그 땅의 소유권자가 있으므로 서양의 다른 어떤 군주도 그것에 대한 소유권을 주장할 수 없음을 확고히 하는 것에 관한 문제였다. 콜럼버스는 앞에서 언급한 인용문에 "그리고 아무도 내 말을 반박하지 않았다"라는 표현을 덧붙이는데, 이 말은 인디오 추장들(그들은 무슨 일이 벌어지고 있는지 알지 못했다)을 가리켜 한 말이 아니라 혹시나 끼어들지도 모를 유럽의 경쟁자들을 염두에 두고 한 말이었다.

콜럼버스는 수용 조치를 표시하는 상징으로 자신이 방문한 섬들마다 그 전략적 요충지에 십자가를 세웠다. "폐하의 선단이 도착한 모든 육지마다, 그리고 모든 곶(cape)마다, 나는 큰 십자가를 세워둘 것을 명령했다"(Varela 1986, 245). 십자가에는 이중적인 의미가 있다. 십자가 표시가 된 영토는 그 때부터 기독교에 귀속되며, 구체적으로는 스페인 가톨릭 군주의 소유가 된다. 예를 들어 히스파니올라(Hispaniola: 콜럼버스가 처음 정착한 섬, 오늘날 도미니카 공화국과 아이티로 나누어져 있다—역자주)에서 "그는 항만 입구에 눈에 잘 띄는 기단을 설치하고 그 위에 거대한 십자가를 하나 세워두었는데, 이는 그 땅이 폐하의 소유임을 알리는 표시이자 예수 그리스도와 기독교의 영예를 나타내는 상징물이었다"(같은 책, 124-125). 콜럼버스는 자기가 수용 조치를 취한 이유를 다음과 같이 설명한다. "지금까지 다른 어떤 기독교 군주도 그 육지와 도서를 소유물로 삼지 않았기 때문이다"(Varela 1982, 174).

스페인의 역사가인 프란시스코 모랄레스 파드론은 수용 조치가

"발견과 긴밀하게 연관된 현상이자 그러한 발견 행위 직후에 취해진 조치"로서의 핵심적인 중요성을 인식한 소수의 역사자 중 한 명인데, 그는 수용 조치에 대해 콜럼버스와는 다소 다르게 진술한다.

> 수용 조치는 인디아스가 "아무에게도 속하지 않은 땅"(*res nullius*)으로 간주되었기 때문에 발생했으며, 콜럼버스는 인디아스를 "군사력을 통해서가 아니라"(*non per bellum*) "귀속 절차를 통해"(*per adquisitionem*) 취득하고 합병하였는데, 이는 "이교도는 법률적 권한을 행사할 권리가 없다"(*vacabant dominia universali jurisdictio non possesse in paganis*)라는 원칙에 따라 누구든 그 땅을 수용하는 자는 그 땅의 주인이 될 것이므로 그 땅을 가톨릭 군주의 이름으로 점유한 것이며, 따라서 다른 그리스도인들은 그 땅에 정착할 수 없게 되었다(Morales Padrón 1979, 133-134; 1955, 321-380도 보라; 참조. Servin, 255-267).

만일 원주민들이 "귀속 절차를 통한"(*per adquisitionem*) 수용 조치에 대해 문제를 제기하려 했다면, 콜럼버스와 카스티야인들은 "군사력을 통해"(*per bellum*) 수용 행위를 추인할 태세였다. 복음화의 십자가 뒤에 정복의 칼이 희미하게 가려진 채 숨겨 있었다.

그로부터 수십 년 뒤 이교도는 지배권과 사법권을 행사할 수 없다는 전제가 의문시되는데, 이러한 문제 제기를 주도한 것은 도미니코회 신학자들(카예타노, 라스 카사스, 비토리아)이었다. 그러나 처음에는 "기독교 세계"(*orbis christianus*)라는 지배적 사고방식에 사로잡혀 영토 주권은 그리스도인들만이 가진 배타적 권리로 인식되었는데, 이들 그리스도인들은 역설적으로 동굴이나 둥지와 같은 비천한 곳에 거주하는 여

우나 비둘기에 자신을 비유할 정도로 극단적인 가난을 지지하는 분을 따르는 이들이었다. 반면에 이교도들의 땅은 "아무에게도 속하지 않은 땅"(*res nullius*)으로 간주되었다. 이렇듯 그리스도인과 이교도를 나누는 호전적인 중세적 이분법은 아메리카의 발견과 취득이라는 사건의 핵심에서 십자군적인 형태를 띠고 나타났다.

(새로 발견한 땅을) "소유로 삼았다"는 말은 콜럼버스 개인의 자의적 행위를 가리키는 표현이 아니었다. 그것은 가톨릭 군주가 그에게 지시한 명령에 근거한 행위였다. 1492년 4월 30일 그라나다에서 페르난도와 이사벨은 이전(4월 17일)에 콜럼버스와 맺은 정복협정(Capitulations)을 확대·비준하는 문서를 발행했다. 그 협정서에는 "발견하다"라는 동사가 (일곱 번) 등장하는 데, 그때마다 "획득하다"라는 말도 동반되고 있다. "그대 크리스토퍼 콜럼버스가 우리의 명령에 의해…예(例)의 대양에서 특정한 도서와 육지를 발견하고 획득할 시…그대가 그 영토를 발견하고 획득한 후에는…그렇게 발견하고 획득한 영토를…."

오로지 한 경우에만 그 두 동사가 서로 떨어져 있다. 그런데 이 용례에서 "발견하다"가 사라지고 "획득하다"는 "정복하다"와 짝을 이루고 있다. "그대가 정복하고 획득한 것들 가운데"(Fernandez de Navarrete 1945, 2:18-21).[14] 나중에 페르난도 왕과 이사벨 여왕은 콜럼버스가 행한 "발견" 내지 "수용" 조치에 관해 보고받고서, 자신들의 원래 의도가 영토 확대였음을 확인하면서 "발견"이란 용어를 "우리의 **지배권**하에 두

---

14 Washburn(1962, 1-21)은 협정서를 비롯하여 국왕의 교서에 등장하는 "발견하다"라는 동사와 "획득하다"라는 동사 간의 지속적인 상관관계를 주목하지만, 그것이 강제수용을 위한 전략적 의미를 띠고 있음을 인식하지 못한다. 이는 그의 사전학적 해석학이 이론적 깊이를 결여하고 있기 때문일 것이다.

는 것"과 동일시했다. "그대 크리스토퍼 콜럼버스 제독이 우리에게 제
공하는…많고도 선하며 충성된 복무를 지속하기를 우리는 희망하노라.
이는 특별히 이들 도서와 육지를 발견하여 우리의 **지배권** 곧 우리의 주
권하에 두는 것을…"(같은 책, 2:228; 강조는 덧붙인 것임).[15]

발견이 곧 수용이었음을 나타내는 주요 표지는 콜럼버스가 취한 다
음과 같은 조치, 곧 새로 발견한 섬들에 새로운 명칭을 부여하는 행위에
서 찾아볼 수 있다.[16] "나는 처음 발견한 섬을 왕이신 그리스도를 기념하
여 산살바도르[거룩한 구세주]라고 명명했다. 두 번째 섬은 산타 마리아
데 콘셉시온[수태의 성모 마리아]이라고 명명하였으며, 세 번째 섬은 페
르난디나, 네 번째 섬은 이사벨, 다섯 번째 섬은 후아나라고 불렀고, 이
리하여 각 섬은 새로운 이름을 얻게 되었다"(Varela 1982, 140). 섬들마다
새로운 명칭을 부여하는 것에는 성경적인 의미가 함축되어 있다. 창세
기(2:19-20)에서는 최초의 인간 아담이 가진, 모든 피조물을 지배하는
권위가 이름을 짓는 능력을 통해 표현된다. 이름을 짓는 행위는 지배권
에 귀속되는 권리다. 다른 한편으로, 기독교 전통에서는 세례 성사와 새
이름을 부여하는 행위가 서로 연결되어 있다. 성인이 세례를 받으면 이
름을 바꾸는 것이 관례였다. 곧 이교도식의 이름을 버리고 새 이름(기독
교식의 이름)을 취했다. 그러한 개명(그 현저한 예로, 사울이 바울로 바뀐 것을
들 수 있다)은 인간의 심오한 변화, 곧 새로운 인격이 된 것을 상징했다.

콜럼버스의 경우에서 알 수 있듯이, 그가 발견한 섬들에는 이교도

---

15 Columbus에게 보낸 국왕의 교서는 1497년 4월 23일자다.
16 Todorov([1982] 1987, 35)는 다음과 같이 말한다. "[무언가를] 명명한다는 것은 [그것
    을] 소유하는 것과 마찬가지다." Todorov의 의미심장한 저술은 도발적인 여러 성찰을 담
    고 있다.

식의 이름이 붙어 있었고 따라서 그 섬들은 세례를 통해 기독교식의 이름을 부여받아야 했다. 그는 산살바도르 섬에 대해 인디오들이 그 섬을 과나하니라고 부른다고 말하고 있다. 이름을 부여하는 행위에는 감춰진 (잠재적으로 사악한) 의미가 들어 있다. 그것은 강압적인 수용, 즉 현재 그곳에 거주하는 주민들이 자기들이 살고 있는 땅에 이름을 붙일 수 있는, 따라서 그것을 소유할 수 있는 권리를 부인하는 것을 함축한다. 유럽인들은 그 땅에 세례를 주었고, 이 행위에 그 땅의 원주민들은 전혀 참여하지 못했다.

여기서 우리는 그릇된 명명 행위의 한 극단적인 사례와 만난다. 앞에서 언급한 1493년 2월 15일자 교서는 유럽에서 인기가 높아서 카스티야어뿐 아니라 라틴어를 비롯한 기타 언어로 여러 판이 발행되었다.[17] 이 교서는 그곳의 원주민들을 인디오(Indios)라는 이름으로 부르는 계기가 되었다. 이들 원주민의 인종을 적시하는 이러한 명명법으로 인해 그들이 누구인지가 밝혀지기보다 오히려 은폐되고 말았다. 실로 유럽인들이 아메리카 원주민들에게 가한 최초의 공격은 그들을 인디오라고 부름으로써 그들의 고유한 정체성을 부정한 것이다. 이 인디오라는 말은 스페인 사람들이 갖고 있던 그릇된 믿음(자기들이 아시아 대륙의 동부 연안 근해에 있는 어떤 섬들에 도착했었다는 생각)을 드러내는 잘못된 용어였다.[18]

---

17 이 국왕의 교서는 1493년 로마에서 라틴어로 3판이 출판되었고, 1500년 이전에 카스티야어로 2판, 라틴어 9판, 이탈리아어로 5판, 독일어로 1판이 인쇄되는 등 합계 17판이 출판되었다.

18 이에 대한 Morales Padrón의 설명은 다음과 같다. "콜럼버스는 사람들로 하여금 자신이 발견한 땅이 동방의 인디아라고 믿게 했고, 소아시아 출신의 이오니아인들은 기식음 'h'를 발음하지 못해서 '힌두'를 '인도이'(Indoi)라고 불렀는데, 우리가 이 말을 물려받았기 때문에 장차 아메리카라고 불리게 될 지역의 사람들이 '인디오'(영어로는 인디언)라고 알려지게 되었다"(1955, 7).

우리는 여기서 의심할 바 없이 오고르만이 말하는 일종의 "발명" 행위를 다루고 있다. 하지만 정작 중요한 것은, 이 새로이 발견된 존재들이 소유물 또는 신민(vassals)으로 간주되었다는 점에서, 그것이 정당한 근거를 갖고 있는지 여부다. 원주민들에게 강제된 신민 신분에 따른 조건들로 인해, 우리가 뒤에서 살펴보는 바와 같이, 격렬한 논란과 논쟁이 야기되었다. 콜럼버스 제독은 다음과 같이 노예 제도의 가능성을 제안한다. "두 분 폐하께서는 제게 명령하신 만큼…제가 수많은 노예들을 갖다 바치는 것을 보게 되실 것입니다"(Varela 1982, 145).

스페인의 군주가 신학자들 및 학자들과 상의하여 콜럼버스의 제안에 대해 의결하는 동안, 콜럼버스는 자신이 포고한 강제수용을 실행에 옮겼고 후일 가톨릭 군주들에게 보여주기 위해 원주민 중 몇몇을 붙들어두었다. 그는 자신이 부여받은 법률적 권한을 확신한 나머지, 또한 원주민들이 이교신앙에 물들어 있을 뿐 아니라 군사적으로도 열세인 것을 확인하고서 자신이 주둔하고 있던 히스파니올라에서 그곳 주민들은 전혀 인지하지 못한 사안에 대해 국왕에게 보고하는 내용의 편지를 작성했다. "이곳, 특히 히스파니올라만이 아니라 다른 섬에 거주하는 모든 남녀가 다 폐하의 소유입니다"(Varela 1986, 169).

그는 또한 자신이 발견해서 수용한 땅에 서식하는 흥미로운 동식물들에 대한 통제권도 취했다. 그는 자신이 점유한 이 신세계에서 채집한 향료, 과일, 이국적인 꽃들, 앵무새의 표본뿐 아니라 심지어 인디오들까지 유럽으로 가져가 유럽인들을 매료시켰고 때로는 그들을 당혹하게 만들었다. 이러한 행위는 바르톨로메 데 라스 카사스와 같은 그리스도인의 양심을 격분시켰다. "제독은 그의 제1차 항해 기간에 자행했던 여러 행태들과 마찬가지로, 일말의 거리낌도 없이 행동했다. 그는 그것이 불공정할 뿐 아니라 하나님과 이웃에 대한 의무를 위반하는 행위라고 생각하지 않은 채 자유민들을 그들의 의지에 반하여 끌고 왔다"(Las Casas 1986, 2.1.134:17).

라스 카사스는 정복자들과 식민지 개척자들이 원주민, 특히 그중에서도 유력한 사람들을 개명시키는 것이 다반사였다고 지적한다. "인디오들을 제멋대로 기독교 이름으로 개명시키는 것이 스페인 사람들의 습관이었다"(같은 책, 2.2.46:356). 후안 폰세 데 레온은 보리켄(원주민이 푸에르토리코를 부르는 명칭)의 식민화를 시작하던 때부터 대(大)추장인 아게이바나와 그 부모의 이름을 바꿀 권한을 자기가 갖고 있다고 생각했다. 처음에 이 원주민들은 개명을 영광으로 여겼으나, 훗날 그들은 그것이 자신들마저 수용 대상으로 삼은 침략 행위를 교묘하게 드러내는 행위임을 깨달았다. 보리켄 인디오들은 반항에 대해 피와 고난이라는 값비싼 대가를 치렀다. 그들에 대한 지배권을 장악하고 그들을 기독교식으로 개명한 것이 그들에게 변화를 가져다준 것이 아니라 그들의 멸절을 초래했다.

18세기 말에 이미 이마누엘 칸트(1914, 444)는 "아메리카의 발견"이라는 개념을 비판적 시각으로 바라보았다. "아메리카가 발견되었을 당시…그 땅은 주인이 없는 것으로 간주되었다. 왜냐하면 그 주민들이 아무것도 아닌 것으로 여겨졌기 때문이다." 그들이 아무것도 아닌 것으로 여겨진 것은 **그들이 그리스도인이 아니었기** 때문이다. 새로 발견된 땅은 '아무에게도 속하지 않은 땅'(*terrae nullius*)으로 간주되었는데, 그 땅이 그렇게 분류된 것은 그것이 그리스도인 군주에게 속하지 않았기 때문이었다. 기독교 세계(*orvis christianus*)는 이교도들의 희생하에 자신의 영역을 확장하는 데 추가적인 정당화가 불필요한 것처럼 보였다. 16세기 초 저명한 인문주의자이자 인디아스 평의회의 위원이었던 페드로 마르티르 데 앙글레리아(1964-1965, 1:267)는 "그리스도인의 발이 닿지 않은" 신세계의 모든 장소에 대해 유럽인들이 지배권을 갖는다고 주장했다. 그 논의는 비토리아의 『인디아스에 대하여』(De Indias)에서 알 수 있듯이 16세기 후반에는 이론상으로 더 복잡해졌지만, 그럼에도 결론은 매한가지였다. 즉 그리스도인들이 "이교도"인 토착민들에 대해 절대적 우선권을 갖는다는 것이다.

그러나 "대양 위에 자리한" 이 새로운 땅들이 참으로 이미 다른 가톨릭 군주의 소유가 되어 있지 않은가라는 의문이 대두되었다. 콜럼버스는 제1차 탐험에서 돌아올 때 스페인에 도착하기도 전 불편한 마음으로 포르투갈 왕을 알현했었다. 포르투갈 국왕은 1479-1480년 이베리아 반도의 두 나라 간에 체결한 알카코바스-톨레도 조약[19]을 근거로 새로 발견한 영토가 자신의 관할권에 속한다고 주장할 태세였다. 그의 영유권 주장은 15세기에 나온 교황 칙서들이 루시타니아(Lusitania: 포르투갈의 라틴어 명칭—역자주) 군주에게 아프리카 서부 해안에 이어진 해양 지역에 대한 주권을 수여한 사실에 의해서도 뒷받침될 수 있었다 (Morales Padrón 1979, 13-32 및 Davenport 1917, 1:9-32).

이렇듯 법률적으로 모호할 뿐 아니라 잠재적으로 갈등이 야기될 수도 있는 상황에 직면하여 스페인의 군주들은 선제 조치를 취해서, 교황이 자신들의 소유권을 지지하도록 설득하기 위해 교황을 알현하러 갔다. 그 결과 이들은 애초에 요구했던 것보다 훨씬 더 많은 것을 얻어

---

19   이 조약의 주요 조항들은 다음 문헌들에 재수록되어 있다. Morales Padrón 1979, 41-43; Davenport 1917, 1:36-41.

낼 수 있었다. 교황 알렉산데르 6세는 「특허」(Inter caetera 1493.5.3/4)라는 칙서를 통해 스페인 군주들에게 스페인의 항해자들과 선장들이 발견한 땅 가운데 "지금껏 그 어떤 그리스도인 주군의 실질적 지배권에 속하지 않은 지역"이나 "다른 그리스도인 국왕이나 군주가 소유하지 않은 영역"을 수용할 수 있는 권한을 부여했다.[20] 이 칙서는 기존에 교황좌에서 나온 서신이나 조약문 가운데 이에 반하는 의미로 해석될 여지가 있는 것들도 모두 취소했다.

요컨대 유럽인들의 "인디아스" 발견은 수용 사건이었는데, 이 행위가 신학적 성격과 종교적 색깔을 띤 온갖 논리와 상징으로 정당화되었다. 우리가 토착민들의 봉기를 분석할 때 이러한 요인을 잊지 말아야 한다. 일반적으로 여성에 대한 성폭행, 강제노동, 잔인한 처우, 재물 강탈, 무수한 도발 등 학대 행위에 맞선 저항이 부각되어왔다. 그 모든 학대가 발생했지만, 그것들이 상황을 악화시킨 또 다른 요인인 **강제된 복속**(imposed subordination)과 분리되어서는 안 된다. 난데없이 이 땅의 모든 거주자가 중재를 통한 협상도 없이 강제 복속 상태에 놓였고, 그들에게 주어진 새로운 신분이 이제 **피소유물**(owned beings)에 불과하다는 사실이 여러 경로를 통해 알려졌다. 이들은 자신이 피소유물로 전락한 것이 근본적으로 유럽인이 이 땅을 **발견**한 데 기인함을 깨닫게 되자 이에 맞서 저항했다.

이것이 콜럼버스가 그의 제1차 항해와 제2차 항해 사이에 원주민들에게서 발견한 뚜렷한 태도 변화의 원인이었다. 제1차 항해에서는 원

---

20 첫 번째 인용구는 1493년 5월 3일 교황 칙령 「특허」(Inter caetera)에서 발췌한 것이고, 두 번째 인용구는 동일한 명칭을 갖고 있는 5월 4일 칙령에서 발췌한 것이다. 이 칙령들은 Las Casas appendix(1965, 2:1279, 1286)에 재수록되어 있다.

주민들의 **환대**가 두드러진 반면 제2차 항해에서는 그들의 **적대감**이 뚜렷했다. 이들의 태도 변화로 말미암아 스페인 사람들이 위험에 처하게 되었는데, 이는 그들이 아메리카 대륙의 토양에서 식량을 자급하는 데 익숙하지 않았기 때문이다. 이러한 태도 변화는 자기들을 찾아왔던 특별한 손님들이 역할을 바꾸어 스스로 주인 행세를 하면서 그 땅과 농토의 소유주일 뿐 아니라 자기들의 목숨까지도 좌지우지하는 주인으로 자처하는 것을 원주민들이 알게 된 데서 비롯되었다. 원주민들은 스페인 사람들이 말하는 발견의 핵심이 바로 자신들을 소유물로 삼는 것임을 깨닫자 저항했다.

토착민들에 관한 콜럼버스의 최초의 이야기는 목가적 관점으로 가득하다. 그들은 온건하고 수줍고 유순하다. 하지만 이러한 인식은 첫 번째 반란 뒤에 바뀌었다. 평화적 수용이 정복을 위한 군사 작전으로 변했다. 1499년, 애초의 환상에 불과한 계획이 무너지자 콜럼버스는 스페인의 국왕에게 다음과 같은 서신을 보냈다. "고매하신 두 분 군주께 보고드립니다. 제가 이곳에 여러 사람을 이끌고 왔던 것은 이 땅을 정복하기 위한 것이었습니다.…그리고 제가 정복하러 왔다는 사실을 저는 분명히 밝혔습니다." 그는 첫 번째 보고에서 "자기들의 심장이라도 내어줄 정도로 사랑을 베푸는" 온순하고 평온한 모습으로 소개했던 원주민들을 지금은 그들이 자기 나라 사람들의 수용을 받아들이지 않는다는 이유로 "야만적이고 호전적인" 자들로 묘사한다(Varela 1982, 236-237, 142, 252).[21]

---

21 양심적인 독일 역사가 Friederici([1925] 1986, 1:171)는 원주민이 환대를 보였다는 논제를 옹호한다. "아메리카의 발견자들과 정복자들은 거의 어디서나(대륙뿐 아니라 도서 지역에서도) 원주민들로부터 전폭적으로 환영받았다. 이 원주민들은 침입자들에게 아직 의구심을 품지 않았다."

라스 카사스는 히스파니올라에서 최초로 발생한 전투에서 학대받는 원주민 추장 과리오넥스의 동맹이자 보호자인 마요나벡스 추장이 스페인 사람들을 "남의 땅을 강탈하러온 폭군"이라고 대꾸했다고 전한다(Las Casas 1986, 1.1.120:460). 스페인은 강탈 죄를 저질렀다. 원주민의 동의 없이 땅과 사람을 **수용**한 것이 토착민 전쟁의 원인이었다. 베라과(오늘날의 파나마에 속했다)의 인디오들은 주로 스페인 사람들이 자신들의 땅을 차지하는 것을 목격한 데다, 자기들에게 온갖 비행이 가해지는 것을 보고서 콜럼버스 제독과 그의 동료들을 향해 환대에서 적대적 태도로 바뀌었다(같은 책, 2.2.27:293).[22]

몇몇 역사가들은 발견과 정복의 차이를 구별하여 설명하려고 시도해 왔다. 데메트리오 라모스(1984, 17-63)에 따르면 스페인의 처음 목표는 아메리카 영토의 정복이 아니었다. 그는 신세계에 대한 "정당한 소유권"과 같은 법률 이론으로서의 정복에 대한 논의는 역사적 사실로서의 정복이 이뤄지고 난 뒤에 이뤄졌다고 생각한다. 에르난 코르테스가 취한 조치들은 그러한 평가를 뒷받침하기에 가장 좋은 증거다. 베라크루스의 시의회가 국왕에게 보낸 편지는 코르테스의 이러한 태도 변화를 나타낸다. "그가 유카탄이라고 불리는 땅에 도착해서 그 땅의 크기와 부에 대해 알게 되자 그는 디에고 벨라스케스(코르테스의 상관)가 원하는 대로 금을 얻을 것이 아니라, 그 땅을 정복하고 획득하여 폐하의 통치권에 복속시킬 것을 결심하였습니다." 테노치티틀란을 정복한 뒤 카를로스 5세에게 보낸 세 번째 보고서에서 코르테스는 자신이 그전에 수

---

22 『페루의 보화』(*Los tesoros del Perú*)에서 Las Casas는 원주민의 주권의 법률적 정당성을 강력하고 분명하게 주장한다.

차례 편지를 보냈지만 "그중 어느 것에 대해서도 답변을 얻지 못했기" 때문에 몹시 실망했었다고 밝힌다(Cortés 1985, 4, 99).

정복은 스페인의 원래 계획에 포함되어 있지 않았으며 상당 부분 활동적인 인물들의 독자 행동의 결과였다는 라모스의 주장은 코르테스의 적극적인 행보를 포함한 모든 경우에서 국왕이 무력을 통한 영토 취득을 기정사실로 추인했다는 사실을 비판적으로 분석하지 않고서 그에게 면죄부를 주려는 의도인 것으로 보인다.[23] 그러나 우리가 명확히 하고자 한 바와 같이 라모스는 특히 정복의 핵심 전제, 즉 **수용이 처음부터 발견에 핵심 요소라고 인식되었음**을 소홀히 한다. 원주민들이 자신들에게 부과된 예속 상태에 저항하자 정복은 이제 폭력적인 행위로 그 모습을 드러내었으며, 이어서 "합법적 지배" 이론으로 제시되었다. 우리가 앞에서 살펴본 것처럼 이른바 발견에 핵심적인, 아메리카의 원주민들처럼 정치적으로 조직화된 사람들에 대한 일방적인 수용 조치는 불가피하게 전쟁으로 이어진다. 그래서 콜럼버스는 자신의 제1차 원정에 관해 기록한 비망록과 편지에서 원주민들의 군사적 취약성에 대해 기민하면서도 조심스럽게 언급한다. "그들은 쇠나 강철이나 무기를 갖고 있지 않으며, 그런 것에 관심이 없다"(Varela 1982, 141). 그는 민속지학적인 관심에서 이런 관찰을 하는 것이 아니라, 무력 지배의 조건과 가능성을 예견하는 예리한 인지력의 소유자로서 이렇게 말한 것이다.

---

23 Morales Padrón(1955, 8, 59)은 다음과 같이 올바로 단언한다. "발견과 정복은 동일한 과정에 속한다.…발견에는 언제나 '소유 취득'이 뒤따랐다." Cortés의 경우는 확실히 그러했다. López de Gómara(1946, 316)는 Cortés의 첫 번째 발견/소유 취득 행위를 다음과 같이 묘사한다. "그는 그 모든 땅과 아직 발견하지 않은 땅까지도 카스티야 왕이자 황제인 Don Carlos의 이름으로 소유를 취득했다. 그는 관례적으로 요구되는 절차를 실행했고 그 자리에 배석했던 왕실 서기관 Francisco Hernández에게 증언을 요청했다."

발견과 수용 간의 상관관계는 콜럼버스에게만 해당하는 것이 아니다. 그것은 역사가인 프란시코 모랄레스 파드론이 정확히 지적하듯이, 16세기 동안 이베리아인들이 신세계에서 성취한 모든 "진입" 및 "발견"에 포함된 변함없는 요소였다. 탁월한 아메리카 지역 연구가인 파드론은 이베리아인들의 아메리카 진출 역사를 보여주는 또 다른 사례를 제시하는데, 그것은 1543년 알바르 누네스 카베사 데 바카가 파라과이 영토에 진입한 사건이다. 그 정복자는 수용 의식 이야기를 이렇게 서술한다.

> 그는 성직자들을 불러 그들이 미사와 성무일도(divine office)를 드릴 교회를 어디에 세울 것인지 알려주었다.…그는 커다란 나무 십자가를 제작해서 강 근처에 세우라고 명령했다.…폐하의 여러 관원들과 그가 그 땅에서 발견한 많은 백성이 보는 앞에서, 그리고 서기관이 출석한 상태에서…그는 폐하의 이름으로 그 땅에 대한 소유권을 공포했다.

그는 원주민들에게 카스티야 국왕 및 가톨릭 교회에 충성을 맹세할 것을 요구했다. 마지막으로 그는 원주민들에게 "폐하의 신민"이라는 법률적 지위가 부여되었다고 통지했다. 원주민들은 처음에는 자기들에게 부과된 신민의 지위를 받아들이는 것처럼 보였다. 그러나 침략자들을 몰아낼 첫 번째 기회가 엿보이자 그들은 "그 땅은 자신들의 것이고…우리가 그들의 땅을 떠나야 하며, 그렇지 않으면 우리를 죽이겠다고 말하면서" 공격을 감행했다(Morales Padrón 1988, 152-153, 179).

조우에서 지배로

"발견 기념"에 대한 논쟁 참여자 중 몇몇은 용어를 바꾸자고 제언한다. 그들은 "두 문화" 또는 "두 세계" 간의 "조우" "기념"이라고 말하기를 선호한다(Miró Quesada 1987, 31). 하지만 이런 식으로 기민하게 의미를 재구성하는 것으로는 문제를 해결하지 못한다. "두 문화"를 말할 때, 각 민족과 토착민들이 지닌 풍부하고 복잡한 다양성이 평가 절하된다. 업적과 차이, 특정 전통, 상징, 관습, 언어, 제도의 중요성이 사라진다. 아르헨티나 사학자인 로베르토 레비예르(1935, 1:178)는 유럽인들의 무차별적인 태도에 대응해서 원주민의 문화 유산이 지닌 풍부함과 복잡성을 강조했다.

쿠바의 테케스타족과 타이노족은 온순하고 친절한 인디오였다. 식인 풍습을 지닌 카리브족도 인디오였다. 동굴에서 생활하는 원시적인 오토미족도 인디오였다. 거친 히바로족도 인디오였다. 사람보다 물고기에 더 가깝다는 말을 들으며 티티카카 호수에 살던 우로족도 인디오였다. 돌 세공 기술을 지닌 마야족, 금세공 기술을 지닌 치브찬족도, 지혜로운 잉카족 입법자들도, 섬세한 도예 기술을 지닌 융간족도 인디오였다. 직조기술을 지닌 코야족도 인디오였다. 영웅적인 아스텍족, 식인 풍습을 지닌 치리과요족, 길들일 수 없는 디아기타족과 아라우칸족도 인디오였다. 낯가림이 심한 후리족, 유랑생활을 하는 룰레족, 정주생활을 하는 코메치곤족, 사나운 과라니족도 인디오였다. 이들은 지적능력·잔인성·온순성에 있어서 모두 달랐다. 이들의 피부색·언어·의식·신들의 기원도 모두 달랐다. 진짜 소유자 (*veri domini*)[24]가 그들의 지위를 빼앗고 그들을 복종시킨 다른 인디오들과 혼동될 수 있었다. 그러나 그들은 사법적 지위, 신체적 측면, 언어, 취향, 독특한 버릇에 있어서, 그리고 창의력에 있어서도 서로 달랐다.[25]

독일 학자인 리하르트 코네츠케(1972, 4)는 "아메리카 대륙에서 133개의 독립적인 어족(linguistic families)이 존재하는 것으로 확인되었다"고 진술하면서 이러한 문화적 다양성을 언어라는 핵심적 측면에서 보여준다.

더 나아가 "두 문화"에 대한 언급은 16세기 초부터 아메리카 대륙에 흑인 노예들이 존재했던 사실을 악의적으로 은폐하는 것이다(Klein 1986, 21-43). 스페인 출신의 라디노(기독교로 개종한 흑인 노예)와 훗날 아프리카에서 들여온 보살들(새로 노예가 된 흑인들)이 있었고, 곧이어 여기

---

24 *Veri domini*는 자신들이 거주하는 영토와 마을에 대한 진정한 주권을 지닌, 그 땅의 진짜 소유자를 의미한다. 이 용어는 이교도들과 비그리스도인들이 거주하는 마을과 나라에 대한 지배권을 갖는다고 추정하는 것이 정치적으로 정당한지 여부에 대한 학문적 논쟁에서 비롯되었다.

25 Levillier의 비판은 신세계 원주민들의 본성에 대해 16세기 스페인에서 벌어진 논쟁의 세 주인공인 Bartolomé de las Casas, Francisco de Vitoria, Juan Ginés de Sepúlveda에 초점을 맞춘다. Levillier는 그들이 원주민들이 가진 방대한 문화적 차이를 틀에 박힌 하나의 모델로 축소했다고 결론짓는다. 뒤의 두 사람과 관련해서는 그의 말이 옳으며, 그 둘은 아메리카 대륙의 민족들과 나라들을 직접 접해본 적이 없다. 그러나 나는 Levillier가 Las Casas와 관련해서는 오해했다고 생각한다. Las Casas가 자신의 가장 방대한 책— *Apologética historia sumaria*—을 집필한 것은 바로 신세계 주민들 사이에서 찾아볼 수 있는 광범위한 문화적 다양성을 자신의 동포들에게 설명하기 위한 것이었다. Patiño(1966, 184)는 Las Casa에 대해 그는 "아메리카 대륙 사회를 가장 날카로운 시각과 가장 성실한 태도를 갖고 관찰한 사람 중 한 명"이라고 말했다. Friederici(1986, 1:175)역시 Las Casas가 보여준 "민족학적 관찰의 탁월한 재능"을 칭찬하며, "그는 당대의 민족학 수준을…앞서 있었다"고 단언한다. 하지만 Las Casas는 두 가지 면에서 모든 원주민을 똑같이 취급한다. 첫째, 그의 논적들이 믿는 바와 달리, 그는 원주민들이 동등할 뿐 아니라 충분히 이성적이라고 생각한다. 둘째, 그는 일반적으로 원주민들이 천성이 온순하고 단순하므로 복음화하기에 적격이라고 이해한다.

에 또 다른 흑인 노예들과 크리오요(흔히 아프리카에서 태어난 흑인들과 달리 아메리카 대륙에서 태어난 흑인들을 지칭하는 데 사용되었다)가 추가되었는데, 이들은 모두 처음부터 라틴 아메리카에서 펼쳐진 드라마의 배우들이었다. 이들이 처음 등장한 시기에 대해서는 논란의 여지가 있지만[26] 우리는 그들에 관해 스페인 국왕이 최초로 지시한 시기가 언제인지 알고 있다. 그 명령은 스페인의 왕과 여왕이 당시 히스파니올라 총독이었던 니콜라스 데 오반도에게 하달한 것으로서 1501년 9월 16일에 내려졌다. 그 명령은 [아메리카에 데려갈] 흑인 노예는 스페인에서 태어났고 그리스도인인 라디노여야 한다고 규정한다(Pacheco et al. 1864-1884, 31:23).[27]

이들은 또한 일찍이 봉기와 반란에 참여했다. 후안 보쉬에 따르면 "이미 1503년에 흑인들이 인디오들과 한 패를 이루어 산으로 도주한 사건이 발생했던 것으로 보이며, 그때부터 오반도 총독은 히스파니올라에 흑인을 들여오기를 보류하라고 제언했는데 그 이유는 그곳에 도착한 흑인들이 배에서 도주하여 소요를 확산시켰기 때문이다." 보쉬는 계속해서 다음과 같이 덧붙인다. "신세계 최초의 흑인 봉기는 앞서 말

---

26 Bosch(1986, 138)에 따르면, 1502년 Nicolás de Ovando가 최초로 흑인 라디노 노예들을 신세계로 실어 갔다. 몇몇 전문가들은 탐험에서 그가 무슨 역할을 맡았는지는 알 수 없지만, Columbus의 제1차 항해에 동행한 흑인이 한 명 있었다고 단언한다(Varela [1930] 1986, 12). 또 어떤 이들은 Columbus의 제2차 여행에 동행한 귀족 중 몇몇이 자기들을 시중 들어줄 흑인 노예들을 데려왔을 수 있다고 생각한다. Deive(1980, 21)는 해방된 흑인 노예들이 고용 계약을 맺고 1501년 히스파니올라로 왔다고 말한다. Sued Badillo(1986, 17-62)는 정복 과정의 초기부터 해방되어 공민권을 얻은 흑인들이 존재했던 사실을 지적함으로써 귀중한 공헌을 한다.

27 이 명령에서는 노예가 흑인이어야 한다고 명시하지는 않는다. 그 명령의 목적은 이들 노예가 카스티야에서 태어난 라디노여야 한다고 주장하려는 것이다. "흑인 노예이든 다른 노예이든 그리스도인 주인, 곧 우리의 신민이자 카스티야 본토인 밑에서 태어난 자들이어야 한다." Deive(1980, 35)에 따르면, 보살 곧 서아프리카에서 직접 수송해온 흑인을 아메리카에 도입하는 허가는 1517년 인준되었다.

한 히스파니올라 섬에서 1522년 12월 26일 발생했다"(Bosch 1986, 138, 143).[28]

연대기 작가인 곤살로 페르난데스 데 오비에도 이 발데스는 히스파니올라에서 인디오 추장 엔리키요가 일으킨 반란에 여러 부류에 속한 사나운 흑인들이 가담했다고 지적한다. 그의 견해에 따르면 이 흑인 가담자들은 반란을 더욱 악화시키는 추가적인 요인이었다. "제당 공장들이 흑인들을 많이 끌고 와서 이 땅을 흡사 에티오피아처럼 만들었는데, 이 흑인들 중 일부가 매일 도주하여 엔리키요와 그가 이끄는 인디오들 편에 가담한다는 사실을 고려할 때, 이 문제가 과소평가되어서는 안 된다"(Oviedo 1851, 1.1.4:141).[29] 멕시코의 프란치스코회 수사인 토리비오 데 모톨리니아도 "흑인들이 너무 많아서 그들은 때때로 반란을 일으켜 스페인 사람들을 죽이기로 동의했다"고 경고했다.[30]

이는 스페인 국왕이 아메리카의 흑인들에 관해 몇 가지 결정을 내린 이유를 설명해준다. 예를 들어 1526년 5월 11일 인디아스에 흑인 **라디노** 도입을 제한하는 국왕의 칙령이 포고되었다. 그 텍스트는 다수의

---

28 Sued Badillo(1986, 175-182)는 이 말을 반박하며 푸에르토리코에서 1514년 9월에서 11월 사이에 흑인 반란이 있었음을 입증하려고 한다. 하지만 그것이 1522년에 히스파니올라에서 발생했던 봉기처럼 특정한 정치적 결과를 초래한 봉기였는지, 아니면 탈출을 모의한 흑인 집단이 일으킨 소요였는지는 분명치 않다. Sued Badillo 자신도 히스파니올라에서 발생했던 여러 반란 사건에 대한 Suazo의 1518년 보고를 보도하면서 그런 종류의 사건들이 빈발했었음을 인정한다.

29 Powell(1985, 76)은 누에바에스파냐(멕시코) 북부에 흑인 반란 집단들이 존재한 점을 주목한다. 그들로 인해 치치메카 유랑부족들과 대치중이던 스페인 사람들의 상황이 더 어려워졌다. 반면에 Lockhart(1982, 219)에 따르면 페루에서는 무력을 통한 원주민 복속 정책에 흑인들이 적극적으로 가담해서 상이한 민족 집단들 간에 적대감과 대립이 팽배했다.

30 "Carta de Fray Toribio de Motolinia al Emperador Carlos V," Historia 213에 부록으로 수록된 글. 참고문헌 목록에 들어 있는 Benavente 1984를 보라.

흑인들이 매우 반항적인 태도를 지니고 있었음을 잘 보여준다.

> 짐이 알게 된 바로는, 가장 질이 나쁘고 행실이 좋지 않은 흑인 라디노를
> 우리 왕국에서 히스파니올라 섬으로 데려가면 그들은 거기서도 아무 쓸모
> 가 없노라. 그들은 그 섬에서 주인들을 섬기고 있는, 온건하고 순종적이고
> 평화로운 다른 흑인들을 충동질하고 자신들의 뜻을 강요하여 수차례 반란
> 을 시도했을 뿐 아니라 실제로 반란을 일으켜 산으로 도주하는 등 기타 범
> 죄들을 저질러왔다.…이 칙령을 통해 짐은 누구도 현재나 미래에 히스파
> 니올라 섬이나 인디아스의 여타 지역 또는 대양의 도서와 본토, 또는 그중
> 일부 지역에…짐이 그들의 주인들에게 주인 자신과 그 가정을 섬기도록
> 그들을 데려갈 수 있는 면허를 내리지 않는 한… 스페인이나 포르투갈에
> 서 1년 이상 지낸 어떤 흑인도 데려갈 수 없음을 선언하고 명령한다.[31]

황제 카를로스 5세가 1년 뒤 흑인 반란을 완화하기 위해 내린 "흑인 결
혼 칙허"는 주목할 만하다. 황제가 제안한 방안은 흑인 노예의 강제 이
주가 얼마나 증가했는지를 보여주는 지표일뿐만 아니라, 흑인 노예 간
의 결혼을 명령하여 그러한 혼인상태를 통해 그들을 안정시키려는 영
리하고 기만적인 해결책이기도 했다. 인디아스 평의회와 국왕은 아내
와 자식에 대한 집착과 애정이 흑인의 순응 결핍을 제어하는 역할을 할
것으로 생각했다.

---

31 「폐하의 특별 허가를 얻지 않는 한 흑인 라디노의 인디아스로의 이송을 금하는 국왕 교
   서」(*R.C. para que no pasen a las Indias negros ladinos si no fuese con licencia particular de Su*
   Majestad), Sevilla, 1526년 5월 11일(Konetzke 1953, 1:80-81).

짐이 알게 된 바로는 많은 흑인이 히스파니올라 섬에 왔고 지금도 날마다 오고 있다는 사실로 인해서, 그리고 그곳에 스페인 출신 기독교 신자가 별로 없기 때문에 흑인들 가운데서 소요나 봉기가 일어날 수 있다. 이는 흑인들이 자기들이 강하지만 노예가 된 것을 보고 산으로 달아날지도 모르기 때문이다.…짐이 이 모든 사안을 인디아스 평의회에서 논의한 결과, 향후 히스파니올라 섬으로 가는 흑인들과 이미 그곳에 있는 흑인들을 결혼시켜 각자가 자기 아내를 갖도록 하는 것이 좋은 해결책으로 보였다. 그리하여 그들이 아내와 자식들에 대해 애정을 품게 되면 그것이 그들 가운데 평온을 유지하는 요인이 될 것이기 때문이다(Konetzke 1953, 1:99).

황제는 흑인들로부터 자발적인 협조를 얻어내고 그들의 반역적 태도를 억제하기 위한 유인책으로 흑인들이 앤틸리스 제도의 광산에서 일함으로써 노예 신분에서 해방될 수 있게 해준다. 황제는 1526년 11월 9일 쿠바 총독에게 보낸 편지에서 이러한 기대를 표현한다. "짐은 앤틸리스 제도로 가는 흑인들이 그곳에 정착하여 반항하거나 도주하지 않고 좀 더 자발적으로 일하며 주인을 섬기도록 고취하기 위해 그들을 결혼시키는 것 외에도 그들이 일정 기간 동안 복무하고 자기 주인에게 최소한 금화 20마르크를 지불한 뒤에는 그들을 해방시키는 것이 좋겠다고 생각한다"(Sued Badillo 1986, 55).

카를로스 에스테반 데이베는 흑인 라디노가 히스파니올라에서 다루기 힘든 태도를 보이며 산으로 도주하게 된 원인이 그들이 이베리아 반도에서 익숙해 있던 상황과 앤틸리스 제도에서 겪게 된 노예 상태 간의 가혹함의 차이일 수 있다고 제언한다. "이베리아에서 흑인은 가사일을 돕는 종복으로 일하다가 앤틸리스 제도에 광부로 일하러 가게 되었고, 그러한 변화는 그로 하여금 노예제의 가혹함과 그 제도에 뿌리박은 불공평 및 왜곡을 뼈저리게 느끼게 하였으므로, 그로 하여금 섬 원주민과 팔짱을 끼고 울창한 숲속으로 도주하여 자유를 얻도록 내몰았다"(Deive 1980, 21).[32]

많은 역사가들이 아메리카의 정복과 식민화라는 복잡한 과정 초기부터 흑인들이 존재했음을 망각하는데, 우리는 이 현상이 그들의 자민족 중심주의와 인종적 편견에서 기인한다는 의구심을 떨쳐버릴 수 없다. 이 점에서 산토 도밍고의 흑인 노예제에 관한 데이베(1980, xiii)의 글은 일반적으로 다른 지역들에 대해서도 적용될 수 있다.

> 자기가 속한 문화를 가치있게 여기는 것과 관련하여, 그것에 다른 문화에 대한 과소평가가 뒤따르지 않는 경우는 거의 없다. 유감스럽게도 이는 사회적 기풍을 형성하는 규범과 가치관 및 관념들의 전형적인 핵심이…병균에 오염되지 않은 이베리아인들의 지혜를 통해 실질적으로 배양되었다고 주장하는 이들에게 해당되는 말이다. 흑인 노예들과 관련해서 그 모델은 아프리카인들의 문화를 저급하고 비정통적이며 가증한 것으로 간주하고, 사악한 자민족 중심적인 태도를 드러내는 오만한 분파주의적 이상을 드러내는 것으로 제도화된다.…그들의 의도는 그 국가의 성장에 큰 공을 세운 흑인들의 건설적인 업적을 평가 절하하려는 것이다.[33]

---

32 Sued Badillo(1986, 172-173)도 보라. 지금도 정글과 같은 환경을 유지하고 있는 앤틸리스 제도의 지형은 도주에 용이한 환경을 제공했다.

33 Deive의 연구는 흑인 문화가 지닌 복잡성과 다양성을 잘 보여주며, 따라서 그러한 여러 문화들을 하나의 단일한 틀에 종속시키는 것이 불가능함을 시사한다.

따라서 "두 문화 또는 두 세계 간의 만남"이라는 명칭은 적절하지도 않고 편리하지도 않다. 멕시코의 노련한 역사가인 실비오 사발라(1988, 17)는 그러한 개념을 비판하면서 "아메리카의 발견과 정복"으로 일컬어지는 사건들 중에는 "여러 민족과 여러 문화 간의 다양한 만남"이 존재한다는 말로써 그 점을 잘 나타낸다.

그렇다면 몇몇 민족들이 자기 땅에 대해 갖고 있던 주권이 폐기되고 급기야 그 땅의 주민들이 급격하게 감소하는 것으로 귀결된 그러한 "만남"을 어떻게 "기념"하겠는가? 그 정복은 "문화들 간의 폭력적인 충돌"(León Portilla 1987, 8)이며, 그 충돌에서 우월한 군사 기술을 가진 민족이 승리했음을 인정하는 것이 역사적으로 더 진실한 태도일 것이다.[34] 신세계에서 벌어진 사태는 **충돌** 또는 **대결**이었고, 그 **정면충돌**로 인해 힘에서만 차이가 있게 된 것이 아니라 인식에도 뻔뻔한 불균등이 존재하게 되었다. 원주민들 편에서는 애초의 당황이 감탄으로 이어졌다가 결국에는 두려움으로 끝나고 말았다. 침략자들 편에서는 지배와 강제를 향한 열망(Dussel 1988, 39), 곧 지배심(*animus dominandi*)[35]이 팽배해 있었다. 상이한 인간 집단들 간의 만남으로 시작되었던 사건이 머잖아 억압자와 피억압자 간의 관계로 변했다.[36]

---

34 나는 아메리카인들과 이베리아인들이 사용했던 군사 기술에 관해 지금까지 나온 최고의 비교연구는 Alberto Mario Salas(1950)의 연구라고 생각한다.

35 *animus dominandi*란 지배하고자 하는 마음으로, Morales Padrón(1955, 36)에 따르면 이는 신세계의 발견자들과 탐험가들이 지속적으로 수행해온 토지의 탈취에서 극명하게 드러난다.

36 "두 세계 간의 만남"이라는 용어는 1984년 7월 9-12일 산토도밍고에서 열렸던 아메리카 발견 5백주년을 위한 국가별 위원회 회의에 파견된 멕시코 대표단으로부터 지지를 받았다. 앞서 제시한 첫 번째 비판은 멕시코의 입장에는 적용되지 않는데, 이는 멕시코 선언의 주요 작성자인 Miguel León Portilla가 아메리카 원주민의 토착 문화에 대해 방대한 지식을 갖고 있기 때문이다. 하지만 나머지 비판들은 멕시코에도 적용된다. 그 선언서

히스패닉계에 바치는 애가

많은 사람들이 아메리카 대륙의 발견을 기념하는 것을 "히스패닉계의 축제" 또는 히스패닉 문화에 바치는 애가로 바꾼다. 이러한 선상의 사고는 역사적 성찰을 제국주의적 정복을 정당화하는 이념 또는 더 심하게는 칭송 일색의 신화서술로 바꿀 위험이 있다.

"히스패닉계에 바치는 애가"는 새로운 현상이 아니다. 그것은 니카라과의 위대한 히스패닉계 시인인 루벤 다리오에게서 찬란하게 드러났는데, 그는 신대륙 발견 400주년 기념식에서 두드러진 역할을 맡았었다. 『생명과 희망의 노래』(*Cantos de vida y esperanza*; 1905)에 실린 여러 편의 시들은 과거의 히스패닉의 위엄과 그것의 유토피아적 복귀에 대한 향수와 관련해서 깊은 비애를 반영한다.

> 스페인의 후예에게 수백 년간의 패권을 가져다주었던
> 걸출한 미덕이 다시 살아나고 있다고 세상에 말하라.
> …
> 왕성한 스페인의 혈통이여, 이 강하고 걸출한 민족이여,
> 한때 그들에게 승리를 안겨주었던 그 순박한 재능을 선보이게 하라.
> …

배후의 논리는 전통적으로 "발견"이라고 칭해온 사건의 본질적 성격—무력에 의해 보장된 토지 강탈—을 망각하고 있다. 참조. Ortega y Medina 1987, 129-130.

과거의 수 세기 동안 이어졌던 우리 조상들의 영웅적인 자태,

최초로 경작지를 개척했던 뛰어난 우리 선조들의 자태가

봄의 귀환을 알리는 표지인 대지의 숨결에 임할지어다.

...

이렇듯 오래된 선조들의 혈통에 새 생명을 불어넣는 양 대륙은

한 마음을 품고, 정신과 갈망과 언어에서 하나 되어,

그들이 부르는 노래가 새로운 노래가 될 순간이 다가옴을 보라.

(Dario 1976, 32-33)[37]

유토피아적인 이러한 향수는 스페인-미국 전쟁을 통해 드러난 북아메리카의 힘에 걸려 넘어진다. 여기서부터 수십 년 동안 반제국주의적 성향을 지닌 라틴 아메리카인들이 애송하던 "루스벨트에게"라는 시가 나온다.

너는 미합중국,

너는 미래의 침략자,

토종의 피가 흐르는 순진한 아메리카의 침략자,

여전히 주 예수께 기도하며 여전히 스페인어를 말하는 이들의 침략자!

...

너는 부요하고 힘과 재물을 숭배하는구나.

...

---

37   G. Dundras Craig, *The Modernist Trend in Spanish American Poetry* (Berkeley: University of California Press, 1934), 67-69의 영어 번역본.

조심하라, 스페인의 아메리카가 여전히 살아 있으니.

스페인의 사자에게는 천 마리의 새끼가 있나니.

루스벨트여, 무서운 소총수이자 강력한 사냥꾼이신 하나님 자신이

우리를 계속 너의 철의 손아귀 속에 두실 필요가 있으셨다.

그리고 너는 모든 것이 네 것이라고 생각하지만 네게는 여전히 한 가지가

부족하다.

네게는 하나님이 없다!

(같은 책, 48-50).

다리오는 지금은 "찬란한 스페인 혈통"의 "영웅적 자태"를 노래하기에 적절한 때가 아님을 깨닫는다. 그 당시는 오히려 역사적으로 히스패닉이 쇠퇴하고 북미의 세력이 떠오르던 상황이었다.

우리 머릿속엔 거의 아무 환상도 없고

우리는 가련한 걸인들이다.

그들은 우리에게 사나운 독수리들과 벌이는 전쟁에 대해 설교한다.…

그러나 그들에게는 고대의 낮의 영광이 없다.

로드리고도, 하메스도, 알폰소도, 자식들도 없다.…

유럽뿐만 아니라 히스패닉 아메리카도

그들의 숙명적 운명의 동방에 시선을 고정하고 있다.…

우리가 사나운 야만인들에게 넘겨질 것인가?

수백만 명의 사람들이 영어를 말할 것인가?

고결한 하급 귀족들과 용감한 기사들은 하나도 없는가?…

나는…운명이 다한 사자의 죽어가는 소리를 느낀다.

(같은 책, 68-69)

그러나 히스패닉 영웅주의의 몰락이라는 비극적 위기로부터 예기치 않게 과거의 영광으로 복귀하는 유토피아적인 환상이 나타난다.

> …그리고 검은 백조가 말했다. "밤이 낮에게 알린다."
> 그리고 흰 백조가 말했다. "새벽은 영원하다, 새벽은 영원하다."
> 오! 태양과 조화의 땅이여,
> 판도라의 상자는 아직도 너의 희망을 담고 있다!
> (같은 책)

이런 식으로, 라틴 아메리카의 많은 지식인들과 저술가들이 느끼는 미국의 팽창하는 힘은 스페인의 아메리카 대륙 정복을 미화하고 왜곡하는 원천이 된다. 그것은 정복을 히스패닉계가 이룩한 영광스런 위업으로 바꾸어 놓는데, 그 위업은 히스패닉계 아메리카인의 유토피아적인 사상의 비옥한 샘 역할을 할 수 있다. 그러나 그 과정에서 비판적 성찰의 통로는 마비된다.

기념에서 비판적 성찰로

위의 비판적 관찰이 이른바 "만남"의 중요성을 평가 절하하자고 주장하지는 않는다. 도리어 **아메리카 대륙 정복은 인류 역사상 가장 의미 있는 사건 중 하나다.** 페루의 지식인인 프란시스코 미로 케사다(1987, 31)가 단언하는 바와 같이 "아메리카 대륙 발견과 그 이후의 정복은 역사의 흐름을 바꾸는 데 결정적으로 기여한, 매우 중요한 역사적 사건임을… 부인할 수 없다. 그토록 중대한 사건 발생 500주년을 맞이하여 우리가 어떻게 관심이 없을 수 있겠는가?"

아메리카 정복에 대한 최초의 연대기 작가에 속하는 프란시스코 로페스 데 고마라는 400년 전 카를로스 5세에게 헌정한 자신의 역사서 서문에서 그 당시의 신앙고백적 어조로 다음과 같이 말했다. "세상이 창조된 이래로 창조주 하나님의 성육신과 죽음을 제외하고 가장 위대한 사건은 인디아스를 발견한 것이며, 따라서 사람들은 그곳을 신세계라고 부른다"(Lopez de Gomara 1946, 156). 고마라가 영웅시하는 에르난 코르테스는 비록 다른 비유를 사용하여 아메리카의 발견보다 (자신이 주역으로 활동했던) 아스텍 제국의 정복에 대해 더 많이 언급하기는 하지만, 이 사건을 가리켜 "사도들의 회심 이래 여태까지 있었던 일들 가운데 가장 거룩하고 가장 숭고한 행위"라고 부른다(Cortés, 1985, 210). 크리스토퍼 콜럼버스는 자기 나름대로 제1차 여행 도중 틈틈이 기록한 자신의 『항해일지』(*Diary*)에 자신은 이 해상 모험이—카스티야 왕실의 자문관들 대부분에게는 "농담"에 불과하겠지만—기독교에는 큰 영예가 되리라고 믿는다고 기록했다(Varela 1986, 203).

교황 레오 13세는 "하나님의 가호 아래 대서양에 가까운 미지의 세계 발견" 400주년을 축하하는 회칙에서 이 발견을 "역사상 가장 웅장하고 아름다운 행위"로 평가한다.[38] 이는 그 발견을 "인간이 지금껏 이룩한 가장 빛나는 행위"(Las Casas 1986, 2.1.34:176)라고 평가한 바르톨로메 데 라스 카사스의 명제를 되풀이한 것이다.

그것은 확실히 세계 종교로서의 근대 기독교의 시작이다. 앙리 보데(1965, 3-4)는 유럽은 수천 년 동안 사방이 적들로 둘러싸인 대륙으로서 마라톤 전투와 살라미스 해전에서는 페르시아인에 맞섰고, 로마에서는 아틸라가 이끄는 훈족에, 발칸 반도에서는 이슬람교도인 투르크인들에 맞서 독립과 생존을 위해 싸워왔음을 지적하면서 그 시대의 독특성을 강조한다. 십자군이 실패한 뒤 유럽은 수세에 몰려 오스만 제국의 위협에 직면했었다. 오스만 제국은 1453년 콘스탄티노플을 점령했고 그 후로도 계속 진군하여 발칸 반도를 지배했으며, 이후 헝가리를 정복한 뒤, 마침내 1529년에 유럽의 심장부인 비엔나 성문 앞까지 진격했다(Kennedy 1987, 3-4). 마르셀 바타용(1954, 343-351)은 콜럼버스의 탐험 이후 첫 75년 동안 유럽은 다른 지역에 대한 지식을 그 이전 천년 동안 얻은 것보다 더 많이 얻었으므로, 근대 시대의 시작을 알리는 결정적인 사건은 콘스탄티노플 점령이 아니라 "아메리카의 발견"임을 강조한다. 사상 최초로 인간의 실재에 대해 참으로 보편적이고 세계적인 관점이 구상될 수 있었다(Scammel 1969, 389-412를 보라). 그러나 그것은 제국주의적 보편주의로서 문명화와 동시에 굴종을 강제하였으며, 종교적으

---

38 Encyclical, *"Quarto abeunte saeculo,"* Terradas Soler 1962, 128에 수록된 글.

로 최고의 정점을 구가하는 동시에 가장 끔찍하고 호전적인 잔인성을 발휘한 시기다.

신세계를 정복함으로써 유럽은 이슬람의 포위에서 탈출할 길이 생겨났을 뿐 아니라 유럽의 세계 패권도 시작되어, 여러 단계를 거친 제국주의 체계가 근대 시대의 특징이 되었다. 유럽의 식민주의는 1492년 10월 12일에 시작되었다(교황 레오 13세는 이 사실을 다음과 같은 교묘한 말로 표현한다. "유럽이라는 이름이 가진 권위가 이례적으로 높아졌다"[Terradas Soler 1962, 128]).[39] 아메리카 대륙의 원주민들이 자기들의 땅과 문화를 지키기 위해서 최초의 무장 반란을 일으킴에 따라 유럽의 식민주의에 맞선 투쟁도 시작되었다. "신세계의 야만인들"에 관한 비토리아의 해설(Urdanoz 1960, 641-726)은 스페인이 아메리카의 땅과 주민에 대한 지배를 자신에게 귀속시킨 것을 합리화하는 정당한 이유와 부당한 이유들에 대해 비판적으로 검토할 뿐만 아니라, 훗날 유럽의 여러 제국주의 체제가 내놓는 온갖 정당화 논리들에 대해서도 능숙하게 예견한다.

(나침반·인쇄술·화약이라는 기술 진보 없이는 생각할 수 없는) 유럽의 그러한 팽창 과정에서 **기독교 신앙은 제국주의 이념으로서 독보적인 역할을 수행했다**. 그 사실을 망각한다면 그것은 천박한 물질주의에 빠지는 것과 다름없을 것이다. "그대는 이 표식으로 정복할지니라"(*In hoc signo vinces*)는 콘스탄티누스의 표어였지만, 그것은 또한 스페인의 두 가톨릭 군주의 심리를 충실하게 보여주기도 한다.

아메리카 대륙 발견 500주년은 우리가 가진 역사적 정체성의 뿌리

---

39 "스페인의 아메리카 정복은 근대 최초의 거대한 식민지 제국의 형성으로 귀결되었다"(Lafaye 1988, 10).

에 관해 비판적으로 성찰함과 동시에 공통의 연결 고리와 과제를 가진 사람들로서의 우리의 미래에 관해 심사숙고하기에 아주 좋은 그리고 다시 없을 기회이기도 하다. 칠레의 역사가인 페르난도 미레스(1986, 13)가 확언하듯이 "그러므로 기념의 개념을 뒤집어서 그날을 성찰을 위한 날로 바꾸는 것은 우리의 윤리적 의무다."

2

알렉산데르 교황의 칙서

스페인 사람들: 거룩한 가톨릭 신앙 및 왕실의 문장(紋章)과 왕관

성 베드로 안에서 우리에게 수여된 전능하신 하나님의 권위로 말미암아, 또한 그리스도의 대리자로서 우리가 지상에서 지니는 직무에 따라…이미 얻었거나 앞으로 얻게 될, 그리고 이미 발견하였거나 앞으로 발견할 모든 본토와 도서들을…우리는 그대들과 그대들의 상속자들 및 계승자들에게…하사하고 양도하고 할당합니다.

- 교황 알렉산데르 6세

나는 너희에게…교회를 우주의 여주인이자 장상(長上, superior)으로 인정하고, 교회의 이름으로 교황이라 칭하는 최고 사제를 인정할 것과 국왕과 여왕을…주군이자 상급자로 인정할 것을 요청하고 요구한다. 너희가 그렇게 하지 않는다면…나는 하나님의 도우심을 힘입어 너희에게 강력한 조치를 취할 것이다. 나는 도처에서 내가 할 수 있는 방법을 다 동원하여 너희와 전쟁을 벌일 것이다. 나는 너희를 복속시켜 너희로 하여금 교회와 폐하들의 멍에를 메고 복종하게 할 것이다. 나는 너희와 너희의 아내들과 자식들의 인신을 취하고, 너희를 노예로 삼아 그 상태로 팔아버릴 것이다.…나는 너희의 재산을 빼앗아 갈 것이고, 내가 할 수 있는 모든 해악을 너희에게 끼칠 것이다.

- 포고문

앞 장에서 지적했듯이, 발견-만남이 곧바로 지배와 정복으로 바뀌었음을 긍정한다고 해서 그 사건의 주역인 스페인 사람들의 목적과 목표를 둘러싼 근본 문제가 풀리지는 않는다. 명백한 **식민화**의 과정이 신세계에 정착한 스페인 사람들에게 넘겨졌고, 이들이 천연 자원을 착취하여 대도시에 유익을 가져온 것을 지적하는 것으로도 충분치 않다. 확실히 애초부터 물질적 이익을 추구하려는 동기가 있었다. 부를 얻기 위한 야망은 콜럼버스부터 프란시스코 피사로에 이르기까지, 또한 이 드라마의 단역들에게도 작용한, 불변의 요인이었다. 16세기 내내 어마어마한 양의 금과 은이 유럽으로 유입되어 카를로스 5세와 펠리페 2세 재위 기간 동안 카스티야 제국의 팽창을 후원한 사실은 물질적 이해 관계를 보여주는 분명한 지표다.[1]

그러나 정복에 관한 논쟁의 주요 참가자들은 종교적이고 초월적인 성격을 지닌 또 다른 목표를 지적하는데, 그것은 곧 새로 발견한 땅과 마을들을 기독교화하는 것이었다. 스페인이라는 나라는 국가이자 교회로서 이중의 역할을 맡고 있었으므로 "불신자와 이방인들"의 영혼을 구원한다는 명분을 신세계에 대한 무력 지배를 정당화하는 최초의 법률적·신학적 구실로 내세웠다. 사발라(1984, 32)는 역사적 사건에 대해 "이교도를 개종시킨다는 종교적 목적이 유럽의 관할권에 대한 참된 근거가 된다"라고 올바로 단언한다.

---

1   Dussel(1981, 403)에 따르면 구대륙에 있었던 은의 열 배, 금의 다섯배에 해당하는 귀금속이 아메리카 대륙에서 유럽으로 옮겨졌다. 귀금속이 유럽 경제에 끼친 영향에 대한 고전적인 연구는 Hamilton 1934다.

스페인의 신세계 지배에 관한 논쟁에 참여하는 주요 이론가들이 만장일치로 영토 팽창이나 물질적 재화의 획득을 스페인의 지배를 합리화하는 정당한 이유로 인정하지 않고 도리어 그것을 명시적으로 거부했다는 점에 주목할 필요가 있다. 그 결과는 참으로 기이했다. 역사상 가장 대규모의 제국주의적 팽창이 그것이 원래 자기의 의도였음을 결코 자기 자신에게도 인정하지 않은 제국에 의해 이뤄진 셈이다.

이 논쟁에 가담한 모든 주요 배역들이 신봉하는 주된 목표는 원주민들의 개종, 즉 그들의 영혼에 영원한 구원을 가져다주는 것이었다. 복음화는 스페인이라는 국가가 정복기간 동안 휘날렸던 이론적 기치였다.

교황 알렉산데르 6세의 칙서(1493년)부터 이사벨 여왕의 유언장(1504년), 부르고스의 법(1512년), 스페인의 포고문(1513년), 인디아스 신법(*Leyes Nuevas*, 1542년), 바야돌리드에서의 논쟁(1550-1551년), 펠리페 2세가 공표한 "새로운 발견과 마을들에 대한 규례"(1573년), 마지막으로 1680년 카를로스 2세의 재위 때 완성된 『인디아스 법령집』에 이르기까지 기독교화는 신세계에서 스페인의 통치를 정당화하는 주요 목표로 부상한다. 기독교는 제국주의적 팽창을 옹호하는 공식 이념이 된다.

이런 맥락에서 로마교회의 주교가 공표해온 일련의 교황 문서들 중 가장 유명하고, 기독교에 정치적으로 큰 영향을 미친 문서들이 가장 중요하다. 교황 알렉산데르 6세의 칙서들—「특히」(*Inter caetera*, 1493년 5월 3-4일)와 「얼마 전에」(*Dudum siquidem*, 1493년 9월 23일)—은 새로 발견되었거나 앞으로 발견될 땅들을 스페인의 가톨릭 군주들과 그 왕조의 후손들에게 평생토록 "하사하고"(donate), "수여하고"(grant), "할당하며"(assign) 아울러 그곳의 원주민들을 기독교 신앙으로 개종시킬 독점

적 책무를 부여한다고 밝힌다.[2]

신세계를 향한 기독교의 거대한 팽창이 도덕적 약점과 인격적 타락으로 악명 높던 교황의 비호 아래 시작되었다는 것은 역사상 최고의 역설이다. 알렉산데르 6세, 곧 불행했던 체사레 보르자 공작의 아버지인 로드리고 보르자는 마키아벨리가 『군주론』에서 관심을 둔 대상이다. "알렉산데르 6세는 늘 사람들을 속였고, 언제나 속이는 일만 생각했으며, 늘 자신의 속임수에 넘어갈 희생자들을 찾아냈다. 그 사람만큼이나 남을 설득하는 단언을 그렇게 잘 하고, 또 자기 말이 진실이라고 맹세하면서도 그토록 자기 말을 안 지키는 사람을 찾아볼 수 없었다."[3] 마키아벨리에게서 나온 이 말은 일종의 칭찬이었다. 또 다른 곳에서 마키아벨리는 알렉산데르 교황의 취향을 "사치, 성직 매매, 잔인함"이라고 요약한다(*Decennale*, 제1장).

권력에 관해 연구한 저명한 철학자의 역설을 예로 들지 않더라

---

2 이들 칙서는 Fernandez de Navarrete 1945(2:34-49, 467-468), Casas 1965(2:1277-1290)와 같이 스페인어로 쓰인 여러 문집에 들어 있다. 영어로 쓰인 것은 Fiske의 책에서 찾아볼 수 있다. Giménez Fernández(1944, xiii)의 주장대로 칙서들 중 일부는 "칙서라고 불리기에 부적절하다"는 것이 사실일지라도, 나는 그가 제시한 이유와 동일한 이유로 전통적 용법을 따라 동일한 용어를 사용한다. Manzano(1948, 8-28)는 이 세 가지 교황 칙서들 간에 다음과 같은 차이가 있음을 밝힌다. 첫 번째 칙서는 새로 발견한 땅의 "하사"를 명한다. 두 번째 칙서는 두 이베리아 반도 국가들 간에 있을 수 있는 충돌을 피하기 위해 스페인과 포르투갈의 관할권 범위를 정한다. 세 번째 칙서는 "탐험자들"의 본래 목적지였던 "동 인디아스"에게까지 "하사"를 확대한다. Alexander 6세는 「특허」를 공표하기 전날인 1493년 5월 3일 또 다른 칙서인 「뛰어난 신심」(*Eximiae devotionis*)을 공표했다. 교황의 공인된 선언들이 쏟아진 것은 포르투갈 국왕과의 관할권 충돌이 임박했기 때문인 것으로 보인다. 훗날 포르투갈의 영역과 스페인의 영토 간의 경계선은 1494년 6월 7일 토르데시야스 조약에 의해 합의되었고, 이에 대해 교황 Iulius 2세는 1506년의 칙서 「그분을 거쳐서」(*Ea quae*)를 통해 비준했다. 이 마지막 두 칙서와 토르데시야스 조약은 Davenport 1917(1:64-70, 84-100, 107-111)에 수록되어 있다.

3 George Bull이 번역하고 서론을 추가한 『군주론』(*The Prince*, Baltimore: Penguin Books, 1961), 제18장, 100쪽에서 발췌한 것이다.

도, 가톨릭 역사가들도 보르자 가문 출신의 교황이 정결이나 덕성의 본이 아니라는 점을 인정했다. 스페인 국왕의 왕실에서 복무한 적이 있는 이탈리아의 인문주의자 페드로 마르티르 데 앙글레리아([1497] 1953, 1:329-330)는 이 세속적인 교황의 습관에 대해 다음과 같이 논평한다. "우리 교황 알렉산데르는 우리를 위해 천국으로 통하는 다리 역할을 하도록 선택받았음에도 자기 자식들—그가 아무런 부끄러움 없이 자랑하는 자식들—이 매일 더 많은 재물을 산더미처럼 쌓을 수 있도록 그들을 위해 다리를 놓는 일 외에는 다른 어떤 것에도 관심이 없다.…이런 짓들이 나를 구역질나게 한다."

마누엘 히메네스 페르난데즈(1944)는 이 교황 문서들의 기원, 그것들의 교회법적 가치 및 그 문서들이 보여주는 상이하고도 때때로 상충되는 해석들에 관한 방대한 연구를 통해—스페인의 가톨릭 역사가로서는 꽤나 전형적이지 않은 방식으로—그다지 교훈적이지 않은 이 문서들의 정치적 기원을 과감하게 파고든다. 한마디로 페르난데스는 이 문서들을 교황과 스페인 국왕 간에 주고받은 일종의 성직매매식 교환으로 본다. 이 교환에서 페르난도 5세가 포르투갈의 주장에 맞서 청원/요구한 것을 교황 알렉산데르 6세가 동의했는데, 이는 교황이 낳은 신성 모독적인 자식들, 특히 그의 서자인 간디아 공작 후안 데 보르자를 위해 스페인 국왕이 매우 좋은 조건의 결혼을 주선해준 데 대한 보답이었다.[4]

---

4   "마키아벨리적인 부패한 왕 페르난도 5세와 성직 매매자인 교황 알렉산데르 6세 치하에서 일어난 주고받기 게임에는 서신들의 시작부터 [교황 편에서] 동인디아스를 양도한 것과 국왕 편에서…그의 사촌인 María Enriquez를 교황의 서자인 Juan de Borgia와 결혼시킨 것이 서로 매우 밀접하게 연결되어 등장한다.…이렇듯 5월 3일의 「특허」는 아라곤의 군주들과 Alejandro Borgia가 총애하던 서자 사이에서 맺어진 인척관계의 첫 단계에 불과하다"(Giménez Fernández 1944, 86-87).

히메네스 페르난데즈(같은 책, 26)는 또한 이 문서들의 공포 과정에서 자행된 교회법상의 변칙들을 조명한다. "꼼꼼한 법률 형식의 완성은 알렉산데르 6세가 따른…절차의 특징이 아니었다." 하지만 이 탁월한 지식인은 이러한 상황에 대해 좌절하거나 회의하지 않는다. 그는 단호하게 하나님의 섭리를 믿으며 다음과 같이 결론짓는다. "알렉산데르 6세가 성 베드로의 주교직을 역임한 것이야말로 교황 제도가 신성한 성격을 지니고 있음을 보여주는 가장 완벽한 증거다. 교황 제도는 보르자 가문 출신 교황의 행실에도 불구하고 그 위신을 잃지 않았기 때문이다." 히메네스 페르난데즈에게는 이러한 교황 칙서들은 알렉산데르 6세의 부패나 페르난도 5세의 탐욕과 상관없이 "굽은 선 위에 똑바로 쓰고, 그 주역들이 문명화와 선교의 책무를 이룰 수 있도록 정치적 자격의 토대를 놓아주심으로써 섭리적으로 신세계를 발견케 하시는 하나님의 경로의 결정적인 중요성"(같은 책, 45)을 보여주는 이례적인 사례다.[5]

이것은 분명 로마 교황직이 지닌 초월적 미덕을 믿는 믿음을 인상적으로 표현한 것이다. 하지만 가톨릭교도가 아닌 입장에서는 당연히 (교회법적 타당성이 거의 또는 전혀 없는) 알렉산데르 교황의 칙서들과 초월성을 띤 교리적 진리를 조화시키기 위해 이토록 영웅적인 노력을 쏟아

---

[5] 16세기 스페인의 가톨릭 신학자들은 일반적으로 Alexander 6세에 대해 신중한 존경심을 유지하면서 교황청의 위엄을 강조하고 교황의 개인적인 도덕적 경박함에 대한 언급을 회피한다. 도미니코회 수사인 Miguel de Arcos([1551], 1977, 6)는 로마 교황청의 부패에 대해 비판적으로 언급한 소수의 인물 중 한 명이었다. "우리는 교황에게 가톨릭 군주들과 그들의 계승자들에게 이처럼 양도할 권위가 있음을 의심할 수 없다. 그러나 일반적으로 말해서—권위에 관해서가 아니라 사실 관계에 있어—요즘에 로마에서 많은 것들이 수여되고 있는데, 요청된 것들 가운데 수여되지 않는 것이 거의 없다는 점에 두려워해야 할 무언가가 있다."

붓는 것을 이해하기가 어렵다.[6]

알렉산데르가 공표한 교황 칙서를 이해하기 위해서는 이것들을 먼저 하나님의 아들의 절대적이고 보편적인 뜻을 전하는 특사로서 그리스도의 대리자(*Vicarius Christi*)이자 세계의 주재자(*dominus orbis*)라는 칭호를 가진 교황의 최고 권위를 주장하는 중세적 교리의 맥락에서 살펴보는 것이 유용하다. 알렉산데르의 칙서들을 교황의 세속적 권위라는 중세적 전통 속에 두면서, 특히 그것이 위서인 「콘스탄티누스의 기진장」 (Donation of Constantine)[7]에서 비롯된 것으로 보는 멕시코 학자 루이스 웨크만의 연구(1949)는 매우 유익하다. 하지만 칙서에 대한 웨크만의 설명—작은 섬들에 대한 교황권의 특이한 성격—은 설득력이 없다. 그는 해석학의 기본 원리, 즉 어떤 개념의 의미는 동시대의 용례에 따라 이해되어야 하며, 이전 시기의 용법을 따르지 않는다는 원리를 무시한다. 알렉산데르 교황의 칙서가 15세기 말의 어법 및 16세기의 논쟁에서 해석

---

6   이와 반대로 Staedler(1937, 363-402)는 사실상 Alexander 교황은 이른바 "알렉산데르의 교황 칙서"의 집필이나 승인과 거의 관계가 없다고 이해한다. 그의 견해에 따르면 이 칙서들은 카스티야 왕실에서 작성하고 로마 교황청이 승인한 것으로서 교황 개인적으로는 거의 참여하지 않았다. 내게는 Giménez Fernández의 견해가 더 설득력이 있는 것으로 보인다.

7   8세기에 작성된 것으로 보이는 이 문서에 따르면 콘스탄티누스 황제는 실베스테르 교황에게 영적인 문제와 세속적인 문제에 대한 최고 권한이 있음을 인정했다. 이는 극단적인 교황권 지상주의자들에 의해 부활하신 하나님의 아들이 지니는 세속적·보편적 주권과 관련해서 베드로의 계승자를 '그리스도의 대리자'로 인정하는 하나의 방식으로 해석되었다. 인문주의적 비판자인 Lorenzo Valla는 그의 1439년 논문인 *De falso credita et ementita constantini donatione declamatio*에서 이른바 "기진장"이 지닌 사기적인 성격을 입증했다. 그러나 「콘스탄티누스의 기진장」은 이후로도 수십 년 동안, 16세기에 그것이 위서임이 일반적으로 인정되기까지 이후 교황권 지상주의자 진영에서 어느 정도 통용되었다. Las Casas(1969, 224-225)는 1556년 Felipe 2세에게 보낸 보고서에서 이 문서에 관해 언급하여 그 문서에 신빙성을 부여하면서 카스티야 국왕에 의한 인디아스의 취득은 "콘스탄티누스 대제가 로마 교회에 증여한 것보다 여섯 배나 더 큰" 영토의 편입을 함축했다고 말한다. 하지만 문헌 비평은 Las Casas의 강점은 아니었다.

된 방식을 이해하는 것이 이전 세기들에 나온 유사 문서들을 검토하는 것보다 더 큰 해석학적 비중을 갖는다. 그렇다고 해서 후자의 작업이 지닌 상대적 중요성을 부정하는 것은 아니다.

역설적으로 교황의 힘이 쇠퇴하고 기독교 세계 전체에서 그의 권위는 더욱더 쇠퇴하는 시기인 15세기와 16세기에 스페인의 교회법 학자들 사이에서 극단적인 교황중심주의 개념이 성장했다.[8] 신세계에 대한 스페인의 지배를 합리화하기 위해, 전에는 제왕 교권설과 제국주의 입장을 옹호하던 자들이 스페인 국왕의 주권을 입증하려는 의도로 교황중심주의 이론을 사용한 것도 역설적이다(García 1984, 17-63을 보라).[9] 르네상스 시대에 민족별로 왕정국가가 발전함에 따라 교황의 신정정치를 강조하는 것처럼 보이는 문서들에 강력한 제왕 교권설과 국가 통제주의의 색채가 더해졌다. 이렇게 해서, 사발라의 말마따나(Palacios Rubios and Paz 1954, lxx), "교황 지상권론과 제왕 교권설의 합류" 현상이 일어났다. 최고 사제로서의 교황의 지위가 스페인 왕권에 크게 의존하게 된 시기에 교황은 "온 세상의 주재자"로 선포되었다. 자신도 발렌시아에서 태어난 스페인 사람인 로마 주교가 카스티야의 "청원"을 자의적이라고 거부하기를 기대하는 것은 별로 현실적이지 않았다.

히메네스 페르난데즈(1944, 140)는 교황권이 가진 세속적·보편적 권력이 이 칙서들에서처럼 강조된 적이 없었다는 점을 지적했다. 교황

---

8   이 점에서 Höffner(1957, 3-95)가 신정주의적 보편주의자들의 사상을 요약한 것은 매우 소중하다.

9   이러한 자세의 절정은 Solórzano y Pereyra([1648] 1930, 1.1.10:97-105)에서 찾아볼 수 있다. 그는 교황을 불신자들의 왕국의 왕위를 폐위시켜 그것을 그리스도인 군주들에게 처분할 수 있는 신적 권위를 지닌 "지상의 대리 신"으로 선언했다. 그의 교황중심주의는 사실상 애국적 성격을 띤 제국주의적 제왕 교권설이다.

의 권위보다 스페인 국왕의 권력에 더 관심이 있던 스페인의 왕정주의자들이 그때까지는 소수파에 지나지 않았던 교황권 지상주의를 과장스러울 정도로 강조했다.

최고 사제가 신성 로마 제국의 모든 신민에게서 논박되지 않는 도덕적 권위를 갖고 있던 중세 시대에 출현한 교황 지상주의는 13세기라는 비옥한 토양을 만나 오스티아의 엔리케 데 세구사 추기경의 사상에서 가장 극적으로 표출되었다. 그는 다음과 같이 말한다.

> 그러나 우리는 교황은 구세주 예수 그리스도의 보편적 대리자이며, 따라서 그리스도가 성부로부터 받은 권능이 절대적인 만큼 교황 역시 그리스도인뿐 아니라 불신자도 다스릴 권세가 있다고 믿는다. 아니, 더 정확하게는 그렇게 확신한다.…그리고 내게는 그리스도가 오신 이후로 최고의 권세를 가질 뿐 아니라 오류가 없는 교황이 불신자들로부터 모든 영예와 주권과 지배권과 사법권을 취하여 신자들에게 이전한 것은 올바를 뿐 아니라 정당하다고 보인다.[10]

스페인 제국을 옹호하는 자들은 유럽 국가들 사이에 민족주의가 태동하면서 교황좌가 주변화되기 시작하고, 로마 교황청이 심각한 위기와 도덕적 부패의 시기를 겪고 있던 바로 그때 알렉산데르 6세의 칙령이 지닌 의미를 확대할 목적으로 이러한 종류의 교황주의를 부활시켰다. 나중에 펠리페 2세가 최고 사제가 가진 관할권을 최소한으로 축소하려

---

10 Cardinal Ostiensis, *Lectura in quinque Decretalium gregorianarum libros* (3.34), *"De voto"* (c. 8), *"Quod super"* (3). Leturia(1959, 158–159)에 인용된 글.

고 시도한 것은 스페인 국왕이 교황 칙서를 통해 아메리카 대륙에서 교회를 치리할 수 있는 특권과 혜택을 얻었다는 사실을 고려해볼 때 참으로 역설적이다(Shiels 1961, 195-228; Lynch 1987, 335-352).

교황주의 전통이 13세기에 "현자" 알폰소 10세가 편찬한 법전인 『칠부대전』(*Las siete partidas*)이 대표하는 카스티야의 법률 안으로 들어오게 된 방식을 간과해서는 안 된다. 군주의 정치적·영토적 관할권에 관한 제2부의 첫 번째 제목에 속한 아홉 번째 법은 "주권을 얻는 방법"을 다음과 같이 네 가지로 제시한다. (1) 상속에 의한 방법은 "상속에 의해 장자가 왕국을 상속받을 경우"다. (2) 신민들의 선택에 의한 방법은 "군주가 자기 왕국 안에 있는 백성들의 뜻으로 그들을 얻을 경우"다. (3) 결혼에 의한 방법은 "누군가가 왕국의 계승자인 여자와 결혼할 경우"다. (4) 교황 또는 황제의 하사에 의한 방법은 "교황 또는 황제가 왕을 임명할 권리가 있는 땅에서 왕을 임명할 때 교황 또는 황제의 인정에 의한" 방법이다. 쉽게 예상하듯이 합법적인 소유권을 얻을 수 있는 이 마지막 방법이 알렉산데르의 칙서에 적용되었다(Palacios Rubios and Paz 1954, 77-78). 그러자 곧바로 신세계의 땅을 스페인에 "하사"할 수 있는 교황의 "권리"가 정당한지에 대한 논쟁이 일어났다. 거기에는 또한 이 법에서 도출된 결론이 신세계에 적용되거나 적용되지 않는 방식을 둘러싼 격렬한 논쟁거리가 숨어 있었다. "군주는 언제나 자신의 복리보다 백성들의 복리를 보호해야 한다"(Alfonso 1807, 2.2.1.9:10).[11]

알렉산데르 6세의 칙서가 선례를 세운 것은 아니었다. 이 칙서들

---

11 『칠부대전』(*Las siete partidas*)에 따르면 백성들을 위한 공동의 이익을 추구하는 것이 참된 군주와 "폭군"을 구별하는 특징이다. 아메리카 원주민들의 권리를 옹호하는 이들은 이러한 구별을 활용했다.

은 15세기 아프리카 서부 해안에서 탐험한 영토에 대한 독점권을 포르투갈에게 부여했던 교황의 선언들과 관련이 있었는데, 그러한 문서로는 교황 에우제니오 4세의 「얼마 전에 우리와 함께」(*Dudum cum ad nos*, 1436년)와 「왕중왕」(*Rex Regum*, 1443년), 니콜라오 5세의 「신의 사랑을 받는 공동체」(*Divino amore communiti*, 1452년)와 「로마 교황」(*Romanus Pontifex*, 1455년), 갈리스토 3세의 「특히」(*Inter caetera*, 1456년), 식스토 4세의 「영원한 왕의」(*Aeterni Regis*, 1481년) 등이 있다(Martel de Witte 1953-1958를 보라).[12] 이러한 교황 칙서들은 형식적으로 및 그 문서의 표현에 있어서 알렉산데르 교황의 칙서들의 선례였다. 포르투갈 역시 그것들을 이용해서 콜럼버스가 발견한 땅에 대한 관할권을 주장하였고, 이로 인해 스페인 국왕은 알렉산데르 교황에게 "하사 칙서"를 요구했다(Davenport 1917, 9-55).[13]

교황의 칙서들은 포르투갈 사람들에게 아프리카에서 다음과 같은 권리를 누릴 수 있도록 했다. (1) 새로 발견하고 점령한 영토에 대한 소유권, (2) 교회의 후원을 받을 권리, (3) 국왕의 십일조 징수권, (4) 가톨릭 신앙을 전파할 사명, (5) 원주민들을 노예로 삼을 수 있는 권한 (Morales Patron 1979, 16). 아메리카 대륙에 대한 영유권을 스페인 왕국에 부여하는 교황의 칙서는 원주민을 노예로 삼을 수 있는 권한을 제외하고(이 차이로 인해 격렬한 논쟁이 야기되었다), 그전에 포르투갈 군주에게 수

---

12 Pérez Fernández는 (*Brevísima relación*[Las Casas 1989, 173-187]에 대한 예비 연구에서) 이 칙서들을 역사적으로 아프리카에서의 포르투갈의 팽창을 다루는 뛰어난 연대기 가운데 포함시킨다.

13 Giménez Fernández(1944, 63-118)는 두 왕국 간의 관할권 논쟁에 대한 자세한 연대기를 포함시킨다. Morales Padrón 1979(15-31)도 보라.

여된 칙서들에서 확립된 양식을 따른다. [14]

알렉산데르 교황의 칙서 가운데 가장 유명한, 1493년 5월 4일 두번째 「특허」(*Inter caetera*)의 몇 대목을 인용해보자.

하나님의 종들 중의 종인 알렉산데르 주교는 그리스도 안에서 사랑받는 아들인 페르난도 왕과 그리스도 안에서 사랑받는 딸인 이사벨 여왕, 곧 카스티야와 레온과 아라곤과 시칠리아와 그라나다의 군주들에게 문안 인사와 더불어 사도적 축복을 전합니다.

엄위하신 하나님이 받으실 만한 일들 가운데 우리 마음의 소원에 따라 가톨릭 신앙과 기독교가 특별히 우리가 사는 이 시대에 모든 곳에서 높임 받고 확대되고 확장되며 그로 말미암아 영혼들의 건강이 확보되고 야만스런 민족들이 굴복되어 믿음에 이르도록 하는 이 일이 가장 중요한 일입니다.…그대들은 우리가 언제나 알아온 대로, 그리고 그대들의 존귀하고 합당한 행동이 분명히 보여주는 대로 참된 가톨릭 국왕이자 군주이며…또한 그대들이 그라나다 왕국을 사라센의 폭정에서 회복시킨 원정은 그대들의 행동이 하나님의 이름의 더 큰 영광을 위한 것임을 분명히 보여줍니다.…우리는 근래에 그대들이 원격지에 자리한 미지의 (지금까지 어느 누구도 발견하지 않은) 도서와 본토를 발견하겠다고 결심한 것에 대해 들었으며, 그 동기가 그곳 주민들로 하여금 우리의 구세주를 높이고 가톨릭 신앙을

---

14 Leturia(1959, 1:153-204)는 이러한 15세기 교황 칙서들이 어떻게 이론적으로나 외교적으로 수렴되는지를 통찰력과 박학다식함을 갖고 논한다. 알렉산데르 교황의 칙서가 인디아스에서 국왕의 교회 보호권(*Patronato Real*)을 지지하는 사법적·교회법적 근거로 사용된 것에 대해서는 Gutiérrez de Arce 1954를 보라.

고백하게 하려는 것임을 알고 있습니다.…

우리는 그대들이 우리 주님 안에서 품은 경건하고 칭찬할 만한 목적을 크게 칭송하며. 그 같은 목적이 합당한 결실을 맺고, 그런 지역들에서 우리 구주의 이름이 알려지기를 바라는 마음으로 그대들이 가톨릭 신앙에 대한 열심에서 그러한 시도를 실행에 옮기며…앞에서 말한 본토와 도서의 주민들을 기독교 신앙으로 인도하고자 의도한 일을… 우리 주님 안에서 그대들을 사도적 순종에 구속받게 하는 그대들이 받은 거룩한 세례에 힘입어 그대들에게 권면하며 우리 주 예수 그리스도의 가장 내밀한 자비에 힘입어 진지하게 요청합니다.…

더 나아가 우리는 그대들에게 앞서 말한 육지와 섬들에 하나님을 경외하고 가톨릭 신앙으로 주민들을 가르칠 수 있는 정직하고 고결하며 학식 있는 사람들을 보낼 것을… 명합니다.[15]

이 선교 명령에는 스페인 국왕에게 이미 발견된 땅과 향후 발견하게 될 땅을 **영구히 하사**하는 조치가 포함되어 있다. 따라서 원주민들에 대한 복음화는 중요한 정치적 결과를 낳게 되었다. 선교의 과업이 주어진 것은 정치적 패권을 얻게 되었음을 함축한다. 이 모든 것은 교황과 스페인의 군주들 간에 오고 간 거래일뿐이며, 거기에 "앞서 말한 본토와 도서" 원주민들의 의지와 동의와 지식은 고려되지 않았다. 이렇게 해서 스페

---

15 「특히」(1493년 5월 4일)의 스페인어 요약본은 Fernandez de Navarrete 1945(2:41-47) 및 Zavala 1971(213-215)에 수록되어 있다. Tobar 1954(9-14)도 보라. [이 책에서 사용된 영어 번역은 Fiske(1892, 2:580-592)의 라틴어 및 영어 판본에서 가져온 것이다.]

인의 기독교 제국을 구성하는 이념적 토대가 확립되었다.

그리고 사도적 은혜의 특권에 따른 권위로 말미암아, 그대들이 더 자유롭
고 담대하게 그러한 중요한 사업을 착수할 수 있도록, 우리는 자의에 따라
(*motu proprio*)[16]… 우리 자신의 관대함과 확실한 양심에서 우러나와, 또한
모든 사도적 권한으로 그대들과 그대들의 상속자들 및 계승자들에게 또
다른 그리스도인 왕이나 군주가 이미 소유한 것이 아닌…모든 본토와 도
서들, 이미 얻었거나 앞으로 얻게 될 것과, 이미 발견하였거나 앞으로 발
견할 것을[여기에 스페인과 포르투갈의 해외 영토 사이의 유명한 분계선
이 추가됩니다] 하사하고 양도하고 할당합니다.…성 베드로 안에서 우리
에게 수여된 전능하신 하나님의 권위로 말미암아, 또한 그리스도의 대리
자로서 우리가 지상에서 지니는 직무에 따라…우리는 그 모든 땅들과 섬
들 및 그 영역, 영토, 도시, 성, 기타 장소들, 그리고 마을들을 그 모든 권리
와 사법권과 그 모든 소유물과 함께 그대들 및 완전하고 자유로운 권력,
권위, 사법권을 가진 주군이 될 그대들의 후계자들 및 상속자들에게 하사
하고, 양도하고, 할당합니다(Fernandez de Navarrete 1945, 2:45 및 Zavala
1971, 214-215).

"또 다른 그리스도인 왕이나 군주가 이미 소유한 것이 아닌"(군주가 어떤
종교를 갖고 있는가가 주권을 얻을 자격의 타당성을 결정한다), 이미 발견하였거

---

16 "자의에 따라"(*motu proprio*)라는 이 과장된 표현에도 불구하고, 상당수의 학자들은 이
    교황 칙서의 텍스트만이 아니라 거기에 들어 있는 생각 자체도 스페인 왕실에서 나왔다
    고 생각한다. Giménez Fernández(1944, 143)에 따르면, "이 'motu proprio'라는 언급이
    허위"인 까닭은 이전에도 "군주들이 보낸 요청이나 청원이 존재"했기 때문이다.

나 앞으로 발견할 땅들에 대한 효과적인 기독교화는 정치적 권력을 항구적으로 하사할 수 있는 법적-신학적 토대가 된다. 다음 세기 동안 스페인 국왕은 신세계에 대한 지배를 정당화하기 위해 이 교황 칙서들을 토착민 앞에서, 그리고 유럽의 다른 군주들의 가식에 직면하여 언급하곤 했다. 1540년에 행한 프랑스 국왕 프랑수아 1세의 다음과 같은 역설적인 표현이 잘 알려져 있다. "나는 아담의 유언장에서 나로 하여금 지구의 한 부분을 차지하지 못하게 하는 구절이 있다면 그 구절을 한번 봤으면 좋겠소"(Leturia 1959, 1:280).[17] 영국 여왕 엘리자베스 1세도 자기가 인정하지 않는 가톨릭교회의 성직 위계가 양도해준 영토 "수여"를 경멸했다. 엘리자베스는 자신은 "[인디아스가] 로마 교황의 칙령으로써 합법적으로 스페인의 소유가 되었다는 점을 납득할 수 없으며, 나는 교황이 그에게 순종할 의무가 없는 군주들에게 의무를 지울 수 있다는 주장은 고사하고 그런 문제에 있어서 교황의 어떤 특권도 인정하지 않는다"고 주장했다(Zorraquín Becú 1975, 587).

독일의 가톨릭 역사가 요제프 회프너(1957, 264-291)는 슈테들러(1937)의 연구를 바탕으로 하여 알렉산데르 6세의 칙령을 보편적으로 "하사 칙서"로 보는 주장을 논박한다. 그는 중세의 용례와 관습을 언급

---

17 이와 동일한 사고방식을 따라, 프랑스 백과전서파에 속하는 Jean François Marmontel은 Alexander 6세의 칙서가 "보르자 가문의 모든 범죄 가운데 가장 큰 범죄"라고 단언한다 (Höffner 1957, 268). 포르투갈의 군주들도 그들의 영토와 관련해서 동일한 발언을 한다. Zavala(1971, 348)는 1530년 프랑스 주재 대사에게 편지를 쓰면서 주앙 3세(João III)의 말을 인용한다. "바다와 육지에 대한 이러한 모든 탐사 항해는 교황들이 오래 전에 공표한 칙서들을 통한 정당한 권리에 바탕을 두고 있고…합법적 주장에 근거하고 있으며, 따라서 그 땅들은 나의 개인적 영토이자 나의 평화로운 영토 안에 있는 내 왕국의 왕권에 속한 것으로서, 아무도 합당한 이유로 정의에 부합하게 그 땅을 침범할 수 없다." 여기서 문제는 프랑스도 동일한 열망을 품고 있었다는 것이다.

하면서, 이 칙령들은 봉토 하사(enfeoffment)에서 사용된 문체와 관용구를 따른다고 주장하는데, 그가 전개하는 논증은 그다지 설득력이 없다. 중세의 전통이 결정적인 해석의 열쇠일 수 없고(그런 접근법은 분석을 복잡한 문헌학 연구로 바꾼다), 그 열쇠는 바로 스페인의 신세계 지배의 정당성을 둘러싸고 16세기 초에 벌어진 논쟁에서 해당 칙서들이 활용되고 이해된 방식이다. 회프너는 "우리는 하사하고, 양도하고, 할당한다"는 관용구가 수여의 방식으로 해석되었으며, 그것의 이론적 토대는 호전적이며 군국주의적인 복음화 옹호자들 사이에 성행하던 보편론적 신정체제였음을 인식하게 되었다. 그러한 이해 방식에서 벗어나는 것은 난해한 봉토 하사의 관용구와는 아무 관련이 없고, 알렉산데르 6세의 칙서를 일차적으로 선교 임무로 보는 재해석과 관련이 있다. 그러나 라스 카사스와 비토리아의 사례에서 알 수 있듯이, 이러한 복음화-선교 차원은 결코 정치적 지배의 정당성이라는 문제와 완전히 단절될 수 없었다.

신세계 지배의 정당성을 둘러싸고 스페인에서 16세기 내내 벌어진 격렬한 논쟁은 주로 알렉산데르 6세의 칙령을 중심으로 전개되었다. 그가 사용한 문구("우리는 하사하고, 양도하고, 할당한다")는 역대 교황에게서 나온 다른 발언들과 달리 역사적·정치적 반향을 얻었다. 아메리카 대륙에서 스페인이 보유한 패권의 정당성, 그것을 유지하기 위한 전쟁, 콜럼버스 이전 원주민들의 자유와 예속에 대한 격렬한 논쟁에 참여했던 모든 배역은 이 교황 칙서들에 대한 자신의 특정한 해석을 전쟁의 기치로 내걸었다. 히메네스 페르난데즈(1944, 142)의 다음과 같은 단정적인 주장은 결코 과장이 아니다.

인디아스에 대한 스페인의 정치적 지배가 전개되는 동안에는 스페인의 확고한 정당성을 바꾸려는 어떤 이념적 움직임도 없고, 스페인의 인디아스 통치 방향에서 그러한 논제를 지지하기 위해 인디아스와 관련하여 알렉산데르 서신의 역사적 사실을 다양한 방식으로 주장하면서 그 문서를 자기 나름의 개념에 비추어 해석하지 않는 경우도 없었다.

이렇듯 알렉산데르 교황의 칙서가 지닌 권위를 언급하는 태도가 스페인의 신학자들 사이에서 확고한 유행으로 자리잡았는데, 이 점은 프란치스코회 수사인 알폰소 데 카스트로의 1553년 보고서에서 알 수 있다. 그는 거기서 다음과 같이 주장한다. "인디아스에 대한 주권이 카스티야 군주들에게 주어진 것은 교황좌에서 발행한 칙서에 의한 것이다. 교황은 가톨릭 신앙을 위해 이것을 수여했다"(Pereña Vicente 1982, 593).

후안 히네스 데 세풀베다와 라스 카사스 간에 벌어진 바야돌리드 논쟁이 알렉산데르 교황 칙서에 대한 정확한 해석을 중심으로 전개되었다고 봐도 무방하다. 세풀베다는 라스 카사스에 맞서 "우리는 하사하고, 양도하고, 할당한다"는 문구에 대한 문자적 해석을 고수한다. 이러한 독법에 따르면 신세계에 대한 카스티야의 주권은 원주민들의 자유로운 동의에 전혀 의존하지 않는다. 세풀베다는 이 즈음에 「스페인 군주들과 그 계승자들에게 인디아스를 정복하고 그곳의 야만인들을 굴복시키며 이러한 수단을 통해 그들을 기독교로 개종시키고 군주들의 권력과 사법권에 복종케 하는 권한을 수여하는 교황 알렉산데르 6세의 칙서와 칙령을 평가절하하고 부정하는 자들에 대한 반론」이라는 제목의 논문을 작성했다(Hanke 1985, 94). 그러나 라스 카사스는 이 칙서에 대한 해설에서 그것을 인디오들에 대한 선교 책임을 맡긴 것으로 보면서, 따라서 정치적 주권에는 원주민의 자결권에 대한 존중을 통해 균형을 이

루어야 할 책임이 암시되어 있다고 해석한다.[18]

법률 영역에서 알렉산데르의 칙서들은 『인디아스 법령집』(the Compilation of the Leyes de Indias, 1680)의 제3권 제1장에 실린 첫 번째 법의 첫 문장에서 알 수 있듯이 공인된 법률로서의 성격을 지니고 있었다. 이에 따르면 이 칙서들은 아메리카 대륙에 대한 카스티야 국왕의 영구적인 소유권을 입증하는 최초의 토대로 인식된다.

> 거룩한 교황좌의 하사를 통해 짐은 대양의 도서와 본토, 이미 발견하였거나 앞으로 발견할 영토를 포함하여, 카스티야 왕국에 병합된 서인디아스의 주군임이 인정되었다.…[따라서] 그 땅이 언제나 영원히 견고하게 통일되어 있게끔 짐은 해당 영토가 우리 왕국에서 떨어져 나가는 것을 금한다. 아울러 우리의 신앙과 국왕의 말을 걸고 명하노니, 짐의 후계자가 될 국왕들은 그 영토가 전체로든 부분으로든, 무슨 이유와 명분으로든 우리 왕국에서 떨어져 나가거나 분리되는 일이 없도록 하라(*Recopilación* 1841, 3.1.1, 2: 1).

이 법은 카를로스 5세와 펠리페 2세가 두 차례에 걸쳐 포고한 왕명에 기초하고 있으며, 이 두 국왕은 16세기 내내 스페인계 아메리카 주민들

---

18 Sepúveda의 입장에 대해서는 다음을 보라. *"Proposiciones temerarias, escandalosas y heréticas que notó el doctor Sepúlveda en el libro de la conquista de Indias, que fray Bartolomé de las Casas, obispo que fue de Chiapa, hizo imprimir 'sin licencia' en Sevilla, año de 1552, cuyo título comienza: 'Aquí' se contiene una disputa o controversia'"* in Fabié [1879] 1966 (71:335-361). Las Casas의 입장은 그가 1552년에 출판한 여러 논문들 가운데 발견된다. Domingo de Soto(Casas 1965, 1:229)는 바야돌리드 논쟁을 요약하면서, 이 문제는 "알렉산데르 교황의 칙서에 따라" 해결해야 한다고 지적한다.

에 대해 카스티야 왕국이 지배권을 갖는다는 이론을 내세웠다. 그러한 왕의 포고령들은 모두 알렉산데르 교황의 칙서를 결정적인 준거로 언급한다.[19]

우리가 이 문제를 더 붙들고 있을 수는 없지만, 19세기 초엽에 교황이 아메리카를 항구적으로 수여했다는 논리가 여러 라틴 아메리카 국가의 독립 운동을 저지하는 명분으로 이용되었다는 사실을 지적할 필요가 있다(Leturia 1925, 31-47; 1947, 423-517을 보라).

~~~

포고문—개종이냐 전쟁이냐

원주민 학대에 맞서 히스파니올라의 도미니코회 수사들이 벌인 최초의 시위와 앤틸리스 제도 특히 (푸에르토리코의) 산후안 바우티스타에서 발생한 수차례의 위험한 봉기로 인해 토착민에게 무력으로 개입하는 것이 정당한가를 둘러싸고 스페인에서 1512년과 1513년 신학적·법률적 논쟁이 벌어졌다.[20] 이들 논쟁은 아메리카 정복의 종교적 이념을 이해하

---

19 예를 들어 1520년 7월 9일 국왕 칙령에서 Carlos 5세는 이렇게 선언했다. "대양의 저편에 위치한 인디아스의 도서와 본토는 우리 카스티야 왕국의 일부이거나 그에 속하게 될 것이므로, 이 중 어떤 도시나 지방이나 도서나 이에 연계된 그 어떤 땅…이 왕국으로부터…영원토록 빼앗거나 제할 수 없다. …이는…교황께서 우리에게 허락하신 칙서 가운데 발견되기 때문이다." 이 텍스트는 Las Casas 1969(*"Estudio preliminar,"* by Pereña, xliv)에 수록되어 있다.

20 스페인 학자들은 일반적으로 첫 번째 요소를 강조하고 특히 보리켄에서의 원주민의 반항적 태도의 중요성을 무시한다. 이는 정복의 주요 배역들인 피정복 원주민들을 지속적

는 데 있어 매우 중요한 문서인 포고문(*el requerimiento*)에서 정점에 이르렀다.[21] 이 문서는 신세계의 복음화를 목적으로 교황이 카스티야의 군주들에게 그 땅을 수여한 것을 신학적으로 정당화하려는 시도였다.[22] 이렇듯 전쟁을 통한 정복 과정에 기독교적인 외피를 입히고, 새로 발견한 땅을 수용한 데서 문명화의 업적과 종교적 사명을 강조한 것은 특이한 일이었다. 이 포고문은 "대양 너머로 추진된 식민화 과정에 대한 인간의 의식을 각성시킨 첫 번째 사례"로 간주되어왔다(Konetzke 1972, 156).

격식을 갖춘 공식 문서인 그 포고문은 페드라리아스 다빌라가 이끄는 탐험대가 아메리카 본토에 대한 식민화를 시작하기 전 1513년에 작성되었다. 이 문서는 모든 원주민 공동체들이 스페인의 식민지 개척자들을 처음 접하게 될 때 그들에게 낭독되어야 했다. 그러나 정복 초기부터 원주민들로 하여금 스페인의 군주들에게 충성을 서약하고 기독교로 개종하도록 요구하는 관례가 있었다. 만약 원주민들이 거절하면 그들은 죽임을 당하거나 노예가 되었다. 우리는 카리브 지역 인디오들에 대한 무력 정복을 정당화하기 위해 1503년 10월 이사벨 여왕이 공표한 국왕 칙령에서도 이러한 접근법을 볼 수 있다.

짐은 원주민들에게 복음을 전파하고 거룩한 가톨릭 신앙과 관련된 사항에 있어 그들에게 교리를 가르치며, 그들이 우리를 섬기도록 "요구하기" 위

으로 누락해온 것과 일맥상통한다.

21 Biermann(1950)은 이에 대한 탁월한 분석을 제공했다.
22 Manzano(1948, 29-57)는 주권 수여로 이해된 알렉산데르 교황의 칙령들과 그 포고문 간의 본질적 관련성을 강조했다. 동일한 강조점이 Solorzano y Peyrera(1930, 1.11, 1:109)에게서도 발견되는데, 그는 그 포고문을 원주민들에게 교황의 칙서들을 설명하는 문서이자 그 칙서들에 복종하라는 요구로 본다.

해 그들[군대 사령관들]과 더불어 몇몇 수사들을 보냈다.… 그들은 그리
스도인이 될 것과 개종해서 신자들과 친교관계를 맺고 우리에게 순종하는
방향으로 통합될 것을 여러 차례 요구받았다.

카리브의 원주민들이 그 요구를 거부하자 여왕은 그들을 상대로 한 전
쟁을 승인하면서 "군대가 원주민들을 포로로 사로잡고…그들을 팔고
그들을 이용할 수 있다"고 말했다(Konetzke 1953, 1:14-15).[23] 마찬가지로
1511년 7월 국왕은 당시 산후안 바우티스타 섬을 책임지고 있던 왕실
의 주요 관리 후안 세론에게 보리켄의 반항적인 원주민들을 상대로 다
음과 같은 명령을 내렸다.

> 2-3회 공식적으로 요구하라. 그렇게 한 뒤에도 그들이 히스파니올라의
> 인디오들처럼 복종하거나 섬기려 하지 않는다면, 그들에게 공개적으로 전
> 쟁을 선포하고 우리의 병력을 소집하라.…필요하면 총포와 창검을 사용해
> 도 무방하다. 생포된 자들은 포로로 삼아야 하고 또 그렇게 취급되어야 한
> 다.…그대는 이 사악한 자들을 통제해서 우리의 노예로 삼거나 우리의 광
> 산에서 노역하게 해야 한다(Coll y Toste 1914, 2:74-75).

이 구절에 등장하는 "요구"는 특히 산후안 바우티스타의 반항적인 원주

---

23 Morales Padrón(1979, 333)은 그 포고문이 공식 문서로서 승인되기 전에 등장했던 사례
에 주의를 기울인다. 1683년 투르크인들은 비엔나를 포위하고서 비슷한 최후통첩을 보
냈다. "너희가 무슬림이 된다면 너희는 보호받을 것이다.…그러나 너희가 완고하게 저항
한다면…아무도 살아남지 못할 것이다.…너희 모두가 무력 조치의 대상이 될 것이다.…
너희의 재화와 소유물은 약탈당하고 너희 자녀들은 노예가 되어 다른 곳으로 옮겨질 것
이다"(Höffner 1957, 277).

민들을 겨냥하여 왕실에서 작성된 비망록 낭독을 지칭하는 것으로 보인다. 이 비망록은 아마도 우리가 이 단락에서 분석하는 그 유명한 포고문의 선구적 형태였을 것이다.

1513년 포고문은 하나님이 세계를 창조하셨고 한 분 하나님 밑에서 온 인류가 하나라는 간략한 설명으로 시작해서 곧이어 로마 주교의 최고 권위를 다룬다. "하나님은 이 모든 사람을 성 베드로라고 불리는 한 사람의 보살핌 아래 두고서, 그를 세상 모든 사람의 군주이자 주군이자 주인으로 삼으셨다." 이 문서는 곧바로 과거의 한 교황이 어떻게 "대양의 도서와 육지"를 스페인 군주에게 수여했는지에 대해 말한다. 그 요점은 가톨릭 교회와 카스티야 국왕에게 이중의 복종을 바치라는 요구다.

나는 내가 부여받은 권능에 의지하여 너희에게…교회를 우주의 여주인이자 장상으로 인정하고, 교회의 이름으로 교황이라 칭하는 최고 사제를 인정할 것과 국왕과 여왕을…주군이자 상급자로 인정할 것을 요청하고 요구한다. 그리고 교회의 수사들이 이것에 대해 너희에게 설교하고 가르치는 것에 동의할 것을 요청하고 요구한다. 너희가 그렇게 한다면, 이는 아주 잘하는 것이며, 너희의 장상이자 너희가 복종해야 이들과 스페인의 국왕 폐하들과 나[누구든 스페인 탐험대를 이끄는 사람]는 그분들의 이름으로 너희를 사랑과 자비로 맞아줄 것이다.

아메리카 원주민들에게는 불행하게도 기독교의 복음 선포를 거부했다는 사실 자체로 인해 그들은 그 신앙에 맞선 반란자이자 하나님의 뜻을 중대하게 거스르는 자가 되었고, 그들에 대한 정당한 전쟁, 재산의 몰수와 노예화가 초래되었다.

1부 발견, 정복, 복음화

너희가 그렇게 하지 않는다면…나는 하나님의 도우심을 힘입어 너희에게 강력한 조치를 취할 것이다. 나는 도처에서 내가 할 수 있는 방법을 다 동원하여 너희와 전쟁을 벌일 것이다. 나는 너희를 복속시켜 너희로 하여금 교회와 폐하들의 멍에를 메고 복종하게 할 것이다. 나는 너희와 너희의 아내들과 자식들의 인신을 취하고, 너희를 노예로 삼아 그 상태로 팔아버릴 것이다.…나는 너희의 재산을 빼앗아 갈 것이고, 내가 할 수 있는 모든 해악을 너희에게 끼칠 것이다(Oviedo 1851, 3.2.29.7:28-29).[24]

그 포고문은 교회 및 스페인 국왕에 대한 복종과 기독교 신앙으로의 개종 사이에 뚜렷한 선을 그으려 한다. 이 문서는 후자가 아닌 전자를 요구한다. "만일 너희가 진리에 대해 알게 된 후 우리의 가톨릭 신앙으로 개종하기를 원하지 않는 한 그들은 너희에게 그리스도인이 되라고 강요하지 않을 것이다." 이는 대다수 신학자들이 갖고 있던 신앙의 자발성 개념을 따른 것이었다(성 토마스 아퀴나스: "믿음의 행위는 의지에 적절한 행동이다"[2-2.10.8]). 그러나 이 구분은 자의적이다. 그들이 미리 기독교로 개종하지 않고서야 어떻게 스페인 군대의 대장이 민족들과 나라들에게 "교회를 우주의 여주인이자 상급자로 인정하며, 교회의 이름으로 교황이라 칭하는 최고 사제를 인정"하며, 또 소위 최고 사제가 그들에게 알려지지 않은 군주들에게 그들에 대한 정치적 관할권을 수여한 것의 유효성을 받아들이라고 요구할 수 있는가?

이러한 모순을 인식한 것은 몇몇 스페인 신학자들의 공적이었다.

24　이 텍스트는 Las Casas 1986(3.3.57:26-27)에도 실려 있다. Morales Padrón(1979, 338-345)은 이 텍스트의 다양한 판본들을 수록한다.

이 칙령과 동시대에 활동했던 비토리아와 라스 카사스는 그것을 터무니없다고 평했다. 비토리아에 따르면 "그러므로 야만인들이 그리스도의 통치를 거부하더라도 무사하지만, 그들은 그리스도의 대리자의 지배에는 복속되어야 하며 그렇지 않을 경우 전쟁에 내몰리고 재물을 빼앗기며 형벌에 처해지는 처벌을 받게 될 것이라고 가르치는 것보다 더 터무니없는 일은 없다"(Urdanoz 1960, 682-683). 라스 카사스에 따르면, "신앙의 가르침이 없으면 그들이 이것을 짐작조차 할 수 없기 때문에 그들에게 교회의 지배를 인정하라고 다그치면서, 그렇지 않을 경우 그들의 자치 권한을 잃는 형벌에 처해질 것이라고 강요하는 것은 터무니없는 일이다"(Casas 1974, 119).[25]

알렉산데르 교황의 칙서와 그 포고문 간에는 본질적인 관련이 있다. 그 문서들의 출발점은 중세 기독교가 이교 국가, 이교도 또는 "불신자들"에 대해 취한 기본 태도다.[26] 원시 교회가 국가 권력을 잡게 되자, 교회의 선교적 유일신론은 그 칼을 복음주의 신앙을 확장시키는 도구로 전환시켰다. 비기독교 국가의 존재는 기독교 세계에 던지는 종교적·정치적·군사적 도전으로 인식되었다. 요제프 회프너(1957, 6, 33, 44)는 이 점을 다음과 같이 진술한다.

기독교 세계는 집요하게 지켜온 유산일 뿐 아니라 세계 정복을 위한 종교적·정치적 구호이기도 했다. 따라서 그리스도의 통치를 전파하는 것은 예

---

25 이 인용구는 Las Casas가 Ginés de Sepúlveda와 1550-51년에 벌인 논쟁을 위해 준비했던 라틴어 변증서의 영어 번역에서 발췌한 것이다. 이 도미니코회 수사의 다른 많은 저술들처럼 이 변증서도 여러 세기 동안 편집되지 않은 채로 남아 있었다.

26 아퀴나스에 따르면 불신자란 참된 신앙을 고백하지 않는 자다; "신앙은 불신앙에 반대되는 미덕이다".『신학대전』(Summa theologica, 2-2.10.1).

전적인 엄숙함을 갖고 신성한 의무로서 황제들과 왕들에게 위탁되었다.…

이러한 사고는 영적인 힘이었고 16세기와 17세기까지 지속되었다.…

이러한 사고의 중요성은 16세기 스페인의 식민지 윤리 이해에 있어 하찮은 것이 아니다. 이는 궁극적으로 보편적 지배가 기독교 세계의 경계 내에 머물러 있을 수 없었던 까닭이다. 그러한 경계 너머에 불신자들이 있었다. 기독교 세계 안에서 보편 구원론의 모태인 신앙의 일치가 불관용적으로 보존되었던 것처럼 불신자들의 땅에서 십자가를 들어 올리려는 노력도 마찬가지였다. 그것은 이방인들을 개종시키거나, 그들이 그리스도의 십자가의 원수일 경우 그들을 멸절시키려는 시도였다.

기독교 역사에서 기독교 세계(*orbis christianus*)를 확장하기 위한 최대의 노력—신세계 정복과 그곳 주민들에 대한 복음화—은 역설적이게도 신성 로마 제국의 황혼기에 일어났다. 그것은 모호한 "크리스텐덤"(Christendom) 개념에 대한 충성심이 거의 없는 민족 국가 탄생 및 돌이킬 수 없는 교회의 분열과 동시에 발생한 사건이었다. 특이하게도 민족주의와 가톨릭 신앙을 혼동했던 스페인에서만 기독교 세계라는 비전이 예외적인 제국주의 팽창을 뒷받침하는 지배 이념이자 이상으로 지속되었다. 톰마소 캄파넬라(Góngora 1974를 보라)는 "스페인 제국에서 결코 해가 지지 않았다"(*neque unquam in eius imperio noctecescit*)고 확인했다(같은 책, 109). 그가 스페인 제국에 병합된 영토 중 어디에서도 미사가 드려지지 않는 경우가 없었다고 말했다면 더 정확했을 것이다.

오비에도(1851, 3.2.29.7:31)는 자신이 **스페인어**로 작성된 그 포고문을 **텅 빈** 원주민 마을에 읽어 준 것에 대해 진술한다(그는 이것이 우스꽝스런 절차였다고 묘사한다). 오비에도는 자신이 스페인 지휘자에게 했던 말도 보도한다. "'대장님, 제가 보기에 이 인디오들은 이 포고문의 신학에 대해 듣고 싶지 않은 모양입니다. 게다가 인디오들에게 이 내용을 이해시킬 사람도 없습니다. 그 조서는 대장님이 가지고 계시고 이 인디오들 가운데 한 명을 우리 안에 가둬 놓고 그것을 천천히 배우게 하고, 나중에 주교님이 오셔서 그 내용을 그에게 가르치도록 하시지요.' 그리고 나는 대장에게 그 포고문을 건네주었다. 선장은 크게 웃으며 그 조서를 받았고 내 말을 들은 다른 사람들도 크게 웃었다."

마르틴 페르난데스 데 엔시소는 1519년에 쓴 『지리학 대전』(*Suma de geografia*)에서 자신이 세누 인디오들에게 그 포고문을 읽어주었을 때 그들이 보인 반응에 대해 다음과 같이 이야기한다.

그들은 오직 한 분 하나님만 계시고 그 하나님이 하늘과 땅을 다스리는 만유의 주인이라는 내용은 자기들에게는 무방하다고 내게 대답했지만, 교황이 하나님을 대신하여 온 세상을 다스리는데 교황이 그 땅을 카스티야 왕에게 하사했다는 내용에 관해서는, 그들은 교황이 그런 일을 했다면 그는 자기 것이 아닌 것을 주었으므로 술에 취한 것이 분명하며 교황에게 그 땅을 달라고 요청하여 하사 받은 왕도 다른 사람들의 소유를 요구했으므로 미친 것이 분명하다고 말했다. 그리고 그 왕이 땅을 차지하려고 거기에 온다면 자기들은…적들의 머리를 매달았던 것처럼 그 왕의 머리도 막대기에 매달 것이라고 말했다.…아울러 그들은 자신들이 그 땅의 주인이므로 다

른 주인이 필요하지 않다고 말했다(출처: Casas 1986, 3.3.63:45).[27]

하지만 그러한 오만한 반응은 유럽인들의 우수한 군사 기술을 모르고서 하는 소리였다. 자부심이 강한 원주민들이 자발적으로 내놓기를 거부한 것을 스페인 사람들은 무력으로 차지했다.

알론소 데 수아소라는 또 다른 학자는 1518년 1월 22일 기예르모 데 크로이에게 보낸 비망록에서 그 포고문이 어떻게 읽혔는지에 대한 비판적 설명을 제공한다. 기예르모는 젊은 군주였던 카를로스의 플랑드르 출신 개인 교사로서 스페인에서는 무시유 드 세브르로 알려져 있다. 수아소는 1514년 후안 데 아요라의 중앙 아메리카 지역 진입에 대해 다음과 같이 말한다.

아요라는⋯멀찍이서 그들에게 자기가 가져온 그 포고문을 보여주고 스페인 국왕에게 복종하라고 요구했다. 그리고 아요라는 그들이 복종할 것을 "요구받았음"을 입증하기 위해 서기관 한 명을 배석시키고 그 앞에서 그 포고문을 읽어내려 갔다. 그러고 나서 대장은 그들이 포고문에 복종할 의향이 없어 보이므로 이제부터 그들은 노예이며 그들의 모든 소유를 잃게 될 것이라고 선언하곤 했다. 그런데 그 포고문은 추장이나 인디오들이 전혀 알아들을 수 없는 스페인어로 읽혔고, 그나마도 멀리 떨어져 선포되었으므로 설령 인디오들 가운데 스페인어를 이해하는 자가 있었다 하더라도 그 소리가 그들의 귀에 들리지 않을 것이다.⋯이런 식으로 스페인 사람들

---

27 Enciso가 "허위의 이야기"를 꾸며낸 잘못을 저질렀다는 Las Casas(1986, 46)의 주장이 옳다고 하더라도 이 보도는 몇몇 원주민들이 특이한 문서에 접했을 때에 보였던 태도를 충실히 반영한다.

은 야음을 틈타 마을에 침입해서 주민들의 물건을 훔치고, 개들을 풀어서 그들을 공격하고, 그들의 마을을 불태우고, 그들을 붙잡아 노예로 끌고 가곤 했다(Pacheco et al. 1864-1884, 1:316-317).

[인디오들이] 이중의 충성 요구를 수용하지 않아서 치명적인 결과 곧 전쟁과 노예살이가 초래되었다면 당연히 다음과 같은 질문이 제기될 수밖에 없다. 즉 스페인 지휘관들은 자신들의 요구에 원주민들이 승복하기를 원했는가? 아니면 거부하기를 원했는가? 누에바에스파냐(새로운 스페인) 최초의 왕실 관리이자 훗날 미초아칸 주교가 된 바스코 데 키로가는 식민지 개척자들의 진정성에 대해 회의적인 견해를 품었던 많은 이들 가운데 한 사람이다(그러나 그도 국왕이나 가톨릭교회에 대해서는 의심을 품지 않았다).

식민지 개척자들은 원주민들에게 이렇게 말하며 그 포고문을 읽어준다.… 그러나 그들은 원주민들을 이해하지 못하고 있으며, 자신들이 무슨 말을 하는지도 알지 못한다. 그들은 또한 자신들이 하는 말을 인디오들에게 이해시킬 수도 없다. 이는 인디오들이 스페인어를 모르기 때문이기도 하지만, 우리 쪽 사람들이 이 사안에 있어서 선의가 없는 까닭이기도 하다. 왜냐하면 그들은 자기들의 광산에서 부릴 노예들을 확보하는 데 큰 관심이 있기 때문이다.…따라서 그들은 인디오들에게 선포된 복음과 그 포고문의 내용을 이해시키는 것보다는 노예 확보에 신경을 더 많이 쓰고 있다(Herrejón 1985, 60).

라스 카사스는 그 포고문을 "불공평하고, 신성모독적이며, 수치스럽고,

비이성적이며, 터무니없다"고 평가하면서, 이것은 바로 이 사안에 대한 국왕 자문관들의 무지하고 심각하고 해로운 결점들로 인해 초래된 결과라고 본다. "[그것은] 진리와 정의에 대한 조롱일 뿐 아니라…우리가 가진 기독교 신앙 및 예수 그리스도의 경건과 자비에 커다란 모욕이며…적법성이 전혀 없다"(Casas 1986, 3.3.57-58:25-31; 167:409-410).[28] 그는 그 포고문을 강하게 거부한 나머지 자신의 기념비적인 저서 『인디아스의 역사』(*Historia de las Indias*)의 마지막 몇 줄을 이 포고문을 비난하는 데 할애했다.

도미니코회 수사 비토리아는 그 포고문을 직접 언급하지는 않으면서도 이 문서에 세심하고 혹독한 비판을 가했다. 살라망카 대학교의 이

---

28 거의 모든 다른 주요 주제와 마찬가지로, 그 포고문과 관련해서도 Las Casas의 『인디아스의 역사』는 Oviedo y Valdés와 정반대의 관점을 제시한다. 정복에 대한 이 두 역사가 간의 대립은 상호적일 뿐 아니라 그 뿌리가 깊다. Las Casas는 Oviedo가 "자신이 본적도 없고 알지도 못하는 것에 관해 주제넘게 역사를 쓰겠다고 나섰다"는 이유로 "그의 엄청나게 많은 거짓말"에 대해 비판했다(1986, 2.3.23:518, 517). 그것은 단순히 전문가들 간의 경쟁이 아니었다. Oviedo는 신세계의 원주민들을 경멸했던 반면 Las Casas는 원주민들의 가장 중요한 옹호자를 자처했다. Las Casas는 Oviedo가 그리스도인들이 원주민들을 학대한 것에 자신도 관여했기 때문에 해당 사건에 대한 보도를 왜곡한다고 비난했다. "Oviedo의 『역사』(*Historia*)는 인디오들을 언급하는 대목에서 언제나 원주민들을 비난하고 스페인 사람들이 이 땅 곳곳에서 자행한 모든 악행과 약탈에 대해 변명한다. 사실은 자신도 그들 가운데 한 명이었기 때문이다." "이 책의 저자는 인디오들의 정복자이자 강도이며 살인자였다"(1986, 2.2.9:239; 2.3.23:518). Las Casas는 특히 『인디아스의 역사』에서 Oviedo에 대한 분노를 드러낸다(1986, 3.3.42-46:320-336).

Las Casas는 카스티야인들의 아메리카 정복에 대한 또 다른 주요 연대기 작가인 López de Gómara에 대해서도 비슷한 비판을 가했다. 그는 Gómara의 역사 서술에 대해 이렇게 평한다. "이 책은 코르테스의 폭정과 혐오스런 행위들과…비통하고 보호받지 못하는 인디오들이 당한 학살과 약탈에 대해 정확히 전달하는 데 힘쓰지 않고 오히려 변명한다." Las Casas는 Gómara가 "오직 한 가지 목표, 즉 이 가난하고 겸손하며 평화로운 민족들의 피를 통해 부자가 되겠다는 일념밖에 없었던" Cortés를 찬양했다는 이유로 Gómara를 비난한다(같은 책, 3.3.114:222-223). Las Casas는 아메리카의 발견과 정복에 관한 글을 쓴 모든 중요한 저술들 가운데 원주민들에 대한 변호를 선험적인 의무로 간주하지 않은 자들에 대해 가차없는 전쟁을 선언했다.

학자가 보기에 (1) 교황은 원주민들에 대한 세속적 권력을 갖고 있지 않으므로, 이들을 다른 국가의 권력자에게 "하사"할 권한이 없다, (2) 원주민들에게 일정 기간 동안 기독교 신앙에 관한 신학적 내용(여기에는 필요한 경우 기적을 비롯한 다른 증거들도 동반될 수 있다)을 선포하고 설명하지 않은 채 이들이 단지 기독교를 믿어야 할 필요에 노출되는 것만으로 개종할 것이라고 기대하는 것은 합리적이지 않다, (3) 이른바 "신세계의 저 야만인들"이 기독교 신앙을 받아들이려 하지 않는다 해도 "그것이 곧 스페인 사람들이 그들에게 선전 포고를 하거나 전쟁을 통해 그들에게 적대 행위를 행할 충분한 이유는 아니다."

게다가 비토리아는 원주민들에 대한 개종 요구가 스페인 사람들 편에서 보여준 "종교적인 삶의 모범"을 통해 확인되었다는 주장에 동의하지 않는다. 그는 도리어 "종교적 모범과는 동떨어진…관심사"가 팽배함에 따라 "숱한 추문과 잔인한 범죄, 불경한 언행들에 대한 소식"이 흘러 넘쳤을 것으로 의심한다(Urdanoz 1960, 676-701).

그 포고문에 대한 전통적인 비판을 완화시키려 했던 데메트리오 라모스는 다음과 같이 지적한다. "그 포고문은 복종 이외에 다른 어떤 반응도 허용하지 않았다.…그것은 편의에 따라 거부할 수 있는 제안의 문제가 아니라 [교황의] 하사로 인해 이미 결정되었고, 원주민들은 이에 대해 통보받을 뿐이었다."

그 포고문이 작성되기 전에 후안 로페스 데 팔라시오스 루비오스나 도미니코회 수사 마티아스 데 파스와 같은 법학자 또는 신학자들이 먼저 의견을 개진했는데, 이들은 부르고스 회합(1512)에서 근래에 발견한 땅들에 대한 스페인 지배의 적법성과 그곳 주민들에게 어떤 종류의 예속 신분을 부과할 것인지에 대한 의견서를 제출했다. 이러한 회합이

촉매가 되어 이 문제에 관한 최초의 논문과 학술 문서의 준비가 촉발되었다.

왕실의 신임을 받았던 법률가인 팔리시오스 루비오스는 (라스 카사스와 오비에도가 주장하듯이) 그 문서의 실제 기안자인 것처럼 보이는데, 1512년 논쟁에서 자극 받아 작성한 「대양의 도서에 관하여」라는 제목의 논문에서 그는 오스티아 출신인 세구사가 명확히 제시한 교황의 신정적 권리를 옹호하는 전통에 따라, 성 베드로의 후계자로 알려진 최고 사제는 영적인 권한과 세속적인 권한 모두에서 그리스도를 대신한다고 간주한다. 따라서 신자의 왕국이든 불신자의 왕국이든 지상의 모든 왕국에 대한 최고 권위는 교황에게 속하며, 교황은 구원론적인 목적을 위해 그 권위를 행사한다. 알렉산데르 6세가 카스티야와 레온의 군주들에게 내려준 수여는 교황이 가진 그 최고 관할권을 실제적으로 적용한 사례다. 하지만 신세계의 불신자들은 아직 교황의 최고 권한이나 교황이 행한 수여에 관해 알지 못한다. 따라서 그들에게 가톨릭 교회의 권위를 받아들이고 더 나아가 카스티야 국왕의 권위까지 받아들이라고 훈계하는 것은 필수불가결한 조치다. 원주민들이 스페인의 권위와 가톨릭 신앙을 받아들이게끔 하려면 요구조건을 제시하는 것이 필수적이다. 그러한 훈계를 받고난 후에도 원주민들이 동의하기를 거부한다면, 스페인 국왕은 그들을 무력으로 복속시킬 수 있으며 이 모든 조치는 원주민의 영혼 구원을 염두에 두고 시행되어야 한다.

모든 권력과 관할권은…그리스도의 오심으로 인해 무효화되었으며 호스티엔시스의 견해에 따르면 그리스도는 모든 관할권과 권력을 넘기셨다.…

그리스도는 신령한 것들에 대한 영적 권력뿐 아니라 속된 일들에 관한 세속적 권력도 갖고 계시며, 성부로부터 이 두 가지 규(圭)를 모두 받으셨다.…따라서 그리스도는 자신이 소유하셨던 권력과 관할권…곧 세속적 권력과 영적 권력을…모두 성 베드로에게 위탁하셨다.

로마 교황은 그러한 완전한 권력과 대리자로서의 위엄을 지닌 면에 있어서 성 베드로의 후계자다.

이들 대양의 도서에 대한 최고 지배권과 권력 및 관할권은 가톨릭교회에 속하며, 불신자들을 포함하여 온 세상의 모든 사람은 가톨릭교회가 자신들의 소유자이자 상급자임을 인정해야 한다. 그것을 인정하라고 요구했음에도 이를 거부한다면 이 경우 교회는 자신의 힘으로 또는 그리스도인 군주들의 도움을 받아 그들을 굴복시키고, 그들이 사는 땅에서 추방할 수 있다(Lopez de Palacios Rubios and Paz 1954, 79, 81, 84, 89, 128).

도미니코회 신학자인 마티아스 데 파스는[29] 같은 시기에 「인디오들에 대한 스페인 국왕의 지배권」(*Del dominio de los Reyes de España sobre los indios*)이라는 제목의 글(Lopez de Palacios Rubios 1954, 211-259를 보라)에서 교황이 기독교 신앙을 진작시킬 목적으로, 또한 원주민들의 영혼이 영원한 구원을 얻도록 그들의 땅에 대한 지배권을 스페인 군주들에게 양도하는 것은 정당하다고 주장했다. 하지만 그것은 스페인을 풍요롭게 만들

---

[29] 도미니코회 수사 Carro(1944, 1:373)는 Matías de Paz를 "인디아스에 관한 논쟁에 개입할 자격을 갖춘 최초의 신학자"로 간주했다.

1부 발견, 정복, 복음화

기 위해서가 아니라 복음적 선교 명령을 성취하기 위해 시행되어야 했다. "그리스도인 군주가 지배를 추구하는 야망이나 부를 얻기 위한 욕심 때문에 불신자들과 전쟁을 벌이는 것은 정당치 않다. 오로지 구세주의 이름이 전 세계에서 높임받고 찬양받도록 하기 위한…신앙의 열정으로 인해 고무되어야 한다"(같은 책, 222).

교황은 "인간으로서 그의 탄생 때부터 온 세상의 참된 군주였던" 그리스도의 보편적이고 일반적인 대리자로서 그러한 양도 행위를 할 수 있었다. 그리스도로부터 물려받은 교황의 권위는 완전하고 절대적이다. "그리스도에게 이 지구 전체가 주어졌고…그 결과 그리스도의 대리자에게도 온 땅을 지배할 권리가 있으며, 이 권리는 성 베드로의 믿음 위에 세워진 것이다." 교황이 그 권리를 늘 행사한 것은 아니라는 사실은 방해받는 상황이나 편의상의 문제에서 기인한 것일 수 있다. 최근에 대양에서 발견한 민족들의 경우에도 최고 사제인 교황은 그들이 가톨릭 교회에 지체 없이 신속하게 들어오게 할 목적으로 그러한 권리의 양도를 편의상의 문제로 간주한 것이다. 왜냐하면 "구속자가 강림하신 이후에는 아무도 가톨릭교회 밖에서 구원받을 수 없기" 때문이다(같은 책, 240; 243).

최고 사제의 권위에 의해, 그리고 오직 이 방식으로만 정복된 적이 없으신 우리의 가톨릭 군주에게 앞서 말한 인디오들을 왕권으로 통치하는 것이 허락될 것이다.

그리스도의 이름으로 온 지구의 군주인 교황은 가톨릭 신앙을 위해 적절하다면 인디오들에게 왕권을 갖고 통치하면서 그의 통치하에…그리스도를 믿는 신앙이 유지되게끔 할 가톨릭 왕을 세울 수 있다. 그리고 이는 주의 깊게 따져보면 통치자보다 통치를 받는 백성을 유익하게 할 것이다(같은 책, 233, 252).

이러한 왕권은 "지배와 부를 추구하는 욕망이 아니라 언제든 신앙을 위한 열심에서 행사될 때에라야" 정당하다는 점을 파스는 여러 차례 언급한다(같은 책, 247). 또한 호전적 행동이 아니라 복음 전파가 우선시되어야 하며, 개종하기로 동의한 원주민이 노예가 되거나 학대받아서는 안 된다. 파스는 실제로 앤틸리스 제도에서 도미니코회 수사들이 일으킨 분노의 저항을 대변하는 인물이 되는데, 이 도미니코회 수사들은 카스티야 출신 식민지 개척자들의 개인적인 치부를 위해 원주민들이 겪어야 했던 무자비한 착취를 맹렬히 비난했다. 1512년 부르고스에서 벌어진 논쟁에서 도미니코회 수사들은 카스티야 출신의 식민지 개척자들과 맞붙었는데, 파스는 여기서 수도복을 입은 자기 동료 수사들의 편을 든다.

나는 무자비한 노예 제도로써 인디오들을 압제하는 바로 그 사람들보다 이 도미니코회 수사들이 하는 말을 더 신뢰해야 한다고 생각한다. 그러한 악행은 그리스도나 교황이 바라던 바가 아니며, 우리 가톨릭 군주나 바른 이성을 가진 그 누구도 원치 않던 것이다. 우리가 여기서 언급하는 수사들은 무수한 인디오들이 비참한 예속 상태로 인해 멸망당해온 사실을 설명해 왔다. 이들 인디오들이 만일 노예로 전락하지 않고 자유롭게 살아갈 수 있었더라면 이들은 지금쯤 틀림없이 그리스도를 섬기게 되었을 것이다 (같은 책, 255).

로페스 데 팔라시오스 루비오스와 파스는 중세의 신정론을 자신들의 출발점으로 삼았는데, 이에 따르면 영적 목표는 언제나 현세의 공공적 목표보다 우월하며 따라서 후자는 정치적·법적으로 전자에 종속된다. 그러한 이론이 신세계의 민족들에게 적용될 경우 다음과 같은 결론이 유추된다. 첫째, 원주민의 기독교화라는 목표만이 스페인의 주권을 정당화하는 타당한 이유다. 둘째, 로마 교구에서 성 베드로를 계승하고 있는 최고 사제는 영적인 권력과 세속적인 권력을 망라하여 그리스도가 가진 최고의 보편적 권력을 지닌 그리스도의 대리자이기도 하다. 따라서 그는 "대양의 도서와 본토"에 거주하는 자들에게 가톨릭 신앙을 전해주는 독점적 권리를 스페인에 부여할 수 있는 전권을 갖고 있다. 셋째, 원주민들에게 가톨릭 신앙의 지배권과 카스티야 국왕의 주권을 받아들이도록 훈계해야 한다. 넷째, 원주민들이 그러한 훈계를 거부하면 스페인의 군주들은 정당하게 원주민들에게 전쟁을 선포하고 무력으로 원주민들을 자신들의 권세에 복속시킬 수 있다. 다섯째, 정복 사업 전체는 우선적으로 영적·종교적 목적을 위해 수행된다.

그 포고문은 그러한 비판에도 불구하고 스페인이 신세계를 정복하는 결정적인 시기 동안 효력을 발휘했다. 에르난 코르테스는 자신이 여러 차례 멕시코 원주민들로 하여금 (기독교와 스페인 국왕에 대한) 이중의 복종을 서약하도록 요구했던 것에 대해 말한다. 아울러 그는 원주민들에게 자신이 제시하는 요구를 수용하지 않는다면 전쟁과 예속을 각오해야 할 것이라는 말로 그들을 위협한다.

폐하의 왕명으로 저에게 주신 사명을 따라, 저는 그들에게…오직 한 하나님만 섬기고 경배하며…그들이 지금까지 가지고 있던 모든 우상과 제의들을 버릴 것을 요구했습니다.…그와 동시에 저는 온 세상이 하나님의 섭리에 따라 복종하며 섬기는 분은 이 지상에서 바로 폐하[카를로스 5세]이신 것과 따라서 자기들이 황제의 통치에 복종하고 그 아래 있어야 함을 그들이 알아야 하며…만일 그들이 그렇게 하지 않는다면 그들에 대해 조치를 취할 것이라고 말했습니다(Cortés 1985, 228).

그 포고문이 처음 작성된지 20년이 경과한 1533년 3월 8일에 카를로스 5세는 프란시스코 피사로에게 개정된 문안을 보내 페루 원주민들에게 낭독하게끔 했다.[30] 1541년 마르틴 데 헤수스 수사는 누에바갈리시아의 반항적인 원주민들에게 상당히 확대된 내용을 담고 있는 조서를 낭독했다(Pacheco et al. 1864-1884, 3:369, 377).[31] 이른바 1542-5143년 신법이 승인된 뒤에도 그 포고문의 정신은 지속적인 발견과 점령에 지침을 제공하기 위해 하달되었던 여러 국왕의 훈령에 보존되었다.

카네테 후작인 돈 안드레스 우르타도 데 멘도사가 페루 부왕의 임기를 시작할 때인 1556년 5월 31일에 국왕이 그에게 보낸 훈령도 그 정신을 보존했다. 해당 훈령은 관례에 따라 원주민들에게 평화적으로 가톨릭 신앙으로 개종할 것과 스페인의 주권을 받아들이도록 설득할 것을 강조한다. 그러나 이 부드러운 비단 장갑 뒤에 날카로운 칼이 숨겨 있었다.

---

30 이 포고문은 Pereña et al. 1982(538, 541)에 재수록되었다. López de Gómara(1946, 228)는 Vicente de Valverde 수사가 잉카 제국의 아타우알파 황제에게 읽어주었다고 전해지는 다른 형태로 개정되고 축약된 포고문을 제공한다.

31 이 포고문의 나중 판본은 그 포고문의 개정에 관한 Biermann의 가설(1950)과 모순된다. 경고에 관한 핵심 부분에서 나중 판본은 전통적인 위협을 되풀이한다. "너희가 오고 싶어 하지 않는다면 우리는 반드시 너희를 죽이고 너희를 모두 노예로 삼아 낯선 땅으로 끌고 갈 것이며, 너희를 원래 거주지로부터 옮겨 버릴 것이다"(Pacheco et al. 1864-1884, 35, 375).

더욱이 수도회 소속의 설교자들이 앞에서 언급한 원주민들과 그 주군들에게 자신들이 그곳에 온 의도를 설명하고…그 조건을 수용할 것을 **여러 번 요청한 뒤에도**…이들이 수도사들을 받아들이려 하지 않는다면…앞에서 언급한 수도사들과 스페인 사람들은 그 땅과 지역에 무장을 갖추고 진입하여 저항하는 자들이 있으면 진압하고 그들을 억지로 복종시켜도 좋다(Konetzke 1953, 1:338; 강조는 덧붙인 것임).

기독교 신앙과 정치적 복종이라는 이러한 기이한 요구는 많은 논란을 일으키면서도 오래도록 이어졌다.

3

국가적 섭리론과 메시아 사상

페르난도 국왕이 보좌에 앉아 항해 중인 스페인 범선 세 척을 굽어보고 있다.
일단의 아메리카 원주민들이 반대편 해안에서 기다리고 있다.

가톨릭 신자이자 그리스도인으로서 우리의 주된 의도는 우리 주 하나님을 섬기고 높이는 것을 지향해야 한다. 교황께서 나의 주군이신 황제께 이 민족들에 대한 지배권을 수여하신 이유는…이 민족들로 하여금 우리의 거룩한 가톨릭 신앙으로 개종케 하는 것이다.

– 에르난 코르테스

스페인의 군주들은 신앙에 유익이 되도록 교황좌로부터 인디아스라는 저 광대한 세계 전역에 가톨릭 신앙과 기독교를 선포하고 전파할 임무와 책임을 부여받았는데, 이 일은 반드시 이 민족들을 그리스도께 회심시키도록 수행되어야 합니다.

– 바르톨로메 데 라스 카사스

~~

스페인 국왕과 복음화

스페인의 가톨릭 군주들인 페르난도와 이사벨은 크리스토퍼 콜럼버스의 제2차 항해가 시작될 때 그에게 다음과 같은 지시를 내렸다.

> 우리 주 하나님께서 그 크신 자비하심으로 말미암아 국왕과 여왕에게 대양의 도서와 본토를 발견하도록 허락하시기를 기뻐하셨다.…이 위업은 국왕과 여왕의 대리인이자 총독인 해군제독 돈 크리스토퍼 콜럼버스의 노고로 말미암은 것이기도 하다.… 콜럼버스 제독은 그 땅에 우리가 믿는 가톨릭 신앙으로 개종하기에 매우 적합한 사람들이 있음을 알게 되었으니, 이는 그들 가운데 어떤 법률이나 종파도 존재하지 않는 까닭이다.…그러한 까닭에 우리는 우리 가톨릭 신앙이 증대되기를 바라면서 …콜럼버스 제독에게 가능한 모든 수단과 방법을 동원하여 앞서 말한 도서와 본토의 주민들을 우리 가톨릭 신앙으로 개종하도록 설득할 것을 명령하고 지시한다 (Konetzke 1953, 1:1).

그러한 목적을 위해 스페인의 군주들은 원주민의 복음화를 시작할 일단의 수도사들을 콜럼버스 제독 편에 함께 파견했다. 콜럼버스에 따르면 이 원주민들은 "우리가 믿는 가톨릭 신앙으로 개종하기에 매우 적합한 사람들"이었으며, "그들 가운데 어떤 법률이나 종파도 존재하지 않았다." 물론 스페인의 군주들은 콜럼버스가 앤틸리스 제도 주민과의 피상적인 접촉을 통해 알게 된 사실이 언어상의 장벽 및 그 자신의 공상과 야망을 통해 여과되었음에도 그의 확언이 타당한지 여부를 고려하지 않았다.

이사벨 여왕은 임종에 즈음하여 1504년 11월 23일 자신의 유언 보록에 다음과 같은 구절을 포함시켰다.

거룩한 교황좌에서 이미 발견하였거나 앞으로 발견할 대양의 도서와 본토를 우리에게 수여했을 때, 또한 우리가 교황 알렉산데르 6세께 그러한 양도를 허락해줄 것을 요청했을 때 우리가 품고 있던 일차적인 의도는 그 지역의 민족들을 인도하여 그들로 하여금 우리가 믿는 가톨릭 신앙으로 개종케 하는 것과, 그 대양의 도서와 본토에 고위 성직자들과 수사들과 일반 성직자들 또는 기타 하나님을 경외하는 박식한 이들을 파견하여 그 땅의 원주민들과 주민들을 가톨릭 신앙으로 교육시키고 그들에게 건전한 교리와 선한 행실에 대해 가르치도록 하는 것이었다.…그러므로 나는 이 임무를 이행하고 완수하며, 이 일을 주요 목표로 삼고 매우 근실히 수행해달라고 경애하는 내 부군이신 국왕께 간청하고 나의 여식인 공주와 그의 남편인 왕자에게 당부하고 명한다.…교황께서 앞에서 말한 수여문을 통해 우리에게 이 일을 요구하고 명하셨기 때문이다(*Testamento*, 66-67).[1]

---

1   Las Casas는 여왕의 유언 보록을 스페인의 식민 정책을 규율할 일반 규범으로 여러 번 언급하지만, 그것에 대한 위반 행위가 거듭됨에 따라 원주민들에 대한 그리스도인들의 "폭압"을 예언자적인 목소리로 격렬하게 규탄하게 된다. 그는 특히 Las Casas 1965(1:425)에 수록된 「치아파스의 주교인 Bartolome de Las Casas와 Ginés de Sepúlveda 박사 사이의 논쟁을 담은 기록」(*Aqui se contiene una disputa o controversia entre el Obispo Don Fray Bartolome de Las Casas o Casaus, obispo que fue de la ciudad real de Chiapa y el doctor Gines de Sepulveda*)이라는 논문에서도 이 보록을 사용한다. 이 글은 Mendieta ([1596] 1980, 1.1.5:31)에도 재수록되어 있다.

1511년 6월 6일 페르난도 왕은 콜럼버스 제독의 아들 디에고 콜럼버스에게 "그렇게 하는 것이 우리가 그 지역을 정복한 것을 뒷받침하는 주요 근거이기 때문"에 "우리의 거룩한 가톨릭 신앙"에 관해 인디오들을 가르치도록 명령했다(Hanke 1967, 54). 스페인 국왕이 스페인 사람과 아메리카 원주민 간의 관계를 규정하기 위해 승인한 최초의 법전인 부르고스 법(The Laws of Burgos)은 원주민들을 가톨릭 신앙으로 교육하는 것이 왕실의 제일가는 관심사임을 재확인한다. 이 법령들은 신세계의 원주민들을 어떻게 취급할 것인지를 둘러싸고 최초의 신학적·법률적 논쟁이 있은 뒤 1512년 말에 승인되었다. 그러한 논쟁은 히스파니올라의 급격한 인구 감소, 산후안(푸에르토리코) 섬에서 일어난 봉기, 도미니코회 수사들 편에서 나타난 최초의 비판적 문제제기 등으로 인해 촉발되었다. 그 텍스트는 이렇게 시작한다. "돈 페르난도 국왕이 보낸다. 짐과 짐의 친애하는 아내인 가장 평화로운 여왕 도냐 이사벨은—그녀가 하늘의 영광을 누리기를!—인디오들과 그 추장들이…우리 가톨릭 신앙에 대해 배우게 되기를 언제나 간절히 원하였고, 또한 그러한 목적을 위해 우리는 법령을 기안할 것을 명하였으며, 그 법령이 기안되었다.…" 이러한 의도는 인디아스에 대한 새 법령에서도 재확인된다. "이는 나의 첫 번째 소망과 앞서 말한 가장 평화로운 여왕과 매우 친애하는 딸[후아나]의 소망은 그러한 지역들과 그들 각 사람 안에 우리 가톨릭 신앙이 심기고 깊이 뿌리내려져서, 앞서 말한 인디오들의 영혼이 구원을 얻는 것이기 때문이다"(Konetzke 1953, 1:38, 45).

1526년 카를로스 5세는 「인디오들을 잘 처우하기에 관한 훈령」(같은 책, 89-96)을 내림으로써 아메리카 대륙 정복자들이 자행하는 폭력을 수도회 소속 선교사들의 영적 권위를 통해 완화하고자 했다. 그 훈령에서 그는 다음과 같이 규정한다. "[모든 원정대에는] 수도자 또는 서품을 받은 성직자가 최소 2명 이상 동행해야 하며, 이들은 인디아스 평의회에 출석하여 자신의 삶과 교리와 행실에 대해 보고함으로써 자신들이 하나님을 섬기는 일에 유익이 되는 자임을 인준 받아야 한다.…짐은 또한 앞에서 말한 수도자 또는 성직자들에게 이들 인디오들도 관심과 애정을 받고 있는 이웃들처럼 제대로 대우 받고 있는지 세심하고 근면하게 살펴볼 것을 명하고 지시한다"(같은 책, 92).[2]

카를로스 5세가 승인한 1542년의 인디아스 신법은 아메리카 원주민들의 예속상태를 종식시키고 신세계에 만연한 무질서하고 폭력적인 상태를 바로잡으려는 의도로 제정되었다. 그럼에도 불구하고 이 법은 스페인의 지배가 여전히 초월적 목표임을 재확인해준다. "우리의 주된 의도와 의지는 이전이나 지금이나 항상 인디오를 보호하고 그들의 수를 늘리며 우리 가톨릭 신앙에 대해 그들을 가르치고 교육하는 것이다"(같은 책, 217).

동일한 목표가 1573년 펠리페 2세가 승인한 「새로 발견된 영토에 관한 훈령」에서도 강조되고 있는데, 이 훈령은 본래 정복과 대립 및 야망의 격류에 대해 적절히 물꼬를 터주려는 의도에서 비롯된 것이었다. 이 훈령은 새로운 인디오 영토에 들어가는 모든 탐험대에는 "[원주민의] 개종에 관여할 성직자 또는 수도자 2명이" 동반되어야 할 것을 명하는데, 그 이유로 "…우리가 새로운 땅을 발견하여 그곳에 정착이 이루어지도록 명령하는 것은 바로 이 주요 목적을 위한 것"이며, "…우리는 아직 발견되지 않은 모든 땅을 다 발견하여 거룩한 복음이 선포되고

---

2   본 사료집의 편집자들은 그 훈령 반포 시기를 10년을 착각해서 1536년으로 표기했다.

원주민들이 우리의 거룩한 가톨릭 신앙을 알게 되기를 열망하기"때문이라고 선언했다(Pacheco et al. 1864-1884, 8:489, 498-499, 494-495).

국왕은 심지어 발견 및 정착에 관한 권리에 있어 수도회에 우선권을 부여하고, 정복자들이나 일확천금을 노리는 식민지 개척자들의 간섭으로부터 선교활동이 보호받을 것을 명한다.

> 우리 주님을 섬기려는 열망을 가지고 인디아스로 가기 원하거나, 새로운 땅을 발견하여 그곳에서 거룩한 복음을 선포하기를 원하는 수도자들이나 수사들이 있다면, 다른 이들에 앞서 먼저 이들에게 발견의 임무가 위임될 것이며…국왕이 비용을 들여서라도 이들에게 먼저 이 거룩하고 선한 사업에 필요한 모든 것들이 공급되게 할 것이다.…인디오들을 선무(宣撫)하고 개종시켜서 평화를 가져오기에 충분할 정도로 복음 전파자들이 있는 지역에서는 개종 사역과 선무 활동을 방해할지도 모르는 다른 이들의 진입을 허용하지 아니한다(같은 책, 495, 536).

마지막에 등장하는 이 "선무"(pacification)라는 표현은 이 칙령에서 핵심적인 역할을 한다. 이 말은 전통적 용어인 "정복"을 대체한 용어인데, "정복"은 인디아스에 관한 스페인의 공식 법률 용어집에서 배제된다. 심지어 무력 행동조차도 선무 활동으로 일컬어진다. 정복 행위에 대해 비판하는 수사들은 적어도 어휘 사용에 있어서는 결정적인 승리를 거둔 셈이다.

끝으로 카를로스 2세가 통치하던 1680년에 이른바 『인디아스 법령 편집』(Recopilación de Leyes de Indias)이 완성되었다. "첫번째 법"은 "서인디아스"에 대한 스페인의 지배가 추구하는 일차적인 목표를 선언하는 역할을 한다. 그 법은 위대한 스페인 제국이 "한량없는 자비하심과 선하심으로" 스페인 국왕을 이처럼 구별하여 세우신 "우리 주 하나님"께서 베푸신 선물임을 지적한다. 그러한 하나님의 은혜로 말미암아 카스티야 왕실은 특별한 선교 의무, 곧 "온 세상이 하나님을 알고 하나님을 경배하도록 만들기 위해 일해야 할" 이례적인 의무를 부여받았다. 그 하나님은 "한 분이신 참되신 하나님이며 모든 보이는 것들과 보이지 않는 것들의 창조자시다." 그 법령은 이 의무가 풍성하게 성취되었다고 말한다. 거의 두 세기에 이르는 동안 스페인 왕가는 "주 우리 하나님의 영광을 간절히 바라고" 노력하여 "다행히 서인디아스에 거주하는 무수한 민족들과 나라들을 거룩한 로마 가톨릭 신앙의 몸으로 인도하는 데 성공했다."

스페인 가톨릭 군주들의 후손들은 자신에게 부여된 선교와 구원의 목표를 다음과 같이 되풀이한다. "모든 이들이 우리 주 그리스도의 보혈로 말미암아 경탄할 구속의 유익을 보편적으로 누릴 수 있도록 우리는 기도하고 우리의 인디오 원주민들에게 설명한다.……이는 설교자들을 훈련시켜 파견함에 있어 우리가 지향하는 목표는 그들의 개종과 구원을 얻는 것이고…또한 그들로 하여금 거룩한 어머니이신 로마 가톨릭교회가 지키고 가르치고 선포하는 모든 것을 굳게 믿고 고백하도록 만드는 것이기 때문이다." 그러나 물론 원주민들이 그러한 "명령"에 복종하려 하지 않거나 가톨릭교회에 맞서 반란과 배교와 이단에 빠지는 경우를 대비한 위협이 빠질 수 없다. "그들이 자신들의 오류를 완고하게 고집하면서 거룩한 어머니이신 교회가 지키고 믿는 바를 받아들이지 않고 완강하게 거부한다면, 그들은 법이 정한 처벌을 받을 것이다"(*Recopilación*, 1.1.1.1:1).

아메리카 대륙을 식민지화한 첫 100년 동안 스페인 정부는 6개 관구와 32개 교구에 6,000개의 성당과 400개의 수도원을 창설하고 보조금을 지급했다(Höffner 1957, 423). 내가 여기서 "스페인 정부가 창설했다"고 말하는 까닭은 「참된 후원자」(Patronato Real)라는 권리 덕분에 바로 스페인 정부가 아메리카 대륙에서 교회의 제도적 진흥 임무를 맡았기 때문이다. 교황 율리오 2세는 1508년 교황 칙서 「보편적 교회」(Universalis ecclesiae)에서 스페인 정부의 이러한 주도적인 역할을 받아들이고 공식화했다(Hernáez 1879, 1:24-25).[3] 그전에 이미 알렉산데르 6세는 신세계에서 스페인 제국에 유익을 주는 1501년 11월 16일자 칙서, 「뛰어난 신심」(Eximiae devotionis)에서 스페인 군주들에게 아메리카 땅에서 십일조를 거둘 권한을 부여했었다(출처: Hernáez 1879, 1:20-21).[4]

아메리카 대륙의 교회에 대한 왕권의 우위는 1512년 5월 8일 체결된 부르고스 협약(Capitulaciones de Burgos)에서 공공연한 황제-교황주의를 통해 표현되었는데, 여기서 최근 발견된 영토에 새로 임명된 세 명의 주교—산토도밍고 대주교인 가르시아 파디야, 히스파니올라 섬의 콘셉시온 교구 주교인 돈 페드로 수아레스 데 데사, 산후안 바우티스타 섬에서 동일한 역할을 맡고 있던 알론소 만소—는 자신들이 지닌 교회법적 관할권에 대해 스페인 국왕이 거의 모든 면에서 세속적인 권한과 영적

---

3   「참된 후원자」(Patronato Real)의 기원과 의미에 대해서는 Leturia 1959 (1:1-48) and Shiels 1961을 보라. 이 마지막 판본은 교회적, 영적 영역에서 스페인 국왕의 관할권 요구의 근거가 된 15세기부터 18세기까지의 주요 문헌들을 실어놓았다. Giménez Fernández(1944, 92-95)는 가톨릭 군주들이 1493년의 알렉산데르 교황 서신, 특히 5월 4일의 「경건한 신자」(Piis fidelium)와 5월 3일의 「뛰어난 신심」(Eximie devotionis)을 통해 후원권(Patronato)을 얻었다고 주장한다. Tobar 1954(45-56)를 보라.
4   이 칙서를 1493년의 「뛰어난 신심」과 혼동해서는 안 된다. Tobar 1954(22-39)를 보라.

인 권한을 가진 것을 인정했다(Hernáez 1879, 1:21-24). 「참된 후원자」는 16세기에 내용이 확대되어 로마 측에서 양도한 교회를 창설할 권리, 교구 간의 지리적 경계구분, 주교직과 교회의 혜택 수여, 십일조 징수, 선교사의 선발과 파송을 포함하게 되었다.

스페인 국왕들은 교회 후견자로서의 권한을 열성적으로 추구했고, 신세계의 (영적 영역 및 세속적 영역의) 모든 사안에 대해 국왕이 권한을 갖고 있음을 언제나 분명히 하였으며, 그 결과 사람들은 **인디아스에서는 국왕이 교황을 대리한다**고 말할 정도였다.[5] 현대 사회 다원주의의 기본 원리인 교회와 국가 간의 분리라는 헌법 원칙에 익숙한 사람들은 아메리카 대륙의 엄격하게 종교적이고 교회법적인 사안에 대해 카스티야 국왕이 의사결정을 맡았다는 데 놀랄 것이다. 온갖 종류의 교회법적 분쟁 해결이 로마 교황청이 아닌 스페인 국왕에게 의뢰되었다. 예를 들어 일반 성직자들과 탁발 수사들(도미니코회, 아우구스티노회, 프란치스코회) 간의 분쟁에서 한 수도승이 자신의 견해를 군주에게 밝히며 펠리페 2세를 "하늘 임금의 지상 대리자"라고 부르면서 카를로스 5세의 아들에게 "폐하의 보호와 열심과 후견에 따라…적절한 해결책"을 찾아내도록 의뢰한 것은 이상한 일이 아니었다(Cuevas 1975, 398, 403).[6]

요컨대 스페인 국왕 측의 정치 전략에 많은 변화가 있었음에도 그

---

5   Gutiérrez de Arce 1954(여러 곳)를 보라. Gutiérrez Arce는 「참된 후원자」가 인디아스에 대한 국왕의 대리권으로 바뀌는 것을 좋아하지는 않지만 실제로 교회 문제에 대한 국왕의 관할권이 이베리아 반도보다는 아메리카 대륙에서 본질적으로 더 컸다는 점은 인정한다.

6   이 탁월한 선집은 「참된 후원자」가 가진 힘을 지루할 정도로 보여준다. 교회법적 사안 및 종교 문제와 관련된 탄원서와 의견서가 로마 교황이 아닌 스페인 국왕 앞으로 제출되었다.

들은 원주민을 가톨릭 신앙으로 개종시키는 것이 자기들의 가장 중요한 목표임을 계속 명백히 천명했다. 파울리노 카스타녜다 델가도에 따르면, "정복의 첫 순간부터 인디오 복음화에 대한 국왕의 관심은 명백하고도 효과적이었다. 그것은 결코 철회되지 않은 하나의 상수(常數)였다"(Castañeda Delgado 1974, 178).

하지만 이 주장은 하나의 목표를 "명백히" 밝히는 것과 그것을 "효과적"으로 달성하는 것을 구별하지 않는다는 점에서 심각한 결함이 있다. 앤틸리스 제도의 원주민 멸종과 아메리카 대륙 여러 지역의 수백만 명의 원주민 사망은 그러한 "명백한" 복음화의 "효과성"에 의문을 제기한다. 복음화라는 이론적 목표와 인디오 공동체 압제라는 역사적 실제 간의 괴리는 신세계에서 스페인의 존재와 행위가 정당했는지에 관한 폭발적인 논쟁을 촉발하곤 했다.

~~~

정복과 기독교화

야심가였던 코르테스조차 자신의 보고서와 연대기에서 자신이 멕시코를 정복한 주된 목표가 기독교화("그들에게 경고하고 그들이 매력을 느끼게 해서 그들로 하여금 우리 가톨릭 신앙을 알도록 하는 것")라고 주장한다(Cortés 1985, 11). 아스텍의 수도에 대한 포위 공격을 개시하기 전에 틀락스칼라에서 포고한 군령(軍令)에서 그는 전쟁의 주된 동기가 원주민들의 영적·종교적 유익임을 선언한다.

이 지역의 원주민 사이에서 우리 주 하나님께 커다란 불경이 되는 악한 문화와 우상숭배가 판치고 있고 마귀가 그들을 속이고 눈멀게 하여 그들로 하여금 마귀를 높이 숭배하게 하는 한…그들로 하여금 많은 오류와 우상숭배로부터 떠나게 하고 그들에게 우리 가톨릭 신앙에 대한 지식을 전파함으로써 우리는 주님께 큰 섬김이 될 것이다. 이제 나가서…이 지역의 원주민들을 그러한 우상숭배로부터 분리시키고 그것을 근절시켜서 그들을 구원으로 인도하거나 최소한 구원에 대한 열망을 품게 해서 그들로 하여금 하나님과 거룩한 가톨릭 신앙에 대한 지식에 이르도록 하자. 만일 다른 어떤 의도로 전쟁이 수행된다면 이는 부적절할 것이며, 논리적으로 보상해야 할 장애물이 될 것이다.…따라서 가톨릭 군주 폐하의 이름으로 내가 분명히 말하건대 이 전쟁과 내가 앞으로 수행할 모든 전쟁에서 나의 주된 동기는 원주민들에게 우리 가톨릭 신앙에 대한 지식을 전해주는 것이다 (Pacheco et al. 1864-1884, 26:21-22).[7]

에르난 코르테스는 아스텍 제국에 승리를 거둔 뒤 그곳을 누에바에스파냐라고 개명하고 그 지역에 규범이 될 정책을 수립할 때 복음화라는 동일한 목표를 되풀이해서 말한다. "가톨릭 신자이자 그리스도인으로서 우리의 주된 의도는 우리 주 하나님을 섬기고 높이는 것을 지

---

[7] Cortés는 자신의 군대가 불경한 말을 하는 행위(즉 신성모독적인 의미가 있는 유행어를 사용하는 행위)를 엄벌에 처함으로써 그것을 금하였는데 이는 특히 하나님의 특별한 도움이 필요할 때 그의 진노를 피하기 위한 조치였다. 그는 또한 (오직 "자신이 동석한 경우"라는 유일한 예외가 아니고서는) 카드놀이를 금지했는데, 이는 카드놀이가 종종 그러한 신성모독을 초래했기 때문이었다. 그는 냉혹한 인물이었다. Zavala 1937 (45-54) and 1981(49-69)을 보라. Cortés의 정치적 사상과 제국에 대한 개념 발전에 관해서는 Frankel(1963)의 통찰력 있는 논문에서 논의된다.

향해야 하며 교황께서 나의 주군이신 황제께 이 민족들에 대한 지배권을 수여하신 이유는…이 민족들로 하여금 우리의 거룩한 가톨릭 신앙으로 개종케 하려는 것이다."[8] 에르난 코르테스가 자신의 군기에 그려진 십자가에 다음과 같은 라틴어 문구를 새겨 넣은 것도 단순한 우연은 아니다. *"Amici, sequamur crucem; si nos fidem habuerimus, in hoc signo vincemus"*(친구들이여, 십자가를 따르자. 우리에게 믿음이 있다면 우리는 이 표지로 승리하리라).[9]

코르테스의 비판자인 바르톨로메 데 라스 카사스도 "주된 목표는…기독교 교리를 통해 가능해질 수 있는 저 인디오들의 구원"이라는 점을 고려하여 스페인 국왕에 의한 지배를 정당화한다(Las Casas 1972, 86). 라스 카사스는 자기 동포들의 행위에 대해 계속 가차없는 비판을 해왔음에도 불구하고 교황이 가톨릭 군주들로 하여금 기독교 전파를 촉진시키게끔 그들에게 새로 발견된 땅을 하사한 것이 정당하다는 자신의 신념을 바꾸지는 않았다. 바로 위에서 인용된 논문을 쓰고 거의 40년이 지난 뒤 쓴 한 논문에서 그는 이렇게 단언한다. "스페인 군주들은 신앙의 유익을 위해 교황좌로부터 인디아스라는 저 광대한 세계 곳곳에 가톨릭 신앙과 기독교를 선포하고 확산시킬 책임과 의무를 받았으며, 이 사명은 이 민족들을 그리스도께로 회심시키기 위해 수행되어

---

8 「선정(善政) 훈령」(*Ordenanzas de buen gobierno*, 1524년 3월 20일), Pacheco et al. 1864-1884(26:140)에 수록된 글.

9 Mendieta([1596] 1980, 3.1:176)는 Cortés가 사용한 라틴어 표어를 포함시킨다. Ricard(1986, 76)는 이와 약간 다른 판본을 제시한다. 저자가 사용한 스페인어 번역은 López de Gómara(1946, 301)가 제시한 것이다. Díaz del Castillo(1986, 20:33)는 이와 다른 판본의 번역을 제시한다.

야 한다."[10]

아메리카 대륙의 식민지화는 이슬람에 맞선 성전과 이베리아 반도에서의 유대인 추방이라는 오랜 기간 동안의 스페인 재정복이 끝난 뒤 일어났다. 신대륙 "발견"의 주역들은 이러한 상관관계를 인식했다. 크리스토퍼 콜럼버스는 제1차 항해 일지의 첫 기록에서 "1492년인 올해" "폐하께서 무어인들과의 전쟁을 끝내시고", "폐하의 모든 왕국과 영토에서 유대인을 다 추방하신 뒤" 자신이 위대한 칸을 개종시키기 위한 항해를 시작했다고 말한다(Varela 1986, 43-44 및 Las Casas 1986, 1.1.12:65).[11] 또 다른 곳에서 그는 불신자와 이단자가 존재하지 않는 세계적인 기독교 제국이라는 개념이야말로 스페인의 군주들이 교회와 역사에 기여한 커다란 공헌이라고 묘사한다.

독실하고 신심이 깊은 사람들은 인디오의 언어를 배워서 이들 모두로 하여금 그리스도인이 되게끔 할 수 있을 것이며, 나는 우리 주 안에서 폐하들께서 성부, 성자, 성령을 고백하기를 원치 않았던 이들[무어인들과 유대인들]을 멸하신 것처럼 이 문제에 있어 그와 같은 큰 민족들을 교회로 향

10 Las Casas 1965(2:1271)에 수록된 *Algunos principios que deben servir de punto de partida en la controversia destinada a poner de manifiesto y defender la justicia de los indios*(인디오들을 위한 정의의 대의를 밝히고 변호하는 것을 목표로 하는 논쟁에서 출발점 역할을 해야 할 몇몇 원칙들). 내가 Las Casas의 말을 자주 인용하는 이유는 저명한 프랑스의 스페인 학자가 Jean Daniélou 추기경에 대해 언급한 다음과 같은 말이 Las Casas의 저술에도 적용될 수 있다고 생각하기 때문이다. "어떤 개인을 이상화하는 전기가 비판을 받아야 하더라도, 비평가는 몇몇 사람들의 생애에는 거의 모범적인 가치가 있음을 인정해야 한다"(Bataillon 1976, 11, 각주 9). 그러나 나는 "무차별적인 칭찬의 열정"에 빠지지 않기를 소망한다. O'Gorman(Las Casas 1967, clxvii)은 그 열정적인 도미니코회 수사를 흠모하는 많은 이들 가운데 나타나는 이러한 결점에 대해 비판한다.
11 스페인의 가톨릭 군주들은 1492년 1월 그라나다를 점령하여 이베리아 반도에서 무어인들을 완전히 패퇴시켰고, 1492년 3월 31일 유대인 추방을 명령했다.

하게 하여 개종시키기 위해 매우 부지런히 행동하기로 결심하시기를 소
망합니다. 그러면 두 분의 말년(우리 모두는 죽을 운명이기 때문입니다)
에 두 분은 이단과 악행이 없고…거룩한 기독교 신앙이 크게 증진된 매
우 평화로운 상태에서 두 분의 왕국을 떠나실 것입니다(Las Casas 1986,
1.1.46:232).

따라서 콜럼버스 제독은 새로 발견된 땅으로 가는 이들이 정통 신앙에
충실한지를 주의 깊게 감독할 필요가 있다고 주장한다. "폐하들께서는
가톨릭 신자가 아닌 그 어떤 외인이라도 여기에 오도록 허락하지 않으
셔야 합니다. 그것이 기독교 신앙의 증진과 영광을 위하는 이 사업의 처
음과 끝이므로 좋은 그리스도인이 아닌 사람은 아무도 이 지역에 발을
들여놓는 것조차 허락되지 않아야 하기 때문입니다"(Varela 1986, 111).

그 당시는 스페인 국민과 가톨릭 정통신앙이 동의어로 여겨지던
때였으며, 이로 인해 근본적으로 "신앙고백과 국적, 나라와 종교가 동
일시"되었다. 이러한 동일시에 따르면 "스페인의 의지를 지배하는 주된
힘은 초월적인 사상, 즉 가톨릭 교회에 구현된 이상적이고 종교적인 삶
의 개념이었다.…페르난도와 이사벨은 스페인을 신앙으로 통일된 동질
적인 국가로 만들려는 생각을 품었다"(Rios 1957, 37, 144).

그러한 "신앙고백과 국적, 나라와 종교 간의 동일시"는 아메리카
대륙에서 활동하던 카스티야인들의 선교적·정치적 언행에서 다양한
방식으로 표현된다. 당시에 누에바에스파냐에서 활동하던 프란치스코
회 선교사인 프란시스코 데 비토리아(같은 이름의 도미니코회 신학자와 혼
동하지 말아야 한다)에게 동의하는 이들이 많았을 것이다. 그는 카를로스
5세에게 보낸 편지에서 다음과 같이 말한다. "우리의 스승이시며 구속

자이신 예수 그리스도의 유산과 스페인 국왕의 유산은 이 지역에서 매우 잘 통일되어 있습니다.…"(Gómez Canedo 1977, 224).

스페인의 신세계 지배는 서방 기독교의 분열이 시작된 때 발생했다. 스페인의 신세계 지배는 "불신자"와 "배교자" 그리고 "이단자"에 대해 극히 적대적이었을 뿐 아니라 종교적 경험을 해석함에 있어 다른 대안의 가능성을 전혀 고려하지 않을 정도로 제한적인 스페인 가톨릭의 성격을 띠고 있었다.[12] 스페인의 황금기에 활동한 카스티야 출신의 저명한 신학자인 도밍고 바네스는 이단자 처형을 옹호하면서 국가와 교회 간의 그러한 공생을 상기시킨다. "왕국은 신앙의 일치 없이는 존립할 수 없으므로 왕은 이단자들을 왕국의 평화를 위협하는 원수들로, 극히 악한 반역자로 처벌한다. 그래서 그들은 스페인에서 화형에 처해진다"(Höffner 1957, 116).

페르난도 데 로스 리오스(1957, 42)는 당시 스페인에 확립되어 있던 교회와 종교 간의 일치 및 그로 인한 종교적 불관용에 대해 다음과 같이 정확한 진단을 내린다. "국가가 종교적 목표를 달성하기 위한 도구로 여겨지고 그 종교가 엄격한 교리적 내용을 지니고 있는 곳에서는,…국가의 존재 이유인 교리와 불일치하는 어떤 것도 외부로 표출하는 것을 허용치 않는 국가에서는 국가가 곧 교회이기 때문에 소수자

---

12 교황 레오 13세에 따르면, "콜럼버스는 참으로 유럽이 가톨릭의 이름에 끼친 해악을 바로잡으시려는 하나님의 특별한 계획에 따라…강력한 폭풍으로 교회가 흔들리기 직전에…아메리카를 발견했다." 교황 회칙 「콜럼버스 400주년」(*Quarto abeunte saeculo*, Terradas Soler 1962, 133에 수록된 글). 프란치스코회 수사 사아군은 이미 3세기 전에 이와 비슷한 내용의 글을 썼다. "이 때에 이 땅에서 이 사람들을 통해, 우리 주 하나님은 마귀가 영국과 독일과 프랑스에서 교회로부터 훔친 것을 교회에 돌려주려 하셨음이 분명해 보인다"([1582] 1985, 20).

및 이단과 상이한 입장이 들어설 자리가 없다. 16세기 스페인이 바로 그런 나라였다."[13]

스페인 역사의 특징인 교회와 국가 간의 그러한 일치는 수 세기에 걸쳐 형성되었다. 알폰소 10세의 저술 중 "제1부"는 "인간으로 하여금 신앙을 통해 하나님을 알게 하는 교회 국가 및 기독교에 관하여"라는 종교법에 할애되어 있을 정도로 이 특징이 뚜렷하다(Alfonso 1807, vol. 1.1.1:1). 카스티야 왕국이 공식적으로 표방하는 이러한 신앙고백적 성격은 무어 이슬람과의 수 세기에 걸친 싸움을 통해 유지되고 발전되었다.

이 말은 아메리카 정복의 맥락에서 훗날 앵글로색슨 제국에 만연했던 것과 같은 "스페인 인종주의"를 말할 때 매우 조심해야 함을 의미한다. 15·16세기에 살았던 스페인 사람이 자기가 "오염되지 않은 피"를 가졌다고 말하면서 혈통의 "순수성"에 대해 자랑할 경우, 그는 단지 인종적 특징만을 언급하는 것이 아니라 자신이 유대인 또는 무어인/이슬람과 섞이지 않은 순전한 그리스도인 선조를 가졌다는 사실을 말하는 것이다. "혈통의 순수성" 인증은 앵글로색슨족이나 북유럽인이 말하는 인종적 균일성이라는 이상과 유사한 것이 아니었다. 그 당시 스페인에서 그것은 가능하지 않았다. 그것은 국가와 가톨릭 정통 신앙 간의 확고한 일치를 암시했다. 그래서 유대인의 후손과 무어인의 후손은 4대가 지날 때까지 수도회에 입회할 수 없었다. 그것은 또한 스페인의 이단 심문소가 교리 문제에 의견을 달리하는 자들을 혹독하게 박해한 이유이기도 했다.[14]

---

13 Olaechea Labayen(1958, 161)에 따르면, 스페인 사람들 사이에서 이단에 대한 거절은 "일종의 인종주의적 습관과 비슷한 것이었다."
14 Lockhart(1982, 213)는 페루의 정복 이후 첫 30년 동안 메스티소 자녀들이 경멸적인 취

16세기 문헌에서 국가의 종교적 우월감이 깊이 뿌리박혀 있다는 점을 명백히 알 수 있다. 스페인은 스스로를 섭리에 의한 가톨릭 신앙의 수호자로 여겼다. 그러한 감정이 처음에는 무어인과 사라센인을 향하다가 나중에는 반종교개혁으로 흘러들어갔고 이어서 해외 영토 확장에 따른 가톨릭 신앙의 확산으로 이어진다. 이러한 감정을 나타내는 징후는 후안 히네스 데 세풀베다(1951, 33-34)에게서 찾아볼 수 있는데, 그는 "스페인 사람들의 신중성과 독창성…[그들의] 확고함과 인간성과 정의감"을 칭찬하면서, "…기독교에 관해 말하자면 나는 기독교가 스페인 사람들의 심성 속에 얼마나 깊이 뿌리박혀 있는지를 나타내는 분명한 증거들을 많이 보았다"고 말한다.[15] 『민주주의에 대한 찬성, 또는 인디오들에 대한 전쟁의 정당한 명분에 대하여』(*Demócrates segundo o de las justas causas de la guerra contra los indios*)라는 세풀베다의 저술은 제국주의적 사고가 메시아적이고 섭리론적인 성격을 지니고 있었음을 보여주는 좋은 예다. 스페인 사람들이 지닌 타고난 탁월한 재능—"신중성, 독창성, 아량, 절제, 인간성, 신앙심"(같은 책, 113)—은 신의 은혜가 섭리적으로 작용하고 있음을 분명하게 보여주는 표지다. 그러한 자질로 인해 스페인 민족은 대양을 가로지르는 거대한 제국을 경영하기에 합당한 유일한 민족이다. 원주민들도 카스티야의 주권에 복종하면, 종이 그 주인의 행

급을 받은 것은 그들이 인종적으로 혼혈이었기 때문이 아니라 그들 대다수가 사생아(이는 결혼관계에서 엄격한 도덕성을 강조하는 가톨릭적 환경에서는 중대한 치욕이었다)였기 때문이었음을 지적한다. 이러한 지적을 받아들인다 해도 이베리아 반도 국가들이 아메리카·아프리카·아시아 출신 신민들에 대해 명백히 인종주의적 태도를 발전시켰다는 Boxer(1978, 1-38)의 설득력 있는 주장이 부인될 수는 없다.

15 그의 이념적 경쟁자인 Las Casas도 스페인의 종교적 우월감을 나타내지만 Las Casas의 경우 그것은 윤리적 명령을 반영한다. 그의 분노는 자신의 조국이 높고 특별한 도덕적 의무에 걸맞게 행동하지 않는다는 생각에 기인한다.

복과 위엄에 동참하듯이 그들도 스페인에게 허락된 섭리적 유익에 동참할 수 있다. 그러나 그들이 반항한다면 그들은 스페인의 왕권과 하나님의 뜻에 맞서 반란의 죄를 범한 범죄자가 될 것이다.

한 세기 뒤 솔로르사노 이 페레이라(1930, 1.1.11:113)는 스페인 사람들의 섭리적인 신세계 정복을 언급하면서 그들은 "가톨릭 신앙에 관해 더 확고하고 순수하며 분명하였을 뿐 아니라 거룩한 로마 가톨릭교회에 대해 복종하면서 다른 여러 나라들을 망치고 있는 이단으로부터 벗어나 있다.···따라서 그렇듯 영적이고 신성한 정복의 과제를 이단에 물든 다른 나라들에 맡길 수는 없었다"라고 스페인 사람들의 신앙에 공로를 돌린다.

인간성과 신성의 관계에 대해 다른 관점을 제안한 이들—에라스무스주의자들, 종교개혁 이단자들, 무신론자들—에게는 어떤 결과가 기다리고 있었는가? "양심에 관한 심문적인 태도와 분파주의자들에 대한 위협"이 기다리고 있었다(Ríos 1957, 46).[16] 십자군 정신이 계속 이어졌으며 스페인이라는 나라는 기독교 제국의 이상과 동일시되었다. 무어인들과의 오랜 투쟁을 통해 배양된 가톨릭 신앙에 대한 열정은 1492년 그라나다 점령과 유대인 추방 이후에도 멈추지 않았다.[17] 그 열정은 호전적이

---

16 40년 전에 푸에르토리코 신학자인 Angel Mergal Llera(1949)는 자신이 속한 개신교적이고 히스패닉적인 시각에서 16세기 스페인 정부가 보여준 교파주의적 가톨릭 신앙을 감수성 있고 통찰력 있게 비판적으로 분석한 책을 썼다.

17 유대인과 무어인은 자신의 종교를 버리고 세례를 받으면 스페인에 남아 있을 수 있었다. 이러한 "관용" 조치가 이 두 소수 집단에 대한 적대감 문제를 해결하지는 못했다. 이러한 조치에 승복한 이들은 여전히 그들의 "개종"(개종한 유대인들은 경멸적으로 "마라노"[marranos]라고 불렸고 무어인들은 "모리스코"[moriscos]라고 불렸다)의 진정성에 대한 사람들의 의심과 종교 재판소의 지칠 줄 모르는 에너지에 시달렸다. 아브라함의 자손들이 다른 서유럽 도시들에서도 마찬가지로 형편이 좋지 않았다는 점에 주목해야 한다.

고 선교적이며 독단적이고 이단을 박해하는 형태로 신세계에서 분출한다. 예수회 역사가인 페드로 데 레투리아(1959, 1:10)가 단언하듯이 "그라나다의 십자군은 인디아스에서 계속된다." 또는 여러 번 주장되었듯이 십자군은 "사도 야고보"의 보호하에 "…무어인의 살해자에서 인디오의 학살자로" 바뀐다(Flores Galindo 1987, 40).[18]

신세계의 식민화 과정에서 보여준 스페인의 행태에 대한 비판자인 라스 카사스가 이단 심문소를 신세계로 옮길 것을 요청했다는 사실은 시사하는 바가 크다.

> 저는 주교님께…거룩한 이단 심문소를 이곳에 보내도록 명령해 달라고 간청합니다. 제 생각에 이곳 도서들과 인디아스는 심문소에 대한 필요가 절실합니다. 이들 지역처럼 신앙을 새롭게 심어야 할 곳에 사악한 이단의 씨를 뿌리는 자가 있을지도 모르며, 심지어 이미 두 명의 이단자가 체포되어 화형에 처해졌고 14명 이상의 이단자가 아직도 남아 있는 위험이 있습니다. 더욱이 악마의 사주를 받은 어떤 사악한 자들이 단순하여 무엇이든 쉽게 믿는 성향이 있는 그 인디오들을 꾀어 해로운 교리와 이단적 태도로 이끌어갈 수도 있기 때문입니다(Las Casas 1972, 76).

1516년의 이 요청은 당시 총심문관이자 스페인 정부의 섭정이었던 프란시스코 히메네스 데 시스네로스 추기경에게 호의적인 인상을 주었으

---

18 칠레의 수도 산티아고는 스페인의 후원자인 거룩한 사도 야고보의 이름을 따라 명명되었는데, 이는 우상숭배에 젖어 있는 이교도 원주민들에 맞서 싸우는 경건한 이베리아인들을 대신하여 이 성인이 무력 원정에 여러 번 기적적으로 "개입"한 사건을 기념하기 위한 것이었다.

므로 추기경은 1517년 7월 21일 이 요청을 승인하였지만, 몇 달 뒤 그가 사망하자 신세계로의 이단 심문소 이전은 지연되었다(Pérez Villanueva and Escandell 1984, 662-665). 당시에 라스 카사스와 시스네로스가 염두에 두고 있던 것은 이른바 "새 그리스도인들"(유대인과 무어인 출신 개종자들)에게서 나타나는 유대교화 및 이슬람화 경향이었지만 머지않아 이단 심문소는 모두 "루터파의 다른 징후들"과 맞서 싸우는 전투 부대로 바뀌었다(Las Casas 1965, 1:147).[19]

페르난도 미레스(1987, 218)는 라스 카사스에게 열광한 나머지 자신의 역사적 판단이 흐려져서 원주민들의 위대한 옹호자였던 이 도미니코회 수사가 "종교 자유의 사상적 선구자"이기도 했다고 단언했는데, 이는 반종교개혁에 물든 광신적인 스페인 교회 출신의 성직자에게 붙이기에는 주목할만한 칭호다.[20] 사실 라스 카사스는 원주민들이 지닌 종교성을 일종의 복음의 준비(*praeparatio evangelica*)라고 평가하면서 이러한 준비가 최고 존재에 대한 헌신으로 이어질 수 있다고 보았다. 그것은 "종교의 자유"라는 근대적 관념의 촉진자와는 너무나 거리가 멀다. 이 "종교의 자유"는 세속 국가라는 핵심 개념과 더불어 출현해서 종교의 조건부 사유화(contingent privatizaion) 및 주관적 친밀성의 영역으로의 좌

---

19   스페인의 가톨릭 군주들은 1497년 6월 22일 새로 발견한 땅들로 갈 의사가 있는 이들 가운데 "살인을 저질렀거나 누군가를 상해했거나 기타 성격과 경중을 막론하고 범죄를 저지른" 자들에게 일반 사면령을 포고했다. 예외도 있었는데, 그 첫 번째 사유는 이단이 었다(Fernández de Navarrete 1945, 2:249).

20   Las Casas는 보헤미아에서 후스파 이단이 확산되는 문제는 황제가 신속하게 대응하지 못한 데서 비롯되었는데 "황제는 이단들이 성장하여 그 지역 전체에 만연하기 전에 그들 모두를 해치웠어야 했다"고 주장하기도 했다. Jan Hus의 이단을 막을 수 있는 가장 좋은 해결책은 (비록 당국자들이 이 방식을 따르지는 않았지만) "전쟁을 통해 그것을 종식시키는 것"이었다는 것이다. "Carta a Bartolomé Carnanza de Miranda" (August 1555), Fabié [1879] 1966(71:408-409)에 수록된 글.

천으로 이어진다.

라스 카사스는 자신의 가톨릭 신앙의 신학적·교리적 정통성을 강조하는 데 주의를 기울였다. 그래서 그는 이단 심문소와 실제로 심각한 갈등을 겪은 적이 없었다. 스페인의 몇몇 유명 인사들—이냐시오 데 로욜라, 루이스 데 레온, 테레사 데 아빌라, 후안 데 라 크루스(십자가의 요한)—은 그다지 운이 좋지 않았어 여러 차례 스페인 이단 심문소의 가혹한 심문에 시달렸다.[21]

일반적으로 아메리카의 정복과 관련해서 인간의 자유에 관한 신학적·법률적 논쟁에 가담한 스페인의 모든 주요 인물들은 국가와 교회가 이른바 이단자들에 대해 무력을 사용해온 가톨릭 전통을 의문 없이 받아들인다. 그러한 전통은 공의회에 모인 주교들 다수가 지지한 교리를 받아들이지 않은 자에 대한 파문(저주) 선언(참조. 고전 16:22, 갈 1:8-9)과 더불어 소박하게 시작되었다. 그리고 그 회의는 긍정문을 사용하여 교리 문제에 대해 신학적 설명을 한 후 이단자들에 대한 정죄로 마무리되었다. 예를 들어 니케아 공의회(기원후 325년)에서 승인된 교리적 신조

---

21 Sepúlveda와의 논쟁에서 Las Casas는 그리스도에 대해 들어본 적이 없는 비신자와 이단자 간의 차이를 분명히 밝힌다. Las Casas의 견해에 따르면, 이단자에 대해서는 성 아우구스티누스가 제안한 강압적 조치를 적용할 수밖에 없다(Las Casas 1965, 1:379-381). Vitoria가 제시한 논제와 관련하여, Ríos(1957, 102)는 "인디오들의 이단"을 언급하면서 해당 용어들을 혼동한다. Vitoria는 뛰어난 학자이자 교사로서 미묘한 차이와 특징을 잘 구별하였으므로 그 용어[이단]를 원주민의 토속 종교나 비신앙을 지칭하는 데 사용하지 않았다. 다른 한편으로 "가톨릭 신앙을 갖고 있는지 의심스러운 자나 이단 심문소에 의해 정죄 받은 자들의 자식이나 손자"가 신세계로 이주하는 것을 금하는 Fernando와 Isabel의 칙령에 대한 Ríos의 언급은 흥미롭다(같은 책, 164). 훗날 Las Casas의 저술들은 인디아스 평의회와 이단 심문소의 견책을 받게 되는데, 이는 16세기 말과 17세기에 유럽의 경쟁 국가들이 그의 저술을 "검은 전설"(black legend), 즉 스페인에 대한 적대적인 증거를 뒷받침하는 증거로 광범위하게 사용했기 때문이다(Hanke, *"Las Casas, historiador"* [in Las Casas 1986, xl-xli]).

는 다음과 같이 엄격하게 마무리된다. "[성자가] 존재하지 않은 때가 있었고 그는 낳은바 되기 전에는 존재하지 않았으며 그는 무에서 만들어졌다고 주장하는 이들, 또는 그는 또 다른 위격이나 또 다른 실체로부터 나왔다거나 하나님의 아들은 바뀔 수 있거나 변할 수 있다고 말하는 자들, 이런 자들에게 가톨릭교회는 저주를 선언한다"(Denzinger 1963, 24).

4세기에 기독교가 로마 제국의 공식 종교로 전환되는 과정에서 첫 단계 조치가 취해졌다. 국가는 교회의 요청으로 이른바 이단자들에 대한 사법적 처리, 곧 재산몰수·투옥·추방 등의 조치에 착수했다. 이 조치에 대한 고전적 변호는 아우구스티누스(1958, 8:615)가 기원후 408년 로가투스주의자(rogatist)인 빈켄티우스에게 보낸 장문의 서신을 통해 제시되었는데, 그 편지에서 아우구스티누스는 로마 제국이 도나투스주의자들(Donatists)에 대항하여 승인한 법을 변호하면서 "이 법이 초래한 공포"는 유익했고 "이 법이 공포됨으로써 왕들은 이 법이 유발하는 두려움을 통해 하나님을 섬긴다"고 주장한다.

아우구스티누스에게 있어 국가가 이단자들에 가하는 제재는 이단자들의 자유와 재산에 영향을 주는 것으로 보이지만 반드시 그들의 생명에 영향을 끼치는 것은 아니다. 그러나 오래지 않아서 최종 단계, 즉 **이단에 대한 형벌로서의 사형**에 이르게 되었다. 이러한 강압적 조치를 옹호하는 고전적 근거는 『신학대전』(*Summa theologica*)에서 찾아볼 수 있다. 토마스 아퀴나스는 신앙은 자발적인 것이라고 단언한다. 성년이 된 어떤 사람에게도 개종과 세례를 강요할 수는 없다. 그러나 개종하여 세례를 받은 뒤 그 사람은 가톨릭 교리를 유지해야 할 의무가 있다. "신앙을 받아들이는 것은 의지의 문제다. 반면에 신앙을 받아들인 뒤 그 신앙을 지키는 것은 의무의 문제다. 따라서 이단자들은 신앙을 지키도록 강제될 수 있다"(2-2.10:8). 어떤 "이단자"가 자기 양심을 교회의 교리적 명령에 복속시키기를 거부한다면 어떻게 할 것인가? 그 결과는 두 가지, 곧 교회의 파문과…국가의 처형이다. "만일…그가 계속해서 반항한다면 교회는 더 이상 그의 회심을 기다릴 것이 아니라, 그를 출교시켜 교회와 분리시킴으로써 다른 이들의 구원을 모색할 것이며, 더 나아가 그를 세속 법정에 넘기고, 그렇게 함으로써 죽음을 통해 세상에서 소멸되도록 할 것이다"(2-2.11:3).

그것이 16세기와 17세기 내내 스페인과—이 사실이 망각되지 않아야 한다—유럽의 모든 지역에 팽배한 원리였다(미카엘 세르베투스를 이단으로 처형한 곳은 바로 칼뱅파가 통치하던 제네바였다). 바르톨로메 데 라스 카사스도 이 원리를 지지한다. 그 결과 그는 비신자인 원주민들이 가톨릭교회의 교리와 관습을 받아들이는 것이 엄격히 자발적인 성격을 띠고 있음을 역설하면서 토마스 아퀴나스 식으로 불신자와 이단자를 구별하는 방식을 언급하지 않을 수 없었다. "한때 가톨릭 신앙을 자발적으로 받아들임으로써 신앙에 따른 모든 조건과 요구와 위협을 수용한 이단자들의 경우와 불신자들의 경우는 전혀 다르므로…이들 불신자들을 이단자들과 동일한 범주로 분류하도록 요구하고…그럼으로써 그들의 농토와 그들의 신체와 그들의 영혼을 상실케 하는 것은…매우 맹목적인 처사다"(Las Casas 1986, 2.1.173:160).

카스티야 왕국이 아메리카 정복과 식민화에 대해 선교적 복음화가 아닌 다른 관점에서 생각하는 것은 불가능했다. 그 왕국이 제국의 정당성을 오로지 정치·경제적 관점에서만 분명히 설명할 수는 없었다. 스페인 국가의 논리 자체가 불가피하게 정복과 기독교화 간의 혼동을 수반했다. 패권을 행사했던 다른 국가들에게는 가능했던 길—권력 수단을 통제하면서도 그 복속민들로 하여금 그들의 토착 종교를 믿음으로써 그들이 겪고 있는 주체성 문제에 대한 영적 도피처를 찾도록 허용하는 일—이 신앙고백적 자기규정이 지닌 본질적 성격으로 인해 스페인에게 는 닫혀 있었다. 스페인의 메시아주의적 의식은 불가피하게 "본질적으로 전투적인 성격을" 지녔다(Höffner 1957, 173).

프란치스코회 역사가인 헤로니모 데 멘디에타는 『인디아스 교회 사』(*Historia ecclesiástica indiana*, 1596)에서 이러한 전형적인 태도를 보여주 는데, 거기서 그는 스페인 국왕들, 즉 먼저 가톨릭 군주들(페르난도와 이 사벨)과 다음에 그들의 후계자들을 "유대인의 배도", "무슬림의 허위", "우상숭배의 맹목성", "이단자들의 흔한 악의"와 맞서 싸우는 기독교 유럽의 군주라는 이유로 칭송한다. 하나님은 "자신의 영예와 영광을 구 하는 이들을 영화롭게 하며 높이는" 분이시므로 그러한 열의와 복음적 열정으로 인해 스페인 왕국에 "그토록 멀리 떨어진 미지의 지역에 있 는 무수한 우상숭배 민족들의 정복과 개종"으로 보상했다([1596] 1980, 1.2:17-18).

솔로르사노([1648] 1930, 4.24.3;359)는 국가와 가톨릭 신앙을 불가 분적으로 연결하며 종교적·신학적 다양성에 대한 관용을 배제하는 법 률적 원리를 밝힌다. "이단은…처음 싹틀 때 차단하고 완전히 근절시키 지 않으면 종교에 해를 끼칠 뿐 아니라 국가를 완전히 왜곡시키고 전복 시킬 수 있다. 따라서 가톨릭을 신봉하고 잘 통치되는 어떤 국가에서도 종교의 다양성이 허용되어서는 안 된다."

~~~

섭리론과 메시아 사상

이 종교적 통일성 원칙은 엔리케 두셀(1972, 54)이 "세속적 메시아주의"(이를 통해 발견-정복-개종 과정은 신적 행위의 섭리적 속성을 얻게 된다)라는 말로 묘사한 강력한 메시아 의식의 형성을 수반했다. 스페인의 역사가인 베아트리스 파스토르(1984, 42-46)는 크리스토퍼 콜럼버스의 메시아 사상과 신적 섭리에 대한 믿음 및 자신이 하나님의 선택을 받아 그 멋진 땅들을 발견할 수 있었다는 그의 예민한 의식을 분석했다. 이러한 섭리론적인 의식은 콜럼버스 제독의 『항해일지』와 그의 서신 중 상당 부분에서 나타난다. "바로 우리 주님께서 저를 분명히 깨우쳐주셔서 저로 하여금 여기서부터 인디아스까지 항해할 필요를 깨닫게 하셨고, 제 의지를 움직이셔서 그 일을 수행하도록 하셨습니다. 저는 이러한 체험의 불을 가지고 폐하께 나아왔습니다.…이 빛이 성령께로부터 나왔음을 누가 의심하겠습니까?…우리 주님은 인디아스로 향한 이 항해에 있어 아주 명백한 기적을 행하고자 하셨습니다"(Varela 1982, 253).

이러한 메시아적인 의식은 의심과 절망의 때에 특히 두드러지게 나타나는데, 자신이 하나님에 의해 선택받았다고 믿는 사람은 아무도 이러한 의식에서 빠져나올 수 없다. 콜럼버스는 그렇게 암울한 순간을 많이 겪었는데, 예를 들어 제1차 항해의 마지막 순간에 무시무시한 폭풍 가운데서 자신의 모든 노력이 아마도 "하나님의 섭리에 대한 믿음의 부족과 흔들리는 확신"으로 인해 물거품이 될지도 모른다고 두려워했다. 또 다른 경우에 콜럼버스는 자기가 의심과 절망에 휩싸여 있을 때 하나님의 계시 곧 자신에게 말씀하시는 한 음성을 받았다고 주장한다. "오, 어리석고 만유의 하나님이신 네 하나님을 믿고 섬기기에 더딘 자여! 하나님이 자기 종 모세나 다윗을 위해 이보다 더 많은 일을 하실 수 있었겠느냐? 네가 태어날 때부터 하나님은 언제나 너를 엄청나게 많이 돌보셨다.…하나님은 세상의 그토록 부요한 지역인 인디아스를 네게 주신다"(Varela 1986, 188, 287).[22]

이러한 섭리론과 메시아 사상은 에르난 코르테스에게서 강화된다. 이 멕시코 정복자는 콜럼버스와 달리 하나님께 택함 받은 자는 군사적으로 대적할 자가 없다고 확신한다. 그가 남긴 기록에 다음과 같은 말이 흔하게 등장한다. "우리가 십자가 군기를 지니고 믿음을 위해 싸울 때…하나님은 우리에게 매우 큰 승리를 안겨주셔서 우리는 아군이 아무런 해도 입지 않은 채로 수많은 적들을 죽일 수 있었다"(Cortés 1985, 38). 심각한 위험에 처한 순간에 그는 겁에 질린 군대를 격려하며 그들에게 이 전투는 하나님의 인도를 받는 거룩한 전쟁임을 상기시킨다.

그는 병사들에게…우리는 그리스도인으로서 신앙의 원수들과 맞서 싸워야 할 의무가 있으며, 그 결과 내세에서는 영광을, 현세에서는 지금까지 다른 어떤 세대도 얻지 못한 큰 영예와 명성을 얻을 것임을…깨달아야 한다고 말하면서 그들의 사기를 북돋아주었다. 또 그들에게 하나님은 우리

---

22 Columbus의 섭리론적 메시아 사상에 대해서는 Cummins(1976)의 짧지만 통찰력 있는 저술을 보라. Carpentier(1979)는 Columbus의 마음속에 자리 잡고 있던 탐욕스런 야망과 신비주의적이고 메시아적인 섭리론이 복잡하고 역설적으로 결합된 모습을 솜씨 있게, 그리고 도발적으로 다룬다. 이와 대조적으로 Lope de Vega의 『크리스토발 콜론이 발견한 신세계에 대한 유명한 희극』(*Famosa Comedia del Nuevo Mundo, descubierto por Cristobal Colón*)은 많은 중요한 역사적 사실들을 조작하면서 그 두 요소 간의 긴장을 지나치게 단순화한다.

편이시며 하나님께는 불가능한 일이 아무것도 없음을 인식해야 하며, 과거에 우리가 거두었던 승리 가운데 적들은 수없이 많이 죽어나갔던 반면 우리는 한 명도 죽지 않았던 것을 상기하면서 그 점을 확신해야 한다고 말했다(같은 책, 39-40).

코르테스가 계속해서 사용하는 틀에 박힌 섭리론적 문구들―"이는 하나님이 기뻐하시는 일이다", "하나님이 우리를 위해 싸우고 계신 것처럼 보였다", "우리 주 하나님이 어떻게 우리에게 매일 승리를 주셨는지", "미사에 참여한 뒤"―은 이베리아 반도에서 벌어졌던 재정복운동과 십자군에서 나왔다. 이런 문구들은 인디오들과의 전쟁에 인위적으로 덧붙여진 그리스도인 대(對) 불신자라는 해석학적 관점을 생생하게 드러내주는 표현들이다. 이 문구들은 이념적인 내용이 없는 단순한 수사적 표현이 아니다. 그 문구들이 단지 수사적 표현이었다면 코르테스는 미사에 참석하는 것으로 매일을 시작하려 하지 않았을 것이다. 이 문구들은 오랜 세기에 걸친 반 이슬람 항쟁 기간에 형성되었던 심원한 확신을 드러낸다. 코르테스는 아메리카 원주민들의 신전을 가리켜 "모스크"라고 부르는데, 이는 최근에 종식된 회교도들에 맞선 재정복 전쟁 및 오스만 제국에 맞선 [현재 진행 중인] 싸움을 떠올리게 한다.[23] 멕시코 원주민에 대한 전투는 신앙을 위한 전투이자 하나님이 인도하는 싸움이라는 이중적인 차원을 지닌 이념적 성전으로 변모된다.

스페인이 멕시코에서 벌인 전투를 최초로 기록한 역사가인 베르

---

23 Lafaye (1988, 143): "무어인들과의 전쟁과 인디오들과의 전쟁 사이의 연속성이 매우 명백해서 정복자들은 신세계의 이교도 신전들을 모스크라고 불렀다."

날 디아스 델 카스티요(1986, 527-528)는 이 아스텍 제국 정복자의 복잡한 성격에 대한 생생한 묘사에서 다음과 같이 단언한다. "나는 아침에 몇 시간 동안 기도하였으며, 헌신된 마음으로 미사에 참석했다. 나는 우리의 성모이신 동정녀 마리아께 지극한 신심을 품고 있다." 코르테스가 어떤 조치를 택할지 확신이 없었을 때 하나님의 뜻을 묻기로 결심한 적도 있었다. "나는 미사와 행렬 기도식과 기타 헌신 의식들을 봉헌하고 하나님께 길을 보여 달라고 간구했다"(Cortés 1985, 268). 그러한 열성과 더불어 개인적 영광, 끝없는 야망, 그리고 채워지지 않는 욕망에 대한 강력한 욕구가 공존했다.

이러한 전투적 십자군 정신으로 인해 교황은 종종 전투 중에 전사할지도 모르는 이들에게 절대적 대사(plenary indulgence)를 승인하는 교황 칙서를 공표해달라는 청원을 받았다. 디에고 벨라스케스(그는 코르테스가 그런 생각을 하기도 전에 멕시코 영토의 부에 대한 소유권을 얻는 최초의 인물이 되기를 꿈꾸었다)에게 국왕이 베푼 열 번째 호의는 다음과 같다. "국왕은 교황께 그 전투에서 사망한 스페인 사람들이 죄책과 처벌로부터 면제받을 수 있도록 칙서를 공포해주시도록 요청할 것이다"(Las Casas 1986, 3.3.124:258). 그것은 십자군에 출정한 자들을 위해 고안된 절차였는데, 동일한 전투적 열정을 가지고 아메리카 정복 과정에서 불신자들과 맞서 싸우던 자들에게도 적용되었다. 교황 클레멘스 7세는 그 정복자(코르테스)가 아스텍 제국과의 전투에서 승리하고 탈취한 전리품 중 교황에게 보낸 선물을 받은 뒤 자신의 주도하에, 그리고 기존에 확립된 절차를 따라 코르테스와 그의 부대에게 대사를 하사하는 내용의 칙서를 수여했다(Díaz del Castillo 1986, 527-528). 1529년 4월 16일 공포된 그 칙서는 다음과 같이 확언한다. "그대는 그리스도의 멍에를 매고 거룩한 로마교회에 순종하기 위해 여러 해 동안 어떤 종류의 어려운 일도 마다하지 않고 온갖 위험에 생명을 내던지며 용감하게 싸워 승리를 거두고 현재는 누에바에스파냐라고 부르는 서부 인디아스를 획득했다"(출처: Zavala 1971, 349).

베아트리스 파스토르(1984, 224)는 이 호전적인 섭리론에 대해 다음과 같이 논평한다.

> 이러한 섭리론적인 틀에서는 해당 인물의 각각의 행동을 통해 표출된 의지가…순종의 행동으로 둔갑한다. 그 인물은 스스로 선택한 것이 아니라 그 일을 위해 하나님께 선택되며, 자신의 계획이 아닌 하나님의 뜻을 실행하는 일만 수행한다. 지식은 일관되게 신적인 영감으로 나타나며 그러한 영감에서 비롯된 행동은 암묵적으로 성전으로 규정되고 계획은 사명으로 둔갑한다.

이러한 섭리론적인 메시아 사상은 원주민을 복음화하기 위해 1524년 멕시코에 도착한 열두 명의 프란치스코회 수사("열두 사도"로 알려짐) 중 한 명인 토리비오 데 모톨리니아를 통해 유지되었다. 그의 견해에 따르면 코르테스가 멕시코에 이르기 전에 "우리 주 하나님은 매우 진노하셨고…우리의 대적 마귀는 우상숭배 및 유사 이래 가장 잔인한 살인으로 인해 큰 만족을 얻었었다." 코르테스가 이룩한 업적은 바로 다음과 같은 것들이다.

> [그는] 이러한 일들을 비롯하여 기타 가증한 일들 및 하나님과 이웃에 대해 자행된 죄와 위법행위들을 저지 및 근절했고, 우리 가톨릭 신앙을 심

고 도처에 그리스도의 십자가를 세우고 그의 거룩한 이름에 대한 고백을 드높였다.…이 지휘관을 통해 하나님은 우리로 하여금 거룩한 복음을 전파하게 하고, 인디오들로 하여금 성사들(holy sacraments)을 공경하고 교회의 사역자들에게 순종하게 할 문을 열어주셨다(Gómez Canedo 1977, 205-206, 221에 수록된 글).[24]

신세계에 "새로운 교회"를 세우려는 코르테스의 의도는 그의 정치·군사적 정복에 영적 또는 종교적 차원이 있었음을 보여주는 한 가지 중요한 측면이다. 아스텍인들을 패퇴시킨 직후 그는 스페인 원주민들을 개종시키기 위해 선교사들(확신이 있고 교육을 잘 받았을 뿐만 아니라 삶의 모범이 되는 수도사들)을 보내줄 것을 국왕에게 청원했다. 여기서 두 가지 사실이 눈에 띈다. 첫째, 그는 탁발 수도회에 해당하는 프란치스코회와 도미니코회 출신의 수도사여야 한다고 강조한다. 그들은 스페인 사람들과 원주민들의 영적인 복지에만 헌신할 것이다. 교구 사제(secular clergy) 거부는 생뚱맞으며 르네상스 교회의 세속화에 대한 그의 견해를 보여준다. "주교직과 기타 고위 성직을 두면 그들은 인간의 죄로 인해 그들도 습득하게 된 습관을 따를 것이다. 즉 교회의 재화를 사치와 그 밖의 악행에 탕진하거나 자기들을 계승할 권리를 자기 자식이나 친족에게 넘기는 식으로 교회의 재화를 처분하기 마련이다"(Cortés 1985, 203). 둘째, 탁발 수도사인 선교사들 덕분에 신앙적 열심과 확신에 있어 유럽의 기독교보다 뛰어나며, "따라서 세상의 모든 교회들보다 이 교회 안에서

---

24 1540년에 공식적으로 채택된 멕시코시티의 옛 기장(emblem)은 다음과 같은 섭리론을 표어로 삼았다. "승리는 군대의 크기에서 나오는 것이 아니라 하나님의 뜻에서 나온다"(*non in multitudine exercitus consistit victoria sed in voluntate Dei*).

우리 주 하나님이 영광과 섬김을 더 많이 받을" 수 있는 "새로운 교회"가 설립될 수 있을 것이다(같은 책, 280).[25]

정복에 대한 이러한 섭리론적 해석에 대해 문제가 제기되지 않았던 것은 아니다. 바르톨로메 데 라스 카사스는 이렇게 해석하는 관점을 뒤집어 코르테스가 벌인 일이 사탄적인 탐욕에 고취되어 자행한 것이라고 해석하면서, 동시에 정복의 종교적 이념을 질책한다.

하나님이 이 통탄할 맹목적인 사람들의 이해력이 타락하도록 허용하심에 따라 그들은 인디오들이 자연법과 신율과 인간의 법에 따라 마땅히 지니고 있는 총체적 정의 가운데 들어 있는 지극히 정당한 대의나 많은 권리들을 전혀 보지 못한다. 따라서 그들은 만일 무력과 무기가 주어진다면 인디오들을 공격하여 산산조각을 낼 것이다. 이들은 인디오들의 땅에서 그들을 쫓아낸다. 이들은 온갖 종류의 법에서 금지하고 있음에도 불구하고 전적으로 불공정하고 부당한 태도로 인디오들을 대하는데, 이들은 그것 말고도 인디오들에게 숱한 모욕과 여러 형태의 폭정과 용서받을 수 없는 엄청난 범죄들을 자행해왔다. 이들은 거듭해서 인디오들과 전쟁을 벌인다. 이들은 자신들이 공격하는 무고한 인디오들에 대해 거둔 승리가 하나님이 주신 것이라고 생각하고 말하고 글을 쓰는데, 이는 마치 이들이 자기들의 폭정에 대해 하나님께 감사와 찬양을 드리며 기뻐하는 것처럼 자기들이 벌이는 악

---

25 이 점에 대해서는 다음 문헌들을 보라. Elliott 1989 (27-41), Maravall 1949 (199-227); Frankl 1963 (470-482); Lejarza 1948 (43-136). Hernán Cortés는 자신의 "보고서"(*Cartas de relación*) 덕분에 섭리론과 메시아주의를 더 잘 예시하지만, 정복 영웅의 또 다른 원형이라 할 수 있는 Francisco Pizarro도 이와 비슷한 해석을 했다고 여겨진다(참조. Armas Medina 1953, 5-7, 15-21). 이 저술은 구식이고 무비판적인 민족주의적·가톨릭적 해석 전통에 속한 것으로 분류될 수 있다.

한 전쟁이 정당하다고 생각하기 때문이다(Las Casas 1989, 101).

라스 카사스는 50년(1514-1566)에 걸친 적극적이고 꾸준하며 지칠 줄
모르는 활동을 통해 "정복"이라는 개념이 "용맹"과 동의어가 되지 못
하게 하였으며, 그 말을 평판이 의심스러운 말로 바꿔놓았다. 그는 자
기들의 "빛나는 무공"을 자존감의 근거로 내세울 수밖에 없는 늙고 가
난한 몇몇 식민지 개척자들에 대해 이야기하면서, 재빨리 그 명예로
운 말이 지닌 명성을 깎아내린다. "많은 이웃 중에서 왕년의 정복자(old
conquistadors)야말로 가장 악명 높은 호칭이다. 하지만 그들은 그 호칭을
커다란 영예로 여길 것이다."[26]

　　하지만 폭력적 정복 행위에 대한 이러한 혹독한 비판에도 불구하
고 라스 카사스가 그의 경쟁자들과 유사한 선교관과 섭리관을 가졌다
는 사실이 은폐될 수는 없다. 이 위대한 도미니코회 수사에게도 스페인
사람들이 인디아스를 발견한 것은 신의 섭리로 인한 결과이자 하나님
이 계획하고 주선한 인간 구속의 역사에 따른 결과다. 그는 자신의 기
념비적 저술인 『인디아스의 역사』 서두에서 신대륙의 발견을 "하나님
의 놀라운 자비의 때"이자 복음화를 위한 교회의 사명을 신세계에서 성
취하게 될 기회라고 규정한다. 그 발견은 궁극적이고 근본적인 의미에
서―우리로서는 "그 정의로운 판단의 심연"을 알 수 없는―"보편적 섭
리"의 산물인데, 이 섭리가 언제 "지금껏 숨어 있던 나라들이 발견되어
알려질 것인지" 즉 고립된 민족들인 아담의 후손들이 이 "기독교의 은

---

26 Las Casas가 아마도 1552년에 인디아스 평의회에 보낸 편지에서 발췌한 글. 이 글은
　　Batallion 1976(286)에도 수록되어 있다.

혜에 대해 듣고 그것을 수용하는…하나님의 자비의 때"에 이르게 될지를 결정한다.

신의 섭리가 신세계 원주민들에게 예정되어 있던 개종을 시작하기 위해 크리스토퍼 콜럼버스를 선택했다.

> 거룩하고 지존하신 주재자(Master)께서 이 시대에 땅 위에 거하는 아담의 자손들 가운데 저 걸출하고 위대한 콜럼버스를 택하셔서…이곳 인디아스 최초의 사역자이자 사도로 삼으셨다.…이 선택받은 사람의…이름인 크리스토퍼가 라틴어로 '크리스툼 페렌스'(Christum ferens) 곧 그리스도의 배달자 또는 전달자를 가리킴을 알아야 한다.… 그는 우리 구주 예수 그리스도와 그의 복된 이름을 그때까지 알려지지 않았던 이 먼 땅과 왕국들에 전해주었다.…그는 이들 민족의 회심을 바라고 열망했으며…이 지역 전체에 예수 그리스도를 믿는 신앙의 씨를 뿌리고 확산시켰다(Las Casas 1986, 1.1.1-2:23-30).[27]

이러한 섭리론적 관점은 콜럼버스의 항해에 묵시적이고 종말론적인 성격을 부여한다. 역사의 종말이 신약성경의 요한계시록에 약속되어 있으나 마냥 지연되고 있다는 문제에 대해 신학자들은 그것을 대개 교회의 우주적 선교 명령과 관련해서 다뤄왔다. 즉 그리스도의 재림과 모든 시대의 완성은 복음이 모든 민족에게 선포된 다음에야 일어날 것이다.

---

27 *Christum ferens*는 Columbus가 사용한 독특한 서명이었다. Las Casas는 포르투갈 왕이 Columbus의 계획에 대해 부정적인 반응을 보인 것도 하나님의 섭리로 보았다. 하나님은 "이 사역을 위해 카스티야와 레온의 군주들을 선택"하셨기 때문이다. 그는 Columbus의 아내가 죽은 것도 하나님의 뜻이라고 간주한다. "아내를 돌보는 의무에서 해방되는 것이 최선이기 때문이다"(Las Casas 1986, 1.1.28:151).

따라서 이 신대륙의 발견은 종말(*eschaton*) 곧 역사의 마지막이 임박했음을 가리키는 징표로서 종말론적 중요성을 띠게 되었다.[28] 라스 카사스는 최고 사제인 교황 알렉산데르 6세가 "자신의 시대에 마지막 복음 전파와 최후의 부르심(이것은 그리스도가 가르친 포도원 품꾼의 비유에 따르면 "제십일시"에 해당한다[마 20:9])…을 위한 길이 열린 것을 보았으므로, 하나님께…많은 찬양과 영광을 드려야" 한다고 생각한다(Las Casas 1986, 1.1.79:336-337).

신세계에서의 선교 활동과 종말론 간의 관계는 콜럼버스의 제안이 집요한 저항에 부딪힌 것에 대해 이해할 수 있는 신학적 설명 틀, 곧 좀 나은 표현으로서는 마귀론적 설명 틀을 제시한다. 지옥의 군대는 "요한계시록에 기록된 대로 때가 얼마 남지 않았음을 알고, 하나님이 가장 받으실 만하고 거룩한 교회에 가장 유익이 되는 이 사역에 맞서 더 큰 병력을 동원한다"(같은 책, 1.1.29:160).[29]

따라서 역사는 "세상의 [종말 직전인] 제십일시"에 위치해 있다(Las Casas 1965, 2:673).[30] 이러한 묵시록적 맥락은 아메리카 대륙의 발견

---

28 Bataillon 1976, "*Novo mundo e fim do mundo*"와 비교하라. 그도 역사의 종말과 관련된 사고방식이 16세기 말에 소멸되는 현상을 분석하는데, 이런 사고방식을 "천년왕국설의 강박관념", "종말론적 관점", "묵시록적 조바심"이라고 부른다. 그것이 곧 16세기 말에 Sahagún and Mendieta(350-351) 같은 선교사들에게서 나타나는 명백한 비관론의 원인이다.

29 마귀가 Columbus의 사업에 저항한다는 설명은 Columbus의 글에서도 발견된다(Varela 1982, 253).

30 Columbus는 한 걸음 더 나아가 역사의 종말까지 남은 시간을 계산하려 했다. 그는 또한 자신의 업적을 성경의 명령에 따른 종말론적 표지로 보았다. "그토록 짧은 기간에 그토록 많은 곳에 복음이 전파된 것은 나에게는 하나의 표지다." 그는 새로운 표지—당시 무슬림의 수중에 있었던 성지를 스페인 왕국이 차지하는 것—를 예측한다. 그는 인디아스에서 얻은 부가 새로운 십자군 운동에 사용될 수 있을 것이라는, 당시에 흔했던 생각을 갖고 있었다. 그는 또한 Isabel 여왕에게 자신이 예루살렘의 회복이라는 새로운 임무를

에 진정으로 보편적인 의미를 부여한다. 라스 카사스의 묵시록적 섭리 론에는 선명한 메시아 사상이 동반된다. 확실히 라스 카사스가 보기에 아메리카 대륙의 발견과 정복이라는 이례적인 우주적 드라마에 두 명 의 섭리적이고 메시아적인 인물이 등장한다. 인디아스 주민들의 복음 화를 위해 길을 연 크리스토퍼 콜럼버스가 그중 한 명이고, 또 다른 한 명은 유럽인들이 자행한 불의와 잔혹행위를 고발하고 원주민들의 영혼 과 육신을 구하기 위해 하나님께서 택하신 사람인 바르톨로메 데 라스 카사스 자신이다.[31]

신세계의 "발견"은 단순한 역사적 우연이 아니다. 라스 카사스 및 그의 이론적 경쟁자들은 이 사건을 보편적 구원사의 맥락에서 가장 중 요한 사건들 가운데 하나로 이해한다. 라스 카사스의 저서 『모든 민족 을 참된 종교로 이끄는 유일한 방법에 관하여』(*Del único modo de atraer a todos los pueblos a la verdadera religión*)[32]가 신약성경에서 예수의 승천이라고 부르는 사건이 있기 직전에 그가 내린 다음과 같은 선교 명령이 성취 될 수 있는 조건에 관한 방대한 신학적 고찰이라는 점이 잘 알려져 있 다. "하늘과 땅의 모든 권세를 내게 주셨으니, 그러므로 너희는 가서 모 든 민족을 제자로 삼아 아버지와 아들과 성령의 이름으로 세례를 베풀

위한 섭리적인 대안이 될 수 있다고 제안했다. 교황에게 보낸 한 편지(1502)에서 그는 "사탄이 이 모든 일을 방해하지" 않았더라면 그 모든 일이 다 성취될 수 있었을 것이라고 주장한다(Varela 1982, 256, 278, 287).

31 이와 비슷한 의미로 말하는 Varela의 "Prologue"(1982, viii)를 보라. 그러나 Varela처럼 "과대망상"에 대해 말하기보다는 메시아 의식에 대해 말하는 것이 더 바람직할 것이다. Pérez de Tudela(1957, cx)는 자신이 편집한 Las Casas의 5권짜리 저술에 대한 탁월한 서 론에서 그의 메시아적 섭리론에는 한 가지 중요한 특징이 있다—그는 최고의 확신을 품 고서 신성한 과거의 해석자이자 미래의 예견자 역할을 수행했다—는 점을 지적한다.

32 México, D.F.: Fondo de Cultura Económica, 1942. 이 저술 중 제 6, 7, 8장만 발견되었 으나, Las Casas의 주장은 그 속에서 분명하게 반복적으로 표현되어 있다.

라"(마 28:18-19). 프란시스코 데 비토리아의 신학 논문 「인디아스에 대하여」(*De Indis*, Urdanoz 1960, 642)도 동일한 성경 텍스트가 담고 있는 내용, 곧 보편적인 선포에 대한 전도 명령과 그것이 "흔히 인디오라고 부르는 신세계의 저 야만인들"과 관련해서 선교 활동에 대해 함축하는 바를 해설하고 있다는 사실은 훨씬 덜 알려져 있다. 라스 카사스와 비토리아는 모두 신세계 불신자들의 개종이 그리스도의 선교 명령을 성취함으로써 임박한 역사의 종말을 알린다는 유사한 전제에서 출발한다.

스페인 출신의 프란치스코회 선교사로서 누에바에스파냐에서 활동한 헤로니모 데 멘디에타는 콜럼버스의 섭리론을 바라보는 라스 카사스의 시각에 공감한다. 그는 『인디아스 교회사』(*Historia ecclesiástica indiana*, [1596] 1980)에서 다음과 같이 단언한다. "하나님은 신세계에서 자기를 알지 못하는 많은 영혼들에게 자신을 나타내시고 그들과 소통하기를 원하셔서 콜럼버스를 이 신세계로 가는 길을 발견하고 개척하는 방편이자 도구로 선택하셨다."

하지만 그는 라스 카사스와는 달리 누에바에스파냐에서 활동하던 프란치스코회 선교사들 사이에서 통용되던 규범에서처럼 코르테스도 섭리적인 인물이었다고 간주한다. 그래서 앞에서 인용했던 문장은 다음과 같이 이어진다. "하나님은 또한 인디아스에서 성취된 가장 중요한 개종 사역의 도구이자 방편으로 페르난도 코르테스를 선택하셨다."[33]

---

33 이처럼 종교적이고 민족주의적인 섭리론이 스페인 현대 신학자들, 심지어 비판 능력이 뛰어나고 매우 박식한 이들 사이에서도 계속되는 것은 놀라운 일이다. 다음의 인용문은 이러한 확신이 계속 이어지는 이유를 설명해준다. "**우리나라**는 제국을 건설하는 것이나 지배하는 것에 만족하지 않았다.…우리나라는 무엇보다도 신세계를 문명화하고 기독교화하기 위해 그곳에 갔다.…하나님께서는 자신의 신적 섭리 가운데 스페인을 선택하셔서 신세계를 식민지로 삼게 하셨다. 그것은 스페인은 **다른 어떤 나라도 줄 수 없는 것**

멘디에타는 코르테스에 대한 자신의 섭리론적 사고를 극단으로까지 몰고 가서 그러한 섭리론적 관점에 비추어볼 때에만 의미가 있는 세부사항까지 포함시킨다. 코르테스가 태어난 1485년 누에바에스파냐의 복음화를 이해하는 데 있어서 결정적으로 중요한 두 사건이 발생했다. 한편으로는 참된 신앙에 해악을 끼치는 마귀의 도구인 마르틴 루터도 그 해에 태어났다. 코르테스 자신은 잘 몰랐으나 그는 가톨릭 교회가 구세계에서 잃어버린 것을 신세계에서 회복할 수 있게 했다는 점에서 반(反)루터적인 인물이었다.

> 전혀 의심할 여지없이 하나님은…이 용맹스런 돈 페르난도 코르테스 대장을 도구로 택하시어 그를 통해 이 신세계에서 복음을 선포하기 위한 문과 길을 열게 하셨다. 이곳에서 가톨릭 교회는 수많은 영혼의 개종을 통해 같은 시기에 저주받은 루터가 옛 기독교 세계에 초래한 손실과 엄청난 해악으로부터 회복되고 그에 대한 보상을 받을 수 있었다.

다른 한편으로 코르테스의 섭리론적 성격을 보여주는 두 번째 표지는 바로 같은 날에 테노치티틀란 주 신전의 봉헌을 위해 열린 아스텍의 우상숭배 축제가 진행되는 동안 약 8만 400명이 제물로 희생된 사건이다. "그토록 많은 영혼들이 울부짖는 소리와 창조주의 뜻을 거슬러 흘려진 그토록 많은 피"는 원주민 불신자와 야만인들에게 참되고 유일하신 하나님에 대한 지식을 가져올 사람의 탄생을 위한 음산한 배경을 제공했

을 줄 준비가 되어 있었던 반면에 다른 나라들은 그것을 줄 수 없었기 때문이었다. 가톨릭 군주들, 황제 Carlos 5세와 Felipe 1세의 스페인만이 그러한 규모의 사업을 완수할 수 있었다"(Carro 1944, 1:115, 120-121).

다. 이렇듯 멘디에타는 코르테스를 새로운 모세로 여기지만, 이번에는 하나님의 백성을 인디아스라고 불리는 새로운 가나안 땅으로 인도할 모세로 간주한다(같은 책, 3.1:173-177. 참조. Phelan 1956).

누에바에스파냐의 프란치스코회 선교사들은 정복 폭력의 전형인 코르테스를 계속 칭송했다. 멘디에타는 다른 많은 측면들에서와 마찬가지로 이 지점에서 토리비오 데 모톨리니아를 따른다. 모톨리니아가 보기에 코르테스는 그의 업적으로 인해 "역사라는 양탄자에서 한 자리를 차지할 뿐 아니라 고대의 어떤 지휘관이나 왕이나 황제와도 어깨를 견줄 만큼 모델이 되는" 하나님의 택함을 받은 사람이었다(Benavente 1984, 3.8:152).

코르테스에 대한 찬사는 또 다른 프란치스코회 수사인 베르나르디노 데 사아군([1582] 1985, Prologue, 12:719-721)의 저술 곳곳에서 찾아볼 수 있다. 사아군은 코르테스를 엘 시드와 비교했는데, 그가 보기에 "주 하나님께서 이 위대한 그리스도인을 인도하셨다"는 사실에는 의심의 여지가 없다. 멕시코 정복 사업 전체는 "이 존귀한 대장 돈 에르난도 코르테스"의 지휘 아래 수행된 신성한 기적의 연속이었고 "우리 주 하나님께서는 이 땅을 정복함에 있어 그의 존재 속에서 그리고 그를 통해 수많은 기적을 행하셨다."

프란치스코회 수도사들만 코르테스에게 메시아적인 섭리론을 적용한 것은 아니었다. 예수회 소속의 호세 데 아코스타는 1590년 출간된 『인디아스의 자연 및 풍속의 역사』를 코르테스에게 바치는 애가(哀歌)로 끝맺었다. 아코스타는 그 정복자의 어두운 측면인 탐욕과 야망을 인정하며, 그가 한 일이 언제나 "진실하고 기독교적인 수단과 일치하지는" 않았음을 인정한다. 그러나 하나님은 비뚤어진 수단을 통해서도 바람직한 결과를 가져온다. 따라서 그 정복자가 전사로서 자행한 폭력은 헤아릴 수 없는 하나님의 신비를 드러낸다. "하나님은 지혜롭고 경이로우시며 자신의 무기로 대적을 물리치시고…자신의 칼로 대적의 목을 베시기" 때문이다. 하나님이 코르테스를 인도하고 보호했다는 것을 어떻게 알 수 있는가? 여기서 예수회 신부인 아코스타는 하나님이 이베리아 사람들에게 승리를 하사하고 멕시코 원주민들을 물리치기 위해 사도 야고보와 동정녀 마리아를 통해 성취한 전쟁 기적들(참조. Valle 1946)[34]을 나열하는데, 그 숫자가 프란치스코회 수사 사아군이 나열한 것을 능가한다("하나님은 스페인 사람들의 사업에 많은 기적으로 은혜를 베푸셨다"). 아코스타는 "학식 있고 신앙심 깊은 사람들"이 "칭찬할 만한 열정을 갖고 있지만 때로 그 열정이 지나쳐서" 무력 정복의 폭력을 질책하는 것에 대해 비판한다. 아코스타는 이들이 하나님이 심지어 전쟁을 통해서도 자신의 구속 목적을 성취한다는 사실을 망각한다고 말한다.

> 우리 주님은 아주 세심하게 기독교 신앙과 종교에 은혜를 베푸시며, 또한 신앙을 가진 이들이 스스로는 그러한 하늘의 선물과 은총을 받기에 합당치 않을지라도 그들을 보호하신다.…그들이 대체로 탐욕스럽고 거칠었을지라도…신실한 이들이 죄인이었을지라도 만유의 주님은 그로 인해 나중에 동일한 복음으로 개종하게 될, 믿지 않는 자들의 유익을 위해 신자들의 대의와 입장을 지지하신다. 이는 하나님의 길은 높고 그분의 계획은 놀랍기 때문이다.

---

34 Salas(1950, 115)에 따르면 "이러한 기적들에 대한 언급은 성인전을 가득 채울 수 있을 정도로 많다."

아코스타는 잔인한 전쟁의 결과 수많은 원주민이 멸망한 사실을 인정한다. "그러한 잔인한 살인자들과 사탄의 노예들이 저지른 죄는 천벌을 받아 마땅했다"(Acosta 1985, 7.26-28:370-377).[35]

우루과이 출신의 예수회 신부인 후안 비예가스는 인디아스의 역사가 모든 인류의 구원을 위한 하나님의 경륜 속으로 끼어들었다는 개념을 갖고 있던 사람은 라스 카사스뿐이었다고 주장하지만 나는 그의 견해에 동의하지 않는다. 비예가스(1976, 21)에 따르면 라스 카사스의 대적들과 비판자들은 "그 사건들에 대한 섭리론적 시각이 결여되었다." 그러나 사실은 그들의 섭리론은 승리주의적이고 호전적인 반면에, 라스카사스의 섭리론은 복음적이고 평화적이다.

---

35 Armas Medina(1953, 5-7)는 원주민 불신자들에 맞선 전투에서 사도 야고보와 동정녀 마리아가 스페인 사람들을 위해 베푼 "기적들"에 대해 이야기하는 예수회의 전통을 이어가고 있다.

1부 발견, 정복, 복음화

4

기독교 제국:
라스 카사스와 비토리아의 저술 고찰

생각해 보라!
하나님이 세상을 위해, 가련한 죄인들, 아담과 하와의 자녀들을 위해 죽으셨다.
하나님이 그들의 죄 때문에 십자가에 달리셨다.

황제와 신학자들이 라스 카사스 신부의 거짓 정보를 따랐기 때문에 그가 황제와 신학자들에게 끼친 영향력 및 양심의 가책이 너무나 컸던 나머지 폐하께서는 그 왕국들을 포악한 잉카인들에게 넘겨주려고 하실 정도였다. 마침 프란시스코 데 비토리아 수사가 폐하께 그렇게 해서는 안 되며 그의 말대로 한다면 크리스텐덤이 상실될 것이라고 말씀드렸다.

— 유카이의 익명의 저술(1571)

상당히 많은 야만인들이 자발적으로든 비자발적으로든 그리스도를 믿는 신앙으로 개종했다면—그들의 개종이 위협이나 공포나 기타 부당한 방법에 기인했다 하더라도 그들이 참된 그리스도인이 되었다면—교황은 타당한 명분이 있다면 그들이 요청하든 요청하지 않든 그들에게 그리스도인 군주를 세우고 불신자 군주들을 폐위할 수 있다.

— 프란시스코 데 비토리아

기독교 제국과 인디오의 자기 결정

나는 라스 카사스를 반식민주의자로 보는 콜롬비아 학자 후안 프리에데(1976)의 해석이 정확하다고 생각하지 않는다.[1] 프리에데가 사용한 용어는 "현지 우선주의자"(Indigenist)와 "반식민주의자"(anti-colonialist) 간의 특수한 의미론적 혼동이 있었음을 보여준다. 라스 카사스는 결코 카스티야 왕국이 신세계에서 철수할 것을 제안하지 않았다. 도리어 그는 강렬한 유토피아적 이상주의를 통해 전환된, 스페인 제국에 의한 보호라는 이상을 옹호했다. 그는 그것이 신세계 원주민들의 "세속적·영적 유익"을 증대할 것으로 보았다.

반세기 동안 이어진 그의 격렬한 논쟁은 폭력적인 정복 및 엥코미엔다(*encomiendas*: 원주민들이 예속되어 있던 일종의 노예제)에 반대한 것이었다. 그러나 그는 1542년에 써서 1552년에 출간한 『여덟 번째 해결책』(*Octavo remedio* 1965, 2:643-849)을 통해 국왕이 원주민들에 대한 직접적인 관할권을 취하여 그들을 "자유로운 신민들"(free vassals)로 인정하라고 계속해서 권고했다. 즉 국왕은 식민지 개척자들과 엥코멘데로(*encomenderos*: 식민지 위탁 경영자들)와 같은 중개인을 두지 말고 직접 원주민들에 대한 주권을 행사해야 한다는 것이다. 그는 이렇게 말한다. "폐하께서는 이들을 스페인 사람들의 권력으로부터 구하시고, 이들을 엥

---

1   Salas(1986, 183, 각주 16)는 Friede가 "시대착오"에 빠졌다고 비판한다. 즉 그가 16세기에 적합한 개념보다는 19세기와 20세기의 정치적 갈등에 더 적합한 개념들을 사용한다고 비판한다.

코미엔다 체제에 예속시켜 농노가 되게 할 것이 아니라 이들을 항구적으로 카스티야 국왕의 참된 신민으로 통합해야 할 의무를 당연하게 그리고 하나님의 계율에 따라 부여받으셨습니다"(같은 책, 681).

그가 구상하는 제국의 틀은 가부장적이고 시혜적이다. 그것은 원주민들의 자유를 부정하는 것이 아니라 오히려 그들이 개인적으로나 집단적으로나 자유로운 존재이자 자율성을 지닌 민족이라는 조건에 기반을 두고 있다. 이러한 자유로운 민족들과 스페인 국왕 사이의 관계는 유럽 및 스페인의 자유 도시들과 맺는 관계와 비슷한 것이 되어야 한다. 그 관계에서 그들은 황제를 자신의 최종적인 군주로 인정하되 황제의 그러한 권위가 그들이 보유한 자율성과 자기 결정권을 취소하지는 않는다. "그러한 모든 나라들과 민족들은 자유롭습니다.…[그들은] 폐하께 봉사와 복종의 의무를 지고 있지만, 그것은 무제한적인 것이 아니라 자유로운 민족들과 도시들이 그들의 보편적 군주에게 지고 있는 것과 같은 것입니다.…[그러한 관계는] 신민들의 **자유로운 동의**에 근거한 것입니다"(같은 책, 743, 747. 강조는 덧붙인 것임). 제국의 통제는 그 원주민 신민들에 대한 경제적 착취가 아니라 그들의 세속적·영적 복지를 목표로 해야 했다.

> 폐하께서 그 백성에 대해 이전에는 갖고 계시지 않았으나 지금은 갖고 계신 주권과 관할권은 주로 그 모든 민족의 영적·세속적 유익을 위해 하나님과 교회로부터 주어진 것입니다. 따라서 이것은 폐하께 주어진 특권이 아니라 그들의 구원을 이루기 위해 그들에게 수여된 특권입니다(같은 책, 681).

여기에는 원주민의 주권과 카스티야 제국 간의 본질적인 모순이 존재하지 않는다. 라스 카사스는 두 수준의 정치 권력을 결합하기 위해 치열하게 노력하는데 그는 끊임없이 좌절하면서도 결코 패배를 인정하려 하지 않는다.

> 하나는 그들이 자신의 당연한 주군들에게 바쳐야 하는 봉사와 복종과 공납인데, 이는 일차적이고 천부적인 것이므로 일차적 특권이라 할 수 있습니다. 다른 하나는 세계의 주인이자 상급자이신 폐하께 바쳐야 하는 복종과 봉사로서 이것도 이차적이지만 역시 특권이라 하겠습니다. 그런데 이 특권은—그들의 동의에 비추어볼 때—자연적인 것일 뿐 아니라 신적 권리에 따른 것이기도 합니다. 이는 그것이 거룩한 신앙이 선포하는 바에 근거하고 있기 때문입니다. 이 특권들은 두 가지로 구별되지만 하나로 간주되어야 할 것입니다(같은 책, 733).[2]

따라서 "일차적이고 고유한" 주권은 토마스 아퀴나스적인 방식으로 이차적인 주권과 결합한다. 즉 원주민들의 주권은 자연법에서 나오는 "고유한" 것이며 카스티야의 주권은 하나님의 은혜에서 나온다. 은혜는 자연을 파괴하는 것이 아니라 그것을 완전케 하고 완성한다. 천부적 권리와 복음이 선포하는 은혜는 어디에서 결합하는가? 원주민 민족들과 나

---

2 Las Casas가 제시하는 구상은 인디오가 주도하는 "일차적이고 고유한" 정부와 전제적이고 폭압적인 통치를 충분히 유연하게 구별하지 못한다. 카스티야의 정복을 지지하는 몇몇 이론가들은 전혀 사심이 없지 않은 시각에서 아스텍 제국과 잉카 제국이 바로 후자의 범주에 속했음을 입증하려고 했다. 이런 방식으로라면 정복은 해방으로 둔갑할 것이다. 이는 두말할 것도 없이 변명적인 역사 서술이지만 Las Casas의 논리가 지닌 약점을 논박하는 측면도 있다.

라들의 자유로운 자기 결정에서다. 이러한 이미지는 신민들의 동의를 통해 중재되는, 인도주의와 복음전파를 추구하는 제국의 모습이다. 이 체제는 식민지 개척자들과 엥코멘데로의 권한을 배제하는데, 이는 그 것들이 천부적 권리에도 부합하지 않고 복음화의 필요성과도 부합하지 않기 때문이다.

> 스페인 사람들이 요구하고 강제하는 또 다른 세 번째 지배권은 세상의 모든 폭정을 능가할 정도로 너무나 고되고 감당할 수 없는 것이며, 마치 마귀가 가진 지배권과 같습니다. 이 지배권은 폭력적이고 부자연스러우며 폭압적이고 모든 이성과 자연에 어긋납니다(같은 책).

이 관점에서 보면 토착 민족들을 손아귀에 넣고, 그들의 토지와 재화와 신체를 빼앗고, 그들의 자율성과 자기 결정권을 침해하는 행위는 모든 법과 정의에 반한다. 라스 카사스는 인디아스와 관련해서 "[스페인 사람들] 자기들의 소유"라는 표현이 사용되는 데 분개한다. "그 땅은 이미 소유자가 있었고" 그들에게는 이미 합법적인 군주들이 있었는데 이들이 함부로 대체되어서는 안 되고 카스티야의 군주들과 교황도 이들을 존중해야 하기 때문이다." "군주들이나 그들에게 그곳에 진입할 권한을 준 교황 중 아무도 원주민에게서 그들의 공적이고 특별한 주권 및 그들의 사유 재산과 자유를 빼앗을 수 없다"(Las Casas 1986, 1.1.124:474). 그의 비판에는 배상 요구가 동반되었다. 스페인 국왕은 부당하게 빼앗은 모든 재산, "즉 그들의 땅과 개인 소유지, 존엄과 영예…개인의 자유와 민족의 자유"를 이양해주는 것을 촉진해야 한다(Las Casas 1942, 542-543). 재산 강탈과 강제노동은 아메리카 주민들의 자유로운 동의에 반하여 이루어진 것이다. 라스 카사스는 다음과 같은 원리를 확고하게 고수했다. "…당사자가 그러한 부담을 지는 것에 자의로 동의하지 않았다면 어떤 복종도, 어떤 예속도, 어떤 부담도 그들에게 부과될 수 없다"(Las Casas 1969, 33).

라스 카사스의 이론에 반대하는 사람 몇몇이 그의 이러한 맹렬한 비난을 스페인 제국의 신세계 지배에 대한 절대적 거부로 해석했기 때문에 그는 1552년 인디아스 평의회(*Consejo de Indias*)에 「매우 법률적인 30개 명제」(*Treinta proposiciones muy jurídicas*; Las Casas 1965, 1:460-499)라는 제목의 논문을 보냈는데, 그 논문에서 그는 토착 민족들의 주권과 권리를 존중하면서도 이들 민족에 대한 이베리아의 지배권을 조화시키려 했다. 그가 품고 있던 분명한 목적은 다음과 같았다.

> 우리가 서인디아스라고 부르는 영토에 대해 원주민들이 지니는 권리 및 카스티야와 레온의 군주가 지니는 최고의 보편적인 주권의 근거이자 양자 간에 균형이 잡힌 참되고 강력한 토대를 확립하는 것이다. 이를 통해 그들 은 이 영토에서 많은 왕들 위에 군림하는 보편적 주군이자 황제로 세워진 다(같은 책, 461).

이 논문의 중심 내용을 이런 식으로 명확히 밝힘으로써 그는 카스티야 국왕과 원주민 당국들 간의 관계를 바라보는 자신의 시각을 드러낸다. 전자의 지배가 후자를 근절하지 않는다. 그보다는 그것은 "많은 왕들 위에 군림하는 황제"가 되는 것과 관계된다(Las Casas 1965, 2:1129). [스페인의] 가톨릭 군주들의 권위는 교황 알렉산데르 6세가 그들에게 양도한 특권으로부터 나오며, 그 특권은 로마의 주교직을 맡고 있는 베드로의 계승자에게 모든 나라에 대한 보편적인 영적 권위를 부여한 대리직에서 발생한다.[3] 이 권한은 이 나라들의 복리를 위해 행사되며 그들의 영원한 구원과 관련된다. 자연적 목적을 가진 사회는 초자연적 목적을 가진 사회에 종속되어야 한다는 전제하에 교황은 스페인 군주들에게 인디아스의 불신자들에 대한 지배권을 수여할 수 있다. 군주들의 의무는 원주민들의 회심과 그들의 영적 향상을 촉진하는 것이다. 알렉산데르 교황의 칙서들은 스페인 군주들에게 주는 선물이기는커녕 "그들에게 어마어마하고 무서운 공식적인 계율", 즉 이미 발견하였거나 장차 발견하게 될 도서와 본토 주민들을 위해 공공선을 확보할 의무를 "부과한다"(Las Casas 1986, 1.1.79:339).

라스 카사스는 유례없는 열정을 발휘하면서 최고 사제인 교황의 영적 권위와 스페인 군주들의 세속적 지배와 원주민 군주들의 보존이라는 세 가지 측면을 조화시키려고 노력한다. 이 과제를 성취하기 위해서는 다양한 조치가 필요하다. 첫째, 알렉산데르 교황의 칙서들을 유익하고 선교적이며 교육적인 명령으로 재해석해야 한다. 둘째, 유럽인들의 탐욕과 욕심을 과감하게 제한해야 한다. 이를 위해 셋째, 교회와 정부 당국자들이 원주민을 보호하고 원주민 착취자를 처벌하기 위한 엄격하고 엄정한 법률을 승인해야 한다.

마지막으로, 원주민들의 자유 의지에 따른 심사숙고가 있어야 하는데, 이것은 스페인의 지배권이 정당해질 수 있는 핵심 요인이다. 군사력을 동원하지 않고 그들의 이해력에 호소하며 그들의 의지에 매력적

---

3 Alexander 교황의 칙서를 카스티야가 신세계에 제국을 건설하는 것을 정당화하는 근거로 이해하는 가장 방대한 설명은 「확인 논문」(*Tratado comprobatorio*)에서 찾아볼 수 있다(Las Casas 1965).

으로 다가가는 방식으로 기독교 신앙이 좋다는 점과 스페인의 주권이 지닌 미덕이 원주민들에게 선포되어야 한다. 그 목표는 일차적으로 개종한 추장들을 통해 통치되고 이차적으로 카스티야 왕국에 의해 통치되며, 그들이 가톨릭 신앙을 고수함으로써 영적으로 연결되는 기독교 제국을 세우는 것이다.

명제 17

카스티야와 레온의 군주들은 수많은 왕들 위에 군림하는 참된 군주이자 보편적 지배자요 황제다. 그들에게는 거룩한 교황좌의 권위와 양도 및 하사에 의해, 따라서 신적 권위에 의해 저 위대한 제국 전체와 인디아스 전체에 대한 보편적 관할권이 정당하게 귀속된다.

명제 19

인디아스의 모든 왕들과 지배자들, 도시들과 공동체들과 마을들은 그들 자신의 자유 의지에 따라 우리의 신앙을 받아들이고 세례를 받은 후 카스티야의 군주들을 보편적이고 주권적인 지배자요 황제로 공공연하게 인정할 의무가 있다(Las Casas 1965, 1:481-483).

「30개 명제」 중 마지막 명제에서 라스 카사스는 스페인과 원주민 간의 관계에 대한 자신의 개념의 양 극단을 조화시키려고 한다. 그는 지금까지 시행된 원주민들에 대한 모든 정복과 분할은 "인디아스의 영토에 대해 카스티야 군주들에게 귀속되는 권리와 보편적 지배권"에 위해를 가하지 않은 채로 "그 어떤 가치나 법적 효력을 지니지 않는다"고 선언했다(같은 책, 499).

1552년에 발표한 또 다른 논문에서 라스 카사스는 원주민들의 소유권과 정치적 주권의 정당성이라는 문제를 다룬다. 「인디오들의 정당한 대의를 드러내고 옹호하기 위한 논쟁에서 출발점으로 삼아야 할 몇몇 원칙들」(*Algunos principios que deben servir de punto de partida en la controversia destinada a poner de manifiesto y defender la justicia de los indios*)에서 그는 그 두 권리(소유권과 정치적 권리)가 모두 자연법과 국가들의 법으로부터 나온 것이라고 주장한다. 따라서 그 두 권리는 종교적 신앙을 가졌는지 여부에 달려 있지 않다(같은 책, 2:1234-1273). 원주민들은 단지 그들이 이방인이라는 이유로 그들의 정치적 주권이나 영토상의 주권을 박탈당할 수 없다. 교황 알렉산데르 6세의 칙서들은 교황청과 카스티야 군주 간의 **협정**으로 재해석되는데, 이 협정은 카스티야 국왕 편에서 아메리카에 있는 나라들의 영적·세속적 복리를 증진시킨다는 약속을 담고 있다. 카스티야 군주들이 그와 정반대로 행동한다면 스페인 사람들은 폭군들이 될 것이고 설상가상으로 "스페인의 군주들이 하나님과 그분의 교회 및 원주민들과 맺은, 원주민들의 생명, 자유와 주권, 사유 재산, 그들의 재산과 신체에 대한 관할권 등을 보존하고…자비하고 선한 체제로 그들을 다스리고 통치하기로…"(같은 책, 1271-1273) 한 공식적인 약속을 위반하게 될 것이다.

　　라스 카사스는 자신의 연대기에서 상충하는 주요 이해 관계들을 조화시키기 위해 부단히 노력한다. 한편으로는 교황 칙서가 부여한 정당성에 근거하여 카스티야의 최고 주권이 지닌 정당성이 존재한다. "우리는 그 사람들을 개종시키기 위해 교황좌의 양도로 인해 카스티야와 레온의 국왕이 그 영토 전체에 대한 주권을 가진 군주임을 고백한다." 해석학적으로 알렉산데르 교황의 칙서는 정치와 경제가 아닌 선교와 복음화를 강조한다. 다른 한편으로 라스 카사스는 원주민 군주들이 지닌 타당성과 영속성을 되풀이해서 언급한다. "그렇다고 그 민족들의 자연적인 왕들과 통치자들에게서 그들의 재산과 주권을 탈취해야 한다는 것은 아니다. 그것은 자연법과 신법에…위배될 것이기 때문이다." 그러한 일차적인 자연적 주권에는 유럽인들의 탐욕의 대상인 광물 자원에 대한 소유권이 포함된다. "이는 교황의 양도가 있었다 해도 원주민 왕들이 자신들이 가진 광산이나 자신들의 왕국과 지방에서 그들이 정당하게 소유한 다른 어떤 것도 상실하지 않았기 때문이다"(Las Casas 1986, 2.3.11:467-468).

라스 카사스는 1551년 4월 히네스 데 세풀베다와 바야돌리드 논쟁을 벌이는 중에 제시한 「열두 번째 답변」(*Duodécima réplica*)에서 자애로운 제국이라는 개념의 절정을 제시한다(Las Casas 1965, 415-459). 그는 제국적 패권의 조건이 되는 하나의 요인으로 **원주민 나라들의 자유로운 동의**를 강조한다("그리고 나는 나의 「30개 명제」 가운데 열 아홉번째 명제를 이런 뜻으로 이해하고 선언하며 제한한다.…"). 그는 원주민들이 개종하고 세례를 받은 다음에는(그에게는 이것이 가장 먼저 해야 할 일이다), 스페인 국왕의 세속적 주권을 인정해야 한다고 주장했지만, 이 일은 강요나 폭력을 수반하지 않은 채로 이루어져야 한다. 원주민들이 스페인의 주권을 인정하기를 바라지 않는다면, 그들은 죄를 짓는 것이지만("만일 그들이 이를 받아들이지 않으면 그들은 죄를 짓는 것이다"), 만일 스페인 사람들이 원주민들을 굴복시키기 위해 전쟁에 호소한다면 그들의 죄는 더 클 것이다("그들이 전쟁에 의지한다면 그것은 매우 심각한 죄다"). 평화적인 설득만이 신세계 원주민들을 복음화하고 원주민들이 이베리아 반도 군주의 통치를 받아들이게 할 수 있는 합법적인 단 하나의 방법이다. 라스 카사스의 낙관주의는 참으로 특이하다. 그는 자애롭고 평화로운 설득의 효능을 완전히 확신했다.

> 따라서 우리의 영명하신 국왕들이 하나의 과업으로 소유하고 떠맡아야 할 의무가 있는 그 왕국들에 군주적 통치와 주권을 도입하고 이식하여 영속화하는 기독교적이고 합리적인 방법은, 사랑 및 선하고 효과적인 행위로 그 민족과 지배자와 백성들에게 다가가 그들의 마음과 선의를 얻어내는 평화롭고 친절하고 자애롭고 기독교적인 방식입니다. 그들은 지체하거나 의심하지 않고 두 팔을 벌려, 기뻐하고 춤을 추며 폐하의 백성이 될 것이고, 재빨리 그리고 아낌없이 폐하를 섬길 것입니다(같은 책, 433-435 및 Las Casas 1986, 2.1.136:29).

라스 카사스는 거의 생애 말년에 이르러서도 원주민의 자기 결정권이 매우 중요하다고 강조한다.

> 우리의 군주들이 인디아스에 대한 지존의 주권을 정당하고도 올바르게, 즉 여하한 비난도 받지 않고 적절한 상황 속에서 획득하기 위해서는 그곳의 왕들과 민족들의 동의를 얻을 필요가 있으며, 또한 그들이 교황께서 우리의 군주들에게 허락한 하사에 대해 동의할 필요가 있다(Pérez de Tudela 1958, 495).

라스 카사스의 견해로는 원주민 민족들의 자유의사에 따른 동의―그것은 그들의 정치적 자율성을 폐기하는 것이 아니라, 도리어 그것을 확인하고 그것을 스페인 제국이라는 맥락 속에 위치시킨다―가 신세계에 대한 참으로 정의로운 체제의 주춧돌이다. 따라서 제국은 병합된 영토의 주민들로부터 자유를 박탈할 것이 아니라 증진해야 한다. "그 민족의 자유를 축소시키지 말아야 한다. 왜냐하면 복음을 선포하고 신앙을 소개하는 것은 그곳의 왕들에게서 왕국을 빼앗거나 개인들에게서 그들의 자유와 땅과 재산을 빼앗는 것이 아니라 도리어 그것들을 긍정하기 때문이다"(Las Casas 1986, 3.3.55:19).[4]

마찬가지로 그는 말년의 저술인 『페루의 보화』(*Los tesoros del Perú*)에서 스페인의 지배권을 정당화하기 위해서는 자유로운 동의와 주민들의 수용이 가장 중요함을 신물이 날 정도로 강조한다는 의미에서 「확인 논문」(*Tratado comprobatorio*)을 수정했다. 강요나 두려움의 징후가 전혀 없는 자유로운 동의야말로 원주민 민족들과 카스티야 국왕 간의 두 번째 조약에 대한 "자연적인 토대"다(Las Casas [1563] 1958, 265).

우리의 국왕들이 자신에게 유리하도록 교황에 의해 선택되었고 서임을 받았으며 그와 더불어 다른 그리스도인에게는 속하지 않은 그 왕국들에 대한 소유권과 권리를 받았으나, 그들은 더 중요하고 결정적인 권리를 획득할 필요가 있다. 그것은 그 민족들과 그들의 왕국들이 교황제도가 지닌 법률적 타당성에 대해 동의하고, 아울러 [우리 국왕들을] 보편적 지배자이자 최고 군주로 받아들여…우리의 국왕들이 이것에 대해 권리를 획득하

---

4   Todorov([1982] 1987, 182-194)가 이 구절을 인용하지만, 그는 Las Casas의 비판의 의미를 놓치고, 그를 단지 더 세련되고 교묘한 "식민주의 이데올로기"의 옹호자로 만든다. 내가 보기에 Todorov는 다음 세 가지 점에서 오류를 범하고 있다. (1) 그는 Las Casas의 입장과 Motolinía의 입장을 둘 다 비슷하게 과도한 입장이라고 본다. (2) 그는 Las Casas가 인디오들이 누려야 하는 일차적인 경제적 유익에 대해 강조한 것을 무시한다. 그리고 무엇보다도 (3) 그는 Las Casas가 자기 결정권의 자유로운 행사, 즉 원주민들과 그 국가들 편에서의 자율적 동의를 여러 차례 강조한 사실에 대해 전혀 설명하지 않는다.

는 것이다.…만일 앞서 말한 민족들과 주민들 및 그들의 왕들이 자유롭게 동의하지 않는다면, 우리 국왕은…그들에 대한 관할권을 행사하거나 최고 군주로서 행동할 권력을 갖지 못한다.

원주민의 자유로운 자기 결정 행위가 있을 때까지 교황의 서신들은 토착 민족들에 대한 왕의 권위(*ius regnis*)가 아닌 권위에 대한 권리(*ius regna*)만 수여한다(같은 책, 281).[5]

헌신된 도미니코회 수사의 심오한 기독교적 양심에 기초한 유토피아적이고 소박한 이 이상은 폭력에 의한 식민 지배라는 현실과 고통스럽게 충돌한다.[6]

라스 카사스에 대한 20세기 해석자인 비달 아브릴-카스테요(출처: Ramos 1984, 229-288, passim)가 "[세풀베다에 대한] 열두 번째 답변의 혁명"에 대해 말하면서 라스 카사스의 입장에 중요한 변화가 일어났으며, 이는 그로 하여금 제국주의를 신성화하던 이전의 태도에서 벗어나 국

---

5   이 주장과 Vitoria가 말하는 "합법적인 여섯 번째 소유권" 간의 차이는 Las Casas가 그때까지 원주민 추장들과 종족들이 서약했다고 생각되는 모든 충성 서약이 법적으로 무효임을 확신했다는 점이다.

6   Cuevas([1914] 1975, 178-179)는 1554년에 발표된 「스페인 국왕이 인디아스의 민족들과 땅들을 지배할 자격에 대한 무명의 신학자의 합리적인 의견」을 다시 실었는데, 이 견해 역시 인디오들의 동의가 제국에 의한 통치의 정당성에 필수불가결한 조건이라고 강조한다. "국왕 폐하가 가진 유일한 자격은 이것, 즉 인디오들 또는 그들 대부분이 자발적으로 폐하의 신민이 되고 그렇게 해서 영예를 얻기를 바라며 이런 식으로 폐하께서 스페인 사람들에 대해서와 마찬가지로 그들의 자연스런 왕이 되시고 따라서 그들을 정의와 기독교로 양육함으로써 선한 양심으로 적절한 공납을 받으시는 것이기 때문입니다." 이 익명의 "합리적인 의견"은 여러 개념에 있어 Las Casas의 생각과 일치한다. 이 의견은 예를 들어 "그 땅은 국가들의 법의 지배에 의해 인디오들의 소유"라는 믿음을 공유하며, 또한 인디오들에게 스페인 사람들이 착취하고 있던 광물 자원에 대한 전적인 권한을 부여한다(176). 그러나 더 강력한 외적 증거 없이 이 문서의 기원을 Las Casas에게 돌리는 것은 위험한 처사다.

왕의 권력보다 원주민의 자유를 선호하게 했다고 본 것은 지나친 해석이다.[7] 라스 카사스는 이 문제를 그토록 급진적이고 절대적인 방식으로 제기한 적이 없다. 즉 그는 스페인이 신세계의 영토에서 철수해야 한다고 말한 적이 없다. 그는 심지어 「열두 번째 답변」(1552년 9월 10일) 뒤에 발표된 「확인 논문」(1553년 1월 8일)에서도 교황이 인디아스를 카스티야 국왕에게 하사한 행위가 영구적으로 효력이 있음을 옹호한다. 최고 사제인 교황이 하사한 황제의 지배권은 "인디아스 전체에 미치는 항구적인 통치권"에 해당한다(Las Casas 1965, 1103-1109).

또한 「열두 번째 답변」에 표현된 사상들은 아브릴-카스테요가 주장하듯이 라스 카사스의 저술에서 처음 등장하는 것도 아니다. 1543년 카를로스 5세에게 보낸 청원서—로드리고 데 안드라다 수사와 공동으로 서명되었지만 곳곳에 라스 카사스가 작성했음을 보여주는 징후가 있다—에서 라스 카사스는 스콜라 철학의 용어를 사용하여 카스티야 국왕의 잠재적(*in potentia*) 주권과 사실상의(*in actu*) 주권을 분명히 구별한다. 잠재적 주권은 1493년 교황 서신에서 나온다. 원주민들의 인정을 받으면 그것은 효력이 있게(*in actu*) 된다. "그리고 원주민들이 폐하를 인정한 다음에라야 그 주권은 실제적(*in actu*)인 것이 될 것이며, 현재 그들이 그것에 대해 알고만 있는 한 그것은 단지 잠재적(*in potentia*)일 뿐입니

---

7   Pereña(Las Casas 1969, xxl-xlvi)의 탁월한 분석은 좀 더 정곡을 찌른다. 그는 Las Casas 가 제시한 소위 "민주적 명제"가 어떻게 발전했는지를 능숙하게 추적하는데, 이에 따르면 카스티야 국왕이 원주민들의 공동의 삶에 대해 제기할 수도 있는 다른 중요한 권리 주장과 마찬가지로 교황의 수여도 원주민들과 그 나라들의 승인을 받아야 한다. 그러나 나는 그가 사용하는 용어를 사용하지 않는다. 오늘날 "민주적"이라는 말을 Las Casas에게 귀속시키는 것은 시대착오적인데, 헌법상의 참정권과 종교 다원주의가 특히 그럴 것이기 때문이다.

다"(Pérez de Tudela 1957, 5:192). 그런 일이 일어나려면 협약, 즉 두려움이나 무지에 의해 억지로 체결되지 않는 자유로운 유대 또는 자유로운 복종의 행사가 있어야 한다. 라스 카사스는 심지어 외교를 통해 이 일이 일어날 수 있게 하자고 제언하기까지 한다. 그는 탁발 수사들과 관리들로 구성된 위원회를 제안한다.

> [이 위원회는] 폐하와 앞서 말한 주군들과 추장들 및 국가들 사이에서 협상을 진행하고 동의를 구하고 계약을 체결하며, 모든 이들에게 그들 자신의 의지로 그리고 자유롭게 동의할 것을 요청하고…세속적 지배와 통치에 관한 사안에서 폐하께 복종하는 것에 자발적으로 동의할 것을 요청해야 합니다. 그들이 자유로운 국가이고 자유로운 신민이므로…법과 이성과 정의에 따라…먼저 그들에게 잘 이해할 수 있는 기회를 베풀어야 하기 때문입니다(같은 책, 183).[8]

라스 카사스는 죽을 때까지 이러한 생각을 고수했다. 그는 『페루의 보화』와 「열두 가지 의혹에 대한 논문」(*Tratado de las doce dudas*)에서 페루와 관련해서 이 생각을 강조했다. 잉카 황제 아타우알파의 잔혹하고 부당한 죽음과 잉카 제국 정복에 비추어보면 그의 후계자들에게 그의 주권을 되돌려주어야 했다. 하지만 잉카 제국의 주권 회복은 1530년(스페인 사람들의 도착 이전)으로의 복귀가 아니라 원주민들이 승인하는 협정을 체결함으로써 카스티야 왕권과 관계를 재설정하는 것을 의미한다. 이

---

8 Las Casas는 사실상의(*in actu*) 관할권과 잠재적(*in potentia*) 관할권 간의 구별을 Thomas Aquinas, *Summa theologica* 3.8.3에서 취했다. 이 구절은 *Apologia*(Las Casas 1974, 164-165)에서 직접 인용된다.

의무는 라스 카사스가 "인디아스" 전체에 일반화하는 윤리-정치적 원칙에 뿌리를 두고 있다. 라스 카사스는 다음과 같이 제안한다.

> 국왕 폐하 또는 폐하를 대신한 관리들과 인디아스의 왕들과 나라들 사이에 협정 겸 조약이 체결되어야 하는데, 여기에는 카스티야 국왕이 그들을 정의롭게 통치하고 우리가 믿는 신앙에 위배되지 않는 그들의 재산, 존엄성, 법률, 관습 및 자유를 보호하겠다는 약속이 포함되어야 한다. 인디오 왕들과 나라들 편에서는 강압이나 두려움이 전혀 없이 자발적으로 국왕 폐하께 복종과 충성을 바칠 것과 그들이 지녀온 보편적 주권의 표지로서 약간의 공물을 헌납해야 한다(Pérez de Tudela 1958, 110:497-498).

「열두 번째 답변」에서 아마도 가장 강하게 주장되는 요소는—비록 그것이 카스티야의 지배와 상충되더라도—원주민의 자유로운 자기 결정을 존중해야 한다는 요구인데 이 사상은 『페루의 보화』에서 절정에 도달한다. 토착 국가들의 자유로운 동의—이 주장의 예리함이 바로 여기에 있다—가 교황의 칙령이 법적으로 현실화될지 여부를 좌우한다. 교황도 자연법을 존중해야 한다. 하지만 라스 카사스에게는 낙관론이 지배적이다. 토착 민족들은 스페인이 평화롭고 정중하게 다가가는 한 자애로운 기독교-스페인의 주권을 호의적으로 받아들일 것이다.

> 그들이 그리스도인이 된 다음에도 그러한 최고 통치자[카스티야 국왕]를 받아들이고 그에게 복종하려 하지 않는다 하더라도(인디오들, 특히 이 국가들은 매우 온건하고 겸손하며 순종적이므로 그럴 가능성은 별로 없다), (세풀베다 박사가 말하는 것처럼) 그들에 대해 전쟁을 선포할 수 있는 것

은 아니다(Las Casas 1965, 433).

라스 카사스가 히스파니올라에서 일어난 인디오 추장 엔리키요의 반란에 대해 보인 태도는 카스티야 제국과 기독교 제국에 관한 그의 변증법적 개념의 내적 긴장을 보여준다. 한편으로 이 원주민들의 봉기는 그들이 당한 혹사와 학대 때문만이 아니라 그들의 땅과 마을에 대한 그들의 주권이 불법적으로 침해되었기 때문에라도 절대적으로 정당하다. 스페인의 주권은 원주민들의 자발적인 수용이라는 엄격한 판단 기준을 통과하지 못했다.

> 원래부터 존재해온 이 땅의 왕들과 주군들은 카스티야 왕을 그들의 장상으로 인정한 적이 결코 없었으며, 도리어 그들이 발견된 때부터 지금까지 그들은 사실상 그리고 법에 의하지 않고…언제나 극도로 잔인하게…압제당해왔다.…이것[원주민의 반란]이야말로 법학자들의 구호이자 천부적 이성이 명하고 가르치는 바다.

이렇듯 원주민의 고유한 주권에 대한 불법적인 강탈과 거기에 더해진 잔인한 처우로 인해 엔리키요가 일으킨 전쟁은 정당하고 의로운 것이었다. 하지만 라스 카사스는 법적으로 카스티야 왕국이 철수할 필요가 있다는 외관상 명백한 결론을 내리지 않는다. 그는 모든 역사적 증거를 거스르면서 교황의 칙령이 지닌 영적 적법성을 통해 보호받는 자애로운 기독교 제국이라는 유토피아적 개념을 고수한다.

> 모든 것은…이성을 통해 정돈되고 인도되어야 하므로 군주들이 이 주권을

취하여 그 마땅한 바에 따라 사용한다면 앞서 말한 사실로 인해 카스티야 군주들이 교황좌로부터 수여 받아 이 모든 영토에 대해 지니는 최고의 보편적 주권이 폐지되는 것은 아니다(Las Casas 1986, 3.3.125:262-263).

라스 카사스가 바르톨로메 카란사 데 미란다에게 보낸 편지(1555년 8월)에서 "인디오들을 마귀의 권세에서 해방시켜 그들이 애초에 가진 자유를 누리게 하고 그들의 재산을 그들의 왕들과 지배자들에게 돌려줄" 필요가 있다고 한 주장은 **엥코미엔다** 제도를 근절하여 이를 황제와 원주민들의 족장 체제 간의 직접적 관계로 대체해야 한다는 뜻이다. 그 편지는 카스티야 제국과 토착 왕국들 간의 관계에 대한 그의 논지를 두 갈래로 전개한다. 우선, 그는 이 관계를 상호 계약으로 보는데 이 계약은 한편으로는 자율성을 지닌 공동체로서의 신민, 곧 자기 결정권을 가진 백성들의 자유로운 동의를 표현하며 보호하며 다른 한편으로는 아메리카 주민들에 대해 자애로운 성격이 있다. 이 측면에 대해 라스 카사스는 다음과 같이 강조한다.

신부님, 제 말은 본래부터 그 왕국들을 다스려온 왕들과 주군들 및 그들의 백성인 인디오들이 가톨릭 신앙으로 개종하여 그리스도인이 된 뒤,[9] 그리고 폭력이나 강압이 아닌 스스로의 의지에 따라 자신들의 왕국을 그리스도의 멍에 아래 복종시키고 이에 따라 이들과 카스티야 국왕 간에 카스티야 국왕이 그들에게 선하고 유용한 장상이 되어 그들의 자유와 주권과 존

---

9   Las Casas는 원주민 공동체들이 자신들의 자연 종교를 유지하면서도 카스티야의 신민이 될 수 있는 가능성에 대해서는 결코 고려하지 않는다. 그는 교회와 국가, 스페인 국적과 가톨릭 신앙 간의 불가분적 관계라는 스페인의 보편적인 개념을 공유했다.

엄과 권리와 이전의 타당한 법률들을 지키고 보존할 것을 맹세로 약속하는 조약과 협정과 계약이 체결된 뒤 카스티야의 국왕이 새로 발견된 인디아스에서 많은 왕들 위에 군림하는 최고의 군주이자 황제로서 인정받아야 한다는 것입니다. 그들(그 왕들과 나라들)도 카스티야의 왕들에게 그러한 최고 통치권과 군주 지위의 수월성(秀越性)을 인정하고 그들의 공정한 법과 명령에 복종할 것을 약속하고 서약해야 합니다(같은 책, 410-411).

둘째, "그들의 주권과 존엄과 권리와 이전의 타당한 법률들이 보존"된다면, 인디아스에 그렇게 많은 스페인 사람들이 있을 필요가 없다. 정복자들과 엥코멘데로의 활동은 금지될 것이기 때문에 이들은 단호하게 배제될 것이다. 국왕을 대표하는 사람들의 규모는 축소될 것이다. "인디오들에게는 스페인 경찰이 필요하지 않기" 때문이다. 그들의 주된 역할은 원주민들을 다스리는 것이 아니라 법을 위반하고 그들을 학대하려는 카스티야인들로부터 그들을 보호하는 일이 될 것이다.

따라서 라스 카사스는 인디아스에서 스페인 사람들의 존재와 부재 간의 변증법을 제시한다. 그는 스페인 사람들이 그곳에 "있지 않아야" 할 필요성을 강조하는데, 이는 "그리스도인들의 계속적인 대화는…그곳의 원주민들을 파괴하는 폭정과 속박의 해로운 뿌리"이기 때문이다 (Pérez de Tudela 1957, 5:186). 그곳에 "있는", "카스티야 왕의 수월성과 최고 통치권을 유지하고 보존하기 위한" 왕의 대표자들 및 도덕적 성실성과 신학적 능력이 확인되고 검증된 선교사들과 수도자들의 수는 최소한으로 축소되어야 한다.[10]

---

10 『페루의 보화』(*Los tesoros del Perú* [1563], 1958, 451-455)에서 Las Casas는 인디오들을

라스 카사스는 자신의 이론적 토대로부터 인디아스의 자연 자원 및 광물 자원은 원주민의 소유물이며, 따라서 이들의 승인과 동의 없이는 사적인 착취의 대상이 될 수 없다는, 지극히 중요한 논리적 귀결을 이끌어낸다. 그런 자원들이 몰수나 수여 대상이 되었다면 그것들, 특히 "암염 광산, 금속이 함유된 언덕, 항구, 기타 그에 준하는 것들"을 포함한 토지를 돌려주어야 한다(Pérez de Tudela 1957, 5:184).[11]

그가 전개하는 이상은 그가 「확인 논문」에서 주장하는 것처럼 성경에 등장하는 전설적인 니므롯 제국, 알렉산드로스의 마케도니아 제국, 카이사르들의 로마 제국과 같은 전통적인 제국과는 매우 다른 새로운 유형의 제국이다. 그 제국은 결코 "무기와 권력에만 의존"하지 않는, 백성들의 세속적인―그리고 무엇보다도 영적인―복리를 지향하는 기독교 제국일 것이다(Las Casas 1965, 921).

이 맥락에서 우리는 라스 카사스의 비판과 흔히 "그 오스티아 사람"이라고 불리는 오스티아의 추기경 엔리케 데 세구사가 13세기 중반에 제시한 교리 간의 관계를 분명히 이해해야 한다. 라스 카사스는 그 오스티아 사람의 이론 가운데 자기가 "맹목적이고 혐오스러우며 신성

학대한 죄를 범한 스페인 사람들은 원주민 공동체에 남아서 참회를 통한 속죄의 일환으로 원주민들을 섬기고 이를 통해 과거의 악행을 보상하자는 다소 새로운 제안을 한다.

11 Las Casas만 이런 입장을 취한 것은 아니었다. 교회법학자이자 신학자인 Diego de Covarrubias는 대학교 강단에서 다음과 같이 주장했다. "스페인 사람들이 인디오의 지역에서 금을 가져가거나 심지어 공유 하천에서 진주를 채취하는 것을 인디오들이 금지하는 것은 아주 정당하다. 인디오 군주와 공화국이 그들의 지역에 대한 지배권을 갖고 있다면…그들이 금과 금속을 찾거나 진주를 채취하러 오는 외국인들에게 자신들의 영토에 들어오지 못하게 하는 것은 아주 정당하기 때문이다(Pereña 1956, 220). 그러한 입장을 통해 Covarrubias는 Francisco de Vitoria가 스페인 제국이 "신세계의 야만인들" 위에 군림하는 것을 정당화하기 위해 제시하는 첫 번째 "정당한 자격"에 대해 암묵적인 비판을 제기한다.

모독적인 오류…공식적인 이단"이라고 부르는 사상을 거부한다. 이 이론에 따르면 그리스도가 부활한 뒤로는 불신자인 왕들과 지배자들은 그들의 불신앙으로 인해 그들이 가진 모든 정치적 주권을 상실했다(같은 책, 1087). 그 오스티아 사람이 내세우는 교황의 신정 통치는 비기독교 국가의 위정자들이 가진 정치적 주권의 타당성을 부정하며, 일반적으로 정치적 영역이 지닌 진정한 자율성에 대한 부정을 함축한다.[12]

라스 카사스가 이렇게 비판한다 해서 그가 교황의 권위를 부정하는 것은 아니다. 그는 교황의 권위가 영원한 복을 얻는 것과 관련된 세속적인 사안에서 최고의 권위를 지닌다고 생각한다. 그 권위를 통해 로마 주교는 [스페인의] 가톨릭 군주들을 인디아스의 최고 지배자로 세울 수 있었다. 교황이 원주민 군주들의 권위를 박탈하는 것과 원주민들의 자발적인 동의를 얻지 않은 채 그들에게 카스티야의 최고 군주의 관할권을 부과하는 것은 원주민 국가들에 큰 피해를 끼치는 일이었다. 이 난제를 푸는 해결책은 적어도 법률적인 차원에서는 두 차원의 권위, 즉 원주민 군주들이 지닌 일차적이고 본래적인 권위와 카스티야 군주들이 가진 선교적이고 궁극적인 권위를 조화시키는 것이다.

이 열정적인 도미니코회 수사가 페루의 정복과 지배의 정당성에 대해 카를로스 5세의 양심에 심각한 위기를 불러일으켰을 수도 있다고 암시하는 가설—명망 있는 많은 저자들이 이 가설을 지지한다[13]—은 매

---

12   또 다른 글에서 Las Casas는 이렇게 단언한다. "Enrique de Segusia는…모든 논리와 심지어 자연법과 신적인 법에 반하는…오류를 범했다. 이는 그가 그리스도가 오신 뒤에는 모든 통치권과 관할권이 불신자들에게서 박탈되어 신자들에게로 옮겨졌다고 말했기 때문이다. 그러한 오류는 매우 해로울 뿐 아니라 거룩한 성경 말씀과도 배치된다"(Las Casas 1969, 30).

13   그러한 저자로는 Manzano (1948, 126-134), Armas Medina (1953, 521-540), Ramos

우 의심스럽다. 그런 추측은 1571년 3월 16일에 기록된, 흔히 「유카이의 익명의 저술」(*Anónimo de Yucay*)이라는 문서에서 비롯된 것으로 보인다(Salvá [1848] 1964, 13:425-469).[14]

라스 카사스에 반대하는 이 논문에 따르면 프란시스코 데 비토리아라는 신학자가 개입하여 황제에게 "합법적으로 획득한" 영토에 대한 기독교적인 의무와 정치적인 의무를 분명히 밝혀주지 않았더라면 라스 카사스가 황제를 설득하여 페루를 포기하고 그 통치권을 잉카족에게 돌려주게 했을 것이다.

> 황제와 신학자들이 라스 카사스 신부의 거짓 정보를 따랐기 때문에 그가 황제와 신학자들에게 끼친 영향력 및 양심의 가책이 너무나 컸던 나머지 폐하께서는 그 왕국들을 포악한 잉카인들에게 넘겨주려고 하실 정도였다. 마침 프란시스코 데 비토리아 수사가 폐하께 그렇게 해서는 안 되며 그의 말대로 한다면 크리스텐덤이 상실될 것이라고 말씀드렸다(같은 책, 433).[15]

Pérez (1976, 109-110), Queraltó Moreno (1976, 186-187) 등이 있다.

14 Las Casas에 반대하는 이 흥미로운 문서를 작성했을 가능성이 있는 저자가 누구인지에 대해서는 여전히 논란이 있다. 다양한 가설에 대한 요약은 Gutiérrez 1989(56, 각주 2)를 보라.

15 아마도 Carlos 5세는 Las Casas의 비난과 Vitoria의 신중한 태도에서 기인하는 압박감으로 인해 원주민의 나라들에 대한 통치권은 유지하되 그것을 영구히 유지하지는 않기로 결정했을 것이다. "그는 원주민들이 가톨릭 신앙을 유지할 역량을 갖추면 그들을 떠나기로 약속했다"(Salvá [1848] 1964, 13:433). Bataillon(1976, 17-21, 317-351)은 그 익명의 저술가를 혹독하게 비판한다. Lucena 1984(163-198)도 보라. Pérez de Tudela(1958, 496)는 Las Casas의 목표에 대해 다음과 같이 진술하는데, 그가 관찰한 내용은 정곡을 찌른다. "라스 카사스가 품었던 열정적인 목표는 기왕에 획득한 것은 정당화하고, 신율과 인간의 법에서 제국 체제를 정당화하는 토대를 구하는 것이었지 결코 그것을 붕괴시키는 것이 아니었다."

이 수수께끼 같은 문서의 저자에 따르면 라스 카사스에게는 비상한 설득력이 있었고 아메리카 대륙에서 스페인 사람들이 저질렀다고 전해지는 불의에 맞선 그의 열정적인 설교는 "황제와 인디아스 평의회 그리고 엥코멘데로, 수도사들과 주교들과 고해신부들, 그리고 스페인의 모든 신학자들을 놀라게 하고 두렵게 했다." 라스 카사스가 전해지는 바와 같이 카를로스 5세의 양심을 이런 식으로 조종한 것은 근본적으로 마귀에게서 비롯된 것으로서 "그러한 기만으로 세상을 그토록 갑작스럽게 설득하려는 마귀의 교묘한 술책"이라고 간주되었다(같은 책, 431, 426).[16]

그 이듬해(1572년 3월 4일) 페드로 사르미엔토 데 감보아가 쓴 『잉카족의 역사』(Historia de los incas, 1942, 29) 서문에서 페루에 관한 "카를로스 5세의 의구심"에 관한 유사한 견해를 찾아볼 수 있다. 즉 "마귀"가 원주민들 사이에서 기독교 신앙이 확산됨에 따라 자신에 대한 숭배가 쇠퇴하고 평가 절하되는 것을 보고서 교활하게도 자신의 원수인 수도사들, 특히 라스 카사스를 이용하여 페루와 인디아스 전반에 대한 스페인의 지배가 지닌 적법성과 정당성에 대해 의문을 제기하도록 했다는 것이다.

---

16 그러나 우리는 Las Casas가 몇몇 수도사들이 제시한 것과 같은 정복 및 엥코미엔다 제도에 대한 다양한 옹호론들을 조금도 망설이지 않고 죄다 사악하고 악마적인 전략으로 분류했다는 점에 유의해야 한다. 이 점은 그가 1549년 Domingo de Soto에게 보낸 서신을 통해 알 수 있다. "가장 명망이 있고 존경 받는 종교적 인물들을 자신의 도구와 사역자로 이용함으로써 자신의 체계를 완성하는 것은 사탄의 오래된 책략이다"(Las Casas 1969, App. 1, 121). 이러한 추론방식은 현대의 세속적인 사고방식에 비추어보면 낯설지만, 르네상스 시대 화가인 Hieronimus Bosch와 Pieter Brueghel의 작품에서 엿보이는 것처럼 악한 존재로서 사탄의 실재를 진지하게 받아들였던 당시의 사고방식에 비추어보면 전혀 낯설지 않다.

따라서 현재 고인이 되신 돈 카를로스 황제께서 그들을 떠날 참이었는데, 그것은 기독교 신앙의 원수[곧 사탄]가 그토록 오랜 세월 동안 무지몽매함 가운데 사로잡아 두었었던 영혼들을 되찾기 위해 획책한 일이었다. 그런데 그 모든 일은…치아파스의 주교에게서 얻은 특정 정보로 인해…발생한 것이다. 그는 자기 교구의 몇몇 정복자들에게 맞서는 열정에 고취되어…이 지역의 지배에 대해 몇 가지를 이야기 했는데…그것은 다른 식으로 관찰하고 규명해온 것과는 매우 다른 이야기였다.

이 언급은 1542년 인디아스 평의회 재편과 인디아스 신법 승인 전에 발생한 논쟁을 지칭하는 것으로 보인다. 이 보도에서는 라스 카사스를 스페인이 아메리카의 자국 영토 또는 최소한 페루로부터 철수할 것을 주장한 인물로 묘사한다. 후안 페레스 데 투델라, 마르셀 바타용, 마누엘 루세나와 같은 비평가들이 잘 지적했듯이 이 증언은 매우 늦게 나왔다(프랑스의 스페인 학자는 이를 "늦은 신화"라고 부른다). 이 증언은 카를로스 5세의 이른바 "양심의 위기"가 있은 지 30년 후에 나왔고, 1540-1546년에 나온 문헌들에서는 확인되지 않는다(1546년은 비토리아의 사망 연도다).[17] 이 증언은 무고한 자들을 잔인한 폭정에서 구하기 위한 무장 개입이 정당하다는 비토리아의 주장에 근거해서 주로 스페인이 잉카족보다 케추아족을 통치할 권리를 더 많이 갖고 있음을 입증하기 위해 조직적으로 활동했던 반(反) 라스 카사스 운동의 일부였다. 이 운동이 지

17　Avril-Catelló에 따르면 스페인이 취득한 해외 영토를 포기하기에는 이미 너무 늦었다. 이 말은 1551-1552년쯤에는 스페인의 해외 제국은 완결된 불가역적 사건으로 간주되었다는 뜻이다. *"La bipolarización Sepúlveda-Las Casas y sus consecuencias: La revolución de la duodécima réplica"*(Ramos et al. 1984, 229-288에 수록된 글).

향했던 두 번째 목표는 식민지 개척자들이 인디오 지배층보다 우월하다는 주장을 지지하는 것이었는데, 이들 식민지 개척자들 가운데 이미 크리오요들(criollos, 아메리카에서 출생한 스페인 사람들의 후손)이 다수를 차지해가고 있었다. 라스 카사스의 저술들은 스페인 사람들이 우월하다는 주장에 대해 이의를 제기했다. 이 신화는 라스 카사스의 입장을 왜곡하고 있지만 정확하게 이해된 요점에 근거하고 있다. 「열두 가지 의혹에 대한 논문」이나 『페루의 보화』와 같은 저술에서 라스 카사스는 원주민들에게서 빼앗은 모든 것(정치적 지배, 재물, 개인적 자유)을 되돌려놓아야 할 의무가 있다는 사상을 페루에 적용하는데, 이러한 사상은 유럽의 식민주의자들과 엥코멘데로들의 사리사욕에 불의의 일격을 가했다. 따라서 이들은 라스 카사스가 자신들의 사회경제적 이익을 공격했을 때와 마찬가지의 열정과 강도로 라스 카사스에 맞선 공세를 취했다.

도미니코회 신학자인 테오필로 우르다노스(1960, 495)가 주장하듯이 라스 카사스의 목표는 "식민 윤리"라는 자애로운 규범을 통해 통치되는 "공정한 식민지 정부"를 설계하는 것이었다. 이 체제에는 스페인 국가, 가톨릭교회, 토착 공동체 간의 이익을 조화시킬 수 있는 정치·경제·종교 제도를 위한 지침이 포함될 것이다. 따라서 라스 카사스는 16세기 당시로서는 원을 사각형으로 만드는 것과 비슷한 불가능한 일을 시도했다. 즉 그는 스페인 왕권—그가 보기에, 이것은 원주민들을 기독교화하고 그들을 엥코멘데로의 탐욕스런 약탈로부터 보호하기 위해 필요했다—이 가진 권위와 신세계 원주민들의 자유를 조화시키려고 했다. 그는 이 자유에는 불가분적인 이중의 의미, 곧 **자유 의지**와 **정치적 자율성**이 들어 있다고 이해했다. 호세 안토니오 마라발(1974, 377)의 다음과 같은 말은 두말할 나위 없이 옳다. "카스티야 왕들이 보유하던 '제국적' 관할권이…후견권(tutelage) 정도로 축소됨에 따라, 그것은 결국 유토피아적 성격을 띠게 되어 있었다."

이러한 자유 의지와 정치적 자율성은 라스 카사스가 인디아스의 운명과 관련된 결정적 사안에 대한 의사 결정 과정에서 인디오들의 목소리를 배제하는 것에 항의하기 위해 작성한 몇몇 문서에서 더 깊은 경지에 도달한다. 그는 1556년 펠리페 2세에게 보낸 한 제안서에서 원주민 영토 가운데 할당받은 구획을 왕에게 영구히 매각하겠다고 말하는 페루 엥코멘데로의 제안을 받아들이지 말라고 경고한다. 대신에 그는 인디오들의 목소리를 들을 것을 요구한다. 왜냐하면 그들이 이러한 조치에 영향을 가장 많이 받기 때문이다. "자연법과 신율에 따르면 그들을 불러 그들의 조언을 받고 그들의 말을 들어야 합니다. 그리고 자신들의 권리를 위해 무엇이 최선인지를 그들이 직접 보고하게 하십시오"(Las Casas 1969, 217). 읽고 쓸 줄 아는 능력이 없어서 자신들의 목소리가 폭력적으로 박탈된 이들의 말을 듣고 그들의 감정과 의견을 결정적인 것으로 채택해야 한다.

마르셀 바타용(1976, 45-136)은 라스 카사스가 고려한 또 다른 요인, 즉 카스티야의 물질적·경제적 이해 관계를 지적한다. 전혀 찬양 일변도가 아닌 예리한 그의 분석에 따르면 라스 카사스는 "선한 욕심"을 원주민들의 세속적 보존 및 그들의 영적 유익과 조화시키려 했다. 이렇듯 선교적인 영적 열망과 경제적인 세속적 열망을 결합시키려는 라스 카사스의 이러한 노력은 오늘날 남아메리카에 해당하는 지역의 북부 해안에 대한 그의 유명한 식민화 계획에 자세히 나타난다(Las Casas 1986,

3.3.132:281-286).[18]

라스 카사스는 히스파니올라에 소재한 도미니코회 수도원에 은둔하면서 양심을 성찰했는데, 바타용(1954)은 이를 "라스 카사스의 제2의 회심"[19]이라고 부른다. 그는 이후에도 이 점을 잊지 않으려 했다. 라스 카사스는 1531년 1월 20일 인디아스 평의회에 보낸 편지에서 원주민에 대한 처우 개선과 보존이 "왕국에 엄청난 세속적 부를 가져다줄… 헤아릴 수 없는 선물과 세속적 재물을 쉽게 얻도록 하는" 유일하게 확실한 길이라고 강조한다. 만일 처음부터 원주민들에게 유익한 식민 정책을 시행했더라면 "왕은 오늘날 솔로몬이 그의 모든 영광으로 누렸던 것보다 더 많은 은금과 보석을 얻었을 것이다"(Fabié [1879] 1966, 70:465, 479, 481). 그의 전략은 원주민들을 엥코멘데로에게 예속된 상태에서 구해내어 국왕에게 세금을 납부하는 자들로 전환시켜 원주민의 보존과 증가를 지원함으로써 국왕에게 확실한 경제적 이익을 가져다주게 하는 것이었다. 「30개 명제」에서 라스 카사스는 스페인 국왕이 교황이 명령한 인디아스에서의 선교 사역에 대한 대가로 교황으로부터 "앞서 말한 왕국들이 제공하는 보상적 증여"를 받을 수 있다고 생각한다(Las Casas 1965, 1:473). 『인디아스의 역사』에서 라스 카사스는 정복자들, 식민지

---

18 논란이 많은 Las Casas에 대해 그다지 동정적이지 않은 Gómez Canedo(1977, 74)는 그의 제안을 "어설픈 식민화 계획"이라고 부른다. 그 판단에는 일말의 진실이 들어 있다.

19 이른바 이 "제2의 회심"은 그가 남아메리카 북부 해안에 거주하면서 그곳을 평화롭게 복음화하려던 계획이 처참하게 실패로 돌아간 것뿐 아니라 그가 식민지 개척자들과 협약을 맺고 그들에게서 "복음을 사려고" 했던 것에 대한 양심의 의심이 커진 데서도 기인한다. 그는 원주민의 반란으로 인해 스페인 정착촌이 파괴된 것은 "하나님의 이름으로 자신을 돕지도 않고, 부자가 되려는 탐욕 때문에 해당 지역에서 죽어가는 영혼에 대한 구원 사역을 후원하지도 않은 자들과 연합한 사람들을 벌하기 위한 하나님의 심판이었다. 이런 태도는 하나님의 영적 사업의 순수성을 더럽힘으로써 하나님을 격분시켰다"고 생각하게 되었다(Las Casas 1986, 3.3.159:382).

개척자들, 왕실 관리들이 동시에 이중의 잘못—원주민들을 잔혹하게 살해하고 국왕에게 세금을 바치는 신민들을 급격히 감소시킴으로써 국왕에게 풍부한 수입을 가져다 줄 수 있는 잠재적인 사회적 기반을 제거한 것—을 저질렀다고 비난한다.

> 그들에게…법률에 대한 지식이 있다면 그들은 수많은 영혼과 왕이 받을 숱한 보화에 가한 모든 악과 영적·세속적 피해 및 파멸로 인해 하나님과 왕 앞에 유죄다.
> 그들은 비록 마라베디(은화 1레알의 1/3) 한 닢을 공물로 지불했다고는 하지만 원주민 수백만 명을 죽임으로써 세상의 어떤 왕이나 군주도 소유해본 적 없는 가장 거대하고도 가장 확실한 부를 그들[군주들]로부터 탈취했다(Las Casas 1986, 3.3.118:234-235).

하지만 경제적 혜택은 원주민의 영적 복리와 하나님이 스페인에게 맡긴 섭리적 사명의 성취에 비하면 확실히 부차적이다.

불굴의 용기와 용맹을 지닌 라스 카사스는 어떻게든 안티고네의 난제—양심에 따른 종교적 원칙과 국왕의 칙령이 상충되는 상황—에 빠지는 것을 피하려 했다. 그는 원주민에게 유리한 법률이 제정되기를 바라면서 늘 카스티야 국왕과 소통할 수 있는 통로를 열어두려고 했다. 만일 안티고네의 난제가 발생했더라면 그는 어떤 입장을 취했을까? 모든 점을 고려해볼 때 그는 자신이 어떤 특정 상황에서 진술했던 다음과 같은 원리를 따랐을 것이다. "왕의 심기를 거스르는 것보다 예수 그리스도의 법을 성취하는 것에 더 큰 비중을 두어야 한다"(Las Casas 1986, 1.1.106:420).

라스 카사스는 스페인 제국과 원주민의 자치권 사이의 균형을 잡는 데 필요한 주도권은 국왕에게서 나와야 한다는 입장을 취했다. 그는 이렇듯 국왕이 주도하는 입법 조치와 정치적 행동을 통해 국가와 교회 사이에 정복자들과 엥코멘데로에 맞서 원주민을 보호하는 동맹이 결성되기를 기대했다. 이 점은 그가 군주들의 책임을 면제해주는 장황한 이야기를 반복하는 이유를 설명해준다. 군주들은 인디오들이 겪은 학대에 대해 알지 못했다고 상정되었기 때문에 결백하다고 생각되었다. 도미니코회 수사인 이에로니모 데 페냐피엘은 설교자 수도회(도미니코회의 정식 명칭—역자주)의 총장인 톰마소 데 비오 카예타노 추기경이 라스 카사스를 통해 원주민들에게 가해진 학대에 대해 알게 되었을 때 "그대는 그대의 왕이 지옥에 가야 한다는 주장에 대해 의문을 품는가?"라고 말했다고 라스 카사스에게 전해주었다. 그는 그 이야기를 듣고 지옥에 떨어질 자는 왕이 아니라, 그러한 불의를 용납하면서 그 사실을 국왕에게 숨기고 신세계에서 얻은 불법적인 이익에 부정한 방식으로 가담한 궁정회의 참석자들이라고 주장했다(Las Casas 1986, 2.3.38:563-564).[20]

그는 심지어 「열두 가지 의혹에 대한 논문」과 같이 말년에 작성한 글에서도 인디아스의 엥코미엔다 제도에 대해 "그것이 언제나 카스티야 군주들의 뜻에 역행했다"고 단언하면서 현재(1564) 가톨릭 군주들에게 이 말이 사실임을 증명하려 한다(Pérez de Tudela 1958, 110:513-515). 그런 절대적인 확언은 입증하기 어려우므로 라스 카사스는 스페인 국왕

---

[20] 또 다른 글에서 그는 "인디아스에서 탈취한 보화가 가져다준 부패와 오점"에 대해 신랄하게 비판한다. "그 보화들은 그것들을 보낸 많은 사람의 손뿐만 아니라 영혼도 더럽혔는데, 아무런 양심의 가책도 없이 원주민들을 말살하려는 그들의 맹목성이 여기서 비롯되었다"(Las Casas 1989, 197).

이 스페인 식민지 개척자들의 반란이라는 더 큰 피해를 피하기 위해 원주민들에게 강제노동을 부과하는 제도를 억지로 받아들였음을 인정한다. 스페인 국왕과 기독교적 양심이라는 윤리적 요구 그리고 아메리카 원주민 사이에 동맹을 결성하려는 노력은 비록 실체가 없기는 하지만 주목할 만하다.

인디오들에게 유익을 주는 스페인 제국이라는 개념이 라스 카사스에게 국한된 것은 아니었다. 그의 이론에 대해 반대하는 히네스 데 세풀베다도 스페인 지배의 목적은 "모든 피정복민들에게 어느 정도의 선과…승자에게 다소의 유익을 초래할 뿐 아니라, 패배한 야만인들에게는 훨씬 더 큰 유익을 주며…그 민족의 공공 복리", 곧 참된 신앙으로의 개종, 문화적 향상, 문명의 발전을 가져다주는 것이라고 확언하면서 이러한 생각을 옹호한다(Ginés de Sepúlveda 1951, 27, 29).

하지만 라스 카사스와 세풀베다 시이에는 다음과 같은 차이점들이 있다. 첫째, 라스 카사스는 초기의 호전적 국면과 그 후의 노예화 국면에서 나타난 식민주의자들의 잔인성에 대해 실존적인 경험을 했다.[21] 둘째, 그들은 원주민이 자유롭고 자율적으로 스스로를 다스릴 수 있는 선천적 능력을 갖고 있는지에 관해 의견을 달리했다. 몇몇 경우에 이 도미니코회 수사(라스 카사스)는 인디오 공동체에 널리 퍼져 있는 선한 체제를 조명하는 반면에, 이 박식한 아리스토텔레스적 인문주의자(세풀베다)는 원주민들을 평가 절하하고 필요할 경우 무력에 의해서라도 그들을 문명화되고 개화된 생활에 내재한 습관과 태도를 주입시킬 지배자의

---

21 "그들은 여전히 폭력적인 죽음을 당하고 있는데 그들 중 많은 이들이…내가 보는 앞에서…죽어간다"(Yañez 1941, 166-167).

관리에 복속시켜야 한다고 생각한다. 라스 카사스는 인디오 민족들이 가진 정치적 자유를 부정하지 않을 스페인 제국을 구상한다. 그러나 세풀베다는 그런 이상은 거짓된 공상적 이상주의에서 나오는 죄라고 생각한다.

~~~

국제법과 기독교 제국

정복에 종교적 성격이 있다고 변명함으로써 정복을 정당화하는 제국 신학인 스페인계 기독교 제국(Hispanic Christian Empire)이라는 개념은 프란시스코 데 비토리아의 입장에서 비롯되었다. 비토리아 연구자들은 그가 신세계 주민에 대한 주권의 하사를 가능케 하는 권리인 이른바 교황의 보편적 권한을 인정하기를 거부한다는 사실을 신물이 날 정도로 반복해서 언급해왔다. 비토리아는 신성한 제국 교황주의를 철저하게 거부한다. "교황은 온 지구에 대한 민간의 지배자도 아니고 세속적 지배자도 아니다"(Urdanoz 1960, 678).

비토리아의 견해에 따르면 교황의 권력은 그에게 그리스도인 개인 및 기독교 국가에 대해서만, 그것도 영적인 사안에 대해서만 관할권을 부여한다. 세속적이고 정치적인 문제들에 대한 교황의 권위는 오직 이런 문제들이 신앙 및 도덕에 관한 영적이고 종교적인 문제들과 분명하고도 필연적인 관련이 있을 때만 발생한다. 확실히 스페인 사람들은 신앙을 전파할 권리가 있고, 원주민들은 그러한 활동을 방해하지 않을 의무가 있다. 그러나 개종은 강요할 수 없으며 개종을 거부하는 것이 전쟁의 정당한 이유로 간주될 수도 없다. 교회와 교황에게 복종하라는 요구에 주의를 기울이지 않는 것이 무력 분쟁의 정당한 동기가 될 수 있다는 주장을 긍정하기는 더 어렵다.

> 야만인들이 교황의 지배를 인정하기를 원치 않았던 경우라 해도 그들에게 전쟁을 선포하거나 그들에게서 재산을 빼앗을 수는 없다. 야만인들이 그리스도를 주로 인정하기를 원치 않을 경우에도 그것이 그들에 대해 전쟁을 선포하거나 그들에게 최소한의 불편이라도 초래할 이유가 되지 않을 것이다.…

> 심지어 야만인들에게 실질적이고 충분하게 신앙이 선포된 뒤에도 그들이 신앙을 받아들이지 않는다고 해도 이로 인해 그들에게 전쟁을 선포하거나 그들에게서 재산을 빼앗는 것은 합법적이지 않다(같은 책, 682, 695).

하지만 만일 상당수의 원주민이 가톨릭 신앙으로 개종하면 어떻게 할 것인가? 비토리아의 대답은 그 당시 스페인에서 심지어 그와 같이 온건하고 평화로운 정신의 소유자에게도 십자군 정신이 얼마나 깊이 스며들어 있었는지를 잘 보여준다.

> 상당히 많은 야만인들이 **자발적으로든 비자발적으로든** 그리스도를 믿는 신앙으로 개종했다면—그들의 개종이 **위협이나 공포나 기타 부당한 방법에 기인했다 하더라도 그들이 참된 그리스도인이 되었다면**—교황은 타당한 명분이 있다면 **그들이 요청하든 요청하지 않든** 그들에게 그리스도인

군주를 세우고 불신자 군주들을 폐위할 수 있다(같은 책, 719; 강조는 덧붙인 것임).

내가 "신세계의 야만인들"에 대한 지배권을 상정하고 그들에 대해 전쟁을 선포할 수 있는 이 네 번째 "정당한 자격"의 일부를 강조한 것은 그것들이 바로 스페인의 아메리카 정복에 있어 제국주의적 논리와 기독교 신앙 간의 긴밀한 결합을 잘 나타내기 때문이다.

근대 세속 국가의 탄생으로 신앙은 개인의 주관성이라는 내밀한 영역의 문제가 되었는데, 이러한 근대적 사고방식에서 볼 때 신앙을 전파하고 그에 따라 신자가 되는 과정은 전적으로 개인적이고 영적인 문제에 속한다. 반면에 비토리아는 크리스텐덤 곧 기독교 세계(*orbis christianus*)라는 이념적 영역 안에 머물러 있다. 물론 그를 연구하는 현대의 해석자들이 이 사실에 반하는 내용의 글을 많이 쓰기는 했지만 말이다. 따라서 "상당수의 야만인들"(여기서 "상당수"는 얼마나 많은 수를 의미하는가?)이 개종하게 된다면, 그것을 위해 사용한 수단의 정당성 여부와 무관하게("자발적으로든 비자발적으로든, 즉 위협이나 공포나 기타 부당한 방법에 기인했다 하더라도"),[22] 그것은 심각한 **정치적** 행위가 된다. 즉 "교황은…그들에게 그리스도인 군주를 세울 수" 있다. 대체로 비토리아의 추종자들은 "타당한 명분이 있다면"이라는 조건절을 강조하면서 교황의

---

22   Vitoria는 제4차 톨레도 공의회(633년)에서 당시에 강제로 세례를 받게 되었던 유대인들과 관련하여 이루어진 다음과 같은 합의에 의존하는 것으로 보인다. "비록 강제나 필요에 의한 것이라 하더라도 자신들이 받아들인 신앙을 지킬 의무를 부과함으로써 하나님의 이름이 모독을 당하거나 신앙의 가치가 저하되지 않도록 하는 것이 바람직하다." 16세기 말 예수회 신부 José de Acosta([1588] 1952, 2.11:186)도 Vitoria와 비슷한 설명을 붙여 이 구절을 인용했다.

행동이 자의적이거나 전제적일 수 없음을 지적한다. 그러나 그들은 "그들이 요청하든 요청하지 않든"이라는 두 번째 조건은 잊어버리는데, 이 조건을 그럴듯하게 얼버무려서 이 스콜라 철학자가 "야만인들"이라고 부르기를 고집하는 원주민들의 자유로운 동의를 존중하는 것과 양립시킬 수는 없다.

멕시코 출신의 안토니오 고메스 로블레도는 "네 번째 정당한 자격"과 관련해서 살라망카 대학의 이 신학자를 비판하는 극소수의 비토리아주의자 중 한 명이다. 그는 비토리아가 "자가당착"에 빠졌다고 생각한다. 그러나 그것은 "모순"의 문제가 아니라 보편적으로 타당한 법을 가정하면서도 동시에 기독교의 지배를 보존하려는 시도가 비토리아에게서 어렵게 수렴되는 현상인데, 고메스 로블레도는 또 다른 구절에서 이 점을 인정한다. "사실 전체 기독교 진영 안에는 자체의 특정한 특징과 더불어 기독교 공화국(*respublica christiana*)이 계속 존재하는데, 비토리아가 감히 보편적 공동체에 귀속시키려 하지 않는 몇 가지 내재적인 힘 또는 능력이 여기에 속한다"(Vitoria 1985, lxxiv, xlvii).[23]

페르난도 데 로스 리오스가 지적하듯이 비토리아에게서는 중세적인 요소와 근대적인 요소 간의 불편한 결합이 엿보인다. 전자는 '기독교 세계'라는 개념이 팽배해 있음을 가리키고 후자는 근대적 "국가들의 법" 또는 국제법을 가리킨다. 이 법 앞에서는 모든 국가가 종교적 차이와 무관하게 법률적으로 유사한 지위에 있다. 따라서 나는 비토리아

23　Carro(1944, 2:243)는 자신의 방대한 두 권짜리 책 가운데 단 한 페이지만을 이 네 번째 "정당한 자격"의 분석에 할애하여 이를 재빨리 그리고 피상적으로 해치운다. 그러는 와중에 그는 그렇게 하는 이유를 언급하지 않은 채 Vitoria가 말한 "상당한 수"(*bona pars*)를 "많은 수"로 바꾼다.

가 "새로운 개념", "새로운 관점", "새로운 문제"로 나아가는 "새로운 이론적 경로"를 구현했다고 보는 스페인의 도미니코회 역사가인 테오필로 우르다노스와 견해를 달리한다. 마찬가지로 내게는 북미 법학자 제임스 브라운 스코트의 해석이 지나치게 근대적으로 보인다. 스코트에 따르면 이 스페인 출신의 스콜라 학자는 국가 간의 종교적 차이를 극복함으로써 근대 국제법의 창시자가 된다. 반면에 내가 보기에는 그리스도인 군주들과 기독교 국가에 부여된 특별한 선교 명령은 비토리아가 주권을 포함한 권리들을 결정함에 있어서 두드러진 역할을 한다. 선교 명령은 비토리아가 그렇지 않다면 신세계에 대한 카스티야 제국의 "정당한 자격" 중 일부는 이해할 수 없을 것이다(Ríos 1957, 109-130; Urdanoz 1960, 509-510; Scott 1934, 283). 요제프 회프너(1957, 408)의 다음과 같은 주장은 정곡을 찌른다.

> 비토리아의 세계관에서 교회는 계속 매우 중요한 자리를 차지했다. 비토리아가 온 세계가 기독교로 개종하기를 바라고 기대했다는 의미에서만이 아니라, 어떤 면에서는 그가 교회의 관할 영역을 이방인을 포함한 세계 전체로 확대했다는 면에서도 그렇다.[24]

회프너는 비토리아를 비롯하여 황금기의 다른 스페인 스콜라 학자들에게서 자연법과 계시된 기독교 신학이라는 두 가지 원천이 결합되었다고 생각한다(같은 책, 510). 많은 학자는 이 결합을 강조하지 않았지만, 바

---

[24] Hamilton(1963)은 히스패닉계 가톨릭 학자들 사이에서 흔한, 비토리아가 국제법의 "창시자"라는 생각을 비판한다.

로 이 결합에서 살라망카 대학의 교수였던 비토리아의 사상에 특유의 모호성과 이중성이 생겨난다. 브라운 스코트와 달리 나는 마지막 사례에서 스페인계 기독교라는 이상이 우세했다고 생각한다.

이 점은 비토리아가 『인디아스에 대하여』(De indis)를 발표하고 나서 몇 달 뒤 발표한—흔히 「인디아스에 대하여, 후속 성찰」(De indis, relectio postrior)이라고 알려진—「전쟁법에 대하여」(De iure belli)라는 담론에서 특히 잘 나타나는데, 이 담론은 한편으로 무력 충돌을 규율하기 위한 몇 가지 보편적 규칙을 제시하였고, 다른 한편으로 그리스도인 군주들 간의 분쟁에 적용되는 전쟁 윤리와 그리스도인 군주들이 기독교의 "영원한 원수"인 투르크의 불신자들 및 사라센 사람들과 대결하는 상황에 적용되는 전쟁 윤리를 구별했다. 두 번째 부류의 전쟁에서는 여자들과 아이들을 노예로 삼는 것과 같은 좀 더 가혹한 행위가 허용된다(Urdanoz 1960, 811-858).[25]

스페인의 가톨릭 학자 대다수는 스페인과 "신세계의 야만인들" 간의 관계에 대한 비토리아의 논의를 좀처럼 비판하지 않는다(같은 책; Manzano 1948, 79-80; Hernández 1984, 345-381). 회프너의 저술은 다른 여러 측면에서는 통찰력이 매우 뛰어나지만 때때로 유사한 약점을 드러낸다. 그는 『인디아스에 대하여』에서 스페인 제국의 "정당한 자격"에 대해 언급하는 제3부가 이론적으로 더 중요하다는 점을 무시하고 제2부를 강조한다. 그는 "비토리아의 주요 사상은 스페인 민족주의가 아니라 '전체 기독교'(tota christianitas)였다"고 말함으로써 자신이 애초

---

25 일반적으로 이 논문은 실망스럽다. 그것은 신세계의 토착 민족들에 맞선 전쟁에서 적용되는 정의의 구체적인 기준을 세우려 하지만 실제 논지 전개 과정에서 그 기준들을 깡그리 잊어버린다.

에 비토리아에게서 이 두 가지가 균형을 이루고 있다고 본 견해(Vitoria 1957, 427)를 수정하는 잘못도 저질렀다. 비토리아의 핵심 목표 중 하나는 스페인의 신세계 지배에 대한 이론적·신학적 정당화를 제시하는 것이다. 이 점은 국제 교역에서의 자유의 원칙(이것은 첫 번째 정당한 자격을 고취한다)과 스페인을 인정하는 경제적 착취의 배타성과 독점(이것은 스페인이 선교 사역을 더 효과적으로 수행할 수 있게 해준다) 간의 풀리지 않는 모순에서도 명백히 드러난다. 비토리아에게서 마침내 "국가의 이익은 국가들의 법이 가진 보편적 타당성을 또다시 무효화한다"고 단언하는 리처드 코네츠키(1972, 32)의 말은 사실과 별로 다르지 않다.[26]

나는 후안 만사노(1948, 62-82)와도 견해를 달리한다. 만사노에 따르면 비토리아는 교황 알렉산데르 6세의 칙서에 표현된 교황의 수월성을 무시했을 것이다. 만사노는 이 칙서들을 공인된 독점적 선교 명령으로 해석하면서 거기에 상업적 접촉의 독점과 정치적 지배가 수반된다고 본다. 파울리노 카스타네다(1971)는 프란시스코 데 비토리아를 비롯한 살라망카 학파가 1540년대부터 알렉산데르 교황의 칙서를 땅의 "하사"로 보는 애초의 해석―당시에는 이 해석이 시대에 뒤지게 되었다―을 어떻게 포기하였는지를 조사한다. 교황은 이제 '세속적인 문제에 대한 온 세상의 지배자'가 아니었으므로 자신의 소유가 아닌 것을 줄 수 없었다. 하지만 비토리아와 그의 제자들은 다른 지점에서 출발해서 교황 중심의 보편적 신정 통치라는 중세 이론 추종자들이 추구하던 것과 유사한 목표에 도달한다. 첫째로 그것은 신세계의 영토에 대한 (상업적

---

26 Carro(1944, 2:163)는 스페인 민족주의가 건전한 비판 감각을 방해하는 좋은 사례다. 그는 정복의 "정당한 자격들"에 대한 Vitoria의 분석을 옹호한 뒤 "정복의 역사는 인디오들에 의한 반역으로 가득 차 있다"는 논평을 끼워 넣어 자신의 속내를 드러낸다.

독점을 포함한) 스페인의 독점적 지배를 정당화하는 것과 둘째로 (윤리적 논의에 있어서 핵심 사안인) 인디오 국가들을 상대로 한 전쟁을 정당화하는 것이다.

비토리아는 알렉산데르 교황의 칙서를 거부한 것이 아니라 그것을 **재해석**했다. 그 관점에서 보면 이 칙서들은 주권의 양도나 하사가 아닌 선교 명령을 의미한다. 이 명령은 배타적으로 주어진다. 이 해석에 따르면 스페인 국왕이 신세계에서의 선교 독점권, 즉 복음을 전할 수 있는 권리를 하사받았다. 비토리아는 신앙의 전파에 도움을 주기 위해 이러한 전도 독점에 교역과 식민화를 시행할 수 있는 독점권이 수반된다고 덧붙인다. 출발점은 다르지만 결과는 같다. 최고 사제의 명령 덕분에 스페인은 "최근 발견된" 땅에 진출하여 합법적으로 주권을 행사할 수 있는 독점적이고 독특한 권리를 갖는다. 만일 다른 기독교 국가의 몇몇 군주가 감히 이 문제에 개입한다면 그는 파문당할 것이고, 세속적인 문제에 대한 교황의 간접적 권력을 고려하면 폐위될 수도 있다(Urdanoz 1960, 715-720). 반면에 만약 토착 지배자들이 교황 칙령의 본질적인 조항 중 일부를 받아들이지 않는다면, 스페인은 그들과 전쟁을 벌일 수도 있다.

그러므로 신정 통치 이론에 따라 교황이 온 세상의 세속적 지배자로 간주되든 비토리아가 주장하듯이 교황이 선교 명령을 수여함에 있어 주권자로 간주되든지 그 결과는 같다. 즉 스페인의 주권은 정당화되며 원주민 반란자들을 상대로 한 전쟁은 정당한 전쟁이라고 선언된다. 그런 의미에서 비토리아에게는 민족주의와 가톨릭 신앙이 구별되었으며 민족주의가 아닌 가톨릭 신앙이 그로 하여금 "근래에 발견된 인디오들"에 관해 숙고하게 만든 동기였다는 카스타네다의 주장은 내게는 피상적으로 보인다. 비토리아의 사상에서는 스페인 국가의 존재 이유와 스페인의 가톨릭 선교 의식 사이에 명백한 조화가 존재한다.

이 점에서 비토리아가 새로운 유형의 "국가들의 법"을 창시한 것이 사실이라면 그 법은 유럽 및 기독교 문명이 세계 패권을 열망하던 역사상 결정적 시기인 16세기에 유럽의 팽창주의를 지지하기 위한 이론적 필요와 일치했을 것이다. 비토리아가 자신의 유명한 강의의 마지막 부분에서 스페인의 지배를 정당화하는 데 사용할 수 있는 논거를 최초로 엄청나게 많이 제시한 사실도 우리의 이목을 벗어날 수 없다. 그런 주장은 훗날 유럽 제국들의 남미 지역 지배를 옹호하는 이론적 무기로 사용되었다.[27]

비토리아의 분석은 원주민 지역에 대한 카스티야의 지배가 지닌 불가역적 성격으로 가득 차 있다. 그 결과 『인디아스에 대하여』는 다음과 같이 마무리된다. "그곳에서 다수의 야만인들이 개종한 후 우리 군주가 그 지역에 대한 통치를 완전히 포기하는 것은 편리하지도 않고 정당하지도 않을 것이다"(Urdanoz 1960, 726). 무엇보다도 그것은 개종한 원주민들을 자신들의 방식대로 하라고 놔두는 것을 의미할 터인데 이는 가톨릭 신앙의 주된 수호자라는 명예로운 칭호를 보유한 군주로서는 생각할 수 없는 일이기 때문이다. 그리고 『전쟁법에 대하여』는 원주민들을 상대로 한 전쟁만이 아니라 스페인 지배의 정당성을 강조하기 시작한다. "그 야만인들이 거주하는 지방에 대한 소유와 점령은…무엇보다도 전쟁할 권리에 의해 옹호될 수 있다"(같은 책, 814). "신세계의 야만인들"과 관련해서 기독교 전체와 스페인의 지배를 구분하는 이분법

---

27 "호혜성에 기초한 국제법을 통한 보호라는 개념으로 [Vitoria는] 실상은 식민화 전쟁을 정당화하는 법적 근거를 제공한다"(Todorov 1987, 161).

은 인위적이다.

비토리아에 따르면 신세계에 대한 카스티야의 지배를 정당화하기 위해서는 그 지배가 "정의로워야" 한다는 점을 인식해야 한다. 문제는 그의 분석에서 정의에 대한 결정이 사건의 실체를 분명히 규명하지 않은 채 이론적 수준에 머물지 말았어야 했다는 것이다(실제로는 이론적 수준에만 머물렀다). 법적 문제(*quaestio iuris*)는 사실의 문제(*quaestio facti*)와 분리될 수 없다. 법적 문제는 그 강의의 첫 부분에 명백히 묘사된 바와 같이 스페인 제국이라는 실제를 되돌릴 수 없다는 가정에 기초하고 있다.

테오필로 우르다노스의 반제국주의적 해석과 달리 나는 루시아노 페레냐의 다음과 같은 견해가 더 정확하다고 생각한다.

> 프란시스코 데 비토리아는 결코⋯정복의 정당성을 의심하지 않았다. 그것은 그가 당연하게 여긴 명제였다.⋯이 자명한 이치는 그의 출발점이었다. 비토리아가 살라망카에서 인디아스에 대한 강연을 한 것은 황제를 공격하기 위해서나 황제의 권리에 대한 논의를 개시하기 위해서가 아니라 오히려 프랑스의 국왕 프랑수아 1세가 가하는 공격에 대해 황제를 변호하고⋯프랑스 국왕의 항의에 맞서 스페인의 독점권을 옹호하기 위한 것이었다.

페레냐는 이어서 살라망카 학파와 비토리아의 제자들에 관해 다음과 같이 일반화한다.

> 1534년부터 1573년까지 이 학파의 스승들은⋯정복자들의 학대 행위를 한 목소리로 비난했다.⋯비토리아부터 아코스타까지 서슴지 않고 그것을 비난했다. 그러나⋯개인적이거나 개별적인 행동들이 스페인의 지배에 관

계된 국왕의 근본적인 권리를 무효화하지는 않았다. 그들은 스페인이 인디아스에 진출해 있는 것의 정당성을 의심하지도 않았다.…그들은 전 지구적인 관점에서 정복에 의문을 제기하지 않았다. 그들은 정복이 정당하다고 가정했다(Pereña 1984, 299; 340-341).[28]

하지만 스페인 출신의 이 탁월한 역사가가 이전의 연구에서 열정적으로 "아메리카에서의 스페인 선교"를 찬양할 목적으로 (비토리아에 의해 시작되었고, 도밍고 데 소토, 바르톨로메 카란사, 멜코르 카노, 디에고 데 코바루비아스, 후안 데 라 페냐에 의해 계속된) 이 스콜라 철학적 신학 학파가 "모든 나라들의 평등과 주권이라는 두 개념과…언제나 야만인 자신들의 유익을 위한 개인의 권리들을 옹호하고 보장하기 위해 개입할 권리"에 기초해서 기독교적이고 인문주의적인 고전적 제국이라는 이론을 설계했다고 보는 데 동의하기는 어렵다(Pereña 1956, 310-311). 더구나 원주민들이 엄청난 인간적·사회적 대가를 치렀음을 고려하면 더더욱 그러하다.

카를로스 5세가 1539년 11월 10일 도미니코 수도회의 살라망카 수도원장에게 보낸 편지를 토대로 이러한 비판적 해석에 반론을 제기할 수 있다. 카를로스 5세는 그 편지에서 스페인의 신세계 지배의 정당성에 대한 논의를 금지하고 주임 사제에게 이 주제를 다루는 모든 논문의 사본을 수집할 것을 명하는데, 이는 분명히 인디오를 주제로 한 비토리아의 신학 강의를 지칭하는 것이다.

28　Pérez de Tudela의 논문(1958, 471)도 보라. "이 위대한 도미니코회 교사[비토리아]의 강연은 인디아스에 대한 카스티야의 지배에 해를 끼치는 원리가 되지는 않았다.…그는… 인디오들에 대해…호전적인 조치를 취할 수 있는 최소한 일곱 가지의 방법을 제공했다." Las Casas의 관점에서 Vitoria의 『인디아스에 대하여』(De indis)를 날카롭게 비판한 글은 Martínez 1974를 보라.

국왕이 보냅니다. 살라망카시의 성 스테반 수도원장이신 존경하는 신부님, 나는 그 수도원 소속의 몇몇 종교 교사들이 우리가 인디아스에 대해 가진 권리에 대해 이야기하고 있고 설교에서 그 주제에 대해 다루고 있다고 들었습니다.…우리가 모르게 그리고 우리에게 먼저 통보하지 않고서 이와 유사한 문제들을 다루는 것은 해롭고 수치스러울 뿐만 아니라 커다란 불편을 초래할 수 있고…그 나라들을 다스리는 우리의 왕권에 해를 끼칠 수 있으므로…우리는…지금이나 다른 어떤 때에도 우리의 명시적인 허락 없이 여러분이 이 문제에 대해 다루거나 설교하거나 논의해서는 안 되며, 이와 관련된 어떤 책도 출판해서는 안 된다는 데 합의했습니다. 이 요청이 지켜지지 않는다면 나는 제대로 보필 받지 못한다고 생각할 것입니다(Vitoria 1967, 152-153).[29]

그러나 황제는 비토리아의 강의 내용에 반응하는 것이 아니라(그가 그 내용을 알지 못했을 수도 있다) 신세계에 대해 카스티야 제국이 가진 권리의 정당성 존재 여부에 대한 독립적인("우리의 명시적인 허락 없이") 논의가 있었다는 사실에 대해 반응한다. 카를로스 5세 자신이 훗날 핵심 문제에 대해 비토리아와 협의했고 비토리아를 트리엔트 공의회에 보내는 스페인 대표단의 일원으로 삼기를 바랐다는 사실은 그에게 이 살라망카 출신 스콜라파 학자의 특정한 입장에 대한 반감이 없었음을 보여준다.[30] 이 군주의 목적은 인디아스에 대한 논의 전체를 중앙 집중화하고 독점하는 것이었다.

---

29 Manzano 1948 (83-84), Pereña 1984 (297), Gómez Robledo(Vitoria 1985, xix-xx에 수록된 글)에도 인용되었다.

30 그러나 국왕의 견책으로 인해 그 강의들은 1557년에서야 프랑스에서 출판되었다.

카를로스 5세는 2년 전에도 이와 동일한 동기로 토착민의 자유에 관한 교황의 몇몇 칙령과 포고령에 대해 교황 바오로 3세에게 항의했다. 그가 교황으로 하여금 카스티야 당국의 사전 검토와 승인이 없이는 이 주제에 대해 어떤 선언도 하지 않겠다고 동의하도록 압박해서 교황은 1538년 6월 19일 칙령을 발표했다(Hanke 1937). 카를로스 5세가 교황의 선언에 담긴 내용에 신경을 썼다기보다는, 그에게는 최고 사제인 교황이 인디아스의 정치에서 자율성을 가진 능동적인 참여자가 되는 것을 막아야 할 필요가 있었다. 1539년 스페인 국왕은 아메리카에서 활동하는 주교들에게 교황과의 모든 연락은 왕실을 통해 이루어져야 한다고 명하면서, 스페인 왕실이 그 연락이 가치가 있는지 판단할 것이라고 밝혔다. 황제가 교황의 권한에 대해 부과한 이 유명한 "국왕의 승인"은 사실상 교회의 결정 사항에 대한 최종 결정권이 국가에 귀속함을 의미했다(참조. Shiels 1961, 169-181).

국왕으로 하여금 이러한 조치를 취하도록 한 동인은 인디아스에 관한 모든 과정을 통제하는 것과 논쟁이나 이의를 제기할 만한 어떤 자율적인 여지도 피하는 것이었다. 이는 잠재적으로 왕권에 도전할 수도 있는 상징적 힘을 갖고 있는 교회 기관들이 왕권과 미겔 데 우나무노가 반어적으로 "스페인 가톨릭 사도 교회"라고 부른 것 사이의 긴밀한 관계를 깨뜨리지 못하도록 방지하는 것이었다. 이러한 긴밀한 관계하에서 교회 기관들은 국왕에 복종하였다.

이사시오 페레스 페르난데스(1988)는 라스 카사스와 비토리아 간의 비교 연구에 크게 기여한 저술을 출간했다.[31] 그는 도미니코회에 속

---

31   나는 "비토리아 신부가…인디오를 변호하는 도미니코회의 전통을 시작했다"고 주장하

한 이 두 사상가의 사상을 동일시하려는 흔한 유혹을 물리치고, 라스 카사스가 스콜라주의 신학자인 비토리아에 대하여 이중적인 태도를 지니고 있음을 섬세하게 인식한다. 그는 라스 카사스가 비토리아의 사상이 유용하다고 생각될 때는 그것을 언급하고, 비토리아의 추상적인 연구가 신세계의 구체적인 사례에 적용될 수 없다고 판단될 때는 정중하게 침묵을 지킨다고 말한다.

> 인디아스에 대한 스페인의 지배가 지닌 법적 자격이라는 주제에 관해서… 라스 카사스 신부는 비토리아가 거부하는 사안들을 그도 거부한다는 점에서만 비토리아와 의견을 같이한다.…그러나 라스 카사스 신부는 비토리아가 '정당하다'고 제시하는 모든 자격도 거부한다.…그는 그런 자격들이 **인디아스의 구체적인 사례에 적용된다**는 주장을 인정하지 않는다(같은 책, 262-263; 강조는 덧붙인 것임).[32]

는 Deive(1980, 714)의 근거를 알 수 없다. 살라망카 출신의 이 위대한 신학자가 『인디아스에 대하여』라는 강의를 했던 때는 Antonio de Montesinos의 유명한 설교가 있은 지 27년도 더 지난 시점이었는데, Montesinos는 히스파니올라의 도니미코회 공동체의 이름으로 원주민들이 겪고 있던 학대를 비난했었다.

32 "부당한 자격"에 대한 Vitoria의 비판이 Las Casas에게 끼친 영향은 스페인 기독교 제국에 대한 영적, 종교적 개념의 이론적 기초를 설명하기 위해 Las Casas가 1552년에 출판한 두 논문, 즉 「매우 법률적인 30개 명제」(*Treinta proposiciones muy jurídicas*)와 「확인 논문」(*Tratado comprobatorio*)에서 특히 분명하게 나타난다(Las Casas 1965, 2:914-1233; 1:460-499). 두 번째 논문은 이 스콜라주의 신학자가 끼친 뚜렷한 영향을 반영한다. 그러나 이 두 도미니코회 수사의 개념적 개요는 서로 다르다. Las Casas에게 있어서 일차적인 목표는 신세계 원주민들의 생명과 자유를 옹호하는 것인 반면 Vitoria는 카스티야 제국의 정의와 정당성을 옹호한다. Gustavo Gutiérrez(1989, 55-105)는 Pérez Fernández보다 덜 신중하게, Vitoria의 "무균성의 신학적 추론"을 비판하면서 Francisco de Toledo, Sarmiento de Gamboa, 「Yucay의 익명의 저술」의 저자 등이 내세운, 스페인이 페루의 잉카 왕조에 맞서는 이념으로 사용된 "정당한 자격"에 대해 도전적으로 분석한다.

여기서 가리키는 것은 비토리아가 제시한 "정당한 자격"에 대해 라스 카사스가 세풀베다와 벌인 논쟁에서 라스 카사스 자신이 신중하고도 비판적으로 간략하게 언급한 내용이다.

> 그 학자[비토리아]가 행한 『첫 번째 강의』(*Prima Relectio*)의 제1부와 제 2부를 모두 읽은 사람이라면 제1부에서 그가 인디오에 대한 전쟁이 정당 한 것처럼 보이는 상황과 관련된 일곱 가지 표제를 제시하고서 그것을 가 톨릭적인 방식으로 논박하는 것을 쉽게 알아볼 것이다. 그러나 제2부에서 그는 8개의 자격을 도입하고 이에 따라 혹은 그중 몇몇에 의해 인디오들 이 스페인 사람들의 관할권 아래 놓인다고 말한다.…하지만 그는 그러한 자격 중 몇몇에서 다소 부주의한 모습을 보인다. 즉 그는 황제 편에서 보 기에 다소 거칠게 표현된 것을 순화시키려고 하기 때문이다. 그러나 진리 를 사랑하는 이들이 보기에는 그가 논의한 것 중 아무것도…과거에 참되 지 않았을 뿐 아니라 지금도 가톨릭적이거나 진정으로 참된 내용이 아니 다. 그는 자기가 참된 진술을 하는 것이 아니라 그렇게 한다고 가정하거나 거짓된 진술을 할까 봐 조건절을 사용하여 말함으로써 이 점을 잘 보여준 다. 이 박식한 신부가 가정하는 상황이 오류이기 때문에 그는 몇몇 사안에 대해 머뭇거리며 말하는 것이다…(Las Casas, 1974, 340-341).[33]

---

[33] 그러나 언젠가 Vitoria는 정복과 관련된 사건들을 개탄스럽다고 평가했다. 그는 페루에 서 벌어지고 있는 일을 듣자마자 "피가 내 몸 안에서 얼어붙었고…정복자들이 저지른 최 악의 불경과 폭정에 대해 어떻게 변명해야 할지 몰랐다"고 말했다(Vitoria 1967, 137-139).

2부

아메리카 대륙 정복에 있어서의

자유와 예속

자유와 예속: 원주민의 노예화

정복: 돈 프란시스코 피사로가 불을 지르며
강력한 지배자인 구아만 차바에게 황금을 요구한다.
"인디오들아, 내게 금과 은을 내놓아라!"
그는 쿠스코에서 주요 인디오 지배자들을 불태워 죽인다.

두 분 폐하께서는 제가 두 분께서 필요로 하시는 만큼의 금과…두 분
께서 주문하시는 만큼의 노예들을 바치는 것을 보게 되실 것입니다.
— 크리스토퍼 콜럼버스

짐은 지금부터 전쟁이나 다른 어떤 이유로, 심지어 반역 때문에라도
인디오를 노예로 삼아서는 안 된다고 지시하고 명령한다.
— 인디아스 신법(1542)

~~~

이교도들의 노예 상태

이베리아 군대가 발견한 땅을 점령하는 행위로서의 정복은 주민들과 침략자들 간의 관계라는 복잡한 난제를 유발했다. 한편으로 잔인하고 폭력적인 사건들과 다른 한편으로 기독교 신앙에 내재된 인간의 존엄 의식의 결합이라는 난제가 발생함에 따라 아메리카 원주민의 자유로운 지위(자유)와 노예 지위(예속)라는, 역사상 가장 이례적이고 격렬한 논쟁이 일어났다.

　페드로 마르티르 데 앙글레리아(1953, 12:387-388)는 1525년 그의 편지들 중 하나에 다음과 같이 썼다.

> 인디오의 자유에 관한 몇몇 의견들이 광범위하게 논의되어왔지만 여태껏 어떤 견해도 타당하다고 여겨지지 않았다. 자연법과 교황은 모든 인류가 자유로워야 한다고 말한다. 이에 반해 제국의 법은 신분을 구분하는데 그 것은 반감을 일으킨다.

이 점에 관해서 우리는 극히 중요한 내용을 다루고 있는데, 카스티야 인들이 매우 소중히 여기는 법전인 현자 알폰소 왕의 『칠부대전』 중 제 2부에서는 이에 관해 다음과 같이 확언한다. "…자유는…한 인간이 이 세상에서 가질 수 있는 최고의 선이다"(Alfonso 2.2.29:326). 바르톨로메 데 라스 카사스가 이 사법 윤리 원칙을 수십 년간 줄기차게 주장한 사람 이라는 사실은 놀랄 일이 아니다. "확실히 인간사에서 자유보다 더 고

귀하고 더 높이 평가받는 것은 없다"(Las Casas 1965, 1:615; 2:1317).

이 문제가 도덕적 관점에서는 거의 논란의 여지가 없어 보인다면 그것은 우리 사회가 약 100여 년 전에 노예 제도를 법적으로 폐지했기 때문이다. 15세기 말에는 이 문제가 사법적 양심 또는 종교적 양심에 아무런 수치를 야기하지 않았다. 서구 문화의 중요한 두 토대 또는 근원인 그리스-로마 문화와 유대-기독교 문화는 강제에 의한 노예 상태(servitude)를 허용했다. 플라톤은 『국가론』(The Republic)에서 그리스인이 그리스인을 노예로 삼는 관행을 명확히 거부하지만, 『법률』(The Laws)에서는 비그리스인이나 야만인을 예속시키는 노예 신분을 분명히 받아들인다. 아리스토텔레스는 『정치학』(Politics)에서 그리스인이 야만인을 노예로 삼는 것의 정당성을 훨씬 더 강조한다(Schlaifer 1936과 Davis 1961, 62-90을 보라).

마찬가지로 히브리인들의 모세 오경에서는 이방인을 노예로 삼는 것을 허용한다. 레위기 25:44-46은 희년에 히브리 사람인 종을 풀어 주어야 하는 해방법을 다루면서, 다음과 같은 첫 번째 예외 규정을 정한다.

> 네 종은 남녀를 막론하고 네 사방 이방인 중에서 취할지니 남녀 종은 이런 자 중에서 사올 것이며, 또 너희 중에 거류하는 동거인들의 자녀 중에서도 너희가 사올 수 있고 또 그들이 너희와 함께 있어서 너희 땅에서 가정을 이룬 자들 중에서도 그리 할 수 있은즉 그들이 너희의 소유가 될지니라. 너희는 그들을 너희 후손에게 기업으로 주어 소유가 되게 할 것이라. 이방인 중에서는 너희가 영원한 종을 삼으려니와 너희 동족 이스라엘 자손은 너희가 피차 엄하게 부리지 말지니라.

바울은 자신의 일부 서신에서 노예제의 합법성을 용인하는 것처럼 보인다. 바울은 심지어 복음을 받아들인 종들에게 더 근면하고 충실하게 주인에게 복종하라고 권면한다(고전 7:20-24; 엡 6:5-9; 골 3:22-25; 딤전 6:1-2; 딛 2:9-10).

이 두 문화 전통 모두에 인류의 한 친족임을 선언하는 소수파의 목소리가 있었다. 그리스와 로마에서는 스토아 학파가 이성의 보편성에서 출발하여 암묵적인 세계 시민주의(cosmopolitanism)의 토대를 놓았다. 히브리인들 중에서는 하나님의 보편성이라는 관점에서 예언자적 전통이 인류가 하나로 연합하기를 꿈꾸었다. 하지만 수백 년 동안 그러한 대안적 이상들이 노예제의 법적·이론적 정당성을 훼손할 수 없었다.

노예제는 그것에 사회적·종교적 기능을 부여한 두 가지 논거를 통해 정당성을 확보했다. 중세 사상가들은 전쟁에서 패한 적에게 가능한 대안은 **죽거나 노예가 되는** 것뿐이라는 고전 사상을 수없이 되풀이했다. 그 관점에서는 적을 정복하여 노예로 삼는 것은 상대적으로 동정적인 행위로 보인다. 그러한 생각은 도밍고 데 소토([1556] 1967, 1.1.5.4:44-45와 2.4.2.2:289)의 다음과 같은 판단에서 알 수 있듯이 16세기에도 여전히 통용되고 있었다. "노예법은 그와 동일한 원리로부터 추론되었다. 이는 그것이 적을 죽음에서 건져줄 수 있는 유일한 방법이었기 때문이다." 노예 상태는 "합법적일 뿐만 아니라 자비의 열매이기도 하다."[1]

두 번째 개념은 아우구스티누스에게서 나왔다. 히포의 주교였던 그는 노예제가 창조주의 목적에 속하지도 않고 구속적 목표에 해당하

---

1   스페인의 학자들에게서 나타나는 "선천적 자유"와 "선천적 예속" 간의 구분은 Arenal 1975-1976(19-20:67-124)을 보라.

지도 않으며, 죄로 인해 나온 것이라는 원리를 진술한다. 노예제는 **죄에 대한 처벌이자 죄의 해결책**이다. 노예제는 도덕적 악이 존재하는 한 사회 제도로서 존속할 것이다. 죄악성을 노예 상태의 초월적인 근원으로 보는 그 시각은 소토의 다음과 같은 말에서 볼 수 있는 바와 같이 16세기에도 지속되었다(같은 책, 290).

> 죄에 대해 형벌이 뒤따랐는데…형벌의 한 가지 유형은 법적 노예 상태다. 원죄로 인해 사실상 예속의 필요성이 생겨났고 수많은 전쟁이 사람들을 노예 상태로 전락시켰다.

아우구스티누스는 『신국론』의 한 구절(*City of God*, 19.15)에서 두 전통을 결합했는데, 이 구절은 집필된 이후 거의 1500년 동안 교회법과 신학에서 매우 중시되었으므로 여기서 길게 인용할 가치가 있다.

> 노예를 가리키는 라틴어 단어의 기원은 전쟁 법규에 따라 죽임 당하게 될 이들이 때때로 승자들에 의해 목숨이 부지되고 그 후 종이 된 상황에서 찾을 수 있다. 이런 상황은 죄로 말미암지 않고서는 결코 발생할 수 없었을 것이다.…그러므로 노예제의 일차적인 원인은 인간을 동료 인간의 지배하에 두는 죄다.…그러나 하나님이 우리를 처음 창조하셨을 때 본성적으로 아무도 다른 인간이나 죄의 노예가 아니었다. 하지만 이러한 노예 상태는 형벌이자 법에 의해 정해져서…모든 불의가 사라지고 모든 정사(principality)와 인간의 권력이 무(無)로 돌아가고 하나님이 만유 안에서 만유가 되실 때까지 지속된다.

중세 시대에는 다음 두 가지 이유로 유럽에서 그리스도인을 노예로 삼는 관행이 중지되었다. 첫째, 믿음의 형제 관계는 주종 관계와 충돌하는 것으로 간주되었다.[2] 둘째, 로마 제국이 멸망한 뒤 16세기까지는 노예 제도의 사회적 중요성이 작아졌다. 하지만 이교도나 이방인을 노예로 삼는 것은 합법적이라고 여겨졌다. 요제프 회프너(1957, 87, 92-93)는 다음과 같이 지적한다.

> 거듭되는 전쟁으로 인해 이교도 독립 국가의 많은 사람들이 그리스도인의 수중에 떨어졌다. 그러한 포로들만이 기독교 세계 안에서 가장 낮은 인간 부류인 노예가 될 수 있었다.…어떤 학자도 정당한 전쟁에서 사로잡은 이교도 포로를 노예로 삼는 것이 합법적임을 의심하지 않았다. 심지어 16세기에도 모든 신학자들이 그 견해를 유지했다. 교회법전에서 노예제는 만민법 제도들에도 등장한다.[3]

살라망카 출신 율학자 디에고 데 코바루비아스(1512-1577)가 제시하는 다음과 같은 구분은 매우 유익하다. "포로와 노예 간에는 커다란 차이가 있다. 포로는 그 신분과는 무관하게 정당한 전쟁에서 사로잡힌 적이고, **노예**는 이교도라는 점을 제외하면 포로와 동일하다. 수감자(prisoner)는 **가톨릭** 교인으로서 몸값을 치르고 풀려날 수 있다"(Bataillon 1976, 136 각주 222).

---

2 Soto의 다음과 같은 주장이 전형적이다. "다른 그리스도인에게 포로가 된 그리스도인은 노예로 섬길 의무가 없다"([1556] 1967, 2.4.2.2:290).

3 Carro의 평가는 상당히 혹독하다. "스콜라 신학은 노예제 문제에 관해 그 자신에 대해서 및 기독교의 원리들에 대해서 일관성을 유지하지 못했다"(1944, 1:169).

이 구분은 앞에서 언급한 알폰소 10세의 법전에 근거한다. 『칠부대전』 제2부의 29번째 표제에 속한 첫 번째 법은 수감자와 포로 또는 노예를 구별한다. 전자는 비록 전쟁에서 패했지만 승자와 같은 종교 공동체에 속한 덕분에 생명과 자유를 보존한다. 후자는 이교도여서 적과 다른 신앙을 갖고 있기 때문에 그것들을 잃을 수 있다. "법률에 의해, 포로는 다른 신앙을 가진 사람들에 의해 수감된 이들이다. 이 사람들은 포로들을 투옥한 뒤 그들이 자신들의 법을 거부하면 그들을 죽이거나… 종으로 부리거나…자기들이 원하면 언제든 팔 수 있다"(Alfonso 1807, 2:327).

중세 말 그리스도인과 무슬림 간의 적대감이 격화됨에 따라 각각 자기들이 사로잡은 포로를 취급하는 노예 시장이 생겨났다. 기독교 군대는 아무 거리낌 없이 무어인·투르크인·아랍인을 강제로 노예로 만들었다. 마찬가지로 무슬림도 알라를 숭배하지 않는 자들을 노예로 삼는데 도덕적 또는 신학적인 거리낌을 느끼지 않았다. 그리스도인에게 재산이 있을 경우 무슬림은 상당한 몸값을 대가로 그를 석방해주겠다고 제안했다.

기독교와 이슬람교가 서로 반목하는 상황에서 15세기 말과 16세기 초 유럽인들이 다양한 이교도들이 살고 있는 나라를 다수 발견함에 따라 그들 모두를 노예화할 가능성이 제공되었다(참조. Verlinden 1951). 그들의 고유한 차이점에서 핵심 요소는 그들이 **비그리스도인**이라는 사실이었다. 이는 역사의 역설을 초래했다. 중세 시대에는 그리스도인들이 노예제 확대의 억제자였으나 15, 16세기에는 그들이 노예제의 촉진자가 되었다. 그리스도인들과 이교도들 사이의 접촉이 비교적 제한되었던 동안에는 이교도들의 노예화가 사회·경제적으로 큰 의미를 지니

지 않았었다. 아프리카와 아메리카로의 항해가 잦아지고 인구 밀도는
높지만 군사 기술은 열등한 민족들과 더 많이 접촉하게 되면서, 비그리
스도인의 노예화를 허용하는 원리는 결국 강제적인 노예화가 이례적으
로 확대되는 토대가 되었다.[4]

그것은 또한 격렬한 논쟁을 낳았는데, 이 논쟁에 대해 탁월한 스페
인 역사가인 라파엘 알타미라가 다음과 같은 평가를 내릴 만했다. "스
페인의 [아메리카] 식민화가 지닌 가장 흥미롭고도 근본적인 측면은 노
예제에 찬성하는 이들과 노예제에 반대하는 이들 사이의 비극적인 논
쟁이었다"(출처: Zavala 1984, 8).

~~~

콜럼버스와 인디오들의 노예화

크리스토퍼 콜럼버스는 최초로 원주민의 노예화를 제안한 인물이다.
유명한 1493년 2월 15일 편지에서 그는 자신의 제1차 항해에서 벌어
진 사건들을 기술하면서 자기가 발견한 땅의 매력적인 면에 대해 다음

---

4 노예제에 관한 가톨릭 사상의 전개에 대해서는 Maxwell의 요약(1975)이 유용하다. 인류
   가 수백 년간 이어져 온 노예 제도에 대한 모든 도덕적·법률적 정당화를 종식시킬 태세
   가 되어 있던 1866년, 교황청은 에티오피아의 교구 대리가 제기한 질문들에 대해 다음
   과 같이 답변했다: 노예제는 "그 본질적인 성격에서 고찰되면 하나님의 법이나 자연법
   과 모순되지 않으며, 신학자들과 교회법학자들이 지적해왔듯이 정당한 노예 소유권에
   대한 다양한 자격이 있을 수 있다." March 20, 1886, *Collectanea S.C. de Propaganda Fide*,
   Roma, 1907, 1, 각주 230, 76-77. Maxwell(1975, 78-79)에 인용된 글.

과 같이 기록한다. "두 분 폐하께서는 제게 약간의 도움만 주신다면 제가 두 분께서 필요로 하시는 만큼의 금과…향신료 및 면화와…**두 분께서 주문하시는 만큼의 노예들**을 바치는 것을 보게 되실 것입니다." 콜럼버스는 원주민들의 군사기술이 매우 원시적이기 때문에 그들을 매우 쉽게 사로잡을 수 있다고 반복해서 말한다. "그들은 무쇠나 강철이나 무기를 갖고 있지 않으며, 그런 것들을 사용할 준비가 되어 있지도 않습니다.…그들은 아주 겁이 많습니다"(Varela 1982, 141-145; 강조는 덧붙인 것임).

콜럼버스가 제1차 항해에서 보내온 서신에는 원주민을 대하는 두 가지 상반된 시각에서 비롯된 심각한 모순이 존재한다. 한편으로 그들은 온순하고 평화적이며, 조직화된 종교도 결여하고 있으므로, 그들을 기독교화하여 스페인 군주들의 충성스런 백성으로 삼기가 쉬울 것이다. 다른 한편으로 그들은 이교도이므로 스페인의 경제적 이익을 위해 노예화하여 이용할 수 있을 것이다. 유럽인과 원주민이 최초로 조우했을 때부터 복음화와 탐욕이라는 상반된 목표가 떠오른다.

조금 전에 인용한 바로 그 편지에서 콜럼버스는 식인종이라고 알려진, 카리브 지역에 거주하는 다른 인디오들의 존재에 대해 언급한다. 이들은 앞으로 살펴보겠지만 몇몇 원주민들을 합법적으로 노예화하는 길을 열어주게 된다.[5] 그 후 3월 14일에 쓴 또 다른 편지에서 콜럼버스는 자기가 발견한 땅의 노예 공급원으로서의 가치를 강조한다. "…부릴

---

[5] 왕실의 법률 신학 분야 자문관들에게 자신의 사상이 받아들여지게끔 하기 위해 Columbus는 이렇게 덧붙인다. "그리고 그들[카리브인들]은 우상숭배자일 것이다." 그러나 여기에는 문제가 있다. 그 직전에 그는 자신이 발견한 인디오들이 "종파도 우상숭배도 알지 못했다"고 기록했었다. 확실히 그는 자신이 추측한 카리브인들의 식인 풍습을 우상숭배와 동일시했다.

노예들을 두 분 폐하께서 요구하시는 만큼"(Fernández de Navarrete 1945, 1:321). 그는 원주민들이 무방비 상태임을 재차 강조한다. "그들은 무기도 없고, 벌거벗고 다니며, 매우 겁이 많다." 콜럼버스는 『항해일지』에서 원주민들이 가진 노예로서의 잠재성, 무방비 상태, 육체노동에의 적합성을 강조한다. "그들은 명령을 받아 일하고, 씨를 뿌리며, 필요한 다른 모든 일을 수행하고, 촌락을 건설하기에 적합하다"(Varela 1986, 132).

라스 카사스(1986, 2.1.150:71-72 및 Varela 1982, 224)는 콜럼버스가 제 2차 항해 때 쓴 또 다른 편지를 옮겨 적었는데, 그 편지에서 콜럼버스는 인디오 노예 시장을 열 기회를 설파한다. "여기서는 성삼위일체의 이름으로 팔 수 있는 모든 노예를 보낼 수 있습니다." 인디오들을 노예로 삼자는 제안에서 기독교의 하나님의 삼위일체적 본성을 언급하는 것은 당시 스페인에 퍼져 있던 종교적 사고방식에 전형적인 특징이다. 그것은 아마도 세례에 대한 암시일 것이다. 즉 팔려가는 사람들은 세례 받은 원주민 노예들일 것이다(교회법에 따르면 그들이 세례를 받는다고 해서 노예 신분에서 해방되지는 않았다). 콜럼버스 제독은 부를 쌓을 가능성에 대해 다음과 같이 유리한 추정을 덧붙인다.

카스티야와 포르투갈과 아라곤과 이탈리아와 시칠리아 및 포르투갈의 섬들과 아라곤의 섬들과 카나리아 제도에 많은 노예가 필요한데, 제가 생각하기에 이제 기니에서는 더 이상 많은 노예를 공급할 수 없습니다. 또한 폐하께서 직접 확인하실 수 있는 바와 같이 이곳 출신의 노예 한 명은 그곳 출신 노예 세 명의 가치가 있습니다. 저는 최근에 케이프 베르데 제도를 방문하여 그곳에서 사람들이 큰 노예 시장을 운영하면서 계속해서 배들을 보내 노예들을 실어오는 것과 그들 모두가 관문에 모인 것과 아주 허약한 노예 한 명 당 8,000마라베디를 호가(呼價)하는 것을 보았습니다.

콜럼버스는 국왕으로 하여금 신세계 주민들에 대한 합법적 노예화를 허용하게끔 설득하기 위해 곧 논란거리가 될, 다음과 같은 두 가지 주장을 전개한다. (a) 아프리카 흑인 시장은 거의 고갈되었다, (b) 인디오들이 아프리카인들보다 노예노동에 더 적합하다. 이것은 베아트리스 파스토르가 언급하는 "허구화 과정"에 해당한다. 라스 카사스는 콜럼버스 제독이 아메리카 원주민을 노예화하려는 의도는 이들의 실제 노동 능력과는 관계가 없으며, 그의 재정적 목표가 작용하고 있었음을 간파한다(1986, 2.1.150:71). "제독은 이것[인디오 노예 거래]을 통해 얻는 이익으로 군주들에게 발생한 비용을 감당할 수 있다고 생각했고 또 그러기를 소망했다."

콜럼버스는 제안하는 데에만 머물지 않았다. 라스 카사스에 따르면 그는 행동에 착수하여 500명이 넘는 히스파니올라 원주민을 붙잡아 스페인으로 보냈다(Las Casas 1986, 1.1.102:405). 그의 이 조치는 확고한 역사적 토대에 근거한 것으로 보였다. 포르투갈 사람들은 교황의 축복을 받아 수십 년 동안 아프리카를 습격하여 그러한 일을 자행하고 있었다.[6] 교황의 몇몇 칙서들은 아프리카 흑인들이 이교도이자 사라센인이므로 이들에 대한 강제노동이 정당하다고 규정함으로써 포르투갈인의 습격을 이슬람에 대항하는 십자군 운동으로 둔갑시켰다. 교황 에우

---

6   Friederici([1925] 1986, 1:299-305)는 Columbus를 비롯한 유럽 최초의 아메리카 항해자들 가운데 다수가 포르투갈의 아프리카 습격에서 노예 사냥을 배웠다는 사실에 주의를 환기시킨다. Friederici는 Columbus 제독에 대해 그는 "어떤 도덕적 감수성으로도 참을 수 없는—기독교와 범죄 행위, 경건과 사악함—의 복합체다. 우리는 선교사의 말과 전문적인 노예 상인의 말을 동시에 듣고 있는 것처럼 보인다"고 말한다(같은 책, 303).

제니오 4세는 칙서 「얼마 전에 우리와 함께」(*Dudum cum ad nos*, 1436)에서 아프리카인들을 "하나님의 원수들, 뿌리 깊은 기독교 박해자들이며… 사라센인들, 달리 말해서 이교도들"이라고 부른다(Rumeu de Armas 1975, 1:43-46). 교황 니콜라오 5세도 교황 칙서 「로마 교황」(*Romanus pontifex*, 1455)에서 이와 비슷한 표현을 사용하여 포르투갈 국왕에게 "모든 사라센인과 이교도와 그리스도의 원수들을…침략하고 정복하고 싸우고 물리쳐서 굴복시키며…그 사람들을 영구적으로 노예로 삼을 수 있는…완전하고 자유로운 권한"을 수여한다(다음 문헌들에서 인용함. Morales Padrón 1979, 23과 Davenport 1917, 16, 23). 이처럼 흑인 노예 시장은 그리스도의 대리자의 전적인 축복을 받으며 시작되었다.

스페인 사람들도 카나리아 제도를 습격하여 상당히 많은 원주민을 굴복시켜 노예로 팔아넘겼다.[7]

제노바 출신의 미켈레 쿠네오는 콜럼버스가 스페인으로 보내는 원

---

[7] Rumeu de Armas(1975, 46-49)는 카나리아 제도에서 확립된 이 선례에 대해 분석한다. 라 팔마(1492-1493)와 테네리페(1494-1496) 두 섬의 정복 과정에서 카스티야 국왕의 정책은 스페인 사람들과 아메리카 원주민들의 최초의 접촉과 동시에 발생했다는 점에서 시사하는 바가 있다. "평화를 택한 집단의 원주민들은 자유민으로 인정되었으나 전쟁을 벌인 원주민들은 대규모로 사로잡혀 거대 도시의 노예 시장으로 끌려가 팔려나갔다." 이는 아메리카 원주민들의 합법적인 노예화를 위한 또 다른 문을 열어주었다. Las Casas(1986, 1.1.17-19:90-111)는 카나리아 제도에 대한 폭력적인 정복과 그곳 원주민들의 노예화를 비판한다. 그는 이를 "모든 합리적이고 자연적인 법에 반하고, 정의와 자비에 반하며, 크고 심각한 중죄가 저질러졌고 보상할 필요가 있는" 행동으로 평가한다(108-109). Harold B. Johnson 교수에 따르면(Hanke 1985, App. 2, 203) 카나리아 제도에 대한 탐험과 지배는 원주민들을 노예로 삼고 박해한 민간 기업가들이 장악했다. "국왕이 이 상황을 통제하게 되자 그는 그러한 활동들을 금지했지만, 원주민 대다수는 이미 복속된 상태였으므로 국왕의 개입은 너무 늦었다." 그의 견해에 따르면, "카나리아 제도의 경험은 인디아스의 상황에 대한 무산된 모델이다." Pérez Fernández(Las Casas 1989, 146-173)는 이베리아 반도 국가의 카나리아 제도 점령 및 정복에 대한 귀중한 연대기를 제공한다.

주민을 태운 배들에 승선하여 그들의 비참한 상태를 목격하고서 다음과 같이 진술한다. "스페인 해역에 들어서자마자 그들 중 약 200명이 죽었고 우리는 그들을 바다에 던졌다. 나는 그들에게 익숙하지 않은 추위 때문에 그들이 사망했다고 생각했다.…우리는 노예들과 함께 카디스에 상륙했는데, 그들 중 절반은 병에 걸려 있었다. 그들은 고된 노동에 적합하지 않다. 그들은 추위로 인해 심한 고생을 하고 있으며 수명이 길지 않다"(Sauer 1984, 138에서 인용함). 콜럼버스는 자신의 노예 시장 계획이 실패로 돌아갔음을 알았지만 물러서지 않았다. 그는 시간이 지나면 원주민들이 대서양을 횡단하는 항해의 어려움을 극복하고 이베리아 반도의 추위에 적응할 것이라고 믿었다. "지금은 그들이 죽어나가고 있지만 그런 상황이 언제나 계속되지는 않을 것이다. 흑인들과 카나리아 사람들도 처음에는 그랬다"(Las Casas 1986, 2.1.150:72).

훗날 바르톨로메 데 라스 카사스는 콜럼버스의 행동을 혹평하곤 했다. 라스 카사스는 그의 행동을 통탄할 사실, 곧 유럽인이 신대륙에 진출한 것의 일종의 "원죄"와 같은 것이라고 신랄하게 비판했다. 그는 원주민들이 원치 않는 구금은 "자연법에 대한 암묵적이거나 의도적인 위반에 불과하며", 이러한 자연법은 "종파, 법률, 국가, 피부색, 상황과 상관없이 여하한 차이를 막론하고 그리스도인과 이방인을 포함한 모든 나라에 보편적이다"라고 생각한다. 라스 카사스는 매우 슬퍼하면서 콜럼버스 제독의 행동을 비판했지만, 그를 전반적으로 "선한 그리스도인"이라고 간주했다(같은 책, 1.1.41:107-108).

그는 발생할 가능성이 있는 악한 일들이 실제로 발생할 경우 그것에 대처할 수 있을 정도로 충분히 기민하거나 준비된 상태가 아니었고…신율과 자연법 및 올바른 합리적 판단과 관련해서 반드시 존중했어야 하는 것들을 무시한 채 치명적이고 해로운 잡초의 씨앗을 뿌려서 그것이 자라나 퍼지고 깊이 뿌리를 내려 인디아스 전역을 파괴하고 황폐화하기에 이르게 했다.

콜럼버스가 보여준 태도는 "극히 비난받을 만한 무지인데, 몰랐다고 해서 자연법이나 신율을 지키지 못한 것에 대한 책임이 면제되지 않는다"(같은 책, 1.1.114:444). 라스 카사스는 콜럼버스 제독의 부하들과 일단의 원주민들 간에 발생한 최초의 폭력적인 만남을 진술할 때도 같은 식으로 설명한다.

> 그것은 인디오들에 대해 저질러진⋯최초의 불의이자 추후 이 섬에서 흘러넘치게 될 거대한 피흘림의 시작이었다.⋯나는 콜럼버스 제독의 의도가 선했다는 것을 알지만⋯그것은 법에 대해 전혀 무지한 짓이었다(같은 책, 193:380-382).

그는 콜럼버스에게 두 가지 형태의 무지가 있었다고 주장한다. 첫 번째 무지는 새로 발견된 땅들과 관련이 있는데 그것은 콜럼버스의 생각에서 다음과 같은 세 가지 오류로 나타난다. (a) 그 땅은 아시아 대륙의 동쪽 가장자리에 있다. (b) 솔로몬의 광산의 엄청난 보물이 거기서 발견된다. (c) 쿠바는 [아시아의] 본토다. 더 중요한 두 번째 유형의 무지는 인디오를 학대함으로써 자연법 및 신율의 가치를 평가 절하한 것이다. 이로 인해 하나님의 처벌이 초래되었다. 즉 제독은 체포되어 고초를 겪고 자신이 자랑하던 모든 영예를 박탈당했다(같은 책, 2.2.38:329-332). 실제로 콜럼버스와 라스 카사스는 전례 없는 새로운 상황(유럽의 그리스도인들이 열악한 기술 수준을 가진 이교도 원주민들과 마주하게 된 것)을 규제하는 **법**이 어떠해야 하는가에 대해 상반되는 생각을 품고 있었다.[8]

스페인의 가톨릭 군주들은 처음에는 양면적인 반응을 보였다. 처음에 그들은 노예 매매를 승인했다. (노예무역과 그것의 재정적 측면 감시를 담당하던) 폰세카 주교 앞으로 보낸 1495년 4월 12일 칙령에서 그들은 다음과 같이 단언했다. "주교께서 배 편으로 오는 인디오들에 관해 우리에게 보고한 내용과 관련해서 우리가 보기에 그들은 다른 어떤 곳에서보다 안달루시아에서 가장 잘 팔릴 것 같습니다. 그러니 주교께서는 가장 적합하다고 판단하시는 대로 그들을 매도하십시오"(Konetzke 1953, 1:2). 그러나 나흘 뒤 군주들은 "학자들과 신학자들과 교회법 전문가들"이 인디오들을 노예로 삼을 이유에 대한 분석을 마칠 때까지—노예 매매를 중단시키지는 않은 채—이에 대해 유보적인 태도를 보였다.

왕과 여왕은 평의회에 속한 존경하는 주교께 그리스도 안에서 문안합니다. 일전에 보낸 편지에서 우리는 주교께 최근에 배로 도착한, 크리스토퍼 콜럼버스 제독이 보낸 인디오들을 팔아도 좋다고 썼습니다. 그런데 우리는 **학자들과 신학자들과 교회법 전문가들이 과연 선한 양심에 비추어 인디오들을 노예로 팔 수 있는지에 대해 알려주기를 원하였는데, 우리가 이들이 이곳에 포로로 보내진 이유를 파악할 때까지는 이에 대해 알 수 없는**

---

8   이 혹독한 평가에 비추어보면 Menéndez Pidal(1942, 12)이 Las Casas를 Columbus 가문의 "가정 역사가"로 평가하는 것은 내게는 근거가 없어 보인다. 그것은 Las Casas에 반대하는 그의 편견이 반영된 것이다. Las Casas도 본질적인 문제, 즉 원주민들에 대한 그의 처우와 원주민들을 압제하고 죽게 한 데 대한 책임 면에서 Diego Columbus에 대해 혹독하게 비판했다(Las Casas 1986, 1,2,51:371).

일입니다.····따라서 주교께서는 인디오를 팔 때 그 대금을 잠시 가지고 계십시오. 그러는 동안 우리는 인디오를 팔 수 있는지 여부를 알게 될 것입니다(같은 책, 2-3. 강조는 덧붙인 것임).[9]

이에 대해 결정을 내리는 데 약 5년이 걸렸는데, 그동안 인디아스 원정에 나선 이들의 복무에 대해 사로잡은 인디오로 값을 치르는 관행이 시작되었다. 라스 카사스는 자신의 부친도 그 일을 했는데 그가 1500년에 그러한 원주민 중 한 명을 데리고 귀가했다고 이야기한다. 그렇게 해서 훗날 아메리카 원주민의 열렬한 보호자가 될 이 젊은이는 원주민 중 한 명을 보게 되었다(Las Casas 1986, 2.1.176:173). 인디오를 사로잡아 복무에 대한 대가로 주는 관습이 확산되었고, 이에 따라 그들이 유럽의 노예 시장에 유입되는 현상이 시작된 것이 스페인 국왕의 양심을 자극하여 그로 하여금 신세계 원주민들은 스페인의 자유로운 신민이며 정당한 이유 없이 그들을 노예로 삼을 수 없다는 중요한 결정을 내리게 했다.[10]

9　유감스럽게도 "학자들, 신학자들, 교회법 학자들"간에 이 중요한 자문과 관련해서 오고 간 논쟁에 대해 조명하는 문서나 비망록은 존재하지 않는다.

10　Rumeu de Armas(1975, 41-78)는 Isabel 여왕 시대 인디오들의 자유 또는 노예 상태라는 주제와 관련하여 매우 유용하다. 그러나 여기서 한 가지 분명하게 밝힐 점이 있다. 이 저명한 스페인 역사가의 목적은 Isabel 여왕의 정책과 법은—실행 과정에서 많은 위반이 있었음에도 불구하고—아메리카 원주민의 인간성, 자유, 존엄성을 전적으로 인정한다는 면에서 모범적이었음을 강조하는 것이다. Las Casas는 그런 명제에 동의하겠지만 Rumeu de Armas는 이 도미니코회 수사가 과도한 비난을 했다는 이유로 계속해서 그를 비판한다. 그러나 Rumeu가 귀에 거슬린다고 생각하는 Las Casas와 자신 간의 어조 면에서의 차이는 Las Casas의 강조점에 있는데, 그의 강조점은 카스티야 법률의 공정성(그는 이에 대해 일반적으로 의심하지 않는다)에 있는 것이 아니라 원주민들의 삶과 죽음, 자유와 노예 상태에 있다. 그 관점에서 보면 사실상의(de facto) 위반이 법률상의(de iure) 결정의 순수성보다 더 중요하다. 나는 Las Casas가 "교황의 양도의 정당성과 따라서 인디오들에 대한 카스티야 군주들의 전면적인 정치적 권위를 마지못해" 인정했다고 주장하는 것은 옳지 않다고 생각한다(같은 책, 60). 그와 반대로 이 호전적인 도미니코회 수사의 모든

확실히 국왕이 이러한 결정을 내린 이유는 신세계의 인디오들이 적어도 처음에는 스페인 사람들에게 어떤 범죄도 저지르지 않았을 뿐 아니라 이들 인디오를 잘 알려진 "기독교의 원수"인 사라센인 또는 무슬림처럼 취급할 수도 없었기 때문이다. 알렉산데르 교황의 칙서에는, 이전의 교황들이 포르투갈의 아프리카 습격을 지지하는 취지에서 발행했던 칙서들과 대조적으로 원주민들의 노예화에 대한 조항이 포함되지 않았다. 도리어 이 칙서들은 가톨릭 군주들에게 원주민들의 복리를 증진하라고 권고했다.[11]

1500년 6월 20일 세비야에서 다음과 같은 칙령이 반포되었다.

왕과 여왕이 왕실의 집사 페드로 데 토레스에게 이 편지를 보낸다. 그대는 인디아스에 파견된 우리 제독의 명령에 따라 인디아스로부터 본토로 이송되어 이 세비야시를 포함한 인근 대주교구와 안달루시아의 기타 지역에

주장은 이 양도에 근거하고 있는데 그는 이 양도를 원주민들의 복리를 증진하라는 명령으로 해석한다. Rumeu de Armas는 인디오의 보호자인 Las Casas가 그러한 조치를 추천하는 내용을 담고 있는 어떤 구체적인 인용문도 제시하지 않은 채 그가 "아메리카에서의 스페인의 대규모 철수를 옹호하게 되었다"고 주장한다(같은 책).

11   나는 Pagden(1982, 29-31)이 가톨릭 군주들이 1493년의 교황 Alexander 6세의 칙서를 그들에게 아메리카 원주민들을 노예화할 수 있는 권리를 허락하는 것으로 간주했다는 생각을 어디서 얻었는지 이해할 수 없다. 그의 「뛰어난 신심」(Eximiae devotionis) 해설은 지지받기 어렵다. 아메리카 원주민들과 관련해서 Alexander 교황 칙서는 이전의 교황 칙령들이 아프리카인들에 대해 사용한 공격적인 언어(1455년 Nicolaus 5세의 칙서 「로마 교황」[Romanus pontifex]에 등장하는 "사라센인들과 그리스도의 원수들")를 어디서도 사용하지 않는다. 나는 그런 해석을 주장하는 어떤 왕실 문서도 알지 못한다. 국왕의 결정은 식인종, 반역자, 매매로 인한 노예라는 세 가지 중요한 예외를 제외하고는 원주민들의 선천적 자유를 옹호했다. 앤틸리스 제도 원주민들에 대한 학대에 반대하는 도미니코회 수도사들의 최초의 항의에 대해 Fernando 왕이 보낸 응답에 대한 Pagden의 해석도 의심스럽다. 왕은 원주민들에게 예속을 요구할 권리를 주장할 때 언제나 노예제가 아닌 엥코미엔다 제도를 언급한다. 스페인 사람들은 최소한 법률 이론상으로는 이 두 제도를 명확히 구분했다.

서 팔렸던 인디오들 가운데 몇몇을 우리의 명령에 따라 그대의 권한하에 격리해두었다. 이제 우리는 그대에게 이들을 석방할 것을 명한다. 아울러 수도회 장상 프란시스코 데 보바디야 수사에게 이들을…한 사람도 빠뜨리지 말고…인디아스로 다시 데려갈 것을 명령해두었다(Konetzke 1953, 1:4).[12]

인디오들은—스페인에 남기를 바라는 사람을 제외하고—한곳에 모여 자유인 신분으로서 자신들의 고향인 앤틸리스 제도로 돌아갔다. 라스 카사스는 여왕이 콜럼버스가 인디오들로 탐험에 복무한 자들에 대한 대가를 지불하려고 했음을 알게 되자 격노했다고 전해준다. "제독이 내게서 무슨 권한을 받았기에 내 신민들을 아무에게나 준단 말인가?"(Las Casas 1986, 2.1.176:173). 스페인 군주들은 신세계 탐험 임무를 맡은 크리스토발 게라가 원주민들을 스페인으로 끌고 와서 노예로 팔았다는 사실을 알게 되자 헤레스 데 라 프론테라 지방의 검사에게 조사할 것을 명했다.

크리스토발 게라가 끌고 온 원주민의 수와 그가 팔아넘긴 원주민의 수와 누구에게 얼마의 가격으로 팔았는지를 [조사하라.]…그렇게 해서 사실을 파악한 후, 우리가 들은 바와 같이 그런 일이 발생했다면 크리스토발 게라와 그의 소유물 가운데서 그가 남녀 인디오들을 매각하여 취득한 모든 마라베디 금화를 비롯한 금전을 몰수하고, 인디오들을 현재 그 소유자들

---

12 그러나 이 칙령은 그 배후에 원주민들의 자유를 옹호하는 국왕의 최초 결정을 담은 또 다른 칙령이 있음을 전제로 한다. 그 문서는 아직 발견되지 않았다.

로부터 되찾을 것을 명한다.…그렇게 해서 되찾아 그대의 보호 아래 모아 놓은…인디오들을 그들의 출신지인 섬으로 보내어 석방될 수 있도록 하라.…그러는 동안…크리스토발 게라를 체포하여 그에게 거액의 보석금을 부과하라(Konetzke 1953, 1:7-8).[13]

하지만 신세계의 원주민들은 자유로운 신민으로서 이들을 사로잡아 노예로 삼을 수 없다는 이 일반적인 원칙에 몇 가지 예외와 유보조항이 부가되었다. 이러한 예외사항을 통해 카스티야의 식민 정책의 "완벽한 법치주의"가 강제노동이라는 잔인한 착취로 탈바꿈했다.[14]

---

13   그러나 얼마 뒤 1503년 7월 12일 Guerra는 인디오를 노예로 삼을 수 있는 왕의 허가를 받았다. "그는 인디오 남녀를 발견하는 어디서든…그가 할 수 있는 만큼 노예로 삼을 수 있다." 그런데 Isabel 여왕은 Guerra에게 "그들에게 어떤 해도 끼쳐서는 안 된다"는 말을 덧붙였다. 인디오들은 단지 노예가 될 뿐이지 피해를 당하지는 않을 것이라고 가정되었다(Pacheco et al. 1864-1884, 31:189). Deive(1980, 8)는 이것이 카리브인들에 대해 의도된 것이며 카리브인들을 강제로 사로잡아 노예로 삼으라는 지시가 내려졌다고 생각한다. Las Casas는 Cristóbal Guerra가 원주민들에게 강도짓과 학대를 저질렀다고 비난했다. 그는 Guerra가 남아메리카 원주민들을 적대시한 최초의 인물이라고 의심했다(Las Casas 1986, 2.1.171:149-154). Guerra는 원주민들과의 전투에서 사망했다.

14   "라틴 아메리카는 여전히 이러한 **이론상의** 완벽한 법치주의와 **사실상의** 불의와 법률 무시라는 특징이 뚜렷하다"(Dussel 1972, 56).

~~~

카리브인과 식인 풍습

첫 번째 예외사항은 식인종이라고 알려진 카리브인에 관한 것이었다. 콜럼버스의 제1차 항해를 통해 스페인 군주들은 앤틸리스 제도의 평화로운 원주민들을 끊임없이 습격하는 사나운 야만인으로 알려진 이들의 존재에 대해 보고를 받았다.[15]

1494년 1월 30일 콜럼버스는 안토니오 토레스를 통해 군주들에게 보고서를 보내면서 카리브인들을 노예로 삼아 스페인에 보낼 것을 제안했다. 콜럼버스의 복잡한 시각을 반영하는 다음과 같은 다양한 목표가 있었다. (a) 그들을 교육하여 다른 원주민들의 언어를 통역하는 역할을 맡기는 것("우리에게는 이 사람들에게 우리의 거룩한 신앙을 가르치기 위

---

15 Columbus는 신화적인 언급도 덧붙인다. 카리브인들은 이웃 섬에 거주하는 여성 전사들인 전설적인 아마조네스 부족과 친밀한 관계를 맺고 있다고 전해지는 유일한 남성들이다(Varela 1982, 145; Fernández de Navarrete 1945, 1:321). Ramos(1975, 1:81)는 그들에 대해 이렇게 말했다. "비록 카리브인들은 그와 비슷한 악명을 얻은 적이 없지만 오직 아라우칸족만이 유사한 동기에서 스페인 사람들에게 동일한 선입관을 불러일으켰다. 그들에게는 자신들의 행적을 서사시의 수준으로 격상시킬 수 있는 Ercilla[이 장의 뒤에서 인용되는, 아라우칸족에 관한 유명한 서사시의 저자]와 같은 인물이 없었다. Ramos의 저술은 앤틸리스 제도 섬들을 식민화하던 처음 몇 십 년 동안 카리브인들에 대한 스페인의 시각 변화 및 특히 그들을 식인종으로 묘사하는 최초의 가설이 지닌 약점을 보여준다. Sued Badillo(1978, 33-66)는 인습을 타파하는 그의 저술에서 카리브인에게 식인 풍습이 있다고 상정하는 불확실한 증거를 무너뜨린다. 그에 의하면 그런 증거는 "일말의 근거"도 없다. 그는 멋진 땅을 찾는 모험가들의 환상적인 상상력과 무제한적인 노예 매매를 통한 재물에 대한 욕망이 수렴하는 데 주의를 환기시킨다. Ramos와 마찬가지로 Sued Badillo도 카리브 원주민들의 용맹과 용기를 강조한다. 그들은 소(小)앤틸리스 제도에 있는 그들의 기지에 대한 스페인의 공격을 몇 차례 막아냈다. 카리브인들과의 전쟁에 대한 간략하고 정확한 설명은 Cárdenas Ruiz(1981)를 보라.

한 언어가 없습니다"), (b) 그들의 끔찍한 식인 풍습을 근절하는 것("사람을 잡아먹는 그들의 비인간적 풍습을 제거할 필요가 있습니다"), (c) 원주민의 기독교화를 촉진하는 것("카스티야에서 우리의 언어를 배우게 되면 그들이 더 신속히 세례를 받을 것이고 그들의 영혼에 유익할 것입니다"), (d) 사나운 식인종을 두려워하는 원주민들 사이에서 스페인 사람들의 지위를 향상시키는 것[16]("원주민들에게 해를 끼치고 원주민들이 너무도 두려워하는 나머지 이름만 들어도 벌벌 떠는 자들을 우리가 사로잡는 것을 보고서"), (e) 카리브인 노예들을 정복자들이 인디아스에서 얻으려고 하는 필수 재화와 교환하는 것("그들로부터 들판에 방목하고 토지를 경작하는 데 필요한 육축을 비롯한 기타의 것을 획득하고…그것들에 대한 비용을 그 식인종 출신의 노예들로 치를 수 있습니다"(Varela 1986, 212-214).

1503년 10월 30일 이사벨 여왕은 그들의 노예화를 재가했다.

그 식인종들이 저항하고 우리의 거룩한 가톨릭 신앙에 대해 가르침을 받는 것과 짐을 섬기며 복종하기를 원치 않을 경우 그들을 사로잡아 필요한 육지와 섬들로 끌고 갈 수 있으며, 그리하여 여기 짐의 왕국과 영토와 그대들이 원하고 그대들이 보기에 적당하다고 판단되는 다른 지역과 장소로 그들을 데려가서, 우리에게 속한 몫을 우리에게 지불하고 그들을 매도하거나 이용할 수 있으며, 이로 인해 어떤 처벌도 받지 않을 것이다

---

16 "Cannibal"(식인)과 "Carib"(카리브)라는 말은 Columbus 제독이 인육을 먹는 야만인을 지칭하는 원주민의 말을 표현했다고 생각한 신조어다. Alegría in Cárdenas Ruiz(1981, 3-6)를 참조하라. 스페인 신학자 Juan de la Peña는 이 두 단어를 혼동하여 "사람들을 잡아먹기 위해 죽이는 **카리발레스**와 같은 인디오들은 전쟁을 통해 정복할 수 있다"고 썼다. *An sit iustum bellum adversus insulanos*(섬 사람들을 상대로 한 정당한 전쟁이 있을 수 있는가?), Pereña 1956 (285)에 수록된 글.

(Konetzke 1953, 1:15).

스페인 국가가 지닌 종교적 성격이 이 유보조항 속에도 들어 있었다. 이사벨 여왕은 카리브인들의 노예화가 징벌적 성격을 지니고 있음을 나타내면서도 그것의 복음화 기능을 다음과 같이 강조한다. "그들을 그 땅에서 데려와서 그리스도인들이 그들을 부리게 되면 그들[카리브인들]은 우리의 거룩한 가톨릭 신앙으로 더 신속하게 개종하고 이끌릴 것이다"(같은 책). 당연히 이 예외로 말미암아 정복자들과 탐험가들의 보고서에 식인종으로 적시된 수가 기하급수적으로 증가했다. 전쟁의 권리에 따라 허용된 전통적인 포로 정책이 이들에게 적용되었다.[17] 칼 사우어(1984, 244, 193)는 다음과 같이 단언한다.

이 조항은 미래의 탐험대에게 백지 위임장과 마찬가지였다. 어떤 선장이든 그 원주민들은 식인종이고 기독교에 저항한다고 주장할 수 있었고 그렇게 해서 자기가 원하는 대로 일을 진행할 수 있었다.⋯특정 섬의 주민들은 카리브인이라고 단언하는 것만으로도 이들에 대한 노예사냥을 정당화할 수 있었다.

---

17 이 상황을 조사하라는 임무를 부여받고 1519년에 파견된 국왕의 관리 Alonso de Zuazo와 Rodrigo de Figueroa는 이른바 사람을 잡아먹는 카리브인들에 대한 많은 증언을 청취했다. 카리브인들의 노예화에 찬성하는 그들의 결정에 대해서는 Castañeda 1970(81-90)을 보라. 그러나 Figueroa는 1520년 7월 6일 Carlos 5세에게 보낸 편지에서 카리브인이라고 불리는 사람들이 모두 실제로 식인종인 것은 아니라는 점을 인정한 것으로 보인다. "몇몇 노예들은 진짜 식인종들 중에서 잡아다⋯." 이는 이른바 식인 행위를 했다는 이유로 옥에 갇힌 많은 원주민들은 "진짜 식인종"이 아니라는 점을 간접적으로 인정하는 방식이다(Pacheco et al. 1864-1884, 1:418).

이사벨 여왕과 페르난도 왕의 딸인 후아나 여왕이 발표한 다음과 같은 단서 조항에 불굴의 카리브인들(그들의 흉포함은 거의 전설적이라고 알려졌다)에 대한 적대감이 나타나는데, 여기서 여왕은 카리브인들과 싸워 그들을 노예로 삼는 것을 장려하기 위해 그러한 행동을 시행하는 자들에게 공납(그들의 수입의 5분의 1) 의무를 면제해준다.

> 짐은 카리브인들과 전쟁을 벌이기 원하는 모든 이에게 무장할 수 있는 면허와 권한을 수여한다. 사로잡은 카리브인을 노예로 삼아 부릴 수 있으며 이에 대해 5분의 1을 납부할 의무를 면제한다(*Colección* 1885-1931, 5:260-261).

1511년 산후안섬(푸에르토리코)에서 원주민 반란이 발생한 후 카리브인들을 향한 적대감이 더 커졌다. 이 반란은 용맹한 카리브들과 산후안 원주민들 간의 동맹(이러한 동맹은 스페인인의 시각에서 볼 때 매우 드문 경우였다)에서 비롯된 것으로, 신세계에서 스페인이 누리던 패권의 안정성에 대한 최초의 심각한 위협이었다.[18] 같은 맥락에서 페르난도 왕은 자신이

---

18 Columbus와 몇몇 스페인 사람들은 카리브인들과 히스파니올라 및 산후안 바우티스타 (푸에르토리코) 원주민들 간의 적대감을 강조하지만, López de Gómara(1946, 180)는 산후안 바우티스타 섬에서 벌어진 전쟁에 대한 짧은 설명에서 원주민들이 스페인 침략자들에 맞서 그들이 두려워했다고 전해지는 이웃 부족들에게 도움을 요청했다고 주장한다. "섬 주민들이 강력하게 저항했고 무기에 식물의 독을 묻혀 사용하는 카리브인들을 불러 방어했기 때문에 보리켄[푸에르토리코] 정복에서 많은 스페인 사람들이 목숨을 잃었다." 그러나 원주민들의 전쟁 노력은 "성공하지 못했다." Oviedo(1851, 1.16.1.6:474)도 푸에르토리코에서 발생한 봉기에서 "이웃 섬들에서 온 카리브인들과 그들과 연합한 궁수(弓手)들뿐만 아니라 많은 인디오가" 죽었다는 사실을 보여줌으로써 이들 간에 동맹이 있었음을 지적한다. Sued Badillo는 보리켄족과 바를로벤탄족 간에 인종적·문화적 통일성이 있다고 주장하기 때문에 이 동맹이 이상하다고 생각하지 않는다. 복잡한 상거래를 통해 배양된 그러한 통일성은 푸에르토리코가 카스티야의 침략자들에게 저항하기

원주민들의 자유를 존중한다고 단언한 뒤 그해 말 카리브인들에 대한 전쟁 및 그들의 노예화를 승인하면서 또다시 공납 면제라는 유인책을 꺼내들었다.

카리브인들은…그 섬에 진주한 부사령관 돈 크리스토발 데 소토마요르와 그의 조카 돈 디에고 데 소토마요르 및 그 섬에 있던 다른 많은 그리스도 인들을 살해함으로써 영악하고 악마적으로 반역을 저질렀다.…그들은 우 리에 대항하여 봉기한 뒤 그 섬의 나머지 모든 인디오들로 하여금 반란을 일으키게 했고…그 인디오들을 선동하고 충동질하였으며 그런 목적으로 많은 카리브인을 산후안 섬으로 불러들였다.…그들은 우리의 거룩한 가톨 릭 신앙의 일들을 배우거나 가르침 받기를 거부해오고 있으며 우리의 백 성들 및 원주민들과 끊임없이 전쟁을 벌여 많은 그리스도인이 죽임을 당 했다.…그들은 자신들의 풍습을 고집하며 다른 인디오들의 사지를 절단하 고 잡아먹는다.…따라서 이 칙령을 통해 짐은 어떤 사람이든…카리브인들 에 맞서 전쟁을 벌이고…이들을 사로잡아…팔거나 이용할 수 있는 면허와 권한을 수여하며, 이에 대해 여하한 처벌이나 공납을 면제한다(Konetzke 1953, 1:32-33).

국왕의 섭정인 시스네로스 추기경이 원주민들의 급격한 감소로 인해 제기된 심각한 인구 문제를 연구하기 위해 1516년 신세계에 파견한 예

가 불가능해지자 많은 타이노족으로 하여금 그곳을 탈출하도록 촉진했다. 그러한 이주 는 Sued Badillo가 보여주듯이 카리브인들과 타이노족 간에 적대감이 있었다면 이해하 기 어려운 일일 것이다. Alegría(Cárdenas 1981, 67-89에 수록된 글)는 아라와크족과 카 리브인들 간의 문화적 차이에 대한 전통적 관점을 간결하게 제시한다.

로니모회 신부들에게 내린 지시는 사실상 카리브인들에 대한 노예화를 유지했다. 이 조치는 불법적으로 억류한 원주민들을 풀어주는 것에 대한 보상으로 스페인 사람들에게 제시된 구제책의 일환이었다. "폐하께서 다른 사람들을 먹는 카리브인을 사로잡는 데 필요한 식량과 기타 필수품이 적절히 공급된 선박을 그들에게 하사하시면 그들에게 매우 유익할 것입니다." 이 인간 사냥을 합리화하기 위해 종교적인 이유가 동원되었다. "우리가 그들을 노예로 삼는 이유는 그들이 우리가 보낸 설교자들을 받아들이지 않았고, 그리스도인들과 우리의 거룩한 신앙으로 개종한 사람들에게 성가실 뿐만 아니라 심지어 그들을 죽이고 잡아먹기까지 하기 때문이다"(Las Casas 1986, 3.3.88:130에서 인용함).

푸에르토리코의 역사가인 할릴 수에드 바디요(1978, 75-90)는 앤틸리스 제도의 섬이건 육지건 여러 지역에 거주하는 원주민을 식인 풍습을 가진 카리브인으로 확인하는 기준이 그들의 관습에 대한 객관적 연구에 근거를 둔 것이 아니라 상황에 따른 경제적 필요에 기초한 것이었음을 보여준다.[19] 만일 어떤 지역이 광물 자원으로 인해 카스티야인들이 그곳을 식민지로 삼아 착취하기에 매력적인 곳이라면 그곳 주민들은 카리브인이 아닌 종족으로 분류되어 엥코미엔다 제도를 통해 할당되었

---

19 Arens(1981, 82-85, 118, 120)는 유쾌한 역설을 가미한 신랄한 비판에서 아메리카 원주민, 아프리카인, 남태평양 제도 주민들에게 덧씌워진 식인 풍습과 관련해서 아랍인들도 아프리카 흑인들이 식인종이라고 주장함으로써 그들을 노예화하는 것에 대한 이념적 정당화를 부여했다고 지적한다. Arens는 신화를 깨뜨리는 연구에서 "식인 신화"가 지닌 이념적 특성을 놓치지 않는다. "타인에 대한 식인 행위라는 개념이 얼마나 쉽게 확산되는지를 살펴보면 혐의를 받는 이들의 인간성이 부정당하는 것을 즉시 인식할 수 있다. 그렇게 규정되면 그들은 문화의 영역에서 배제되며 동물의 범주에 놓이게 된다.···그들을 상대로 한 전쟁과 섬멸이 용납되고, 노예 제도나 식민화와 같은 보다 세련된 형태의 지배가 문화를 지닌 자들의 진정한 의무가 된다."

는데, 이 제도하에서 그들은 비록 일정한 노역을 제공하거나 일정한 공물을 바치도록 강제되기는 했지만 최소한 이론상으로는 자유로운 신민이었다. 반면에 그 섬이 광산업의 관점에서 "쓸모없는" 곳으로 여겨질 경우 그곳 주민들은 카리브인이라는 낙인이 찍혔고, 경제적 착취 과정에서 약탈당하거나 사로잡혀 다른 지역에 노예로 팔려갔다.

원주민들의 권익을 옹호했던 수도자들 가운데 상당수가 카리브인들에 대해서는 적대감을 공유했다. 히스파니올라에서 활동하던 프란치스코회 수도사들은 아라와크족의 자연적·사회적 자유를 옹호하면서도 카리브인들에 대해서는 "그들이 자연법을 위반하기 때문에" 그들의 노예화를 정당하다고 보았다(출처: Gómez Canedo 1977, 91-92). 도미니코회 수사인 페드로 데 코르도바는 원주민들이 겪고 있던 학대에 대해 최초로 항의한 사람이자 라스 카사스가 이들 원주민을 위해 스페인 왕실에서 최초의 전투를 벌일 때 그를 지지한 인물인데, (같은 수도회 소속이자 함께 투쟁했던 동지인) 안토니오 데 몬테시노스 수사에게 보낸 편지에서 그는 인디오들의 노예화와 불법 노예 거래에 반대하여 행했던 자신의 설교에 대해 말하면서 다음과 같이 그의 비난에 대한 예외를 진술한다. "카리브인들에 대해 나는 그 설교에서 그들은 자신들의 죄 때문에 노예로 넘겨질 수 있다고 말했습니다"(출처: Pérez de Tudela 1988, 164).[20] "카리

---

20 Las Casas의 태도는 모호하다. 그는 일반적으로 카리브인들의 사나운 식인 행위와 아라와크족의 평화로운 온화함을 대비하는 카리브인 대 아라와크족이라는 이원론적 묘사를 재현하며, 보리켄이 두 인종 집단이 충돌하는 경계라는 당대의 보편적인 개념을 공유한다("산후안은…원주민들로 가득 찼으며…카리브인들, 곧 인육을 먹는 자들로부터 공격을 받았는데 그들에 맞서 용감히 싸워 자신들의 땅을 지켜냈다"(Las Casas 1986, 2.2.46:355). 그는 어떤 경우에는 카리브인들의 존재에 대해 의심한다. "…카리브인들은 만일 그들이 존재한다면…"(같은 책, 2.3.24:521). 그는 또 어떤 때는 이른바 식인 행위가 그들을 노예로 삼을 수 있는 정당한 이유인지에 대해 의문을 제기한다. "[라스 카

브 지역의 인디오들은 어떤 보호도 받지 못했다"고 분명히 단언할 수 있다(Otte 1975, 190).

몇몇 칙령과 훈령에서 카를로스 5세는 카리브인들을 노예로 삼을 것을 명하면서 카리브인들을 물리치는 자들에게 특정 형태의 무역 수입에 대해 국왕에게 20퍼센트를 세금으로 바치는 의무를 면제해주었다. 그에 대한 사례로 1525년 3월 18일 곤살로 페르난데스 데 오비에도이 발데스에게 수여된 위임장을 들 수 있다. 그는 포획한 모든 것에 대해 5분의 1을 납부하곤 했지만, "정당한 전쟁에서 사로잡은 카리브 인디오들에 대해서는 예외였는데, 이는 현재 아무것도 납부하지 않는 것이 국왕의 뜻이자 소망이기 때문"이었다(출처: Castañeda 1970, 120).[21] 심지어 한참 뒤인 1612년까지도 베르나르도 데 바르가스 마추카는 카리브인들의 노예화를 옹호했다. "그들은 카리브인들로서 나쁜 성향을 지

사스는] 아무도 노예가 되지 않도록 하기 위해, 비록 카리브인 곧 인육을 먹는 자들일지라도 이미 노예가 된 그들을 해방시키기 위해 카스티야로 왕래하곤 했다"(같은 책, 3.3.157:373). 또 다른 텍스트에서 그는 식인 풍습에 대한 혐의가 사실이더라도 이베리아인들을 포함해서 많은 유럽인들이 고대에 그런 "잔인한 짐승 같은 짓"에 동의했다고 주장한다. 이러한 식인 풍습이 있다고 해서, 이러한 결점이 카리브인들의 정치적 분별이나 자치 능력 또는 스페인 사람들로 하여금 그들에게 평화롭게 복음을 전해야 한다는 명령과 양립할 수 없는 것이 아니다(Las Casas 1967, 2.3.205:352-356). 그는 이른바 선교적 정당화의 실패를 비판했다. "인디아스가 발견된 이래로 오늘날까지 카리브인들은 어떤 설교자도 만난 적이 없고 설교자들에게 저항한 적도 없다. 그들은 오직 그들이 잔인한 강도로 여긴 스페인 사람들에게만 저항했다.…스페인 사람들이 선한 그리스도인으로 행동했더라면, 다른 이들을 믿음으로 이끌었을 때와 마찬가지로 그들을 그렇게 인도하는 데 거의 또는 전혀 어려움이 없었을 것이다"(Las Casas 1986, 3.3.89:131). Isabel 여왕이 카리브인들의 예속 상태를 합법화한 원래의 칙령에 관해서 Las Casas는 이 칙령은 여왕 자문관들의 조종을 받은 여왕의 순진한 무지의 결과였다고 생각한다(같은 책, 2.2.19:270-273).

21 Castañeda(1970, 121-122)는 17세기 초에 나온 칙령들을 포함시키는데, 이 칙령들은 카리브인들의 호전성과 식인 행위를 빌미로 여전히 그들에 대한 전쟁과 그들의 노예화를 허용했다.

녔으며 인육을 먹는다.…그들은 자신들에게 처분된 법적 처벌을 받아 마땅하며 처벌받을 뿐만 아니라 노예로 넘겨져도 마땅하다"(출처: Fabié [1879] 1966, 71:251).

카리브인들은 강력하고 무자비한 처분을 받아 마땅한 야만스럽고 짐승같은 사람의 상징이 되었다. 원주민들에 대한 공식적 노예화를 최소 수준으로 줄이려는 카를로스 5세 왕실의 노력에도 불구하고 식민지 개척자들은 카리브인들을 노예로 삼아 강제노동을 시킬 수 있게 해달라는 요구를 지속했다. 1547년 5월 4일 국왕은 푸에르토리코 거주민들이 흉포한 카리브 원주민들을 공격하여 14세 이상의 남자들을 생포하는 것을 윤허했다. 1558년에도 히스파니올라의 식민지 개척자들에게 양도의 방식으로 유사한 형태의 칙령이 포고되었다(Milhou 1975-1976, 39-41). 펠리페 2세는 1569년 이 칙령을 앤틸리스 제도에 거주하는 모든 스페인 사람들에게 수여하는 포괄적 면허 형태로 다시 공포했다. 이 마지막 칙령은 『인디아스 제 왕국 법령집』(Recopilación de las Leyes de los Reinos de las Indias, 1680)으로 알려진 문헌이 발행될 당시에도 여전히 효력이 있는 것으로 간주되었다(Recopilación, 1841, 2.6.2.13:226).

1588년 예수회 소속의 호세 데 아코스타는 세 번째 유형의 야만인, 즉 "인간의 감정이 거의 없고, 법이나 왕이나 조약도 알지 못하는 짐승과 유사한 미개인들"을 묘사하는 자신의 분류에서 첫 번째 부류로 카리브인들을 언급하면서 "이들은 언제나 피에 굶주려 있고 낯선 자들에게 잔인하며, 인육을 먹고, 발가벗고 다니며, 좀처럼 수치를 가리지 않는다. 이런 유형의 야만인에 대해 아리스토텔레스는 이들을 짐승처럼 사냥하여 힘으로 길들여도 무방하다고 언급한다"고 말한다. 마지막으로 그는 카리브인들이 "세상에서 가장 피에 굶주린 자들"이라고 말한다(1952,

2.5:159).

　18세기까지도 카리브인에 대한 노예화 정책이 지속되고 있음을 전제하는 것으로 보이는 왕령들이 존재한다. 1756년 2월 7일자 훈령은 프랑스 범선을 통해 산토도밍고로 수송된 인디오 노예 세 명을 풀어줄 것을 명한다. "법에 의하자면 어떤 경우에도 어느 때 어느 곳에서도 카리브인이 아닌 인디오는 노예로 삼을 수 없기" 때문이다(출처: Konetzke 1953, 3:276-281).

　식인 풍습은 반(反) 인디오 선전 활동의 단골 주제가 되었다.[22] 프란시스코 데 비토리아에 따르면(Urdanoz 1960, 720-721), 그것은 "신세계의 야만인들"에 대한 전쟁을 정당화하고 그들에 대해 "전쟁할 권리"의 행사를 허용하는 "정당한 자격들" 중 하나였는데, 강제적인 포로화는 그러한 전쟁권 중 하나였다. "인육을 먹기 위해 무고한 사람을 죽이는 행위는…또 다른 자격이 될 수 있다." "무고한" 사람을 지키는 것은 올바른 일일 뿐 아니라 카스티야 군주들의 마땅한 의무로서 이에 대해 굳이 "교황의 승인을 받을 필요가 없으며" 그러한 무고한 사람들의 의사와

22　16세기에는 한 가지 주목할 만한 예외가 있다. Michel de Montaigne(1968, 1:153, 156, 157)는 16세기 후반 아메리카 식인종들에 대한 논문에서 이렇게 확언한다. "우리는 우리의 풍습의 일부가 아닌 것을 야만적이라고 부른다.…죽은 사람을 먹는 것보다 살아 있는 사람을 먹는 것이 더 야만적이다. 그리고 우리는…(…완전히 경건과 종교를 구실로) 여기[유럽]에서 때때로 생명으로 충만한 사람의 몸을 숱한 고문으로 사지를 찢고 불에 천천히 굽고 개나 돼지에게 던져 먹히고 갈가리 찢기게 한 것을 알고 있다. 그것은 이미 죽은 사람을 구워 먹는 것보다 더 야만적이다.…따라서 우리는 그런 민족들을 이성과 관련해서 야만인이라고 부를 수 있지만, 온갖 종류의 야만 행위에 있어서 그들을 대체하는 우리 자신과 관련해서 그럴 수는 없다." Montaigne의 시각은 원주민들의 식인 풍습의 고결함을 목가적이고 신화적으로 묘사한 대목에서보다는 종교적 동기에서 나온 유럽의 폭력과 잔혹 행위를 신랄하게 비판하는 대목에서 더 정확하다. 그렇기는 하지만 Montaigne는 라스 Las Casas로부터 Rousseau로 이어지는 "고결한 야만인"(noble savage) 개념의 중간 전달자인 것으로 보인다.

무관하다. "야만인들의 동의 여부나…그들이 스페인 사람이 자기들에게서 그런 풍습을 제거해 주기를 바라지 않는 것도 장애가 되지 않는다. 그들은 이 점에 관해 자기 결정권을 갖고 있지 않기 때문이다." 비토리아는 바로 『절제론』(*De temperantia*, 1537)에서 이 명제를 더 자세히 발전시켜 제시한다(같은 책, 1024-1054). 그는 "야만인들이 인육을 먹기 때문에 기독교 군주들은 그들에 맞서 전쟁을 벌일 수 있다"고 결론짓는다(같은 책, 1050).

비토리아의 해석자들은 그가 『인디아스에 대하여』 제2부에서 자연법 위반을 "신세계의 야만인들"에 대한 전쟁의 정당한 이유로 인정하지 않는 것과, 그가 제3부에서 "무고한 이들에 대한 보호"를 전쟁을 정당화하는 이유로 인정하는 것 사이의 모순에 대해 논의해왔다. 회프너는 그러한 모순이 존재한다는 가설을 부정하는 가톨릭 학자들의 일반적인 입장을 요약하면서 "비토리아는 군사적 조치의 법적 정당성을 인신 제사가 자연법에 반하기 때문이 아니라 오로지 무고한 사람들을 보호해야 한다는 이유에서 찾는다"고 지적한다(Höffner 1957, 439). 그는 『절제론』의 한 구절만을 인용한다. "야만인들과 전쟁을 벌일 수 있는 이유는 그들이 인육을 먹거나 사람을 제물로 삼는 것이 자연법에 반하기 때문이 아니라 그런 행위들이 다른 사람들에게 해를 입히기 때문이다"(Urdanoz 1960, 1051).

비토리아가 시작했고 회프너가 반복한 자연법 위반과 타인에게 피해를 입히는 것 사이의 구분은 겉으로만 그럴싸해 보인다. 인신 제사와 식인 행위가 자연법 위반으로 평가될 수 있는 까닭은 바로 이런 행위들이 무고한 이들에게 치명적인 해를 입히기 때문이다. 개념적 모순이 존재하는데 그들은 수사적 기교를 통해 이를 해결하려고 시도한다.[23] 게다가 몇몇 원주민 국가에서 인신 제사와 식인 풍습이 그들의 신앙 및 종교 의식과 관련된 행위였다는 명백한 사실은 계속 은폐된다(Friederici 1986, 1:217-218). 그 원주민들은 스페인 제국이 근절하려고 했던 세계관을 가진 문화에 속해 있었다. 스페인이 그러한 목표를 설정했던 데는 아마도 "무고한 이들의 권리"에 대한 인도주의적인 고려보다 전략적인 비중이 더 크게 작용했을 것이다. 자신의 문화적·종교적 가치를 박탈당한 원주민들은 게임의 규칙을 강요하면서 그것을 따르지 않는 자는 누구든지 노예화했던 침략자들에게서 이념적으로 보호받지 못했다.

이러한 "정당한 자격"에 대한 비토리아의 견해는 큰 인기를 누리게 되었다. 이 견해는 호전적인 침략을 구속적인 행위로 둔갑시켰다. 이렇게 해서 사회적·경제적으로 덜 발달된 나라의 "무고한" 이들을 돕는 일이 법적으로 정당하다는 평계로 유럽이 개입해온 오랜 역사가 시작되었다.

---

23 Bataillon(1976, 23)도 이와 비슷한 맥락의 비판을 가한다. "나는 살라망카 출신의 이 법률가/신학자를 존경하지만, 그가 다섯 번째 **부당한** 자격을 손바닥 뒤집듯이 다섯 번째 **정당한** 자격으로 바꾸어버리는 그 교묘한 수법에 대해 불편함을 느낀다."

반란에 의한 노예화

두 번째 예외는 반항적인 인디오를 언급한다. 이 기준은 분명히 1495년에 일어난 스페인과 인디오 간의 충돌 중에 크리스토퍼 콜럼버스에 의해 부과되었다. 스페인 사람들은 우수한 군사 기술 덕분에 그 전투에서 승리했다. 그들은 생존자들에게 "포로로 삼을 권리"를 적용하였는데, 이는 본래 이교도와의 "정당한 전쟁"에서 적절한 권리였다. "많은 이들이 사로잡혀 노예가 되었다"(Las Casas 1986, 1.1.104:414). 반역자들에 대한 전쟁과 그들의 노예화는 스페인 군주들이 그들의 승인을 받은 대리자들을 통해 "새로 발견한 땅"에 대한 소유권을 취득할 권리를 갖고 있다고 하는 전제에 의존했다. 당시 스페인 사람들 가운데 어느 누구도 훗날 라스 카사스가 그 전쟁에 대해 설명하면서 제기했던 "백성이 아닌 이들이 어떻게 반역자가 될 수 있는가?"(같은 책, 415)와 같은 적절한 질문조차 던지지 않았다. 1504년부터 몇몇 칙령들은 완고하게 계속 반항적인 태도를 보이는 원주민에 대한 강제 노예화를 승인한다(Rumeu de Armas 1975, 59).[24] 유명한 그 포고문(*Requerimiento*)에는 스페인에 맞서 싸우면서 카스티야의 주권과 기독교 신앙을 수용하기를 거부하는 자들을 노예로 삼겠다고 위협하는 조항이 포함되어 있다.

---

24 Zavala(1949)는 유익한 논문에서 반항적인 인디오들에 대한 노예화를 승인했던 여러 사례를 언급한다.

너희가 그렇게 하지 않는다면…나는 하나님의 도우심을 힘입어 너희에 맞서 나의 모든 권한을 사용할 것이고 도처에서 내가 할 수 있는 방법을 다 동원하여 너희와 전쟁을 벌일 것이다. 나는 너희를 복속시켜 너희로 하여금 교회와 폐하들의 멍에를 메고 복종하게 할 것이다. 나는 너희와 너희 아내들과 자식들의 인신을 취하고, **너희를 노예로 삼아** 그 상태로 팔아버릴 것이다.…나는 내가 할 수 있는 모든 해악을 너희에게 끼칠 것이다(출처: Oviedo 1851, 3.2.29.7:28-29).

이 문서는 교황의 하사—"베드로의 계승자인 전임 교황은…대양에 산재한 이들 도서와 본토를 앞에서 언급한 왕과 여왕에게 하사했다"—와 복종 요구 및 ("악의적으로" 제안을 거부할 경우) 스페인이 그들을 상대로 전쟁을 벌일 권리와 포로로 잡은 자들을 노예로 삼을 권리를 서로 밀접하게 연결시킨다.

카를로스 5세가 에르난 코르테스를 누에바에스파냐의 총독 겸 총사령관으로 임명하고 그에게 보낸 훈령에서도 이와 비슷한 내용을 찾아볼 수 있다. 카를로스 5세는 원주민들을 선대하고 그들의 재산과 자유를 존중할 것을 요구한 뒤 원주민들에게 가톨릭 신앙을 받아들이고 카스티야 왕국에 복종하도록 요구하는 것이 매우 중요함을 지적한다. 가톨릭 신앙에 귀의하고 스페인 국가에 복종할 것에 대한 요구는 원주민들을 향한 선의와 그들에게 유익을 끼치고자 하는 마음을 보여주는 가운데 정중하게 평화적인 수단을 통해 전달되어야 한다. 그러나 만일 원주민들이 이 요구를 거부하고 스페인의 지배에 저항하여 무기를 사용하면 무슨 일이 일어나는가? 이에 대한 답이 즉각적으로 주어진다.

원주민의 말을 할 줄 아는 그리스도인이 몇 사람 있을 것이다. 그대는 먼저 이들을 통해 원주민들이 우리에게 복종하면 그들에게 찾아올 모든 유익에 대해 알게 하라. 그리고 [만일 거부한다면] 전쟁으로 인해 그들에게, 특히 산 채로 붙잡혀 **노예가 될 자들에게** 어떠한 해악과 손해와 죽임이 닥치는지 모두 알게 하라. 그리고 원주민들이 이에 대해 듣고 몰랐던 척 할 수 없도록 이 사실을 그들에게 통보함으로써 **그들이 노예가 될 수 있도록 하고** 그들을 노예로 소유하는 그리스도인들의 양심에 아무런 거리낌이 없게끔 하라(*Colección* 1885-1931, 9:175; 강조는 덧붙인 것임).

코르테스는 사포텍족과 미헤족의 완고한 반항 때문에 그들을 노예로 삼기로 결심했다는 사실을 황제에게 보고한다.

이들은 매우 반항적일 뿐 아니라 그 포고문을 여러 번 들려주었고…매우 커다란 피해를 입혔으므로 저는 그들을 노예로 삼을 것을 명령했습니다. 그리고 그 노예들에게 폐하의 소유를 나타내는 표시로 낙인을 찍게 하고 폐하께 속한 몫을 공제한 후, 나머지 노예들은 그들을 정복한 자들 간에 분배될 것을 명령했습니다(Cortés 1985, 195).

같은 방식으로 그는 치치메카족을 복속시키기 위해 원정에 착수했다(치치메카족은 자신들을 스페인 지배에 복속시키려는 시도에 강력하게 저항한 것으로 유명해진다). 스페인 군대는 카를로스 5세에 대한 복종과 기독교 신봉이라는 이중의 요구를 담은 포고문을 제시하라는 지시를 받고 있었다. 그러나 만일 원주민들이 그 포고문에 승복하지 않는다면 그들은 노예가 될 것이다. "만일 그들이…복종하려 하지 않는다면 그들과 전쟁을 벌여 그들을 노예로 삼으라." 코르테스는 그러한 가혹한 조치를 다음과 같이 다양하게 정당화한다. (a) 국왕에게 발생할 유익("이들 미개한 야만인들을 노예로 삼음으로써 폐하가 섬김을 받을 것이다"), (b) 식민지 개척자들에게 발생할 유익("스페인 사람들은 노예들이 금광을 채굴함으로써 유익을 얻게 될 것이다"), (c) 그리고 끝으로 치치메카족에게 발생할 유익("그들 중 일부는 우리와 관계를 맺음으로써 구원을 받을 것이다"(같은 책, 282).

반란으로 인한 노예화라는 이러한 범주 중에서도 칠레의 전사 아라우칸족은 뛰어난 무장 저항 능력으로 대단한 악명을 얻게 되었다. 알론소 데 에르치야의 유명한 서사시 "라 아라우카나"(*La araucana*)에서는 그들에 대해 "국왕이 복속시킨 종족 가운데 이보다 더 사납고 자유를 뽐내는 종족이 없었다"고 말한다([1945] 1984, 1, 41 [37]). 수십 년이 지난 후 법학자인 후안 데 솔로르사노 이 페레이라([1648] 1930, 1.2.1:131-140)는 그들을 "지금까지 발견된 모든 종족 가운데 가장 자부심이 강하고 오만하며 가장 위대한 전사들"이라고 불렀다. 펠리페 3세는 1608년에 다음과 같은 일이 있었다고 전한다.

칠레의 속주들에서 봉기하여 전쟁을 일으킨 인디오들은…정당한 이유 없이 일어나 반란을 일으켰고…교회에 복종하기를 거부하고 스페인 사람들에 맞서 반란을 일으켜 무기를 들었다.…따라서 그들에게는 징벌과 가혹한 처분을 내리는 것이 마땅하며, **심지어 노예로 팔아넘기는 것도 가하다.**…이로써 짐은 칠레 왕국에서 반란을 일으킨 속주의 모든 인디오를 남녀를 불문하고…**노예로 삼을** 것을 선언하고 명한다(Konetzke 1953, 140-

142; 강조는 덧붙인 것임).[25]

16세기 후반과 17세기 전반에 아라우칸족의 노예화를 승인하는 칙령과 법령이 반복해서 포고되었다.

> 칠레 속주의 전쟁은 너무 오래되었고 골치 아픈 문제다.…따라서 우리는 이 전쟁을 끝내기 위해 모든 수단을 강구해야 하며, 전쟁 중에 사로잡힌 인디오 반란자들을 노예로 삼을 필요가 있다.…이 쟁점과 문제에 대해 논의한 신학자들과 학자들 대다수는 **그 인디오들을 노예로 삼는 것이 합법적**이라고 결정했다(같은 책, 136; 강조는 덧붙인 것임).

아메리카 원주민의 노예화는 가톨릭 신앙을 공공 정책의 이론적 존재 이유로 삼는 신앙고백적인 스페인 국가에 특별한 일이기 때문에 아라우칸족의 노예화는 주로 종교적인 이유에서 정당화된다.

> 노예로 넘겨진 반항적인 인디오들도 우리의 신앙에 대해 교훈과 가르침을 받을 것이므로 큰 영적 유익을 누릴 것이다.…그들의 노예화는 그들이 교회에 복종하기를 거부한 데 기인한 것이며…그들이 교회에 복종하기를 계속해서 완강하게 거부하는 한, 우리는 그들을 노예로 넘길 것을 명령한다(같은 책, 137-138).

---

25 아라우칸족의 노예화를 승인하는 인디아스 평의회와 국왕의 칙령들에 대해서는 Konetzke 1953(2:135-142)을 보라.

알론소 데 에르시야는 아라우칸족과의 전쟁에 다음과 같은 종교적 의도가 있다고 설명한다.

> 우리는 우리의 의도와
>
> 우리 원정대의 동기는
>
> 종교적인 것이었다고 설명했다.
>
> 우리는 전에 세례를 받은 그 반란자들에게 구원을 가져다 주었었다.
>
> 그들은 성체를 모독했고,
>
> 받은 법을 무시하고,
>
> 반역적인 행위를 통해 굳게 맹세한 믿음을 깨뜨렸으며,
>
> 불법적인 무기에 의지했다.

하지만 아라우칸족은 카스티야인의 종교적 양심이 순수하다는 것을 믿지 않았다. 스페인 사람들은 일벌백계의 본보기로 용감한 원주민인 갈바리노족의 양손을 절단했었는데, 에르시야는 그가 다음과 같은 회의적인 발언을 한 것으로 묘사한다.

> …"바다를 건너고 낯선 나라들을 지나
>
> 그들이 이곳으로 온 이유는
>
> 칠레의 비옥한 광맥에
>
> 깊이 묻힌 매혹적인 황금 때문이다."
>
> 그들의 주된 의도가
>
> 기독교의 교의를 퍼뜨리는 것인 척하지만
>
> 그것은 거짓되고 허울만 그럴듯한 미끼일 뿐,

순전한 사익이 그들의 주된 동기이며

그들의 탐욕에서 가식이 흘러나오고

나머지는 온통 사기와 가장일 따름이다

(Ercilla, 16:301 [162]; 23:401 [210]).

아라우칸족의 사례는 반란에 이중적 차원—정치적 봉기와 종교적 배도—이 있었음을 보여준다. 용맹스런 인디오들은 두 가지 모두에 대해 비난당했다. 스페인 국적과 기독교 간의 밀접한 관계로 인해 정치적인 동시에 종교적인 이중의 결렬이 초래된다. 반란자들은 더 이상 이교도로 간주되지 않고 배교자로 취급받게 되었는데, 배교는 전통적인 기독교의 법에 따르면 매우 가혹하게 처벌되어야 할 범죄였다. 이 종교적 측면은 칠레 원주민들에 대한 인정사정없는 전쟁과 살아남은 자들의 노예화를 꾸준히 지지해온 수많은 수도사들과 성직자들의 양심의 탈출구가 되었다.[26] 멜초르 칼데론이 1599년 산티아고에서 자신의 의견을 밝힌 글에서 강조하는 바와 같이, 이런 식으로 아라우칸족에 대해 전쟁을 벌이는 것이 가능하게 되었을 뿐 아니라 그들을 "단지 반란자로서만이 아닌 하나님과 우리의 원수이자 기독교의 원수"라는 명분하에 진압할

---

26 아라우칸족에 대한 반감을 표출한 대주교인 Reginaldo de Lizárraga의 보고서 "아라우칸 인디오들에 대한 전쟁이 정당한지, 그들을 노예로 삼을 수 있는지에 관한 의견"(1599)과 Juan de Vacones 수사의 보고서 및 "칠레 왕국의 반역한 원수들을 노예로 선언할 수 있도록…국왕께 바치는 법적 탄원서"(1599)에 대해서는 Hanke and Millares Carlo(1977, 293-312)를 보라. 이 문서들은 칠레 원주민을 상대로 한 전쟁과 그들의 강제 노예화에 대한 신학적 지지를 노골적으로 드러낸다. 그 문서들은 1599년 봉기 이후 칠레 원주민들의 노예화에 찬성하는 고위성직자들과 수도자들이 제출한 몇몇 보고서와 의견들을 예시한다. 참조. Jara 1971 (186-230). Jara에 따르면 "노예제를 지지하는 입장이 일반적이었다"(같은 책, 191).

수 있게 되었다(Jara 1971, 200).

결국 인디오에 관련된 법령들에서 여러 방식으로 규정되었던 신세계 주민들의 천부적 자유라는 핵심 원칙이 칠레의 반란자들의 경우에도 적용되기에 이르렀다. 1662년 스페인 국왕 펠리페 4세는 아라우칸족을 노예 거래와 수출 대상으로 삼는 것을 금지했다. 이 관행이 갈등을 끝없이 지속시킬 것이 명백했기 때문이다.

> 투옥된 인디오 남성과 여성 및 아동을 노예로 팔거나 왕국 밖으로 데려갈 수 없도록 하는 것이 짐의 뜻이다. 지금까지 죄수가 된 이들을 팔고 다른 곳으로 데려감으로 인해 이들 속주에서 평화와 안정이 불가능하게 되었음이 명백하기 때문이다(Konetzke 1953, 2:492:493; *Recopilación* 1841, 2:227).

왕은 또한 산티아고와 콘셉시온의 주교들 및 프란치스코회, 도미니코회, 예수회의 장상들을 소집하여 반항적인 아라우칸족의 노예화에 대해 논의할 것을 명했다. 이 회의는 10세 이상의 원주민들을 노예로 삼는 관행을 지속할 것을 건의했다.

> 이 사안에 대한 이 결의 또는 의견은 인디오들이…스페인 사람들의 목숨을 잔인하고 야만스럽게 빼앗는 등 스페인 사람들을 대할 때 보여준 잔인성에 의해 동기가 부여되었습니다. 만일 그 인디오들을 사로잡고 나서 노예로 삼지 않는다면 그들의 사나움이 격려될 것이고 더 큰 전쟁이 계속될

것입니다(출처: Konetzke 1953, 2:607).[27]

칠레의 주요 가톨릭 지도자들이 동의한 이러한 권고에도 불구하고 오랜 시간에 걸친 압력과 논쟁이 있은 뒤 아라우칸족을 포함한 모든 원주민들이 천부적 자유를 지닌다는 원칙이 시행되었다. 1679년 국왕 카를로스 2세는 아라우칸족의 해방이 가능한지를 둘러싼 논쟁을 종식시켰는데, 이들은 무자비한 전쟁으로 이미 그 수가 크게 감소하였고 심각한 빈곤 상태에 처해 있었다.

짐은 칠레의 인디오들이 완전한 자유를 누릴 수 있음을 결정한 후…이 지역을 주재하는 총독에게 모든 인디오 노예의 선천적 자유를 인정할 것과…남녀노소를 불문하고 투옥된 인디오를 노예로 팔 수 없음을 명령하였으니…이는 그들도 짐의 신민이므로 압제당할 수 없음을 인함이다.… 아울러 짐은 총독에게 인디오들을 선대하고. 그들을 개종시켜 레둑시온 (선교를 위한 원주민 보호촌—역자주)에 정착하게 하되, 가능하면 가장 부드럽고 온화한 방식으로 거룩한 복음을 선포하며 우리의 거룩한 가톨릭 신앙을 전파하는 방식으로 할 것을 지시하였다.…향후 그 어떤 구실로도 심지어 정당한 전쟁을 빌미로 해서라도 그들을 노예로 삼을 수 없다 (*Recopilación* 2:227).

---

27 Solórzano y Pereyra([1648] 1930, 1.2.1:131–140)도 아메리카 원주민의 천부적·법적 자유라는 기본 규범을 인정한 후에도 이를 아라우칸족에게 적용하는 것에 대해서는 주저한다.

매매에 의한 노예화

1506년부터 원주민으로부터 노예로 구매한 인디오를 매입하는 것이 합법화되었다. 때때로 추장들은 그들이 내야 할 공물을 노예로 대체하는 것이 허용되었는데, 이로 이해 자유로운 인디오를 노예로 만들어 스페인 사람들의 종으로 보내는 관행이 생겨났다.

예컨대 카를로스 5세는 1533년 3월 8일 칙령을 통해 페루의 정복자들에게 "페루의 추장들이 정당하게 노예로 삼은 인디오들을 아무런 장애나 이의 없이 매입하고, 소유하고, 풀어줄 수 있는" 권한을 부여했다. 해당 칙령이 내세운 이유는 "인디오 노예를 소유하고 있는 페루의 추장들이 그들을 스페인 사람들을 섬기도록 노예로 주었다"는 것이다 (Konetzke 1953, 1:142). 국왕은 여기에 그 노예들이 적법한 노예인지 조사할 의무를 추가했다.

라스 카사스는 이 관행을 비판했다. 그는 종종 다른 인디오들에 의해 노예가 된 인디오들은 부당하게 노예가 되었으므로, 스페인 사람들이 이 인디오 노예를 취득하면 이처럼 왜곡된 불공정이 영속화된다고 주장했다. 라스 카사스의 입장에 담긴 핵심적인 신조는 기독교 복음과 인디오의 노예화는 양립할 수 없다는 것이다. 그는 「여덟 번째 해결책」에서 진정한 기독교 신앙의 전파는 사람들이 복음을 받아들일지 여부를 스스로 결정할 수 있는 자유를 필요로 한다고 주장한다. "예수 그리스도가 가르친 복음의 법은…인간의 자유를 최고로 존중하는 법"이기 때문에 복음전파는 원주민 공동체의 자유를 존중할 것을 요구한다(Las

Casas 1965, 2:665).

「노예화된 인디오라는 주제에 관한 논문」(*Tratado sobre la materia de los indios que se han hecho esclavos*)이라는 글에서, 라스 카사스는 자신의 인디오 노예제 비난에 대한 설득력 있는 이의—그것은 스페인 사람들이 오기 전부터 존재했었다—를 다룬다. 그는 그 사실이나 몇몇 노예들은 정당한 노예였다(정당한 전쟁에서 획득했다)는 것을 부인하지 않는다. 그러나 그는 다음과 같이 일관성이 의심되는 이중적인 주장을 펼친다. (a) 원주민들 사이에서 통용되는 노예제는 "순하고 온화한" 것으로서, 종복들은 가족 중 자녀들보다 약간 낮은 지위에 있다(Las Casas 1965, 1:589). (b) 자기들의 동족에 의해 노예화된 인디오의 대다수는 부당하게 노예가 되었으므로 스페인 사람들은 그들을 합법적으로 노예로 취득할 수 없다. 인디오 노예제에 대한 그의 목가적인 시각은 그가 원주민들을 "고결한 야만인"(noble savage)으로 인식하는 관점과 연관되어 있다.[28] 그러나 이러한 시각은 그가 곳곳에서 인디오들이 악의와 기만을 통해 서로를 노예로 삼는다고 언급한 것과 여러 면에서 양립할 수 없다.

이 열렬한 도미니코회 수사만 홀로 노예 시장의 타락을 비판한 것이 아니었다. 멕시코 초대 주교인 후안 데 수마라가 수사는 1533년 카를로스 5세에게 보낸 장문의 서신에서 다음과 같이 맹렬하게 비난한다.

수천 명이나 되는 자유로운 인디오들이 붙잡혀 노예의 낙인을 받았습니다. 제가 법에 따라 조사해보니 그들이 붙잡아서[매입하여] 낙인을 찍은 수천 명의 인디오 가운데 [적법한] 노예는 한 명도 없었습니다.…그들은

---

28   Maravall(1974, 350)은 Las Casas를 "루소 시대 이전의 루소"라고 부른다.

자유민들을 노예로 팔았고 그들이 해안에서 선박을 발견하는 대로 아무런 조사도 없이 이들을 배에 실어 자기들이 소유한 광산으로 보냈는데, 이는 폐하의 법령과 규정에 어긋나는 것입니다.…이로 미루어 파누코 속주와 누에바에스파냐 속주에서 최소한 15,000명의 자유로운 인디오들이 붙잡혀 도서 지역에서 팔려나간 것으로 보이며, 또한 그 사실을 입증할 수 있습니다. 다른 인디오들에 대해서는 오직 하나님이 아실 것이고 절망 가운데 바다에 투신한 자들이 더 있는지는 심판 날에 밝혀질 것입니다(출처: Cuevas 1975, 29-30).

많은 수사들과 수도자들이 노예제에 맞서 길고도 격렬한 싸움을 전개했는데, 1533년 7월 31일 누에바에스파냐의 프란치스코회 수도사들이 국왕에게 공동으로 보낸 서신에 담긴 이의 제기가 한층 두드러져 보인다.

한 영혼의 가치가 2페소로 매겨져 이런 식으로 노예들이 팔려나가는 믿을 수 없는 날이 도래했습니다. 노예라는 낙인을 허용하는 것은 그러한 노예화에 왕의 권위가 개입되어 있다 하더라도 자유민을 노예로 삼는 것을 허용하지 않는 신율에 어긋납니다. 우리는 이곳에서 오로지 자유민에게 낙인을 찍는 행위가 자행되고 있는데, 그렇게 하는 이유는 스페인 사람들이 지나친 탐욕으로 말미암아 추장들로 하여금 자기들에게 바쳐야 할 공물 대신 노예를 잡아오도록 치근대기 때문입니다. 그리하여 그 불쌍한 추장들은 스페인 사람들의 손아귀에서 벗어나기 위해 자기들의 자유로운 신민을 스페인 사람들에게 넘겨주고 있는데, 그렇게 넘겨진 사람들은 두려워서 감히 자신들이 자유민임을 주장하지 못합니다. 이렇듯 노예라는 낙인을 허용하는 것은 교회를 보호하고 부당하게 사로잡힌 자들을 해방시켜야 할 황제 폐하의 직무에 반하는 것일 뿐 아니라···폐하께서 로마 교황으로부터 이 땅을 받으실 때 부가된 조건, 즉 이 사람들을 노예로 파는 것이 아니라 가톨릭 신앙으로 개종시켜야 하는 임무에도 반하는 것입니다.···그것은 이 땅과 이곳의 왕국들을 파괴하는 것이 아니라 그것의 보존과 번영을 기하는 선한 통치에도 반하는 것입니다(같은 책, 14-15).[29]

마침내 국왕은 수도자들의 압력에 응했다. 1538년 황제는 인디오 노예의 거래를 금지했다. 이 결정은 신세계 원주민들의 천부적 자유를 이론적으로 확인하는 과정에서 중요한 단계였다.

짐이 누에바에스파냐의 추장들과 지도자들이 근거가 매우 취약한 이유로, 또한 아주 용이하게 원주민 백성을 노예로 삼거나 노예로 취하여 그들을 스페인 사람들에게 노예로 파는 관습이 있음을 알게 되었다.···짐은 스페인 사람은 누구도 이제부터 어떤 방식으로든 인디오들의 몸값을 지불하는 방법의 하나로 그들을 구입하거나 취해서는 아니 된다고 규정하였다.··· 짐은 이제부터 추장이나 지도자나 어느 인디오도 다른 인디오를 노예로 삼거나 팔거나 몸값을 지불할 수 없음을 명령하고 주장하는 바이다. 만일 누군가 그리할지라도 짐은 그들이 자유민임을 선언한다(Konetzke 1953, 1:188-189).

---

29 이 서신에 수도사들인 Jacobo de Tastera, Antonio de Ciudad Rodrigo, García de Cisneros, Arnaldus de Basatzio, Alfonsus de Guadalupe, Cristóbal de Zamora, Alonso de Herrera, Andrés de Olmos, Francisco Ximénez, Gaspar de Burguillos, Torbio de Motolinía가 서명했다.

~

법률 원칙으로서의 개인의 자유

그 시대의 여러 중요한 이론가들의 견해에 비춰보면, 스페인의 법이 그들이 강제적인 노예화의 명분으로 내세우는 이유를 받아들이지 않은 점을 주목할 만하다. 예컨대 1510년 존 메이어는 원주민의 집단생활의 야만성에서 보여지는 이들의 선천적인 열등함을 지적한다. "그들은… 짐승 같이…야만인으로 살고 있으며…따라서 그들은 본성적으로 주체성이 없기 때문에 그 땅을 최초로 점령하는 사람은 그곳의 거주자들을 당연히 다스릴 수 있다."[30] 후안 히네스 데 세풀베다[31]는 천성적으로 열등한 "야만인들"을 노예로 삼는 것이 정당하다고 보는 아리스토텔레스의 이론을 신세계 원주민들에게 적용했다.[32]

　일반적으로 야만인은 선천적으로 열등하므로 본래 노예라는 아리

30　*Ionnais Miaoris Comm. in secundum sententiarum* dist. 44, cuestión 3. Paris, 1510. Leturia(1959, 1:285-286, 297-298)에 의해 인용되었다.불신자들, 특히 신세계의 인디오들에 대한 이 스코틀랜드 신학자의 입장에 대해서는 Carro 1944(1:381-389)를 보라.

31　Sepúlveda는 아리스토텔레스의 『정치학』을 그리스어에서 라틴어로 번역하여 그것을 당대의 군주였던 Felipe에게 헌정했는데, 그는 1549년에 Felipe에게 편지를 보내어 그 책을 읽어볼 것을 추천하면서 Las Casas를 가리켜 "분열을 일으키는 난폭한 사람"이라고 신랄하게 비판했다(Losada 1949, 202).

32　당시에 아메리카 원주민들에 관한 논쟁에서 이들이 지닌 자유 또는 예속의 본질에 관해―다수는 명시적으로, 몇몇은 암묵적으로―언급하므로 나는 아리스토텔레스의 『정치학』제1권에서 다소 길게 인용하겠다(1947, 1:540-545). "이것은 인간을 다스리는 일반적인 법이다. 몸이 영혼에 비해서, 짐승이 인간에 비해서 열등하듯이 누군가가 동료 인간들보다 열등할 경우…그는 본성적으로 노예다.…선천적으로 자유로운 사람이 있는 반면 선천적으로 노예인 사람도 있다는 사실은 명백하다. 전쟁에는…복종하기 위해 태어났으나 굴복하기를 거부하는 자들에 대한…사냥이 포함된다. 그것은 자연 자체가 정당화한 전쟁이다."

스토텔레스의 이론은 대개 인간은 한 분이신 하나님의 피조물이자 아담의 자손으로서 실질적으로 평등하다는 기독교 교리에 위배된다고 여겨졌다(Pagden 1982, 여러 곳). 셀레스티노 델 아레날(1975-1976)의 입장에 의하면 영향력 있는 스페인 신학자들 다수는 모든 인간은 본성적으로 자유로우며 따라서 자연법에 따르면 노예가 되어야 마땅한 민족은 없다는—아리스토텔레스의 그리스 중심적 사고방식과는 잘 맞지 않는—원리를 자명한 이치로 받아들였다. 멜초르 카노는 그 점을 "어떤 인간도 본래 노예가 아니다"라고 표현했다(Pereña 1956, 102-103). 디에고 데 코바루비아스는 "모든 사람은 본래 자유로우며 노예가 아니다"라고 말했다(같은 책, 184-185). 도밍고 데 소토([1556] 1967, 288)는 "자연법에 따르면 모든 인간은 자유롭게 태어났다"고 말했다.[33] 노예제는 자연법에서 나오는 것이 아니라 인간의 법에서 나온다.

비토리아가 인디오들에 대해 전쟁을 벌일 수 있는 명분으로 제시한 (그러나 그가 완전히 인정하지는 않은) 마지막 합법적 자격에 나타난 것과 같이 인디오가 문화적으로 열등하다는 인식은 세풀베다가 추천한 노예주들의 통치가 아닌 후견 통치를 정당화하기 위한 것이었다(Urdanoz 1960, 723-725). 하지만 우리는 원주민 민족이 그들의 기독교화와 문명화를 위해 부과된 후견 체제를 수용하지 않았다 하더라도 이런 형태와 노예제 간의 실질적 차이는 그리 크지 않았음을 인식해야 한다. 게다가 인디오가 짐승과 같다는 주장이 논리적으로나 법적으로 노예제

---

33 Logan(1932, 466-480)은 신스콜라주의가 자연법에 따른 인간의 평등과 인간이 제정한 법이 일반 규범에 따른 인간의 예속상태를 구별하는 스토아 학파의 구분법을 물려받았음을 보여준다. 아리스토텔레스가 말하는 "선천적 노예" 개념을 기독교 신학과 조화시키기 어렵다는 것은 심지어 그 헬레니즘 철학자를 지지하는 O'Neil(1953)과 같은 가톨릭 해석자들에게서도 나타난다.

를 정당화하는 공식적인 이유로 받아들여지지는 않았지만, 페루 고등 사법재판소의 후안 데 마티엔소의 다음과 같은 인용문을 통해 알 수 있듯이, 그러한 경멸적인 시각은 국왕의 관리들 사이에서도 살아 있었으며 계속해서 재등장했다. "지금[1567년]까지 발견된 모든 인디오 종족들은…소심하다.…그들은 본성적으로 남을 섬기도록 태어나 그렇게 길러졌으므로 그들은 명령하는 것보다 누군가를 섬기는 것이 더 유익하다"(Hanke 1985, 168).

원주민의 자유 또는 예속화에 관한 논쟁에서 법의 보호를 받는 인간으로서의 원주민의 천부적 자율성을 존중할 것을 라스 카사스처럼 열렬히 주장하는 사람은 없었다. 그의 견해는 다음과 같이 수없이 되풀이되었다. "그 인디오들은 자유인이므로 인간이자 자유로운 존재로 대접받아야 한다"(Las Casas 1972, 66). "대양 건너편 인디아스가 발견된 뒤 오늘날까지 노예가 되었던 모든 인디오들은 부당하게 노예가 되었다"(Las Casas 1965, 1:595). 모든 이성적인 피조물은 본성적으로 자유롭기 때문에 원주민의 자유를 침해하는 것은 중대한 자연법 위반이며, 원주민이 스페인에 대해 그들의 노예화를 정당화할 수 있는 어떤 해도 끼치지 않았기 때문에 그것은 인간의 법에 반하고, 하나님이 그들에게 자율성을 주었기 때문에 그것은 신율에 반한다.

앞서 언급한 예외 조항의 대다수는 1542년 인디아스 신법에 의해 폐지되었다. 그 전에는 아메리카 원주민을 유럽의 노예 시장에 들여오는 것은 1511년 7월 21일 공표된 국왕 칙령에 의해 억제되었다. 이 칙령은 "수단 방법을 가리지 않고 인디오 노예를 그 섬(히스파니올라)에서 카스티야로 들여오거나 보내는 행위"를 막기 위한 것이었다(Konetzke

1953, 1:29).[34] 몇몇 학자들이 "인디오를 위한 대헌장"이자 "인간의 자유와 존엄성에 대한 가장 위대한 기념비"(Pereña 1956, 3)[35]로 간주한 인디아스 신법은 원주민의 인간으로서의 자유라는 법률 원칙을 확인하고 그들의 노예화를 금지했다.

짐은 이제부터 전쟁이나 혹은 다른 이유로, 심지어 반란을 이유로 하거나 몸값을 지불하기 위해서나 그밖에 어떤 다른 이유로든, 그 어떤 인디오도 노예로 삼을 수 없음을 선언하고 명령한다. 또한 짐은 그들도 카스티야 국왕의 신민이므로 그들을 그렇게 대하기를 원한다.…이제부터 절대로 인디오를 노예로 삼아서는 아니 된다(출처: Konetzke 1953, 1:217).

---

34 하지만 국왕의 그 훈령은 다른 대부분의 훈령들처럼 충실하게 지켜지지는 않은 것으로 보인다. 1543년에 Las Casas는 세비야에 1만 명이 넘는 불법적인 인디오 노예들이 있다고 주장했다(Pérez de Tudela, "Memorial" 1957, 5:195). 이 숫자는 신중하게 받아들여야겠지만, 스페인에 수익성이 좋은 원주민 노예 시장이 있었던 것은 분명해 보인다. Moya Pons(1978, 106)는 자신의 방법론적인 회의론에 입각하여 앤틸리스 제도의 원주민들을 이베리아 반도로 수입하는 것을 금지한 주된 동기는 어떤 인도주의적인 고려 때문이 아니라 인디오 인구의 심각한 감소로 인해 이 제도에 육체 노동자가 점차 부족해지는 현상을 완화하기 위한 것이었다고 생각한다.

35 새로운 법률을 통해 스페인 사람들과 원주민들의 관계를 인간화하려는 이러한 예외적인 시도에 대해서는 Muro Orejón 1959를 보라.

6

자유와 예속: 엥코미엔다

사제들: 성미가 까다롭고 오만한 도미니코회 수도사가
원주민 여성들을 억압하여 그들에게 강제로 베를 짜게 한다.

이 땅 원주민들의 믿음과 기독교 신앙의 영속성은 그곳에 거주하는 스페인 사람들의 영속성에 달려 있다.…그리고 이 땅에 부유한 사람들이 없다면 영속성이 있을 수 없고, 인디오들의 섬김이 없다면…부유한 사람들도 있을 수 없으므로…확실히 하나님을 섬기는 것과 이 땅의 영속성 및 원주민들의 신앙의 안정을 위해 스페인 사람들에게 [엥코미엔다] 마을들이 할당될 필요가 있다.

— 누에바에스파냐의 도미니코회 수도사들

이 강제 할당은 이 인디오들을 다스림에 있어 무엇보다도 일차적인 목적으로 삼아야 할 것, 즉 우리의 거룩한 가톨릭 신앙과 거룩한 복음을 높이고 증진하는 데 상당한 방해가 된다.…설상가상으로 신앙의 이름으로…그들은 자신들의 폭정과 절도와 탐욕을 가리고 그 위에 덧칠하려 한다.

— 가스파르 데 레카르테 수사

~~~

엥코미엔다의 기원

원주민들에게 부과된 강제노동 체계는 노예 제도만이 아니었다. 엥코미엔다(encomienda: 위탁)라고 알려진 제도는 더 오래 지속되었다. 이 명칭은 라틴어 'commendo'에서 나온 것으로 어떤 사람으로 하여금 누군가 또는 무엇인가를 돌보도록 맡긴다는 긍정적인 의미를 갖고 있다.

이 독특한 노동 제도에 관한 최초의 공식 명령은 1503년 3월 스페인 군주들이 히스파니올라의 당국자들에게 "인디오들을 고용하는 [스페인] 사람들을 통해 그들의 영혼을 구원하기 위해 인디오들을 공동체 생활을 위해 조성된 마을에 **할당**할 필요가 있다"고 지시한 훈령에 등장한다. 여기서 종종 엥코미엔다의 동의어로 사용된 레파르티미엔토(repartimiento; 할당)의 목적은 그들을 복음화하고 ("그들이 종전처럼 목욕을 하지 않거나 자주 씻지 않았던 것과 같은 짓을 더 이상 하지 않도록") 그들에게 선하고 적절한 관습을 가르치며 그들에게 노동의 규율을 부여하는 것이었다(Konetzke 1953, 1:9-13).[1]

열대 지역 거주자들과 추운 지역 거주자들 간의 일상 위생 습관의 차이가 스페인 사람들이 인디오들에게 매일 목욕하는 것을 금지한 유

---

[1] 법률 이론은 종교적 요인이 더 중요하다고 주장한다. "엥코미엔다의 동기와 기원은 인디오들의 영적·세속적 복리와 우리의 거룩한 가톨릭 신앙의 신조와 교훈에 관한 교화와 가르침이었다"(Recopilación 1841, 2.6.9.1:263). Las Casas에 따르면 원주민들을 배분하는 관행은 히스파니올라에서 번영하고 부유한 식민지를 지탱하기에는 자연 자원이 부족하고 열대 환경이 열악하여 카스티야의 식민지 개척자들의 불만이 커지자 Christopher Columbus가 이를 완화하기 위해 시작했다(Las Casas 1986, 2.1.156:86-90).

일한 이유는 아니었다. 더 중요한 이유는 도덕적인 문제였다. 인디오들은 강에서 목욕하면서—유럽의 그리스도인들과 같은 거리낌이 전혀 없이—자신의 나체를 자주 노출했다. **나체로 지내는 것**은 앤틸리스 제도 인디오들의 독특하고 기이한 특징이었는데 콜럼버스, 베스푸치, 페드로 마르티르는 이 점에 대해 강조했다. 스페인 사상가들은 이에 대해 이중적인 반응을 보였다. 그것은 어떤 이들에게는 검소 또는 에덴동산에서와 같은 자연과의 조화—"고결한 야만인"이라는 신비적·목가적 이상—를 표현한 것이었다. 그것은 또 다른 이들에게는 그들의 부도덕과 문화적 결핍—"사나운 야만인"이라는 신화적이고 반(反) 목가적인 이미지—의 한 부분이었다(참조. Elliot 1984, 38-40). 토도로프(1987, 57)는 이러한 이중적인 신화화의 배후에서 유럽인들이 원주민들을 외부에서 덧씌운 해석에 구애받지 않고 있는 그대로 수용하거나 그들의 타자성을 존중하지 못한다는 것을 발견한다. "이러한 두 가지 모순된 신화는…인디오들에 대한 지식의 결여라는 공통의 기반을 갖고 있다."

원주민들에 대한 목가적 이상이 가장 열정적으로 드러난 것은 아마도 "바스코 데 키로가의 법에 대한 정보"(*Información en derecho del licenciado Vasco de Quiroga*)에서 찾아볼 수 있을 것이다. 이 글은 원주민들의 단순성(그들의 공동체 생활에서 인간의 잃어버린 "황금기"를 반영한다)을 유럽인들이 가진 피상성(이 점에 있어 유럽인은 "철의 시대"에 있음을 보여준다)과 대조한다(Herrejón 1985).[2] 하지만 최초의 (르네상스에 대한) 유혹을 겪었

---

2   심지어 16세기 말에도 예수회 신부 아코스타(1985, 6.16:301-302)는 남아메리카 원주민의 단순성에 관한 목가적인 용어로 자신의 생각을 드러내면서(하지만 그는 옷을 입은 원주민들을 언급한다), 그들을 고대 기독교의 은둔 수도사들과 비교한다. "그리고 이 점에 있어서 그들은 교부들이 언급한 고대 수도승들을 닮았다. 사실 그들은 소유물에 대한 탐욕과 욕망이 별로 없는 사람들이며, 만일 그들의 생활 방식이 관습이나 본성에 의해서

던 터라 대다수 교회와 국가 당국자들은 두 번째 시각을 지지했고, 히스파니올라의 도미니코회 수사 베르나르도의 말마따나 "기독교의 양심은 남녀가 나체로 지내는 것을 용납할 수 없다"고 생각했다(출처: Las Casas 1986, 3.1.94:150).[3]

하지만 흥미롭게도 앤틸리스 제도 인디오들의 신화적인 관점에서는 유럽인의 복장에 무시무시한 측면이 있었다. 아라와크족은 유럽인들이 침공하여 자신들의 집단적 주권과 개인적 자유를 박탈하고 끝내 자신들을 멸절시켜버린 것을 설명하면서 일종의 기이한 묵시적 예언을 언급하였는데, 스페인 사람으로서 최초로 원주민들의 종교적 신념을 해독하려고 했던 예로니모회 신부 라몬 파네는 이에 대해 다음과 같이 묘사한다.

> 그리고 그들은 이 추장이 유카우과마(아라와크족의 최고신)와 이야기를 나누었는데, 유카우과마가 그에게 그의 사후에도 여전히 살아 있을 자들은 잠시 동안만 주권을 누릴 것인데, 이는 **옷을 입은 사람**들이 와서 그들을 정복하고 죽일 것이며 그들은 굶어 죽게 될 것이기 때문이라고 말했다는 이야기를 그 추장에게서 들었다고 한다.…그들은 이것이 콜럼버스와 그의 동료들을 가리킨 말이라고 믿는다(Pané 1987, 48; 강조는 덧붙인 것임).

가 아니라 선택에 의해 그러하다면 우리는 그것이 곧 완전에 가까운 삶이라고 말할 수 있을 정도로 그들은 소박하게 살아가는 데 만족한다. 그리고 그것은 교만과 탐욕의 커다란 적인 거룩한 복음을 수용하는 데 어떤 걸림돌도 되지 않는다."

3 Hodgen(1964, 354-385)은 신학적·종교적 고려 때문에 반(反) 원시적 관점이 16세기를 지배했다고 강조했다.

스페인 사람들의 복장은 원주민들에게 불길한 묵시적 표지, 곧 불가피한 그들의 집단적 비극의 표지가 된다.

스페인 사람들의 물질적 이익 역시 잊어서는 안 될 요인이다. "우리가 인디오들을 어떻게 더 잘 활용하여…우리의 수입을 늘리고 인디아스의 거주자들에게 더 많은 유익이 되게 할 것인가?"(Konetzke 1953, 1:13) 스페인 군주들은 그 칙령에 동봉하여 니콜라스 데 오반도 총독에게 보낸 비밀 훈령에서 인디오 정착지가 "더 많은 금을 취득할 수 있도록 금광 근처에" 위치해야 한다고 지시한다(Pacheco et al. 1864-1884, 31:176).[4]

수개월 뒤 많은 원주민들이 그 훈령에 호의적으로 반응하지 않았다는 보고가 국왕에게 전달되자 카스티야 여왕은 칙령을 통해 이의 시행을 강제하는 공식 명령을 내렸다.

> 군주 이사벨 여왕은…인디오들이 누리는 자유 때문에 그들이 도주하여 스스로 그리스도인들과의 연락 및 소통을 단절하고…유랑하는 무리가 되고 있음을 알게 되었다.…이에 [짐은] **강제하고 촉구하노니** 향후 그 인디오들로 하여금 그 섬[히스파니올라]에 거주하는 그리스도인들과 연락하고 대화를 나누며, 그들의 건물에서 거주하면서 금과 기타 광물을 수집 채굴하고 토지를 경작하여 그리스도인 거주자들을 위해 식량을 생산하게 하라.

여왕은 이 명령이 원주민들의 영적("그들을 가르쳐 우리의 거룩한 가톨릭 신

---

4   이 "비밀 훈령"은 스페인 국왕을 위하여 가능한 한 최대의 경제적 유익을 확보하려는 욕구를 보여주기 때문에 Moya Pons(1978, 49-50)는 그 훈령의 중요성에 대해 주의를 환기시켰다.

앙으로 개종하도록 하는 것")·세속적("그들이 좋은 노동 습관을 얻도록 하는 것") 복리를 위한 것이며, 무엇보다도 그 공식적인 강제조치가 그들의 개인 적 자유라는 일반 원칙("그들이 종으로서가 아니라 자유로운 사람들로서 행동 하고 따르도록 하며, 그 인디오들이 잘 대우받도록 하기 위함")에 위배하지 않는 다고 주장한다(Konetzke 1953, 1:16-17; 강조는 덧붙인 것임).[5] 이러한 유보 조항들에도 불구하고 그 의미는 분명하다. 원주민에 대한 강제노동이 합법화 되었고, 엥코미엔다가 적격 강제노동으로 법제화되었다.[6]

엥코미엔다라는 용어는 1509년 8월 14일 페르난도 국왕이 당시 해군 제독이자 인디아스의 총독이었던 디에고 콜럼버스에게 원주민들 의 분배를 규제할 수 있는 권한을 윤허할 때 최초로 명시적으로 사용 되었다.

> 대양에 산재한 인디아스의 섬들과 본토를 발견한 것은 우리 주님의 은혜
> 로 말미암은 것이므로 히스파니올라 섬에서 거주하러 간 정착민들에게
> 인디오들이 **맡겨졌음**을 알아야 한다.…엥코미엔다를 받은 정착민들은 인
> 디오들을 그런 특정 형태와 방식으로 이용했던 것으로 보인다(Konetzke
> 1953, 1:20-21; 강조는 덧붙인 것임).

---

5   이 칙령은 1503년 12월 20일 반포되었다. 스페인 국왕이 원주민의 강제노동을 승인한
    것은 이때가 처음이 아니었다. 그 일은 1501년 9월 16일 Ovando 총독에게 보낸 훈령
    에서 이미 발생했다. "금을 모으고 우리가 명령한 다른 임무들을 수행하려면 인디오들
    의 노역을 이용하고 그들에게 우리를 위해 **일하도록 강제할** 필요가 있을 것이기 때문이
    다"(Konetzke 1953, 1:6). 그러나 여기서는 식민지 개척자들을 위한 엥코미엔다 제도에
    대해서는 언급하지 않고 국왕의 채광 사업에서의 강제노동에 대해 언급할 뿐이다.
6   법률가인 Gregorio에 따르면 부르고스 법을 기초하고 승인하는 맥락에서(1512년) 국왕
    은 인디오들을 자유로운 신민이라고 선언했지만, 이 법은 그들의 악덕과 우상숭배로 인
    해 그들에게 일종의 교정책인 동시에 처벌 조치로서 "적격 노예 상태"를 강요할 수 있었
    는데 이는 엥코미엔다에 해당했다(Las Casas 1986, 2.3.12:472-473).

같은 날 또 다른 칙령이 포고되어 그러한 할당이 평생 지속되는 것이 아님을 분명히 했다. "인디오들의 할당은…평생 지속되는 것이 아니라 단지 2년이나 3년만 유효하다." 국왕의 목표는 다른 무엇보다도 이 새로운 강제노동 제도를 노예제도와 구별하는 것이었던 듯하다. "그들은 노예가 아닌 종복(servant)이라고 칭할 것이다"(같은 책, 22).[7]

법률적으로 엥코미엔다 승인권은 국왕에 속했지만 대다수 엥코미엔다 증서는 실제로는 국왕을 대리하는 식민지 관리가 발행했다. 실비오 사발라(1935, 295)는 엥코미엔다에 관한 몇몇 칙령 또는 증서를 수록했다. 이 문서들은 그 제도의 이중적 성격—한편으로는 원주민들의 기독교화와 영적 복리 및 다른 한편으로는 스페인 사람들의 물질적·경제적 유익—을 드러내는데, 이러한 이중성이 그것의 모든 법률적 변종의 저변에 자리잡고 있다. 아래의 예는 1514년에 히스파니올라의 누군가를 대상으로 발행된 것이다.

이 칙령을 통해…마을의 거주자인 [아무개]에게…의 지도자와 거주자들이 그대의 농장에서 농장의 경작을 돕도록 그들을 이용할 것을 위탁하며, 아울러…그들에게 우리의 거룩한 가톨릭 신앙에 대해 가르치고 그들에게 필요한 모든 경계와 보호를 제공하는 임무를 위탁하노라(Zavala 1935, 295).

---

7 Zavala(1935, 6)는 이 주제에 대한 걸작에서 다음과 같이 논평한다. "위탁된 인디오를 법률적으로 노예와 구분하기 위해 규정된 인디오의 법적 자유라는 원리에 대해 강조하는 것에 유의하라.…그러나 인디오들이 모두 같은 종류의 노동에 투입되었기 때문에 그 차이는 형식 수준을 넘지 못했다."

우리는 이 문서들에서 그러한 두 가지 목표 간의 어떤 긴장을 알아챌 수 있다. 이론상으로는 복음화 목표가 일차적이다. 예컨대 1536년 이후 훈령들은 엥코미엔다와 알렉산데르 교황의 칙서에 규정된 선교 과업을 연결시킨다.

> 거룩한 교황좌에서 인디아스에 속한 왕국들에 대한 지배권을 가톨릭 군주들에게 수여한 주된 이유는⋯그곳에서 우리의 거룩한 가톨릭 신앙을 전파하고 그곳의 사람들을 인도하여 교회의 보편적 지체가 되게끔 그들을 개종시키고 구원하려는 것이었다. 폐하께서도 가톨릭 군주로서 자신의 의무를 이행하기 위해 인디오들을 스페인 사람들에게 할당할 것을 명하셨다(*Colección* 1885-1931, 10:360-361).

하지만 **실제로는** 물질적 이익이 우세했고 엥코미엔다가 극심한 인디오 노동 착취에서 절정에 이르렀다는 결론을 피하기 어렵다.[8]

도미니코회 신학자인 마티아스 데 파스 수사는 1520년대 발표한 자신의 논문에서 강제노동의 정당성을 옹호했다(Lopez de Palacios Rubios and Paz 1954, 219, 223). 그것은 스페인의 패권이 원주민의 영적 삶에 유익하다는 전제에서 나왔다.

> 그렇게 하지 않는다면 그들이 그리스도인들로부터 멀리 떨어져 있음으로 인해 그 땅에 그들을 도울 사람이 하나도 남지 않게 될 경우 그들은 곧 가

---

8 Pérez de Tudela(1957, 1:xv)는 엥코미엔다를 유익한 것으로 간주하는 이론이 그 옹호자들이 "바리새인 같은" 위선자임을 나타내는 "절대적으로 잘못된 관습"이었다고 평가한다.

톨릭 신앙을 잃게 될 텐데, 그것은 그들에게 가장 커다란 악이 될 것이다. 그러므로 지극히 높으신 하나님의 도움을 힘입어 인디오들을 가톨릭 신앙에 대한 지식으로 인도할 스페인 군주의 지배하에 두는 것이 그들의 구원을 위해 매우 적절하다.

이 유익은 매우 큰 대가를 수반하지만 그것은 도덕적으로 합리적이며, 무엇보다도 원주민들의 노동을 통해 지불되어야 한다.

그러므로 인디오들이 개종한 뒤에도 그들에게 일정한 노역을 요구하는 것은—그 땅에 거주하는 그리스도인 거주자들이 그곳에 가서 지극히 현명하신 우리 가톨릭 군주께서…그처럼 먼 땅을 그리스도의 지극히 유순한 멍에 아래에 둘 수 있도록 일하는 데 투입한 비용과 수고를 고려할 때—설사 그곳에 거주하는 그리스도인들에게 기대되는 것보다 더 많은 노역을 요구한다고 하더라도 그러한 노역이 신앙과 바른 이성에 부합하는 한 정당하다.[9]

그러나 70년 뒤 프란치스코회 소속의 가스파르 데 레카르테는 「누에바에스파냐 인디오들의 개인적 노역과 레파르티미엔토에 대한 논문」(*Tratado del servicio personal y repartimiento de los indios de Nueva España*, 1584)에서 인디오 엥코미엔다가 거둔 복음화의 성과에 대해 매우 가혹하게 평가한다.

---

9   Las Casas는 그의 인습을 타파하는 저작인 『페루의 보화』 중 상당 부분을 인디오들이 자신들을 복음화하는 것에 대해 비싼 비용을 지불할 의무가 있음을 부정하는 데 할애했다.

이 강제 할당은 이 인디오들을 다스림에 있어 무엇보다도 일차적인 목적으로 삼아야 할 것, 즉 우리의 거룩한 가톨릭 신앙과 거룩한 복음을 높이고 증진하는 데 상당한 방해가 된다.…설상가상으로 신앙의 이름으로…그들은 자신들의 폭정과 절도와 탐욕을 가리고 그 위에 덧칠하려 한다.

~~~

엥코미엔다 제도에서 인디오의 자유와 생존

인디오에 대한 엥코미엔다 또는 할당을 둘러싸고 수백 년간 진행되어온 논쟁은 이중적 측면을 띠고 있다. 첫 번째 요점은 그것이 인디오의 **자유**라는 이론적·법률적·신학적 전제에 의거하고 있음에도 불구하고 그 권리가 실제로 침해되지 않았는가에 대한 것이다. 엥코미엔다가 강제노동을 원주민의 자유에 대한 공식적·법률적 인정 및 그들에 대한 선교 또는 교화 사업을 결합하려는 시도로 받아들여질 경우에만 이 논쟁을 완전히 이해할 수 있다. 인디아스 평의회의 위원인 페드로 마르티르 데 앙글레리아(1964-1965, 2.7.4:606)는 엥코미엔다와 노예제 사이의 이론적·법률적 차이를 강조하면서, 이 새로운 노동 제도에 대해 다음과 같이 묘사한다. "국왕의 뜻에 따라 누군가의 지배하에 할당된 이들은 **노예로서가 아니라** 공물을 바치는 자이자 국민으로 여겨질 것이다." 카를로스 에스테반 데이베(1980, 15)와 같은 양심적인 역사가는 엥코미엔다의 실상과 그 일상적인 운영을 조사한 후 다음과 같이 단언한다. "엥코미엔다가 사실상 은폐된 노예제였음을…우리는 지치지 않고 말할 것이다."

이 평가는 새삼스러운 것이 아니다. 국왕 편에서 엥코미엔다를 인간화하고 학대를 금하려는 많은 노력을 기울였음에도 불구하고 바르톨로메 데 라스 카사스는 언제나 이 제도가 인디오 민족들의 천부적 자유를 침해했다고 여겼다. 차르카스 주교인 마티아스 데 산 마르틴 수사가 라스 카사스에게 보낸 편지(Fabié [1879] 1966, 71:441-451)에서 정복자(그는 그들이 국왕의 훈령을 위반했다고 질책한다)와 엥코멘데로(그들은 법의 테두리 내에서 행동했다)를 구분한 것에 대해 라스 카사스(같은 책, 454-454)는 다음과 같이 응답한다.

> 주교님, 엥코멘데로는 엥코멘데로일 뿐 정복자가 아니라는 말에 속지 마십시오.…그들은 폭군입니다.…왜냐하면 그 인디오들은 당연한 권리와 자연법에 따라 자유로우며 스페인 사람들에게 과거에 아무것도 빚지고 않았고 지금도 빚지고 있지 않기 때문입니다.…엥코미엔다는 그 자체가 나쁘고 사악하고 본질적으로 부패하였으며, 그 어떤 법이나 이성과도 조화되지 않습니다. 왜냐하면 자유민을 자신의 의사에 반하여 넘겨주거나 할당하면서 그들에게 [스페인 사람들의] 유익과 효용을 도모하라고 명령하고,…그들의 등 뒤에서 그들의 왕으로부터 왕국을 찬탈하고, 그들의 영토를 군주들과 자연적인 주인들로부터 탈취하기 때문입니다. 이보다 더 큰 극악무도한 타락, 사악함과 불공정, 불경건과 폭정이 있겠습니까?…이 엥코멘데로들이야말로…인디오들에게 보상할 의무가 있습니다. 저는 세율도 매기지 않고 과도하게 징수하는 공납이나 교묘한 수를 써서 인디오들의 것을 도둑질하고 그들을 억압하는 것에 대해 말씀드리는 것이 아니라…적절하다고 평가되고 부과되어온 공납 자체에 대해 말씀드리는 것입니다.

이 쟁점의 또 다른 면, 곧 논란이 되는 두 번째 문제는 원주민들의 **생존**에 관한 것이다. 인디오들을 할당하고 그에 따라 이들에게 강제 노역을 실시한 것과 인디오들에게 닥친 인구 감소 및 그로 인해 콜럼버스가 아메리카 대륙에 오기 전에 존재했던 앤틸리스 제도의 거의 모든 공동체가 소멸한 것 사이에는 어떤 관계가 있는가?

1517년에 프란치스코회 수사 페드로 메히아가 내린 역설적 판단에서 엥코미엔다에 대한 평가의 복잡성을 볼 수 있다. 그가 보기에 "스페인 사람들에게서 인디오를 빼앗아 가는 것은 나쁜 일이고 그들을 그대로 맡겨두는 것도 나쁜 일이다." 그의 주장에 따르면 인디오를 빼앗는 것이 나쁜 이유는 식민지 개척자들이 품은 경제적 열망이 산산조각날 것이고 국왕이 수여한 특권이 침해될 것이기 때문이다. 또한 스페인의 감시가 없다면 기독교 신앙이 원주민들에게 뿌리내리지 못할 것이다. 왜냐하면 "인디오들에게 이를 강제할 사람이 없다면 그들은 열흘 안에 지금 암송하는 성모송도 잊어버릴 것"이기 때문이다. 다른 한편으로 인디오들을 엥코미엔다에 맡겨두는 것이 나쁜 이유는 "그들을 그대로 맡겨두면 이 땅의 모든 인디오가 사라질 것"이기 때문이다(출처: Gómez Canedo 1977, 218).

쿠바와 히스파니올라의 북쪽에 위치한, 콜럼버스가 제1차 항해에서 발견한 제도(오늘날 바하마 제도라고 부르고, 당시에는 루카야스라는 명칭으로 불렸다)에 거주하던 주민들의 운명을 살펴보면 엥코미엔다가 제기하는 이중의 도전과 카리브해 원주민들의 자유와 생존이라는 문제가 한곳으로 수렴함을 분명히 알게 된다. 콜럼버스가 아메리카에 오기 전에는 아주 많았던 히스파니올라 주민 수가 급감함에 따라 금광이 발견되지 않은 인근 도서(카스티야인들은 이곳을 "근처의 쓸모없는 섬들"이라고 불렀다)에서 원주민 노동력을 도입하겠다는 결정이 내려졌다(출처: Fernández de Navarrete 1945, 2:412).

이 결정은 루카야인의 영적·종교적 복리와 카스티야인의 경제적 이득이라는 이중의 논리로 정당화되었다. 페르난도 왕은 다음과 같은 1511년의 칙령 등 다양한 칙령을 통해 그 관행을 승인했다.

> 금이 없는 섬의 일부 인디오들을 금이 나는 섬으로 보내 그곳의 그리스도 인들로 하여금 인디오들을 이용하게끔 하고 또한 그들에게 우리 가톨릭 신앙에 관한 내용을 가르치도록 하여 이들 인디오들이 다른 도서에 한가히 방치된 채로 우상숭배를 자행하지 않게끔 하는 사안에 관해 인디아스 평의회의 몇몇 위원들과 더불어 충분히 논의하고 심사숙고한 끝에, 짐은 수송되는 모든 인원에 대해 5분의 1을 바치는 조건으로 해당 도서로부터 인디오들을 수입할 수 있는 면허를 수여한다.…짐이 이러한 결정을 내린 것은 이들 인디오들을 수입함으로써 주님이 잘 섬김 받을 뿐 아니라 히스파니올라 섬에도 커다란 유익이 될 것이라고 들었기 때문이다(Konetzke 1953, 1:26-27).

이것이 이런 사안과 관련된 최초의 칙령은 아니었다. 1509년 8월 14일 국왕은 재무상 미겔 데 파사몬테에게 "다른 지역의 인디오들을" 히스파니올라로 "데려갈 것"을 지시했었다(Pacheco et al. 1864-1884, 31:441-442). 이 칙령은 금이 풍부한 섬에 종복으로 이송되는 것에 저항하는 루카야인들을 노예화할 것을 승인한다. 그 결과 이 불행한 원주민들이 선택할 수 있는 길은 단순했다. 자신의 고향을 떠나 낯선 땅으로 가서 일하는 것을 받아들인다면 그들은 나보리아(*naborias*: 개인의 종복)가 될 것이다. 그러한 운명을 거슬러 싸운다면 그들은 노예가 될 것이다.

루카야인들을 생포하여 강제 이주시키는 조치가 표방하는 이중적 목적—기독교화와 값싼 육체노동 확보—의 핵심 축은 금 채굴이었다. 이는 앤틸리스 제도 원주민들의 자유와 생존에 중대한 문제가 된다. 금이 나는 섬에서는 원주민들이 광산에서의 강제노동에 처해지는데 이로 인해 원주민의 사망률이 가파르게 상승한다. 금이 나지 않는 섬에서는 주민들이 노동자 사냥꾼들의 손쉬운 먹잇감으로 전락하여 이론상으로 자유롭지만 실제로는 강제노동에 처해진다. 그들은 강제노동으로 수명이 짧아졌는데 설상가상으로 낯선 환경으로 옮겨짐에 따라 사망률이 더 높아진다. 자신이 태어난 자연 환경에서 소박한 자급자족 경제를 영위해왔던 이들이 이러한 환경으로부터 급격히 단절됨에 따라 그들은 라스 카사스가 자세하게 묘사한 것과 같은 정신적 충격을 겪었다(1986, 2.1.43-45:346-355). 이들의 비극적 상황은 27번 째 부르고스 법령에서 공식적으로 인정되었지만, 해당 법령이 1516년 예로니모회 신부들에게 내린 훈령을 통해 완화됨으로써 그러한 비극이 실질적으로 멈춰질 수는 없었다(참조. Konetzke 1953, 1:53; Las Casas 1986, 3.3.89:133). 기독교화("그들에게 우리의 신앙에 관한 내용을 가르치고")와 탐욕("아울러 우리 왕실의 수입을 늘리고")의 기괴한 변증법적 결합으로 인해 이들의 생존이 취약해졌다(출처: Fernández de Navarrete 1945, 2:412). 히스파니올라의 황금은 거기서 멀리 떨어진 곳에서 태어난 이들에게까지 불행의 근원이 되었다.

엥코미엔다는 원주민을 기독교로 개종시킨다는 것을 중요한 이론적 정당화의 근거로 제시했음을 잊지 말아야 한다. 하지만 도미니카 공화국 출신의 학자인 막스 푸이주에 따르면 히스파니올라의 식민화 이후 첫 수십 년 동안 원주민을 대상으로 한 조직적이고 체계적인 전도 활동이 전혀 없었다.[10] 이 견해는 1520년대에 히스파니올라에 거주하던 도미니코회 수도사들이 밝힌 내용을 되풀이한 것이다. 그들의 견해에 따르면 엥코멘데로들이 인디오들에게 과중한 작업을 부과했기 때문에 종교 교육을 위한 시간이나 힘이 남지 않았다. 그들이 사용한 성경의 비유에 의하면 한 사람이 양 떼 가운데서 늑대인 동시에 목자일 수는 없다.[11] 그 기간 동안 앤틸리스 제도의 원주민 인구가 급속히 감소했다.

리노 고메스 카네도(1977, 148-150)가 앤틸리스 제도의 식민화 이후 첫 20년 동안 진행된 프란치스코회의 선교 사역에 관해 제시하는 정보가 반드시 그러한 부정적인 평가를 부정하는 것은 아니다. 그가 제공하는 데이터는 평가하기 위함이라기보다는 실상을 알리는 것을 목표로 삼고 있지만, 그 데이터는 전도 활동이 불안정했음을 보여준다. 고메스 카네도는 그것은 "앤틸리스 제도 주민의 우유부단함"에서 비롯된 것일 뿐만 아니라(같은 책 150) 원주민 복음화 사업의 완전한 실패이기도 하다는 사실을 인정할 용기가 없다. 선교 사업이 개종 대상자들의 멸종으로 끝난 데 대해 우리는 어떻게 평가하는가? 다음과 같은 라스 카사스의 단정적인 판단이 진실에 더 가깝다. "그 당시에 성직자나 평신도들 가운데 그 종족들에게 하나님에 대한 교리나 지식을 가르치는 데 조금이라도 관심이 있는 자가 하나도 없었다. 모두가 그들을 이용하기만을 원했다"(Las Casas 1967, 1.3.120:634). 그러한 혹독한 평가를 내린 사람은

---

10 1989년 2월 11일 산토도밍고에서 실시한 강연. Moya Pons(1978)는 엥코미엔다에 대한 선교적인 수사에 위선적인 성격이 있다는 데 동의한다. 앤틸리스 제도의 초기 복음화에 대해서는 Meier(1986)를 보라.

11 Las Casas(1967, 1.3.120:632)에 따르면 문제의 일부는 타이노족의 언어에 대한 지식 부족에 기인한 것이다. 그러나 깊이 들어가 보면 이러한 무지는 원주민의 복음화에 관한 무관심 때문이다.

라스 카사스만이 아니었다. 프란치스코회 수사 헤로니모 데 멘디에타 (1980, 1.6:36; 참조. 3.47:301)도 그런 평가를 되풀이했다. "그들 모두 이웃을 돌보기보다는 황금을 추구했다. 원주민들을 동정하는 사람도 없었고, 그들의 생명을 구하려는 열정도 없었다.…결국 [앤틸리스 제도의] 인디오들은 모두 멸종되었다."

국왕은 일확천금을 바라는 욕망과 원주민 종족의 복음화 및 보존이라는 과제의 올바른 통합을 달성할 수 없었다. 그 결과 앤틸리스 제도의 원주민 대다수가 사멸하는 비극이 초래되었고, 콜럼버스 이전부터 존재해온 본토 주민들의 인구가 급속히 감소했다. 로드리고 데 피게로아 판사는 1520년 7월 6일 왕실에 이 난제를 분명하게 제시했다. "이곳의 모든 사람은 엥코미엔다에서 현재의 체제가 유지된다면 우리가 인디오들을 보존하기 위해 아무리 열심히 노력한다 하더라도 그들이 빠르게 소멸되지 않을 수 없다고 말합니다." 반대로 엥코미엔다가 폐지된다면 스페인 사람들이 떠날 것이다. "그들[원주민들]을 그리스도인들로부터 떼어놓는다면 그 섬의 인구는 확실히 줄어들 것입니다"(Pacheco et al. 1864-1884).[12] 하지만 그는 틀렸다. 실제로는 아프리카 출신 노예들을 대량으로 수입하여 고된 노역을 시킴으로써 많은 이윤이 창출되었다.

페루의 페르난도 데 아르마스 메디나(1953, 125)는 자신과 같은 세대에 속한 라틴 아메리카 히스패닉의 민족주의적이고 가톨릭적인 시각

---

12 Córdova(1968)는 앤틸리스 제도에서 채택한 것과 같이 사실상 무보수로 강도 높게 원주민의 노동을 착취하는 형태의 엥코미엔다가 "인구 감소의 가속화"를 재촉한 하나의 요인이었다는 명제를 제언한다. 나는 이 제도가 이 인구 재앙의 핵심 요소로서 갖는 잠정적이고 일시적인 성격을 강조하는 그와 견해를 달리한다. 인디오 노예들의 사망률도 [엥코미엔다에 배정된 인디오들의 사망률과] 동일했던 것으로 보인다. 과도한 육체 노동 착취는 재빨리 부자가 된 다음 되도록 빨리 스페인으로 돌아가려 한 식민지 개척자들의 잠정

을 대체로 공유하지만, 그럼에도 그는 엥코멘데로가 "인디오를 위한 교리 교사"(*curas de Indios*)의 고용 계약과 관련된 법적 의무를 이행한 것은 적어도 처음에는 복음화를 위해서가 아니라 개인적 이득을 위해서였음을 인정한다. "엥코멘데로는 자신의 소득을 극대화하는 데 도움을 줄만한 인물을 교리 교육을 위한 보좌신부로 고용했다."

라스 카사스의 견해(16세기에는 가장 혹독한 비판이었다)에 따르면, 엥코미엔다는 비록 원주민의 영적·세속적 복리를 몇몇 스페인 사람들에게 맡기고자 했던 이사벨 여왕의 올바른 의도에서 비롯되었지만, 종국에는 "환상이자 사악한 궤계…그토록 광대한 많은 왕국들을…죽이고 파괴하고 인구를 감소시킨 진정한 죽음이며…", "아주 맹목적인 탐욕이자…인류의 상당한 비율을 파괴한 역병"이 되었다(Las Casas 1965, 1:799; 1986, 1.1.119:417). 이 제도는 설립 목적을 달성하지 못하고 원주민들의 죽음을 야기하고 그들이 자유로운 존재로서 지니는 천부적 권리를 침해했다. 이는 이 제도가 단지 은폐된 노예제로서 원주민의 땀과 노고를 통해 부를 뽑아낸 것을 악하게 위장했기 때문만이 아니라 또한 "그 모든 사람들의 동의를 결여하고 있기" 때문이기도 하다. 그러므로 그것을 옹호하고 촉진하는 사람은 누구든 "기독교와는 아무 관계가 없고…참으로 하나님의 원수이자 그 이웃을 멸절시키는 자다"(1965, 1:803, 837).

적이고 일시적인 열망에 기인했다. 크리오요 의식이 발달하기 시작하자 비로소 육체 노동자들을 영구적으로 보호해야 할 법적 필요성이 느껴졌다. 그러나 육체노동과 앤틸리스 원주민의 사망률 간의 관계라는 주요 문제를 모호함이 없이 제기하는 것은 Córdova의 공헌이다. 널리 읽히는 Fernández Méndez(1984)의 푸에르토리코 원주민들에 대한 논문에서 제시한 분석에는 이 점이 결여되어 있다. Córdova는 또한 Fernández Méndez가 메스티사헤(*mestizaje*)를 통해서, 즉 원주민과 유럽인 및 아프리카계 아메리카인 간의 인종적 혼합을 통해서 앤틸리스 원주민 인종이 존속되어왔다고 성급한 관찰을 내어놓은 데 대해 예리한 비판적 검토를 제시한다.

라스 카사스는 인디오의 예속을 정당화하려는 모든 시도에 대해 법률적으로 및 신학적으로 맞서 거의 반세기에 이르는 긴 투쟁을 계속했다. 1555년 8월 바르톨로메 카란사 데 미란다에게 보낸 편지(출처: Fabié [1879] 1966, 71:409)에 나타난 그의 견해에 따르면 노예 노동에 기초한 부당한 치부 체제로 운영된 엥코미엔다는 이것이 복음화 제도라는 이론이 허위임을 보여준다.

> 그 속임수는 앞에서 말한 엥코미엔다 또는 할당이 스페인 사람들로 하여금 인디오들에게 기독교 교리를 가르치려는 목적에서 만들어졌다고 말하거나 생각하는 데서 생겨난다. 이는 거짓이다. 오히려…이 제도를 만든 사람이 누구이든 간에…그들은 인디오에게 교리를 가르치는 시늉조차 하지 않았다.…다만 스페인 사람들에게 부를 가져다주었을 뿐이다.

프란치스코회 수사 멘디에타는 도미니코회 소속의 동료 수사 못지않게 혹독하고 비판적이다. 그는 엥코미엔다를 "가혹한 노예제"이자 "영원한 속박"이라고 부를 뿐만 아니라 그것을 "기독교에 대한 주된 그리고 가장 해로운 공격[이자 기독교에 반하는 것]"으로 간주한다. 그것은 "그들의 의사에 반하여 무력으로" 부과된 제도다. 그것은 폭력과 강요로 탄생했으며, 따라서 실제로는 스페인 사람들이 자신들의 이론적 목표로 내세우는 것, 즉 인디오에게 성경이 말하는 "자비의 법"을 가르치는 것에 반한다. 그것은 사도 시대의 그리스도인들이 겪었던 상황을 거꾸로 뒤집은 셈이다. 이제 "그리스도인들이 우리의 신앙으로 개종하는 이들에게…초기 교회 시절에 예수 그리스도에 대한 믿음을 부인하기를 거부한 순교자들에게 이방인들이 가했던 형벌을 [부과한다].…이보다 더 사악하고 비인도적인 행위가 있을 수 있는가?" 원주민들은 "늑대"로 돌변한 자칭 그리스도인들이 부과한 비인간적인 노동으로 인해 고초를 겪고 있는 새로운 순교자들이다. 당대의 전형적인 귀신론에 따르자면 사탄에게 궁극적인 책임이 있다. 즉 엥코미엔다는 "마귀가 파멸을 위해 촉진하는 것"이다(Mendieta 1980, 4.37-38:519-529).

누에바에스파냐에서의 논쟁

엥코미엔다에 대해 카를로스 5세와 에르난 코르테스의 서로 다른 견해를 주목하면 도움이 된다. 1524년 3월 20일, 정복자 코르테스는 황제에게 누에바에스파냐에 인디오 할당제도를 정착시키기로 결정했다는 사실을 알렸다(출처: Pacheco et al. 1864-1884, 26:135-148과 163-170).[13]

국왕의 반응은 코르테스가 기대한 바가 아니었다.

스페인 사람들이 지금껏 정착해오면서 인디오들을 돌볼 책임을 맡고 있는 히스파니올라 섬과 기타 도서에서 인디오 할당제를 시행한 결과 우리가 갖게 된 오랜 경험으로 인해 인디오들은 학대 및 과도한 노동과 사망에

---

13 Cortés의 법령들은 그가 자신의 군사적 업적만이 아니라 그가 누에바에스파냐라고 부르는 번영하는 식민지를 세운 사실로 인해서도 역사에 자신의 명성을 남기려 했음을 보여준다. 그는 자신의 목적을 달성하기 위해서는 인디오들이 급속히 멸종해서 그곳의 경제적 유인이 망쳐졌던 앤틸리스 제도에서 벌어진 일을 피해야 한다는 것을 잘 알고 있었다.

따른 매우 심각한 피해 및 손실 때문에 그 수가 격감했다. 이러한 인디오 인구의 감소와 우리 주님께 대한 커다란 불경으로 인해 인디오들은 그들의 구원에 필요한 거룩한 가톨릭 신앙에 대한 지식에 이르지 못하고 있다. 따라서 인디오들에 대한 할당으로 말미암아 초래된 그러한 피해와 거룩한 교황좌에서 양도와 수여 칙서를 통해 우리에게 맡긴 사명을 충족해야 할 필요를 고려하여,…짐은 그대에게 그 땅에서 엥코미엔다에서 인디오를 할당하거나 그들을 그곳에 억류하는 것을 허용하지 말라고 명하며, 그들이 우리 카스티야 왕국에서 우리의 신민들으로서 자유롭게 살도록 허용할 것을 명한다.

엥코미엔다에 대한 호의적이지 않은 평가는 광범위할 뿐 아니라 놀랍도록 확고하다. 이는 "우리 왕실에 있는 선하고 거룩한 삶을 살고 있는 독실한 신학자들과 박식한 인물들"이 개입하였음이 드러난다. 그들은 국왕의 자문 요청을 받았을 당시 누에바에스파냐에 이해 관계가 없었으므로 적어도 그때까지 실행된 할당이 적법하지 않다고 제언했다. "이렇듯 우리가 선한 양심에 따라 판단하건대 우리 주 하나님이 그 인디오들을 자유롭고 종속되지 않게 창조하셨으므로 우리는 그들을 엥코미엔다에서 지내게 하거나 그리스도인들에게 할당되도록 명령할 수 없습니다"(*Colección*, 1885-1931, 9:170-171).

코르테스는 정치적 권력자나 신학적 권위자에게 겁을 먹을 사람이 아니었다. 황제에게 보낸 그의 답변은 그의 강함과 수완을 잘 보여준다. 그는 대담하게도 자기가 왕의 지시를 비밀로 유지한 채 실행하지 않았다는 말로 시작한다. 그는 왕을 자문한 신학자들과 수도자들이 누에바에스파냐에 만연한 상황을 전혀 알지 못한다고 주장한다. 정복자들은 거대한 아스텍 제국과의 전쟁 비용을 자신들의 자금과 신용으로 조달하느라 큰 빚을 지고 있다.[14] 그들이 무력으로 정복한 땅에 머물면서 그 땅을 식민화하기 위해서는 인디오들의 노동과 노역을 통해 다소의 수입을 얻을 수 있도록 허용되는 것이 유일한 방법이다.

스페인 사람들이 원주민들로부터 도움을 받지 않으면 다른 어떤 사업도 있을 수 없고, 생활을 이어가거나 생계수단을 벌어들일 방법도 없습니다. 그리고 그러한 도움이 없으면 그들은 생존할 수 없으며, 그 땅을 떠날 수밖에 없을 것입니다.

그는 재빨리 마지막 요점, 즉 최근에 정복한 땅을 포기하는 것은 관련된 모든 이들에게 해로운 결과를 가져올 것임을 지적한다. 왕이 엥코미엔다를 금지하면 정복자들/식민지 정착자들뿐 아니라 왕에게도 해로운 결과를 가져올 것이고, 특히 왕은 심각한 피해를 입을 것이다("폐하를 위한 왕실 소득의 감소와 폐하께서 이미 소유하신 것과 같은 그런 거대한 영토의 상실"—이 "영토"는 왕이 코르테스와 그 동료들의 용맹 덕분에 누리는 것임을 은연중에 암시하고 있다). 그러나 그의 미묘하고 영리한 논리 가운데 가장 뛰어난 부분은 이 제도가 원주민들에게 유익하다고 밝히는 대목이다.

그리고 하나 더 말씀드리자면, 엥코미엔다에 그들을 할당하지 않는 이유는 그들의 자유가 박탈되지 않을까 하는 염려 때문으로 보입니다. 그리고

---

14 Cortés의 이해 관계가 걸려 있다. 그에 따르면 자기는 멕시코 정복의 주요 채무자다. "게다가 나는 내가 가진 것을 다 썼는데, 그 금액은 금화 십만 페소가 넘었고 그 외에도 금화 3만 페소 이상의 빚을 안고 있다"(1985, 215).

그곳에서 그런 일이 일어난 것으로 보일 수도 있을 것입니다.…제가 그들을 배분하는 방식으로 배분한다면, 그들은 포로상태에서 벗어나 해방을 얻게 됩니다. 그들이 이전의 주인들을 섬긴 방식에서는 그들은 포로였을 뿐 아니라 부적절한 형태의 예속 상태에 있었기 때문입니다.

그는 이어서 잉카의 왕들과 토착 군주들은 잔인하고 피에 굶주린 폭군들이라는 주장을 전개한다(그것은 훗날 스페인 제국을 옹호하는 변증가들 사이에서 큰 인기를 얻게 되었고 약 반세기 뒤 히스패닉계 페루인으로서 잉카 왕국에 대한 험담을 늘어놓던 이들[예컨대 Sarmiento de Gamboa 1572]에 의해 완성된다). 따라서 최근에 도입된 스페인의 체제는 구속적이고 해방시키는 성격을 가지고 있다.

그들은 원주민의 생존을 위해 필요한 것을 조금도 남겨놓지 않은 채 원주민이 가진 모든 것을 빼앗고, 원주민의 자녀들과 친척과 원주민 자신을 취하여 그들의 우상에게 제물로 바쳤다.…몇몇 종족들에게 그들이 맡겨진 그리스도인들을 잘 섬기도록 겁을 주기 위해 그들이 잘 섬기지 않으면 그들의 원래 주인들에게 돌려보낼 것이라고 말하면 이들은 그것을 다른 어떤 위협보다 더 두려워한다(Cortés 1985, 211).

늘 그렇듯이 스페인 국왕은 성급하게 결정하지 않았다. 황제는 누에바에스파냐에 거주하는 **스페인 사람들**의 다양한 집단이 이 사안에 대해 어떤 관점을 갖고 있는지 판단하기 위해 설문조사를 실시할 것을 **명령했다**(이 조사가 원주민에 관한 것이었지만 원주민들의 의견을 물은 것은 아니었음을 부각하기 위해 강조를 덧붙였음). 그 조사 결과는 적어도 일생 동안의, 그리고 가능하다면 영구적인 엥코미엔다를 거의 만장일치로 지지했다.

1526년 11월 발표된 그라나다에 대한 규정은 식민지 개척자들의 승리를 보여주는데, 그 내용은 원주민들에 대한 선처와 개종을 촉구하는 잘 알려진 권고로 윤색되었다.

> 짐은 또한 다음과 같이 명한다. 그 인디오들의 자질과 상태 및 능력을 고려할 때, 상기한 수도자들 또는 성직자들은 하나님을 섬기기 위해서나 인디오들의 유익을 위해서 다음과 같이 시행하는 것이 좋다고 결정했다. 인디오들로 하여금 자신의 악덕 특히 인육을 먹는 끔찍한 범죄를 버리게 하고, 그들이 교양 있게 살아가게끔 그들을 훈육하여 그들에게 선한 행위와 습관 및 우리의 기독교 신앙과 교리에 대해 가르치기 위해서는 그들을 그리스도인들에게 맡겨 그들을 이용하게 하되, 그들을 수도자들로부터 할당받을 수 있는 자유로운 인간으로 대하는 것이 적절하고 또 그렇게 할 필요가 있는 것으로 보인다.…늘 하나님께 대한 섬김을 존경하는 것을 염두에 두라(Konetzke 1953, 1:94-95).

1529년 12월 10일 인디아스 평의회는 또다시 다음과 같은 난제에 직면했다. 엥코미엔다가 원주민 멸종의 원인이지만 만약 이 제도를 갑작스럽게 폐지한다면 스페인 사람들의 신세계 식민화의 동기였던 부의 축적이라는 유인도 사라질 것이다. 따라서 '어떻게 원주민들을 보호하는 동시에 스페인 사람들의 치부를 허용한다는 달성하기 힘든 목표를 달성하고 이를 통해 선한 양심과 자산 증가를 결합시킬 것인가?'가 문제였다.

> 비록 이 과업을 맡은 사람들은 매우 태만했지만 우리는 때때로 아시엔다 평의회(Hacienda Council)를 포함하여 국왕 자문회의와 인디아스 평의회

를 모두 소집하였으며, 거기서 인디오들의 자유와 그들에 대한 선처와 그들을 우리 가톨릭 신앙으로 개종케 하기 위해 지금껏 제정된 모든 법령과 규정 및 훈령을 검토했습니다.…모두의 생각을 종합하건대, 폐하를 섬기고 폐하의 양심을 충족시키며 누에바에스파냐를 보존하여 다른 도서에서 벌어진 것과 같은 열악한 처우로 인해 원주민들이 대규모로 사망하는 일이 없도록 하기 위해 하나님이 그들을 자유로운 인간으로 만드셨으니 그들에게 완전한 자유를 주는 것과…그러한 목적을 위해 인디오들을 정복하고 그들 가운데서 살고 있는 스페인 사람들로부터 엥코미엔다를 철회하는 것이 적절하다고 생각됩니다. 왜냐하면 사실 이 제도는 폐하의 양심에 해로울 뿐 아니라 인디오들을 우리 가톨릭 신앙으로 교육하여 개종시키는 것—이는 폐화의 주된 의도입니다—과 그들의 보존 및 수효 증가에 방해가 되기 때문입니다(같은 책, 131-132).

이 지침은 엥코미엔다의 폐지 후 한 해 동안 토지의 보유를 늘리고 인디오가 바치던 공납을 양도하는 식으로 실제 엥코멘데로에게 보상할 수 있는 몇몇 조치로 마무리된다.

문제는 당연히 식민지 개척자의 관점에서 핵심적인 요소인 부의 축적이 원주민의 강제노동에 의존한다는 것이다. 더 넓은 토지 보유와 잠정적 공납은 원주민 노동력에 대한 착취의 확대를 통한 투자로서만 일리가 있을 것이다. 치부의 원천인 이러한 강제노동이라는 요인이 없이는 그 유인책들은 불충분하다. 누에바에스파냐의 주교인 프란치스코회 소속의 후안 데 수마라가는 1543년 10월 4일 황제에게 편지를 써서 식민지의 안정을 위해 어느 정도의 원주민의 예속 노동이 필요함을 교묘하게 표현했다.

스페인 사람들이 그곳에서 안식과 영원한 고향을 얻고, 이 땅이 그들에게 그들에게 어머니가 되고 그들이 그 땅을 지키고 영예롭게 하는 사랑스런 자식이 되도록 하기 위해 그 땅에 정착지를 제공할 필요가 있습니다. 이러한 안식과 애착은 그 땅이 주는 양호함과 비옥함에서만 나오는 것이 아닙니다. 폐하, 이것으로 충분하다고 생각하지 마옵소서(Gómez Canedo 1977, 97).

1545년 스페인 국왕은 페루에서 무장 반란을 일으켰던 식민지 개척자들의 압력에 굴복할 수밖에 없었고(López de Gómara 1946, 155-294), 1542년 인디아스 신법으로 취소되었던 인디오들의 할당을 재도입해야 했다. 그들의 요구는 라스 카사스와 같은 수사들의 윤리적 비난보다 더 힘이 있었고, 라스 카사스는 애석하게도 도미니코회를 비롯한 여러 수도회의 고위층마저 엥코미엔다에 대한 금지의 철회를 지지하는 것을 알게 되었다. 인디아스 신법 제30장은 "이제부터 부왕이나 총독이나 법정이나 발견자나 그 누구도 인디오들을 할당할 수 없다"고 규정하였다(Konetzke 1953, 1:219). 이 법은 3년 뒤 폐지되었다.

짐은 저곳 인디아스에서 짐을 섬기고 있는 이들이 그곳에 체재한다는 사실로부터 유익을 얻고 자신을 부양할 수 있는 수단을 확보하기를 원하며, 또한 인디아스의 여러 속주와 도서에 거주하는 많은 이들이 그 법에 관해 제출한 탄원서들을 보았으므로…짐은 이 법을 철회하고, 또한 앞서 언급한 장[제30장]이 아무런 가치나 효력을 지니지 않는 것으로 간주한다(같은 책, 236).

식민지 개발에서 육체 노동의 착취가 필수요소라는 논리가 실제적인 관리이자 누에바에스파냐의 부왕이었던 루이스 데 벨라스코가 1553년 5월 4일 카를로스 5세에게 보낸 편지에서 명확하게 제시되었다.

> 스페인 사람들 가운데는 불만과 빈곤이 만연해 있습니다.…누에바에스파냐에서 종복들이 없어진 결과 가치 있는 광산과 농장들이 줄어들고 있습니다.…이 종복들이 없다면 스페인 사람들은 쟁기질을 할 수도 없고 생필품을 확보할 수도 없습니다.…폐하, 인디오들 없이도 광산을 활용할 수 있다고 설득하는 자들에게 휘둘리지 마십시오. 반대로 광산의 육체 노동 비용이 상승할 경우 스페인 사람들 스스로 채굴 일을 하지 않는다면 광산은 끝장이 납니다. 그런데 저는 스페인 사람들이 굶어 죽을지언정 그렇게 하지는 않을 것이라고 생각합니다.…폐하께서는 폐광을 막기 위해 가능한 것을 명령하셔야 합니다. 노예를 해방하면 어떤 광산도 임금 지급을 감당할 만큼 산출량이 풍부하지 않으므로 왕실 자산과 개인 자산의 가치가 완전히 폭락할 것이기 때문입니다.

그는 1554년 2월 7일 펠리페 2세에게 보낸 편지에서도 이 주장을 되풀이했다. "저는 스페인 사람들은 인디오들의 노역이 없으면 이 땅에서 생계를 유지하기가 불가능하다고 생각합니다.…스페인 사람들은 매우 높은 급여를 받지 않는 한 다른 스페인 사람을 위해 일하지 않는데, 그나마 그들은 들일에는 손을 대지 않고 농장을 관리하는 일만 하려 합니다"(Cuevas [1914] 1975, 189).

스페인 그리스도인들의 양심에 의해 촉발된, 학대를 방지하고 모든 관련 당사자들에게 유익이 되는 노동 계약을 통해 엥코미엔다를 규제하려는 많은 노력이 있었음에도 불구하고 원주민 학대는 계속되었다. 1582년 멘디에타가 스페인에 보낸 보고서는 원주민들의 인간적 존엄성에 대한 중대한 침해가 계속되고 있음을 보여준다. 그 프란치스코회 수사는 다음과 같은 다섯 가지 조치를 권고하는데, 그의 주장은 이 문제의 심각성과 위법 행위가 계속되었음을 보여주었다.

1. "자유로운 인디오는 어느 누구도 광산에서 일하도록 강요하지 말아야 한다. 왜냐하면…그들을 광산에 보내는 것은 그들을…죽으라고 보내는 것이기 때문이다."

2. "어떤 노역을 위해서라도 인디오들을 자신의 집에서 20킬로미터 이상 떨어진 곳에 보내지 말아야 한다."

3. "엥코미엔다에 속한 인디오의 수는 해당 촌락에서 손쉽게 제공할 수 있는 인디오의 수를 초과하지 말아야 한다."

4. "그들이 결코…주일 미사에 빠지는 일이 초래되지 말아야 한다."

5. "노역하는 동안 그들은 매일 은화 1레알과 음식을 제공받아야 하고…좋은 대우를 받아야 한다"(Gómez Canedo 1977, 126-127).

~~~

영속성에 대한 논쟁

1544년 5월 4일 흔히 도미니코회로 알려진 설교자 수도회 소속 열두 명의 수도사들은 엥코미엔다가 첫째, 신세계에 있는 스페인 사람들의 경제적 복리를 위해 필요하고, 둘째, 원주민들의 영적·종교적 유익을 위

해 필요하다며 그것을 옹호하는 글을 작성했다. 그들은 또한 아메리카
에 있는 카스티야 식민지의 번영을 유지하기 위해 필수불가결한 조치
로서 그러한 특권이 영구적으로 부여되어야 한다고 주장했다. 이 문서
는 특히 "신령한 예배의 권위"에 유리하다며 부자와 빈자 간의 사회적
구분을 옹호하기 때문에 이 문서를 길게 인용할 가치가 있다.

> 이 땅 원주민들의 믿음과 기독교 신앙의 영속성은 그곳에 거주하는 스페
> 인 사람들의 영속성에 달려 있다[앞에서 "인디오들은 스페인 사람들이 없
> 다면 그들이 받은 믿음을 지탱할 만한 그런 지조나 선천적인 성향을 갖고
> 있지 않다"고 말했다].…그리고 이 땅에 부유한 사람들이 없다면 영속성
> 이 있을 수 없고, 엥코미엔다가 없다면 부유한 사람들도 있을 수 없으므
> 로…인디오들의 섬김이 없다면 광산이나 비단이나 양모나 육축이나 종자
> 나 유산도 가질 수 없기 때문에…확실히 하나님을 섬기는 것과 이 땅의 영
> 속성 및 원주민들의 신앙의 안정을 위해 스페인 사람들에게 마을들이 할
> 당될 필요가 있다. 질서가 잘 잡힌 공화국에는 부자가 존재하는 것이 중요
> 하기 때문이다.…인디오들은 가난해서 교회에 연보를 낼 수가 없기 때문
> 에 [그들은 흔히 말하듯이 "그러한 상태에 처한 인디오들은 유약하고 탐
> 심이 없으며, 자기들의 일용할 양식에 자족하기" 때문에 가난하다] 신령
> 한 예배의 권위를 위해 부유한 사람들이 있어야 하고 그들이 촌락을 소유
> 할 필요가 있다(Pacheco et al. 1864-1884, 7:533-540).[15]

---

15 이와 비슷하지만 좀 더 단순하게 표현된 논거가 여덟 명의 프란치스코회 수도사들에 의
   해 제시되었다. Pacheco et al.(1864-1884, 7:533-540)을 보라.

이는 전적으로 새로운 주제는 아니었다. 여러 해 전에 페드로 마르티르는 할당 제도의 영속성이라는 개념을 옹호하면서, 할당이 일시적으로만 허용된다면 엥코멘데로들은 가급적 이익을 많이 얻기 위해 돌진할 것이고 그 결과 원주민들에게는 영적·육체적 피해가 초래할 것이라고 주장했었다. 엥코미엔다의 영구적인 소유와 이를 상속 재산으로 물려줄 수 있는 법적 권한을 보장하는 것만이 원주민의 노동력을 지속적으로 유지하고자 하는 열망을 충족시킬 수 있다(Anglería 1964-1965, 2.4.7:607). 예로니모회 소속의 세 신부들(베르나르디노 데 만사네도, 루이스 데 피게로아, 알론소 데 산토 도밍고)도 시스네로스 추기경(1516-1518)의 지시로 1516-1518년에 히스파니올라에서 수행한 연구에서 다음과 같은 동일한 결론에 도달했다. "이 불운한 인디오들을 파괴한 요인 중 하나는 그들이 이 사람 저 사람에게 넘겨져 매일 새로운 주인을 섬기는 것이다"(Pacheco et al. 1864-1884, 1:352). 이는 원주민들의 영적 복리에 호소해서 식민지 개척자의 경제적 이익을 위해 강제적인 육체 노동의 영속화를 정당화하려는 시도다.

에르난 코르테스도 역시 엥코미엔다의 영구 소유가 스페인 사람들에게 경제적으로 유익하고 원주민들에게 영적으로 유익하다고 강조했다. 그는 카를로스 5세에게 보낸 영리한 편지에서 인디아스의 엥코미엔다가 유산으로 상속될 수 있다면 그것은 국왕과 식민지 개척자들과 원주민에게 모든 종류의 유익을 가져다주는 마술 지팡이라고 주장한다.

이런 식으로 두 가지 일이 이루어질 것입니다. 하나는 원주민들의 보존을 위해 좋은 질서가 확립될 것이고, 다른 하나는 스페인 사람들에게 이익과 생계 수단을 가져다줄 것입니다. 그리고 이 두 가지로 말미암아 우리 주

하나님이 더 잘 섬김을 받게 될 것이고 폐하의 자산도 증대될 것입니다.…폐하께서 이들 지역의 원주민들을 스페인 사람들에게 **영원히** 주도록 명하는 것이 대단히 유익합니다.…이런 식으로 각 사람은 원주민을 자신의 사람으로 여길 것이고 그들을…후손에게 물려줄 유산으로 교화할 것이기 때문입니다(Cortés 1985, 212; 강조는 덧붙인 것임; Pacheco et al. 1864-1884, 26:445).

인디아스 신법이 승인되기 직전인 1542년 11월 28일 멕시코시티의 대표자들이 동일한 논거를 제시했다.

폐하께서는 왕명에 따라 몇몇 인디오를 위탁받은 자들을 굽어보시어 **엥코미엔다를 영구화**해주시기를 청하나이다.…할당이 영구화되면 그들은 밀과 기타 종자를 파종할 농장을 선택할 것이고, 육축과 포도원 등을 보유하고 육성할 것입니다.…원주민들도 이로부터 유익을 얻게 될 것인데, 이는 그들이 영구적으로 할당되면 잘 대우받게 될 것이고, 번성하며 그 땅에 머물려고 할 것이기 때문입니다(Cuevas [1914] 1975, 109-110; 강조는 덧붙인 것임).

1546년 카를로스 5세는 할당을 영구화할 수 있게 달라는 이 핵심 요청을 받아들였다.

성 도미니코 수도회 및 성 아우구스티노 수도회의 관구장들과 누에바에스파냐의 행정장관 곤살로 로페스가 짐에게 와서 아뢰기를 그들은 짐이 인디오들의 상속권과 관련된 명령을 철회한 데 대해 감사를 드리지만, 진정으로 그 땅을 위한 일반적인 해결책은 그것이 아니라 자신들이 만족하며 평온히 지낼 수 있도록 할당을 영구화하는 것이라고 말했다는 것을 알라. 그리고 그들은 짐에게 여러 합당한 이유를 제시하였다(Konetzke 1953, 1:240-241).

그러나 집요한 라스 카사스가 이끄는 엥코미엔다 반대자들은 포기하지 않았다. 그들은 그 칙령의 이행을 막기 위한 힘겨운 싸움을 이어나갔다. 10년 뒤 펠리페 3세는 엥코멘데로, 특히 페루인들과 그들의 채권자들의 독촉으로 영구적인 매매에 찬성하는 쪽으로 기울었고 1556년 9월 5일 다음과 같은 결정이 담긴 왕령을 반포했다.

> 짐은 이 사안에 대해 여러 차례 숙고하고 논의하며 또한 많은 사람의 의견을 청취하였다.…이들은 영구적 소유권이 주어지지 않는다면 페루 지방이 지금까지와 같은 방식으로 유지·보존·강화할 수 없다는 데 동의하였다. 짐은 제기된 많은 원인과 이유가 사실임을 알았고…영구적 소유권을 허락할 것을 결심하고 이를 조금도 지체 없이 시행할 것을 명령한다. 또한 짐이 이렇게 하는 이유는 그 필요가 크고도 강한 데다 짐이 통치하는 왕국들이 매우 낡고 황폐한 상태에 처해 있는데 짐이 그 왕국들을 유지하고 보호해야 할 많은 의무를 지고 있는 까닭이며…무엇보다도 다른 원천에서는 엄청난 양의 부채를 갚기에 충분한 도움을 얻을 수 없기 때문이다(Zavala 1935, 205-206).[16]

---

16 Pereña, "Estudio preliminar"(Las Casas 1969), lii-liii에도 인용되어 있다. 이 연구는 엥코미엔다의 매매를 통한 영구 소유의 가능성을 두고 벌어진 논쟁에 대한 매우 유용한 정보를 제공한다. 논쟁의 발단은 페루의 식민지 개척자들이 제시한 제안 또는 압력이었는

인디오 할당 제도를 둘러싼 최초의 논쟁에서 만연한 철학적 원칙들은 재정적 고려, 특히 국왕의 채권자들의 필요와 관련된 사항에 밀려났다. 국제 관계에 대한 과도한 개입과 다수의 무력 분쟁으로 왕실의 국고가 소진되었다.

하지만 펠리페 2세가 위의 공식 성명에서 그토록 강력하게 ("조금도 지체 없이") 촉구한 엥코미엔다의 영구적 소유권은 시행되지 않았다. 도리어 그것은 국왕부터 원주민 추장에 이르기까지 아메리카에서 펼쳐진 드라마의 주역들 간에 격렬한 싸움을 초래하였는데, 거기에는 당연히 지칠 줄 모르는 라스 카사스도 포함되었다. 그는 거듭되는 편지와 거듭되는 보고서를 통해 그의 마지막 에너지를 엥코미엔다의 영구 매매에 맞서 싸우는 데 집중했다.[17] 국왕의 결정에 반대하기 위한 많은 이유가 제시되었고 그 가운데는 인정된 원주민의 법적 자유가 침해되고 있으며 국왕의 경제적 이익이 미미할 것이라는 이유도 포함되어 있었지만, 이 조치가 중단된 주된 원인은 이런 식의 입법 조치가 시행된다면 국왕의 통제를 받지 않는 강력한 크리오요 계급의 발생이 촉진될 것이라는 경고가 거듭되었기 때문이었다. 장기적으로 이는 모국에 대한 충성심의 단절로 이어질 텐데, 이는 확실히 19세기 초 히스패닉계 아메리카인 크리오요 지도자들이 품고 있던 반 스페인 정서에 대한 불길한 징조였다.

데, Zavala의 책은 이 주제와 관련된 멕시코의 상황을 주로 다루고 있으므로 그다지 유용한 정보를 제공하지 않는다. Pereña도 이 쟁점을 소개하면서 카스티야의 법적 선례에 대한 유용한 요약을 제공하고 있으며 아울러 중앙집권적 군주제를 지향하는 흐름과 영주들의 이익을 옹호하는 경향 간의 논쟁도 다루고 있다.

17 1559년 페루 부왕령의 추장들은 Las Casas 및 Santo Domingo de Santo Tomás의 수도사들과 Alonso Méndez에게 엥코멘데로들의 제안에 맞선 논쟁에서 자신들을 대변할 절대적이고 총체적인 권한을 부여했다.

인디아스 평의회도 이 젊은 군주에게 보내는 답변서에서 이 조치를 보류할 것을 권고했다.

> 이 영구적 소유권에 관한 사안에 있어…폐하께서는 다른 어떤 그리스도인 군주나 이교도 지배자도 소유하지 못한 이 거대한 폐하의 왕국을 영구히 상실하게 될 것입니다.…아울러 폐하는 신민들도 상실할 것입니다.…엥코멘데로는 자기들의 뜻대로 행할 것이고, 그들은 원하기만 하면 폐하의 지배로부터 벗어날 수 있을 것입니다(Konetzke 1953, 1:358-359).

국왕의 대리인들도 식민지 개척자들과의 협상에서 이와 비슷한 태도를 취했다. 1562년, 그들은 국왕에게 다음과 같이 편지했다.

> 저희가 보기에 영구적 소유권과 관련하여 가장 큰 불편 중 하나는 예나 지금이나 영구적 소유권이 일반적으로 허락된다면 3, 40년 뒤 그 자손들과 상속자들은 스페인 군주나 스페인 왕국 또는 스페인의 일 처리 방식을 별로 좋아하지 않게 될 것이라는 점입니다. 그들이 그런 것들을 알지 못할 것이기 때문입니다. 도리어 그들은 비록 자기들이 스페인 사람들의 자손이라 할지라도 여기서 태어났기 때문에 마치 한 왕국이 외인들의 지배를 받을 때 보통 관찰되는 것처럼 그런 것들을 혐오할 것입니다.…그러므로 이들은 쉽게 봉기를 일으킬 것이고 카스티야의 국왕들에게 복종하지 않을 것입니다(Las Casas 1969, lxii-lxiii).

이보다 수년 전에 국왕의 결정에 대응할 때 라스 카사스는 이미 영리하게도 공화제를 지지하는 '크리오요'의 독립이라는 유령을 불러냈다.

"그 자손들과 상속자들이 자기들이 매우 부유하며 강력한 것을 깨닫고, 또한 자기들의 부모가 그 땅을 정복하였는데도 엄청난 거액을 들여 폐하로부터 그 땅을 매입했다는 사실을 알게 된다면…왕의 이름을 알지 못하고 그것에 대해 듣기 싫어하는…그들이 봉기를 일으키는 것을 두려워하겠습니까?"(같은 책, 88, 104)

그 결과 펠리페 2세의 최종 결정은 그의 긴 재위 기간 내내 보류되었고, 영구 소유권을 둘러싼 투쟁은 16세기 후반 내내 계속되었다. 국왕은 식민지 개척자들의 자치권이 확대되는 것을 막기 위하여 그러한 조치와 계속 거리를 두었고 엥코미엔다를 왕으로부터 받는 은택으로 전환시켜 그 궁극적 관할권을 국왕의 수중에 묶어두려고 했다. 식민지 개척자들은 때때로 영구 소유권에 따른 여러 유익에 대해 지나치게 여러 번 사용된 논거를 되풀이했다. 그러한 논거는 다른 많은 자료들 중에서도 특히 「유카이의 익명의 저술」(Anónimo de Yucay)에서 발견된다.

인디오들이 스페인 영주들에게 영원히 헌신한다면 이는 다행스러운 일일 것이다.…그런 식으로 영주들은 인디오들을 자신의 사람으로 알고서 매우 선대할 것이고, 스페인 사람들은 이 땅을 좋아하고 스페인에 대해서도 완전히 잊게 될 것이므로…왕국의 질서가 잘 잡힐 것이다.

엥코미엔다 제도는 18세기에 이르러서야 폐지되었다.[18] 몇몇 지역에서는 금지령이 뿌리를 내리는 데 수십 년이 걸렸지만, 어쨌든 그 명령

---

18 인디아스 신법 제30장 폐지에 뒤이은 논쟁 이후 수정된 형태의 엥코미엔다에 대한 법률적·이론적 해석에 대해서는 Solórzano y Pereyra [1648] 1930, book 3을 보라.

은 1720년 7월 12일 펠리페 5세에 의해 반포되었다(출처: Konetzke 1953, 3:175-178). 이러한 결정에 이르게 된 결정적 요인은 원주민들의 복리를 위한 이론적 고려가 아니라 국왕의 재정적 필요, 특히 스페인의 군사력 강화와 관련된 이유였다. 스페인 군주들은 원주민들의 노동과 자산에서 나온 공납을 크리오요들과 공유하지 않기로 결정했다. 바르톨로메 데 라스 카사스가 오랫동안 옹호했던 제안이 뒤늦게나마 복음전도라는 모든 포장을 제거하고서 실현되었다.

그것이 원주민들 편에서 커다란 승리였는지 여부는 논란의 여지가 있다.

이성적인 피조물인가, 아니면 우매한 짐승인가?

광산 관리인들

[그들은] 나귀와 같고…그들의 악덕에 있어서 짐승 같으며…교리를 이해할 능력이 없고…잔인하고 복수심에 불타는 반역자들로서 결코 용서하지 않는다. 그들은 종교에 대해 매우 적대적이고, 게으르고, 도둑들이다.…그들은 판단력이 약하고 기백이 별로 없으며 신의와 질서를 지키지 않는다.…토끼처럼 겁이 많고, 돼지처럼 더럽고, 이와 거미와 날 벌레들을 먹으며…인간의 예술적 기교나 기술을 갖고 있지 않다.…그들은 야만적인 짐승으로 전락한다. 모든 것들로 미루어볼 때, 나는 하나님께서 이토록 악덕과 야수성에 고착된 사람들을 창조하셨을 리가 없다고 단언한다.

– 토마스 오르티스 수사

동일한 인류의 원수가…자신의 부하 중 몇몇을 부추겼으며, 이들은 그를 만족시키기 위해 인디오들이 가톨릭 신앙을 받아들일 수 없다고 속이며 해외에서 인디오들을…우리를 섬기기 위해 창조된 말 못하는 짐승처럼 대해야 한다는 주장을 출판하기를 주저하지 않는다.

하지만 우리는 인디오들도 참으로 인간이라고 생각하며…우리가 가진 사도적 권위에 의거하여 앞에서 말한 인디오들이 비록 예수 그리스도를 믿는 신앙을 갖고 있지는 않을지라도 그들의 자유가 박탈되지 않아야 하며, 그들을 어떤 식으로든 노예로 삼지 않아야 한다고 명하고 선언한다.

– 교황 바오로 3세

~~~

인디오들의 야수성

원주민들의 자유와 예속을 둘러싼 논쟁은 그들의 본성에 관한 평가의
차이와 연관된다. 신세계에 관한 최초의 본격적인 철학적·신학적 논쟁
은 **신세계 주민들이 인간인가 아니면 짐승인가**에 집중되었다.[1]

　　동시에 일부 원주민 종족들은 스페인 사람들이 인간인지 신인지
에 대해 질문했다(Friederici 1986, 1:167-171). 콜럼버스가 만난 최초의 원
주민들은 콜럼버스와 그의 동료들이 천상의 존재라고 믿었다. 콜럼버
스 제독에 따르면, 그들은 이렇게 외쳤다고 한다. "와서 하늘에서 온 사
람들을 보라"(Varela 1986, 65). 목테수마는 코르테스와 그의 동료들이 신
성을 가진 존재일지도 모른다는 생각에 당혹하여 어찌할 바를 몰랐다.
나우아틀(멕시코의 주요 원주민 언어)로 적혀 있는 글에 따르면 그 멕시코
추장은 "그들이 신이라고 믿었고 그들을 신들로 여겼다." 그 보도는 이
로 인해 그가 번민과 공포에 사로잡혀 이렇게 말했다고 전한다. "내 심
장은 죽을 만큼 아프다! 내 심장은 마치 고춧가루 속에 잠겨 있는 것처
럼 큰 괴로움을 겪고 있고, 불타고 있다.…!"(Sahagún [1482] 1985, 12.6-
8:765-766)[2] 또한 아코스타(1985, 5.3.220)에 따르면 페루 원주민들은 "스

1　이것은 전통이 되었다. 일반적으로 유럽인 및 백인이 다른 인종에 속한 (그리고 덜 발달
　된 기술을 가진) 사람들을 만날 때마다 그 사람들에게 이성이 있는가라고 질문하게 된
　다. Hanke(1959, 96-104)는 이에 대한 간결한 요약을 제시한다. 그것은 지배를 위한 이
　념적 기제다.

2　Díaz del Castillo(1986, 113)에 따르면 Cortés는 원주민들과 처음 대면할 때 "인디오들
　이 우리가 유한한 인간임을 깨닫지 못하게 하고 대신 그들이 말하는 바대로 우리가 신적

페인 사람들이 하늘의 자손이라고 믿었기 때문에" 그들을 신적 존재라고 불렀다.[3]

알론소 데 에르시야(1984 [1945], 1:54 [39]; 2:58 [41])는 스페인 사람들이 아라우칸족에 대해 최초의 승리를 거둔 이유 중 하나는 아라우칸족이 "그들을 불사의 신으로 여겨 두려워했고…스페인 사람들이 초자연적인 존재로 착각되었기" 때문이라고 보았다. 그러나 오래지 않아 칠레의 원주민 전사들은 "그들이 남자와 여자에게서 태어난 것을 알게 되었고…자신들의 어리석은 오류를 인식하고 자신들의 정복자들도 죽을 운명을 지닌 인간임을 깨닫고 분노와 수치심이 활활 타올랐다." 푸에르토리코에서 벌어진 한 사건이 가장 흥미로운 일화다. 그곳에서 일단의 원주민들은 스페인 사람 한 명을 물속에 처넣어 그가 죽은 것을 보고서 결론적으로 그도 인간임을 알게 되었다(López de Gómara 1946, 180).[4] 대체로 신대륙 주민들이 유럽인들도 인간임을 깨닫게 된 계기는 단지 그들이 죽는 것을 보았기 때문만이 아니라 그들이 강한 탐욕을 품은 것을 알았기 때문이기도 하다.[5]

존재라고 믿도록" 죽은 동료의 시신을 숨겼다.

3 Vargas Machuca(출처: Fabié [1879] 1966, 71:225-226)는 이런 순진한 신격화를 다음과 같이 일반화한다. "스페인 사람들을 태양의 자손으로 간주하는 것에 관한 한…대체로 그런 일은 인디아스 전역에서 원주민들이 스페인 사람들을 처음 보았을 때 일어났고, 오늘날 새로운 정복지에서도 마찬가지다. 이러한 현상으로부터 당신은 손쉽게 그들을 야만인이라고 말할 수 있다."

4 Lafaye(1988, 181)는 이 사건을 아스텍족에게 돌린다. 이 유명한 책에 나오는 실수는 이것만이 아니다. 또 다른 경우에 그는 히스파니올라 섬의 라나비다드에서 발생한 사망 사건의 책임을 카리브인들에게 돌린다(같은 책, 37).

5 Mendieta([1596] 1980, 2.10:93)에 따르면 멕시코 인디오들은 스페인 사람들은 "신들이자 케찰코아틀의 자녀이자 형제"라고 생각했으나, 이들의 만족할 줄 모르는 탐욕을 목격하고 또한 "그들의 행동을 경험한 뒤로는 더 이상 그들을 천상의 존재로 간주하지 않았다." 동일한 내용을 Las Casas 1987(3.122:54)에서도 발견할 수 있다.

때때로 원주민들은 인간 이하의 존재, "야만인" 또는 "유럽인의 시각에서 본 짐승"으로 불렀다. 비토리아는 "신세계의 야만인들"에 대한 스페인의 지배권의 정당성은 "실제로 야만적인 짐승과 그다지 달라 보이지 않는" 원주민들의 인류학적 열등성에 근거한다고 주장한 사람들을 직접 언급했다(Urdanoz 1960, 650). 라스 카사스는 원주민들의 본성에 관한 논쟁이 시작된 시기인 1520년대 카스티야 왕실에서 복무했던 학자 고레고리오의 견해를 예로 드는데, 그에 따르면 "그 인디오들은…말하는 짐승과 같다"(Las Casas 1986, 2.3.12:472). 그 논쟁은 사실 원주민들이 이성을 지니고 있는가에 관한 논쟁이었다. 아코스타(1952, 4.3:332)에 따르면 원주민들을 "이성이 있는 인간이라기보다는 네 발 달린 짐승"으로 생각한 유럽인들이 많았다.

　　히네스 데 세풀베다(1951, 35, 63)는 원주민들을 우문쿨로스(*humúnculos*: "인간의 흔적이 거의 없는 난쟁이들" 또는 "거의 인간이 아닌 존재")로 여겼다. 존 L. 펠런(1974, 293)은 세풀베다의 정확한 입장을 다음과 같이 요약한다. "인디오에게는 인간성…곧 특정인으로 하여금 문명에 도달할 수 있게 만드는 정신 또는 영혼의 자질이 결여되어 있다." 그 평가를 바탕으로 세풀베다는 그들이 자기 땅에 대한 지배권을 상실하고, 그들에게 노예 상태가 강제되고 기독교를 믿도록 강요된 것을 정당화한다. 세풀베다는 아리스토텔레스적인 인문주의 학자다. 그는 자유로운 인간의 본성과 종의 본성은 다르다는 아리스토텔레스의 명제를 사용해서 신대륙 원주민들의 주인들이 그들에게 적용할 체제를 부과하는 것의 적절성을 정당화한다. "사람들의 상태가 다르기 때문에 여러 형태의 정당한 통치기구와 다양한 유형의 제국이 생긴다. 사실 도덕적이고 인도적이며 지성적인 사람들은 자유로운 사람들이나 왕권에 알맞은 문명화된 제국에 적합하다."

"도덕적이고 인도적이며 지성적인 사람들"과 "자유로운 사람들"은 특히 스페인 사람들(과 일반적으로 기독교권에 속한 서유럽인들)이다. 이들은 진정한 인간성을 소유하고 있으므로 문명화된 정부가 이들의 이성과 자유에 잘 어울린다. 그러나 다른 유형의 인간이 존재하는데, 그들은 "분별력이 거의 없는…야만인들"이다. 이러한 열등성, 즉 인간성 결여에는 두 가지 이유가 있을 수 있다. "그들은—세상의 몇몇 지역에 그런 사람들이 존재한다고 얘기되듯이—본성적으로 종이거나[6] 혹은 그들의 타락한 관습으로 인해…다른 어떤 방법으로도 자신의 의무를 이행할 수 없다." 아메리카 원주민들은 이 두 가지 경우, 즉 자연적·지리적 요인과 사회적·도덕적 요인에 모두 해당된다. "그 야만인들의 경우에는 두 원인이 동시에 나타난다." 따라서 그들은 이베리아의 신민들이 누리는 것과 유사한 통치를 누릴 자격을 갖추고 있지 못하다. 그들에게는 히네스 데 세풀베다(1951, 119-122)가 "주인을 통한 다스림"이라고 부르는, 자유민과 노예의 중간에 자리 잡은 인종을 위한 체제가 적합하다.

그러므로 본성적으로 자유민인 이들과 본성적으로 종복인 이들 간의 차이는 자연법에 따라 스페인 사람들에게 적용되는 통치와 야만인들에게 적용되는 통치 간에 존재하는 차이와 동일하다. 따라서 제국은 부분적으로는 두려움과 무력을 통해, 부분적으로는 자비심과 공평을 통해 야만인들이 스페인의 지배에 맞서 봉기를 일으키려 하지 않고 그럴 수도 없도록 그들

---

6   이러한 지리적 결정론은 일부 민족들의 이른바 타고난 노예 상태에 대해 유사-과학적으로 설명하려는 제국주의 이데올로기의 대표가 되었다.

7 이성적인 피조물인가, 아니면 우매한 짐승인가?   289

이 의무의 한계 내에 머물게 하는 형태로 조직되어야 한다.

이 쟁점에 대한 세풀베다의 의견의 성격은 어느 정도는 그의 『민주주의에 대한 찬성』(*Démocrates Segundo*)에 나타난 표현들을 원본이자 진정한 것으로 받아들이는 데 의존한다. 이 책에서 그는 원주민의 열등성과 스페인 사람의 우월성 간에 존재하는 극단적 차이("아동과 성인, 여성과 남성 간의 차이와 같은 것")를 지적하면서 "마지막으로 그러한 차이는 원숭이와 사람 간의 차이와 같다고 말할 수 있다"고 덧붙인다. 메넨데스 펠라요는 그의 1892년 스페인어 번역본에 이 문구를 포함시켰다. 이 구절은 멕시코의 경제 문화 기금에서 출간한 판본에도 등장한다(1941, 100). 이 책에서 사용된 앙헬 로사다 편집본(Ginés de Sepúlveda 1951, 33)에서는 이 문구를 버렸다.

　우리는 원래 초판에 들어 있던 이 문구를 세풀베다가, 특히 교황 바오로 3세가 원주민들도 완전한 인간성을 지니고 있음을 긍정하는 교황 칙서 「지존하신 하나님」(*Sublimis Deus*, 1537)을 발표한 이후 자신의 논제를 완화하고 자기 책을 출간하기 위해 필요한 권위를 확보하기 위해 자진해서 제거했을 것이라고 생각한다. 세풀베다는 자신의 짧은 논문 「치아파스의 전 주교인 바르톨로메 데 라스 카사스 수사가 1552년 세비야에서 '허가 없이' 출판한 인디아스 정복에 관한 책에서 세풀베다 박사가 주목하는 경솔하고 수치스럽고 이단적인 주장들」(*Proposiciones temerarias, escandalosas y heréticas que notó el doctor Sepúlveda en el libro de la conquista de Indias, que fray Bartolomé de Las Casas, obispo que fué de Chiapa, hizo imprimir 'sin lincencia' en Sevilla, año de 1552, cuyo título comienza: 'Aquí se contiene una disputa o controversia,'* 출처: Fabié [1879] 1966, 71:338)—그 제목은 '여기에 논란 또는

논쟁이 포함되어 있다'는 말로 시작한다—에서 그 칙서에 대해 언급한다. 이 논문은 아메리카 원주민에 관한 그의 부정적인 견해가 완화된 것을 반영한다. 핵심 구절에서 그는 다음과 같이 밝힌다.

> 저 야만인들을 굴복시켜 그들의 우상숭배를 근절하고 그들의 의사에 반하더라도 그들로 하여금 자연법을 지키게끔 강요하기 위해, 그리고 그들을 굴복시킨 뒤에는 **어떤 강압도 없이 기독교의 온유함으로** 그들에게 복음을 전파하기 위해 인디아스를 정복한 것은 정당하고 거룩한 일이다. 그리고 그들이 굴복한 뒤에는 그들을 죽이거나 노예로 삼거나 그들의 재산을 빼앗아서는 아니 되며 카스티야 왕의 신민으로 삼아야 한다.…그리고 전쟁의 권리를 벗어나 무력으로 빼앗은 것은 도둑질한 것이며 반환되어야 한다(같은 책, 351; 강조는 덧붙인 것임).[7]

하지만 다음과 같은 입장 때문에 세풀베다와 라스 카사스의 간의 중대한 차이는 해소되지 않는다. (a) 정복 개념은 필연적으로 정치적 주권에 대한 폭력적 강탈을 함축하기 때문에 라스 카사스는 그것을 거부한다, (b) 라스 카사스는 군사적 폭력이 개종에 선행하거나 개종의 전제 조건이 되어야 한다는 생각을 거부한다, (c) 라스 카사스는 엥코미엔다를 비난하지만 세풀베다는 그와 달리 "주인을 통한 다스림"의 일부로 이를

---

7 Abril-Castelló(1984, 274-275)도 도발적인 논문에서 Sepúlveda가 『민주주의에 대한 찬성』 초판에 대해 신학자들이 제기한 비판을 누그러뜨리기 위해 원래의 텍스트를 가렸다고 주장한다. Ramos(1976, 165-167)는 Sepúlveda가 『민주주의에 대한 찬성』을 집필하고 나서 몇 년이 지난 뒤 인디오 연대기를 쓸 때에는 원주민을 폄하하는 견해가 약화되었다고 생각한다. 그럼에도 불구하고 이 책의 출판 금지는 계속 유지되었고, 『민주주의에 대한 찬성』은 수백 년 동안 빛을 보지 못했다.

포함한다, (d) 라스 카사스는 카스티야 제국이 원주민 공동체들의 자유로운 자기결정의 대상이 될 필요성이 있다고 주장하지만 그것은 세풀베다에게는 터무니없는 일이다. 왜냐하면 도덕적이고 인도적이고 지성적인 "자유로운" 사람들로 구성되지 않은 민족이 그러한 자유롭고 이성적인 결정을 내리기란 불가능하기 때문이다.[8]

아마도 최초로 원주민을 비하하는 확언을 한 사람은 디에고 알바레스 데 찬카 박사일 것이다. 그는 콜럼버스의 제2차 항해에 동행하여 세비야에 자세한 보고서를 보냈다. 그는 원주민들의 식습관을 경멸하면서("그들은 모든 종류의 뱀과 도마뱀붙이와 거미들 및 땅바닥에서 발견한 모든 벌레를 먹는다") "그들의 야수성은 세상의 다른 어떤 짐승이 지닌 야수성도 능가한다"(Fernández de Navarrete 1945, 1:349)고 단언한다. "짐승 같은" 이라는 형용사가 계속 이어진다. 원주민들의 사회적 관습을 묘사하는 많은 글에서 이 표현이 발견된다. 심지어 스스로 원주민의 친구이자 보호자를 자처했던 호세 데 아코스타도 케추아족이 여성의 혼전 순결을 개인적인 영예의 필수불가결한 조건으로 간주하지 않는 것을 발견하고 도덕적으로 분개하여 그들에게 야수성을 귀속시킨다. "다른 민족들이 처녀성에 대해 더 크고 거의 신성한 영예를 부여할수록 이 짐승들이 처

---

8   Quirk(1954, 357-364)는 영리하게 Sepúlveda를 옹호할 때 이러한 중대한 차이의 중요성을 인식하지 못한 것으로 보인다. Arenal(1975-1976, 115-120)도 Sepúlveda와 그의 신학적 논적들의 이념적 유사성을 강조하면서 이 인문주의자 겸 르네상스 역사가를 너무 많이 순화시킨다. Losada(1949, 315)는 Sepúlveda와 그의 16세기 신학적 논적들 간의 이론적 거리를 최소화하려는 또 다른 학자다; "차이는 몇몇 꼼꼼한 저자들이 믿는 것처럼 본질적 내용에 있는 것이 아니라 세부사항들에 있다." Losada의 논증은 나에게는 설득력이 없다. Sepúlveda와 Las Casas가 각자 분명하게 생각했던 것처럼 몇몇 차이점들은 본질적이다. 아마도 이는 Sepúlveda의 저술들을 잘 모르면서 그에게 가해지는 일반적인 비판에 대해 반응하는 데 지나지 않을 것이다.

녀성에 대하여 보이는 태도는 더 뻔뻔스럽고 수치스러워 보인다"(Acosta 1952, 6.20:587).

프란시스코 로페스 데 고마라(1946, 290)는 도미니코회의 산타마르타 초대 주교가 된 수사 토마스 오르티스가 원주민들의 노예화를 옹호하기 위해 인디아스 평의회에 보고한 내용에 대해 들려준다.

인디아스의 본토 사람들은 인육을 먹을 뿐 아니라 역사상 그 어떤 세대보다도 더 남색에 빠져 있다.[9] 그들 중에는 정의 상태라는 것이 존재하지 않는다.···[그들은] 나귀와 같고···그들의 악덕에 있어서 짐승 같으며···교리를 이해할 능력이 없고···잔인하고 복수심에 불타는 반역자들로서 결코 용서하지 않는다. 그들은 종교에 대해 매우 적대적이고, 게으르고, 도둑들이다.···그들은 판단력이 약하고 기백이 별로 없으며 신의와 질서를 지키지 않는다.···토끼처럼 겁이 많고, 돼지처럼 더럽고, 이와 거미와 날벌레들을 먹으며···인간의 예술적 기교나 기술을 갖고 있지 않다.···그들은 야만적인 짐승으로 전락한다. 모든 것들로 미루어볼 때, 나는 하나님께서 이토록 악덕과 야수성에 고착된 사람들을 창조하셨을 리가 없다고 단언한다.[10]

9 남색과 식인 행위에 대한 비난은 대체로 병행했다. 둘 다 우상숭배가 극심한 도덕적 타락으로 이어진다는 생각과 연결되었다. Pagden(1982, 176)은 "원시 사회"에 대한 유럽인의 관점에서 이런 부정적인 시각이 보편적이었음을 지적한다. 이처럼 제국주의는 도덕교육이라는 외양을 띤다.

10 이 증언은 널리 유포되었고 인디오에 반대하는 선전 활동에서 중요한 명분 역할을 했다. 이 말은 Anglería(1964-1965, 2.4, 7:609-610)의 책에 재수록되었다. 이 증언은 원주민들에 대한 Oviedo(1851, 1.3.6:72)의 매우 부정적인 견해의 배경이기도 하다. 사실 Oviedo의 경멸적인 견해에 대한 Las Casas의 긴 반박(Las Casa 1986, 3.3.142-146:320-336을 보라)은 실제로는 그와 같은 수도회 소속인 Ortíz 수사를 겨냥한 것이다. 다음 세기에 Solórzano y Pereyra(1930)가 Ortíz의 이름을 다시 언급한다. Las Casas(1967, 2.3.246:552-557)는 다른 맥락에서 Ortíz의 이름을 밝히지 않은 채 그에 대해 언급한다. Ortíz를 가리켜 "사도 바울이 말하는, 지식 없는 열심을 가진···수도자"라고 말하면

~~~

인디오의 이성과 노예 노동

원주민을 재산, 곧 노예로 삼는 행위를 정당화하기 위해 원주민들은 짐 승이라고 선언된다. "그것은 **인간**을 **물건**으로 변신(metamorphosis)시키 는 것이 될 터인데, 우선 인간을 짐승으로 변신시키는 첫 단계를 거쳐… 인간을 하나의 상품으로 변형시키는 데서 절정에 달할 것이다"라는 베 아트리스 파스토르(1984, 95, 101)의 말은 옳다. 산토도밍고의 주교인 세 바스티안 라미레스 데 푸엔레알이 1553년 카를로스 5세에게 보낸 편지 에 비슷한 인식이 반영되어 있는데, 그는 도밍고 데 베탄소스 수사가 인 디아스 평의회에 출두해서 원주민들을 짐승이라고 부른 데 대해 다음 과 같이 비판한다. "도밍고 데 베탄소스 수사는…원주민들의 재산을 탈 취하기 위해 그들을 짐승이라고 간주하기를 원하는 자들이 하는 말에 동조했습니다"(출처: Cuevas 1946, 1:256).[11]

도미니코회 수사이자 틀락스칼라의 초대 주교인 훌리안 가르세스 도 교황 바오로 3세가 유명한 칙서 「지존하신 하나님」을 공표하기 직전 에 그에게 보낸 장문의 편지에서 동일한 논지를 강조한다. 가르세스는

서 그가 어떻게 신세계에서 불명예스럽게 성직자로서의 임기를 마감했는지 이야기한다. López de Gómara(1946, 290)에 따르면 대부분의 해석자들은 이상하게도 Ortíz가 스페 인 사람들의 손으로 자행된 원주민 학대에 맞서 "그들의 손에서 나온 이 모든 일을 나는 글로 적어서 갖고 있다"고 말하면서 도미니코회의 비판 활동을 주도한 Pedro de Córdova 수사를 지지하려 했다는 사실을 주목하지 않는다.

11 Betanzos도 1545년에 원주민들을 박멸하는 것이 하나님의 뜻이라고 썼다. 그는 원주민 들을 괴롭힌 치명적인 전염병 천연두가 하나님의 의향을 보여주는 표적이라고 믿었다 (Zavala 1935, 108). 원주민에 대한 그의 평가는 일관성이 결여되었다.

다음과 같이 비판한다.

> 마귀의 암시에 선동된 자들의 거짓된 교리는 인디오들이 우리의 종교를 받아들일 능력이 없다고 확언합니다. 이 음성은 참으로 사탄에게서 나온 것으로…그리스도인들의 탐욕에서 비롯된 것인데, 이들은 너무나 탐욕스러운 나머지 자신들의 갈증을 해소하기 위해…하나님의 형상으로 지음 받은 이성적인 피조물들이 짐승이자 어리석은 존재임을 입증하려 합니다.…이는 오로지 인디오들을 자기 마음대로 부리기 위함입니다.…그러므로 몇몇 스페인 사람들은…인디오들을 낮게 평가하고 파멸시키며 심지어 죽이는 것마저도 죄가 되지 않는다고 생각하게 되었습니다(Xirau 1973, 90-92).

반면에 가르세는 아메리카 원주민들이 "이성적 피조물이라고 불릴 자격이 있을 뿐 아니라 온전한 의식과 정신을 갖고 있다"고 생각한다(출처: 같은 책).[12]

멘디에타(1980, 1:5:28)도 60년 뒤에 이와 동일한 접근 방식을 취한다.

> 금과 은을 향한 탐욕 때문에…세속에 물든 사람들은 하나님께 대한 경외감이나 이웃에 대한 자비심이 없이 언제나 이 종족들이 야수 같고, 이들에게는 판단력이나 이해력이 결여되어 있으며 악덕과 가증함이 가득하다고 보고하면서, 이들에게는 교리를 이해할 능력이 없음을 암시한다.…이들이 이런 말들과 이와 비슷한 다른 말들을 쉽게 믿는 것은 우리의 원수인 마귀

---

12 라틴어 원문의 출처는 Hernández 1879(1:57)이다. 번역은 Gabriel Méndez Plancarte의 것이며 "Carta de fray Julián Garcés al Papa Paulo III," Xirau 1973(87-101)에 인용되어 있다.

와 세상에 속한 것들에 대한 탐욕 때문에 몇몇 사람들이…하나님께서 이 땅에 창조하신 영혼들에 대해서는 전혀 신경 쓰지 않고 그들에게서 얻을 수 있는 금전과 그 밖의 세속적 재물에만 관심을 기울이게끔 쉽사리 설득당했기 때문이다.

안토니오 데 레메살 수사([1619] 1932, 1.16.1:206)는 원주민들을 이성이 없는 짐승으로 취급하며 그들을 비인간화하려는 애초의 의도에 대해 비판적으로 평가하면서 모험가들의 욕심과 탐욕을 루시퍼가 역사 속에서 활동하고 있다고 보는 통속적인 신학적 관점과 결부시킨다. 도미니코회 소속의 이 역사가에 따르면 이러한 불건전한 견해는 이미 "사탄의 학교"가 된 히스파니올라에서 처음 시작되었다.

> 따라서 이들[스페인 사람들]은 복음 전도자들과 경건한 이들의 책망과 꾸지람에도 불구하고 인디오들을 너무도 잔인하고 비인간적으로 대했다.… 그들은 인디오들도 사람이라는 분명하고 명백한 원칙을 부정하게 되었고, 그들의 인간성을 박탈하고 그들이 마치 들의 야생동물처럼 그들의 것에 대한 통제권이 없는 듯 그들의 자녀들과 재산을 빼앗았다. 그 악마적인 견해는 히스파니올라 섬에서 시작되었는데 그것은 대체로 전부터 그곳에 거주하던 이들을 멸절시키기 위해서 고안되었다. 그리고 인디아스라고 하는 신세계로 온 사람은 누구든 먼저 히스파니올라 섬을 거쳤기 때문에 그것은 마치 사탄의 학교에 들어가 이러한 가증한 시각과 믿음을 배우는 것과 같았다.

도밍고 데 베탄소스 수사는 우리가 앞에서 언급했듯이 인디아스 평의회에 출두하여 원주민을 짐승이라고 불렀던 것 때문에 산토도밍고의 주교로부터 비판을 받았는데, 그는 죽기 전에 양심의 짐을 덜기 위해 자신의 발언을 철회하면서 원주민을 야수로 취급한 것과 탐욕스러운 노동 착취 간의 연관성을 인정했다.

성 도미니코회 소속의 탁발 수사인 나 도밍고 데 베탄소스는 인디오와 관련된 사안에서 그들의 결점에 대해 여러 번 말했고, 인디아스 평의회에 보고서를 제출하여⋯이들의 결점을 다루면서 이들은 짐승들이고 죄가 많기 때문에 하나님의 심판을 받았고 모두 멸망할 것이라고 말했습니다.⋯그 결과 몇몇 사람들은 탐욕 때문에 인디오들에게 커다란 파멸과 죽음을 가했으며, 그들이 내가 한 말이라고 주장하는 많은 진술들에서 그 행위에 대한 정당성을 찾고 자신들의 행위에 대해 변명하고자 했습니다.⋯나는 내가 인디오를 폄하하여 썼거나 설교했거나 말한 어떤 내용도 조금도 믿지 말 것을⋯여러분께 말씀드리며 간청합니다.⋯이는 내가 했던 발언이⋯ 편견에 차 있고, 신앙의 전파에 방해가 되며, 그들의 영혼과 신체의 건강에 도움이 되지 않으므로⋯해롭고 철회되어야 마땅하기 때문입니다(Las Casas 1962, 184-186).

사제이자 공식 대표였던 토마스 로페스는 야수라는 묘사를 뒤집어 그것을 원주민의 노동과 생명을 착취하는 자들에게 적용했다(출처: Hanke 1985, 1964). "우리는 인디오들이 짐승이라는 거짓말을 일삼았지만 실상 야만스러운 짐승으로 전락한 것은 스페인 사람들이다." 스페인 사람들이 짐승이라는 것은 "그들이 자기들의 소유인 짐승들은 아주 잘 돌보는 반면 그로 인해 인디오들은 식량 부족에 시달린다"는 사실을 통해 알 수 있다.

아코스타(1985, 6.1:280)도 원주민들이 이성적 존재라는 사실을 무시한 것과 그들을 부리는 짐승으로 이용하는 행태 간에 밀접한 관련이 있음을 지적했다. 그는 "그들이 이성이 없는 인간이고 이해력이 없는 짐승이라는, 보편적으로 퍼진 그릇된 견해"를 비판했다. 이 점이 훨씬 더 중요한데, 그는 그러한 경시의 근저에 사리사욕이 깔려 있음을 인식했다. "그들은 너무도 많은 속임수를 사용해서 원주민들에 대해 커다란 해악을 많이 저지르고 그들을 동물처럼 부린다."

특히 라스 카사스는 원주민을 우매한 짐승으로 묘사하는 태도 뒤에 물질적 이해관계가 숨어 있음을 충분히 인식했다. 그렇게 하면 식민지 개척자의 치부를 위해 원주민을 짐 부리는 짐승처럼 이용할 수 있는 것이다. 신화 파괴적인 그의 비판에 의하면 원주민의 본성에 대한 이론적 입장인 것처럼 보였던 주장이 사실은 원주민을 생산수단으로 이용하는 것을 정당화하기 위한 사악한 은폐였다. "짐승만도 못하다고 여겨진 사람들은…부를 얻기 위한 수단이자 도구로 간주된다"(Las Casas 1965, 1:719). "모든 해악의 근원이 되는 격렬하고 맹목적이며 무도한 탐욕"이 원주민들을 야수로 평가한 원인이었다. 스페인 정착민들은 원주민을 조금도 고려하지 않은 채 그들의 노동을 이용하기 위해 "그들을 비방했고 원주민을 만나본 적이 없는 이들로 하여금 그들이 인간인지 혹은 동물인지 의심하게 만들었다." 이러한 "악평"과 더불어 라스 카사스가 "야수적 이단"이라고 비난한 또 다른 허위 주장이 있는데, 그것은 "그들이 가톨릭 신앙을 받아들일 능력이 없다"는 말이다(Las Casas 1986, 2.1.1:206-207; 3.3.99:167).

라스 카사스에 따르면, 아메리카 원주민을 인간 이하의 존재로 보는 입장은 그들의 추론 능력에 대한 진정한 철학적 분석에서 나온 것이 아니다. 그것은 정복자들과 엥코멘데로의 핵심 인물들에게서 나왔는데, 프란시스코 데 가라이, 후안 폰세 데 레온, 페드로 가르시아 데 카리온, 그리고 "예속 상태에 있는 수많은 인디오들을 거느리고 있던…히스파니올라의 다른 이웃들"이 그런 인물이었다.

> 그들 중 전부 또는 몇몇이…인디오는 스스로를 다스릴 수 없으므로 반드시 후견인이 있어야 한다고 말함으로써 왕실에서 인디오들을 비방한 최초의 인물들이다. 그리고 그러한 악행이 계속 커져서 인디오는 신앙을 가질 수 없다고 말하고—이는 작지 않은 이단이다—그들을 짐승과 똑같이 취급하고…인디오들을 지옥 같은 노예 상태에 처하게 해서 그들을 이용하고…그들에게 노역을 시키기 위해 인디오는 스스로를 다스릴 수 없다고 말하는 지경으로까지 그들을 폄하했다(Las Casas 1986, 2.3.8:455-456).

마라발(1974, 322)이 귀중한 연구에서 확언하듯이, 원주민에 대한 긍정적·부정적 이미지들은 "실재에 대한 증언으로 받아들여서는 안 되고 이념적으로 구성되었으며 특히 여러 사람이 고대 사회에 대해 갖고 있는 이미지에 의거하고 있는, 이국적 세계에 대해 상상한 바를 표현한 것으로 이해해야 한다"고 말하는 것만으로는 충분치 않다. 우리는 한 걸음 더 나아가 이른바 "신세계에 대한 논쟁"에서 핵심적인 요소, 즉 원주민의 육체노동을 착취하고 그들의 소유물과 재화를 몰수한 것의 합법성 여부를 지적해야 한다. 그런 이미지들이 "이념적으로 구성된" 것은 사실이지만 우리는 그 이미지들이 결정적으로 [원주민에] 적대적인 사회경제적 기획들(projects)과 수렴한다는 것을 보여주어야 한다.

수년 전에 루이스 행키와 리노 고메스 카네도 사이에 벌어진 논쟁은 정중했지만 핵심 쟁점에서는 의견이 극렬하게 갈렸다. 행키(1985, 22-81)에 따르면 문제는 '그들은 인간인가 아니면 비이성적인 짐승인가?'라는 원주민의 본성 또는 본질에 집중되었다. 고메스 카네도(1967, 1:29-51)에 따르면 그 논쟁의 중심축은 원주민의 인간성(그에 의하면 이점은 실제로 부정된 적이 없다)이 아니라 그들이 조건 없는 자유를 누리고 자기들의 소유물과 토지를 지배할 권리가 있는지, 그리고 그들이 카스티야인들의 일차적인 복리를 위해 강제노동에 동원될 수 있는지에 관한 문제였다. 관련 텍스트들을 분석해보면 이 두 문제가 서로 깊이 얽혀 있음을 알 수 있다. 하지만 논쟁의 추는 고메스 카네도의 입장을 지지한다. 때때로 토마스 데 오르티스 같은 인물들이 인디오를 극단적으로 폄하하는 발언을 일삼았음에도 불구하고, 인디오들이 비이성적인 짐승보다 유럽인에 더 가깝다는 사실을 부정하려는 사람은 극소수에 불과했다. 문제는 그들에게 선천적으로 **열등한 이성**이 부여되어서 그들에게 기독교 신앙에 대해 충분한 교육을 실시하는 것과 그들이 개인적으로나 민족으로서 스스로를 적절하게 다스리는 것이 불가능하므로 모종의 강제적 후견제를 반드시 시행해야 할 상황인지 여부였다. 당시 히스파니올라 산토도밍고의 주임 사제였던 로드리고 데 바스티다스가 인디아스 평의회에 출두하여 아메리카 원주민들이 "모두 짐승과 같고 무능하며 짐승처럼 살다가 죽는다"고 주장했을 때, 그는 자기가 인류학적 철학과 관련된 사실을 진술한다고 생각한 것이 아니라 원주민의 야만성이나 문화적 미개성을 묘사하고 있을 뿐이라고 생각했다(Hanke 1985, 77).[13] 그러한 본성적 상태는 다양한 함의를 가질 수 있지만 원주민이 미

---

13 나는 Rodrigo de Bastidas의 발언과 같은 단언에 대한 Hanke의 해석의 특정 뉘앙스들에

개하다는 주장을 옹호하는 이들은 최소한 그것이 자치 능력의 결여와 강제노동 체제의 필요를 암시한다는 데 동의한다.

라스 카사스는 원주민이 완전한 인간성을 지니고 있음을 인정하고 그들의 개인적인 자유와 집단적인 자유가 완전히 존중되어야 한다고 주장했다. 그는 원주민들을 "비인간화하는 개념"뿐 아니라 그에 따른 논리적 추론, 곧 그들을 단지 치부를 위한 도구로 이용할 수 있다는 생각에도 맞서 싸웠다. 그는 1555년 8월 바르톨로메 카란사 데 미란다에게 보낸 편지에서 "스페인 사람들이 자행한…맹목과 끔찍한 악행, 곧 인디오를 짐승으로 매도한 것"을 다시 비판한다. 인디오에 대한 이러한 부정적 평가는 결국 "그들을 착취하고 억압하며 예속상태에 묶어두는 것"을 최종 목표로 삼는 전제적 통치를 확립하는 데 이용된다. 그는 이어서 더 큰 예언자적 분노를 표출하면서, "[스페인 사람들이] 피 흘림을 통해 부자가 되는 것"을 목표로 삼는다고 덧붙인다(Fabié [1879] 1966, 71:414, 416).

~~~

"세상의 모든 민족은 인간이다"

라스 카사스의 입장은 원주민들이 유럽인들처럼 하나님의 형상과 모양으로 창조되어 "활발한 이해력"(Las Casas, 1989, 17)을 지니고 있고 "이성

서 그와 견해를 달리한다.

을 타고난"(Las Casas 1965, 1239) 피조물이라는 명제에 바탕을 두고 있다. 그는 "오직 한 종류의…이성적 피조물이 온 세상 곳곳에 흩어져…있기" 때문에 유럽인들과 원주민들이 동일한 본성을 갖고 있음을 강조한다 (Las Casas 1942, 13). 따라서 그들도 **하나님의 형상과 모양**대로 지음 받았고 지성이 부여된 존재로서 완전한 인간임을 인정하는 것이 적절하다.[14] 펠런(1974, 302)은 라스 카사스의 인간의 본성 식별에는 두가지 뿌리—그리스-로마 고전 철학에서 유래한 인류가 지닌 이성적 통일성이라는 존재론적 정의와 보편적인 신의 은총이라는 중세의 이상—가 있다는 타당한 이유를 적시했다.

라스 카사스는 다른 유럽인들에 비해 원주민들을 매우 사랑한 나머지 때때로 그들의 미덕을 지적인 측면과 윤리적인 측면 모두에서 과장하며, 이로 인해 "고결한 야만인"이라는 근대 신화의 주요 원천 중 하나가 된다(Abellán 1976).

> 우리의 원주민 민족들은…참된 천재성을 타고났다. 특히 그들 가운데에는 지상의 어떤 다른 민족들에게서보다 인간의 삶을 다스리는 원리에 대해 매우 통찰력 있게 이해하는 사람이 더 많다는 점에서 더욱 그러하다(Las Casas 1942, 3).

> 그들은 만사가 지혜롭게 다스려지는 매우 큰 도시들에 거주하는데…이 도시들은 여러 모로 우리의 법보다 우수하며 아테네의 현자들로부터도 감

---

14 Las Casas(1989, 15-17)는 원주민들이 인간임을 보여주는 주된 지표로서 그들의 온순함과 호전성의 결여("평화롭고 고요하며…온순한 양들")를 강조하는 반면 Alonso de Ercilla(1984)는 특히 원주민의 용맹과 전투 기술에서 그들의 인간성을 발견한다.

탄을 자아냈을 정도의 법에 의해 참으로 정의롭고 공평하게 통치된다(Las Casas 1974, 43).

그러나 이 점이 지나치게 과장되지 않아야 한다. 라스 카사스의 핵심적이고 결정적인 강조점은 유럽인의 부패와 탐욕에 영향받지 않은 원주민의 탁월성이 아니라(원주민들에 대한 그의 열정 때문에 문자 기록과 신학을 중시하는 서구 문화에 대한 그의 진심어린 선호가 약화되지는 않는다), 대서양 양쪽에 거주하는 인간들 간의 심오한 존재론적·종교적 단일성이다.

그는 인간성을 말살하는 중상주의적 시각과 원주민의 완전한 인간성을 대조한다. 이념적인 논적들과 논쟁할 때 그는 원주민의 영혼의 운명에 초점을 맞춘다. 그들은 기독교 신앙을 완벽하게 이해하고 받아들일 수 있다. 1519년에 있었던 다리엔의 주교 후안 데 케베도와의 논쟁에서 그는 이렇게 단언한다. "신세계에 가득 차 있는…그 사람들은 기독교 신앙을 수용할 수 있고, 이성과 기독교 교리를 통해 모든 미덕과 좋은 습관을 받아들일 수 있으며, **본성상** 자유인이다"(Las Casas 1986, 3.3.149:343). 하나님의 섭리로 허락하신 이 땅을 다스리는 스페인 국왕은 "그 종족들"의 합리적이고 평화로운 개종 달성을 규범으로 삼아야 한다.

원주민들의 인간성에 결함이 있다는 생각—"인간 본성의 자질"이 결여되었다고 상정되는 그들을 "교리와 미덕"을 수용할 능력이 없는 짐승으로 간주하는 생각—을 라스 카사스는 "수치스럽고 거짓된 지식이자 비뚤어진 양심"으로 간주한다. 그런 생각은 "이성적 피조물의 존엄성"에 대한 모욕일 뿐만 아니라 설상가상으로 "이해력이 결여되어 있고, 인간의 삶을 다스릴 재능도 없는…[이러한] 괴물 같은 종을…창조하기로 동의한 데" 책임이 있는 하나님께 대한 모독을 함축하기도 한다 (같은 책, 1:13-20). 그 도미니코회 수사에게는 "지상의 모든 민족은 인간이며, 인간 각자 그리고 모두에게 인간은 모두 이성적이라는 하나의 정의만 존재한다. 즉 모두가 하나님의 형상과 모양에 따라 창조되어 지성과 의지와 자유를 소유한다"(같은 책, 2.2.58:396).

이 명제를 입증하기 위해 그는 『변증사 개요』(*Apologética historia sumaria*)라는 기념비적인 책을 집필하는데, 이는 유럽의 백인 그리스도인 입장에서 유럽인이 아니고 백인이 아니며 그리스도인도 아닌 민족의 이성적 온전성과 완전한 인간성을 입증하기 위한 가장 인상적인 노력이다.[15] 이 탁월한 저술의 모든 목적은 우리가 지금까지 살펴본 것과 동일한 명제, 즉 "지상의 모든 민족은 인간이다"라는 명제를 다양한 방식으로 입증하려는 것이다(Las Casas 1967, 1.3.48:257-258). 원주민에게 이러한 보편적 이성과 지적인 자기 결정 능력이 없다고 주장하는 것은 바로 양심의 가책 없이 그들의 노동을 착취하기 위함이다. 스페인 사람들은 그 어떤 종교적·윤리적 방해도 받지 않고 "수많은 사람"에게 "가혹한 노예제"와 "무거운 압제"를 부과함으로써 가급적 최대의 부를 얻어내고자 아메리카 원주민들에 대해 다음과 같은 거짓된 생각을 날조해냈다.

[원주민들은] 모든 인간에게 공통된 이성과 너무도 거리가 멀어서 스스로

---

15 『변증사 개요』의 멕시코판 서문에 나오는 Edmund O'Gorman이 주의 깊게 쓴 예비적 연구는 내가 여기서 강조한 내용에 주의를 기울이지 않음으로써 오점이 생겼다. 근본적으로 그것은 이 훌륭한 멕시코 연구자가 생각하듯이 인류학적 철학의 문제―원주민들이 역사적으로 성취한 이해의 수준―가 아니라 일차적으로 정치와 노동 분야에서 지배의 문제, 즉 원주민의 주권을 폐기하고 그들에게 노동을 강요한 일의 정당성의 문제다.

를 다스릴 수 없었고…그들은 이 원주민들이 짐승 또는 거의 짐승과 비슷한 존재라고 단언하는 데 아무런 양심의 거리낌도 없었으며…따라서 그들은 원주민을 마음대로 이용할 수 있었다(Las Casas 1942, 363).

라스 카사스는 "인디아스에 거주하는 이 온순한 사람들은 인간 민족으로서" 이성을 타고난 "합리적" 존재임을 재확인한다. 왜냐하면 "세상의 어떤 민족도 하나님의 섭리에 따라 주어진 이 인간적이고 보편적인 속성에서 제외되지" 않았기 때문이다. 이 민족들 가운데 몇몇이 "원시적이고 야만적"(Las Casas 1967, 1.3.48:257-258과 Las Casas 1986, 2.1.175:171을 보라)으로 보인다 하더라도, 스페인과 같이 오늘날 교양 있고 문명화된 것으로 보이는 많은 공동체들도 과거에는 이와 마찬가지였다. 그것은 그들의 이해력에 적합하고 그들의 뜻에 부합하는 설득력 있는 논증을 통해 그들을 교육해야 할 문제다.

아메리카 원주민이 "인간 민족"이라는 생각은 그들을 노예로 삼아서는 안 되며 그들이 개인적으로 자유인이라는 주장보다 더 많은 것을 내포한다. 그것은 집단적·정치적 자유도 내포한다. 그 결과 라스 카사스는 케베도 주교에게 보낸 답변에서 원주민들이 개인적으로 자유인이며 기독교 신앙을 수용하기에 적합하다고 주장했을 뿐만 아니라 "그들의 주권"도 옹호했다. "본래 그들은 자유로울 뿐 아니라 자신들의 영토를 다스리는 본래의 주군들과 왕들이 있다"(같은 책, 3.3.149:343). 바로 이 명제를 옹호하기 위해 그는 사법적·정치적 주제를 다루는 방대한 논문인 『페루의 보화』(*Los tesoros del Perú*, 1563) 집필에 매진했다. 라스 카사스는 이 인류학적 개념으로부터 좌절된 자신의 유토피아를 구상하는데, 이 구상에 따르면 스페인의 기독교 제국은 원주민들의 원래의 정치 구조를 폐지할 것이 아니라 오히려 그것을 유지하며 그들의 자율과 자기 결정을 존중해야 한다.

호세 마라발(1974, 315-327)이 지적하는 바와 같이 라스 카사스는 원주민의 완전한 인간성을 옹호하는 한편 새로운 **세계주의** (cosmopolitanism)를 위한 기초를 놓는데, 그 기초는 한편으로는 고전적 스토아주의의 부흥과 다른 한편으로는 구대륙 주민과 신대륙 주민 간의 유사성이라는 경험적 증거에 기반을 둔다. 그러나 라스 카사스는 인간 종의 통일성과 관련하여 현저히 신학적·종교적인 성격을 띠고 있는 기독교 세계라는 중세의 이상을 여전히 유지하고 있음을 주목할 필요가 있다. 케베도와의 격렬한 논쟁에서 그는 인류의 통일성과 기독교 신앙의 보편성이 서로 관련이 있음을 주장한다. "우리 기독교 신앙은 동일할 뿐 아니라 세상 모든 민족에게 맞춰질 수 있고, 모든 민족을 신자로 받아들이며, 그들 중 누구에게서도 그들의 주권을 빼앗거나 그들을 정복하지 않는다"(Las Casas 1986, 3.3.149:343).

나는 라스 카사스의 사상에 "명백한 세속화의 차원"이 있다고 보는 마라발의 가설에 동의하지 않는다. 라스 카사스는 원주민들에게 강요된 모든 형태의 노예제의 불의를 다루는 긴 논문에서 자연법과 보편적 도덕성의 요구, 성경과 복음의 요구를 소홀히 하지 않는다. 유럽인들의 주요 문제는 사람이 신율을 위반하면 **대죄**(mortal sin)를 지은 상태에 있고 **자기 영혼의 구원**을 심각한 위험에 빠뜨린다는 점이다.

스페인 사람들이 부당하게 그리고 자신의 양심에 어긋나게 인디오를 노예로 삼기 때문에 그들은 늘 대죄를 지은 상태에 있으며, 따라서 그리스도인의 삶을 살지 않고 그들의 구원이 방해됩니다.…폐하께서는 신의 교훈에 따라 스페인 사람들에게 그들이 인디아스에서 노예로 삼고 자유를 박탈한 인디오들을 그들의 원래 상태로 회복시킬 것을 명령할 의무가 있습니다 (Las Casas 1965, 1:601).

그의 주장의 핵심은 "그들[스페인 사람들과 인디오들] 간의 신체적 차이가 적으며, 인간의 모양이 바뀌지 않고, 각기 다른 성에 속한 개인들 간에 생식도 가능하다"(Maravall 1974, 324)는 명백한 사실이 아니라, 존재론적으로 그들 모두 이성을 지니고 있고 구원하는 신의 은혜에 효과적으로 반응할 수 있는 능력을 갖고 있다는 점이다. 라스 카사스는 스토아 철학의 이성적 세계주의, 기독교의 인류의 통일성 개념 및 유럽인과 원주민 간에 존재하는 실질적 유사성이라는 증거를 독특하고 풍부하게 융합한다. 그리고 이 모든 요소는 우리가 앞에서 인용한 "지상의 모든 민족은 인간이다"라는 단정적 진술로 귀결된다.

~~~

아리스토텔레스와 "야만인들"

라스 카사스는 자신의 적대자들이 내세우는 철학적 전제, 곧 아리스토텔레스가 『정치학』(*Politics*) 제1권에서 자연적인 노예 상태에 대해서 제시한 논증을 적극적으로 차용한다. 몇몇 경우에 그는 이 소요 학파 철학자가 "이방인이었고 지옥에서 불타고 있었다"라고 말했지만(Las Casas 1986, 3.3.149:343), 그런 입장이 특히 아리스토텔레스의 철학을 신학화한 위대한 신학자인 토마스 아퀴나스의 추종자들인 자신이 속한 수도 공동체에서 위험하다는 것을 아주 잘 알고 있었다. 따라서 그는 더욱 침착한 사색적 태도를 유지하면서 아메리카 원주민이 아리스토텔레스가 말하는 본성적 노예의 범주에 해당한다는 생각을 반박하기 위해 노력한다. 그들이 갖고 있는 세 가지 특징—그들의 물리적 현존의 조화("그들은 매우 선한 기질을 지니고 있다"), 그들의 정치 생활에서의 신중함과 지혜(그들은 질서 잡힌 공화제를 갖고 있으며 지방 관리와 신중한 선출 방식을 갖고 있다), 그들의 개인의 지성(그들은 스스로를 다스릴 충분한 지식과 능력이 있다)—은 원주민들이 완전한 인간이라는 표지다(같은 책, 3.3.151:348-351). 그러나 이를 설명하는 과정에서 라스 카사스는 『정치학』에는 낯설고, 아리스토텔레스의 의도보다는 자신의 보편적 세계주의에 더 부합하는 해석 노선을 전개한다. 여기서 아리스토텔레스의 노예 범주는 야만인의 예속을 정당화하기 위해 이들에 대한 그리스인들의 우월성을 강조했던 이 그리스 사상가의 의도와는 상반되는, 발견하기 어려운 이상한 괴물이 된다.

이와 비슷한 설명을 디에고 데 코바루비아스의 1547년 논문 「인디오들을 상대로 한 전쟁의 정당성에 대하여」(*De iustitia belli adversus indos*)에서도 찾아볼 수 있다(출처: Pereña 1956, 205). 비토리아의 제자인 그는 이 논문에서 아메리카 원주민들이 아리스토텔레스가 말하는 선천적 노예의 범주에 해당하지 않는다고 결론짓는다.

나는 그의 말이 선천적으로 법이 없고 아무런 정치적 조직도 없이 방랑자들처럼 들판을 떠돌아다니는 식으로 창조된 사람들을 가리킨다고 생각한다. 요컨대 나는 짐승이나 야생 동물처럼 남들에게 복종하고 남들을 섬기도록 태어난 이들에 대해 말하는 것이다. 아리스토텔레스는 그들에 대해 짐승을 사냥할 때 사용하는 기술을 사용해도 된다고 말한다. 그러나 나는 인디오들이 이들과 같은 존재로 여겨질 수 있는지 의심스럽다.···그들은 도시와 촌락 및 마을에서 살고 있고, 왕을 세워 그 왕에게 복종하며, 자신들에게 공학적 기술과 도덕성에 대한 지식이 있을 뿐 아니라 자신들이 **이성을 타고났음**을 보여주는 다른 많은 일들을 실천한다(강조는 덧붙인 것임).

라스 카사스와 코바루비아스는 아리스토텔레스의 선천적 노예 개념이 원주민의 문화적 열등성을 설명하려는 스페인 신학자들에게 부과한 이론상의 난점을 보여준다. 주된 문제는 다음의 두 생각이 양립할 수 없다는 사실에서 나온다. (1) 선천적으로 열등하기 때문에 본래 남을 섬겨야 하고 따라서 무력으로 정복해도 무방한 존재가 있다는 아리스토텔레스의 생각, (2) 시간이 흐르면서 스토아 학파의 이성의 보편성 개념을 통해 강화된, 모든 인류의 본질적 통일성이라는 기독교의 시각. 이는 양쪽에 문제를 일으킨다. 한편으로 세풀베다와 같은 사람들은 아리스토텔레스의 개념을 이용하여 원주민에 대한 정복과 주인에 의한 원주민 지배를 정당화하려고 하지만, 이들은 모든 인류의 본질적 통일성에 관한 기독교 교리와 충돌하기 십상이다. 다른 한편으로 라스 카사스나 코바루비아스 같은 사람들은 아리스토텔레스가 많은 야만인이 있다고 언급하는 것으로 보인다는 말은 하지 않으면서 그가 말하는 선천적 노예는 역사적 실재로서는 거의 존재하지 않음을 보여주려고 한다. 비토리아(Urdanoz 1960, 664-665, 723-724)는 이 문제를 교육 후견을 통해 해결하려고 한다. 그러나 그는 그러한 설명이 원주민에 대한 무력 정복을 정당화하는 데 기여할지도 모른다는 가능성에 직면하자 망설인다. 하지만 그 논쟁에 참여한 이들은 이 문제가 대체로 자기들이 아리스토텔레스의 텍스트를 16세기에 유럽인과 아메리카 원주민의 만남에서 만들어진 그들의 특수한 시대적·문화적 맥락과는 다른 아리스토텔레스 당시의 맥락에 두지 못하는, 역사와 무관한(ahistorical) 해석을 사용함으로 인해 생겨났음을 인식하지 못했다.[16]

라스 카사스는 다양한 토착 민족들에게서 문명의 발달이 결여되었다 해도 그들 개인의 노예화나 그들 집단의 주권의 상실을 정당화할 수 있다고 생각하지 않는다. 오히려 그러한 발전의 결여는 폭력이나 전쟁을 통해서가 아니라 평화롭고 온화하고 설득력 있는 수단을 통한 힘든 교육 과정을 유발해야 한다. 수 세기 전에 스페인은 문화적 업적이라고는 거의 없던 나라였음을 잊지 않아야 한다. 몇몇 텍스트에서 라스 카사스는 아메리카 사람들과 민족들에게서 엿보이는 심각한 도덕적 결함과 정치적 무분별을 기꺼이 인정한다.[17] 그러나 그는 그런 문제들은 설득에 기초한 평화로운 기독교 문화와 윤리로의 통합 과정을 통해 극복할 수 있다고 생각한다.

라스 카사스는 훗날 『변증사 개요』(1967, vol. 2, ch. 264-267:637-654)

---

16 역사적 맥락을 고려한 유일한 설명은—깊이가 부족하기는 하지만—Acosta([1588] 1952, 2.5:158)에게서 찾아볼 수 있는데, 그는 아리스토텔레스가 마케도니아의 알렉산드로스 대왕의 제국주의적 이익에 아부해야 할 필요가 있어서 이 텍스트를 썼다고 생각한다.

17 그러한 보기 드문 사례 중 하나는 「확인 논문」(*Tratado comprobatorio*)에서 찾아볼 수 있다. "그들은 기독교 신앙이 없어서 자기들의 땅에서 여러 가지 커다란 결함을 지니고 있다. 그들이 아무리 좋은 통치를 받는다 하더라도, 그들은 (마땅히 그래야 하는 만큼) 공정하지도 않고 합리적이지도 않은 많은 법률을 준수해야 한다. 그들은 또한 강력하고 야만적인 관습에 젖어 있다." 카스티야 국왕은 "불신앙에…기인할 수밖에 없는 그들의 정책에 내재한 참상과 결함을 조금씩 제거하면서, 또한 기독교 신앙이 지니고 있고 가르치는 정결하고 의롭고 합당한 생활 방식의 토대를 세움으로써" 그런 결함을 고칠 수 있다 (1965, 2:1137; 1115).

에 추가된 한 단락에서 "야만적"이라는 단어의 다양한 의미에 대한 분류 체계를 만든다. 그것은 그의 전투적인 생애의 말년에 쓴 일종의 문화 철학 후기(後記)다. 그는 이 개념에서 네 가지 형태를 구분한다. 첫째는 인간의 행동 또는 태도를 일컫는데, 이는 일반적으로 합리적이지만 때때로 격정과 난폭함의 열기에 사로잡혀 "야만적인 행동"을 저지른다. 둘째는 아직 문헌이 없거나 우리의 언어를 정확하게 말하지 못하거나 정치적 특성이 다른 문화를 의미한다. 셋째는 행동과 관습이 야수적인, 무례하고 난폭한 존재들을 나타내는데 이들은 "야만적"이라는 용어를 수정 없이 그대로 적용할 수 있는 유일한 자들이다. 끝으로 "야만적"이라는 용어는 불신자들에게 적용되는데 그중에는 투르크인들처럼 유죄이며 스스로를 기독교의 원수로 여기는 자들도 있고, 그리스도에 대한 복음을 듣지 못했기 때문에 무죄인 자들도 있다. 신세계의 원주민들은 두 번째 범주와 네 번째 범주의 두 번째 하위 범주에 해당한다. 그리고 이 두 가지 이유로 인해 그들을 가리켜 스스로를 다스리지 못하거나 기독교 신앙을 수용하여 완전히 이해할 수 없는 비이성적인 존재로 선언할 수 없다.

~~~

빛바랜 승리

라스 카사스의 입장은 신학적 차원과 법률적 차원에서 승리했다. 신학적 영역에서 이는 교황 바오로 3세의 칙서 「지존하신 하나님」 덕분이었는데 이 칙서의 주요 내용은 다음과 같다.

지존하신 하나님은 인류를 매우 사랑하셔서 인간을 그토록 지혜롭게 창조
하셨고…다가갈 수 없고 보이지 않는 최고의 선에 도달하여 그 선을 대면
하여 볼 수 있는 능력을 인간에게 부여하셨다.…[모든] 사람은 신앙에 관
한 교리를 받아들일 능력이 있다.

인간을 파멸로 이끌기 위해 모든 선한 행실에 대적하는 인류의 원수가…
자신의 부하 중 몇몇을 부추겼으며, 이들은 그를 만족시키기 위해 인디오
들이 가톨릭 신앙을 받아들일 수 없다고 속이며 해외에서 인디오들을…우
리를 섬기기 위해 창조된 말 못하는 짐승처럼 대해야 한다는 주장을 출판
하기를 주저하지 않는다.
　하지만 우리는 인디오들도 참으로 인간이라고 생각하며…그들이…가
톨릭 신앙을 이해할 수 있다…고 생각한다.
　우리가 가진 사도적 권위에 의거하여 우리는…앞에서 말한 인디오들 및
후에 그리스도인들에 의해 발견될 수도 있는 모든 사람이 비록 예수 그리
스도를 믿는 신앙을 갖고 있지는 않을지라도 그들의 자유와 재산 소유가
박탈되지 않아야 하며, 그들은 자유롭고 정당하게 그들의 자유와 재산 소
유를 누릴 수 있고 또 누려야 하며, 결코 그들을 노예로 삼아서도 아니 되
고, 만약 이에 반하는 일이 발생할 경우, 그것은 무효이고 아무 효력이 없
을 것임을 규정하고 선언한다.
　…그리고 앞에서 말한 인디오들과 다른 사람들을 하나님의 말씀 전파와
선하고 거룩한 생활의 본을 통해 예수 그리스도를 믿는 믿음으로 개종시

켜야 한다.[18]

라스 카사스는 인디아스 신법이 통과됨으로써 법률 분야에서도 승리를 거두었는데 이 법은 스페인 당국의 의지를 다음과 같이 강조했다.

> 우리의 주요한 의지와 의도는 언제나 인디오들을 보존하고 그 수를 증가시키는 것이며 아울러 그들을…자유민으로 대하는 것이기에…우리는 [인디아스] 평의회에 특히 인디오들의 보존과 그들에 대한 선정과 좋은 대우에 언제나 많은 관심과 특별한 주의를 기울일 것을 당부하고 명령한다.… 아울러 우리는 지금부터 인디오들을 결코 노예로 삼지 말 것을 명령한다 (Konetzke 1953, 1:217).

교황 칙서 「지존하신 하나님」은 이성을 기독교 신앙에 완전히 동화될 수 있는 능력과 연결시킨다. 「인디오의 적들」(*indófobos*)은 원주민들의 이

---

18 Las Casas는 『유일한 방법』(*Del único modo*, 365-367)에서 이 텍스트를 인용한다. 이 텍스트는 Cuevas 1946(1:263-265; 1975, 84-86 in Spanish, 499-500 in Latin)에도 인용되어 있다. 「지존하신 하나님」에 관해서는 Hanke 1937(65-102)을 보라. 칙서가 나오기 4일 전 교황은 소칙서 「사목의 임무」(*Pastorale officium*)를 톨레도 대주교인 Tabera 추기경에게 보내어, 그에게 "원주민을 노예로 삼는 자는 그 지위 고하를 막론하고 누구든 **사실 그 자체에 의한 자동 파문**"에 처할 수 있는 권한을 부여했다(Hernáez 1879, 1:101-102). Hernáez는 또한 「지존하신 하나님」을 변형한 「진리 자체」(*Veritas ipse*)라는 제목의 또 다른 소칙서도 수록하고 있다(102-103). Tobar 1954 (209, 216-217)도 보라.

　바오로 3세는 그의 몇몇 변호자들이 위의 진술들에 근거하여 말하는 내용과는 달리 노예 제도 자체를 거부한 것이 아니라 아메리카 원주민들에게 강요된 노예제만을 거부했다. 1548년 11월 9일 그는 로마의 노예 시장의 적법성을 확인하고 로마 원로원으로 피신한 노예들을 해방시켜주는 오랜 전통을 금지하기 위해 「자의 교서」(*motu proprio*)를 공표했다. "우리는 로마시에 거주하는 친애하는 자녀들이…자유를 요구하는 도망 노예들을—그들이 그리스도인이 되었든 그리스도인 노예의 자녀로 태어났든 관계없이—해방시켜 줄 권한을 사용하는 것을 엄격히 금한다"(출처: Maxwell 1975, 75).

성을 부정하거나 대폭 제한한다. 그러한 부정은 철학적 추론을 통해 동기가 부여된 것이 아니라 원주민에 대한 노예 노동의 부과를 정당화하기 위한 구실로 제시된다. 그들의 핵심 목표는 사회적 정복이다. "그리고 그들은 사실상 원주민들을 노예 상태로 전락시키며, 자기들이 부리는 이성 없는 짐승들에게 짐을 싣는 것만큼이나 많은 일을 원주민들에게 부과한다." 만일 원주민들이 완전히 그리스도인이 될 수 없고 그들의 지능이 부족하다면, 그들이 노예화될 수 있고 그들의 재산이 몰수될 수 있다. 반대로 그들이 본성 면에서 유럽인과 동일하다면, "그들의 자유나 그들의 소유물에 대한 지배권이 탈취될 수 없다." 이 논쟁은 동시에 작용하는 두 개의 중심축을 중심으로 전개되는데, 그것은 각각 인디오의 이성에 대한 상이한 평가와 유럽의 경제적 이익을 위해 인디오에게 강제노동을 부과하는 것의 정당성 여부다.

인디오가 이성적으로 열등하며 인간 이하의 존재 또는 반(半)야수에 불과하다는 명제는 신학과 법학의 이론적 차원에서는 패배했지만 여전히 살아남아서 번성했다. 마르가리타 섬의 총독 베르나르도 데 바르가스 마추카도 라스 카사스의 책 『인디오의 멸망에 관한 간략한 설명』(*Brevísma destrucción de las Indias*)에 대한 맹렬한 비판에서 이 명제를 다시 언급했다(출처: Fabié [1879] 1966, 225-227, 강조는 덧붙인 것임). 인디오들과 무수한 전투를 벌인 이 베테랑에 따르면 아메리카 원주민들은 사탄의 해로운 영향으로 야수가 되었다.

마귀의 악의는 대개 인간에게서 이성을 빼앗아 그들을 **야수**로 바꾸려 한다. 마귀는 이 인디오들을 이런 방식으로 아주 오랫동안 소유했다.…그들은 틀림없이 지상에서 가장 잔인한 종족들이며 잔인한 것만큼이나 야수적

2부 아메리카 대륙 정복에 있어서의 자유와 예속

이다. 만일 당신이 잔인함을 묘사한 그림을 원한다면 인디오를 한 명 그리기만 하면 된다는 것이 나를 비롯하여 그들을 상대해 본 많은 사람의 의견이다.…이들은 이성이 없고 포악하며 명예가 없으며…이성이 없는 동물보다 더 야수 같다.…그들 대다수는 우상숭배자들이며 마귀와 이야기한다.

바르가스 마추카의 친구이자 동료인 소일 디에스 플로레스는 이 책의 서론 및 권고에서 원주민들에 대한 자신의 부정적 평가를 덧붙인다.

이 종족들은 본성적으로 야만인이며, 야만적인 악덕에 오염되어 아무런 분별력도 없다.…따라서 무력을 통해 그들을 강제로 굴복시켜도 무방하며, 자연법에 따라 그들을 상대로 벌이는 전쟁은 정당하다. 왜냐하면 말씀의 교리를 통해 더 나은 삶으로 인도받을 수 있는 열린 마음이 본래 결여된 자들은 짐승처럼 멍에 아래 둘 필요가 있기 때문이다(같은 책, 212).

17세기 중반 후안 데 솔로르사노 이 페레이라는 『인디오 정책』(*Política indiana* 1930, 1.9:92-94, 강조는 덧붙인 것임)에서 하나님의 섭리적인 의지 및 아메리카 발견/소유를 이야기한 뒤 카스티야의 신세계 지배를 정당화하는 세 번째 타당한 자격, 즉 종종 반복된 논제인 원주민의 지적 열등성에 관해 설명한다.

공정하고 정당한 우리 군주들의 최고의 지배권 확립이 가능했던 이유는 그들이 지독한 야만인들이며, 세련되지 못하고, 원시적이어서 **인간이라고 불릴 자격이 거의 없었기 때문이다.**…여기서 우리는 세 번째 자격을 도출할 수 있는데, 우리가 그러한 원시적인 상태에 있는 이들을 무시할 수는 없으므로 **그들에게 이성이 없다는 이유로**—사람들이 그렇게 말하는데 그 말은 많은 부분에 있어 사실이었다—그들을 내버려 두는 것은 좋지 않다.… 그리고 다리엔 주교인 토마스 오르티스 수사도 황제 카를로스 5세의 면전에서 그들 모두가 일반적으로 그렇다고 담대하게 진술했다. 그토록 야수 같고 야만적인 이들은 인간이라기보다 짐승으로 간주되기 때문에…그들을 그리스도인으로 만들기 위해서는 먼저 그들을 사람으로 만들고…그들을 인간으로 여기고 또 그렇게 대할 수 있도록 그들을 강제하고 가르칠 필요가 있었다.

오비에도는 한걸음 더 나아가 원주민들을 악마로 묘사하는 유명한 구절에서 그들을 인간이 아닌 존재로 묘사한다. 라스 카사스는 히스파니올라섬의 인구 감소를 한탄한 반면 오비에도(1851 1.1.5.3:141)는 그것을 긍정한다. "인디오들의 대다수가 멸절되었고 남은 인디오들은 극소수이며 그리스도인들을 섬기고 있으므로 사탄은 이제 이곳에 존재하지 않는다."[19]

역설적이게도 원주민들에 대한 경시는 그들의 보호자들이 남긴 여러 글에서도 발견된다. 원주민들이 겪는 착취에 용감하게 맞서면서 자신의 보호 대상자들을 "아동"이나 "장애인"처럼 그들을 위해 행동하거나 그들을 대변할 누군가를 필요로 하는 이들로 간주하는 명백히 온정주의적인 태도를 취한 사람이 많았다. 인디아스 평의회는 펠리페 2세에

---

19 Mendieta([1596] 1980, 1.12:55)는 Oviedo가 그런 말을 한 것을 비판하고 이 유명한 연대기 작가는 차라리 "하나님의 형상으로 창조되었고 구원 받을 수 있는 그토록 수많은 영혼들을 지상에서 멸절시키고 근절하는 일에 가담한 것에 대해 피눈물을 흘렸어야" 했다고 단언한다.

게 보낸 어느 보고서에서 인디오 민족들이 "성년에 도달하지 못하고 영원히 가정교사를 필요로 하는, 나쁜 습관을 가진 아이"(Pereña in Las Casas 1969, lxxviii)이기 때문에 이들에 대한 카스티야의 영구적 주권을 옹호한다. 아우구스티노회 소속의 페드로 수아레스 데 에스코바르에게서 보이는 자애롭지만 통제하는 온정주의는 더 심한 사례다.

> 이 인디오들은 모두 둥지 속에 있는 새끼 새들과 같아서 홀로 나는 법을 배울 만큼 날개가 자라지도 않았고 앞으로도 자라지 않을 것입니다. 그들은 굶어 죽지 않도록 둥지에 기름진 것과 양식을 가져다줄 부모가 늘 필요할 뿐입니다.…저는 폐하께서 수도자들만이 그들을 돌보는 아비이자 어미, 그들을 대신하는 학자이자 대리인, 그들을 편드는 옹호자이자 보호자임을 알아주실 것을 소망합니다.…자식들이 그 어머니에게 하듯이 인디오들은 울고 불평하다가도 수도자들과 더불어 안식을 취합니다.…이 불쌍한 인디오들에게 많은 선을 베풀 수 있도록 폐하의 자비로운 눈으로 지켜봐 주시어 이들이 자신들을 섬기는 수도자들로부터 버림받거나 수도자들을 빼앗기는 일이 없게 해주소서. 수도자들이 사라지는 날이 이들에게 종말의 날이기 때문입니다(출처: Cuevas [1914] 1975, 311-312).[20]

---

20 Robert Ricard(1986)는 이러한 온정주의적인 태도는 역설적으로 그들이 열정적으로 사랑한다고 주장하는 원주민들의 지적 능력과 성품의 미덕에 대한 과소평가라는 점에 대해 정확하고 재치있게 주의를 환기한다. 미초아칸 주의 Vasco de Quiroga가 쓴 유명한 「병원 규칙 및 조례」(Reglas y ordenanzas de hospitales)에 대해서도 지나치게 비판하지 않으면서도 동일한 평가를 내릴 수 있다. 그의 원주민 보호는 어느 정도 생색을 내는 듯한 온정주의에서 자유로울 수 없었다. 그는 관리로서 왕실에 제출한 보고서에서 원주민들이 "매우 유순하고 온화하며 마치 밀랍과 같아서 사람들이 그들을 마음대로 대한다"는 이유로 그들을 칭찬한다(Herrejón 1985, 198). 이 주제에 대해서는 Sylvest(1975)도 유용하다.

멘디에타도 아메리카 원주민들이 구원받기 위해서는 설득력 있는 설교와 모범적인 삶을 "영적 아버지"의 권위와 연결해야 한다고 주장한다. 원주민들은 그들을 "자녀가 그 부모에게 하듯이, 또한 아동이 학교에서 선생님으로부터 가르침을 받듯이 경외하고 존경"해야 한다. 원주민들을 향한 멘디에타의 동정심을 부정할 수는 없지만, 그는 원주민의 사제 서품이나 수도 서원을 금하는 교회의 규범을 옹호한다. 왜냐하면 원주민에게는 다음과 같은 독특한 특징이 있기 때문이다. "그들은 명령을 내리거나 다스리기에 적합하지 않고 명령을 받고 다스림을 받기에만 적합하며…교사가 되기에는 적합하지 않고 제자가 되기에만 적합하며, 고위 성직자가 아니라…평신도가 되기에만 적합하다." 이렇게 "아이와 같은 종족"은 사제가 되는 데 필요한 성격적 자질이나 권위 또는 견고함이 없다(Mendieta 1980 1.4:26, 4.23:448-449, 4.46:563).[21]

아코스타(1952, 1.17:126) 역시 이와 유사한 사고의 흐름을 따라 아메리카 원주민들에 대해 다음과 같이 진술한다. "이보다 더 유순한 종족은 없다.…그들은 자기들이 본 것을 모방하려는 욕구가 있다. 그들은 권력과 권위를 가진 사람들에게 지극히 순종적이며, 명령을 즉시 시행한다." 탁발 수사들과 수도승들은 종종 그들의 순종을 칭찬했다. 그것은

---

21 Mendieta의 역사 서술은 그가 원주민의 기독교화와 선무(pacification)에서 탁발 수사들에게 핵심적인 역할을 부여한다는 점에서 그 시대의 전형성을 보여준다. "하나님을 섬기고 이웃에게 선을 행하는 데 열심인 수도자들"은 "지옥의 모든 마귀들과 금세기의 산물인 모든 사람들을 대적으로 두고 있고, 영이라고는 조금도 찾아볼 수 없는 사람들을 다루고 그들을 위해 일하는" 비상하고도 초월적인 싸움에 직면해 있다. 그는 탐욕스런 평신도와 헌신된 수도자라는 이분법적 시각을 16세기 아메리카 대륙에 이베리아인이 존재한 이유를 이해하는 주요한 해석학적 열쇠로 합리화한 최초의 인물이다. 그러한 이분법적 시각은 자아도취와 자민족중심주의라는 이중의 죄에서 자유롭지 못하다. 인디오들은 구경꾼이자 고통당하는 환자로서 이 장면의 가장자리에 존재한다(Mendieta 1980, 4.31:492).

그들의 의심할 바 없는 권위에 대한 주관적 원천이었다. 그러나 그 밑바닥에서는 미묘한 경멸이 계속되고 있다.

~~~

원주민 교육

「지존하신 하나님」에도 불구하고 몇몇 성직자들은 원주민이 참된 그리스도인이 될 자질이 없다고 생각했기 때문에 여러 해 동안 많은 원주민에게 성체 주기를 거부했다. 식민지 지배가 진행된 첫 세기 동안 원주민들은 사제직에도 받아들여지지 않았다. 1544년 누에바에스파냐의 도미니코회에 속한 여러 지도자는 인디오에게 사제 교육을 허용하는 것을 반대했다.

> 그들의 교육을 통해 어떤 결실도 기대할 수 없다.…그들은 신앙에 관한 특정한 사항들을 확실하고 정확하게 이해할 능력이 없으며, 그들의 이성이나 그들의 언어도 신앙을 설명할 수 있을 만큼 충분히 풍부하지 않으므로 부적절한 표현으로 인해 쉽사리 오류에 빠지게 된다. 그래서 그들은 서품을 받지 않는 것이 그들의 평판에 더 이로울 것이기 때문에 그들을 서품해서는 안 된다는 결론이 도출된다. 학식 있고 경건한 여러 사람이 제시한 많은 이유들로 인해 그들에게 성체 성사도 베풀지 않기 때문에… 그들이 사제 교육에서 배제될 필요가 있다(Pacheco et al. 1864-1884, 7:541-542).

그들의 주장에 대해 논란이 없지 않았다. 수년 전 멕시코에서 관구장 야코보 데 테스테라 수사가 이끄는 일단의 프란치스코회 수도사들은 1533년 5월 6일 황제에게 보낸 편지에서 이에 반대되는 입장을 피력했다.

> 그들이 원주민들의 무능력에 대해 무슨 말을 하든, 그토록 호화로운 건축물을 지었고 그토록 정교한 수공품을 창조하는 세심함을 보였으며…마지막으로 윤리적·정치적·경제적 생활에서 그와 같은 규율을 보여줄 수 있는 사람들을 어떻게 그렇게 무능력하다고 할 수 있겠습니까?…우리가 이 땅 원주민의 자손에 대해 무슨 말을 하겠습니까?
>
> 그들은 읽고 쓰고, 단선율의 영창(plain chant)을 노래하고, 오르간으로 대위법을 연주하고, 작곡을 하며, 다른 사람을 가르칩니다. 그들에게는 음악과 교회의 성가를 부르는 기쁨이 있습니다. 그리고 그들은 우리가 그들에게 가르치는 설교를 사람들에게 전파하며 열정적으로 그 설교를 전달합니다.…그들의 마음 속에 숨겨진 기적을 행하시는 주 하나님께서는 그 사실을 아십니다. 따라서 악의나 무지로 인해 눈이 가려지지 않은 사람들이라면 그들의 행동을 통해서도 그 사실을 인식할 것입니다(출처: Cuevas 1946, 1:262).

프란치스코회 수사인 베르나르디노 데 사아군(1985, 20)은 동료 수도사들이 전에 명시적으로 진술한 내용을 다음과 같이 재확인한다.

> 이 모든 사람이 우리와 마찬가지로 동일한 아담의 원줄기에서 나온 우리의 형제이며 또한 우리의 이웃인 것이 매우 확실하다.…그들은 모든 제작 기술 능력이 있고…또한 이런 학문을 배운 모든 사람에게서 경험적으로

볼 수 있는 바와 같이 모든 교양 과목과 거룩한 신학을 배울 능력이 있다.

여기서 우리는 모든 인류가 한 뿌리에서 나온 것으로 보는 기독교의 교리가 인디오들을 인간화하는 작용을 한 것을 볼 수 있다. 모든 인간은 실제 문화적 발전 상태와 무관하게 모두 하나님에 의해 창조된 최초의 인간인 아담의 자손이다. 따라서 모든 사람의 초월적인 영적 최종 상태는 동일하다.[22] 모든 사람은 거룩한 사제직에서 섬기기 위한 교육을 받을 수 있다.

사아군(1985, 583)은 원주민에 대한 교양 교육을 촉진하기 위해 자

---

22 온 인류의 기원이 하나라는 신학적 교리가 반드시 하나의 공통된 사회·정치적 운명을 함의하는 것은 아니다. 나는 16세기 스페인 신학자들에게서는 훗날 몇몇 개신교 성경학자들을 통해 대중화된 독특한 이론을 찾아볼 수 없었다. 그 이론에 의하면 아프리카인과 아메리카 인디오는 노아의 저주 받은 아들인 함에게서 나왔고, 그 사실은 그들에게 "그의 형제의 종들의 종이 되는"(창 9:25) 그들의 선조의 치명적인 운명을 물려주었다. 아마도 López de Gómara 1946(290)에는 그 이론을 지나가면서 언급하는 듯한 대목이 있는데, 거기서 그는 인디오들의 강제 노동을 정당화하고 그들의 인구통계학적 종말을 설명하기 위해 다음과 같이 단언한다. "하나님은 아마도 일종의 형벌로 이 죄 많은 민족들에게 예속과 고역을 허락하셨을 것이다. 함이 자기 아버지에게 지은 죄는 이 민족들이 하나님께 지은 죄보다 작은데도 함의 자식들과 자손들은 노예가 되도록 저주받았기 때문이다." 이 이론에 대한 또 다른 언급은 1580년 무렵에 쓰였지만 1878년 출판된 Juan Suárez de Peralta의 저술(1949, 7)에서 찾아볼 수 있다. 그는 "인디오들은 사실 저주받은 가나안에게서 나왔다"고 말한다. 17세기에 Alonso de Sandoval([1627] 1987, 1.2:74-75)은 흑인에 대한 스페인 신학의 가장 중요한 저술에서 "에티오피아인은…함에게서 기원했는데 함은 세계 최초의 종복이자 노예였다"고 주장함으로써 자기가 그 노예 이론을 알고 있음을 보여준다. 앵글로-색슨 계통의 개신교계에서는 William Strachey([1849] 1953, 54-55; 참조. Allen 1949, 113-137)가 아메리카 인디오는 함에게서 비롯되었다는 생각을 옹호했다. 인류의 기원에 대한 다원 발생설을 가정할 가능성은 늘 존재했지만 신학이 패권을 유지한 전통과 문자적 성경 해석으로 인해 그러한 가능성이 지연되었다. 프랑스의 신학자인 이삭 드 라 페이레르는 확실히 1655년 다른 많은 민족들과 종족들뿐 아니라 아메리카 인디오도 기독교 교리에서 주장하는 것과 같은 아담이라는 기원과는 다른 기원을 가졌다고 과감하게 주장한 최초의 인물이다. 이 주장에 대한 공격과 거부가 너무도 격렬해서 그는 자신의 주장을 철회하지 않을 수 없었다(Huddleston 1967, 139-143).

신이 기울인 노력에 대해 이야기한다. 그의 노력이 결실을 보이기 시작하자 많은 스페인 사람들로부터 단호한 반대가 일어난다. "성직자들뿐만 아니라 평신도들도 이 사업에 반대하고 이에 대해 많은 반론을 쏟아내기 시작했다." 그 반대의 뿌리는 철학적인 것, 즉 원주민의 이성적 능력에 대한 의심으로 보이지만 사실은 스페인 사람들의 사회·경제적 패권의 토대인 그들의 교육적 독점이 잠식당할지도 모른다는 약삭빠른 두려움이다. 들판의 일꾼과 날품팔이에게 무슨 고등 교육이 필요하겠는가? 멕시코에서의 가톨릭 선교 사역에 대해 적대적이었다고 비난받을 수 없는 로베르 리카르(Robert Ricard 1986, 347)는 다음과 같이 통찰력 있게 단언했다. "틀라텔롤코 대학에 대한 성직자들과 일반 여론 편에서의 맹렬한 반대를 일으킨 주요 원인은 바로 멕시코에 있는 대다수 스페인 사람들이 인디오 사제들이 양성되는 꼴을 보려고 하지 않았기 때문이다."[23]

16세기 내내 아메리카 대륙 전역에서 원주민의 사제직 진입이 막혀 있었다. 1555년 누에바에스파냐에서 열린 교회 회의에서 원주민 성직자를 두는 것을 금하기로 결정했다. 페루에서는 1552년 제1차 리메노 회의와 1567년 제2차 리메노 회의에서 그와 동일한 결정을 내렸다. 제2차 리메노 회의는 다음과 같이 확언했다. "본 회의는 이 인디오들이…어떤 성직에도 받아들여져서는 안 된다고 생각하며, 이 결정을 준수할 것을 명한다." 아코스타는 원주민들에 대해 반복적으로 동정심을 보였음에도 불구하고 여전히 다음과 같은 공격적인 말로 이 규정을 옹

---

23 틀라텔롤코 소재 산타크루스 대학의 역사와 이 대학의 원주민 성직자 육성 실패에 대해서는 Olaechea Labayen 1958(113-200)을 보라.

호한다. "거룩한 문서들이 사회의 쓰레기 출신 사제들을 매우 엄하게 책망하는 조치는 존경을 받아야 한다.…그 문서들은 평민이고 악한 자들을 교역자로 받는 것을 커다란 악행으로 간주한다"(Acosta 1952, 1.6.19, 581; 582).[24]

1568년에 킨토 주교의 다음과 같은 행동을 질책하는 내용의 국왕 칙령이 공포되었다.

[주교께서는] [임명된] 메스티소들에게 서품을 주셨는데…이는 주교께서도 짐작하셨듯이 매우 불편한 일인데, 그 이유는 많지만 주로… 그들이 경건하거나 고결하거나 성직에 적합하지 않으므로 그러한 서품을 받아서는 아니 되는 사람들이기 때문입니다.…이제 주교께서는 그 메스티소들에게 결코 서품을 주지 마시기 바랍니다(Konetzke 1953, 1:436).

펠리페 2세는 페루의 교회 당국자들이 메스티소 사제를 서품하려 한다는 사실을 인지하고 1578년 12월 2일자 국왕 칙령을 통해 "그것에 대해 심의한 뒤 어떻게 해야 할지 통보받을 때까지" 그것을 금지했다 (Konetzke 1953, 514). 이 "숙고"에 10년이 걸렸다. 1588년 8월 31일 펠리페 2세는 인디아스 평의회에서 격렬한 논쟁을 거친 후 메스티소가 입증된 덕성과 지식을 갖춘 경우 사제 서품을 받을 수 있고 수도 서원을 행할 수도 있다고 결정했다. 이 칙령은 순수한 혈통의 인디오에게는 이와 동일한 권리를 수여하지 않았으므로, 그들은 16세기 내내 성직자 또는

---

24 Francisco Mateo는 다음과 같이 반복한다. "백인과 인디오가 혼합된 사회에서 인디오는 사회의 쓰레기였다. 만일 인디오가 사제가 된다면 그의 사회적 지위가 너무도 비천하고 경멸스러워서 사회가 그를 사제로 인정하는 것은 어울리거나 용인할 수 있는 일이 아닐 것이다"(Acosta 1952, 6.19:581).

수도자 신분에서 배제되었다(Konetzke 1953, 595-596).

리카르에 따르면(1986, 23, 349, 355) 원주민들을 사제직에서 배제한 것은 중대한 실수였다.

멕시코 교회는 페루 교회와 마찬가지로…그 결과 토대가 불완전했다. 더 정확히 말하자면 멕시코 교회는 설립되지 않았으며, 크리오요 교회를 위한 토대는 거의 세워지지 않았다. 스페인 모델에 따라 조직되고, 스페인 사람들에 의해 지도되며 원주민 신자는 2류 그리스도인 역할을 하는 스페인 교회가 세워졌을 뿐이다.…그것은 민족 교회가 아니었다. 그것은 식민지 교회였다.…심지어 가장 초라한 형태의 수도 생활조차도 인디오들에게는 금지되었다.…이 실수로 말미암아 멕시코 교회는 민족 안에 깊이 뿌리 내리지 못하였고, 계속해서 대도시에 긴밀하게 의존하고 있는 외래 제도의 양상을 띠게 되었다.[25]

그 논의는 처음에는 신학적이었지만, 신학적 담론과 정치 사이의 불가분의 연관성—우리는 앞에서 이것을 정복 행위에 관한 논쟁을 해석하기 위한 근본적인 해석학적 열쇠로 제시한 바 있다—을 기억한다면 우리는 이 논의의 교회 외적인 함의를 알게 될 것이다. 만일 원주민들에게 사제직을 수행하고 사람들을 영적으로 지도할 능력이 있다면,

---

25 이 문제는 프란치스코회의 선교 활동에 대한 Gómez Canedo(1977, 189, 각주 70)의 연구에서 미묘하게 다뤄진다. 그러나 각주에서 그는 다음과 같은 이례적인 단언을 한다. "자주 다뤄진 식민지 아메리카에 '원주민 성직자'가 존재했는가라는 문제는 다른 방식으로 표현되어야 한다. 크리오요들도 원주민이었고 그들은 오래지 않아 아메리카 대륙에서 성직자의 대다수를 점하게 되었다." "크리오요들도 원주민이었다"는 말은 그의 변증적 의도에 기인하는 인종적 혼동이다. Armas Medina(1953 372)는 Ricard의 비판에 만족하지 않았음에도 불구하고 페루에 대해서 다음과 같은 사실을 인정하지 않을 수 없었다. "선교사들이 점차 원주민 성직자를 양성하기를 시작하지 않았을 때 그들은 논란의 여지가 없는 오류를 저질렀다." 기독교에서 이처럼 새로 개종한 인종에 대한 성직 임명 허용을 조심스러워하는 배경에는 인종적 편견이 숨어 있다.

그들에게 자신들의 일을 자체적으로 처리하고 그러한 일들을 세속적으로 관리할 능력도 있지 않겠는가? 교육 문제는 개인의 자유 및 민족의 자결 문제와 불가분적으로 연결되어 있다. 사제 서품에 불가결한 지적 양성은 처음에는 교회의 사안에서 그리고 후에는 사회·정치 사안에서 완전한 자치 책임을 향해 나아가는 첫걸음이 될 터였다.[26] 이처럼 예상되는 결과를 피하기 위해 "영혼을 지도하거나 독신 생활을 하기에는 권위의 결여, 음주벽, 지적 노동에 적합하지 않음" 등 원주민의 고질적인 "악덕"에 대한 증언이 증가했다(Ricard 1986, 349).

히스패닉계 아메리카의 상황은 예외적인 것이 아니었다. 이베리아반도의 두 나라(스페인과 포르투갈)는 자기들이 대양 건너편에 세운 거대한 제국에서 원주민 성직자가 양성되는 것을 장려하지 않았다. 거대한 스페인-아메리카 제국을 구하기에는 이미 너무 늦은 18세기 말에야 스페인 국왕은 서둘러 원주민 성직자의 양성을 장려했다.[27] 국왕의 칙령도 임박한 정치적 붕괴를 막지 못했다(Boxer 1978, 1-30).

---

26 하지만 프란치스코회 수사 Alfonso de Castro는 Vitoria가 승인한 1543년 소논문에서 이에 반대되는 주장, 즉 신학 및 성경 연구는 대도시의 당국자들에 대한 복종을 증진할 것이라는 주장을 폈다. "거룩한 성경과 가톨릭 신앙은 선하고 겸손한 관원들뿐 아니라 까다로운 관원들에게도 복종해야 한다고 가르친다.…원주민들에게 신성한 성경과 참된 신학을 가르치는 것은 가톨릭 신앙을 보존하기 위해서만이 아니라 국왕과 귀족의 권위를 보존하기 위해서도 현명한 일이다"(출처; Olaechea Labayen 1958, 184). 정치적 순종에 관한 대헌장인 바울의 로마서 13장에 대한 언급도 빼놓을 수 없을 것이다.

27 「인디오들의 수도회 입회와 대학 교육 및 그들의 공적과 능력에 따른 명예직과 공직 진출을 허용하기 위한 국왕 칙령, 1766」(출처: Konetzke 1953, 3.1:333-334).

신들의 전투

지옥의 도성: 무거운 형벌, 암흑의 군주, 부자, 탐욕스러운 자, 배은망덕한 자, 음란한 자, 오만한 자; 하나님을 두려워하지 않는 거만한 부자들과 죄인들에 대한 형벌.

그들은 오류에 빠져 있고 인류의 원수인 마귀들에게 속아서 가증한
악덕과 죄악을 자행하는데, 이는 그들에게 파멸을 가져오고 그들로
하여금 슬픔과 영원한 지옥 불을 겪도록 할 것이다.

- 헤로니모 데 멘디에타

나는 그들이 하나님의 위엄을 거슬러 저지르는 악행으로 인해 그들
중 매우 많은 이들이 죽는 것을 하나님이 동의하셨다고 생각한다.…
우리는 그러한 우상숭배자들과 패역한 자들에게 피할 길을 주지 않
는 것이 하나님의 뜻이며, 이 땅 가운데 거룩한 신앙의 씨앗을 뿌리고
스페인 출신의 그리스도인들을 그곳에 거주케 하는 것이 하나님의
뜻임을 믿어야 한다.

- 베르나르도 데 바르가스 마추카

~~~

극악무도한 우상숭배

16세기에 식민지 개척자, 정복자, 탁발 수사, 원주민의 인간적 존엄성 옹호자나 폄하자들에게는 종교라는 핵심 사안에서 **문화적 다양성**에 대한 존중이 결여되었다. 스페인 가톨릭의 프리즘을 통해 본 원주민 종교는 거짓된 우상숭배이자, 악마의 세력에 의해 야기된 거짓 신 숭배로 간주되었다. 기독교화가 평화적 또는 설득적인 수단을 통해 시행되어야 하는지, 혹은 군사력을 사용하는 것이 정당한지에 대한 격렬한 논쟁이 벌어졌다. 그러나 대체로 논쟁 참여자들은 위의 사안에 대해서는 의견을 달리 하더라도 원주민의 종교가 거짓되고 악마적인 성격을 지니고 있으며 따라서 그것을 시급히 철폐해야 한다는 데 동의했다.

원주민 종교를 무시하는 그러한 태도는 스페인 정복 첫 세기의 스페인 텍스트—아메리카 원주민의 신화와 종교를 이해하려고 노력한 최초의 인물인 라몬 파네의 저술에서부터 헤로니모 데 멘디에타의 저술까지—들에서 찾아볼 수 있다. 파네(1987, 35)는 히스파니올라 원주민인 타이노족의 신앙체계에 대해 다음과 같이 이야기한다. "이 단순 무지한 종족은 자신들이 섬기는 우상들(*cemíes*), 더 정확히 말해서 저들 귀신들이 그러한 일을 행한다고 믿는다.…"[1] 앙글레리아(1964-1965, 1.9.1:198)

---

1   나는 "Pané가 문화적 다양성을 존중했다"는 López Baralt의 주장은 지나치게 관대하다고 생각한다. Ramón 수사는 "예리한 인류학자"가 되려고 하지 않았다. 그의 목표는 그들의 신화 및 종교성과 **싸우기** 위해 그것들을 이해하는 것이었다. 앤틸리스 제도의 신화에 대한 도전적인 해석으로 타이노족 문화에 대한 예리한 시각과 해석을 발전시킨 학자는 바로 López Baralt다(1985).

는 파네의 유실된 논문을 요약하고 타이노족의 종교적 이미지들에 대해 언급하면서 그와 비슷한 견해를 나타낸다. "이 모두가 이미 그리스도인들에 의해 정복되었으며 가장 완강한 것들도 예외 없이 소멸되었고 현재 그 우상들의 흔적은 전혀 남아 있지 않다. 다만 그중 일부는 스페인으로 옮겨졌기 때문에 우리는 이를 통해 귀신들의 뻔뻔스러움과 속임수를 알 수 있다."

앙글레리아의 이러한 견해는 놀랍지 않지만, 파네의 유실된 원고를 읽었던 라스 카사스 역시 타이노족의 종교를 악마적인 속임수라고 보는 동일한 시각을 공유한다는 점은 확실히 놀랍다.

> [아라와크족은] 대체로 우상을 갖고 있지 않았고, 아주 드물게 갖고 있기는 했지만 그나마도 예배를 위한 것이 아니었고 단지 마귀에게 이용당하는 특정 사제들이 상상력을 발휘하여 사용했을 뿐이다.…그들은 약간의 외부적 또는 가시적인 의식만 갖고 있는데 이 의식들은 마귀가 자신의 졸개로 임명한 사제들에 의해 거행된다(Las Casas 1967, 1.3.120:632).

라스 카사스는 『변증사 개요』의 또 다른 구절(1.3.71-74:369-387)에서 인디오의 우상숭배를 다음과 같은 세 가지 구성 요소로 분해하는 좀 더 복잡한 관점을 전개한다. (a) 그것은 하나님을 알고 공경하고자 하는 인간의 타고난 충동(예배에 대한 선천적인 성향)에서 나온다. (b) 그러한 충동은 귀신들의 사악한 행동으로 인해 왜곡된다(우상숭배가 됨). (c) 진정한 예배에 대한 이러한 서툰 모방이 관습을 통해 고착된다. 또 다른 단락에서 라스 카사스는 신학적으로 흥미로운 발언을 하지만 그것을 더 이상 발전시키지는 않는다. 아메리카 원주민들이 처음에는 "참된 하나님에 대한 특별한 지식을 갖고 있었고"―그는 그들이 어떻게 그러한 지식에 도달했는지에 대해서는 말하지 않는다―"그들은 제사와 예배와 공경을 통해 하나님께" 나아갔지만, "인간의 주적"인 사탄이 넘치는 죄악 및 교리의 연속성 결여와 치명적으로 연결된 그들을 속여서 그들을 "그릇된 길"로 이끌었다는 것이다(1.3.121:47). 라스 카사스 역시 자신이 가진 정통 가톨릭 신앙의 시각으로부터 자유로울 수 없었으므로 우선 우상숭배를 "인류에 만연한 보편적 전염병"으로 간주하고, 그들의 제의와 의식을 "가증하다"고 낙인찍고, 그들의 신화를 "허구이자…속임수"로 취급했다(1.3.127:663; 2.166-167:176-179). 그는 동료 선교사들과 마찬가지로 우상숭배는 완전히 제거되어야 한다는 점에 동의하면서도, 그것은 폭력을 배제하고 오로지 설득력 있고 합리적인 설교와 진정한 그리스도인의 삶에서 우러나는 인내의 모범을 통해 이루어져야 한다고 주장했다.

에르난 코르테스(1985, 64)는 자신이 아스텍의 만신전(pantheon)에서 취한 행동이 칭찬받을 만한 것이었다고 이야기한다.

나는 이 우상들 가운데 가장 큰 것과 그들이 최고로 믿고 의지하는 것들을 그 자리에서 끌어내라고 명령하고 그것들을 계단 아래로 내던졌다. 그리고 나는 그들이 우상을 놓아두었던 방들을 정화한 다음…그곳에 성모와 여러 성인들의 상을 안치했다. 목테수마 황제와 아스텍 주민들은 처음에는 나에게 그렇게 하지 말라고 말했으나 나의 이 모든 행위가 그들에게 깊은 인상을 주었음에 틀림없다.

그 정복자는 아스텍 군주들의 항의에 신경 쓰지 않았으며, 자기들의 신들과 종교 관습이 더럽혀지는 것을 보고, 또한 그 신들이 와서 이를 막아주지 못하는 것을 보면서 그들이 느꼈을 무력한 슬픔에 대해서도 전혀 개의치 않았다. 이어서 주요 신전을 기독교의 예배 장소로 바꾸는 오래된 선교 전통이 뒤따랐다. 정치적 폭력에는 으레 신성한 전통에 대한 폭력이 동반되기 마련이다.

코르테스의 동료이자 연대기 작가인 베르날 디아스 델 카스티요는 주요 신전에서 벌어진 이러한 신성모독의 결과에 대해 코르테스와 입장을 달리한다. 코르테스는 이 사건을 스페인의 국력 강화를 의미하는 것으로 이해하는 반면 디아스 델 카스티요(1986, 209)는 이 행위가 아스텍 지배층의 분노를 촉발시켜 반란 전쟁을 가속화시킨 것으로 보는데, 어쩌면 그의 견해가 더 통찰력 있는 의견일 것이다.

> 우리가 그 거대한 신전에 제단을 세우고 그 위에 성모상과 십자가를 놓았으며 또 그곳에서 거룩한 복음서를 읽고 미사를 드렸기 때문에, 우이칠로보족과 텍스카테푸카족이 자기 종교의 지도자들에게 찾아가서…자신들은 그런 형상들이 있는 곳에 가고 싶지 않고 자기들이 우리를 죽이면 그 형상들이 그곳에 있지 못할 것이고…또한 목테수마와 그의 모든 지휘관들에게 전쟁을 벌여 우리를 죽이라고 말했을 것이다.

토리비오 데 모토리니아 수사는 코르테스의 편에서 가톨릭에 속한 스페인 사람들 대다수의 의견을 반영하여 코르테스의 행동을 칭찬하면서 이 행동을 기독교 역사상 가장 영웅적인 행동 중 하나로 평가한다. 프란치스코회 소속의 이 코르테스 옹호자에 따르면 "멕시코의 주요 우상들을 파괴하고 쓰러뜨리기 위해 하나님께서는 코르테스에게 대단한 힘과 담대함을 주셨다." 그것은 상징적 의미가 가득한 행동으로서, 마귀를 섬기는 행위에 불과한 우상숭배에 대한 기독교의 승리를 의미한다.

> 발레 후작[코르테스]이 이 땅에 들어왔을 때 우리 주 하나님은 심한 모독을 당하고 있었고, 사람들은 매우 잔인한 죽음을 당하고 있었으며[이는 인신 제사를 지칭한다], 우리의 대적 마귀는 온갖 우상숭배를 통해 극진한 섬김을 받고 있었다(Benavente 1984, 205).

코르테스가 자신의 식민지 개척 목표를 진술한 1542년 포고 「선정(善政) 훈령」(*Ordenanzas de buen gobierno*)에 포함된 명령 중 하나는 우상을 파괴하고 원주민의 모든 종교 관행을 금할 것을 지시한다.

> 나는 레파르티미엔토에서 인디오를 거느리고 있는 누에바에스파냐의 모든 이들에게 인디오의 우상들을 제거하고 그들에게 이제부터 우상을 가질 수 없다고 권고하고…원주민의 모든 종교 관습을 금할 것을 명령한다(Pacheco et al. 1864-1884, 26:140, 142).

멘디에타(1980, 3.13:214)에 따르면 "열두 사도"로 알려진 프란치스코회 선교사들은 1524년 누에바에스파냐에 와서 아스텍의 사제들 및 관리들과 가진 첫 대화에서 우상숭배를 마귀 숭배로 보는 이론을 설명했다. "그들은 오류에 빠져 있고 인류의 원수인 귀신들에게 속아서 가증한 악덕과 죄악을 저지른다. 이로 인해 그들은 저주를 받아 슬픔과 영원한 지옥 불의 고통을 겪을 것이다."

페드로 데 시에사 데 레온([1553] 1962, 27-28)은 페루에 대해 이와 동일한 의견을 표명한다. 그는 자신이 연대기를 쓴 의도를 다음과 같이 설명한다.

> 우리와 이 모든 인디오는 우리의 태곳적 조상인 아담과 하와에게서 유래하였으며, 하나님의 아들이 모든 사람을 위해 하늘에서 땅으로 내려오시어 우리의 인성을 입으시고 십자가 위에서 잔혹한 죽음을 당하셔서 우리를 구속하시고 우리를 마귀—**이 마귀는** 하나님의 묵인하에 **이 사람들을 소유하고 있었다**—의 권세로부터 풀어주셨다. 마귀는 [또한] 그토록 오랫동안 이들을 **포로로 압제하고** 있다. 이제 온 세상이 이들 인디오와 같은 무수히 많은 민족이 스페인 사람들의 사역을 통해 어머니인 거룩한 교회의 지체가 되었음을 알게 된 것은 합당한 일이다(강조는 덧붙인 것임).

여기에는 스페인 선교사들 편에서 신화와 원주민 종교의 중요한 모든 사건들이 얼마나 "허위로 가득하고 합리적 이치가 결여되어" 있는지를 보여주기 위한 노력이 개입되어 있다. 구전 신화 전승은 아메리카 종족들이 독자적인 기원을 가졌음을 지적하므로 아코스타(1985, 1.25:64)는 이 전승들을 거짓으로 간주했고 "모든 사람은 최초의 인간에게서 나왔고" 따라서 원주민들도 "구세계"에서 나왔다고 가르치는" 창세기에 의존하여 그러한 전승들과 싸웠다. 아코스타도 라스 카사스처럼 우상숭배의 기원에 대해 관심을 갖고 있었는데, 16세기에는 우상숭배가 참된 신앙보다 더 널리 퍼져 있었다. 예수회 신학자이자 선교사인 아코스타에 따르면 이 사실은—이 점은 몇몇 통찰력 있는 관찰자들을 상대주의와 형이상학적 회의주의로 이끌 수도 있다—하나님과 사탄 간에 벌어지는 초월적이고 우주적인 전투의 표현이었다. 사탄은 자신의 교만과 살인적 증오로 인해 계속 우상숭배 제의들을 만들어내는데, 이 제의들은 진정한 예배에 대한 거짓된 풍자로서 그것들에 기만당한 추종자들의 멸망을 가져온다. 우상숭배의 근원은 루시퍼가 꾸며낸 "더러운 속임수"다. 원주민들의 신화는 "인간의 피해와 멸망만을 사랑하는 자로부터 나온 거짓말"에 지나지 않는다(같은 책, 5.1:217-218, 10:34, 17:245).

여러 스페인 텍스트에서 우상숭배를 악마적인 행위로 비판하는 대목마다 인신제사와 식인 풍습 및 남색에 대한 비난이 따라오는데, 이것들은 모두 원주민에 대한 "검은 전설"을 형성한다. 여러 "증언"과 "의견"으로는 페르난데스 엔시소의 『회상록』(Memorial 1516), 로페스 데 고마라의 『통사』(Historia General 1552) 및 도미니코회 수사인 비센테 팔라티노 데 쿠르솔라의 「인디아스의 민족들에 맞서 스페인 군주들이 벌이는 합법적이고 정당한 전쟁에 대한 논문」(Tratado del derecho y la justicia de la guerra que tienen los reyes de España contra las naciones de la India Occidental 1559) 등이 있는데, 그 문헌들에서 이처럼 혐오스러운 행위들은 반복적으로 원주민들의 대죄(mortal sins)로 지적될 뿐 아니라 정당한 전쟁과 주권 상실, 더 나아가 포로상태까지도 초래하는 합법적 원인으로 제시된다.

> 본성에 반하는 죄와 엄청난 악덕으로 인해 몇몇 민족들은 처벌받아 마땅하다.…따라서 인간을 귀신들에게 희생제물로 바치는 인디오들…게다가 그들은 도처에서 남색을 저지르고 인육을 먹는다.…이 인디오들은 또한 주정뱅이, 거짓말쟁이, 반역자이자 모든 미덕과 친절의 적이다(Hanke and Millares 1977, 36).

아코스타(1985, 5.19-21:248-254; 28:271)는 토착 우상숭배가 지닌 악마

적 정수를 드러내는, 멕시코와 페루의 원주민들이 저지른 인신 제사를 자세히 묘사한다. 그의 근본적인 목표는 결코 민족지학이나 인류학적인 것이 아니라 신학적이고 특히 변증적인 것, 곧 "인간의 잔인한 대적"인 사탄이 인류에 대해 품은 "맹렬한 증오"를 보여주는 것이었다. 사탄은 "사람의 영혼과 몸의 파멸"을 추구했고 "사탄을 기리기 위해 다양한 방식으로 뿌려진 인간의 피는 끝이 없었다." 토착 종교의 살인 관행은 우상숭배의 부패와 타락을 보여주는 증거이며, 우상숭배는 "모든 악의 심연"이다. 따라서 아코스타는 인디오들에 대한 교리 교육 및 문화 교육 담당자들이 그것들을 인지하고 "그것들을 용납하는 일이 없도록" 인디오들이 "이교도 시절에" 범했던 "거짓과 미신"을 설명하는 책무를 진지하게 취급한다. 여기서도 이단 심문관의 비난과 같은 면모가 나타난다.

반면에 라스 카사스는 때때로 대담하게도 인신 제사를 옹호하면서 인신 제사는 원주민들이 동물 대신 자기들에게 가장 귀중한 존재인 인간을 바침으로써 신에 대한 그들의 높은 경외심을 나타낸다는, 논란이 많은 주장을 펼친다. "나는 지금껏 아무도 감히 다루거나 저술하지 않은 주제에 대해 많은 결론을 내리고 그것을 정당화했는데, 그중 하나는 거짓된 신이나 참된 하나님께(거짓된 신을 참된 하나님으로 여기고) 사람을 제물로 바치는 것이…자연법이나 이성에 반하지 않는다는 주장이다"(Las Casas 1969, App. 10:238). 그는 세풀베다와의 논쟁에서 입다가 자기 딸을 하나님께 번제로 바친 사건에 관한 이상한 구절(삿 11:1-12:7, 히 11:32)을 들춰냄으로써 원주민 종족들이 행하는 인신 제사가 천부적 이성의 관점에서 볼 때 몇몇이 주장하듯 그렇게 혐오스러운 일은 아님을 보여주려 한다(Las Casas 1965, 413-415). 인신 제사가 종교적 헌신의 표현으로서 반드시 자연법이나 신율에 저촉되는 것은 아니라며 그것을 옹호한 결과 라스 카사스는 취약한 입장에 몰리게 되었고 세풀베다는 이 기회를 놓치지 않았다. 그는 격렬한 답변에서 치아파스의 주교가 "이단보다 더 불경스럽고 나쁜" 입장을 갖고 있다고 비난했다(Fabié [1879] 1966, 71:340-345). 이처럼 위험한 인신 제사의 합리화가 원주민의 종교성이 사탄적인 특성을 지니고 있다고 보는 라스 카사스의 시각과 어떻게 조화되지는 분명치 않다.

식인 풍습은 스페인 사람들이 경멸한 또 다른 제의적 특징이다. 하지만 코르테스는 자기의 원주민 동맹군이 전투에서 패한 아스텍 사람들을 먹는 것에 대해 그다지 커다란 양심의 가책을 받지는 않았다.

> 우리는 "야고보" 성인의 이름을 외치며 그들을 급습하였고…이 매복 공격으로 인해 그들의 모든 주요 인물과 가장 강인하고 용감한 자들을 포함하여 500명 이상이 죽었다. 그날 밤 우리의 원주민 동맹군은 포식했다. 그들은 우리가 죽인 모든 사람을 먹기 위해 각을 떠서 가져갔다(Cortés 1985, 154-157).

또 다른 경우에 코르테스는 포위되어 굶주린 아스텍족이 밤에 물고기를 잡거나 먹을 만한 뿌리나 푸성귀를 찾으러 밖으로 나오곤 한다는 사실을 알게 되자("우리는 그들이 씹고 버린 뿌리와 나무껍질을 발견했다…") 매복 공격을 준비했다. 그는 공격을 개시하자마자 그들이 "주민들 중에서도 가장 비참한…거의 모두 무장도 갖추지 못했을 뿐 아니라 주로 여자와 아이들"인 것을 알게 되었다. 그의 호전적인 대응은 매우 잔인한 것이었다. "우리는 그들을 도륙해버렸다.…" 끝으로 그는 그 학살 덕분에 "우리는 다량의 전리품 및 **우리의 동맹군을 위한 양식**을 가지고 숙영지로 돌아왔다"고 밝힌다(같은 책, 154-157).[2] 알바르 누녜스 카베사 데 바카는 역설적으로 훗날 일단의 북아메리카 인디오들이—스페인 사람들이 경건한 신자인 척하며 인디오의 식인 풍습에 대해 비난한 것에 비추어—스페인 사람들도 극심한 굶주림으로 그들의 생명이 위협받자 내부 식인 행위라는 극단적인 행동("다섯 명의 그리스도인이…서로를 잡아먹을 정도로 극단으로 치달았다")을 저질렀다는 사실에 분개했다고 이야기한다(Morales Padrón 1988, 14:27).

원주민의 동성애 행위에 대해 몇몇 스페인 사람들이 보인 "기독교적인" 반응과 관련해서 페르난데스 엔시소는 다리엔 원정 기간에 추장들이 젊은이들에게 여자 옷을 입혀서 자신들의 쾌락을 위해 이용한 사례를 얘기한다. "우리는 그들을 잡아 불살라버렸다"(Pacheco et al. 1864-1884, 449).[3]

---

2 Cortés가 아스텍 족에게 승리를 거둔 뒤에는 그의 동맹군의 식인 행위에 대한 관대한 태도를 멈추었다는 점을 분명히 할 필요가 있다. 훗날 그는 자기의 인디오 친구 중 한 명이 식인 행위가 금지된 뒤에도 그 행위를 했다는 사실을 발견하자 그를 화형에 처하라고 명령했다(Cortés 1985, 228).

3 화형은 카스티야에서 동성애와 남색에 대해 일반적으로 사용된 형벌이었다. Friederici 1925(1:219-220)를 보라. Las Casas도 "혐오스러운 악"인 남색을 처벌하지 않으면 역병·기아·지진을 통한 하나님의 진노를 촉발할 수 있으므로 남색에 대해 사형에 처할 것을 주장했다. 그러나 그의 의견으로는 아메리카 원주민은 기독교의 관할권 밖에 있었기 때문에 그들에게는 그러한 법적 제재가 적용될 수 없었다(Las Casas 1974, 161-162).

~~~

우상 파괴

인디오의 종교를 무시하는 태도는 인디오의 예배 장소와 경배 대상을 파괴하려는 그리스도인의 열성으로 인해 초래된 크나큰 역사적 손실로 귀결되었다. 아마도 원주민 종교를 무시하는 이런 태도를 최초로 드러 낸 사람은 콜럼버스의 제2차 항해에 동행했던 찬카 박사일 것이다. 그는 히스파니올라 원주민들에 대해 이렇게 말한다. "참으로 그들은 우상 숭배자들이다. 그들의 집에는 여러 유형의 형상이 있다. 내가 그들에게 질문하자, 그들은 그것이 '투레이'(Turey)에서 왔다고 대답했는데 이는 하늘에서 왔다는 뜻이다." 그는 우상들을 불 속으로 집어던졌고, 원주민 들은 즉시 비탄에 빠졌다. "그 일이 그들에게 너무 고통스러웠던 나머지 그들은 울먹였다"(Fernández de Navarrete 1945, 1:348).

멕시코의 초대 주교였던 후안 데 수마라가는 1531년까지 스페인 사람들이 누에바에스파냐에서 500개가 넘는 신전과 20,000개가 넘는 우상을 파괴했다고 말했다(Höffner 1957, 500). 1554년 아우구스티노회 수사인 니콜라스 데 위테가 말했던 것처럼, 그들은 고대 예배 장소를 "귀신들의 신전"이라고 부르면서 이에 대한 파괴 행위를 옹호했다(출처: Cuevas 1975, 222). 우상 숭배적이라고 여겨지는 의식이라면 무엇이든 폐 지하고자 하는 강박관념으로 인해 대체할 수 없고 종종 복원할 수 없는 문화 유산이 의도적이고 조직적으로 파괴되었다.[4]

---

4   이교 신전의 파괴에 대해서는 선교사들의 입장에 대한 공감을 숨김없이 표현하는

아메리카 대륙에서 만연한 복음화 개념은 훗날 예수회가 아시아에서 실행한 복음화 개념과 달랐다. 예수회는 통합적인 복음화 이론과 관행을 발전시켜[5] 동양 종교 안에서 섭리적인 신적 은혜의 씨앗을 발견한 반면 아메리카 대륙에서는 "마귀를 섬기는" 원주민의 우상숭배와 기독교 간의 근본적인 대립을 강조하는 사상이 우세했다. 1537년 11월 30일 멕시코 와하카, 과테말라의 초대 주교들은 "[십계명의] 제1계명이 우리 모두에게 우상숭배를 파괴할 것을 명한다"고 주장했다(Ricard 1986 165). 이러한 인식은 토착 종교에 맞선 가차없는 전쟁, 성전(聖戰), 신들과 신화에 맞서는 진리의 투쟁으로 이어졌고 결국 인류의 문화유산 가운데 소중한 일부가 파괴되고 말살되는 데서 절정에 이르렀다.

리카르(1986, 409-417)는 기독교 선교의 두 개념을 구별한다. 하나는 그가 "백지 상태"라고 부르는 것으로서, 이는 복음화될 사람들의 종교 전통을 전면적으로 거부하고 그것과의 완전한 결렬을 상정하는 것이다. 다른 하나는 그가 "섭리적 준비"라고 부르는 것으로서, 이는 토착

Ricard(1986, 96-108)의 논의를 보라. Gómez Canedo(1977, 163)는 텍스코코, 멕시코, 틀락스칼라, 우에호트싱고에 있었던 거대한 신전들의 파괴에 대해 서술한 뒤 다음과 같은 이상한 주장을 한다. "신전과 우상의 파괴로 위대한 예술 작품들이 사라졌다는 비난에 대해서는, 그러한 가능성을 부정하지는 않지만 이 파괴가 주로…화재 때문에 발생한 것이고…따라서 고형물들이 유실되었는지는 의심스럽다는 점을 염두에 두어야 한다." 실상은 파괴되는 물건들은 일반적으로 소멸된다. 불이 유일한 파괴 수단은 아니었다. 예배 장소들과 우상들은 놓인 자리에서 쫓겨나 감춰졌다. 때때로 원주민의 제단에서 나온 돌들은 Motolinía(1984, 1.3:22)가 설명한 대로 기독교의 성전을 짓는 데 사용되었다. 그러한 파괴의 효과는 엄청났다. 멕시코시티의 주신전은 이에 대한 좋은 사례인데, 이 신전은 1978년 지하 대중교통 시설을 확장하기 위해 땅을 굴착하는 과정에서 재발견될 때까지 450년 동안 폐허 상태로 감춰져 있었다. 이 신전은 발굴되었고 그 유적은 1982년부터 관광객들에게 공개되었다.

5 훗날 예수회의 선교 관행은 모든 종교를 그에 맞서 싸우고 근절시켜야 할 "허위"가 아닌 다양한 "구원의 길"로 볼 수 있는 가능성을 포함하여 은혜의 보편성을 재고하게 되었다. Amaladoss 1986을 보라.

종교들 속에서 "진리의 단편"을 발견하고 신학을 통하여 그것들을 활용하는 것이다. 그는 스페인의 아메리카 선교 사역에서는 첫 번째 개념이 우세했다고 지적한다. 이로 인해 선교사들은

> 우상숭배 자체만이 아니라 그것을 연상시킬 수 있는 것은 무엇이든지 그 대부분을 파괴하고자 했다. 이교 신앙의 모든 행사를 지워버리기 위해 신전을 파괴하고, 우상을 근절하고, 아이들에게 열심히 우상을 찾아오도록 가르치고, 인디오들이 비밀리에 고대의 이교 신앙을 되살릴 소지가 조금이라도 있는 것은 무엇이든 주의 깊게 감시했다. 이렇게 해서 적어도 종교의 영역에서는 전면적인 결별이 선언되었다(같은 책, 411).

멘디에타(1980, 3.20:227-228)는 1525년 1월 1일에 있었던 신전의 파괴와 소각 사건을 매우 즐겁게 이야기한다.

> 우상의 신전이 서 있는 동안은…우상숭배도 지속되었다. 귀신들의 사역자들이 그곳에 가서 자기들의 역할을 행하고 사람들을 불러 모아 그들에게 설교하고 자기들이 해오던 의식을 거행했음이 분명하다. 따라서 그로 인해 [수도사들은] 모든 것이 완전히 파괴될 때까지 중단 없이 그 신전들을 파괴하고 소각하는 일에 착수할 것과 우상들을 깨뜨려버리는 것에 동의했다.…이러한 파괴 작업은 매우 아름답고 웅장한 신전들이 솟아 있는 텍스코코에서 시작되었다. 이 일은 1525년 새해의 첫 날에 일어났다. 그 후 이 일은 멕시코와 틀락스칼라와 구엑소싱고로 이어졌다.…여리고의 성벽은 이렇게 무너졌다.

유럽인들은 자기들과 아메리카 원주민 간의 대결을 하나님이 승자이고 사탄이 패자인, 신적이고 초월적이며 우주적인 전쟁으로 인식했다. "마귀가 아무리 열심히 노력해도 예수 그리스도는 마귀가 이곳에서 소유하고 있던 나라에서 그를 격파했다"(같은 책, 18:224). 대대적인 이교 신전의 파괴는 기독교의 신이 영원한 대적에 대해 승리를 거둔 것에 대한 가시적이고 구체적인 표현이다.

페루는 아메리카 대륙에서 건축과 예술을 통해 문명의 진보 정도를 보여주는 신전과 성소들이 많이 있는 또 다른 지역인데, 페드로 시에사 데 레온(1962, 57:179)은 피사로가 부과한, 이교 신전들을 파괴하고 이를 기독교의 종교적 상징으로 대체하는 정책이 신속하게 집행된 것을 기뻐한다.

> 흔히 '과카스'라고 부르는 오래된 신전들이 모두 파괴되고 더럽혀졌으며 우상들은 부서졌다. 마귀는 인간이 그 죄로 인해 마귀를 숭배하고 공경했던 이 장소들로부터 그 행악의 보응을 받아 쫓겨났고, 그 자리에 십자가가 놓였다.[6]

베르나르디노 데 사아군 수사(1985, 10:579)는 원주민 종교와 맞선 이 인정사정없는 전쟁을 다음과 같이 정당화한다.

> 우상숭배와 관련된 모든 물건과 건물, 심지어 그 사회의 관습들도 파괴할

---

6   케추아족의 우상숭배에 맞선 스페인 사람들의 투쟁에 대해서는 Armas Medina 1953(570-576)을 보라.

필요가 있었다. 그것들은 우상숭배 제의(ritual)와 뒤섞여 우상숭배 예식(ceremony)을 수반했는데, 그러한 행위가 그 사회의 거의 모든 관습에 스며들어 있었다. 그래서…우상숭배의 흔적을 아무것도 찾아볼 수 없도록 그 모든 것을 파괴할 필요가 있었다.

나우아틀 문화에 관한 민족지학적 지식의 풍부한 원천인 사아군의 뛰어난 저술은 의학적 관점에서 설명한다. 그는 사악한 우상숭배라는 낙인이 찍힌 중대한 질병의 증상인 의례, 예식, 상징 및 토착 풍속을 연구한다.

의사가 먼저 환자의 기질이나 질병의 원인도 알지 못한 채 아픈 환자에게 제대로 된 의학적 처방을 내릴 수는 없다.…설교자와 고해 신부는 영혼의 의사다. 영적인 병을 고치기 위해 그들은 의약품과 영적 질병에 대해 알아야 한다.…우상숭배를 비롯하여 우상숭배적 제의, 미신행위, 점복, 목욕재계 및 기타 예식들이 완전히 자취를 감춘 것은 아니다(같은 책, 17).

사아군은 "그들이 자기들의 무지로부터 치유되게끔" 콜럼버스가 아메리카 대륙에 도착하기 전부터 존재해온 멕시코 부족들의 종교적·문화적 전통과 관련된 자료를 수집했다. 그는 멕시코인들에게 "위칠로포치틀리는 신이 아니며…여러분이 섬겨왔던 나머지 신들 중 어느 누구도 신이 아니라 모두 다 마귀"라는 사실을 받아들이라고 경고한다. 유럽의 그리스도인들이 도래하기 전에 멕시코에 만연했던 우상숭배는 "여러분의 조상들의 큰 고난과…죽음의 원인이었다." 또한 이로 인해 참되신 한 분 하나님이 그리스도인들을 보내어 원주민들을 벌하고 "그들과 그들의 신들을 파괴하게 하셨는데…이는 하나님이 다른 모든 죄인들보다 우상숭배자들을 특히 미워하기 때문이다." 사아군은 우상숭배가 끈질기게 지속되고 있다는 것과 인디오들이 그들의 종교 전통을 비밀리에 지켜내고 있음을 알고 있었다. 그래서 그는 자신의 독자들 및 "영적 또는 세속적 통치의 책무를 맡은 이들에게 이러한 잘못을 즉시 교정할 수 있도록" 그러한 예식들과 관련된 어떤 징후라도 고발할 것을 권고한다. "그런 것들은 믿음을 병들게 하는 발진과 같기 때문에" 그는 "근면한 설교자들과 고해신부들"로 하여금 그 흔적을 탐지할 수 있게끔 고대의 제의 및 예식을 될 수 있는 대로 자세하게 묘사한다. "나는 마귀가 결코 잠자지 않고, 이 원주민들이 자기를 섬겼던 것을 잊지도 않으며…자신의 옛 주권을 되찾게 될…순간을 기다리고 있다는 사실을 알고 있고…우리가 마귀에 대항하여 무기를 갖추는 것이 좋은 일"이기 때문에 우리는 악마적인 우상숭배에 맞서 주의를 게을리하지 않고 무장을 갖춰야 한다. 다른 사안에서는 온유한 면모를 보여주던 이 프란치스코회 수사가 사탄 및 우상숭배와 맞선 이 끊임없는 전투에서는 이단 심문관의 역할을 떠맡는다. "이 죄와 그 죄를 저지르는 자들을 박해하지 않는 사람은 좋은 그리스도인이라고 할 수 없다"(같은 책, 429, 58-59, 285, 189, 64).[7]

일반적으로 사아군의 저술도 원주민의 금지된 관습과 종교적 신앙을 기록으로 보존한 탁발 수사들의 거의 모든 "민족지학적" 저술들과 마찬가지로 이념 투쟁의 산물이자 토착민의 종교적 신념에 대항하

---

7   Sahagún(1985, 261)은 예를 들어 아스텍 족의 달력을 칭찬하는 사람들을 호되게 비판한다. 이는 근대 과학이 점성술을 무시하기 때문이 아니라, 그가 생각하기에 그 점성술이 "자연적 점성술에 근거한" 유럽의 그리스도인들의 점성술과 다르며, 인디오들의 점성술이 "허위이고 악마적인 속임수"이기 때문이다.

기 위해 뽑아든 신학적 무기의 중요한 부분이었다. 그 저술들의 목표는 "마귀가 그 땅에서 자행한 잔혹 행위 및 마귀가 불쌍한 인디오들을 영원한 저주로 이끌기 위해 이들에게 가한 고난"에 대해 정보를 제공하는 것이었다(Motolinía 1984, 1.11.49). 그럼에도 불구하고 이 저술들에는 여러 인디오 종족의 사회생활을 역사적으로 재구성할 수 있는 소중한 정보가 들어 있다. 그들의 이념적 목적에도 불구하고 저자들은 지적 호기심 및 "인간의 창의력과 기술이 얼마나 희한하고 다양한지가 알려지도록" 정보를 제공하려는 욕구를 보여준다(Morales Padrón 1988, 30:62). 이 저술들은 현대 인류학과 민족지학 발전에 매우 중요한 자료들이다. 하지만 일반적으로 이 저술들에는 원주민의 종교적·철학적·도덕적 신념은 열등하므로 폐기되어야 한다는 생각이 편만하게 스며들어 있다.

사아군은 이처럼 원주민의 가치 체계와 종교를 근절하면 사회 윤리가 붕괴하고 그 결과 나태, 냉소주의, 알코올 의존증과 같은 치명적인 결과가 초래되리라는 점을 깨달을 정도로 충분한 감수성을 지니고 있었다. 그의 『역사』(*Historia* 1985, 578-585)의 저변에는 멕시코 선교 사역의 성과에 대한 비관론("이것은 날마다 악화되고 있다")과 원주민에 대한 점증하는 부정적 시각이 깔려 있다. 그는 이러한 비관적 전망의 원인을 고전적인 운명론의 방식으로 기후 탓으로 돌린다("나는 이것이 이 땅의 기후 또는 성좌의 분포에 의해 초래되었다고 생각한다).[8]

---

8   Mendieta(1980 4.32:496-501)도 멕시코 원주민을 기독교화했던 영웅적 시기는 과거 지사이며 새로운 종교에 대한 원주민들의 신심이 식었다고 본다. 그는 이베리아인들이 보여주는 나쁜 예를 탓한다. "인디오들과 어울리는 스페인 사람들은 대체로 별로 가치가 없기 때문이다." Las Casas(1967, 213:231-234)는 정복이 갑작스런 원주민들의 도덕적 규율 붕괴를 가져왔다는 점을 강조한다. "스페인 사람들에 의한 정복 이후 상황이 불온하고 무질서해졌다." 그는 Motolinía와 동일한 사고방식을 따른다. 참조. Benavente 1971

하지만 그는 아동을 이용해서 그들의 부모와 다른 어른들의 우상 숭배 실행을 염탐하는 최초의 선교사들의 전형적인 관행이 가져온 폐해에 대해 알아차리지 못한다. 아동을 이용한 감시가 광범위하게 시행됨에 따라 사회 기강의 붕괴가 가속화되었다. 사아군은 수도사들이 아동을 밀고자 삼아 조종함으로써 사회적 균열을 초래한 것은 깨닫지 못하고 몇몇 부모들이 자녀들을 벌하고 심지어 살해하기까지 한 사실을 비난한다. 그의 동료인 모톨리니아(1984, 3.14:174-181)도 아동들, 특히 추장의 자녀들이 자기 부모의 종교 활동을 고발하는 일에 전념한 것을 칭찬한다. 그는 그런 아동 중 몇몇이 순교 당한 이야기를 수집한다. 멘디에타(1980, 3.17:221)도 개종한 아동들을 "우상숭배 파괴의 사역자"라고 높이면서 그들이 결정적인 역할을 수행했음을 강조한다. 이 선교사들 중 누구도 부모들의 고통에 대한 감수성이나 이러한 가족 파괴적 정책이 낳은 가족 또는 사회의 분열에 대한 충분한 이해를 보여주지 않았다. 그것은 참된 믿음과 우상숭배 , 하나님과 사탄 사이에 전개되는 우주적 차원의 거룩한 전쟁으로 간주되었다.

사아군은 몇십 년 동안 멕시코 원주민들의 관습과 전통 연구에 전념했다. 그의 저술은 펠리페 2세가 교황청의 추인을 받아 1577년 공표한, 원주민 문화에 대한 일체의 저술을 금지하는 훈령의 희생양이 되어 수세기 동안 출판되지 못했다. 토착 종교에 대한 무시로 인해 그의 역작은 여러 세기 동안 망각되었을 뿐 아니라 선교사들이 원주민의 언어로 쓴 많은 저술들도 유실되었다.[9]

(2.4:312). Mendieta 1980(75, 124, 138-140)도 보라.

9 Sahagún의 저술에 대해 Ricard(1986, 137)는 이렇게 말한다. "그 모든 책들은 인내심 있고 주의 깊은 노력에 대해 보상받지 못한 많은 나날들뿐만 아니라 장기간의 의심, 슬픔,

아코스타(1952, 3.20-21:297-306)도 사아군과 마찬가지로 원주민들의 윤리 수준 제고가 이베리아인의 지배를 정당화하는 명분 중 하나로 인용된다는 사실에도 불구하고 스페인 사람들이 도래한 뒤 오히려 원주민의 사회 규범이 현저하게 쇠퇴했다는 역설을 지적한다. 그는 주로 원주민들의 몸과 관습 및 신앙에 영향을 끼치는 알코올 의존증이라는 악습에 관심을 기울인다. "태생적으로 짐승과 별로 다르지 않은, 비참한 예속 상태에 처해 있는 이 불쌍한 피조물들은…짐승보다도 못하게 되려고 부지런히 온갖 노력을 기울인다." 그러나 그는 그러한 악습이 억제되지 않고 확산된 것이 원주민들이 본래부터 지녀온 신념의 가치를 폄하하는 공격의 결과라는 점을 인식하지 못한다. 오히려 그는 그러한 악습이 사탄이 자신의 권좌에서 쫓겨난 데 대한 강력한 저항으로 말미암아 초래되었다고 본다("마귀 때문에 그렇게 자주 술에 취한다"). 그는 원주민들이 정말로 술에 취하기를 바라는 것이 아니라 판단과 양심을 정지시키기 위해 술을 마신다는 사실을 발견한다. 그러나 그는 자신의 선교적 이념에 너무 깊이 빠진 나머지 현실에서 빠져나와 도망치려고 하는 원주민들의 욕구에서 그 이면에 감춰진 것을 보지 못한다. 그들의 그러한 욕구는 그가 오래된 신학책에서 배운 대로 마귀의 악의가 집요하다는 점을 확인해줄 뿐이다.

마찬가지로 멘디에타도 『인디아스 교회사』(*Historia eclesiástica indiana*)에 멕시코 원주민들의 오래된 전통들에 대한 설명을 포함시킨

비통함, 박해를 대표한다." 맞는 말이기는 하지만, Ricard는 Felipe 2세의 칙령에 함축된 자신들의 전통에 대한 평가 절하로 인해 치명적인 상처를 입은 원주민들의 고통보다 Sahagún 같은 선교사들의 고통에 더 마음 아파하는 것처럼 보인다. 선교사들이 아니라 인디오들이 왕의 칙령으로 인해 상처 입은 희생자들이었다.

것을 정당화한다. 그는 그러한 전통에서 "인간의 마음에 떠오를 수 있는 모든 악한 행동과 그들의 선천적 이해가 신앙과 은총의 결여로 인해 어떻게 왜곡되는지" 볼 수 있다고 주장한다. 왜냐하면 "이들의 선천적인 이해는 불신자인 인디오들이 믿는 어리석은 일과 터무니없는 일을 믿을 뿐 아니라 그것들을 확신하게 되기 때문이다." 모톨리니아나 사아군의 경우와 마찬가지로 멘디에타도 우주와 인간 사회의 기원에 대한 멕시코의 신화를 소개하려 한다. 그는 자신의 관점에 대해서는 조금도 의심하지 않은 채 그 신화에 대해 다음과 같이 판단한다. 그것은 "끝없는 어불성설과 거짓말이다." 그는 원주민의 대중적인 노래와 춤에 대해 경계심을 늦추지 말 것을 거듭 경고하는 이들에 가세한다. 그것들 중 일부는 단지 대중 음악으로 간주할 수도 있지만 "모든 것이 우상숭배와 관련된 기억으로 가득하기" 때문이다. 그는 몇몇이 토착 문화유산으로서의 가치를 인정하려고 하는 유명한 인디오 달력을 "어리석은 허구"일 뿐 아니라 무엇보다도 "위험한 물건"으로 간주하였는데, 이는 그것이 원주민들에게 "과거의 불신앙과 고대의 우상숭배"를 상기시키기 때문이다. 따라서 인디오 달력의 모든 복제본을 파괴하여 그것이 기억에서 지워지게 하고 "인디오들이 로마 가톨릭교회가 가지고 있고 사용하는…달력만 따르도록" 하는 것이 매우 중요하다(Mendieta 1980, 2, 75와 32:143 및 2.3:80, 그리고 2.14:97-99).

사아군(1985, 11:706-708), 멘디에타(1980, 5.9-10:588-592), 아코스타(1952, 43-49)의 저술에는 재미있는 역설이 존재한다. 이 세 수도사들은 원주민들이 지적으로 열등하며 기독교 신앙을 이해할 능력이 거의 없다고 하는 편향적인 거짓말로부터 원주민들을 변호하는 데 열심이었다. 그러나 그들은 원주민들의 합리성과 분별력, 동양의 원주민들 및 위대한 아시아의 문화와 전통에 비교할 때 이들이 평화롭게 기독교로 개종할 수 있는 능력에 대해 비관론이 커져가는 것을 숨길 수 없었다.

원주민의 종교 문화 말살 정책은 유카탄 반도의 친절한 마야 공동체에도 적용되었다. 프란치스코회 선교사인 디에고 데 란도(1959, 41:105)는 다음과 같이 이야기한다. "우리는 그들의 문자로 기록된 많은 책을 발견했는데, 그중에는 마귀에게서 비롯된 미신과 거짓말로 가득하지 않은 것이 하나도 없었으므로 우리가 그 모든 책을 불살랐더니, 그들은 이를 매우 심각하게 받아들여 몹시 슬퍼했다."[10]

종교적 목표가 신세계에서 벌어진 우상을 파괴하는 반(反) 우상숭배 운동의 일차적인 동인이었다는 점에는 의문의 여지가 없지만 무엇보다도 세속적 행위자들 사이에 존재했던 또 다른 요인, 즉 우상 주변의 부를 장악하려는 욕망을 우리는 잊지 않아야 한다. 그 동기가 모톨리니아(1984, 3.20:201)의 예리한 시선에 포착되지 않을 수 없었다. "우상을 색출하려는 대단한 열심에는 작지 않은 탐욕이 섞여 있었다"(Mendieta 1980, 3.21:228). 이 선량한 프란치스코회 수사의 생각은 틀리지 않았다. 부를 향한 열정으로 페루에서는 잉카 지배층의 무덤을 훼손하거나 도굴하였고, 누에바에스파냐에서는 스페인 정복 이전의 종교적 상징들을 수집했다.

---

10 우리가 오늘날 유카탄의 마야족에 대해 알고 있는 매우 소중한 내용들이 Diego 수사의 저술 덕분이라는 점은 역사의 역설이다. 그로 말하자면 이단 화형식에서 단지 종이만 불태운 인물이 아니었다. Sahagún(1985, 583)도 상형 문자로 된 많은 멕시코 문서들이 파괴된 것에 대해 언급한다. "이런 저술들과 문헌들 대다수가 불태워졌다." 시간이 지나고 (일정한 자율성과 정당성을 요구하는) 학문적 호기심이 커지자 원주민 문화를 연구하는 학자들은 모든 전통 문헌을 오로지 불쏘시개로 쓰기에나 적당한 "마법과 마술 그리고… 미신"으로 간주했던 이들의 "어리석은 열심"을 개탄한다(Acosta 1952, 6.7:288).

이 맥락에서 멕시코에서 에르난 코르테스가 행한 우상 파괴에 대한 라스 카사스의 비판(1974, 7:63-70)을 주목할 필요가 있다. 그는 원주민 종교는 귀신에 사로잡힌 것이며 원주민의 제의가 근절되어야 한다는 데 동의한다. 그러나 그는 원주민의 자기 결정권을 신봉하며 그들이 참되고 진지한 개종을 하고 난 후 직접 우상숭배와 그들의 제단을 제거해야 한다고 생각하는데, 이 차이는 매우 중요하다. 중요한 것은 설득을 통해 원주민들의 마음에서 우상을 근절하는 것인데, 그렇게 하면 그들 스스로 이교적인 우상숭배의 상징물들을 제거할 것이다. 코르테스는 명백히 이러한 복음화 방법과 방식에 공감하지 않았다.

첫째로, 우상은 그들의 마음 속에서 뿌리 뽑혀야 한다. 즉 참되신 하나님에 대한 개념과 진리에 관한 교리와 그림을 그들에게 지속적으로 제시함으로써 그들이 신으로 생각하며 섬겨온 우상을 제거해야 한다. 그러면 그들 스스로 자기들의 오류와 기만을 깨닫고 손수 온 마음을 다해 자신들이 지금껏 하나님 또는 신들로 경배해온 우상들을 권좌에서 끌어내리고 파괴할 것이다(Las Casas 1986, 3.3.97:232).

오늘날 인류학 및 민족지학 연구에서 커다란 진보가 이뤄진 점에 비추어 예상할 수 있듯이, 심지어 가톨릭 저술가들도 원주민의 "사악한 혐오스러운 행위"를 겨냥한 경멸적인 묘사에 대해서 매우 신중한 태도를 나타낼 뿐 아니라, 제의에서의 식인 행위와 인신 제사 사례에서 "심오한 종교적 성향"을 발견하기도 한다(Höffner 1957, 135).

원주민의 토착 종교에 대한 평가 절하, 그들이 지닌 가치 체계와 이상으로서의 복합적인 세계관(이는 기타 영적 세계관과 마찬가지로 언제나 인간에게 존재와 행위에 대해 의미를 부여한다)의 근절 및 16세기 아메리카 원주민이 겪었던 재앙적인 인구 감소 간에 어떤 관계가 있는가라는 문제가 아직까지 적절하게 분석되지 못한 채 연구자들에게 도전 과제로 남아 있다. 인간은 "빵만으로는" 살 수 없다는 것은 보편적으로 타당한 진리다. 만일 우리의 신들이 폐위되고 뿌리 뽑혔다면, 우리가 가진 신화가 경멸과 가차 없는 비판의 대상이 되었다면, 우리의 삶에 어떤 의미와 가치가 있는가? 원주민들의 친구인 수도사들이 그토록 자주 강조한 원주민의 슬픔은 그들의 신성한 공간과 시간에 대해 돌이킬 수 없는 훼손을 경험한 이들의 치유될 수 없는 비애를 은폐하는 것이 아닌가? 아코스타 (1952, 6.8:290)는 "전통에 관해서…[인디오들은] 매우 열성적이었고 청년들은 연장자들이 그들에게 말한 내용을 신성한 것으로 받아들였다"[11]고 지적한다. 유럽인들이 그 "전통"에 대해 경멸적인 태도를 보인 것이 존엄하게 살고자 하는 욕구에 어떤 영향을 끼쳤는가? 신성한 것들에 대한 훼손은 언제나 집단의 종교적 기억을 보존하는 것에 실존의 뿌리를 둔 민족들의 사회적 양심에 치명적인 결과를 가져왔다.

죽음은 육체적 학대에서만 비롯되는 것이 아니다. 인디오를 증오한 이들이나 옹호한 이들 모두에게 존재했던 원주민의 문화와 종교에 대한 폄하가 죽음을 초래했을 수도 있다. 이 점에서 에드문도 오고르만의 지적은 옳다. 그가 "아메리카의 발명"이라고 부른 과정은 문화적 동화를 특징으로 하지만 실은 "아메리카 대륙의 토착적인 문화생활이 지

---

11 우리에게는 기독교 선교사들과 원주민 종교 간에 진행되었던 "신들의 전쟁"에 관해, 나이지리아의 Chinua Achebe(1974년과 1984년)가 영국의 복음전도자들과 아프리카 이보족 전통 간의 만남에 관해 쓴 것과 같이 훌륭한 역사와 문학적 허구가 융합하는 저술이 없다.

닌 특수하고 독특한 의미의 진정한 역사적 중요성을 결여하고 있기 때문에 문화의 말소를 함축했다.…사실 아메리카 원주민의 역사에 대해 섭리론적 해석을 취하는 그리스도인에게는 다른 의미가 없다"(출처: Acosta 1985, li).

오비에도(1851, 1.3.6:69-74)는 원주민들의 종교와 그들의 죽음 사이의 관계에 주목하지만, 정반대의 시각에서 이에 대한 합리적 설명을 시도한다. 원주민의 제의는 악마적인 우상숭배이며, 그렇기 때문에 "이들 야만적이고 야수적인 종족들에게서 크고 추하고 매우 혐오스런 행위"가 수반되었다. 그들에게 비극적인 하나님의 보복이 가해진다. "그들이 이들 섬에서 범한 행악과 마귀에게 바친 제사로 인해 하나님은 그들을 벌하고 파괴해야 했다." 인디오들의 죽음은 신의 처벌이다.

이러한 자민족 중심주의적인 시각이 섭리론자 진영에 깊이 뿌리내렸다. 17세기 초에 바르가스 마추카와 솔로르사노가 그 입장을 취했다. 마추카에 따르면, 앤틸리스 제도의 주민들이 쫓겨나고 스페인 사람들로 대체된 것은 하나님의 2중의 섭리적 심판이 구현된 것이다. 하나님은 원주민들의 혐오스런 행위를 처벌했고 스페인 사람들의 미덕을 보상했다.

나는 그들이 하나님의 위엄을 거슬러 저지르는 악행으로 인해 그들 중 매우 많은 이들이 죽는 것을 하나님이 동의하셨다고 생각한다.…우리는 그러한 우상숭배자들과 패역한 자들에게 피할 길을 주지 않는 것이 하나님의 뜻이며, 이 땅 가운데 거룩한 신앙의 씨앗을 뿌리고 스페인 출신의 그리스도인들을 그곳에 거주케 하는 것이 하나님의 뜻임을 믿어야 한다.… [하나님은] 그 지역에 거주하는 스페인 사람들을 총애하는 반면 우상을 숭배하는 인디오들을 냉대한다(출처: Fabié 1966, 71:241, 253-254).

솔로르사노(1930, 1.1.12:126-127)에 따르면, 원주민의 "인구 감소 재앙"
은 하나님이 "그들을 감소시키기 위해 사용하신…은밀한 심판"으로 인
한 것이고, "이 모든 일은 하늘의 진노와 형벌로 말미암아 발생한 것으
로 보이며 또 반드시 그래야 한다.…하나님이 그렇게 작정하신 것은 아
마도 그들의 중대한 죄악과 그들이 오랫동안 끈질기게 자행해온 혐오
스런 우상숭배 때문일 것이다."[12]

　　20세기 중반까지도 스페인의 저명한 신학자들은 여전히 16세기
스페인이 아메리카의 토착 문화 및 종교에 맞서 그 지역에 대한 "문명
화와 기독교화"를 수행했음을 확고하게 옹호했다. 예를 들어 다음과 같
이 말하는 신학자도 있다.

　　우리나라는 제국을 건설하고 그것을 지배하는 데 만족하지 않았다.…우리
　　나라는 무엇보다도 신세계를 문명화하고 기독교화하여 구세계와 신세계
　　사이에 자연적으로 존재하는 문화적 차이를 제거하기 위해 그곳에 갔다.
　　공식적인 스페인 왕국과 스페인 왕실 및 스페인 군주들은…영적이고 신앙
　　심 깊은 스페인(즉 교회)과 더불어 인디오들에게서 우리의 참된 형제들을
　　발견했다. 이들은 문화와 관습으로 인해 열등하지만, 언제나 이성적 존재

12　이것은 스페인 식민지 개척자들 사이에 만연한 생각이었다. Mendieta(1980, 4.37:518)
　　는 첫 번째 가설만큼 타당성이 없고 이상한 또 다른 가설과 더불어 이 개념에 반대했는
　　데, 두 번째 가설은 끔찍한 역병으로 인한 원주민의 신속한 죽음이 오히려 이베리아인의
　　잔인한 탐욕에서 그들을 해방시킨 신적 은총 또는 섭리적 은혜였다고 본다. "하나님은…
　　우리의 탐욕과 야망과 나쁜 본보기와 하나님의 유기로…그들의 신앙을 잃게 하기보다
　　는…그들을 그처럼 악하고 위험한 세상으로부터 데려가는 특별한 은총을 그들에게 허락
　　한다."

인 인간으로서 신앙과 문명화를 위해 교육시키고 향상시킬 필요가 있었다
(Carro 1944, 1:115).

아메리카 대륙 정복에 대해 당대의 스페인 가톨릭 신학자들이 품고 있
던 생각을 대변한 이 텍스트의 저자 베난시오 디에고 카로는 유럽인들
과 토착 민족들 간의 "문화적 차이를 제거하기 위한" 자애로운 선교 활
동 속에 사람을 노예화하는 폭력이 감춰져 있었음을 깨닫지 못하는 것
으로 보인다.

원주민 대학살

광산 감독관: 그는 정의를 전혀 고려하지 않은 채로 인디오 추장들을 잔인하게 처벌하고, 가난한 자들을 광산에서 무자비하게 학대한다.

광산에서 죽은 노예들의 시체가 매우 심한 악취를 풍기면서 전염병을 발생시켰는데, 특히 곽사카 광산에서는 대략 $12km^2$의 땅을 시신이나 뼈를 밟지 않고서는 지나갈 수 없을 정도였다. 새들과 까마귀들이 시신을 뜯어 먹으러 까맣게 몰려와 해를 가릴 지경이었고, 여러 마을에서도 주민의 수가 격감했다.

- 토리비오 데 모톨리니아 수사

그들의 시신이 땅바닥 위에서 발에 밟히는 인분처럼 참혹한 취급을 받고 있다.

- 히스파니올라의 도미니코회 및 프란치스코회 수도사들

~~~

인구 감소 재앙

아메리카 원주민이 인간임을 이론적으로—신학적으로 및 사법적으로—인정했다 해도 그들의 사회적 갈등과 손상을 막을 수 없었다. 그것이 민족 집단 전체를 포함하여 그들 중 많은 이들이 **소멸하는 것**을 막지도 못했다. "피정복민의 관점에서 볼 때 정복은 참으로 대재앙이었으며…유럽인들과의 만남은 죽음과 동의어였다"(Flores Galindo 1987, 39)는 말은 과장이 아니다. 프란치스코회 수사인 사아군(1985, 11.12-13:706-710)도 1576년 이러한 취지의 글을 썼다. 그는 스페인 사람들이 "인디아스"에 도착했을 때 그들은 "다양한 종족에 속한…무수히 많은 사람들"을 발견했지만, 이들 중 "다수가 이미 소멸하였고 남은 부족 가운데 많은 이들이 소멸되기 직전"이라고 보고한다.

신세계에 관한 논쟁의 윤리 문제를 다루는 여러 훌륭한 연구들이 갖고 있는 문제는 그 연구들이 이 사건이 원주민의 생명과 존속에 끼친 구체적인 영향에 대해 묻지 않은 채 추상적인 이론 수준에 머물러 있다는 것이다. 일방적으로 스페인 제국에 관해 변증적이고 칭찬 일변도인 논문들을 분석하는 상당히 비판적인 혜안을 가진 저자들도 최종적으로는 그 이론이 기독교화와 문명화의 대상이 된 이들의 생존에 어떠한 결과를 초래했는가를 검증하지 않은 채 인디아스에 대한 스페인의 통치 이론에 담긴 자유와 정의의 정신이 승리를 거둔 것을 칭찬하는 결론을 내린다. 원주민들은 언제나 토론과 논쟁의 대상으로 머물러 있을 뿐 결코 역사의 주체이자 주인공으로 등장하지 않는다.

신학자, 법률가, 왕실 관리, 교회 사이에 이론적 논쟁이 진행되는 동안 비극적인 고대 토착 문화붕괴와 신세계 원주민들의 소멸이 가차 없이 다가오고 있었다. 이 점에서 회프너가 16세기 스페인에 대한 공감으로 가득한 저서에서 다음과 같은 혹독한 판단을 내리는 것은 정곡을 찌르는 것으로 보인다.

아스텍 문명과 잉카 문명이 정복자들에 의해 파괴되었을 때 그들은 이제 겨우 발전의 초기 단계에 있었다. 우리는 이들의 문화적 진보가 중단되지 않았다면 어떤 가치가 창출되었을지 가늠할 수 없다. 하지만 우리는 인디오 문화의 파괴가…인류에게 대체할 수 없는 중대한 손실임을 인정해야 한다(Höffner 1957, 172-173).

그는 대규모 인디오 살륙에 대해 다음과 같이 말한다. "신세계는 우리 혈관의 피가 얼어붙을 정도로 끔찍한, 그 주민에 대한 노예화와 몰살 행위를 겪었다." 그는 자신이 가톨릭 신자이고 스페인을 사랑함에도 불구하고 다음과 같이 결론짓는다.

정복자들이 보여준 대담한 행동과 그들이 견뎌낸 거의 초인적인 고난이 우리에게 아무리 큰 존경심을 불러일으킨다 하더라도, 이교도인 인디오들이 인간성의 법정과 기독교의 법정에 선다면 이들은 그리스도인 정복자들과 그 휘하의 병사들이 [그들에게] 내렸던 평결보다 훨씬 더 유리한 평결을 받기에 합당하다는 사실을 우리는 인정해야 한다(같은 책, 208).

아메리카 정복에 수반된 격렬한 논쟁에 관해 어떤 평가를 내리든 피정복자들이 겪었던 역사적 경험이 핵심적인 요점의 하나가 되어야 한다. 원주민들이 겪은 고난에 대한 보도들은 라스 카사스의 공상 및 상상을 통해 만들어진 "검은 전설"에 불과하다는 기이한 주장을 뒷받침하기는 어렵다. 원주민들의 죽음과 새로 도착한 스페인 사람들의 심한 탐욕을 밀접하게 연결 짓는 당대의 증인들은 무수히 많으며 그들을 지지하는 증거는 압도적이다. 그들은 원주민들이 흘린 피가 스페인 사람들이 획득한 부의 원천이 되었음을 여러 면에서 우울하게 거듭 말한다. 그러한 증언 중 몇몇을 살펴보자(Comas 1951을 보라).

1516년부터 1519년까지 히스파니올라를 방문한 예로니모회 신부들을 스페인에 적대적이라고 비난할 수는 없다. 그들의 태도는 페드로 데 코르도바나 안토니오 데 몬테시노스 또는 라스 카사스의 태도와 달랐다. 따라서 원주민들의 죽음과 이에 대한 스페인의 책임에 관한 그들의 증언은 더 큰 의미가 있다.

> 교황 성하께서는…스페인 사람들이 이 섬에 왔을 때 이 섬에 수천 명 또는 심지어 수십만 명의 인디오가 있었다는 사실을 아셔야 합니다. 그런데 우리의 죄 때문에 그들은 너무나 빨리 소멸되어 우리가 약 1년쯤 전에 이곳에 도착해보니 남아 있는 자들이 너무 적어 마치 추수가 끝난 뒤에 나뭇가지에 열매가 남아 있는 것과 같은 형국이었습니다(출처; Pacheco et al. 1864-1884, 1:300).

1530년대 국왕의 관리인 파스쿠알 데 안다고야는 그 당시 다리엔이라고 불렸던 지역인 중앙아메리카 남동쪽 지협에 있던 인디오 마을들이 어떻게 황폐해졌는지를 다음과 같이 이야기한다.

그 지역으로 떠난 지휘관과 병사들은…복귀하는 길에 많은 인디오들을 사슬에 묶어 데려오곤 했다.…지휘관들은 감금된 인디오들을 병사들에게 분배해주었다.…잔인한 짓을 저질러도 아무도 처벌 받지 않았다. 그런 식으로 그들은 다리엔에서 480여 킬로미터 떨어진 그 땅을 황폐하게 만들었다. 그 마을에 도착한 모든 포로는 금광에서 일하도록 할당되었다.…포로들은 긴 여행과 무거운 짐으로 인해 기진맥진한 상태로 도착했기 때문에, 또한 그 땅은 그들이 살던 곳과는 매우 다를 뿐 아니라 건강에도 좋지 않았기 때문에 모두 죽어나갔다(출처: Sauer 1984, 422).

거의 비슷한 시기인 1533년 8월 12일에 도미니코회 수사 프란시스코 데 마요르가는 한 편지에서 누에바에스파냐의 원주민들이 겪은 학대에 대해 항의하면서 학대가 중지되지 않는다면 그들은 소멸될 것이라고 예측했다(출처: Cuevas 1975, 46-47).

이 가련한 사람들이 사라지고 소멸되는 것을 보고, 또한 그들의 온갖 힘든 노동과 너무 많은 일들에도 불구하고 우리가 이로부터 얻는 결실이 아주 적은 것을 보고 나의 마음은 울부짖습니다.…그들은 할 일이 너무 많고 너무 약해서 자기들의 집이나 과수원을 청소하거나 보수할 시간도 없습니다. 그들이 당하는 손실과 파괴가 너무나 분명한 나머지…그들은 이미 희망을 잃어버렸습니다.

모톨리니아(1984, 1.1, 17)는 이 장의 서두에 인용한 구절에서 인디오들

이 강요당한 "채굴 작업"의 살인적인 결과에 대해 묘사했다.[1]

루이스 산체스는 1566년 8월 26일 인디아스 평의회에 다음과 같은 글을 써 보낸다.

> 그토록 많은 땅에 인구가 줄어든 까닭은 다음과 같습니다.…첫째, 스페인 사람들이 인디오를 상대로 전쟁을 벌여왔고 지금도 전쟁을 벌여서 그들을 죽이고 그들의 땅을 빼앗고 그들을 겁주어 쫓아냈기 때문입니다.…둘째, 인디오들을 파멸시킨 것은 노예제와…인디오들에 대한 할당제인데, 이는 스페인 사람들이 그들을 신민이 아니라 노예처럼 이용하고 적으로 취급하고 있기 때문입니다.…
>
> 이로 인해 스페인 사람들에 의해 대략 35,000km²의 땅에서 인구가 감소된 것으로 추정됩니다. 그 땅은 한때 인디오들로 넘쳐났지만, 그중 대다수 지역에서 스페인 사람들로 인해 단 한 명의 인디오도 남지 않았고, 나머지 지역에서도 살아남은 사람이 너무 적어서 그런 곳들을 사람이 살지 않는 지역이라고 불러도 무방할 것입니다.
>
> 이러한 악행의 원인은 인디아스로 건너간 우리 모두 부자가 되어 스페인으로 귀환하려는 욕심을 품었기 때문입니다. 이는…인디오의 땀과 피를 대가로 삼지 않고서는 불가능한 일입니다(Pacheco et al. 1864-1884, 11:163-164).

---

1 하지만 1552년 정복자들과 엥코멘데로에 반대하는 Las Casas의 여러 논문들이 출판된 데 대한 반응으로 Motolinía는 1555년 Carlos 5세에게 보낸 편지에서 정복자들과 엥코멘데로를 변호하며 이렇게 주장한다. "누에바에스파냐의 인디오들은 잘 대우받고 있습니다.…Las Casas가 말하는 것과 같은 그런 부주의나 폭정은 없습니다." Motolinía는 심지어 이렇게 주장했다. "인디오들은 부유한 반면 스페인 사람들은 가난하며 굶어 죽고 있습니다"(1984, 216-217).

프란치스코회 수사인 루이스 데 비얄판도 1550년 10월 15일 카를로스 5세에게 보낸 편지에서 누에바에스파냐의 상황에 대해 이와 비슷하게 증언한다(출처: Gómez Canedo 1977, 233).

제가 매우 비통한 심정으로 이 글을 쓰는 것은 이 가련한 사람들이 죽어가는 것을 막을 방도가 없고…모두 인디오들을 잡아먹으려 하고…이들에게는 죽는 것 말고는 다른 어떤 대안도 보호책도 없기 때문입니다.…이곳 누에바에스파냐의 여러 속주에 한때 인디오들이 풀처럼 많았지만 지금은 모두 죽어 소멸되었고 그 속주들이 황량해졌으며…그중 일부는 히스파니올라와 쿠바의 섬들처럼 황량해졌습니다.

역시 원주민의 사망률과 관련해서 국왕의 관리인 알론소 데 소리타도 이와 비슷한 내용을 보고한다(출처: Pacheco et al. 1864-1884, 2:104, 107, 113).

그들에게 가해진 노역과 잔혹 행위 때문에, 그리고 그들 사이에 만연한 역병으로 인해 한때 이곳에 살았던 사람 중 삼분의 일도 남지 않게 되었습니다.…그리고 이로 인해 도처에서 그들이 파괴되고 그 수가 감소되었으므로, 만일 시정 조치가 제 때 시행되지 않는다면 그들은 완전히 소멸되고 말 것입니다. 몇몇 지역에서는 더 이상 아무도 생존해 있지 않기 때문입니다.…저는 새로운 누에바그라나다[콜롬비아] 왕국에 있는 많은 스페인 사람들이 그곳에서부터 정부 청사가 있는 포파얀까지 죽은 사람들의 뼈가 길을 알려주기 때문에 길을 잃어버릴 수 없다고 말하는 것을 들었습니다.

소리타는 비참한 원주민들의 죽음을 생각하면서 분노의 목소리를 높인다.

> 과연 누가 이 지극히 가련하고 불운한 종족들이 어떤 지원이나 인간의 도움도 없이 핍박당하고 고통당하고 버림당한 채로 겪어야 했던 불행과 고역에 대해 이야기할 수 있겠습니까? 그들을 대적하지 않은 사람이 누구입니까? 그들을 핍박하고 괴롭히지 않은 사람이 누구입니까? 심지어 몇몇 무리들은 스페인 사람의 농장에 물이 없으면 그곳이 인디오의 피로 적셔질 것이라는 말을 공공연히 하기도 합니다(같은 책, 117-118).

16세기 아메리카 대륙 원주민의 인구 통계는 경악스럽다. 셔번 쿡과 우드로 보라에 따르면(1971, 1:viii), 1518년 멕시코의 원주민 인구는 약 2,520만 명이었는데 1595년에는 137만 명으로 줄어들었다.[2] 노블 데이비드 쿡(1981, 114)은 페루 원주민의 수가 1520년에 900만에서 1570년 130만으로 감소했다고 추산한다. 앤틸리스 제도의 인구 감소 또한 엄청났다. 로날도 멜라페(1964, 21)에 따르면 스페인 사람들이 도착했을 때 히스파니올라에는 약 10만 명의 원주민이 있었는데 1570년에는 "500명도 남아 있지 않았다."[3] 참으로 멸종 위기에 처한 앤틸리스 제도

---

2 Cook과 Borah의 연구는 아메리카 정복의 인구통계학적 역사에 혁명을 일으켰고 격렬한 논쟁을 촉발했다. 참조. Rosenblat 1967, Sanders 1976, Henige (May and November) 1978, Zambardino 1978. Denevan(1976, 1-12)은 이 논쟁을 훌륭하게 요약했다. Columbus 도래 이전의 인구에 대한 추정치는 840만 명(Kroeber, 1939)부터 1억 명 이상(Dobyns, 1966)에 이를 정도로 편차가 매우 크다.

3 Mellafe가 제시하는 수치는 Rosenblat(1954)에서 나온 것이다. 16세기 연대기 저자 대다수는 히스파니올라에 100만 명의 주민이 있었을 것이라는 추정치를 제시했다(Sauer 1984, 105-111). Zambardino(1978 704)는 이 수치를 지지한다. 16세기 중반에 500명

의 원주민을 구하기 위해 스페인 국왕은 1542년 신법의 일부로 원주민에 대한 선처와 공납 면제를 보장하는 훈령을 발표했다.

> 현재 산후안섬과 쿠바섬과 히스파니올라섬에 생존해 있는 인디오들에게 해당 도서에 거주하는 스페인 사람들과 마찬가지로 당분간 우리가 원할 때까지 공납이나 기타 국왕에 대한 노역이나 개인적 노역, 또는 이 둘을 혼합한 노역을 부과해서는 아니 된다는 것이 짐의 뜻이며 따라서 그와 같이 명한다. 그들이 번성하고 우리의 거룩한 가톨릭 신앙에 관한 내용을 교육받을 수 있도록 그들을 쉬게 하라(Konetzke 1953, 1:220).

그 노력은 소용이 없었고 뒤늦은 것이었다. 오비에도(1851, 1.3.6:73)는 카리브지역 원주민의 멸종이 임박했음을 매우 객관적으로 지적한다. "이 섬[히스파니올라]과 산후안과 쿠바와 자메이카에서 할 수 있는 일은 거의 없다. 그 모든 곳에서 동일한 사태, 곧 인디오들의 죽음과 멸절이 발생했기 때문이다." 그것이 그의 숙면을 방해하거나 그의 양심에 동요를 일으키지도 않았다. 푸에르토리코와 산토도밍고와 쿠바의 원주민들은 과거에 대한 인종학적 호기심거리이자 박물관의 전시품 정도였

만 남았다는 수치는 Oviedo(1851, 1.3.6:72)에서 나온 것이다. 히스파니올라 원주민 인구에 대한 논쟁은 16세기 초 첫 25년 동안 식민화 사업의 핵심이었지만 새로운 것은 아니었다. 1517년에 일단의 도미니코회 및 프란치스코회 수도사들이 Monsieur de Xèvres에게 보낸 편지들은 60만, 110만, 2백만이라는 매우 다른 세 가지 추정치를 제시했다. 그러나 그들은 남아 있는 인디오는 12,000명이라고 확신했다. 그들은 매우 슬퍼하며 그 섬이 "사막"으로 변했다고 단언했다(J. M. Pérez 1988, 142). "Andrés de Carvahal 대주교에 따르면 1570년에 25명의 주민이 있었는데 모두 늙고 가난하고 자식이 없었다"(Milhou 1975-1976, 28). 이러한 추정치 간의 차이는 계속 이어진다. Columbus 이전 히스파니올라 인구에 대한 추정치는 6만 명(Verlinden 1968)에서부터 7백만 명(Cook and Borah 1971, 1:376-410)까지 다양하다.

을 뿐이다. 사발라(1935, 39)는 그 불행한 결과를 다음과 같이 정확하게 표현한다. "원주민을 보호하기 위한 이론과 법령은 앤틸리스 제도의 인디오들을 돕기에는 너무 늦게 나왔다. 스페인 민족과 토착 민족 간의 충돌이 후자의 멸절을 가져왔다." 그러한 "보호법과 이론"이 정확히 카리브제도의 원주민들에 대한 비인도적인 처우에 항의하는 방법의 하나로 생겨났다는 것은 슬픈 역설이다.

저명한 라틴 아메리카 문화 역사가인 페드로 엔리케스 우레냐(1964, 35)는 이 급격한 인구 감소를 "인종의 비극"이라고 묘사했다. 쿠바의 역사가인 페르난도 오르티스(1978, 95)는 이를 "인구 학살"이라고 부른다. 코르도바(1968, 27)는 "일부러 의도한 것은 아니었지만 믿을 수 없을 정도로 효과적인 대학살 과정"에 대해 이야기한다.[4] 페루의 구스타보 구티에레스(1989, 10)는 이를 "인구 붕괴"라고 부른다. 니콜라스 산체스 알보르노스(1986, 7)도 이를 가리켜 "인구 재앙"이라고 지칭한다. 영국의 교수인 삼바르디노(1978, 708)는 이를 "지금껏 알려진 가장 큰 인구 재앙 중 하나"라고 부른다. 북미의 과학자인 윌리엄 데네반(1976, 7)은 훨씬 더 단정적으로 다음과 같이 확언한다. "아메리카 발견 뒤에 아마도 역사상 가장 큰 인구 재앙이 일어났을 것이다." 저명한 역사가이자 스페인의 경제학자인 하이메 비센스 비베스(1972, 353)도 이와 비슷하게 "인구 재앙…인류 역사상 최악의 재앙 중 하나"라는 표현을 사용한다.

비센스 비베스는 역사적 사실에 대한 평가에 자신이 스페인 사람으로서 가진 정서가 끼어드는 것을 막지 못했다. 그는 이 파국의 원인

---

4   Todorov (1987, 14): "16세기에 아마도 인류의 역사에서 가장 커다란 집단 학살이 자행되었을 것이다."

을 주로 토착판 맬서스 이론—인구는 장기적으로 토지가 부양할 수 있는 수준보다 더 많아진다는 이론—과 원시적인 농업 기술 탓으로 돌린다. 그의 견해에 따르면 이는 "스페인 사람들이 도착하기 이전부터 원주민 인구는 재앙을 겪게 될 운명이었음"을 의미한다. 멕시코의 농업이 1518년의 원주민 인구를 부양할 수 없었다는 가설을 받아들인다 하더라도 '침략자들의 습격이 없었더라도 사망률이 그토록 급격히 높아졌을 것인가, 아니면 인구 성장률이 완만해졌을 것인가?'라는 의문은 남는다.[5]

16세기에 앤틸리스 제도 원주민들이 소멸되고 아메리카 대륙의 기타 지역에서 심각한 인구 감소가 발생한 원인에 대한 논쟁이 끝없이 이어지는 이유는 한편으로는 이념적 동기가 존재하기 때문이고 다른 한편으로는 이 문제에 접근하는 방법론의 어려움 때문이다. 아메리카 대륙에서 스페인 인구의 성장과 원주민 인구의 감소 사이에는 반비례 관계가 나타난다는 점은 부정할 수 없다. 당시 도미니코회의 관구장이었고 훗날 안테케레(왁사카)의 주교가 된 베르나르도 데 알부르케케 수사는 이미 1554년에 이 점을 지적했다.

이 땅에 스페인 사람들이 많이 있고 그들의 수가 날마다 증가하고 있기 때문에 그들 가까이 사는 인디오들은 스페인 사람들이 너무 많아 큰 해를 입고 있으며…이 인디오들의 수가 매일 줄어들어 현재 그들의 수는 20년 전에 비해 10분의 1에도 미치지 못한다(출처: Cuevas 1975, 180-181).

---

5   Vicens Vives는 이 논거를 Cook and Borah(1967)에게서 차용한다. 반면에 Friederici(1986, 1:236)는 "스페인 정복자들이 도착한 거의 모든 곳에서… 인디오들의 곳간은 곡식으로 넘쳐났거나 적어도 곡물을 잘 비축했다"고 강조한다.

30년 뒤 "그들[스페인 사람들]의 수가 늘어나서 인디오들이 해야 할 일은 더 늘어나고 그들의 수는 줄어들고 있다"는 가스파르 데 레카르테 수사의 주장에서 그 점이 다시 언급된다(같은 책, 385). 10년 뒤 멘디에타 (1980, 1.15:62-63)도 그 사실을 거듭 지적한다. "인디오들은…스페인 사람들이라는 좀이 없는 곳에서 수가 증가하고 번성했다."

그렇다면 우리는 참으로 원주민 대학살을 목격한 셈이다.[6]

~~~

인간의 생존권

가장 기본적인 인권은 **생존할 권리**다. 다른 모든 권리는 생존이라는 실재가 독단적으로 위험에 처해지지 않을 것을 상정한다. 이 원리는 가난하고 비참한 이들이 처한 문제에 우선권을 부여한다. 굶주림, 폭력, 돌봄을 받지 못하는 질병, 학대, 과도한 노동에 의해 궁핍한 이들의 생존이 위협받는다. 억압받는 가난한 이들은 힘 있는 자들의 폭력으로부터 보호받지 못한다. 그들의 취약성과 불안정은 그들이 누려야 할 자유와 행복에 대한 위협일 뿐만 아니라 그들의 생명 자체에 대한 위협이기도 하다. 이들의 연약함과 이들에 대한 유기(遺棄)는 윤리적·종교적 양심

---

6   "대학살"(holocaust)이라는 용어가 문헌에서 나치가 유대인들에게 저지른 인종 학살을 가리키는 데 적용되기 때문에 이 경우에 사용하는 것이 부적절하다고 생각하는 이들은 아우슈비츠에서 살아남은 이탈리아인 생존자 Primo Levi(1988, 10)가 자기 민족이 겪은 학살과 같은 수준의 것으로 간주하는 학살은 16세기에 아메리카 원주민들이 겪은 것이 유일하다는 점을 곰곰이 생각해 볼 필요가 있을 것이다.

에 위협이 된다(Sobrino 1986, 1-7을 보라).

신세계에서 공동체들이 정착하고 합법화되게끔 바르톨로메 데 라스 카사스가 계획한 여러 사업들은 원주민들의 권리 존중—이는 복음서에서 말하는 가난한 자들의 생존권과 존재할 권리를 구현하는 것이다—이라는 공통점이 있다. 생존에 필요한 필수품(음식, 건강, 주택, 일자리)은 신학적으로 가장 중요한 요소다. 라스 카사스에게는 구약성경의 다음 텍스트가 핵심이다. "가난한 사람들에게는 빵 한 조각이 생명이며 그것을 빼앗는 것이 살인이다. 이웃의 살길을 막는 것은 그를 죽이는 것이며 일꾼에게서 품값을 빼앗는 것은 그의 피를 빨아먹는 것이다"(집회서 34:21-22, 공동번역). 정복당한 인디오들에게 겪은 배고픔은 범죄였으며 더 나아가 온 인류의 연대라는 신율을 거스르는 죄였다. 따라서 그는 다음과 같이 주장한다.

> 그들의 생명은 음식물을 섭취하는 데 의존하기 때문에 음식이 없어서 그들은 죽음에 이르게 되었다. 따라서 인디오들이 일하고 있는 대농장과 광산과 다른 모든 일터에서 먹을 것을 얻을 수 있게끔 그들에게 빵과 고기, 물고기와 가금류, 후추…카사바(유카나 타피오카로 만든 빵) 두 덩이를 주라(Las Casas 1972, 83).

그는 **생존권**이라는 맥락에서 건강 문제도 강조한다. "유럽인의 아메리카 침략 초기에 원주민 인구가 급격히 소멸된" 주요 원인은 "전염병에 대한 면역 결핍이라는 생물학적 요인"이었다(Konetzke 1972, 96)는 많은 학자들의 거듭된 주장에 직면해서 높은 사망률이 "자연적" 원인 때문에 초래되었다는 이론을 해체하려는 라스 카사스의 노력을 주목할 필요가 있다. 원주민 인구 감소의 주요 원인은 그들이 갖고 있었으리라고 추정되는 생물학적 취약성과 면역력 결핍 때문이 아니었다. 질병으로 대규모 사망이 초래된 데는 여러 요인이 중요하게 작용했다. 전쟁과 광산의 노동착취로 인한 농업 생산 붕괴가 결정적이었다. 이로 인해 인위적인 식량부족이 초래되었고 원주민들의 체력 약화가 이를 뒤따랐다. 병자 간호의 부족, 병자의 회복에 유익하지 않은 환경, 가정과 일터의 지나친 밀집으로 인한 감염 촉진 등의 다른 요인도 있었다.[7] 라스 카사스(1986, 2.2.14:255-256)는 앤틸리스 제도에서 무시무시한 광경을 목격하였으며, 따라서 그의 증언은 유의미하다.

> 그들[인디오들]이 병들어도 (이런 일은 대단히 힘들고 흔치 않은 여러 유형의 노동으로 인해, 그리고 그들이 선천적으로 허약했기 때문에 자주 발생했다) 그들[스페인 사람들]은 인디오들의 말을 믿지 않았고, 무자비하게 그들을 개라고 부르면서 그들이 게으르고 일하기 싫어서 불평한다고 말했다. 그런 학대 외에도 인디오들은 발길질과 구타를 당하기 일쑤였다. 인디오들의 병이 심해지면 스페인 사람들은 그들을 90km, 130km, 심지어 220km 떨어진 고향으로 돌아가게끔 풀어주었는데 길을 가는 동안 먹을 것이라고는 고작 마늘 몇 뿌리와 카사바 빵 몇 개만을 쥐여 주었다. 그 가련한 자들은 길을 떠나 처음 만나는 시냇가에 쓰러져 거기서 절망하며 죽어가곤 했다. 더 멀리 가는 이들도 있었지만 살아서 자기 고향에 도착한 사람은 극

---

7   Las Cacas의 「여덟번째 해결책」(*Octavo remedio*)에서 병든 원주민들이 처한 불행에 대해 묘사 하는 장면(Las Casas 1965, 2:791)을 보라. 또한 히스파니올라의 도미니코회 장상인 Pedro de Córdova 수사도 Carlos 5세에게 보낸 편지에서 이 요인을 강조한다. "…그들을 굶주리고 목말라 죽게 하고, 병든 상태에 있는 그들을 짐승보다 못한 존재로 보았습니다. 짐승들은 치료를 받지만 그들은 그렇지 못합니다"(J. M. Pérez 1988, 133).

소수였다. 나는 길 위에 널브러진 몇몇 시신을 마주쳤고, 어떤 이들이 나무 아래서 마지막 고통을 겪는 것과 또 어떤 이들이 죽음의 신음 소리를 내며 있는 힘을 다해 "배고파! 배고파!"라고 울부짖는 것을 보았다.

라스 카사스에게 찬성한다고 할 수 없는 북미 학자인 오트윈 사우어 (1984, 307)는 자신이 "토착 사회 구조의 파괴"라고 부르는 현상에 대해 분석한다. 광산에서 발생한 질병에 대해 그는 다음과 같이 보고한다.

> 광산촌에서는 모든 위생 조치를 무시했다. 인디오들은 여러 층으로 겹쳐서 살았고 같은 방식으로 일했다.···음식 섭취가 부족하고[스페인 사람들은 사냥과 어로를 금지했다], 과도한 노동에 짓눌리고, 자연친화적인 자신들의 생활 방식을 상실해서 낙심한 인디오들에게 이것은 전염병 감염이 확산되기에 이상적인 조건이었다.

이 설명은 16세기 여러 연대기 저자들의 설명과 다르지 않다. 프란치스코회 수사인 헤로니모 데 산미겔은 누에바그라나다 원주민들, 특히 막달레나 강을 통해 스페인의 상품을 운송하는 일을 맡고 있던 사람들의 죽음으로 인해 마음이 아파 1551년 9월 11일 인디아스 평의회에 편지를 썼다. 많은 이들의 직접적인 사인(死因)인 질병이 그런 미개한 위생 상태에서 쉽게 전염병으로 변했다. 그러나 헤로니모 수사는 표면의 덮개를 걷어내고 원주민들의 목숨보다 부를 더 소중히 여기는 탐욕이 그 비극의 궁극적이고 실제적인 원인이라고 성토한다.

> 이 가련한 자들이 그토록 긴 여정 동안 온종일 서서 노를 저으며 죽어가는

모습을 보는 것은 확실히 애석한 일입니다.…고된 일에 비해 음식이 부족하고 그 질은 형편 없습니다. 더 많은 상품을 해외에 팔기 위해 그들은 종종 인디오들에게 필요한 음식을 주지 않고 있으며, 그 결과 인디오들은 고향에 돌아오자마자 치명적인 병에 걸리고 그중 다수가 죽기 때문입니다(출처: Gómez Canedo 1977, 135).

1520년대 말 앤틸리스 제도의 인디오들은 천연두라는 끔찍한 전염병에 걸렸는데 이로 인해 그들의 소멸을 막기 위한 때늦은 몇 가지 조치가 시도되었다. 라스 카사스(1986, 3.3.128:270)는 이 의료적인 문제를 사회적 억압이라는 맥락에서 보아야 한다고 역설한다.

1518년과 1519년 무렵…끔찍한 역병이 닥쳐 거의 모든 사람이 죽고 살아남은 사람은 극소수에 불과했다. 가난한 인디오들을 강타한 그 병은 천연두였는데 누군가가 카스티야에서 이 병을 옮겨왔다.…그것은 파괴적인 역병이었으므로 모두가 곧 죽게 될 판이었다. 식량 부족으로 인한 영양실조, 옷을 입지 않고 지내며 바닥에서 자는 습관, 과도한 노동, 고용주 편에서 건강관리나 보호를 거의 또는 전혀 제공하지 않은 것 등이 이에 가세했다.[8]

---

8   그 전염병은 1518년 12월이나 1519년 1월에 시작된 것으로 보인다. 그것의 영향과 다른 원주민 마을로의 확산에 대해서는 Crosby 1967을 보라. 그는 16세기 "아메리카 원주민들 사이에서 사망률이 매우 높았던 시기"를 초래한 주된 원인으로 그 전염병을 강조한다. 그러나 그는 천연두가 퍼졌던 시기에 대부분의 앤틸리스 제도 원주민들은 이미 사망했다는 점을 인정한다. 자기들의 도덕적 책임을 회피하기 위한 노력의 일환으로 몇몇은 원주민들에게 닥친 죽음의 원인을 주로 천연두에 돌릴 뿐만 아니라, 그 전염병이 시작된 원인을 흑인 노예들에게 돌리려고 한다. 결국 이 문제는 흑인들과 인디오들 간의 문제라는 것이다! Arana Soto 1968(34)을 보라. "흑인들을 통해 아프리카에서 들어온 끔찍한 전염병인 천연두": Phelps de Córdova (1989). Motolinía(1984, 1.1:13)는 그 천연두의 최초 발병을 1520년 Pánfilo Narváez 원정대 안에 있었던 한 흑인에게 돌렸다. 천연두가

의사들과 정신과 의사들은 허약해지고 굴욕을 당한 이들에게 우울증과 고통이 끼치는 치명적인 영향을 인식하였는데, 이러한 상태는 때때로 죽음을 초래할 수 있다(Frankl 1986, 11-94를 보라). 라스 카사스는 모든 것을 빼앗긴 인디오들의 심오한 슬픔과 비애를 유창하게 증언한다. "몇몇은 아주 슬프게도 쓰라리고 재앙으로 가득찬 자기들의 삶은 어떤 위로나 해결책도 만나지 못할 것이라 생각하면서 여위고 수척해진 상태로 죽어간다." "매우 깊은 슬픔이 그들을 엄습했고…자유에 대한 아무런 희망도 없었다"(Las Casas 1965, 2:755 및 1986, 1.1.106:419).[9] 미겔 데 살라망카 수사는 1520년에 인디아스 평의회에서 원주민의 사망률이 급격히 상승한 원인 중 하나는 그들의 "불만족과…절망"이라고 단언했다(Las Casas 1986, 3.3.136:300). 이러한 우울증으로 많은 이들이 절망으로 인해 돌이킬 수 없이 망가진 삶으로부터 도피하기 위해 집단 자살을 감행했다.[10]

멕시코 원주민들 사이에 미친 치명적인 결과를 강조한 Sahagún(1985, 585)은 많은 경우 결정적인 요인은 흔히 언급되는 신체적 면역 결핍이 아니라 의료 및 위생 관리의 결핍이라는 점에 주목할 만큼 통찰력 있고 솔직했다. "30년 전의 전염병에서 대부분의 사람들이 죽은 것은 피를 뽑는 방법이나 적절한 약 처방 법을 아는 사람이 없었기 때문이다.… 그리고 이번에 닥친 전염병에서도 똑같은 일이 벌어지고 있다.…불쌍한 인디오들을 도울 능력이 있거나 돕기를 원하는 사람이 아무도 없고, 그들은 아무런 도움이나 치료를 받지 못한 채 죽어간다."

9 Deive(1980, 688)는 사로잡힌 아프리카인들에게 비슷한 현상이 벌어진 점에 주의를 촉구한다. 덫에 걸린 뒤 그들은 배로 끌려갔고 거기서 항해가 시작되기까지 오랫동안 억류되었다. 자유 및 미래에 대한 희망의 상실 그리고 "노예에 대한 지속적인 감금으로 인해 그들 중 많은 사람이 미치거나 분명히 고향에 대한 향수, 그리고 무엇보다도 자유에 대한 욕구로 인해 초래된, 당시에 '고착된 우울증'(melancholia fija)이라고 불린 질병에 걸렸다. 그래서 그들 중 많은 이들이 삶에 대한 의욕 상실로 죽었다."

10 언제나 인디오들의 '십자가의 길'에서 창의적이고 깊은 신학적 의미를 발견할 태세를 갖추고 있던 Las Casas에 의하면(1986, 3.3.82:103-104) 원주민의 집단 자살은 그들이 "영혼이 불멸한다고 생각했고 그렇게 증언"하고 있음을 보여주었다. 다만 "…다수의 눈먼 철학자들은 그것을 부정했다." Friederici(1986, 251-252)는 원주민들은 기독교와 같은

도미니코회의 페드로 데 코르도바(1988, 133)는 1517년 경 국왕에게 보낸 서신에서 원주민의 절망의 비극적인 결과에 대해 다음과 같이 묘사했다.

질병과 고된 노동으로 인해 인디오들은 그런 낯선 일을 하느니 차라리 죽는 것이 낫다고 생각하고 자살을 택하였으며 지금도 그렇게 하고 있습니다. 어떤 경우에는 수백 명이 그런 힘든 노예 생활을 겪지 않기 위해 동반 자살을 저질렀습니다.…여자들은 일로 탈진해서 임신과 출산으로 일거리가 쌓이지 않도록 임신과 출산을 회피합니다. 임신한 많은 여자들이 낙태시키는 물질을 먹어서 태아를 낙태시켰고, 어떤 여자들은 자기 자식이 그런 힘든 노예 생활을 하지 않도록 자기 손으로 그들을 죽이기도 하였습니다.[11]

원주민들이 처한 상황이 너무 비참해서 히스파니올라의 도미니코회와 프란치스코회 수도사들은 1517년에 예로니모회 신부들에게 보낸 공동 서신에서 이 비극을 "그들의 시신이 땅바닥 위에서 발에 밟히는 인분처럼 참혹한 취급을 받고 있다"고 극적으로 묘사했다(J. M. Pérez 1988, 126).[12]

자살 금지 규정이 없어서 "더 쉽게 자살하는 경향이 있었다"고 생각한다. 그는 깊은 도덕적 우울감에 사로잡힌 원주민들이 집단 자살을 감행한 것에 관한 많은 증언을 수집한다.

11 Anglería(1964-1965, 1.3.8:363)도 이와 비슷한 글을 썼다. "천진한 이 벌거벗은 사람들은…절망에 빠져 적잖은 이들이 자녀를 낳는 것에 대해서는 조금도 신경을 쓰지 않고 자살을 선택한다. 임산부들은 자기 태의 열매가 그리스도인의 노예가 될 것을 알고 있기에 낙태 약을 먹고 유산한다."

12 "Carta latina de dominicos y franciscanos de las Indias a los regentes de España," App. 2. Las Casas(1989, 23)는 이 인분의 이미지를 이어받아 스페인 사람들은 원주민을 "시장 바닥의 인분으로 또는 심지어 그보다 못하게" 보며 그들을 짐승보다 덜 배려하고 덜 존중한다고 말한다.

모두가 다 이런 입장에 공감한 것은 아니었다. 1555년 모톨리니아 (1984, 216)는 라스 카사스가 3년 전에 출판한 논문들을 비판하면서 멕시코의 인구 감소는 원주민의 우상숭배와 죄악에 대한 하나님의 형벌이라고 주장한다. 따라서 그곳에서 발생한 주민의 교체(원주민에서 스페인 사람들로 바뀐 것)는 그 양상이나 기원 측면에서 구약성경이 (이스라엘 민족과 가나안 민족에 대해) 말하는 내용과 유사하다.[13] 오비에도(1851, 1.3.6:74) 역시 이와 비슷한 관점을 공유한다. "하나님은 그들의 사악함과 귀신에게 바친 제사로 인해 이 섬들의 거주자를 벌하고 없애버려야 했다."

프란시스코 게라(1986, 41, 42, 58)는 최근에 라스 카사스가 『인디아스의 멸망에 대한 짧은 설명』(Brevísima relación)에서 원주민의 인구 감소를 초래한 "주요하고 일반적인 두 가지 측면"으로 전쟁과 노예 상태를 강조한 것을 비판했다. 라스 카사스는 인디오를 옹호하기 위해 소란을 떨면서, 전염병이 그들의 인구 감소의 주요 원인임을 알리지 않았다. 게라에 따르면 신세계에서 "중요한 인구통계학적 변화는 언제나 전염병으로 인해 발생했다." 따라서 인구 감소는 "대학살"이 아니라 "위생상의 재앙"이다.

---

13 Motolinía는 황제에게 보낸 편지에서 자신의 설명, 특히 *Historia*(1984, 1.1.13-18)에 제시된 "열 가지 재앙"에 대한 자신의 설명에 비추어보아도 의문스러운 변명조로 일관한다. Las Casas에 대한 적대감으로 인해 그의 관점이 흐려지며, 그는 서둘러 스페인 제국에 대한 변호로 비약한다. 그와 Las Casas 사이의 차이는 다음과 같은 중요한 점과 관련이 있다. (a) 무력 정복이 복음화에 필수적인지에 대한 평가, (b) 원주민에게 세례를 주는 데 교리 교육이 필수 조건인지에 대한 평가. 이는 거의 반세기에 걸친 Las Casas의 지칠 줄 모르는 행동이 이에 대항하는 열정을 일깨운 것을 보여주는 또 하나의 사례다. 그리고 흥미롭게도 Las Casas의 저술에 찬성하든 반대하든 그 열정은 거의 비슷한 강도로 지속된다.

새로운 땅들과 새로운 사람들이 있었고 질병의 결과는 매우 파괴적이었
다.…그리고 이 고통의 파노라마—안타깝게도 아메리카의 발견으로 우리
가 그 드라마의 주인공이 되었다—는 라스 카사스가 아메리카 대륙 발견
자들에게 공정하지 않았다는 한 가지만을 증명한다. 아메리카 원주민들은
스페인 사람들에 의해서가 아니라 질병에 의해 희생되었다.

이 견해에서는 그것은 모기, 이, 벼룩, 박테리아, 바이러스 그리고 세균
의 문제였다![14] 거기에는 전염병의 사회적 배경, 전염병과 사회 질서 붕
괴 간의 관계, 농업생산의 실패, 자생적 가치에 대한 비하, 원주민을 귀
금속 채굴 도구로 이용한 일 등에 대한 비판적이고 구체적인 분석이 빠
져 있다. 그런데 이상하게도 동시대인들의 수없이 많은 증언에 그런 요
인들이 압도적으로 많이 존재한다.

　　몇몇 분석가들은 토도로프(1987, 69)가 원주민을 상대로 한 의도
치 않은 "세균전"이라고 부른 현상에 나타난 심각한 전염병들, 특히 천
연두를 지나치게 강조한다. 그러나 그들은 감기나 독감 같은 흔하고 일
상적인 질병에 대해서는 주의를 기울이지 않는데, 이런 질병들은 과도
한 노동, 불충분한 영양, 비에 지속적으로 노출되는 상황, 환경 변화, 학
대 등의 조건에서는 치명적일 수도 있고 또한 일반적으로 치명적이다.
라스 카사스(1967, 1.2.34:176)는 "우리가 이곳에 온 이래 그들은 매우 과
중한 노동에 시달려왔기 때문에…어떤 우연한 질병이라도 즉시 그들의
체중을 감소시키고 그들을 쇠약하게 만들어 사망하게 한다"는 점을 지

14　Borah(1962) 역시 이상하게도 다양한 요인들을 언급한 뒤 그 요인들의 상호작용에 대한
　　분석이 중요할 텐데 "원주민 인구의 재앙적인 감소"를 초래한 주요 원인으로서 미생물
　　과 세균을 내세우는 이론 속으로 도피한다.

적함으로써 이러한 현상이 가능했음을 암시한다.[15]

원주민들의 질병에 관한 이러한 통합적인 관점은 라스 카사스에게
만 국한되지 않는다. 멘디에타(1980, 4.37:523)도 16세기 말에 그와 비슷
한 맥락에서 다음과 같이 진술한다.

나는 이 불쌍한 인디오들에게 닥친 모든 역병과 관련해서 몇몇 질병은 힘
겨운 강제노동 할당을 통해 그들을 학대하고…그들의 몸을 갈아 부수고
망가뜨리는 과도한 노동을 부과한 데서 비롯되었다고 생각한다.

---

15 Sued Badillo(1989, 66)는 세비야에 소재한 인디아스 기록 보관소에서 한 가지 사례를
발견했다. 1529년 푸에르토리코의 토아 지역에서 시행된 한 조사에서 원주민 생존자들
은 자신들이 처해 있던 노동 제도를 이렇게 설명했다. "많은 사람이 죽었고 그들의 죽
음은 과도한 노동에 기인했다. 원주민 중 누가 병이 나면 그들[스페인 사람들]은 '가서
일하라, 그것은 아무것도 아니다'라고 말하곤 했고, 원주민들은 일하러 가서 죽곤 했다."
전염병의 영향을 과도하게 강조하고 특히 그것을 폭력적인 인디오 사회 구조 붕괴와 분
리시켜 접근하는 시각에 대한 적절한 비판은 Keen 1971에서 찾아볼 수 있다.

10

흑인 노예제

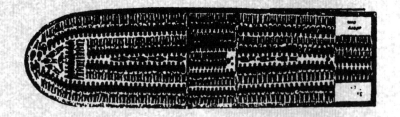

그리스도인들을 위한 해결책은 확실히 전하께서 이 섬들 각각에 500명이나 600명의 흑인 혹은 인디오 외에는 다른 노동력이 없는 주민들에게 분배하는 데 필요한 만큼의 흑인들을 임대하는 것에 동의하시는 것입니다. 그리고 나중에 와서 정착하게 될 사람들에게는 세 명, 네 명 혹은 여섯 명의 흑인 중에서 그 사람이 가장 적절하다고 생각하는 만큼 외상으로 매각하고 동일한 수의 흑인들을 저당 잡는 것입니다.

— 바르톨로메 데 라스 카사스 (1531)

흑인 노예들을 이 땅으로 이송할 수 있는 면허를 제공하는 것과 관련된 조언을 처음 제시한 사람은 성직자인 카사스였다. 그는 당시 포르투갈 사람들이 흑인들을 잡아다 노예로 삼기 위해 불의를 자행하는 것을 알지 못했다. 그는 상황을 깨닫고 난 후 다시는 세상의 어떤 것에 대해서도 그러한 조언을 하려 하지 않았다. 그는 언제나 그들[흑인들]도 인디오들과 마찬가지로 불의하고 전제적인 방식으로 노예가 되었다고 생각했기 때문이다.

— 바르톨로메 데 라스 카사스 (1560?)

~

"새로운 노예제"

아메리카 원주민들의 인구가 붕괴되어 예속 육체노동자들을 대체할 필요가 생겨났다. 이러한 필요가 앤틸리스 제도에서 기원한 것을 감안할 때, 필요할 경우 우리가 아메리카 정복이나 아메리카 원주민의 노예화라는 주제를 벗어나지 않고서는 이에 대해 이야기할 수 없다. 아메리카의 정복은 근대 노예제의 출발점이다.

아프리카 노예의 도입은 아메리카에서 유럽이 팽창한 것과 동시에 발생했다. 멜라페(1964, 23, 26)는 다음과 같이 올바로 지적한다. "흑인 노예는 아메리카 정복 이후에 발생한 것이 아니라 정복 자체와 더불어 도처에서 성행한 교역 대상이었다.…중요한 정복자의 수화물에는—그의 수행원이 많든 적든—말과 흑인 노예라는 두 가지가 결코 빠지지 않았다."

15세기 말에 출현한 아프리카 흑인 노예제는—로마 제국의 쇠퇴기부터 15세기 말까지 성행했던 농노제에서 노예는 재화 생산에 비교적 제한된 역할만을 담당했던—유럽의 전통적인 농노제와 다음과 같은 면에서 상당히 달랐다(Finley 1980과 Klein 1986, 1-20을 보라).

1. 노예와 흑인은 거의 동의어가 되었다(참조. Tannenbaum 1946, 110-112, 각주 236). 아메리카 원주민에게 부과되었던 애초의 농노제가 폐지된 뒤 그들은 적어도 이론상으로는 자유로운 신민으로 인정받았다. 그러나 그 후 새로운 노예제라고 불릴 수 있는 대규모 흑인 노예 시장이 시작되었다. 그때부터 노예제는 더 긴 압제와 저항의 역사에서 흑인종

과 밀접하게 연결되었다.

아프리카인들의 노예화가 그리스도인들에 의해 시작된 것은 아니었다. 15세기 중반 포르투갈인들이 아프리카 서해안에 도착했을 때 그들은 거기서 상당한 규모의 노예무역을 보았다. 그러나 노예무역을 확대하여 새로운 생산 수단으로 바꾼 것은 바로 유럽인들이었다. 그리고 이는 신세계에 대한 지배와 식민지화 때문에 가능했다.

2. 아메리카 대륙에서 노예제는 아프리카인들을 문명화하고 복음화한다는 이념적이고 역설적인 새로운 명분을 취했다. 당연히 유럽의 백인 그리스도인 지식인들이 작성한 논문들에서 이 입장이 전개된다. 16세기 말 스페인의 예수회 신학자인 루이스 데 몰리나는 이 논리가 노예무역에 관여한 유럽인들에게서 나온 것으로 간주한다.

누군가가 [노예제에 대해] 의심을 표현하면 그들은 놀라면서 다른 장소로 팔려가는 흑인들이 좋은 대우를 받는다고 주장한다. 그들은 노예들이 이런 식으로 우리 가운데서 삶으로써 기독교로 개종하고 전에 벌거벗고 살면서 근근이 먹고 사는 데 만족했던 때보다 더 나은 물질적 삶을 누린다고 말한다.[1]

---

1   Molina는 노예제에 반대하지 않는다. 그는 단지 "정당한" 노예제와 "부당한" 노예제를 구별하려 한다. 그는 심지어 다음과 같이 주장한다. "그리스도인이 지배하는 노예는 그의 영적인 복리로 이어진다. 흑인들이 그런 식으로 그리스도인이 될 수 있도록 그들에게 자유를 사주는 것은 자선 행위다"(*De iustitia et iure*, disps. 34-35, 각주 6, 9-10[출처: Höffner 1957, 465, 472]). 그러나 몇몇 스페인 신학자들은 전 세계적인 의미에서의 아프리카인 노예를 비판하지 않으면서 몇몇 중요한 거리낌을 표현했다. Domingo de Soto([1556] 1967, 2.4.2.2:289)는 루시타니아의 흑인 시장에 대해 이렇게 말한다. "이 불행한 사람들이 거짓말과 기만으로 유혹을 받으며…때때로 억지로 강요당하며, 이를 깨닫거나 자신에게 무슨 일이 벌어지고 있는지 알지 못한 채 배에 실려 팔려나간다고 확언하는 사람이 많이 있다. 이 말이 사실이라면 그들을 강제로 끌고 가서 파는 이들이나, 그들을 사는 이들 또는 그들을 소유하는 이들은 설사 자신이 지불한 돈을 되찾을 수 없더라도 그들을 풀어줄 때까지는 양심의 평안을 얻을 수 없다."

이런 식으로 중세 노예 제도는 크리스텐덤에 의해 본래의 형태와는 전혀 다르게 왜곡되었다. 노예를 방지하기 위한 장벽은 사라졌고 노예가 이례적으로 확대될 수 있는 토대가 확립되었다. 데이베(1980, 377)는 아프리카인들을 전도하는 동시에 착취하는 역설을 다음과 같이 표현했다.

> 노예에 대한 교회의 공식적인 태도는 흑인 이교 우상숭배자들이 사전에 교리교육과 세례를 받고 가톨릭 신앙이 주는 유익과 위로 안으로 수용되는 것에 관심의 초점이 있었다. 스페인 국왕도 그러한 견해에 공감했고 흑인 노예들로 하여금 확실히 종교 교육을 받게 하려고 했었다. 그럼에도 불구하고, 노예들로 하여금 기독교 교리를 수용하게 만드는 것에 대한 관심이…오로지 사도적 열정에서만 비롯된 것은 아니었다.…아프리카인들의 기독교화는 그들을 손쉽게 복종시키고자 했고…흑인 노예 시장을 정당화하기 위해 사용된 기법이었다.…노예의 신체를 사슬에 결박하는 대신 그에게 보상으로 영혼이 구원받을 수 있는 가능성이 주어졌다.[2]

교회와 교회 관련 기관들도 노예 소유자였을 뿐 아니라 흑인이라는 상품 매매에 적잖이 가담했었다는 사실을 기억할 필요가 있다. 사실 아메리카의 여러 지역에서 예수회의 포교가 금지되었던 1767년 당시 예수회는 서반구에서 아프리카계 아메리카인 노예를 가장 많이 보유한 기관이었다.

---

2 Deive의 견해(1980, 386)에 따르면 이 역설은 식민지 개척자들의 상업적 이익에 유리한 방향으로 해결되었다. 그는 16세기에 히스파니올라의 대다수 흑인 노예가 세례를 받지 못하고 죽었다는 점을 지적한다.

3. 노예들의 수가 극적으로 증가했다. 이 "흑인 시장"에 대한 통계 수치들은 대단히 인상적이다. 클라인(Klein 1986, 21)은 노예 시장이 운영되던 시기에 약 1,000만-1,500만 명의 아프리카인 노예들이 신세계로 수입되었다고 추산한다.[3] 1589년 세비야의 무역관(*Casa de Contratación*)에서 작성한 보고서는 흑인 노예가 인디아스로 수출되는 가장 중요한 상품이었음을 보여준다. 1594년에 아메리카에 도착한 선박 중 47.9퍼센트는 흑인 무역만 취급했다(Mellafe 1964, 59-60과 Konetzke 1972, 69). "아프리카 노예들에 대한 수요는…수세기에 걸쳐 아프리카의 고혈을 쥐어짤 정도로 대규모였으며…그것은 아메리카 대륙 발견에 따른 결과로 시작되었다"는 데이베(1980, 678-79)의 말은 옳다. 이러한 노예 시장은 카리브제도, 브라질, 미국 남부 지방과 같은 신대륙의 몇몇 지역의 역사 형성에 결정적인 역할을 했다.

4. 노예 노동에 대한 착취가 강화되었다. 전통적 노예는 전통적인 생산 양식을 유지했지만 아메리카에서 시행된 흑인 노예는 **자본주의라** 불리는, 이전과는 다른 노동관계에 의거한 새로운 생산 양식에 필수적인 요소들을 배치했다. **식민주의와 노예제**라는 근대적 제도 및 이런 제도들과 **자본주의 체제**의 부상 간의 관계는 1492년 10월 12일에 시작된 유럽의 아메리카 대륙 지배와 밀접하게 연결되어 있다.[4]

---

3 그 숫자에 최초의 노예화 과정에서 살아남지 못한 이들을 더해야 할 것이다. Borah(1962, 182)는 아메리카 대륙에 살아서 도착한 노예 한 명 당 최소 두 명의 노예가 붙잡히거나 대양을 건너오는 도중에 죽었을 것으로 추정한다.

4 이른바 "삼각 무역"(아메리카 대륙에서 귀금속, 아프리카에서 노예 노동력, 유럽에서 공산품과 금융을 조달하는 무역)은 여러 번 분석되었다. Deive(1980, 655-693)는 그런 문헌들을 요약한다.

아프리카 노예와 기독교적 양심

16세기에 아메리카 원주민에 대한 신학적·법률적·철학적 변호는 넘쳐 났지만 흑인 노예들의 경우에는 그렇지 않았다. 그 격차는 현저하다.

흑인 노예에 대한 바르톨로메 데 라스 카사스의 태도는 그의 전기 작가들—그들이 그의 저술을 공평하게 평가하든, 옹호하든, 폄하하든—에게 가장 논란거리가 되는 요인에 속한다(다음 문헌들을 보라. Zavala 1944, Brady 1966, Ortiz 1978, Las Casas 1989에 수록된 the Pérez Fernández study). 1516-18년의 보고서들, 1532년에 인디아스 평의회 앞으로 보낸 유명한 서신, 그리고 1542년의 비망록에서 라스 카사스는 당시 원주민들이 담당하던 특정한 노역을 수행하도록 노예를 수입할 것을 제안한다(Las Casas 1972, 65, 79, 120-122, 130, 138, 140 및 Fabié [1879] 1966, 70:484-85).

그 텍스트들은 의심할 여지없이 라스 카사스가 수십 년간 아프리카 흑인 노예를 원주민의 인구 위기와 식민지 개척자들의 심각한 경제 문제를 동시에 해결하기 위해 필요한 조치의 하나로 장려했음을 보여 준다. 여기서 라스 카사스에 적대적인 특유의 "검은 전설"이 출현하였는데, 이에 따르면 라스 카사스가 아프리카 흑인 노예를 아메리카에 도입한 데 대한 책임이 있다. 그 해석에서는 부를 생산하는 노동을, 억압받는 집단인 원주민으로부터 똑같이 착취당하는 또 다른 집단인 아프리카인들에게 옮기는 것이 라스 카사스의 목표였다.

라스 카사스에 적대적인 그러한 "검은 전설"에 대한 응답으로 다음과 같은 몇 가지를 지적할 필요가 있다.

1. 여전히 주장되고 있는 바와 달리 아프리카인 노예 도입은 라스 카사스가 그것을 처음 제안했을 때보다 10년 이상 앞서 이루어졌다. 어떤 면으로도 그의 제안은 실질적인 원인이나 부수적인 원인이 아니었다.[5] 라스 카사스는 『인디아스의 역사』에서 "흑인 노예들을 이 땅으로 이송할 수 있는 면허를 제공하는 것과 관련된 조언을 처음 제시한 사람은 성직자인 카사스였다"(1986, 3.3.102:177)고 밝히고 이따금씩 그것을 확인함으로써 그러한 오해가 유발되는 데 일부 책임이 있었다. 그는 자신이 인디아스라는 역사적 드라마에서 특별한 역할을 맡은 배우라는 자의식을 갖고 있었기에 앤틸리스 제도에 흑인 노예를 도입할 것을 제안한 장본인임을 자처했지만, 그 역할은 사실 그가 수행한 것이 아니었다.

사실은 앤틸리스 제도 원주민이 완전히 멸종하는 것을 회피하기를 원했던 사람들이 보편적으로 갖고 있던 의견을 라스 카사스도 공유했을 뿐이다. 시스네로스 추기경의 요청으로 1516-18년에 히스파니올라를 방문한 예로니모회 신부들에게 제시된 의견에서, 페드로 데 코르도바 수사는 도미니코회 동료 수사들과 더불어 흑인 노예를 도입할 것을 촉구했다(Deive 1980, 31-36).

아메리카 원주민을 옹호하기 위한 열정으로 가득한 제안서에서 코

---

5 Ortíz(1978, 90-96)는 1500년-1516년 인디아스에 판매한 공식적인 흑인 노예 시장을 자세히 묘사한다. 그러나 Sánchez Albornoz(1986, 19)와 같은 위상을 가진 지식인조차 Las Casas가 아메리카에서 흑인 노예무역이 시작되는 데 특별한 책임이 있음을 암시하는 것처럼 보인다.

르도바는 이렇게 조언한다. "그리스도인들과 그들의 대농장에 대한 임시 해결책으로 전하께서는 노예를 이송해올 수 있는 면허를 허락하셔야 합니다. 그리고 지금 그들에게 노예의 몸값을 지불한 돈이 없더라도, 전하께서는 노예들을 보내서 일정 기간 동안 노예들을 외상으로 매각하도록 하셔야 합니다"(Pacheco et al. 1864-1884, 2:214; J. M. Pérez 1988, App. 1, 121).

1517년 프란치스코회 수사인 페드로 메히아는 인디오 노동을 흑인 노동으로 대체하자는 제안을 되풀이했다 "엥코미엔다에서 인디오를 거느리고 있는 각 사람에게서⋯인디오를 회수하되⋯회수해간 인디오 다섯 명당 보상으로 남자 노예나 여자 노예 한 명을 제공하십시오." 메히아는 "남녀가 절반씩인" 노예 2천 명을 히스파니올라에 들여온다면 원주민의 급격한 소멸과 식민지의 경제 위기라는 두 가지 문제가 해결될 것이라고 믿었다(Gómez Canedo 1977, App. 220).

예로니모회 신부들도 카스티야 국왕의 섭정인 시스네로스 추기경에게 비슷한 건의를 올렸다. "이 도서들, 특히 산후안 섬에 일반 면허를 허락하셔서 그곳에 흑인 보살들(bozales: 새롭게 노예가 된 흑인들)을 데려올 수 있게 해 주십시오. 경험상 그들은 매우 유용할 뿐 아니라 이 인디오들에게도 도움이 되며⋯전하께서도 그들을 통해 커다란 유익을 얻으실 것이기 때문입니다"(Deive 1980, 84-85). 이 신부들은 1518년 1월 18일 새 군주인 카를로스 5세에게 보낸 서신에서 식민지화 과정에 있는 앤틸리스 제도의 다른 섬들과 관련해서 "특별히 이 지역에 적합한 자질을 갖춘 흑인 보살들을 데려올" 것을 제안하는 내용의 동일한 건의를 되풀이한다(Pacheco et al. 1864-1884, 1:298-299).

시스네로스 추기경이 임명한 히스파니올라 주재 판사인 알론소 데 수아소는 1518년 1월 22일 "힘들지 않은 노역만을 감당할 수 있는 약한 인디오들과는 달리 강인해서 일하기에 적합한 흑인들을 데려올 수 있는 일반 면허를 부여해달라"는 건의를 올렸다. 2년 뒤 그의 후임자는 "흑인들은 대단히 바람직하다"(같은 책, 293, 418)고 주장했다. 또한 히스파니올라 섬이 겪고 있던 경제 위기에 대해 1520년 실시한 여론조사는 카스티야 주민들이 널리 지니고 있던 의견을 보여준다.

> 전하께서 이 섬에서 나온 수입으로 7, 8천 명의 흑인들을 구입하여 보내시고 그들을 이 섬의 거주자들에게 분배해주시는 것이 좋을 것입니다.…그러면 저[프란시스코 데 바예호]는 이 섬에 인구가 늘어나고 이 섬에서 전하께 바칠 수입도 증가할 것이라고 생각합니다(같은 책, 406).

예상할 수 있는 바와 같이 식민지 개척자들과 엥코멘데로들은 노예를 보내달라는 요구를 꾸준히 제기했다. 그러한 요구는 또한 원주민들에 대한 관대함과 연대감이 특출했던 종교 지도자들에게서도 꾸준히 제기되었다. 세바스티안 라미레스 데 푸엔레알 주교는 1531년 8월 11일에 다음과 같이 단언했다. "이 섬[히스파니올라]을 비롯하여 산후안과 쿠바에 거주하는 전체 인구의 생존과 이 섬들의 보존은 금을 채굴하고 다른 사업들에 유익을 줄 흑인들을 데려오는 것에 달려 있다"(Deive 1980, 84-85).

데이베(27-49)는 그러한 건의들이 재무적 적실성이 있음을 충분히 보여주는데, 이 건의들은—그 기안자들이 인디오들의 비참한 상태에 대해 품고 있던 동정심과는 별개로—앤틸리스 제도의 자원에 대한 경제적 착취를 증대시키려고 계획했던 당시에 노예 노동력 부족이 심화되는 어려움을 해결하고자 했다. 아프리카에서 노예를 수입하는 것은 인디오에 관한 윤리적인 문제뿐 아니라 상업상의 어려움도 해결하는 효과적인 치유책으로 보였다. 바타용(1976, 134)은 아메리카 대륙에 흑인 노예들이 도입된 것에 관해서 "라스 카사스는 그다지 중요한 역할을 하지 않았다"고 단언한다.

2. 라스 카사스는 특정 형태의 노예의 적법성을 결코 부정하지 않았다. 그는 정당한 전쟁에서 사로잡힌 포로를 노예로 삼는 것이 정당하다고 말하는 국제법의 전통적인 개념을 받아들였다. 그 개념은 우리가 살펴본 대로 성경의 기원(신 20:14)과 고전의 기원(Aristotle, *Politics*, 1.3-8)을 갖고 있는데, 이 개념이 그리스도인은 강제적인 예속 상태에 처해지지 않는다는 예외조항을 통해 수정되었다. 라스 카사스는 처음에는—포르투갈 국왕에 의해 고안된—아프리카인은 무어인이자 사라센인이므로 합법적으로 강제노동에 처할 수 있다는 주장에 대해 의문을 제기하지 않았다.

1520년대 초부터 라스 카사스는 신세계의 원주민들이 부당하게 노예화되었다는 입장을 유지했다. 그들을 예속 상태에 처하게 하는 것은 윤리와 법률에 반하는 일이었다. 그는 「노예화된 인디오라는 주제에 관한 논문」(*Tratado sobre la materia de los indios que se han hecho esclavos*)에서 그 논지를 옹호했다(1965, 1:500-641). 하지만 신세계 원주민들이 처한 예속상태의 불의와 불법성을 다루는 이 광범위한 논문은—기독교가 받아들인 인간의 법의 신조에 기초한—다른 상황에서는 다른 종족을 노예화하는 것이 정당하고 합법적이라는 전제를 갖고 있었다.

이러한 전제가 없다면 라스 카사스의 논증은 터무니없는 주장이 될 것이다. 15세기 말 유럽과 스페인에서는 사라센인과 슬라브인(이들은 너무도 자주 강제노동에 처해진 나머지 그들의 민족명이 제도화된 노예를 가리키는 용어가 되었다)과 아프리카 흑인의 세 집단을 노예로 삼을 수 있었다. 라스 카사스는 일반적으로 이들을 노예로 삼는 것이 적법한지에 대해 의문을 제기하지 않았다.

그러나 데이베(1980, 57, 59)가 말하듯이 "라스 카사스에게 있어 흑인 노예는 자연적인 상태이고…그들의 본성에 논리적이고 적절한 것"이라고 주장하는 것은 옳지 않아 보인다.[6] 라스 카사스는 흑인들에 대해서도 다른 인종과 마찬가지로 자유로운 상태가 그들의 "자연적인 상태"라고 생각했다. 아프리카인들의 예속 상태는 역사적이고 종교적인 이유와 전시 상태라는 상황에서 비롯되었는데, 라스 카사스는 처음에는 이를 인정했지만 결국 그 타당성에 의문을 제기했다.

그러나 라스 카사스가 아메리카 대륙의 원주민에 대해서는 "고결한 야만인"이라는 목가적인 시각을 갖고 있던 것과는 달리, 아프리카인에 대한 그의 관점은 "에티오피아인처럼 검고 얼굴과 몸이 기형적"(Las Casas 1986, 1.1.24:131)이라는 표현에서 알 수 있듯이 전형적인 유럽 백인 문화의 인종주의적 시각으로부터 자유롭지 못했다. 여기서 라스 카사스는 자신이 흑인의 외형적 특징에 대한 그 시대의 일반적인 평가 절하를 공유하고 있음을 보여준다.[7] 문제는 플라톤에서 칸트에 이르는 서구

---

6 일반적으로 16세기 스페인의 스콜라 신학자들은 자연법에 따른 인간의 자유와 국제법에 따른 인간 노예화의 가능성을 구별했다. 이 주제에 대한 Soto([1556] 1967, book 4)의 주의 깊은 논의를 참고하라.

7 특히 국왕 Felipe 2세가 1556년 엥코멘데로(식민지 위탁 경영자)의 권리를 적자(嫡子)가 없을 경우 서자가 물려받을 수 있다고 권고한 뒤 인디아스 평의회가 국왕에게 제출한 의견에서 흑인의 특징에 대한 이러한 평가 절하가 발견된다. "그런 추한 결합을 억제하기 위해 이렇게 상속을 받게 될 서자들은 흑인 여인의 자식이어서는 안 됩니다. 아무도 그런 자식을 낳을 흑인 여성과 결혼하고 싶지 않을 것이고 또한 우리가 경험상 아는 바

의 형이상학에서 진리, 미덕, 아름다움 간에 매우 밀접한 관계가 있어서 흑인과 관련해 이 요소들 가운데 하나라도—예를 들어 아름다움—의문시되면 나머지 두 요소에 있어서도 그들에 대한 평가 절하가 거의 불가피하다는 것이다. 그 결과 인종주의와 노예제를 합리화할 수 있는 이론적 토대가 확립된다.

3. 애초에 라스 카사스는 노예를 흑인에게만 한정하지는 않았다. 육체 노동력의 수입 가능성에 관한 몇몇 건의서에서 그는 "흑인 또는 백인" 노예에 대해 언급한다. 1531년 그는 앤틸리스 제도에 노예를 수입할 필요성을 거듭 언급했는데, 수입될 노예들은 "흑인이나 무어인"일 수 있었다(Fabié [1879] 1966, 70:485). 하지만 아프리카 "흑인 시장"이 급속히 팽창함에 따라 백인 노예는 소멸 과정을 밟았다. 스페인 국왕도 이슬람 출신의 노예를 들여오는 것을 결코 호의적으로 바라보지 않았다. 국왕은 그들을 종교적으로 악영향을 끼치는 세력으로 간주했고, 칙령과 법령을 통해 그들이 수입되는 것을 막았다(Mellafe 1964, 54). 1542년 라스 카사스는 신세계에 영구적으로 정착한 이베리아인들이 처한 어려움에 대한 해결책으로 "몇몇 흑인 노예들을 빌려주거나 외상으로 팔도록 지시"할 것을 건의함으로써 자기가 흑인으로만 구성된 아메리카 대륙의 노예제를 구상했음을 보여주었다(Fabié [1879] 1966, 71:461).

4. 라스 카사스는 수백만 명의 인신매매를 초래하게 될 엄청난 흑인 노동 착취를 상상할 수 없었다. 그는 대규모의 아프리카인들을 사로잡

와 같이 그들은 그 지방에서 해로운 영향을 끼치고 있기 때문입니다. 그래서 폐하께서는 인디아스에서 물라토(백인과 흑인의 혼혈인—역자주)를 허용하지 말 것을 명하셨습니다. 이와 달리 백인 아버지와 인디오 어머니가 낳은 서자는 다른 적자가 없을 경우 상속권을 허락받아야 한다(Konetzke 1953, 1:347).

기 위한 조직적인 습격이 아니라 라디노 노예들을 수입하는 것을 생각한 것으로 보인다. 아프리카인들을 수입하자는 그의 제안은 그가 생각했던 노예의 수가 비교적 적었음을 암시한다. 데이브(1980, 66)에 따르면 "라스 카사스는 스페인에 있을 때 [1517-1520년] 왕실에 제출되는 흑인에 관련된 모든 제안서와 청원서를 읽었을 수 있고, 따라서 그는 보살의 수입에 대해 맹렬히 반대하면서 노예는 라디노여야 하고 히스파니올라 섬에는 카스티야 출신의 농부들이 정착해야 한다고 주장했다."

하지만 데이베는 명백한 결론, 즉 라스 카사스는 아프리카인들을 앤틸리스 제도의 스페인 영토에서 새로운 착취 대상으로 삼을 것이 아니라 그들을 카스티야 출신 농부들과 인디오 마을로 구성된 사회에서 주요 생산 노동의 부담을 진 소수파 종복으로 삼으라고 제안했다는 명백한 결론을 이끌어내지 않는다. 1516-18년에 작성된 것으로 추정되는 라스 카사스의 건의서들에는 앤틸리스 제도에 정착한 카스티야인 가족들을 위해서는 명백히 가사를 돕기 위한 "두 명의 흑인 남자 노예와 두 명의 흑인 여자 노예"를 수입하고, 제당 공장을 세운 사람을 위해서는 "20명의 흑인 남자와 여자"를 수입하는 식으로 비교적 소수의 흑인 노예를 수입하라는 내용이 지배적이다(Las Casas 1972, 138, 140; in Fabié [1879] 1966, 70:458-459). 오늘날 남아메리카의 북부 해안 지역을 평화롭게 식민화하기 위한 그의 세부 계획에서 제시하는 10년내에 수입할 흑인 노예의 수 합계는 500명에 불과하다(Las Casas 1986, 3.3.132:283). 1542년 그는 "몇몇 흑인 노예들"에 대해 언급한다(출처: Fabié [1879] 1966, 71:461). 앤틸리스 제도에 흑인 노동력이 대규모로 수입된 역사와 비교할 때 이 정도의 수효는 미미한 수준이다.

5. 라스 카사스는 노예가 생산 노동의 주된 사회적 토대가 되어야

한다고 제안한 적이 없다. 그와 반대로 그의 제안서들에는 주로 스페인 사람들인 농부들과 인디오 농부들이 감당해야 할 공동체 노동에 대한 제안이 담겨 있다. 이 제안서들은 스페인 사람들과 원주민들이 일과 이익을 공유하는 복음적인 형제관계를 이루고 그 안에서 노동을 분담하는 유토피아를 제안한다. 1518년 제안서에서 그는 스페인 국왕이 "농민들에게 [인디아스의 토지를] 제공할 것과…그곳에 가고자 하는 일꾼은 누구나 갈 수 있다고 선언할 것을 명해야 한다"고 주장한다(Las Casas 1972, 140). 그보다 2년 전에 라스 카사스는 시스네로스 추기경에게 다음과 같이 제안했었다.

> 지극히 존경하옵는 추기경께서는 40명의 [스페인] 농민들로 하여금 대체로 각자가 처한 곳의 상황에 따라 그들의 [스페인인] 처자들과 함께 이들 도서에 현재 존재하거나 훗날 건설될 모든 마을 또는 도시로 가게 하시고, [스페인에서] 부유하거나 궁핍한 자들 가운데서 [이들 농민들을] 택하여 [이 섬들에] 영구히 정착시키도록 명하시기 바랍니다. 그리고 각자에게 처자가 딸린 인디오 다섯 명씩을 그들의 동반자로서 함께 일할 동료로 배분하라고 명령해 주십시오. 그리고 전하의 몫을 취한 다음에 나머지는 농민과 그가 거느린 다섯 명의 인디오들이 서로 **형제로서** 나누도록 해야 합니다.…그러면 그들[인디오들]도 그리스도인들이 일하는 것을 보고 자기가 본 것을 더욱 본받으려는 마음가짐을 갖게 될 것이며, 또한 그와 동시에 그들은 통혼 및 기타 교류를 통해 서로 섞이게 될 것입니다. 그리하여 사람들과 결실들이 늘어날 것이고…그 섬들은 고상해지고, 따라서 세상에서 가장 좋고 가장 부유한 섬들이 될 것입니다(같은 책, 61-62).

그것은 재화가 노예화된 포로들에 대한 착취에서 나오는 것이 아니라 그 구성원들의 노동에서 나오는, 굳이 말하자면 혼혈 농업 사회라는 유토피아적 이상이다. 이 혼혈은 원주민들과 카스티야 출신 주민들이 협력하고 형제애를 발휘하는 가운데 이루어지는 노동에 기초한다. 라스 카사스는 수십 년 뒤에도 자신이 맨 처음 제시했던 제안서들을 숙고하면서 동일한 생각을 되풀이한다. 즉 『인디아스의 역사』(1986, 3.3.102:179)에서 그는 앤틸리스 제도에 거주하던 원주민의 소멸을 막기 위해 그때 취했어야 하는 조치에 대해 다음과 같이 말한다.

> 참된 정착민들, 즉 이처럼 윤택한 땅, 그 땅의 소유자들과 원주민인 인디오들이 자기들의 자유의지로써 무상으로 허락한 땅을 경작하는 것으로 생계를 유지하면서 살아갈 농부들을 보내라. 그들은 서로 통혼하면서 살아갈 것이고 이들로부터 최고의 공화체가 창조될 것인데 그것은 아마도 세상에서 가장 기독교적이고 평화로운 공동체가 될 것이다. 그리고 극악무도한 사람들을 보내지 말라. 이들은 약탈하고 추문을 일으키고 파괴하고 황폐하게 하며 그들을 지옥에 던져버려서 신앙에 믿기 어려운 엄청난 수치를 초래할 것이다.

라스 카사스는 수십 년 동안 "다른 사람의 땀으로 먹고 살지 않을" 사람들에 대해 거듭 언급하면서, 앤틸리스 제도에 농민들을 보내야 한다고 주장했다. 1559년의 한 편지에서 그는 히스파니올라에 관한 해법은 "그 왕국[스페인]에 매우 많은 순박한 농부들을 그 섬에 정착시키는 것"이라고 단언한다(출처: Pérez de Tudela 1958, 5:463).

하지만 1531년과 1542년에 라스 카사스가 아프리카인 노예라는 신기루에 이끌려서 그것을 앤틸리스 제도에 거주하는 카스티야 출신 식민지 개척자들의 경제적인 문제 해결을 위한 핵심 요인이자 원주민들을 잔인한 착취에서 해방시키기 위한 필수불가결한 요소로 생각했던 것은 사실이다. 그가 최초의 제안서를 보낸 지 15년이 지난 1531년 1월 20일 인디아스 평의회에 보낸 감정적인 장문의 편지에서 라스 카사스는 노예와 관련한 자신의 제안을 한층 더 강하게 역설한다.

> 그리스도인들을 위한 해결책은 확실히 전하께서 이 섬들 각각에 500명이나 600명의 흑인 혹은 인디오 외에는 다른 노동력이 없는 주민들에게 분배하는 데 필요한 만큼의 흑인들을 임대하는 것에 동의하시는 것입니다. 그리고 나중에 와서 정착하게 될 사람들에게는 세 명, 네 명 혹은 여섯 명의 흑인 중에서 그 사람이 가장 적절하다고 생각하는 만큼 외상으로 매각하고 동일한 수의 흑인들을 저당 잡는 것입니다.

라스 카사스는 이 편지에서 식민지 개척자들이 흑인을 획득하는 데 드는 비용을 낮추는 것에 관심을 보이고, 국왕이 수입자들의 면허를 독점 판매하는 것에 대해 비판한다. 결국 그 비용이 식민지 개척자들에게 전가되었기 때문이다. "평의회 위원 여러분, 이 땅이 이렇게 한적해지고 이전보다 정착 인구가 줄어들게 된 커다란 이유 중 하나는…흑인들을 데려오기를 원하는 모든 사람에게 그들을 자유롭게 수입할 수 있는 면허를 부여하지 않고 그 면허를 [소수에게만] 독점적으로 부여했기 때문입니다." 그는 "억압중에 있는 인디오들을 그 포로 상태에서 건져내어, 치유하고 해방하여 새 생명을 주는" 것을 목표로 그가 1516년부터 1518년까지 제출한 건의서들을 언급하는데, 이 건의서들에는 노예 수입이 중요한 요소로 포함되어 있었다. 그는 자신이 도미니코회 수련 기간에 현장에 있지 않았던 탓에 이 계획들이 실패로 돌아간 사실을 통탄하는데, 이는 자신이 가진 강렬한 메시아적 자의식을 드러낸 것이다. "그러나 그것은 별로 유익이 되지 못했습니다.…하나님께서 나 자신의 더 큰 안전을 위해 나를 붙잡아 두셨으므로 내가 그 결정에 더 이상 참여할 수 없었기 때문입니다"(출처: Fabié [1879] 1966, 70:484-486).

1552년 라스 카사스는 공정하면서도 수익성이 있는 유일한 형태의 식민지화는 바로 농민들이 주축이 된 식민정책이라는 자신의 이전 생각으로 돌아갔다. "그 지역 전체의 토양은 매우 비옥하며, 그곳에 가서 인디오들을 약탈하지 않고서 생활하기를 원하는 모든 이들을 부유케 하기에 유익하다. 따라서 전사들처럼 게으르지 않고 생산적인 일을 하는 농민들이 그곳에 가기에 적합하다"(Las Casas 1965, 1:449).

6. 마지막으로 라스 카사스가 아프리카인들에 대한 습격이 정당한 전쟁의 기준에 부합하지 않으며 따라서 그들을 노예로 삼은 것도 불법임을 확신하게 되었다는 사실을 그의 비판자들은 주목하지 않는다. 『인디아스의 역사』(3.3.102:177)에서 그는 아프리카인들을 포획하고 매매하는 과정에서 저질러진 잔인한 폭력을 인식했고, 그 사건들을 "불의하고 전제적"이라고 호되게 질책했다.

> 흑인 노예들을 이 땅으로 이송할 수 있는 면허를 제공하는 것과 관련된 조언을 처음 제시한 사람은 성직자인 카사스였다. 그는 당시 포르투갈 사람들이 흑인들을 잡아다 노예로 삼기 위해 불의를 자행하는 것을 알지 못했다. 그는 상황을 깨닫고 난 후 다시는 세상의 어떤 것에 대해서도 그러한 조언을 하려 하지 않았다. 그는 언제나 그들[흑인들]도 인디오들과 마찬가지로 불의하고 전제적인 방식으로 노예가 되었다고 생각했기 때문이다.

라스 카사스는 자신이 애초에 약 4,000명 정도의 흑인을 데려오면 될 것이라고 예상했던 것과는 달리 10만 명 넘게 인디아스로 끌려왔는데 도(같은 책, 3.3.129:275) 인디오들에 대한 학대가 줄지도 않았고 앤틸리스 제도의 원주민들이 소멸하는 것을 막지도 못했다는 점을 지적했다. "그 면허를 허가한 것은 인디오들의 복리와 자유를 위한 것이었건만, 정작 이들에게는 아무런 유익이 없었다. 이들은 죽일 사람이 더 이상 남아 있지 않게 될 때까지 계속해서 노예 상태로 머물러 있었기 때문이다"(같은 책, 3.3.102:178). 그는 또한 노예무역이 스페인에게 경제적으로 이익이 되지 않았으며 실제로 이득을 얻은 자들은 흑인 노예 시장을 지배한 외국인들이었다고 생각했다. 그가 제시하는 10만 명이라는 숫자는 그가 말한 다른 숫자들과 마찬가지로 신중하게 취급되어야 한다.

그는 노예 수요가 늘어남에 따라 아프리카인들에 대한 사냥과 습격의 증가를 촉발시켰다는 점을 슬프고 분한 심정으로 지적한다.

> 그 결과 포르투갈인들이 기니에서 흑인들을 납치하고 매우 부당한 방식으로 노예로 삼은 이래 우리가…그들을 좋은 가격에 사는 것을 보고, 그들은 동원할 수 있는 모든 악하고 부당한 수단을 통해 날마다 아프리카인들을 납치하고 사로잡는 데 혈안이 되어왔고 또 지금도 그러하다(같은 책, 3.3.129:275).

라스 카사스는 아프리카인들을 노예화하는 관행이 그들이 사라센인이자 무어인이며 따라서 "기독교의 원수"라는 전제에 토대하고 있음을 의식하고서, 무슬림들을 구별하기 위해 카예타노 추기경이 제시했던 불신자에 대한 세 가지 분류기준—법적으로는 그리스도인 군주의 백성이지만 사실상 그렇지 않으므로 기독교의 원수인 경우(즉 투르크인), 법적으로 및 사실상 그리스도인 군주 아래 있는 경우(예컨대 유대인), 법적으로 및 사실상 그리스도인과 아무 관계가 없는 경우(예컨대 아메리카 원주민)—을 극복하려고 시도하였는데, 이는 반(反)이슬람적인 분위기가 팽배해 있던 당시로서는 위험한 일이었다. 아프리카인들은 "무어인"이었지만 유럽의 그리스도인들을 약탈한 집단에 속하지 않았고 이베리아반도의 국가들에 아무런 해도 입힌 적이 없으므로, 이들에 대한 교전 행위와 노예화는 부당했다. 그들은 법적으로 및 사실상 기독교권인 유럽 당국들의 관할에 속하지 않았다.

> 그리고 이것은…불신자들은 세례를 받지 않았으므로 그들을 습격하고 약탈하고 사로잡고 죽여도 된다고 믿는 세속적인 그리스도인들에게서나 찾아볼 수 있는 맹목적인 무지다. [아프리카인들은] 무어인이지만, 이들을 사로잡거나 약탈하거나 습격해서는 안 된다. 왜냐하면 이들은 베르베리아와 레반트 지역에 출몰하여 기독교에 해악을 입히는 자들이 아니며, 매우 다른 지역과 상황에서 살고 있고 앞에서 말한 자들과는 전혀 다른 사람들이기 때문이다(같은 책, 1.1.22:120).

설상가상으로 포르투갈인들의 탐욕이 노예 시장을 통해 결국 무어인들[아랍인들]과 기타 흑인들을 자극하여 그들로 하여금 노예 사냥에 나서게 했다.

무어인들은 흑인 노예를 얻으려는 [포르투갈인들의] 탐욕을 잘 알고 있었으므로…흑인들을 노예로 팔기 위해 정당한 이유 없이…[흑인들로 하여금] 전쟁을 벌이고 그들을 약탈하도록 자극하고 있다는 것을 포르투갈인들은 알지 못했다.…흑인들은 포르투갈인들이 탐욕으로 인해 열심히 노예를 찾고 있는 것을 알기 때문에…할 수 있는 한 많은 이들을 납치하고 사로잡는다(같은 책, 120-121, 144).[8]

포르투갈인들은 불신자인 아프리카인들과 호혜적인 양자간 통상 관계를 수립할 권리가 있다. 그들은 또한 선교 활동, 곧 "그들을 평화롭게 대하며 그들에게 기독교의 모범을 보여서…그들[아프리카인들]이 기독교와 예수 그리스도를 사랑하게 할" 의무도 있다(같은 책, 1.1.22:120). 루시타니아 국왕은 "포르투갈인들이 항상 이 나라들과 종족들에 대해 저질러왔던 폭력과 약탈, 기만과 사기"를 지속하게끔 할 권리를 갖고 있지 않다(같은 책, 27:141-142).

라스 카사스는 과거에 자신이 순진하게도 흑인들은 원주민에 비해 육체적으로 강인하다고 생각했던 것을 인정한다.

제당 공장이 세워지기 전에는 우리는 흑인이 병으로 죽는 것을 본 적이 없었기 때문에 이 섬[히스파니올라]에서 흑인들을 교수형에 처하지 않는 한 그들은 결코 죽지 않을 것이라고 생각했다.…그러나 제당 공장에 투입된 이후 그들이 견뎌야 했던 과중한 노동과 그들이 생산한 당밀을 마심으로 인해…그들은 죽음과 전염병을 겪었다. 이런 식으로 그들 중 다수가 매일 죽어나간다(같은 책, 3.3.129:275-276).[9]

---

8   아메리카에서 강제 노동에 대한 시장 수요가 증가함에 따라 아프리카에서 노예 납치가 격화된 사실이 이 문제에 관한 몇몇 전문가들에 의해 언급되었다. 참조. Deive 1980 (692-693).

9   Deive(1980, 47, 367-373)와 Sued Badillo(1986, 156-160)는 앤틸리스 제도에서의 흑인 노예들의 높은 사망률을 지적한다.

이 비극적인 상황은 그로 하여금 중대한 죄를 자각하게 했는데, 그는 이 사안에서 자신이 공모자임을 선언해야 했다. "이 성직자는 그 조언을 한 지 얼마 지나지 않아 자신의 죄를 깨닫고 회개했다.…그는 훗날…흑인들을 사로잡는 것이 인디오들을 사로잡는 것만큼이나 불의한 일이라는 것을 알게 되었기 때문이다"(Las Casas 1986, 3.3.129:275).[10] 다른 이들을 비난했던 예언자는 슬프게도 자기가 휘둘렀던 비판의 무기를 자신에게 돌린다. 메시아적인 양심과 신적 섭리에 따른 자부심을 그토록 깊이 타고난 인물이 이렇게 자신의 허물을 고백하기는 쉽지 않았을 것이다.

라스 카사스가 쓴 글들에는 활력이 있는데 이는 당시에는 독특한 현상이었다. 페르난도 오르티스(1978, 107)는 그 글들에 대해 이렇게 말한다. "라스 카사스는 노예화와 노예 시장의 오명에 맞서 계몽주의 시기 이전의 어떤 인도주의자, 스페인 사람, 외국인, 성직자, 평신도보다 신속하고 힘차고 깊이 있게 말했다." 페레스 페르난데스(출처: Las Casas 1989, "Estudio Preliminar," 123)는 이렇게 결론짓는다. "라스 카사스 신부는 아프리카의 흑인 노예화에 맞서 흑인들을 변호한 사람이었다.…그는 흑인들을 **변호한** 최초의 인물이었고, 더 나아가…16세기 말 이전에 그들의 권리를 옹호한 유일한 인물이었다." 17세기 예수회 소속의 알론소 데 산도발의 저술(1627)이 나오기 전에는 내가 언급했던 『인디아스의 역사』에 나타난 라스 카사스의 주장이 아프리카 흑인 노예제에 대한 가장 신랄한 비판이었다고 해도 틀린 말은 아닐 것이다.[11]

---

10 Bataillon(1976, 136)에 따르면 "라스 카사스는 분명 포르투갈의 노예 무역에 의해 제기된 법적인 문제를 인식하게 된 최초의 인물들 중 한 명이었다."

11 그러나 예수회는 1767년 아메리카 대륙에서 포교가 금지되었는데 당시에 예수회는 서반구에서 가장 많은 수의 노예를 거느린 기관이었다(Bowser 1986, 371).

라스 카사스가 자기를 비판하고 노예제에 대해 자신이 전에 제안한 의견을 수정했음에도 불구하고 그에 대한 "검은 전설", 즉 그가 원주민들의 강제노동을 흑인 노동으로 바꾸는 것에 대한 열렬한 옹호자였다는 비난이 대두되는 것을 막지 못한 이유는 무엇 때문인가? 내 생각으로는 『인디아스의 역사』가 300년 넘게 출판되지 않은 채로 있었기 때문이다. 19세기 말(1875년)에 그 책이 출판되기 전까지는 아프리카 흑인 노예제에 반대하는 그의 강력한 표현이 읽히지 않았다.[12]

확실히 아프리카 흑인 노예제를 비판하는 내용은 인디오의 권리를 옹호하는 그의 저술 가운데 일부에 지나지 않는다. 『인디아스의 역사』에 흑인들의 실태에 대한 설명을 추가하기 수년 전에 그는 "대양 건너편의 인디아스에서 노예가 된 모든 인디오들은…부당하게 노예가 되었으며" 따라서 해방되어야 한다고 선언하는 방대하고 열정적인 논문을 발표했다(Las Casas 1965, 1:505). 흑인 노예에 대해서는 라스 카사스나 아메리카 원주민의 권리를 옹호했던 수도사들 중 누구도 유사한 글을 쓰지 않았다. 데이베(1980, 714-715)는 아메리카 원주민의 자유를 다룬 유명한 바야돌리드 논쟁(1550-1551년)에서 라스 카사스가 세풀베다에 맞서 강력한 반론을 전개했던 시기는 "흑인 남자의 노예화가 신세계에서 확고하게 뿌리내렸으나 흑인들은 전적으로 이 논쟁의 변두리에 머물러 있었"던 때였다고 정확하게 지적한다. 그는 다음과 같은 비판적 논평을 덧붙인다.

---

12 이 방대하고 중요한 연대기 저자의 저술이 늦게 출판된 원인은 Hanke(in Las Casas 1986, "Bartolomé de las Casas, historiador," xxxviii-xlvi)를 보라.

확실히 라스 카사스는 흑인의 노예화를 옹호했다가 나중에 그것이 인디오의 노예화만큼이나 부당한 것임을 인정하고서 자신의 잘못을 인정했다. 하지만 우리가 가장 열렬한 인디오 옹호자가 아프리카인들의 예속에 대해 공개적으로 비판했다고 추정할 만한 어떤 징후도 존재하지 않는다.[13]

따라서 로버트 브래디(1966, 47)는 라스 카사스를 과도하게 변호하는 것으로 보인다. "흑인들이 받은 인간적인[!] 처우는 인디오의 옹호자가 흑인의 옹호자이기도 한 결과였다"라는 말은 지나친 주장이다. 브래디는—많은 학자들을 통해 유포된—스페인과 포르투갈 식민지에서의 노예제가 다른 유럽 열강의 식민지에서의 노예제보다 덜 잔인했다는 생각에 동조한다.[14] 따라서 그가 상정하는 스페인 영토에서 노예들이 받은 "인간적인 처우"에 대한 언급은 이런 맥락에서 한 말일 것이다. 브래디는 라스 카사스가 이 차이를 가져왔다고 생각하지만 그가 제시하는 증거는 불충분하고 허약하다. 더구나 오로지 법전들에 대한 비교 분석만을 토대로 노예들이 다른 대우를 받았다고 주장할 수는 없다. 스페인 속령의 경우 "나는 복종하지만 준수하지는 않는다"는 유명한 격언이 적용되었다고 이해되어야 한다.

---

13   일반적으로 「여덟번째 해결책」이라는 제목이 붙은 1552년에 출판된 또 다른 한 논문("*Octavo remedio*", 1965 2:735)에서 Las Casas는 아메리카 원주민들이 흑인들에게 당한 폭력에 주의를 환기시킨다. "그리고 우리는 진실로 주인이 소유한 모든 종들과 흑인들을 더할 수 있다. 흑인들이 아는 것이라고는 그들(인디오들)을 가죽 벗기고 압제하며 약탈하는 것뿐이기 때문이다." 그는 3년 뒤 Bartolomé Carranza de Miranda에게 보낸 편지에서 이와 비슷한 내용을 언급했다(출처: Fabié [1879] 1966, 71:394).

14   예를 들어 "스페인 사람들과 포르투갈 사람들은 그들의 노예를…프랑스인, 영국인, 앵글로아메리카인보다 훨씬 잘 대했다"(Friederici 1986, 1:466). 이 이론의 주요 옹호자는 Tannenbaum(1946)이었다. 앵글로아메리카의 노예제는 다른 노예제보다 질적으로 더 압제적이었다는 생각에 대한 엄격한 비판은 Davis(1961, 29-61, 223-261; 참조. Sio

나는 다음과 같은 행키의 주장(출처: Las Casas 1965, 1:xviii에서)은 사실과 텍스트가 허용하는 범위를 넘어선다고 생각한다. "라스 카사스가 인디오의 옹호자로 시작한 것은 사실이지만 그는 훗날 같은 이유로 흑인의 노예화에 대해 반대했다. 따라서 그는 세상 민족들의 자유를 위해 일했다." 확실히 그는 결국에는 이론적으로 아프리카인들의 노예화에 반대했고, 기본적으로 같은 이유로 아메리카 원주민의 완전한 자유를 주장했다. 그러나 그 말이 라스 카사스가 아프리카인의 노예 폐지를 위해 노력했다는 뜻이라면 그가 "세상의 모든 민족들의 자유를 위해 일하지는 않았다"는 데 의문의 여지가 없다. 이상하게도 행키는 이 문장을 라스 카사스의 1552년 『논문집』(Tratados)의 현대 멕시코 판 서문의 일부로 작성했다. 이 『논문집』은 온통 아메리카 인디오의 자유라는 주제에 집중하며 아프리카인의 비극적 상황에 대해서는 거의 언급하지 않는다. 라스 카사스는 1547년 마지막으로 스페인으로 돌아간 이후 1556년 사망할 때까지 아프리카인의 복리가 아니라 인디오의 복리를 위해 열정적인 노력을 기울였다.

오르티스(1978, 116)의 평가도 기이해 보인다. 그는 자신의 훌륭한 논문을 다음과 같이 마무리한다. "만일 라스 카사스를 '인디오의 사도'라고 부를 수 있다면 그는 '흑인의 사도'이기도 했다." 마누엘 히메네스 페르난데즈는 『논문집』의 멕시코 판 두 번째 서문(1965, 1:lxxxvii)에서 라스 카사스가 공인으로의 경력을 시작할 때 "제도화된 흑인 노예제에 대해 관용"한 것을 "용서할 수 있는 실수"로 간주한다. 그러나 라스 카사스는 이에 대해 더 심각하게 판단해서 "…자신의 죄를 깨닫고

1965, 289-308)에 의해 전개된다.

회개했다."

이 문제는 『인디아스의 역사』에 대한 주의 깊은 고문서학적 연구를 통해서만 해결될 수 있다. 라스 카사스가 아프리카인 노예제를 규탄하는 책을 쓴 시기는 언제인가? 알랭 밀루(1975-1976, 3)는 도발적인 연구에서 아프리카 노예제를 비판하는 글들이 늦게 쓰였다고 주장한다. "아마도 그가 『인디아스의 역사』 제3권의 102장과 129장을 쓴 1560년 전은 아니었을 것이다." 밀루의 견해에 따르면 이 문제에 대한 라스 카사스의 자각은 비록 아직 명확한 것은 아니었지만 포르투갈인들의 항해와 정복에 관한 주앙 드 바루스의 책 『동양에 있는 바다와 육지의 발견과 정복에 있어서 포르투갈인들이 이룬 업적』(*Dos feitos que os portugueses fizeram no descobrimento e conquista dos mares e terras do Oriente*)을 읽은 데서 비롯되었다. 이 책은 『아시아에서 보낸 수십 년』(*Décadas de Asia*)이라는 제목으로 잘 알려져 있으며 1552년에 출간되었다. 이와 비슷하게 페레스 페르난데스(출처: Las Casas 1989, 35)는 라스 카사스가 아프리카인들에 대한 포르투갈의 폭력적인 정복을 비판하는 『인디아스의 역사』 제1권 22-27장이 늦은 시기인 "1558년이나 1559년 무렵"에 쓰인 것이 분명하다고 이해한다. 그럴 경우 바야돌리드 논쟁에서 라스 카사스가 내세운 이론적·교리적 기본 축이 "[모든] 인류는 하나"였다는, 행키와 행키를 따르는 많은 학자들의 주장은 옳지 않을 것이다.

라스 카사스는 왜 아프리카 노예제에 대해 상대적으로 침묵하는가?(인디오의 자유를 위한 그의 열정적인 주장이 담긴 방대한 저작에 비할 때 "상대적"이다) 라스 카사스는 **스페인 사람이자 가톨릭 신자**였다. 아프리카인들에 대한 습격은 주로 포르투갈인들의 죄였던 반면 인디오들에 대한 착취는 스페인 편에서의 신율과 자연법 위반이었다. 라스 카사스는 자신의 조국에 대해 구약성경의 예언자들이 그 시대의 이스라엘에 대해 가졌던 것과 똑같은 애착을 갖고 있었다. 이것이 사실이라면 그의 비판은 그를 폄하하는 이들이 흔히 주장해온 것처럼 완고하게 반(反) 스페인적인 것이 아니라, 열정적이고 불같은 그의 애국심으로부터 나온 것이다. 그는 『인디아스의 멸망에 대한 짧은 설명』(Brevísima relación)에서 스페인 사람들이 신세계에서 저지른 끝이 없고 섬뜩한 일련의 "잔혹행위와 압제"에 대해 우울하게 서술한 뒤 자신이 자기 조국의 기독교적 양심과 윤리적 양심에 호소하는 섭리적 역할을 맡았음을 확인한다.

> 성 도미니코회 소속 수사인 나 바르톨로메 데 라스 카사스 또는 카사우스는…하나님의 자비로 말미암아…또한 내가 나의 조국 카스티야에 대해 품은 연민으로 말미암아 나의 조국이 그 신앙과 명예에 대해, 또한 그 이웃들에 대해 저지른 큰 죄들로 인하여 하나님이 카스티야를 멸하시지 않도록 하는 일에…부름받았다(Las Casas 1989, 193-195).

그는 스페인의 죄로서의 "인디아스의 멸망"을 규탄하는 데 관심이 있다. 그는 자신을 스페인 민족의 양심을 비추는 불빛으로 선택받은 하나님의 예언자라고 여겼는데, 그가 보기에 스페인은 가톨릭 신앙을 전파하기 위한 선봉이었다. 반면에 아프리카인들에 대한 죄는 포르투갈인들이 저지른 범죄이고 따라서 루시타니아 예언자들에게 우선적인 책임이 있다. 그는 그것을 "매우 가증한 압제"로 묘사하기를 꺼리지 않는다(Las Casas 1986, 2.1.150:73). 그러나 그는 그 죄를 규탄하는 것이 자신에게 주어진 섭리적 역할이라고 생각하지 않는다.

게다가 라스 카사스는 언제나 교회의 정통 신앙이라는 단단한 땅을 밝으려 했다. 숱한 명사들이 이단 심문소에 의해 고초를 겪었던 16세기 스페인에서 흑인 노예제에 대한 반대는 교황의 공인된 선언에 정면으로 맞서는 것을 의미했다. 인디오 노예를 다룬 교황의 선언과 아프리카 흑인 노예를 다룬 교황의 선언 간에는 뚜렷한 차이가 있다. 15세기에 다양한 교황 칙서와 칙령들—에우제니오 4세의 「얼마 전에 우리와 함께」(*Dudum cum ad nos*, 1436)와 「왕중왕」(*Rex regum*, 1443), 니콜라오 5세의 「신의 사랑을 받는 공동체」(*Divino amore communiti*, 1452)와 「로마 교황」 (*Romanus pontifex*, 1455), 갈리스토 3세의 「특허」(*Inter caetera*, 1456), 식스토 4세의 「영원한 왕의」(*Aeterni regis*, 1481)—은 포르투갈 국왕을 통해 시행된 아프리카 흑인에 대한 강제적인 노예화를 승인했다. 반면에 알렉산데르 6세의 칙서 「특허」(*Inter caetera*, 1493)는 아메리카 원주민을 개종시킬 것을 주장하면서 그들의 자유를 암시하며, 바오로 3세의 「지존하신 하나님」(*Sublimis Deus*, 1537)은 원주민의 자유를 선포하고 그들을 노예로 삼는 자들을 파문하겠다고 경고한다.

따라서 라스 카사스는 스페인 사람이자 교회에 속한 사람으로서 원주민 노예제에 대해 소리 높여 항변할 의무가 있다고 굳게 믿었다. 그는 『인디아스의 역사』에서 아프리카 흑인 노예제에 대해 의문을 제기했지만 이 문제에 대해 아메리카 인디오 노예 문제에 대해서와 같은 동일한 자세로 전념하거나 헌신하지는 않았다. 따라서 그는 아프리카인의 노예화를 직접적으로 공인한 교황 칙서들에 대해서 직접적으로 부정적인 평가를 내리지 않았다.[15]

---

15 José Martí는 그의 유명한 아동 도서인 『황금 시대』(*La edad de oro*, 1981, 170)의 가장 아름다운 대목들 중 한 곳에서 Las Casas와 치아파스에 거주하던 격분한 식민지 개척자들의 대결을 묘사하면서 이렇게 말한다. "그는 지팡이와 두 명의 선한 스페인 사람과 그를

아메리카 원주민들의 고난에 대해서는 분명한 감수성을 보여주었으나 흑인에 대해서는 유사한 정서를 보여주지 않은 성직자들이 많았다. 따라서 나는 사발라(1984, 102-103)와 의견을 달리하는데, 그는 자신이 제시하는 증거가 빈약함에도 불구하고 "그 문제를 명확하게 알게 된 신학자들과 법률가들의 말 [때문에]…인디오들과 관련하여 [그들의 자유를 옹호하는 분석이] 없지 않았던 것처럼…기독교적인 원리에 기초하여 정당한 분석을 통해 흑인들에게 유리한 자유주의적 결론에 도달하는 경우도…없지 않았다"고 단언한다.[16]

　　반면에 다음과 같은 페르난도 미레스(1987, 219; 참조. 1986, 131-138)의 비판적인 주장은 옳은 말이다. "몇몇 경우에 교회가 일부 인디오들의 이익을 옹호하는 데 전념했다 해도 흑인의 경우에는 그런 일이 일어

아버지로 사랑한 한 흑인의 도움을 받아 걸어갔다. Las Casas가 인디오를 사랑하는 마음에서 정복 초기에 더위를 더 잘 견디는 흑인 노예들을 계속 데려와야 한다고 조언한 것은 사실이지만 흑인들이 고생하는 모습을 본 후 그는 가슴을 치며 이렇게 말했다. '내가 인디오를 사랑하는 마음에서 한 그 조언에 대해 내 피로 그 대가를 지불할 수 있으면 좋겠다!'" 아마도 Las Casas가 실제로 그렇게 말했겠지만, Martí가 말한 그 사건 이후 그가 살았던 20년 동안 그는 원주민들의 천부적 자유에 대해서는 많은 글을 썼지만 발간되지 않은 『인디아스의 역사』에 나오는 각주들을 제외하면 아프리카인에 대해서는 아무 글도 쓰지 않았다. Sued Badillo(1986, 57-62)는 인디오문서보관소(세비야)에서 "푸에르토리코 주민"인 자신의 원래 주인 Juan de Almodóvar의 유언에 따라 7년 전에 자신에게 해방이 허락되었으므로 자신이 해방된 것을 인정해야 한다고 주장하는 "피부가 검은" Pedro de Carmona의 소송에 관해 1547년에 인디아스 평의회에 제출된 증언서를 발견했다. Sued Badillo에 따르면 Carmona는 Las Casas가 개입한 덕분에 스페인으로 가서 인디아스 평의회 앞에서 발언할 기회를 얻었는데, Las Casas는 온두라스에서 그를 만나 이베리아 반도로 떠나는 자신의 마지막 여행에 그를 데려갔고 그가 진술서를 쓰는 일을 도와주었다. 이 독특한 발견은 Pérez Fernández(1984, 711-721)가 1547년의 Las Casas의 행동에 대해 제시하는 설명을 크게 바꾸어놓는다.

16　이전의 글에서 Zavala(1949, 114)는 "흑인들에 대한 법적 변호는 인디오에 대한 변호만큼 일찍 등장하지 않았다"는 점을 지적했다. 우리는 스페인이 지배한 아메리카 영토에서의 흑인 노예제 폐지는 인디아스 신법이 나온 지 3백 년 뒤에 선포되었다는 사실을 더 강조해서 말해야 할 것이다.

났지 않았다. 달리 말하자면 흑인들의 권익을 옹호하는 것은 교회의 공식적인 정책이 아니었다."[17]

---

17 Mires의 견해에 따르면 이 차이는 국왕과 교회가 식민지 개척자들이 엥코미엔다를 통해 과도한 힘을 얻는 것을 피하고자 한 정치적 이해 관계에서 비롯되었는데 이는 아프리카인들과의 노예제 관계에서는 존재하지 않은 요인이었다. 그 관계는 정치적 주권이나 천연 자원이 풍부한 땅의 지배라는 어려운 문제를 동반하지 않았다. 그렇다고 해서 노예화된 아프리카인들에게 자행된 폭력과 불의에 대한 중요한 비판적 관찰이 존재하지 않았던 것은 아니다. Tomás de Mercado, Bartolomé de Alboenoz, and Alonzo de Sandoval은 노예 폐지 가능성에 관한 사상의 발달에 크게 기여했다. 그러나 아메리카 원주민에 대해서와는 달리 19세기까지 국가나 교회 어느 쪽도 스페인이 지배한 아메리카 땅에서 흑인 노예제의 불법성을 공식적으로 천명하지 않았다. Mercado, Alboenoz, and Sandoval에 대해서는 Davis 1961(187-196)을 보라.

3부

정복에 대한 신학적 비평

신학적·법률적 논쟁

사제는 벌을 주고 명령을 내리지만
그는 사제이므로 그렇게 해서는 안 된다.

우리가 이 땅을 정복하러 온 것은 모든 사람으로 하여금 하나님과 거룩한 가톨릭 신앙을 알게 하고…너희로 하여금 너희가 악마적이고 야수적인 삶을 살고 있는 것을 이해하고 그것을 버리게 하려는 것이다.

— 프란시스코 피사로

인디오들에게는 모든 명분 중 최고의 명분이 있으며, 그들이 자연법과 신율과 인간의 법을 통해 갖고 있는 정의로운 다른 많은 명분도 있다. 그것은 만약 그들에게 필요한 힘과 무기가 있다면 그들[그들의 원수들]의 사지를 찢고, 그들을 자기들의 땅에서 쫓아내는 것이다.

— 바르톨로메 데 라스 카사스

~~~

이론과 현실

"대양의 도서들과 본토"에 대한 스페인의 지배는 그 주민들에 대한 무력 정복과 기독교화의 정당성에 관한 격렬한 문제 제기와 치열한 논쟁을 야기했다. 스페인의 신학자들과 법률가들은 16세기 내내 이 쟁점에 대해 열정적이고 창의적으로 활발하고 격렬한 논쟁을 벌였다.

우리가 이 책을 읽으면서 보아왔던 것처럼 많은 의문이 있었다. 유럽인들에게 신세계의 땅과 주민을 차지하고 정복할 권리가 있는가? 스페인의 세속적·영적 주권을 받아들이지 않는 토착 민족들을 상대로 한 전쟁은 정당한가? 식민지 개척자들이 토착 주민들에게 광물 자원 채굴을 위한 노동을 강제할 수 있는가? 스페인 사람들과 아메리카 원주민의 문화생활에서 나타나는 차이는 상대적이고 역사적으로 조건 지워진 것인가, 아니면 그 차이는 "거의 인간과 야수 사이의 차이와 같은" 본질적인 불균등을 나타내는가?(Ginés de Sepúlveda 1951, 38)

원주민들은 본래 자유민인가, 아니면 종인가? 그들은 고결한 야만인인가, 아니면 사악한 우상 숭배자인가? 그들에게 문화가 있는가, 아니면 그들은 미개한 존재들인가? 그들에게 자신의 땅과 소유물에 대한 권리가 있는가, 없는가? 그들이 기독교 신앙을 거부할 권리를 존중하면서 평화적으로 전해야 하는가, 아니면 그들에게 신앙을 강요하고 억지로 세례를 받게 해야 하는가? 개종은 식민지화에 선행하는가, 아니면 그 반대인가?

신학적·법률적 논쟁은 전형성을 띠었고 이례적으로 지적·정서적으로 격렬하게 진행되었다. 바르톨로메 데 라스 카사스의 힐난성 저술들이 악명 높은 "검은 전설" 형성에 풍부한 소재를 제공하기도 했지만, 왕실과 인디아스 평의회가 그의 저술들에 정중하고 주의 깊은 반응을 보였다는 사실은 그들이 정치적·물질적 팽창을 유럽인 및 아메리카 원주민 모두의 영적 복리와 결합하는 데 관심이 있었음을 보여준다. 북미 학자 사우어(1984, 10)는 "스페인 사람들 자신이 그들의 식민지의 비참한 상태에 대한 가장 끈질기고 신랄한 비판자였다"고 올바로 주장한다. 비판적인 채찍을 가하는 라스 카사스의 저술들은 출판되어 널리 배포된 반면 그의 논적인 세풀베다의 반(反)인디오적인 주요 저술은 집필된 후 4세기가 지난 뒤에야 출판되었다.[1] 다음과 같은 북미 역사가인 행키(1967, 15)의 단호한 주장을 부인하기 어렵다.

> 스페인의 아메리카 정복은 특별한 군사적·정치적 위업을 넘어서는 것이었다.…그것은 민족들 간의 관계에서 기독교적인 원리를 널리 적용하기 위한 역사상 가장 위대한 시도 중 하나다. 이 시도는 모든 인간은 하나님 앞에서 평등하며 그리스도인에게는 자신의 형제들이 외인이든 비천한 자든 그들의 복리를 증진할 책임이 있다는 두 가지 기본적인 전제에 기초해서 인디오들의 기본적인 권리를 열렬히 옹호하게 된다.

---

1   Sepúlveda는 무엇보다 자신의 『민주주의 제2부』 출판 금지로 인해 Las Casas를 비난했지만, 그에 대한 반대자들은 더 광범위했다. 살라망카의 신학자인 Cano는 1548년에 이렇게 썼다. "당신의 교리는 모든 것이 정당하고 매우 합리적이라고 판단할 수 없으므로 그렇게 확신 있게 인정될 수 없습니다. 이 기준을 따르고 있는 살라망카 학파와 알칼라 학파는 만장일치로 당신의 책에 대해 출판 허가를 내주기를 거절했습니다"(Höffner 1957, 323).

스페인이라는 국가의 뚜렷한 신앙고백적 성격(이는 정복을 선교활동으로 전환했다)과 국왕에 대한 교회의 종속(이는 신앙 전파라는 국가적 사업을 만들었다)은 신세계에 관한 격렬한 논쟁에 유례를 찾아볼 수 없는 독특한 성격을 부여했다. **신대륙과 신대륙의 주민에 대한 모든 신학적 논쟁은 정치적 성격을 띠었고 그 반대 방향도 마찬가지였다. 즉 스페인과 원주민 간의 관계에 대한 정치적 의견 불일치는 신학적 논쟁이 되었다.** 따라서 라스 카사스, 세풀베다, 비토리아와 같은 신학자들의 저술과 해설이 대중적으로 유명해졌고, 인디아스 평의회가 공포한 법령들이 종교적 어조를 띠었던 것이다.

특정한 시공간에서 비롯된 그 이론적인 논쟁들은 항구적인 문제들을 심도 있게 다뤘다. 인류는 하나인가, 아니면 다양한가? 어떤 사람들은 지능과 사리 분별 면에서 우월하며 따라서 특별한 권한과 독특한 의무를 갖는가? 몇몇 나라가 다른 나라를 지배하는 것은 천부적 또는 역사적 불균등으로 인해 정당화되는가? 귀중한 광물 자원은 그것이 존재하는 영토의 주민들에게 속하는가, 아니면 누구든 그 자원의 개발에 투자할 수 있는 자에게 속하는가?

그러한 질문들로부터 프란시스코 데 비토리아의 도움으로 근대 국제법이 탄생했다. 그러나 그것은 정복자의 관점에서 만들어진 국제법이고, 궁극적으로 무력 정복을 정당화하는 데 기여했다는 점을 명확히 해 둘 필요가 있다. 우리는 비토리아의 저술에 나타난 국제법의 현저하게 호전적인 성격을 종종 망각한다. 인디오에 대한 비토리아의 두 강의가 "신세계의 야만인들"에 대한 전쟁의 목표와 방법의 정당성에 치우쳐 있는 것은 우연이 아니다. 아메리카 원주민의 인간의 존엄성에 대한 이론적 선언과 그들이 겪은 이주, 압제, 학살 간에는 심각한 역사적 모순이 존재한다. 이러한 제국주의 강대국의 관점으로 인해 비토리아가 제안한 주권 국가들 간의 이론적 평등은 추상적 성격을 띠게 된다.[2] 이 관점은 제국과 피정복지 간에 존재하는 경제·사회·군사적 힘의 심원한 불균등을 드러내지 않는데, 이러한 불균등은 평등과 호혜라는 이론적 도식을 깨뜨린다. 일반적으로 아메리카 원주민의 인권을 옹호하는 이들이 이론 수준에서는 승리했지만 정복이라는 역사적 현실에서는 패배했다고 주장하더라도 그것이 틀린 말은 아닐 것이다.

교황 바오로 3세가 1537년 6월 2일 반포한 칙서 「지존하신 하나님」은 원주민의 인간성, 합리성, 자유를 단언한다. 이 교황 칙령은 "인류의 적"에 의해 고취되는 의견과 달리 "인디오는 참된 인간이고…결코 그들의 자유를 박탈할 수 없다"고 단언한다. 1542년에 공표된 인디아스 신법은 원주민의 개인적 자율성을 인정했으며 이들을 향한 제국의 선의를 공식적으로 선언했다. "우리의 주된 의도와 의지는 인디오들의 보존과 증대 및 그들이 자유민으로서 대우받도록 하는 것이었고 지금도 그러하기 때문에…."

말은 그럴듯하지만 인디오들이 겪은 구체적인 경험은 패배와 고난과 학살과 굴종이다. 후안 프리에데(1976, 59)는 더 단호한 어조로 다음과 같은 판단을 내린다.

중앙 권력으로부터 멀리 떨어진 곳에서는…아무리 국왕의 결정이라도 마법처럼 원주민 인구의 "파멸"로 이어진 이기심을 감쪽같이 없앨 수 없었

2　Vitoria의 역사적 중요성을 강조하려는 시도에서 이러한 비판적 판단의 결여가 나타난다. 이는 다른 면에서는 생산적인 Fernando de los Ríos(1957)의 분석에 오점을 남긴다. Scott(1934)의 저술에 대해서도 이와 비슷한 말을 할 수 있을 것이다.

다. 아메리카는 법적 처분의 거의 변두리에서 독자적으로 살았다고 말할 수 있을 것이다.…아메리카 사회의 구조는 법을 통해 짜인 것이 아니라 사실에 의해 짜였다.

그렇다고 해서 신세계 원주민을 위한 공정하고 인도적인 입법을 증진한 라스 카사스를 비롯한 기타 종교인들과 법률가들의 엄청난 노력이 이룩한 공적이 박탈당하는 것은 아니다. 이러한 노력은 바타용(1976, 41)이 다음과 같이 잘 포착한 중요한 견해를 반영한다. "줄곧 인디아스의 법령이 준수되지 않아서 **사법 정의의 필요성**이 상존했다." 공정하고 합리적인 법체계를 만들고자 하는 열망이 비토리아의 『인디아스에 대하여』나 라스 카사스의 『페루의 보화』 같은 저술에 나타난다. 라스 카사스는 원주민들이 처한 잔혹한 착취를 해결할 수 있는 단 하나의 치유책이 있는데 그것은 모든 사건에 대해 법적 무효화를 추진하는 것이라는 놀라운 주장을 펼친다. "다른 해결책은 없으며, 우리는 이 방법 외에 다른 방안을 생각할 수 없다. 다시 말해서 원주민과 관련하여 그리고 그들에게 불리하게 취해진 모든 조치는 법에 의해 무효화되어야 한다"(Las Casas 1958, 337-341). 라스 카사스의 저술의 여러 곳에서 지극히 인도주의적인 동시에 이상주의적이고 유토피아적인 사법적 양심이 나타난다.

그러한 격렬한 이론적 논쟁이 "학문적인 자랑거리도, 사법적 장식물도 아니었고, 오히려 사실에 직면하여 그 장점과 한계를 매일 검증받아야 하는 통치 체제에 영적 토대를 제공했다"는 사발라(1984, 96-97)의 주장은 옳은 말이다. 그러나 그 올바른 평가로부터 "역사적 현실은 비록 탐욕의 지배를 받기는 했지만 인간의 존엄성이라는 상위의 원리에 이끌렸다"[3]고 추론하는 것은 불합리하다. 탐욕과 존엄성 간의 싸움이 이례적인 투쟁이라는 점에는 의문의 여지가 없다. 아메리카 원주민과 아프리카 흑인의 경우 그 싸움에 매우 높은 인적 비용이 발생했다.

후안 만사노(1948, 62)도 원주민을 위한 많은 수도사들의 집단적인 노력으로 특히 1542년의 입법 조치 덕분에 "가장 완벽한 성공의 관을 쓰게 되었다"[4]고 말함으로써 이론과 법률에 지나치게 열중하는 오류를

---

3   당대의 법전을 읽는 잘못된 지름길을 통해 스페인의 식민화라는 사회적 현실을 기술하려는 시도에 대한 비판은 Lockhart 1972(36-37)를 보라.

4   "가장 완벽한 성공"에 관한 명제는 Manzano가 Las Casas의 1552년 『논문집』(「인디오의 멸망에 관한 간략한 설명」, 「여덟 번째 해결책」 등) 출판에 반대한 이유를 설명해준다. 그의 견해에 따르면 도미니코회 수도사들이 엥코멘데로와 식민지 개척자들에 맞선 싸움에서 이기고 있었으므로 이 책을 출판할 필요가 없었다. "그 결과가 국가적 명분에 치명적일" 것이기 때문에 그것은 경솔한 일이었다. 그 논문들이 "스페인에 적대적인 검은 전설…인류의 연대기에 기록된 가장 끔찍한 기만"을 야기했기 때문이다. 그것이 성취한 유일한 일은 "그 논문이 외국인들, 특히 이단자들의 수중에 떨어지자마자 스페인 국가의 명성에 치명타를 가하는" 일이었다(같은 책, 229, 233, 250). 이는 적절한 비판처럼 보이지만 곧이어 Manzano는 Las Casas의 『논문집』을 "가장 위험하고 심각한 오류로 오염된" 저술이라고 부름으로써 자신이 그것을 거부하는 더 깊은 이유를 드러낸다(같은 책, 248). 실제로 그는 Las Casas를 자주 칭찬함에도 불구하고 스페인 사람들과 원주민들의 관계에 관한 그 치아파스 주교의 시각에 전혀 동의하지 않는다. Manzano의 견해에 따르면 그 관계는 상당한 학대에도 불구하고 본질적으로 유익한 것이었다. Las Casas는 그렇게 생각하지 않았다. Manzano의 비판은 독창적인 것이 아니다. 1555년에 이미 Motolinía가 그에 못지않게 적대적으로 이런 비판을 표현했다. 그는 이 도미니코회 수사가 "그의 저술로 스페인 사람들을…모욕했다"고 생각했다(Benavente 1984, "Carta a Carlos V," 211). 이런 비판은 페루에서 「유카이의 익명의 저술」(439-443)에 의해 되풀이되었다. 그 저자가 보기에 Las Casas의 책들은 "기독교 국가와 그리스도인 중 스페인 사람들의 명예를 훼손했고" 따라서 "스페인 왕은 폭군이며…우리는 인디아스의 도둑들이라고 말하는…영국과 프랑스에 있는 루터파 이단자들"을 도와주었다. 그래서 사실은 그들 자신이 "금과 은에 대한 탐욕"에 이끌리는 이단자들이 카스티야의 해외 제국에 맞서 무력 대결로 나아간다. Las Casas가 『논문집』을 쓰지 않았더라면 "검은 전설"이 존재하지 않았을 것이라는 생각은 논란의 여지가 있다. Friederici([1925] 1986, 1:393)는 "그가 쓴 글들에는 내용이나 성격 면에서 우리가 다른 저술에서는 읽을 수 없는 내용은 포함되어 있지 않다"고 말한다. Las Casas가 특히 「인디오의 멸망에 관한 간략한 설명」 때문에 "검은 전설"이 나오게 한 장본인이라고 주장하는 이들도 잘못 생각한 것이다. 영국과 저지대 국가들에서 반(反)스페인적인 고정 관념을 촉발시킨 다른 요인들이 있었

범한다. 그것이 사실이었다면 아메리카 원주민이 자기 땅의 권력 구조
에서 주변으로 밀려나지 않았을 것이고, 라스 카사스가 그의 말년 20년
동안 쓴 저술에 그러한 구조들을 신랄하게 규탄하는 내용도 없었을 것
이다.

> 그 법령들이 공포된 이래…책임을 맡은 자들은…그 법들을 준수하고 싶지
> 않았다.…그들은 자신들이 탈취한 대농장을 포기하거나 그들이 영구적으
> 로 억류하고 있는 인디오들에게 자유를 주는 것을 좋아하지 않았기 때문
> 이다. 그들은 인디오들을 칼로 신속하게 죽이기를 멈춘 반면 개인적인 노
> 역과 기타 부당하고 용납할 수 없는 요구들로 서서히 죽였다. 그런데 지금
> 까지도 국왕에게는 이 사태를 중단시킬 충분한 힘이 없다(Las Casas 1989,
> 197-199).

훗날 만사노(1948, 191)는 "성 도미니코 수도회에 속한 신학자들 덕분으
로 간주되는 이 성공은 상당히 중요한 진전이기는 했지만, 절대적이거
나 완전하지는 않았다"[5]는 점을 인정한다. 문제는 두 평가가 서로 모순
될 뿐 아니라 신학적이고 법률적인 추상관념 수준에 머문다는 것이다.
라스 카사스에게 일차적이고 핵심적인 문제는 이론적인 비판이 아니라

다. 네덜란드의 칼뱅주의자들과 영국 개신교도들이 Felipe 2세가 맹렬한 가톨릭에 대한
열정으로 인해 "이단"에 대한 채찍의 역할을 맡은 것에 직면하여 느낀 위협과 같은 종교
적 적대감이 만연했다. 유럽의 개신교 독자층에서는 「인디오의 멸망에 관한 간략한 설
명」보다 스페인의 이단 심문소를 음산하게 묘사한 많은 기록들이 더 영향력이 있었다.
Maltby 1982를 보라.

5 인디아스 신법이 Las Casas 편에서 볼 때 전면적 승리라는 흔한 주장에 대한 예리한 비판
은 Pérez de Tudela 1958을 보라.

역사적 행동, 즉 신세계 주민들의 삶이었다.

베난시오 카로(1944, 2:309, 317, 321)는 16세기 스페인의 법신학 (juridical theology)에 관한 중요한 저술에서 신학 학파, 특히 살라망카 학파 안에서 유행했던 이론들을 정복과 식민화라는 역사적 현실과 혼동한다. 그는 900쪽이 넘는 자신의 방대한 저술이 "신세계의 정복과 식민화가 실제로 어떠하였는지 살펴보는 일"에 할애되었다고 공언한다. 그러나 사실대로 말하자면 그는 실상에는 조금도 할애하지 않았다. 그는 "인간의 자유와 권리에 대한 진정한 옹호는 기독교의 신학-법학 원리 안에서만 가능하다"는 이론적 전제를 토대로 인상적이라 할 만큼 많은 이베리아 반도의 저술가들, 특히 도미니코회 수도사들의 글을 분석한다. 그는 "스페인계 아메리카 세계의 정복과 식민화는 세계 역사상 가장 인도적이며 기독교적이었다"는 인상적이고 승리주의적인 결론에 도달한다. "신세계의 정복과 식민화가 실제로 어떠하였는지"에 관한 그처럼 방대한 보도에 죽거나 굶주리거나 학대당한 인디오의 사례는 한 건도 등장하지 않는다. 이는 프란시스코 데 비토리아, 도밍고 데 소토, 도밍고 바네스의 저술들에 기인한다.

이와 유사한 승리주의적인 노선에서 안토니오 이보트 레온(1948)은 스페인 국왕의 신학자문위원회에 대한 연구에서 이 위원회가 "인간의 신적 기원에 따른 순수한 국제법 원칙들"에서 출발하여 "규범적 원리와 실행상의 원리" 및 "구속력 있는 통치 규범"의 "전체 체계"를 만들어냈고, "모든 제국의 역사상 독특하고 유일한 특징적 양식"인 스페인 체제를 인디아스에 심어 놓았다고 결론짓는다. 그는 이러한 양식을 "정의와 기독교의 법의 원칙에 따라 통치하려는 의식적 노력"(신학자들은 자연스럽게 이런 원칙을 정의하는 사람들이다)이라고 부른다. 인디오의 인간적 존엄성이라는 신학 원칙, 인도주의적인 입법 및 호혜적인 자애로운 통치 간에는 명확하고 직접적인 관계가 있는 것으로 보인다. 그러나 이보트 레온에게는 "위대한 스페인의 과업을 선교적 입장에서 본 이론"과 원주민들의 십자가의 길이라는 현실 간의 경험적 관계를 연구할 마음이 없었다.

법령과 불법적인 적용 경험 간의 모순 및 이베리아 당국 편에서의 무력감이 인디아스 평의회가 황제에게 보낸 1549년 7월 3일 성명에서 명확히 드러난다.

> …정복 활동을 하는 자들은 자기 마음대로 행동하기를 삼갈 사람들이나 그들이 자행한 악을 나무랄 자를 대동하지 않기 때문입니다. 정복 활동을 하는 자들의 탐욕이 너무 크고 그들이 찾아가는 사람들은 너무 초라하고 겁이 많은 자들이므로 그들[정복자들과 식민지 개척자들]에게 어떤 지시를 내리더라도 우리는 결코 그것이 지켜질 것이라고 확신할 수 없습니다 (출처: Jaime González Rodríguez in Ramos et al. 1984, 216).

몬타노 박사도 1547년 이와 그다지 다르지 않은 발언을 했는데, 그는 카스티야 왕실에서 인디오를 위해 자애로운 법률이 승인되었음에도 불구하고 "인디오들을 이전과 똑같이 예속 상태에 처해 있게 만드는 모든 일이 은밀하게 이루어지고 있다"(출처: Milhou 1975-1976, 30)고 말했다. 앙글레리아(1964-1965, 2.7.4:607)도 비슷한 증언을 제시하는데, 그는 인디아스 평의회가 인디오들에게 자애로운 법령들을 제정하는 양심적인 과업을 성취한 것을 강조한 뒤 다음과 같이 비통하게 마무리한다.

하지만 무슨 일이 벌어지고 있는가? 우리 민족은 대양을 건너 그토록 낯설고 변화무쌍하고 멀고…당국으로부터 멀리 떨어진 세계로 옮겨가면 황금을 향한 맹목적 탐욕에 휩쓸려가도록 자신을 내맡기고 이곳에서는 어린 양보다 온순했던 자들이 그곳에 도착하자마자 거친 늑대로 돌변하여 국왕의 모든 명령을 잊어버린다.[6]

히스파니올라에 거주하는 도미니코회 수도사들은 압제당하는 앤틸리스 제도 원주민에 대한 깊은 연대 의식을 느끼고 스페인의 식민지 개척자들이 "이 사안[원주민에 대한 선처]에 관해 평의회가 제시한 조항들을 조롱"하고 있다고 고발한다. 이 수도사들은 자기들이 "황금을 가득 싣고 돌아가기 위해…폐하께 대한 복종은커녕 하나님께 대한 복종도 모르는 채 이곳에 온, 과격하고 무질서한 탐욕에 물든 500명 또는 1,000명을 제어할" 수 없음을 인정한다(출처: Pacheco et al. 1864-1884, 2:245). 마찬가지로 라스 카사스도 1531년 인디아스 평의회에 보낸 편지에서 법의 집행이라는 특수한 임무를 띠고 신세계로 가는 왕실 관리들마저도 순식간에 타락에 빠진다고 비난한다.

명령을 내리기 위해 이곳에 오는 자들은 대담해질 뿐 아니라 하나님께 대한 경외심과 국왕에 대한 신뢰와 충성심 및 국민에 대한 존중심을 상실하고 마귀와 계약을 맺고, 약탈을 자행하기 위해 마귀에게 자기의 영혼을 넘

---

6 Salas(1986, 59)는 Anglería에 대한 논문에서 그 이탈리아 인문주의자의 이런 말들에서 "현명하고 기독교적인 이 모든 입법의 드라마가 신구 대륙 간의 거리가 멀고 새로 발견된 땅에서 인간의 야망과 탐욕이 거침없이 흐르고…생활 방식…곧 여러 면에서 인디아스 신법과는 아무 관계가 없는 현실을…만들어내기 때문에 실패하는 것"을 본다.

겨버립니다.…이는 그들이 국왕과 평의회가 멀리 떨어져 있는 것을 알기 때문입니다(출처: Fabié [1879] 1966, 70:482).[7]

알론소 데 소리타는 국왕과 인디아스 평의회가 인디오의 유익과 보호를 위해 수많은 칙령 및 법률을 승인했음에도 불구하고, 인디오들이 뻔뻔하고 극심한 권리 침해를 당했다는 이상한 모순을 유창하게 지적했는데(출처: Pacheo et al. 1864-1884, 2:117-118, 강조는 덧붙인 것임), 그는 지나가듯이—나중에 유명해지는—"나는 복종하지만 준수하지는 않는다"라는 속담을 언급한다.

폐하와 평의회의 뜻이 명확히 알려졌는데, 저 가련한 원주민들을 위해 그들의 수적 증가와 보존을 위해 보내진 매일의 훈령을 통해 그것이 알려지고 이해되고 있습니다. 그러나 그 훈령들은 **준수되지는 않은 채 복종되었습니다.** 따라서 이 훈령들은 계속 망각되고 있으며, 폐하께서 무엇을 명령하셨는지 정확히 아는 사람도 없습니다. 이미 하늘에 계신 우리 주군 카를로스 황제께서는 어떠한 훈령과 칙령과 친서들을 보내셨는지요? 또한 폐하[펠리페 2세]께서 매일 보내시는 훈령들은 얼마나 많고 얼마나 필요한지요? 하지만 시행되는 것은 얼마나 적은지요?…저는 어떤 철학자가 했던 다음과 같은 말이 이 상황에 꼭 들어맞는다고 확신합니다. "의사와 약품이

---

7 정복과 식민화가 시작될 당시 유럽에서 아메리카로 이주하는 과정에서 나타난 도덕적 타락에 대해서는 많은 언급이 있었고 심지어 "백인의 열대화"라는 설득력 있는 개념이 만들어지기까지 했다. Bataillon(1976, 364)은 우리가 기후학적 과정이라기보다는 사회적 과정을 다루고 있음을 나타내기 위해 "크리오요화"라는 말을 선호하지만 나는 첫 번째 어구가 적절하다고 생각한다. 이 개념은 윤리적 금기의 소멸을 지적하는데, 그러한 윤리적 금기는 라틴 아메리카 문학에서 자주 다루어지듯이 아메리카 정글의 초목과 식생의 유혹적인 영향력이 존재하는 곳에서는 언제나 취약하고 불안정하다.

넘치는 곳에 건강이 없듯이, 법률이 많은 곳에 정의가 없었다."

멘디에타([1596] 1980, 1.16:66)는 16세기 말에 같은 불만을 제기하면서 법률상의 정의와 사회경제적 학대 간의 엄청난 불일치를 비난하는 한편, 거기에 법률과 현실 간의 괴리를 이해하는 데 해석학적 열쇠 역할을 하는 "세속적 유익"이 개입되어 있음을 지적한다.

스페인의 우리 가톨릭 군주들께서 인디오들을 위하여 또한 그들을 대신하여 무수히 많은 칙령과 명령과 지시를 내리셨지만…인디아스에서 폐하의 이름으로 다스렸던 이들 중 단 한 사람도 주로 그 임무에 마음을 쏟거나 관심을 기울이지 않았다는 것은 놀라운 일입니다.…그들은 오로지 자신을 위해 할 수 있는 일이 거의 없거나, 무슨 말을 하고 어떤 행동을 해야 하는지 알지 못하거나 감히 그렇게 하지 못하는 가련한 사람들의 손에 무거운 부담을 지우는 데만 관심을 기울입니다. 이리하여 그들(국왕의 대리자들)은 자신의 이익과 세속적 유익을 존중하기 때문에 이런 식으로 처신합니다.

이 프란치스코회 수사에 따르면, 아메리카에는 "공정하든 부당하든 스페인 사람들에게 유익을 주고 인디오들에게는 고통과 비애를 안겨주는 법 말고는 다른 어떤 법도, 권리도, 법령도 존재하지 않는다"(같은 책, 4.46:561).

역사가인 호세 마리아 오츠 카프데키(1986, 14)는 인디아스의 정부 관리들 편에서 "복종하지만 준수하지는 않는" 행위가 다음과 같은 간단한 의식(ceremony)으로 형식화되는 지경에 이르렀음을 지적한다. "국왕의 칙령을 받자마자—그것의 이행은 중요하지 않다고 여겨졌다—부왕,

총독, 지사는 준수와 존중의 표시로 그것을 엄숙히 머리 위에 올려놓고 동시에 해당 칙령의 이행은 정지되었음을 선언하곤 했다."

신학적-법률적 논쟁은 황금기의 스페인에서 매우 격렬했다. 그 논쟁들은 선교사들과 신학자들에 의해 시작되었고, 결국 이들에 의해 끝났다. 몬테시노스, 라스 카사스와 비토리아는 격렬한 논쟁 초기의 신선함과 활력을 보여주는 반면 16세기 말에 활동한 아코스타는 이미 논쟁에 대한 피로감과 그 논쟁의 변증적인 추동력 고갈을 보여준다. 기회주의적 실용주의가 팽배했는데 그것이 복음 전도라는 경건한 의도로 가려졌다.

인디아스의 주권이 부당하게 강탈되었다는 점을 인정하더라도…그리스도인 군주들이 인디아스를 다스릴 권리의 정당성을 의심하는 것은 법률적으로나 권리상으로 적절치 않다고 믿고 또 그렇게 선언하는 것이 훨씬 좋다. 게다가 이는 원주민의 영원한 구원을 위해서도 매우 유용하다.

아코스타(1952, 2.11:186-187)는 정복의 정당성에 의문을 제기하는 이들에 대한 강압 정책을 장려한다. "만일…그들을 완력으로 억누르지 않는다면 말로 다 할 수 없는 악행과 광범위한 파괴가 이어지고, 곳곳에서 매우 심각한 소요와 무질서가 만연해질 것이다." 법적·신학적 사고에 자극제가 되었던 활발한 토론과 논쟁의 시기는 과거지사가 되었다. 종교심문소와 관료제의 엄격한 감찰하에서 사상 간의 충돌이 회피되었고 의견이 다른 글의 출간이 어려워졌다.[8]

---

8 나는 "[16세기] 스페인에서의 언론의 자유"에 대한 Hanke(1967, 28-32)의 찬사가 과장

십자가와 칼

아메리카 대륙 정복과 복음화의 전 과정에서 십자가와 칼 사이의 관계는 어렵고 복잡했다. 칼 곧 우월한 군사 기술이 결과다. 십자가는 주역을 맡은 스페인 사람들이 받아들인 최종 목표를 나타냈는데, 그들은 적어도 법학·신학 이론상으로 그 목표를 수용했다. 역설적으로 칼이 종교적·영적 목표를 갖고 있던 반면 십자가에는 정치적·세속적 성격이 부여되었다.

세풀베다가 『민주주의 제2부』에서 스페인이 인디오와 벌인 전쟁을 변호하는 글을 쓰기 전 몇몇 개신교 종교개혁자들이 제안한 평화주의에 맞서 전쟁도 그리스도인에게 선택 가능한 하나의 정당한 행위(예컨대 투르크와의 전쟁)임을 신학적으로 옹호하는 논문인 『민주주의 제1부』(*Démocrates primo*, 1525)를 썼다는 사실은 의미심장하다. 마찬가지로 비토리아도 스페인의 신세계 지배의 정당성에 대한 신학 강의(『인디아스에 대하여』, 1538) 직후 정당한 전쟁에 관한 다른 강의—『전쟁법론』(*De iure belli*, 1539)—를 실시한다. 십자가와 칼의 연결은 수백 년 동안 이교도들에 맞선 십자군 전쟁 기간에 배양된 성전론(聖戰論)이라는 아우구스티누스적인 옷으로 표현된다.

십자가와 칼 사이의 연결은 촌탈 마야 부족이 남긴 쿠아우테목 황제

이라고 생각한다. 16세기 후반에 집필된 여러 저술들이 수세기 동안 출판되지 못한 것은 우연이 아니다.

의 처형에 관한 보도에 꽤 분명하게 드러난다(Léon Portilla 1987, 93-95). 스페인 사람들은 그의 복종은 거짓이며 그가 무장 반란을 도모하고 있다고 확신한다. 따라서 그들은 쿠아우테목을 죽이기로 결정한다. 그러나 그들은 먼저 종교적 예방 조치를 취하여 이 아스텍 군주에게 그의 몸은 죽임을 당하지만 동시에 그의 영혼을 구속하려는 시도가 이루어진다.

잉카 왕 아타우알파도 처형되기 전에 세례를 받는다. 이 경우 성례는 교수형과 화형으로 이루어진 그의 처형을 완화하는 역할을 한다. 그는 처형된 뒤 적절한 예전 의식과 더불어 그리스도인으로서 장사된다("부왕은 다른 스페인 사람들과 함께 매우 엄숙하게 그의 시신을 취하여 최대의 경의를 표하면서 성당 안에 매장했다." Jerez 1947, 344-345). 세례는 육신의 일시적 죽음에 대한 대가로 영혼의 영원한 구원을 보장받는 역설적인 교환 역할을 한다. 아타우알파의 경우 세례는 맘몬 숭배와 연결된다. 즉 그 원주민 군주는 자신의 목숨을 구하려고 프란시스코 피사로에게 엄청난 양의 황금을 헛되이 내어놓았는데, 이는 스페인 사람들이 원주민들을 이기고 그들을 복속시킬 경우 엄청난 부를 얻게 될 것임을 예고하는 비극적인 전조가 되었다.[9]

아타우알파와 그의 수행원들은 놀랐고 함정에 빠졌다. 피사로는 아타우알파를 카하마르카에 초대하여 스페인 사람들이 그곳에 온 목적을 설명했다. 케추아어로 기록된 보도에 따르면 다음과 같은 일이 있어났다.

---

9   스페인의 연대기 작가들과 신학자들은 아타우알파의 처형이 정의롭고 정당한지에 대해 격렬한 논쟁을 벌였다. Acosta(1952, 2.18:211)는 법적 관심에서가 아니라 선교적인 편의 때문에 이를 비판한다. 그는 원주민들을 복음화하기 위해서는 그의 협력을 얻는 것이 더 좋았을 것이라고 주장한다. "우리나라 사람들은 잉카 왕 아타우알파를 죽이는 심각한 실수를 저질렀다.…그 군주의 호의를 얻었더라면 잉카 제국 전체가 머잖아 우리의 신앙을 쉽게 받아들였을 것이다."

비센테 수사는 오른손에는 십자가를, 왼손에는 성무일도서(breviary)를 들고…들어갔다. 그리고 그는 잉카 왕 아타우알파에게 자신[비센테] 또한 실로 지극히 위대하신 또 다른 주군이 보낸 사신이자 전령이며 하나님의 친구라고 소개한 후, 그[아타우알파]가 하나님의 친구가 되어 십자가를 숭배하고 하나님의 복음을 믿어야 하며 다른 것은 숭배할 가치가 없고 거짓이라고 말했다.

잉카 왕 아타우알파는 자신은 결코 죽지 않는 태양과… 자기가 복종하는 신들(이들도 자신율을 갖고 있다) 외에는 아무도 경배할 필요가 없다고 응답했다.…비센테 수사는 큰 소리로 외치며 이렇게 말했다. "여러분, 여기 이 이교도 인디오들이 우리의 신앙에 대해 반대하고 있소!" 그러자 프란시스코 피사로와 디에고 데 알마그로도 목소리를 높이며 이렇게 말했다. "전사들이여, 우리의 기독교 신앙에 반대하는 저 이교도들을 향해 전진하라!"(출처: Léon Portilla 1987, 144)

페루 정복 과정을 기록한 스페인 출신의 연대기 작가이자 피사로의 개인 비서인 프란시스코 데 헤레스(1947, 332-333)는 이 장면의 세부적인 내용을 다르게 진술한다. 하지만 헤레스도 비센테 데 수사가 피사로에게 그 잉카의 수장이 "거룩한 책을 땅바닥에 내던졌다"는 사실을 알린 뒤 아타우알파와 그의 전사들을 공격하라는 명령이 떨어졌다는 사실을 인정한다. 카스티야의 포병대와 기병대는 "산티아고"(야고보)라는 메시아적 함성을 지른 뒤 기습 공격을 감행하여 잉카의 전사들을 달아나게 하고 잉카의 군주를 투옥시켰다. 그리고 나서 피사로는 자신의 승리에 대한 섭리적 원인과 종교적 원인을 다음과 같이 설명한다.

우리가 이 땅을 정복하러 온 것은 모든 사람으로 하여금 하나님과 거룩한 가톨릭 신앙을 알게 하고…너희로 하여금 너희가 악마적이고 야수적인 삶을 살고 있는 것을 이해하고 그것을 버리게 하려는 것이다.…네가 포로로 붙잡히고 네 백성이 흩어지고 죽임을 당하게 된다면, 그것은…네가 하나님의 말씀이 기록되어 있는 책을 땅바닥에 내던졌으므로, 우리 주님께서 너의 교만이 상처를 입게 하셨고, 인디오가 어떤 그리스도인이라도 상하게 하기를 허락지 않으셨기 때문이다.[10]

십자가를 지닌 자는 칼을 쓰는 자에게 정당성을 부여하는 대리인이 되고, 개종 요구는 사망 선고가 된다.

로베르 리카르(1986, 265-266)는 수도사들이 복음 전도 초기에 누에바에스파냐에 세운 수녀원과 수도원에 대해 묘사하는데, 여기서도 아메리카 정복에서 종교 권력과 군사력 사이의 밀접한 연결 관계를 보여 준다.

16세기에 세워진 수녀원은 일차적인 목표 외에도 두 가지 목적을 띠고 있었는데, 그중 하나는 필요한 경우 요새 역할을 하는 것이고 다른 하나는 인디오가 봉기를 일으킬 가능성이 있으므로 그 경우 스페인 사람들을 위한 피난처로 사용되는 것이다. 그런 식으로 영적 정복과 군사적 정복이라

---

10 Oviedo(1851, 4.3.48.6:373)는 Vicente de Valverde가 푸나 제도의 원주민들에 의해 피살되었다고 이야기한다. 이 이야기에 담긴 신적인 복수의 분위기는 흥미롭다. "하나님께서는 시간이 흐른 뒤 인디오들이 아타우알파 왕의 투옥과 죽음에 대해 복수하는 것을 허락하셨고, 이 사건에서 고위 성직자인 Vicente 수사는 이른바 중재자가 되었다." Valverde는 1536년 Carlos 5세에 의해 쿠스코 주교로 임명되었는데 Carlos 5세는 Valverde에게 "[페루] 지방 인디오들의 보호자 겸 옹호자"라는 칭호를 내려주었다(출처: Armas Medina 1953, 122, 주석 51).

는 두 가지 정복이 서로 동맹을 맺고 서로를 강화시켰다. 그리고 이는 또한 많은 수녀원들이 군사적 가치를 지니게 된 이유를 설명해준다.⋯수녀원은 참으로 요새화된 성채였다.

따라서 멕시코 대학교의 교회법 석좌 교수인 루이스 데 앙기스 박사가 펠리페 2세에게 보낸 편지(1561년 2월 20일자)에서 자기가 보기에는 수도원과 수녀원의 규모가 너무 크다고 항의했을 때 그는 종교적이라기보다는 군사적인 답변을 받았다. "그들은 그것들이 필요할 경우 폐하를 위해 요새 역할을 감당하도록 자기들이 수도원과 수녀원을 그런 식으로 지었다고 답변했다"(출처: Cuevas [1914] 1975, 262).

알론소 데 에르시야는 서사시 『아라우카나』(1569-1589)에서 스페인에 맞서 반란을 일으킨 위대한 아라우칸족 추장들 중 마지막 추장인 카우폴리칸의 개종과 최후의 고통을 서술한다(1984[1945], 34:582-583 [302-303]). 그가 패배하고 체포된 뒤 갑자기 기독교 신앙을 받아들인 데 대해 스페인 사람들은 크게 기뻐했으며, 그에게 이 새로운 종교에 대해 가르치고 세례를 주고 그의 개종을 축하했지만 그럼에도 불구하고 화살로 찔러 고정하는 끔찍한 방법으로 그에 대한 처형을 단행했다.

> 그러나 하나님은 그 전능한 손으로 역사하시어
> 그를 한순간에 변화시키셨다.
> 하나님은 믿음과 지식으로 빛나는 그가
> 그리스도인으로서 세례를 받기를 원하셨다.
> 그는 주위를 둘러싼 카스티야 사람들에게서
> 경건한 환희를 자아내며

모두가 놀라운 일에 감탄하게 했고

그곳에 있는 붉은 야만인들에게 경외심을 갖게 했다.

애절하지만 복된 그날

그들은 엄숙하게 그에게 세례를 주었다.

그리고 얼마 안 되는 시간이 허락된 동안

참된 믿음에 대한 가르침을 주었다.

무장한 신사들의 밀집한 부대가

그를 에워싸고 곧 그를 밖으로 호송하여

하나님의 내세를 소망하며

죽음을 받아들이게 했다.

다른 면에서는 십자가(인디오의 옹호자들인 수도사들과 성직자들)와 칼(정복자들과 식민지 개척자들) 사이의 싸움은 교회와 국가, 영적 권력과 세속 권력 사이의 길고도 미로와 같은 관계에서 가장 흥미로운 부분에 해당한다. 때때로 복음전도자들은 아메리카 원주민의 몸을 속박하지 않은 채 그들의 영혼을 구하려고 노력했지만 이것이 일반적인 관행은 아니었다. 평화로운 복음화의 가장 유명한 예는 라스 카사스가 과테말라의 베라 파스에서 벌였던 종교 활동이었다.

3장에서 언급한 대로 1526년 칙령을 통해 스페인 국왕은 탐험대마다 수도자나 성직자를 대동할 것을 요구함으로써 칼의 폭력을 통제 또는 완화하고자 했다. 이리하여 원주민들에 대해 군사 행동을 취하기 위해서는 수도자들이 "서명한" 사전 허가를 받아야 했다(출처: Konetzke 1953, 1:92, 94). 데메트리오 라모스(Demetrio Ramos et al. 1984, 716)는 그 결과에 대해 다음과 같이 평가했다. "1526년 체제는 실패했다.…양심의 보루가 되어야 했던 '수도자 또는 성직자' 두 명이 지닌 도덕적인 힘은 전혀 효력을 발휘하지 못했다."

성 아우구스티누스에 의해 증진된 정당한 전쟁이라는 신학적-법률적 개념은 전쟁의 잔혹성을 완화함과 동시에 한 국가가 어떤 경우에는 심각한 피해에 대응하여 무기를 사용할 수 있을 뿐 아니라 심지어 사용해야 함을 인정하는 이중적인, 어려운 과제를 갖고 있었다(Russell 1975를 보라). 스페인의 신학자들과 법률가들은 토착 종족들과의 무력 충돌이 정당한 전쟁의 기준을 충족했음을 입증하려고 했다. 세풀베다는 극단적인 경우에 해당하지만 비토리아 역시 한편으로는 정당한 전쟁의 이유와 명분을 정의하고 제한하면서도 같은 일을 했다. 일반적으로 스페인 학자들은 정당한 전쟁이라는 개념을 당시 가톨릭 군대가 마주하고 있던 두 개의 대결(한편으로는 투르크인 또는 무슬림과의 대결 및 다른 한편으로는 원주민 종족과의 대결)을 분석하는 개념 축으로 삼았다. 비토리아부터 스페인의 예수회 신학자인 프란시스코 수아레스에 이르기까지 "이교도들"을 상대로 한 전쟁의 정당성은 카스티야 학계의 핵심적인 문제였다.

그러한 사상가들에게 군사적 충돌의 적법성을 결정하는 주요 기준은 피해를 당했지만 보복하지 못했다는 사실에서 도출되었지만(비토리아, "전쟁을 일으킬 수 있는 오직 하나의 정당한 명분은 피해를 입었다는 사실이다"), 성전이라는 위험한 종교적 동기를 근거로 불신자들과 이방인들을 폄하하기 쉬웠다. 그 경우 스페인 신학자들은 때때로 끔찍하리만큼 잔인한 극단적 조치를 승인했다. 예수회 소속의 루이스 데 몰리나는 「정의와 법」(*De iustitia et iure*, 2.122, 각주 4. Höffner 1957, 455에 수록된 글)에서 이교도인 적들을 죽일 것을 권고한다.

예를 들어 이방인들, 곧 회심하거나 죄악된 삶을 버릴 것으로 기대하기 힘든 자들을 대할 때와 같이 그들을 죽이는 것이 교회를 위해 그리고 심지어 그 죄인들을 위해서도 유익할 경우, 그들을 전부 죽이거나 적어도 그 목표를 달성하는 데 필요하다고 간주되는 만큼 죽이는 것은 의심할 여지없이 거룩하고 정당한 일일 것이다. 그러한 처형은 그 자체로 정당할 뿐 아니라 하나님과 이웃에 대한 사랑의 표현이기도 할 것이다. 이는 교회와 그 명령 집행자들뿐 아니라 심지어 처형된 자들에게도 유익할 것이다. 왜냐하면 죽음이 그들로 하여금 죄를 계속 쌓아올리지 못하도록 막아줄 것이기 때문이다. 그들이 영원한 불구덩이 속에서 받아야 할 벌은 이 세상에서 계속해서 살아갔을 경우에 받게 될 벌보다 가벼울 것이다.

이 언급은 정당한 전쟁과 거룩한 전쟁을 구분하는 경계가 애매하다는 점 및 성전에 수반하기 마련인 만행과 폭력을 보여준다.

라스 카사스는 이와 반대로 인디오들이 스페인 사람들에 대항하여 벌이는 전쟁이 정당하다는 입장을 취했다. 스페인 사람들의 전쟁에는 전쟁을 정당화하는 두 가지 필수 요소인 정당한 명분("어떤 전쟁도 선전포고에 합당한 명분이 없다면 정당한 전쟁이 아니다.…그러나 그 이교도 종족[인디오들]은…전쟁으로 공격받아도 마땅한 어떤 피해도 그리스도인들에게 끼치지 않았다"[Las Casas 1942, 515])과 진정한 권위(라스 카사스에 따르면 정복자들의 전쟁은 국왕의 진정한 동의 없이 수행되었다)가 결여되었다.

반면에 라스 카사스가 보기에 인디오들이 스페인에 대해 벌이는 전쟁들은 그들에게 정당성을 부여하는 공식적인 기준을 충족한다. 그 전쟁들은 해당 영토를 다스리는 진정한 권위에 의해 선포되었고, 방어를 위한 전쟁이며, 보복하지 못한 무수한 피해에 대한 대응이다. 스페인 사람들은 눈이 멀어서 다음과 같은 사실을 보지 못한다.

> 그와 같은 이유와 그러한 명분[즉 그 **포고문**을 수용하지 않은 것]하에 벌어지는 전쟁은 예나 지금이나 앞으로도 늘 불의하고 사악하며 폭압적이고 혐오스러운 것이다. 그 전쟁들은 인디아스의 주민들과 거주자들에 대해 벌이고 있거나 장차 벌이게 될 것이다. 그 전쟁들은 모두 자연법과 인간의 법과 신율에 의해 규탄된다. 따라서 그런 전쟁을 시작한 모든 스페인 사람들 및 모든 그리스도인에 맞서 이 이교도들이 벌이는 전쟁은 매우 정당하다(Las Casas 1986, 3.3.58:30).

> 온갖 불공정으로 가득하고, 자기들 사이에서 통용되는 온갖 법에 의해 규탄되는 그들의 지극히 불의한 행위 때문에 인디오들에게는 모든 명분 중 최고의 명분이 있으며, 인디오들이 자연법과 신율과 인간의 법을 통해 갖고 있는 정의로운 다른 많은 명분도 있다. 그것은 만약 그들에게 필요한 힘과 무기가 있다면 그들[그들의 원수들]의 사지를 찢고, 그들을 자기들의 땅에서 쫓아내는 것이다.…따라서 이것이 인디오들이 스페인 사람들에 맞서 전쟁을 벌이는 이유다(Las Casas 1989, 101).

스페인 사람들의 전쟁은 토착 민족이 지닌 모든 천부적 권리에 대한 침해이며, 원주민들을 개종시킬 때 준수해야 할 절차와 반대되는 혐오스러운 절차다. 라스 카사스에 따르면 바람직한 개종은 원주민들의 이해력에 호소하고 그들의 마음을 끌어당기는 것이 되어야 하지만 무력 충돌에는 이 두 요소가 없다. 전쟁이 식인 풍습과 우상에게 인간을 희생제물로 바치는 행위를 근절시키는 등 더 긍정적인 결과를 가져올 것이라고 주장하는 이들의 견해에 맞서서, 그는 일반적으로 무력 충돌에서 발생하는 희생자 수가 식인 풍습이나 희생제의로부터 구해낼 수 있는 수보다 많으며, 무력으로 신앙을 강요하려는 욕구는 그리스도인들보다는 무함마드 추종자들에 더 부합한다고 답변한다.

하지만 우르다노스(1960, 629, 주석 269를 보라)처럼 라스 카사스의 입장을 "극단적인 평화주의"로 지칭하는 것은 옳지 않다. 라스 카사스가 무력 충돌을 "가장 나쁜 악"이자 "몸과 영혼의 역병"(Las Casas 1974, 298, 360)이라고 부르기는 하지만 그의 입장을 평화주의로 분류하는 것—그 용어가 모든 군사 행동에 대한 무조건적 거부로 이해될 경우—은 그의 견해를 왜곡하는 처사다. 여기서 다음 두 가지를 고려할 필요가 있다.

첫째, 라스 카사스는 외부의 침략자로부터 국가와 민족을 지키기 위한 무력 사용(그는 이것을 타당하다고 생각한다)과 복음 전파를 위한 무력 행동(이것은 불법이다)을 구분한다.

> 그러나 그 결과 그리스도인 군주가 자신의 공화국을 지키기 위해 무력 충돌이 필요할 경우 그에게 그것이 금지되어 있다고 생각하지 말라. 예수 그리스도의 법을 선포하고 따라서 기독교가 영적으로 다스리는 곳에서 회중이 모여 기독교를 전파하고 보존하는 방법과, 인간이 만든 공화정을 바른 이성에 부합되게 보존하는 방법은 다르기 때문에 우리는 때때로 공화정을 방어하고 그것을 폭정으로부터 해방하기 위해 전쟁을 수행할 필요가 있다(Las Casas 1942, 491).

둘째, 라스 카사스는 군주가 전쟁을 통해 기독교 신앙을 수호하거나 전파할 수 있는 때도 있다고 주장한다. 그가 지지하는 세 가지 전통적인 사례는 다음과 같다. (a) 성지 수복—이는 십자군의 이유였다, (b) 무어인들로부터의 이베리아 반도 탈환, (c) 일반적으로 "신앙의 원수이자 기독교 왕국의 찬탈자"인 무슬림을 상대로 한 전투(Las Casas 1965, 1037).[11] 그의 견해로는 이 사례들은 무슬림이 기독교를 공격한 데 대한 방어 조치다. 예컨대 오스만 튀르크와 휴전 협정을 맺을 경우에도 그로 인해 다음과 같은 사실이 바뀌지는 않는다. "그들이 실제로 우리에 대해 전투를 벌이고 있을 때뿐 아니라 전투를 멈춘 때에도 우리는 그들에 맞서 정당한 전쟁을 할 수 있다. 우리는 아주 오랫동안 우리를 해하려는 그들의 의도를 경험해왔기 때문이다. 따라서 우리가 그들에 맞서 수행하는 전쟁은 전쟁이 아니라 정당방위라고 불러야 한다"(Las Casas 1986, 1.1.25:134).

라스 카사스는 한 걸음 더 나아가 적대적인 불신자들의 공격으로부터 복음 전파와 선교사들을 지키기 위한 무력 행동을 기꺼이 정당화한다. "그들이 악의적으로 우리의 신앙과 기독교를 괴롭히거나 어지럽히거나 방해하거나 정당한 이유 없이 사제들과 설교자들을 죽인다면 그들에 맞선 우리의 전쟁은 정당할 것이다"(같은 책). 그러나 불신자들의 난폭한 행동에 참으로 "정당한 사유"가 없다는 것과 복음 전파에 대한 저항이 스페인 그리스도인들이 과거에 저지른 불의에 대한 대응이 아니라 "악의적으로" 행해진 것임이 먼저 입증되어야 한다(1974, 25장, 168-175).

라스 카사스는 세풀베다에 맞선 방대한 변론에서 비토리아가 이교 신들의 제단에서 희생되거나 식인 행위를 목적으로 처형되는 무고한 희생자들을 지키기 위한 무력사용의 적법성에 대해 주장한 내용을 원칙적으로 받아들인다. 하지만 라스 카사스가 보기에 현실은 그러한 무

---

11 그러나 내가 앞에서 지적한 바와 같이 그는 훗날 아프리카인 노예제에 대한 성찰에서 모든 무슬림이 반드시 "신앙의 적, 기독교 왕국의 찬탈자"인 것은 아니라는 중요한 결론에 도달했다.

력 개입의 적절성과 모순된다. 그의 독특한 계산에 따르면 아메리카의 종족들에 의해 제물로 바쳐지거나 잡아먹히는 사람들은 그리 많지 않은 반면 스페인의 무장 개입은 더 많은 무고한 사람들에 대한 더 큰 피해를 수반할 것이기 때문이다(같은 책, 185-194).[12] 그는 자신이 늘 하던 방식대로 그러한 군사 조치가 부당함을 입증하기 위해 신학과 법률 분야 권위자들의 저술에서 광범위하게 인용한다.

그는 또한 (잘 알려진 알비파[Albigensians] 및 후스파[Hussites] 토벌전과 같은) 이단자들에 대한 전쟁의 정당성을 인정한다. "교황좌는 가톨릭 군주들에게 이단자들의 왕국을 하사하고 양도할 수 있으며…이들[가톨릭 군주들]에게 이단자들과 전쟁할 것과 그들을 근절할 것을 명할 수 있다." 물론 이 명령은 "그 전쟁이 막대한 손실이나 살육이나 피해를 초래하지 않고 완수될 수 있다"는 한 가지 조건하에 내려져야 하는데, 이는 비례성이라는 전쟁 기준에 부합한다(Las Casas 1965, 1037).[13]

라스 카사스는 이단자를 다루는 방식과 불신자인 원주민을 대하는 방식을 구분한다. 이단자들은 그들이 세례 서약을 순종하지 않은 결과

---

12 Las Casas는 스페인의 잔학 행위에 대한 그의 과장된 계산과는 달리 원주민들은 1년에 "30명, 100명, 또는 1000명" 이상의 인명을 제물로 바치지는 않았으며, 그들 모두가 다 반드시 "무고한" 것도 아니었다고 생각했다(같은 책, 205). Las Casas에게 전혀 동정적이지 않은 Motolinía(1984, 3.11:167)도 "불신앙의 시기 동안 그곳에서 벌어진 모든 [인신] 제사, 전쟁, 살인보다 우리 스페인 사람들의 탐욕이 이 땅의 파괴와 인구 감소에 있어서는 더 큰 책임이 있다"고 인정하는 점을 주목하라.

13 또 다른 경우에 Las Casas는 폭군이며 잔인한 불신자 군주들에 대한 전쟁이 정당할 수 있다고 언급한다. 그 최고 사제인 교황은 그들에게 전제적 통치 방식을 바꾸라고 권고할 수 있다. 그들이 교황의 요청에 주의를 기울이지 않을 경우, "그리스도의 최고 대리자는 전쟁을 통해 시정하지 않거나 저항하는 그 폭군들에게 강요하도록 명령할 수 있다." 이는 Vitoria가 스페인 사람들이 원주민들과 벌인 전쟁을 정당화하는 이유 중 하나인 무고한 이들에 대한 보호라는 명분을 생각나게 한다. 그의 이 관점은 16세기 스페인의 스콜라주의적인 도미니코회 수도사들—또한 기독교의 인도주의적 제국주의—의 관점과 가깝지

교회와 국가의 강제력을 통해 굴복시킬 수 있지만 불신자는 그렇지 않다. 따라서 그는 세풀베다가 이단자들에 대한 국가의 탄압을 옹호하는 아우구스티누스의 서신을 불신자인 인디오의 경우에 인용하는 것의 적실성을 인정하지 않으려 한다.

> 세풀베다 박사가 성 아우구스티누스가 이단자들에 대해 말한 내용을 인디오들에 대해 사용하는 것은 별 소용이 없다. 이단자들은 이미 교회에 속해 있으므로 그들이 세례를 통해 약속한 신앙에 강제로 복종시킬 수 있다. 그러나 이는 인디오들에게는 해당하지 않는다. 그들은 세례를 받지 않았으므로 교회에 속해 있지 않기 때문이다(Las Casas 1965, 381).

"불신자"와 "이단자" 간의 핵심적인 구별 근거와 관련해서 나는 우리가 라스 카사스에 대한 존 펠런의 다음과 같은 판단(1974, 298)을 수정할 필요가 있다고 생각한다. 펠런은 라스 카사스가 정통 그리스도인이 되는 것이 한 사람이 가진 정치적·개인적 권리를 유효하게 하는 전제 조건— 이는 "오랫동안 성 아우구스티누스의 것으로 여겨진 사상"이다—이 아니라고 주장함으로써 "아우구스티누스의 사상을 아퀴나스의 사상으로 대체"하려 했다고 평가한다. 더 정확하게 말하자면 라스 카사스는 아우구스티누스의 명제가 이단자들에 대해서는 타당하지만 "불가항력적인 무지"로 인해 기독교 신앙과 분리되어 있는 불신자들에게는 그렇지 않다고 제언한다.

라스 카사스는 매우 정통적인 노선을 따르고 있다. 아퀴나스는 이

만, 그는 결코 그 관점을 완전히 전개하지 않는다(Las Casas 1965, 1009).

단자와 불신자 간의 차이를 자세히 설명했다. 카예타노 추기경은 이를 조금 더 세분했다. 즉 불가항력적인(즉 결백한) 무지로 인한 불신자이고 따라서 이교도인 데 대해 죄가 없는 불신자 범주를 구별했다. 이러한 범주의 구별은 불신앙이 하나님께 대한 용납할 수 없는 범죄라는 이유로 불신앙에 맞선 성전을 옹호하는 보편주의적 신정 국가 개념을 억제하는 방어벽이 되었다.[14] 핵심 구절 중 하나에서 카예타노는 법적으로 및 사실상 기독교의 관할권 아래 있는 불신자들, 법적으로는 기독교의 관할권 아래 있지만 사실상 그렇지 않은 불신자들, 그리고 법적으로도 사실상으로도 합법적 신민이 아닌 불신자들을 구별했다. 신세계 원주민들은 세 번째 범주에 속했다.

> 이 땅의 소유자들은 비록 불신자들이지만 [기독교에 아무런 해도 끼치지 않은 자들로서] 그 땅의 합법적인 소유자들이다.…[그리고] 그들의 불신앙으로 인해 그들에게서 그 땅에 대한 지배권을 박탈할 수 없다. 지배권은 자연법에서 나오고 불신앙은 신율—이는 자연법을 파괴하지 않는다—에서 나오기 때문이다.…어떤 왕이나 황제, 심지어 로마교회마저도 그들의 땅을 차지하고 세속적인 사안에서 그들을 지배하기 위해 그들과 전쟁을 벌일 수 없다. 정당한 전쟁을 벌일 만한 명분이 없기 때문이다.…반면 우리가 이런 방식으로 예수 그리스도에 대한 믿음을 퍼뜨리기를 바란다면 우리는 심각한 죄를 범하게 되고, 정당한 관할권도 얻지 못하고, 도리어

---

14 그의 핵심 저술인 *Secunda secundae partis summae totius theologiae d. Thomae Aquinatis, Thomae a Vio Cajetani commentariis illustrata*를 보라. 1517년 최초로 출판된 이 저술은 많은 사본들이 회람되었고 이 저술이 많이 언급되었기 때문에 널리 읽혔다. 불신자들 간의 구분은 『신학대전』 part 2-2,66.8에 대한 주석에 등장한다.

심각한 강도짓을 저지르는 셈이 될 것이며 이 불의한 대적들과 소유자들을 대신하여 배상해줄 의무를 지게 될 것이다. 그곳에 있는 불신자들에게는 자신들의 설교와 모범을 통해 그들을 하나님께로 개종시킬 수 있는 선한 사람들을 보내야 한다. 그들을 억압하고 약탈하고 그들을 분노케 하고 굴복시키는 자들, 그들을 바리새인들처럼 배나 더 지옥 자식으로 만드는 자들을 보내지 않아야 한다.[15]

하지만 동시에 이단자들에 대한 잔인한 핍박도 정당화된다. 아퀴나스 (*Summa* 2-2.10.8)는 "믿음의 행위는 의지에 속하므로" 불신자들이 개종하도록 강요되어서는 안 된다고 주장한 뒤, 이단자들과 배교자들에 대해 그들이 "자신이 약속한 바를 이행하고 한때 받아들였던 신앙을 고백하도록 신체적 강제에 처해져야 한다"고 말한다.

　　라스 카사스는 신학적 이단에 대한 불관용으로부터 자신을 분리시키지 않는다. 그는 '교회 밖에는 구원이 없다'는 교의상의 표어를 되

15　같은 책. 이 인용문은 Leturia(1959, 1:164)와 López de Palacios Rubios and Paz(1954, lxxxv-lxxxvi)의 논문에 대한 Zavala의 서론에 포함되어 있다. Las Casas는 그의 "Tratado de las doce dudas"(1965, 490)와 『페루의 보화』([1563] 1958, 260)에서 이 글을 라틴어로 인용한다. 비록 이 단락에서 Cayetano가 인디아스를 둘러싼 논쟁을 명시적으로 언급하지는 않지만 Las Casas(1986, 2.3.38:563)는 도미니코회 수사인 Hierónimo de Peñafiel을 통해 아메리카 원주민들에게 저질러진 학대에 대해 알게 된 뒤 이 글을 썼다고 주장한다. 이 텍스트는 여러 도미니코회 신학자들, 특히 다음과 같은 학자들에게 큰 영향을 주었다. 『인디아스에 대하여』(1538)에서 "신세계의 야만인들"에 대한 스페인의 부당한 지배에 관한 논의에 할애된 한 단락에서 동일한 사상을 전개한 Vitoria; Bartolomé Carranza의 강의록 *An infideles possint habere dominium super fideles*(1539); Melchor Cano의 논문 *De dominio indiorum*(1546) (바로 앞의 두 텍스트는 각각 Pereña 1956, 38-57, 90-147에 수록되어 있다); Hanke and Millares 1977(241)에 수록되어 있는 Miguel de Benavides 수사의 성명서 "Ynstrucción para el govierno de las Filipinas." Cayetano에 대해서는 Carro 1944(1:397-408)를 보라.

풀이한 뒤 아메리카 원주민들과 달리 "이단자들은 영적 처벌인 출교를 통해 교회에서 추방해야 한다"고 경고한다. "거룩한 가톨릭 신앙이 없는 곳에 구원이 있을 수 없기" 때문에 "만일 그들이 완고하게 자신의 오류를 고집한다면 그들은 불 속에서 소멸되어야 한다"(Las Casas 1967, 1.3.45:238; 1974, 163-164, 304-312).[16] 그것은 대체로 로마교회 신학자들의 공통된 교리였다. 전쟁을 통해 원주민에게 개종을 강요하려는 시도를 비판한 도밍고 데 소토도 그들에게 기독교 신앙이 선포되지 않은 불신자들과 이단자들을 구별했다. 이단자에 대해서는 형벌이—심지어 사형도—정당하다. "확실히 이단자들을 위협과 공포로 강제하는 것과 심지어 그들을 사형에 처하는 것도 정당하다.…그러나 불신자들에 대해서는 그렇지 않다."[17]

하지만 원주민들을 상대로 한 전쟁은 위에서 간략히 설명한 범주 중 어디에도 해당하지 않는다. 아메리카 원주민들은 "우리를 괴롭히거나 학대하는 투르크인이나 무어인이 아니다"(Las Casas 1986, 3.3.120:241). 그들은 이단자도 아니다. 기독교에 해를 주지 않는 불신자들에게는 정당한 전쟁의 규범이 적용되지 않는다. 기독교에 속한 유럽과 이슬람을 신봉하는 "불신자들" 간의 대치가 오랫동안 이어지면서 많은 이들이 불

---

16 Sepúlveda를 논박하는 『변론』(*Apologia*)에서 Las Casas는 그의 유실된 저술 *Del único modo de atraer a todos los pueblos a la verdadera religión*의 제1권에서 자신이 이단자(그들이 세례 받을 때 했던 맹세를 이행하도록 강요할 수 있다)와 불신자(이들은 기독교를 알지 못하므로 교회의 가르침에 복종하도록 강요할 수 없다)를 자세하게 구별했음을 시사한다(Las Casas 1974, 312).

17 "그리고 진실로 위협과 테러를 통해 후자(이단자)에게 강요하는 것과 심지어…그들에게 극형을 가하는 것도 합법적이다. 전자에게는 이렇게 할 수 없다." Salmanticae, 1570 (1:272). Castañeda Delgado(1974, 137)에 라틴어로 인용되어 있다. Höffner(1957, 114-118)는 황금기의 위대한 스콜라주의 스페인 신학자들(Vitoria, Soto, Bañez, Suárez)은 만장일치로 이단자들에 대한 박해와 처형을 옹호했음을 보여준다.

신앙을 전쟁에 대한 정당한 원인으로 간주하는 실수를 저지렀다.

우리가 지금 겪고 있는 혼란은 바로 거기서 비롯되었다. 몇몇은 교사들[학자들]이 기독교의 이름을 핍박하고 기독교 왕국을 폭력적으로 점령한 무어인들과 투르크인들에 대해 확언하는 바를 세상에 그리스도인들이 존재한다는 것을 알지도 못했고 알아야 할 의무도 없었으며 따라서 그리스도인들을 공격한 적도 없는 불신자들에게까지 확대할 것을 주장한다(Las Casas 1965, 1039).

멕시코 주교인 후안 데 수마라가도 수도사들 중 한 명으로부터 페루의 상황에 대한 설명을 들은 뒤 1537년 4월 4일 쓴 편지에서 인디오 부족들에 대한 무력 침략을 비판했다. "정복행위는 중단되어야 합니다.… 그들은 기독교와 우리의 가톨릭 신앙에 수치스러운 모욕입니다. 이 대륙에서 지금껏 일어난 일은 오로지 학살뿐입니다"(출처: Cuevas 1975, 83; Ramos et al. 1984, 132-133에서 Pérez Fernández도 인용했음).

프란치스코회 수사로서 라스 카사스를 추종하는 가스파르 데 레카르테는 1584년 9월 24일 짧은 보고서에서 카스티야인들의 정복 전쟁은 부당한 반면 원주민 편에서 저항과 방어를 위한 전쟁은 정당함을 강조했다.

불신자 원주민들은 자연법과 국제법에 따라 이 땅과 왕국들의 합법적이고 진정한 주인이기 때문에 그 인디오들의 분명하거나 암묵적인 의지에 반하여 그 땅으로 들어오려고 하는 모든 자들이 자기네 땅에 들어오는 것을 무력을 통해 정당하게 저지할 수 있고, 그들을 적이자 자연법과 국제법 위반자로 규정하여 그들에게 대항할 수 있고, 필요한 경우 그들을 죽일 수도 있다.…그러므로 스페인 사람들은 방어를 이유로 그들에게 무력으로 대항할 수 없다(출처: Gómez Canedo 1977, 282).

하지만 이것은 소수파의 견해였다. 또 다른 스페인 출신의 주교인 바스코 데 키로가는 자신의 교구인 "미추아칸 교구의 성당 건축 감사장"에서 "기독교 신앙의 지배를 구성하는 칼과 십자가 간의 긍정적인 상호관계에 관한 다수파의 견해를 표명한다.

> 스페인 왕국의 왕좌에 그토록 걸출한 영웅들을 두는 것이 하나님이 기뻐하시는 뜻이었는데, 그들은 야만인들의 칼과 병기를 물리쳤을 뿐 아니라 자신의 목숨과 재산을 아끼지 않고…아주 멀리 떨어진 미지의 지역으로 진출하여 우상숭배라는 괴물을 패퇴시켰으며, 기독교에 대한 박수갈채와 행복한 기대를 받으며 가는 곳마다 생명의 복음을 심었고, 이를 통하여 십자가의 기치가 온 세상에서 승리를 거두도록 했다(출처: Zavala 1971, 263-264, 448).[18]

"십자가의 기치가 온 세상에서 승리"를 거둘 수 있게 해준 것은 수도자들이 지니고 있던 정복자들의 칼이었다. 기독교 신앙의 지배는 무력과 전쟁의 폭력을 통해 실행된다. 교황 클레멘스 8세는 콜럼버스의 제1차 항해 100주년 기념일에 「지존하신 하나님의 능력」(*Excelsia divinae*

---

18 Vasco de Quiroga는 원주민들의 복리를 위해 헌신한 주교였던 것으로 보인다. 멕시코 주교였던 Juan de Zumárraga 수사는 1537년 2월 8일 인디아스 평의회에 Quiroga에 대해 다음과 같이 써 보냈다. "이 선한 사람은 그들에게 사랑을 베푸는데, 그는 위대한 정신과 인내심을 가지고 그들을 위해 지속적으로 행하는 일들과 끼치는 유익을 통해 그 사랑을 입증합니다.…"(출처: Cuevas 1975, 76).

potentiae)이라는 칙서를 통해 다음과 같이 축하한다.

그토록 엄청난 수의 신세계 국가들…누에바에스파냐, 아메리카, 브라질, 페루 그리고 주변의 모든 광대한 지역이 개종하게 된 것을 치하합니다.

이 모든 일로 인하여 하나님을 송축합니다. 하나님께서 그 크신 자비로 말미암아 이 시대에 사람들이 더 이상 진노의 자녀가 되지 않고 살아 있는 소망과 그의 아들 우리 주 예수 그리스도를 아는 지식으로 인도함받도록 하셨습니다.

신앙과 국가의 일치가 빠질 수 없었다. 클레멘스 교황은 1592년 3월 21일 정복된 땅의 주민들에게 스페인 국왕에게 온전히 충성할 것을 권고한다.

마지막으로 우리는 주님 안에서 그대들에게 그리스도 안에서 우리의 친애하는 아들이며 스페인과 인디아스를 통치하는 가톨릭 국왕이자 그대들의 군주인 펠리페 왕에게 충성과 복종을 바칠 것을 충심으로 명합니다. 교황좌는 그에게 그 민족들의 구원을 가져오게 할 권한과 사명을 수여하였습니다(출처: Terradas Soler 1962, 118-120).

12

복음 전도와 폭력

세례 성사

우리는 국왕이 지상에 있는 모든 시간 동안 그대의 열정을 다해 야만인 종족들이 만물의 창조주이자 조성자이신 하나님을 알게 하되 칙령과 훈계를 통해서뿐 아니라 필요할 경우 강제력과 무기를 통해서도 저들의 영혼이 천국을 공유하게 할 것을 믿습니다.

- 교황 클레멘스 7세

야만인들은 노예근성을 타고났으므로, 두려움을 이용하여 그들을 힘으로 강제하지 않는다면…그들이 복종하기를 거절할 것은 의심의 여지가 없으며 경험이 그것을 확인한다. 그렇다면 어떻게 해야 하는가?…채찍을 사용할 필요가 있다.…이런 식으로 그들은 설령 그것이 자기들의 뜻에 반한다 하더라도 구원에 이르도록 강제된다.

- 호세 데 아코스타

선교적 행동인가 아니면 정복을 통한 복음화인가?

스페인 제국의 목표가 아메리카 원주민의 영원한 영적 구원이었다고 하더라도 스페인이 그들에게 자신의 종교를 강요할 정당한 권한을 갖고 있었는가? 이 질문은 유럽의 모든 주역들이 본질적인 사명으로 간주한 기독교 신앙을 전파하는 과제를 고통스럽게 언급한다. 히메네스 페르난데즈는 (Las Casas 1965에 대한 서문, 65, 1:lviii에서) "아메리카 인디오 대중의 복음화가 16세기 전반 성직자들에게 제기했던 새로운 문제들이 매우 중요하다"는 점을 언제나 "충분히 인식"했던 것은 아니라고 올바로 주장한다. 그것은 기독교의 팽창에 매우 중요한 계기였다. 신세계의 복음화 덕분에 기독교는 유럽의 지역 신앙에 머무르지 않고 세계 종교가 되었다.

콜럼버스가 원주민들로부터 따뜻한 환대를 받은 뒤 남긴 첫 인상은 폭력을 사용하지 않고도 그들을 개종시킬 수 있다는 것이었다. "나는 그들이 폭력을 통해서가 아니라 사랑을 통해 더 효과적으로 자유롭게 되고 우리의 신앙으로 개종할 사람들인 것을 깨달았다.…나는 그들이 머잖아 그리스도인이 될 것이라고 믿는다"(Varela 1986, 62-63). 그는 언어 문제만 인식했고 그것이 쉽게 극복될 것이라고 생각했다. 그것은 원주민들이 개종하기 전에 몇몇 수도사가 토착 언어를 배우면 될 문제일 뿐이었다. "나는 경건한 수도자들(탁발 수사들)이 원주민의 언어를 배워 그들에게 파송되면, 그들이 모두 곧 그리스도인이 될 것이라고…말했다"(같은 책, 92).

하지만 이 판단은 콜럼버스가 적절한 소통 가능성이 없던 이방인들과 접촉한 지 불과 몇 시간 뒤에 내려졌기 때문에 그 판단의 타당성은 매우 의심스럽다. 그 성급한 판단이 다른 가능성을 배제하지는 않는다. 즉 원주민들이 가톨릭 신자가 되라는 초청을 받아들이지 않았다면, 더구나 그들의 땅에 대한 몰수 및 힘들고 혹독한 노동을 해야 할 의무까지 더해졌다면, 무력이 사랑을 압도할 것이다(콜럼버스 제독은 원주민의 군사 기술이 원시적임을 눈여겨보았다). 유럽인들은 "사랑"으로든 "무력"으로든 반드시 토착 종교를 불법화하고 파괴하며 그것을 기독교로 대체할 필요가 있다는 것을 절대로 의심하지 않았다.

원주민의 복음화와 스페인 사람들이 부를 축적하는 것 사이에 밀접한 연결 관계가 있음이 콜럼버스가 남긴 글에 잘 드러나 있다.

> 원주민들에게는 어떤 종파도 없으며 그들은 우상숭배자도 아닙니다.…그들은 모두 하나님은 하늘에 계시며 우리가 분명히 하늘에서 왔다고 믿고 있습니다.…그러므로 두 분 폐하께서는 그들을 그리스도인으로 만들기로 작정하셔야 할 것입니다. 제가 믿기로는 이 일을 지금 시작하신다면 머지 않아 많은 종족이 개종할 것이고 우리의 거룩한 신앙과 두 분 폐하께서는 많은 나라들과 부를 얻을 것입니다.…틀림없이 이 땅에는 엄청난 양의 황금이 있습니다(같은 책, 94).

많은 유럽인들, 특히 수도사들과 사제들은 모톨리니아(1984, 211)가 표명한 다음과 같은 규범을 따랐다. "이 땅 전역에 거룩한 복음이 선포되는 것과 예수 그리스도의 거룩한 복음을 기꺼이 들으려 하지 않는 자들은 복음을 듣도록 **강제되는** 것이 적절하다. 여기서는 '자신의 의지로 악을 행하는 것보다 강요받아 선을 행하는 것이 낫다'는 옛 속담이 적용되기 때문이다."[1]

그것은 원주민들이 가진 신화와 종교의 세계를 이해하려 했던 최초의 수도사들이 품었던 시각이기도 했다. "성 예로니모 수도회의 가난한 은둔자"라고 불리는 라몬 파네 수사(1987, 21)는 콜럼버스의 제2차 아메리카 항해 여정에 동행했다(같은 책, "Estudio preliminar," 4). 콜럼버스 제독은 그로 하여금 히스파니올라의 타이노족이 사용하는 언어와 그들의 관습을 연구하도록 위임했다. 그 결과 "신세계에서 유럽인의 언어로 기록된 최초의 책"이라고 불리는 간략한 보고서가 나왔다(같은 책, 1). 결국 그는 원주민의 복음화에 대해 다음과 같이 조언했다.

[몇몇은] 쉽게 믿는 경향이 있었다. 그러나 다른 이들에게는 **강제력**이 필요하다. 모든 사람의 성격이 같지는 않기 때문이다. 잘 시작해서 더 좋게 마무리하는 사람들[최초의 개종자들]이 있었던 것처럼, 잘 시작했다가 나중에 자신들이 배운 것을 비웃는 자들도 있을 것이다. 그런 자들에게는 **강제력과 처벌**이 필요하다(같은 책, 55; 강조는 덧붙인 것임).[2]

---

1   하지만 Motolinía(1984, 3,5:137)는 프란치스코회의 누에바에스파냐 선교의 특징이 된 이중성을 충실하게 설명하면서도, 때때로 향수에 젖어 어떤 때(1532-33년)는 그들이 "사전 무력 정복 없이 그곳에 복음과 하나님의 말씀을 전파"하기 위해 남쪽 바다를 통해 새로운 땅을 발견하려 했지만 성공하지 못했다는 사실을 인정한다.

2   이 논문의 원본이 발견될 경우 Pané에 대한 모든 판단이 수정될 여지가 있지만, 그는 Bartolomé Colón이 기독교의 성상(聖像) 몇 점을 농장 밭에 묻어버렸다는 이유로 Guarionex의 수하에 있는 여섯 명의 인디오를 처벌한 것이 옳다고 생각한 것으로 보인다. 스페인 사람들은 이를 "신성모독"으로 여겼고, 그러한 "불경스러운" 범죄에 대해 카스티야 법이 정한 처벌을 적용했다. José Juan Arrom에 따르면(출처: Pané 1987, 52-54), 그 사건은 통탄할 실수였다. 많은 수확을 얻기 위해 우상(cemíes)을 묻는 것은 타이노족의 풍습이었다. 그들은 명백히 가톨릭의 "성상"(cemíes)에 대해 동일한 의식을 하려고 했다.

히네스 데 세풀베다(1951, 64-65, 71)는 특히 그 문제에 관심이 있었는데, 그는 고도의 외적인 강제력을 사용할 것을 제안하면서 다음과 같이 주장한다.

기독교에서 벗어나는 자들은 우리가 그들의 의지를 거슬러서라도 가능한 모든 수단을 동원하여 회복시키지 않는다면, 그들은 오류의 길에서 방황하다가 확실한 낭떠러지를 향해 걸어간다.···따라서 나는 그 야만인들에게 선을 행하도록, 즉 의롭고 신앙심 깊은 사람이 되라고 권할 뿐 아니라 그렇게 되도록 강제해야 한다고 단언한다.

세풀베다는 아우구스티누스가 이단자들에 대해 국가가 폭력을 사용하는 것을 정당화한 것을 복음 선포를 **공포**와 연결하는 무기로 둔갑시켰다.

나는 야만인들로 하여금 설교자들의 가르침을 경청하도록 통제할 뿐 아니라, 교리와 권고에 위협을 더함으로써 공포를 확산시켜야 한다고 단언한다.···유익한 공포에 건전한 교리가 더해져 진리의 빛이 오류의 어둠을 흩어버릴 뿐 아니라 공포의 힘이 악한 습관을 깨뜨리면, 내가 말했던 대로 우리는 많은 이들의 구원을 보고 기뻐하게 된다(같은 책, 73).

이성적·감정적 설득만 사용된다면 야만인들의 구원은 매우 어렵고 힘이 들 것이다. 뿌리 깊은 옛 전통, 사제 계급에 의한 억압, 야만적인 관습이 어우러져 기독교 신앙 수용에 방해가 되었다. 세풀베다는 원주민들이 유럽의 신학을 이해할 수 있는 능력이 있다고 생각하지 않았다. 다른 이교도들과 달리 신세계의 원주민들은 하나님에 대한 유일신관과 영적 개념을 발전시킬 수 없었고 인신 공양이라는 야만스러운 관습도 극복하지 못했다. 그들은 종교와 같은 중대한 사안들을 그들의 전적인 의사 결정과 숙고에 맡겨도 될 만한 합리성을 지니지 못했다. 그들의 개종을 완수하기 위해서는 국가의 강제력이 요구되었다. 세풀베다는 여느 때와 마찬가지로 그 논쟁에 아리스토텔레스의 논거를 끼워 넣는다. "대다수 인간은 말과 추론보다는 강제력에 의해 복종하며, 정직에 의해 인도되기보다는 처벌에 의해 강제된다"(같은 책, 74).[3]

선교 목적을 위한 군사력의 사용은 교황 클레멘스 7세가 1529년 5월 8일 카를로스 5세에게 보낸 서신에서 발췌한 이 장 서두의 인용 구절에서 예시했듯이 세풀베다에게서 비롯된 생각이 아니다(출처: Zavala 1971, 349; Hanke 1937, 77).[4] 교황은 영혼들을 하나님께로 인도하기 위해 "필요할 경우 강제력과 무기"를 사용하는 것을 옹호한다.

아코스타는 『인디오의 구원을 촉진함에 대하여』(De procuranda indorum salute 1588)라는 저술에서 정복을 통한 복음화 사례들을 수집했다. 그는 "오래전에 사도들이…야만인들 사이에서 군사 도구를 사용하지 않고 복음을 전파한 것"을 칭송한 뒤, 대다수 아메리카 원주민에 대해서는 그런 절차가 "지극히 어리석은 짓"일 것이라고 주장했다.

사도들의 방식과 명령은 그것을 편안하게 따를 수 있는 곳에서는 최선이

---

3   Sepúlveda는 아리스토텔레스의 『니코마코스 윤리학』(10.9:1180a)을 인용하고 있다. 그러나 이 아테네 철학자는 그 책에서 강제 개종에 대해 다루는 것이 아니라 법률과 사회적 미덕 간의 관계를 다루고 있다.
4   Höffner(1957, 344)는 교황 클레멘스 7세에 대해 다음과 같이 평가한다. "가톨릭 교회에 있어 운명적인 시기였던 그의 교황 임기 동안 로마는 약탈당하고 유럽의 3분의 1이 배교했으며, Carlos 5세와의 싸움 및 음모가 있었고, 혜택 배분에서 족벌주의와 남용도 지속되었다."

자 바람직했다. 그러나 그것을 따를 수 없는 곳—야만인들 사이에서는 그런 경우가 통상적이다—에서는 더 거룩하다는 가면하에 자신을 위험에 처하게 하고 결코 이웃의 영혼은 구원하지도 못한 채 자신의 목숨을 잃는 것은 결코 현명한 일이 아니었다.

아메리카의 여러 지역에 거주하는 야만인들의 경우 그들이 진정으로 그리스도인다운 삶에 필수불가결한 요소인 문명화되고 교양 있는 삶을 수용하게 하려면 어느 정도 국가의 폭력이 필요했다. "짐승 같이 살도록 지어진 이 부족들에게는 인간의 관습을 받아들일 여지가 별로 없다." 사도 시대에 많은 복음 전파자들이 순교당한 것은 사실이다. 그러나 그들을 처형한 자들은 "이성을 가진 사람들이었다." 인디아스의 야만인들에게 군사적 수단을 배제하고 평화로운 방법으로 신앙을 전파하려고 시도하는 것은 "멧돼지나 악어와 사귀는 척하는 것과 같은 일일 것이다." 그런 순교는 종교적 차이와는 아무런 관계가 없었다. 그것은 단지 "한 사람의 육신을 그들의 구미에 맞는 맛좋은 식사거리로 제공하는" 것에 불과하다. 인디아스의 복음화를 위해서는 군인들이 사제와 동행할 필요가 있었다(Acosta 1952, 2.8:169-172).

아코스타의 저술은 선교사들을 위한 일종의 지침서로 기획되었다. 그 저술의 선교 과업 개념은 정교한 "야만" 종족 분류 체계 내에서 틀이 짜졌다. 그의 견해에 따르면 세 가지 유형의 야만인이 존재한다. 첫째, "올바른 이성으로부터 그리 멀지 않은" 이들이 있다. 그들에게는 법률과 재판관과 안정되고 합리적인 사회 제도가 존재한다. 특히 그들에게는 기록 문화가 있다. 그들에게는 사도들과 같은 방식으로 신앙을 전파해야 한다. 하지만 아코스타는 신세계에서 이 범주에 해당하는 민족의 예를 하나도 발견하지 못했다. 그가 이 유형에 속한다고 생각하는 민족은 모두 중국, 일본, 인도 등 동양에 존재한다.[5]

두 번째 유형은 기록 문화나 깊이 있는 철학적 또는 문화적 개념에 도달하지 못하지만 합리적인 사회 제도를 갖춘 이들이다. 그들도 "지극히 괴이한 의식과 관습 및 법률"로 인해 고통 받고 있으며 "…더 강한 힘에 의해 제지되지 않는다면, 복음의 빛을 받아들이고 인간에 합당한 관습을 수용할 가능성도 거의 없다." 아스텍족과 잉카족 등 신세계의 더 진보한 민족들이 이 범주에 속한다. "복음과 상충되지 않는 그들의 법률과 관습"은 가능하면 보존되어야 하지만 이들을 복음화하고 문명화하기 위해서는 먼저 이들을 정복하여 정치적으로 지배할 필요가 있다.

"신세계에는" 세 번째 범주에 속한 야만인에 해당하는 이들이 "많이 존재한다." 이들은 "인간적인 감정도 별로 없고, 법률이나 협약이나 재판관이나 국가 형태도 갖추지 못한 사나운 야생 동물"로 묘사된다(Acosta 1952, "Proemio," 46-48). 이 예수회 선교사는 부정적인 평가

---

5   Acosta는 가톨릭 교회가 위대한 동양 문화권을 복음화하려는 열망을 갖고 있던 시대에 글을 썼다. 이러한 선교 목표는 "인디아스"에 대한 어느 정도의 피로감 및 환멸과 관련이 있다. 이러한 태도는 Sahagún(1985, 11.12-13:706-710)에게서 발견할 수 있는데, 그는 자신의 독특한 개인적인 메모에서 아메리카에 있는 "도로들"을 언급한 뒤, 갑자기 화제를 바꾸어 결정적으로 중요한 주제, 곧 개신교의 성장으로 인해 위기에 처한 가톨릭교회의 운명에 대해 이야기한다. 그는 비관적으로 팔레스타인, 아시아, 아프리카에서 어떻게 가톨릭이 사라졌으며, 유럽에서 이탈리아와 이베리아 반도를 제외하면 "교회에 복종하지 않는 것"을 지적한다. 인디아스는 어떠한가? 그곳에 남아 있는 주민들은 소수인데 그들은 멸종할 수도 있다. 게다가 생존자들의 개종은 "이 종족들의 완고함으로 인해" 피상적이고 신뢰할 수 없으므로, 스페인 사람들이 떠난다면 "복음 전파가 행해진 흔적도 남지 않을 것이다." 그렇다면 가톨릭의 희망은 무엇인가? "훌륭한 정책과 지식을 갖춘 매우 총명한 사람들이 있는" 중국을 비롯한 동아시아의 복음화다. 반면에 누에바에스파냐와 페루에서 교회는 "스쳐 지나가는 것에 불과한 일밖에" 하지 않았고 "중국의 여러 지역에 있는 민족들과 소통할 수 있게 되는 데 있어서는 한 발자국도 나가지 못했다."

를 아끼지 않는다. "그들이 야생 짐승과 똑같은 모든 측면에서…그 모든 혐오스러운 행위를 열거하려면 시간이 많이 소요될 것이다"(같은 책, 2.3:145). 그들을 개종시키기 위해서는 먼저 그들을 지배하고 정복할 필요가 있다. "아리스토텔레스는 이런 유형의 야만인들에 대해 그들을 짐승처럼 사냥하고 힘으로 길들여야 한다고 말한다." 아코스타는 기독교적인 감수성으로 인해 비유를 야수성에서 유치함으로 바꾼다. "거의 사람이 아니거나 절반쯤 사람인 자들에게는 사람이 되는 방법을 가르치고 그들을 아이처럼 지시하는 것이 적절하다." 그러나 전통적인 교육학에서는 목적을 달성하기 위한 체벌을 결코 포기한 적이 없다. "그들은 적절한 강제력과 힘을 통해 억제되어야 하며, 정글을 떠나 마을에 모여 살도록 해야 하고, 어떤 면에서는 그들의 의사에 반하더라도 천국에 들어가도록 강제되어야 한다"(같은 책, 46-48).[6]

아코스타는 순교라는 위업에 관심이 있는 것이 아니라 원주민의 복음화 과정에서 최대의 효과성을 달성하는 데 관심이 있는 선교사였다. 그리고 그는 이 과업이 군사력 없이 가능하리라고 믿지 않았다. 그는 경험을 통해서 원주민들을 제멋대로 하도록 놔둔다면 "기독교 신앙의 안정성과 안전이 거의 없고…기독교가 쇠퇴하고 파멸의 위협에 처하게 된다"는 것을 발견했다. 반면에 "정복된 인디오들 사이에서는…기독교가 성장하고 있었다"(Acosta 1985, 7.28:377). 아코스타가 자신이 아메리카 원주민을 사랑한다고 아무리 강조했어도, 그는 그들의 문화와

---

6   Hanke(1959, 89-90)의 Acosta 해석은 그를 지나치게 Las Casas와 가깝게 만들며 그 두 사람의 생각의 차이를 훼손한다. 그래서 그는 스페인의 아메리카 정복을 세밀하게 검토하는 이들이 이 무용담 전체를 Las Casas라는 지배적인 관점에서 바라보려는, 매혹적이고 피하기 어려운 유혹에 빠진다.

관습에 대해 심하게 평가 절하하기를 마지 않았으며, 언제나 그들을 아동이나 여성 또는 짐승—전통적인 관점에서는 이들의 이성은 열등했다—과 비교했다. "이는 인디오들의 지능이 어린아이나 여성 또는 짐승의 지능처럼 보잘것없고 유치하기 때문이다"(Acosta 1952, 2.15:199).

아메리카 원주민의 경우는 특이하게도 "복음과 전쟁이라는 두 가지 이질적인 요소"를 결합하도록 요구되었다. 엄격히 사도적이고 평화적인 노선을 따라 전파하기를 고집하면 원주민의 기독교화가 방해될 것이다. 그의 견해에 따르면 "이 신세계의 야만인들"의 상태는 마치 "야생 동물의 상태와 같으므로" 이들에 대해 "상황의 필요에 따른 강제력"이나 "자발적인 폭력"을 사용하지 않는다면, "그들은 결코 하나님의 자녀가 지닌 자유와 본성을 아는 지식에 이르지 못할 것이다." 아메리카 대륙에서는 "폭력과 자유라는 이질적인 요소들을 조화시키는" 것이 가능하다(같은 책, 2.1:137).

아코스타는 아메리카 원주민의 야만성이 곧 그들이 인간 이하의 존재임을 뜻하는 것은 아니고 그들의 야만적 관습이 그들 안에 내재한 합리성을 질식시켰음을 의미할 뿐이라고 주장하지만("야만인들은 본래 야만인이 아니라 선택과 관습에 의해 야만인이다. 그들은 그들 자신의 선천적인 자아에 있어서가 아니라 선택에 의해 어린아이이며 제정신이 아니다"[같은 책, 5:161]), 그는 평화롭고 자유로운 선교 방법을 따르는 데 대한 환상을 품지 않는다. 그의 실용주의는 가혹함과 강압을 요구한다.

야만인들은 노예근성을 타고났으므로, 두려움을 이용하여 그들을 힘으로 강제하지 않는다면…그들이 복종하기를 거절할 것은 의심의 여지가 없으며 경험이 그것을 확인한다. 그렇다면 어떻게 해야 하는가?…채찍을 사용할 필요가 있다.…이런 식으로 그들은 설령 그것이 자기들의 뜻에 반한다 하더라도 구원에 이르도록 강제된다(같은 책, 1.7:85-89).

아코스타는 반드시 원주민의 이교도 군주를 폐위시키지 않고도 원주민 공동체를 개종시킬 수 있는 가능성을 고려하려 한다. 그러나 이는 개연성이 낮은 추상적인 대안이다. 그는 원주민들이 정부로부터 기독교 신앙을 유지하라고 강요되는 상황에 있을 필요가 있다는 것에 대해 환상을 품지 않는다. "우리의 왕들이 진심으로 그들을 받아들이지 않는다면, 지능이 낮고 쓸모없는 관습을 갖고 있고 본성적으로 변덕스런 이 약한 사람들이 악하고 사악한 민족 가운데서 그들의 신앙을 지켜낼 무슨 희망이 있겠는가?" 이교도이자 불신자인 군주들과 "격분한 마귀"가 세상에서 유일하게 참된 진짜 종교인 기독교 신앙의 자유로운 행사를 허용할 가능성도 낮다. 따라서 "일반 규칙이자 위반할 수 없는 규범"으로서 이교 신앙과 우상숭배를 고집하는 원주민 권력자들을 군사력을 통해서라도 권좌에서 끌어내리는 것이 아코스타의 실용주의에 부합한다(같은 책, 3.2:217-221).

아코스타는 원주민들에게 부과된 강제적인 복음화에 관해 사아군이나 멘디에타 같은 선교사들에게서 보이는 것과 비슷한 어느 정도의 환멸을 피할 수 없었다. "여기에 우리 시대의 사마리아가 있다"는 것이 인디오들의 피상적인 기독교에 대해 그가 내린 엄격한 판단이다. "그들은 그리스도와 자기들의 신들을 숭배한다.…그들은 재판관이나 사제가 그렇게 하라고 주장하는 동안에는 [그리스도를] 경외한다고 말하지만, 겉으로는 거짓으로 기독교를 믿는 척하면서 마음속에서는 그리스도를 경외하지도 않고 참으로 예배하지도 않으며, 필요한 것들을 제대로 이해하면서 믿는 것도 아니다"(같은 책, 1.14-15:113-115). 덜 야만적인 민족 집단에 복음을 전했더라면 더 좋았을 것이라고 생각하는 이 선교사는 매우 쓰라린 비판적 논평을 했지만, 그럼에도 불구하고 혹독한 훈육과 엄격한 강압에 의해 가치관과 기독교적 개념을 주입하면 "그 자녀들은 그들의 부모들보다 더 나아질 것이고…신앙을 위한 준비가 더 잘 될 것"이라는 희망을 유지했다.[7]

고메스 카네도(1977, xvii)는 이것을 "보호받는 복음화"라고 불렀으며, 바르가스 마추카(출처: Fabié [1879] 1966, 224)는 더 역설적이고 덜 관대하게 묘사한다.

> 만일 [인디오들이] 거룩한 복음의 가르침에 복종하고 그것을 받아들인다면, 이는 그들이 군인들의 무력을 보았기 때문이다. 이는 인디아스에서는 오늘날까지도 복음이 제대로 이해되지 않아서 수도자가 무장한 군인들을 대동하지 않고…혼자 오는 것은 효과가 없기 때문이다.…그들을 개종시키기 위해서는 수도자와 군인들이 함께 와서 그들의 개종을 촉진하는 것이 더 낫다.

---

[7] 이 희망은 Acosta의 저술의 현대 편집자에 의해 상실된 것 같다. 그가 내린 판단은 아메리카의 기독교화에 관한 많은 스페인 가톨릭 문헌의 특징인 현학적인 자민족 중심주의에 대한 분명한 사례다. Francisco Mateo에 따르면(출처: Acosta 1952, 114, 294), "페루 인디오들의 이러한 초보적인 기독교는 오늘날에도 여전히 볼 수 있다[1952]. 그들의 신앙은 아마도 백인의 신앙과는 매우 다를 것이고 미신으로 가득하다.…이는 그들의 낮은 지능과 백인 문화에 대한 그들의 고집 센 태도 때문이다.…인디오들은 그들의 믿음과 반(半)야만적인 관습에 집착했고 지금도 그러하다.…유럽인들의 집에서 가까운 키토, 라파스, 수크레의 외곽에서는 사람들이 전기를 사용하거나…백인들과 같은 방식으로 먹거나 옷을 입거나 신발을 신거나 집을 지을 생각을 하지 않는다." 이는 참으로 허접한 사회 분석의 표본이다!

라스 카사스는 복음화에 무력을 사용하는 것을 찬성하는 주장을 반박하기 위해『모든 민족을 참된 종교로 이끄는 유일한 방법』(*Del único modo de atraer a todos los pueblos a la verdadera religión*, 1942)이라는 두툼한 책을 쓴다. 이 책은 기독교 신앙, 자유와 평화적 복음 전도 간의 본질적인 관계에 관한 방대하고 철저한 이론적 논문인데 성경, 교부 문헌, 교회법, 철학자 및 신학자의 저술 인용문으로 가득차 있다(라스 카사스는 자신의 열정적 기질 탓에 간결함이나 절제에 대해서는 거의 신경 쓰지 않으며[8]「열두 족장의 유언」과 같은 문헌을 순진하게 인용할 정도로 해당 자료가 위작인지 여부에 대해서도 별로 관심을 기울이지 않는다). 그는 개종은 강요받지 않고 "추론을 통한 지성적 설득을 통해, 그리고 권유와 의지의 부드러운 움직임을 통해" 이뤄질 경우에만 진실하고 참된 것이라는 자신의 주장을 반복해서 표명한다(Las Casas 1942, 4). 폭력은 자유를 오염시키고 따라서 신앙을 일그러뜨린다. "우리의 거룩한 신앙을 받아들이기 위해서는…의지의 자유가…요구된다"(Las Casas 1965, 745).[9] 그는 세풀베다와의 논쟁에서 자신

---

8   Martínez(1974, 31)에 따르면, 그는『변증사 개요』(1967)에 225명의 저자의 453개 저술에서 따온 2,673개의 인용문을 포함시킨다. Hanke(1985, 109)는 Las Casas의 격류같은 산문의 흐름을 "열정과 박식의 이상한 혼합"이라고 부른다. O'Gorman(1951, 131, 142)은 이 도미니코회 수사의 외경 문헌에 관한 "소화되지 않은 박식함"과 "놀라운 경신(輕信)"을 반어적으로 조롱한다. Las Casas(1986, 3.3.79:93)도 자신의 왕성한 독서와 원주민을 위한 자신의 대의에 유리한 논증을 찾는 데 그것을 어떻게 사용했는지를 언급한다. "그[그는 자신을 3인칭으로 언급한다]는 44년이라는 긴 기간 동안 라틴어나 로망스어 책 가운데 이 인디오들에게 합당한 정의를 증명하고 입증하거나, 그들에게 저질러진 불의와 피해와 악을 비난하는 이유나 권위를 발견할 수 없는 것은 아무것도 읽지 않았다." Pereña(출처: Las Casas 1969, cxlvii-cxlix)는 Las Casas의 인용 방식을 혹독하게 비판하며 "정치적 목적을 달성하기 위해 권위자들의 뒷받침을 받아 주장하는 그의 습관"이 그로 하여금 저서들과 저자들을 왜곡하게 만든다는 점을 보여준다.

9   Las Casas는 신앙과 자유 의지 사이의 필수적인 상관 관계에 대한 아퀴나스의 고전적인 문구를 거의 그대로 답습한다. "신앙은 의지의 행위이므로 결코 그들에게 믿으라고 강요하지 않아야 한다"(*Summa theologica* 2-2.10.8).

의 논제를 다음과 같이 요약한다. "만일 신앙이 [예수 그리스도께서 명하신 것과 같은] 동일한 온유함으로 전파되어야 한다면 먼저 사람들을 굴복시킬 전사들을 보내는 것은 부당한 일이다"(Las Casas 1965, 263, 267). 예수 그리스도는 복음이 어떻게 선포되어야 한다고 명하는가?

> 그리스도는 사도들에게 기꺼이 복음을 듣기를 원하는 이들에게 복음을 전파할 자격과 권위를 주기만 하셨지, 듣기를 원하지 않는 이들에게 어떤 불편이나 불쾌함도 강요하거나 가하지 않으신다. 그리스도는 사도들이나 신앙 전파자들에게 들으려 하지 않는 자들을 강제할 권한을 주지 않으셨고, 사도들을 자기들의 고을에서 쫓아내는 자들을 벌할 권위도 주지 않으셨다.…이에 반하는 방식으로 행동하는 자는 누구든지…하나님의 계명을 어기는 자다(Las Casas 1942, 177, 183).

복음화가 권력과 지배 또는 탐욕 추구를 위한 구실로 사용될 경우 그것은 오염되고 훼손된다. 전도자들의 말과 행위를 통해 "복음을 듣는 자들, 특히 불신자들로 하여금 전도자들이 그것을 통해 자기들을 지배하려는 의도가 없음과 부에 대한 야망이 그들이 복음을 전하는 동기가 아님을 이해하도록" 확신시킬 필요가 있다(같은 책, 249).

설득적이고 평화로운 방식의 선교 방법은 신세계 주민들에게 매우 효과적이다. 라스 카사스는 이들의 성격이 "온건하고 순박하고 친절하며 유순하며", "하나님께서 이들을 이교라는 정글에서 경작되지 않은 쓴 야생 포도 나무를 하나님의 가장 소중하고 값진 과원으로 옮겨 심으셔서 매우 단 포도 나무 또는 올리브로 변화시키셨다"고까지 여러 번 주장한다. 만일 "이 종족들을…처음부터 사랑과 자비로 대했더라면" 유순한 이방인을 경건한 그리스도인으로 개종시키기가 매우 쉬웠을 것이다(Las Casas 1986, 1.1.45:226).

종교를 성전(聖戰)을 정당화하는 데 사용하는 것은 "마귀가 발명했고 그의 모방자이자 사도인 무함마드가 많은 절도와 피 흘림을 통해 따라갔던" "무함마드의 길" 또는 "무함마드의 법"을 따르는 것이다. 무력으로 불신자들을 정복한 뒤 그들에게 복음을 듣도록 강요하는 것은 곧 "온 세상을 더럽힌 악명 높고 혐오스러운 거짓 예언자이자 사람들을 유혹했던 자인 무함마드의 진정한 모방자"가 되는 것이다(다음 문헌들을 보라. Las Casas 1965, 357, 445, 455와 Las Casas 1942, 459 그리고 Las Casas 1986, 1.1.25:134-36).[10]

프란치스코회 수사인 가스파르 데 레카르테도 1584년 11월 24일 이와 유사한 생각, 곧 좀 더 간결하지만 이론적 견고함에서는 유사한 주장을 표명한다. 그는 선교활동을 보호하기 위해 호위 병력을 사용하는 것은 자연법과 복음의 법에 반한다고 생각한다. 따라서 그 필요성을 주장하는 것은 이단적이고 무분별하며 수치스런 명제에 동의하는 것이다. 그는 복음을 전하는 수사들을 지원하기 위해 무장 병력을 파견하는 관습에 대해 다음과 같이 비판한다.

그것이 인디아스가 황폐해지고 상실된 데 대한, 그리고 그곳에서 양처럼 유순하게 다가왔고 난폭한 스페인 사람들이 자기들에게 고된 노동을 강요하지 않았더라면 기독교 신앙을 받아들였을 인디오들에게 스페인 사람들

---

10 Las Casas는 '이슬람에 반대하는 그리스도인들은 그들의 가장 강력한 적들의 호전적인 선교 방법론을 어느 정도까지 채택했는가?'라는 흥미로운 주제를 언급하지만, 이를 깊이 다루지는 않는다.

이 엄청나게 많은 악행과 죄악을 저지른 가장 유효하고도 총체적인 이유였다. 따라서 이 점에 비춰보면…앞에서 말한 제안은 이단적이고 무분별하며 수치스럽다(출처: Gómez Canedo 1977, 274).

레카르테는 그리스도와 사도들의 평화의 복음과 "무기, 포악, 대포로… 아메리카 원주민에게 전파된 광산과 커다란 세속적 이익의 복음"을 대조한다(같은 책, 280).

17세기 초 프란치스코회 수사인 후안 데 실바(출처: Zavala 1971, 405-406)는 확실히 라스 카사스의 영향으로 그러한 종류의 복음화에 대해 독설적으로 혹독한 비판을 가한다. 그는 신세계의 민족들과 종족들에 대한 지배권 획득 과정의 첫 번째 국면 또는 두 번째 국면에 따라 두 가지 유형의 정복을 통한 복음화를 구별한다. 그는 두 유형 모두 사도들의 복음 선포 규범을 채택하지 않은 것을 비난한다. 우리는 즉각적으로 그가 암묵적으로 아코스타를 비판한다는 점을 알 수 있다.

인디아스에서 복음을 전파하는 방법은 두 가지였는데, 하나는 최초의 정복자들이 실행했던 방법으로 그들은 먼저 칼로 복음의 길을 여는 것이 매우 정당하다고 생각하고 모든 것을 무기를 통해 혹독하고 잔인하게 수행했다. 그런 방식은 우리의 구속자이신 그리스도께서 보이시고 가르치시고 명하신 온유와 겸손의 길에 반한다.…이와 다른 두 번째 방법은 지금 이곳에서 살고 있는 스페인 사람들이 앞으로 새롭게 발견할 땅에 들어가 그곳을 정복하고 그곳에서 사람들을 개종시키기 위해 시도하려는 방식이다.… 이 방식에서는 칼이 복음보다 앞서 가지 않고 복음을 따라간다. 즉 먼저 설교자들이 선포하러 가는데 그들은 자신의 안전을 위해 병사들 및 전사들과 함께 간다. 다양한 직종에 종사하는 많은 지식인들이 이 방법을 안전하고 정당하며 효과적인 방법이라고 주장하면서, 우리는 이제 [사도들과] 다른 시대에 살고 있고 그런 야만적인 종족들에게 우리의 구속자이신 그리스도께서 가르치신 방식과 규율을 적용할 수 없다고 말한다.

칼의 힘과 복음 선포를 결합하는 이 두 가지 방식이 "성문서들에 의존하지 않고 신구약 성경이나 가톨릭 교회로부터 충분한 권위를 받지도 않았으며", 그리스도와 사도들의 가르침에 반하기 때문에, 실바는 이에 대해 "나는 의심할 여지 없이 매우 무분별한 방법이자 수치스러운 명제로 여긴다"고 밝힌다.[11] 원주민들은 "강요에 의하지 않고 설득을 통해" 기독교로 개종되어야 한다.

실바는 원주민의 개종이 효과적이고 복음에 부합하게 진척되게끔 다음과 같은 조치가 필수불가결하다고 생각한다. (1) "우리 주님이 심한 모욕을 많이 받게 한" 개인 노예 제도 폐지, (2) "하나님께 많은 모욕을 야기하는, 새로운 땅으로의 진출과 정복" 중지, (3) 설교자들이 "말과 행위를 통해 그리스도의 법의 친절과 유순을" 보여줌, (4) 원주민들에게 "그리스도인이 되고 우리의 신앙을 받아들인다 해도 그들의 자유를 상실하지도 않고, 그들의 왕국이나 백성들이나 여자들이나 딸들을 빼앗기지 않고, 개인의 종복이 되도록 재촉당하거나 강요받지 않고, 마지막으로 (5) 어떤 스페인 사람도 어떤 방식으로도 그들을 해치도록 허용되

---

11   Silva는 아메리카에서 수십 년간 선교 사역을 하면서 얻은 경험과 생각을 모은 「영적·세속적 문제에 있어서 인디아스의 선한 통치와 행정에 대한 중요한 조언」(*Advertencias importantes acerca del buen govierno y administración de las Indias, asi en lo espiritual como en lo temporal*, Madrid, 1621)이라는 제목의 논문을 써서 국왕에게 제출했다.

지 않을 것"이라고 약속할 것(출처: Castañeda 1974, 165).

이와 같이 원주민의 개종을 얻기 위한 정당한 방법에 대한 두 가지 상이한 시각이 있다. 첫 번째 관점은 정복을 통한 복음화(evangelizing conquest)라고 부를 수 있는데, 이 방법에서는 필요할 경우 원주민의 복음화를 촉진하기 위해 무력을 통해 그들을 지배하라고 제안한다. 두 번째 관점은 **선교 활동**(missionary action)이라고 부를 수 있는데, 이 방법은 설득력 있는 논증을 통한 합리적 설득과 매력을 통한 의지의 고수로 구성된다.

무력 공격을 배제한 선교 활동을 열정적으로 옹호하는 이들이 있었다. 이에 관한 최초의 제안은 히스파니올라의 도미니코회 수장인 페드로 데 코르도바 수사에게서 나온 것으로 보인다. 그는 카를로스 5세의 재위 초기에 그에게 먼저 병력을 대동하지 않은 수도사들이 원주민들에게 접근해야 한다고 제안했다.

> 그들은 매우 유순한 종족으로서 아주 순종적이고 선량하므로, 저는 이 재수 없는 그리스도인들의 무력과 폭력이 없이 전도자들만 다가간다면 우리가 그들 가운데 원시 교회만큼 훌륭한 교회를 세울 수도 있다고 생각합니다.

이 제안은 앤틸리스 제도의 인디오들이 겪었던 비극적인 경험에서 나왔다. "새로 발견되었을 때는 사람들이 많았던 이 섬들과 본토가…극도로 잔인한 그리스도인들로 인해 파괴되고 인구가 감소했으며 지금도 그러한 비극이 진행되고 있기 때문입니다." 그는 성경의 이미지로 가득 찬 사고에서 전형적인 방식으로 파라오를 사용하여 원주민들을 괴롭힌 압제를 표현한다. "파라오와 이집트 사람들도 이스라엘 백성에게 그렇게까지 잔인하게 대하지는 않았습니다"(출처: Pacheco et al. 1864-1884, 11:217-218).[12]

히스파니올라의 도미니코회 수도사들은 폭력적인 강압이나 강제적인 속박이 없는 선교 활동을 역설했다.

새로 발견된 인디아스만큼 불행하고 폭정에 시달린 땅은 전에도 없었고 지금도 없고 앞으로도 없을 것이며…파괴와 황폐화는 계속되고 있습니다.… 황금을 가져가려는 스페인 사람들의 탐욕 때문에…히스파니올라의 섬들과…쿠바의 섬들과 산후안과 자메이카에서…인구가 격감했습니다.…폐하께서는 이 인디오들을 강압적으로 약탈하거나 황금 때문에 죽여서는 안 된다는 것을 이미 알고 계십니다.…하나님께서 폐하께 허락하신 신세계의 종족들은 그리스도의 가벼운 멍에와 그리스도에 대한 신앙으로 인도될 수 있으며…그들의 소유를 강제로 빼앗지 않고, 오직 폐하께 속한 최고 관할권을 제외하고는 그들의 왕국들을 유지하도록 허락하고, 지금처럼 스페인 사람들이 그들이 죽는 것을 바라보고만 있으므로 그들을 멸망시키지도 않으면서 이들 모두로 하여금 폐하께 복종케 할 수 있습니다.

국왕과 그의 자문관들이 무력 행동이 없으면 복음화가 가능하지 않다고 생각할 경우에 대비하여 도미니코회 수도사들은 원주민들을 그들의 불신앙과 고립 상태로 놔 두자는 급진적인 제안을 했는데, 이 제안은 주목받지 못했다.

---

12 이 편지는 1517년 5월 28일에 쓰였고, 다음 문헌들에 인용되었다. Córdoba 1988 (157-163); J. M. Pérez 1988 (131-137).

만일…폐하께서 이 일이 불가능하다고 여기신다면…지금부터 저희는 폐하의 군주로서의 양심과 영혼의 유익을 바라는 마음에서 폐하께서 그들을 내버려 두도록 명하실 것을 원합니다. 우리 백성들과 그들 모두 지옥에 가고, 우리 백성의 나쁜 본보기로 인해 그들 사이에서 그리스도의 이름이 모독을 당하고, 온 세상보다 더 소중한 폐하의 영혼이 해를 입는 것보다는 예전처럼 그들만 지옥에 가는 것이 더 낫기 때문입니다(출처: Pacheco et al. 1864-1884, 11:243-249).

예로니모회 신부들의 요청으로 작성된 또 다른 제안서에서 수도사들은 그 제안을 되풀이했다. "그들을 그리스도인들과 더불어 엥코미엔다들에 두는 것보다 그들을 유카예케들(*yucayeques*: 인디아스의 지역 편제)로 복귀시키는 것이 더 낫습니다. 비록 그들의 영혼은 아무 유익을 얻지 못하더라도 최소한 그들은 생명을 얻고 번성할 것이며, 그들에게는 그것이 모든 것을 잃는 것보다 낫기 때문입니다"(같은 책, 212).

가스파르 데 레카르테는 원주민 지역에 선교하러 나아갈 때 성직자가 아닌 카스티야인들을 배제해야 한다는 생각을 다시 끄집어내곤 했다.

우리는 늑대들과 어린양들 사이에 좋은 공동체와 우정이 있을 수 없는 것과 마찬가지로 인디오와 스페인 사람들은 기질과 조건이 매우 다르기 때문에 그들 사이에도 바람직한 공화국이나 연방이나 동맹이 있을 수 없다고 말할 수 있다. 스페인 사람들은 무례하고 극히 오만하며…반면에 인디오들은 소심하고 비참하다.…이 인디오들은 스페인 사람들이 그들의 생활 방식과 혐오스러운 본보기로 인해 그들에게 초래하는 막중한 해악에 비해 스페인 사람들에게서 얻는 유익이 너무 없기 때문에, 만일 스페인 사람들이 이 지역에 오지 않았더라면 그들은 잃은 것이 거의 없었을 것이고, 또한 스페인 사람들이 이 지역을 떠난다면 인디오들에게는 잃는 것이 훨씬 더 적어질 것이다(출처: Cuevas 1975, 358, 367).

멕시코의 주교 수마라가는 향후 신세계에 진출할 때 다음과 같은 조치가 이루어져야 한다고 제안한다.

사도적이고 기독교적인 방식으로…수도자로 하여금 인디오 마을이나 가정에 들어가게 하고 스페인 사람들[병사들]은 인디오 마을에 들어가지 말 것을 명하고, 이를 어길 경우에는 사형에 처해야 합니다. 무기가 없어야 스페인 사람들은 물물교환 같은 것들을 이해하기 시작할 것이고…스페인 사람들이 인디오를 해치거나 무기를 보이는 일이 없어야 인디오들도 이들을 평화롭게 맞이할 것입니다(같은 책, 84).

또 다른 수도자인 로드리고 델 라 크루스 수사는 카를로스 5세에게 보낸 편지에서 향후 진출하게 될 지역에는 오로지 탁발 수사의 출입만을 허용하고, 여러 해 동안 성직자가 아닌 스페인 사람들의 출입을 금하는 것이 바람직하리라고 주장했다. 이런 방법을 통해서만 탐욕과 학대에 오염되지 않고 진정한 복음화가 이루어질 것이다.

만약 폐하께서 칙령을 내리시어 탁발 수도회가 휘하의 관구에서 평화로운 수도사들을 보내고, 스페인 사람들이 20년 또는 30년 동안 그 땅에 발을 들여놓지 못하게 하시면, 그리고 인디오들이 지금 겪고 있는 고난을 당하지 않는다면, 저는 지금은 나아오고 있지 않는 자들 중 많은 이들이 기꺼이 교회의 멍에 아래로 나아올 것이라고 생각합니다(같은 책, 160).

파울리노 카스타녜다(1974, 177-78)는 신세계의 여러 인디오 종족의 개종과 복속 과정에서 스페인 국왕이 다양한 절차들을 시도했지만 신세계에서 제국의 팽창을 유보할 것을 제안하는 소수의 의견을 결코 진지하게 받아들이지 않았음을 보여주었다. 페루에 대한 소위 "카를로스 5세의 의심"은 앞에서 논의했던 것처럼 부당하게 부풀려졌다.

바야돌리드의 산그레고리오 대학에서 1540년 도미니코회 신학자인 바로톨로메 데 카란사가 행한 학술 강연에 포함된 제안은 어떤 효과나 유의미한 영향을 끼치지 못한 것으로 보인다. 그의 제안은 스페인이 인디오 종족들로 하여금 기독교의 신앙과 문화를 받아들이게 하는 임시 교사의 역할을 하고, "16년이나 18년 동안 그렇게 함으로써 토양이 잘 준비된 후 그들이 과거의 생활 방식으로 돌아갈 위험이 없게 되면 그들에게 더는 교사가 필요하지 않으므로 그들에게 비로소 적절한 자유가 허용되어야 한다"[13]는 것이었다.

안토니오 루메우 데 아르마스(1975, 61)는 "아메리카에서는 정복을 통한 복음화가 선교 활동보다 지배적이었다"라고 바르게 말한다. 우선 군사 행동을 통해 사회적·정치적 지배를 확보한 뒤 어느 정도 자발적인 기독교화를 추진한다는 원칙이 더 인기 있는 전략이었다. 정복을 통한 복음화는 원주민의 영적 구원, 제국의 정치적 이익 그리고 식민지 개척

---

13 이 강연은 Pereña 1956(43)에 최초로 번역·출판되었다. Carranza는 그의 성상파괴 지지 입장으로 유명했다. 그가 톨레도 대주교의 자리에 오른 사실도 그를 스페인 이단 심문소의 손아귀에서 구해주지는 못했으며, 그는 여러 해 동안 수감 생활을 했다.

자들의 경제적 이익을 위해 신세계에 대한 "복속"을 수행함에 있어 가장 편리한 방법이었고, 확실히 가장 흔한 방법이었던 것으로 보인다.

~~~

세례의 정치화

평화로운 개종이든 폭력을 통한 개종이든 결국에는 모두 세례라는 동일한 성사로 귀결된다. 우리는 4장에서 토착 부족들의 복음화에서 그들의 기독교화가 어떻게 달성되든 "그들이 참된 그리스도인이 되었다면" 교황이 불신자 군주들을 폐위하고 그들에게 그리스도인 군주를 세울 가능성이 있다는 세례 성사의 함의에 관한 프란시스코 데 비토리아의 말을 인용한 글을 재인용한 바 있다(출처: Urdanoz 1960, 719).

　"그들이 참된 그리스도인이 되었다면"이라는 어구는 원주민들의 신앙의 질을 가리키는 것이 아니라 그들이 받은 **세례**를 암시하는데, 여기서 세례는 수세자의 기질과 무관하게 객관적인 성사의 효력을 가진 것으로 이해된다. 일반적으로 비토리아의 해석자들은—우르다노스와 같은 스페인 신학자든 브라운 스코트와 같은 앵글로색슨 법학자든—논란이 되고 있는 이 "정당한 자격"에 많은 시간을 할애하지 않는다. 예컨대 라몬 에르난데스(1984, 372-373)는 비토리아가 말하는 "상당히 많은" 인디오가 무슨 의미인지에 대해 논의하면서도, 무지와 두려움을 통해 이루어진 개종과 관련해서 "참된 그리스도인"이라는 개념이 무슨 의미인지와 같은 중요한 문제를 회피한다. 이런 요인들(즉 무지와 두려움)이 정치적 결정의 가치를 떨어뜨리는 것으로 보일 수도 있었지만, 세례가 강요나 무지를 통해 이루어졌을 경우에도 그러한 요인들로 인해 세례가 무효화되는 것으로 여겨지지 않았다.

세례의 성사적 성격과 세례에 선행했을 수도 있는 강압의 분리는 수백 년 동안 무어인과 유대인, 특히 그들의 자녀를 강제로 기독교인으로 만들던 시기에 교회법의 기준이었다. 비토리아는 다른 맥락에서 신세계 원주민들에 대한 올바른 교리 교육의 중요성을 상기시켰지만, 이 중요한 텍스트에서 강제 세례 또는 뚜렷한 압력과 강요 전략을 통해 유도된 세례가 성사로서 유효하다는 것을 인정한다. 따라서 비토리아의 텍스트에 들어 있는 논리는 암묵적으로 위협이나 심리적 조종을 통한 집단적 강제 세례를 용인한다.[14]

집단 세례는 흔한 선교 관행이 되었다. 모톨리니아(1984, 207)는 자신과 그의 프란치스코회 동료들이 멕시코에서 "각각 30만 명이 넘는 영혼에게 세례를 주었다"고 주장했다. 멘디에타(1980, 3.38:275)는 1540년까지 600만 명이 넘는 원주민들이 세례를 받았다고 확인한 후 교회 역사상 이런 선례가 없었다고 주장한다.

나는 원시 교회부터 우리 시대까지 어떤 교회도 이곳 누에바에스파냐에서의 개종과 세례에 미치지 못했다고 생각한다. 이로 인하여 우리 주님의 이름을 찬양하고 송축하자.

---

14 Soto는 자신의 스승이자 친구인 Vitoria의 논리에 함축된 또 다른 분명한 결론을 도출했다. 즉 만일 세례 받은 인디오들이─세례 성사에서 따른 절차와 관계없이─정통 가톨릭 신앙에서 벗어난다면 그들은 가톨릭 교회가 규정한 이단과 배교에 따른 엄벌을 경험하게 될 것이다. *In quartum sententiarum comentarii*, 1.5.10(출처: Höffner 1957, 429).

원주민의 집단 세례에 관한 소식이 반복되었지만, 이는 명백히 기독교 신앙 교육에 관해서는 별로 고려하지 않고 세례를 베푼 것이었다. 일반적으로 인디오들은 주의 기도, 성모송, 사도신경, 또는 "성모 찬송"(*Hail Holy Qeen*)을 라틴어로 외울 수 있으면 세례를 받았다.[15] 칠레의 미레스 (1987, 144-145)는 집단 세례에 대한 대다수의 논쟁이 초신자들이 그 의미를 이해했는지와 관련이 있는 것이 아니라 그 성사 행위가 시행된 방식과 관련이 있다는 점을 알아차리지 못하는 것으로 보인다.[16] 그 성사가 항상 교회법의 전례 규범에 따라 시행된 것은 아니었기 때문에 이 논쟁이 발생했다. "몇몇은 교회가 명한 모든 장엄한 예식절차에 따라서만 인디오들에게 세례를 베풀어야 한다고 말했다"(Mendieta 1980, 3.36:267; Motolinía 1984, 2.4:86-90).

그 비판에 응답하기 위해 교황 바오로 3세는 1537년 6월 1일 「고귀한 신의 섭리」(*Altitudo divino consilii*)라는 제목의 칙서를 공포했는데, 여기서 교황은 가능하면 교회법에서 규정하는 서방 교회의 예식을 따라야 한다고 주장한 후, 집전된 세례를 성 아우구스티누스 시대 이후 가톨릭 신앙의 특징이 된 성사의 객관성이라는 맥락에서 보아 그것의 유효성

---

15 Las Casas(1986, 1.3.14:480)에 따르면 그들은 "주의 기도나 성모송이나 사도신경을… 마치 앵무새에게 가르치는 것처럼…라틴어로" 반복하도록 강요받았다. Mendieta(1980, 3.16:219)는 다음과 같이 썼다. [원주민들은] 그곳에서 라틴어로 기도문을 외우곤 했지만…인디오들은 자신이 무슨 말을 하고 있는지 이해하지 못했고 그들의 우상숭배를 중단하려고 하지도 않았기 때문에 이것은 거의 열매를 맺지 못했다."

16 Ricard(1986, 164-180)는 도미니코회 수도사들과 프란치스코회 수도사들 간의 논쟁에 대한 간략한 요약을 제공한다. Ricard의 입장은 아마도 "멕시코에 대한 영적 정복"에 지나치게 연대한 입장일 것이다. 그는 16세기 스페인 선교사들의 책임을 면제하면서 대부분의 기독교 확장 역사에서 세례 학습 기간은 존재하지 않았다고 주장한다(같은 책, 164). Gómez Canedo 1977(172-180)은 이 논쟁을 종합하면서 선교사들을 훨씬 더 옹호한다.

을 재확인했다.

우리 주 예수 그리스도께서 복되신 베드로와 그의 후계자들을 통해 우리
에게 부여하신 사도적 권위에 따라⋯우리는 다음과 같이 선언한다. 누구
든지 복되신 성삼위의 이름으로 그리스도를 믿게 된 인디오들에게 교회에
서 준수하는 장엄한 의식을 따르지 않고 세례를 베푼 자는 죄를 범한 것이
아니다. 이는 그들이 그렇게 하는 것이 적절하다고 옳게 판단했기 때문이
다(Hernáez 1879, 1:66).

세례를 집전하는 사제가 예전적으로 성삼위의 이름을 부르면서 성사
행위를 시행했다면 원주민이 받은 세례는 유효하고 그들은 진정한 그
리스도인, 따라서 최고 사제인 교황의 영적 신민으로 바뀐 것이다. 성사
의 합법성 여부를 판단할 때 세례 받은 자의 주관성이나 의도나 이해는
별로 중요하지 않았다.

교회에 가입하는 성사(입교 성사)인 교회법적 사실로서의 세례는 스
페인 제국의 주권을 인정하는 정치적 행위가 되었다. 다시 비토리아의
말을 들어보자. "상당히 많은 야만인들이 그리스도를 믿는 신앙으로 개
종했다면⋯교황은 타당한 명분이 있다면 그들에게 그리스도인 군주를
세우고 불신자인 군주들을 폐위할 수 있다"(Urdanoz 1960, 719).

우리는 교회의 세례에서 정치적 복속으로 옮겨간다. 페드로 보르
게스는 일반적으로 인디오 종족들이 그들의 추장과 두령들이 세례를
받은 후 그들을 따라 세례를 받은 사실을 지적했는데, 이는 정치적 예
속과 종교적 개종이 연결되었음을 보여주는 또 다른 표지였다(Borges
1975). 여기서 우리는 기독교의 이름으로 수행된 제국 팽창의 불가피한

결과로써 신학적 요소와 정치적 요소가 불가분적으로 연결된 또 다른 사례를 목격한다.[17]

강제 세례에 관해서 라스 카사스는 이를 실행한 자들이 "하나님께 커다란 죄"를 지었고 "…복음 및 모든 성인들이 따르는 거룩한 교회법과 교리에 반하는 일을 저지른 것"이라고 단호하게 주장한다(Las Casas 1986, 2.1.165:127과 Pérez de Tudela 1957, "Memorial…al rey," 202). 그는 또한 이것이 원주민들에게 끼치는 해로운 영향도 강조한다.

> 인디오들은 그들의 압제자들에 대한 영속적인 증오와 원한에 지배된다.… 따라서 그들이 때때로 자기들은 기독교로 개종하기를 희망한다고 말하고, 우리는 그들이 자신의 그러한 의지를 보여주기 위해 사용하는 외적 표지를 보고서 그들이 개종을 희망한다고 생각할 수 있을 때조차도, 우리는 언제나 그들의 개종이 진지한 의도나 자신의 자유 의지에서 비롯된 것이 아니라 위장된 회심이거나, 그들이 두려워하는 불운이 또다시 닥치는 것을 피하기 위해서 복음을 받아들인 것이거나, 그들이 노예 상태에서 겪는 불행에서 어느 정도 벗어나기 위해 복음을 받아들인 것은 아닌지 의심해봐야 한다(Las Casas 1942, 465).

이 "인디오의 보호자"에게 원주민의 자유로운 동의는 개종 과정의 각 단계에 핵심적인 요소이며 객관주의적인 세례 성사 개념을 통해 제쳐

---

17 서양 종교인 기독교가 추종자들에게 다른 역사적·문화적·정치적 세계관으로부터의 개종을 요구할 때는 언제나 종교적 성례이자 문화 이식의 상징이라는 세례의 이중적 차원이 존재했다. 이 경우 예수회 소속의 인도 철학자 Michael Amaladoss(1986, 238)가 주장하듯이, 세례는 "순전히 영적인 행위"이기만 한 것이 아니라 "사회정치적 사건이기도 하다."

둘 수 있는 요소가 아니다. 적절한 교리 교육을 받은 적이 없고 여러 형태로 세례 성사를 강요당하는 원주민들에게 세례를 베푸는 것은 신성모독에 해당한다. "자신이 무엇을 받고 있는지 알지 못하는 자에게 세례를 주는 것은 큰 신성모독이었다"(Las Casas 1986, 2.1.279:186). 페드라리아스의 군대가 중앙아메리카의 어느 추장에게 베푼 세례에 관해서라스 카사스는 다음과 같이 주장한다.

[이는] 스페인 사람들과 심지어 성직자들 및 일부 수도사들조차 불신자들에게 어떤 교리 교육도 실시하지 않거나 그들이 하나님에 관해 별로 또는 전혀 없는 알지 못하는 상태에서 그들에게 세례를 베푸는 실수를 추종한 것이다.…성사에 가해진 이 피해와 불명예에 대해 하나님은 인디오들이 아니라 그들에게 세례를 준 자들에게 그 책임을 묻고 그들을 벌하실 것이다(같은 책, 3.3.65:51).

모톨리니아에 따르면, 잘 알려진 모톨리니아와 라스 카사스 사이의 격렬한 논쟁은 라스 카사스가 세례 성사를 받으려고 하는 어느 멕시코인에게 세례 주기를 거부한 데서 비롯되었다. 그 이유는 라스 카사스가 원주민이 받은 교리 교육에 관해 의심했기 때문이었던 것 같다. 모톨리니아(1984, 208)는 이 사건을 매우 불쾌하게 생각했다. 두 사람 사이의 차이는 다른 중요한 논점들로 확대되었다. 모톨리니아(1984, 3.1:116 및 3.4:135)가 인디오 편에서 다음과 같이 펼친 변호를 라스 카사스가 열정적으로 거부한 것은 매우 옳은 일이었다. 모톨리니아는 "스페인 사람들은 수도사들이 없었더라면 자기들의 집에서나 농장에서 자기들을 섬길 사람을 하나도 발견하지 못했을 것이고, 지금쯤 인디오들이 전부 사라졌을 것이라는 사실을 인식하지 못한다"라고 말한다. 아울러 "우리들 (프란치스코회 수도사들)이 인디오를 변호하지 않는다면 당신들을 섬길 사람이 아무도 없을 것이다.…우리가 인디오들에게 호의를 베푸는 이유는…당신을 섬길 사람이 있도록 하기 위해서"라고 덧붙인다. 인디오를 보호하는 것은 관대한 수도사들이 호의를 베풀어 스페인 사람들을 섬기는 종을 확보하는 문제가 된다.[18]

살라망카 학파는 1541년 7월 1일 카를로스 5세의 자문에 응답하면서—라스 카사스로부터 영감을 받아—(신학자들은 그렇게 답변할 것이라고 예상할 수 있는 바대로) 원주민에게 세례를 주기 전에 적절한 기독교 신앙과 도덕성이 형성되어야 한다고 주장했다. "마땅한 주의와 적절한 조사 없이 야만인들에게 세례를 주는 것은 위험하고 경솔한 일입니다.…그래서 우리가 많은 이들에게 서둘러 세례를 주었지만, 참된 그리스도인이 참으로 소수에 불과한 것입니다"(출처: Pacheco et al. 1864-1884, 3:552).[19]

1550년 리마에서 열린 주교 회의는 이러한 비판을 수용해서 진정한 개종이나 세례를 받으려는 자발적인 의지 없이 집단 세례를 베푸는 관행을 중단하기로 결정했다. 이 회의는 다음과 같이 선언했다. "아무도

---

18 이는 Motolinía의 동료이자 제자인 Mendieta([1596] 1980, 3.22:230-231)가 훨씬 더 강조하여 거듭 언급한 사고방식이었다. 그의 견해에 따르면, 멕시코 정복이 Hernán Cortés의 업적이라면, 멕시코를 보존한 것은 원주민들을 달래고 원주민의 여러 음모를 방지한 프란치스코회 수도사들의 업적이었다.

19 이 문서에 서명한 사람은 Francisco de Vitoria와 Domingo de Soto 등이었다. Las Casa는 그 자문은 Vitoria가 한 것이고, 자신은 그것의 지지자였으며 살라망카의 학자들이 그 답변을 내놓을 것이라고 확신했다고 말한다(출처: Pérez de Tudela 1957, "Memorial...al rey," 203; Pacheco et al. 1864-1884, 14:114). Gómez Canedo(1977, 174)는 이 결정을 "학자들의 공식"이라고 부른다. 그는 이 결정에 반대하지는 않지만, 선교 관행은 더 큰 융통성을 필요로 했다고 주장한다.

마지못해 세례를 받아서는 아니 된다.…우리의 스승이자 구속자이신 예수 그리스도의 가르침에 따라, 신앙의 진리와 자유 및 그 복된 보상에 완전히 설득되고 매료되지 않는 한 누구도 우리의 거룩한 가톨릭 신앙을 받아들이도록 강요될 수 없기 때문이다." 고위 성직자들은 그 결정이 선교 현장에서 언제나 지켜진 관습은 아니었으며, 이로 인해 진정한 기독교에 피해를 주었음을 인정한다.

> 몇몇은 이미 이성을 사용할 줄 아는 인디오들에게 먼저 그들이 자신의 의지로 나왔는지, 아니면 두려움 때문이거나 엥코멘데로나 추장을 기쁘게 해주기 위해 나왔는지 확인하지 않고 무분별하게 세례를 준다. 그리고 또한 아직 이성을 사용해본 적이 없는 어린아이들에게 그들의 부모가 동의하는지 알아보지도 않고 세례를 주기도 했다. 그래서 그들은 훗날 지극히 거룩한 세례 성사의 가치를 훼손하고 자기들의 과거의 신들과 의식들로 돌아간다(Castañeda 1974, 156-57).

예수회 소속인 아코스타(1952, 6.2:524)는 프란치스코회의 세례 관행에 대한 혹독한 비판에 가세하여 초심자에게 세례를 베풀기 전에 적어도 1년 동안 세례 학습 기간을 두게 함으로써 그 관행을 규제해야 한다고 주장한다. 그는 현실은 자기의 엄격한 기준과 다르다는 것을 알고 있다. "그들이 기독교의 교리를 조금도 알기 전에…그리고 그들이 세례받기를 원하는지를 알아보지도 않고 처음에 많은 사람에게 세례가 주어졌고 지금도 적지 않은 이들에게 세례가 주어지고 있다는 사실로 인해 괴로워하지 않을 사람이 누가 있겠는가?" 그의 견해에 따르면 그것이 인디오가 믿는 기독교가 취약한 이유 중 하나다.

한편 집단 세례의 주요 옹호자들인 누에바에스파냐의 프란치스코회 수도사들은 자기들에 대한 비판자들이 마치 복음서의 선한 사마리아 사람 비유에 등장하는 제사장 및 레위인처럼 "강도들의 수중에 떨어져 심한 부상을 입은 사람에게 사랑의 포도주와 자비의 기름으로 긍휼을 베풀기를" 거절하고 계속 자기 갈 길을 간다고 비난한다(Mendieta 1980, 3.36:267-268). 성 프란치스코의 후예들에 따르면—교리 교육의 깊이에 관한 것이든 예식 절차상의 규범에 관한 것이든—교회법의 형식에 집착하는 그 비판자들은 모든 참된 선교 노력이 지향하는 일차적인 목표인 사람들의 구속이라는 영적 복지를 무시한다.

라스 카사스는 「매우 법률적인 30개의 명제」(1552)에서 그리고 훗날 『페루의 보화』(1563)에서 한 걸음 더 깊이 들어가 비판하고, 세례를 그것이 함축하는 정치적 복속 차원에서 분리하려고 했다. 그 관점에서는 교회에 입문하는 입교 성사는 신의 은총의 절대적 표현이어야 한다. 그러나 그렇다고 해서 반드시 카스티야의 정치적 패권을 세례의 본질의 불가분한 측면으로 수용한다는 뜻은 아니다. 라스 카사스에 따르면 정치적 성격의 그 두 번째 단계는 신세계에서 가톨릭 신앙의 안녕과 영속성을 위해 토착 종족들이 그 후 어떤 군사적 강압도 없이 스스로 결정하여 수용해야 한다.

앞에서 언급한 라스 카사스의 두 번째 저술(1958, 227-269)은 원주민에 대한 세례의 영적 성격만 강조했는데, 이러한 영적 성격은 결코 그들의 자율성과 정치적 독립을 축소시키지 않는다. 세례가 자동으로 사회적 예속으로 이어지지도 않는다. 기독교로 개종한 종족들은 여전히 카스티야 국왕의 최고 권위를 자유롭게 받아들이거나 거부할 수 있는 완전한 권한을 보유한다. "그 부족들과 종족들은 기독교 신앙을 받아들인 뒤에도⋯여전히 그 규정(알렉산데르 교황의 1493년 칙서를 가리킴)을 유효하지 않다고 간주하거나, 그것을 수용할 수 있다"(같은 책, 243).

그것은 당대의 관행 및 관습을 창조적으로 앞서 나간 대담한 명제였다. 그러나 라스 카사스의 다른 사상과 마찬가지로 그것 역시 기독교 제국을 건설할 수 있다고 기대하는 유토피아적인 전망의 맥락에서 고안되었는데, 그 전망은 훨씬 더 야심적인 정치·경제적 이해 관계에 의해 진압되었다.

예언과 압제

"선정": 그들은 쿠스코에서 투팍 아마루의 목을 베었다

당신들은 이 무고한 민족들에게 저지른 잔학 행위와 폭정 때문에 모두 대죄를 범한 상태에 있고 그 상태에서 살다가 죽을 것입니다. 말해 보십시오. 누가 당신들에게 이 사람들을 상대로 그토록 혐오스러운 전쟁을 선포할 권리를 주었습니까?…당신들은 왜 날마다 황금을 캐서 획득하기 위해…당신들이 그들에게 강요하는 과도한 노동으로 인해 그들이 죽어 나갈 정도로…그들을 억압합니까?…이 사람들은 인간이 아닙니까? 그들에게 이성적인 영혼이 없습니까? 당신들은 자신을 사랑하듯 그들도 사랑해야 할 의무를 갖고 있지 않습니까?…당신들은 이런 상태로는 예수 그리스도를 믿지 않고 구원받기를 바라지도 않는 무어인이나 투르크인처럼 구원을 얻지 못할 것이 확실합니다.

- 안토니오 데 몬테시노스 수사

짐도 안토니오 몬테시노스라는 한 도미니코회 수사가 전한 설교문을 보았다. 그가 항상 물의를 일으키는 방식으로 설교하기는 했지만, 이번에 그가 한 말은 짐을 경악하게 하였다. 이는 교황 알렉산데르 6세 성하께서 우리에게 주신 수여장을 검토한 학자, 신학자, 교회법학자들의 말에 의하면 그가 말한 것은 그 어떤 타당한 신학적 토대나 교회법이나 일반 법률의 근거가 없는 까닭이다.…그러므로 이 설교를 전한 자의 잘못이 매우 크기에…그대가 그에게 일정한 형벌을 내리는 것이 마땅하다.

- 가톨릭 국왕 페르난도 5세

~~~

성경 해석과 예언의 말

신학자들이 주도하는 논쟁에서 예상할 수 있는 바와 같이 신구약 성경은 열띠고 상충하는 해석의 대상이었다.

콜럼버스와 라스 카사스에 따르면 이사야서(60:9)에 스페인에 의한 아메리카의 발견이 예언되었다(Varela 1986, 226; Las Casas 1986, 1.1.127:486). 콜럼버스의 성경 문자주의적 사고방식에서, 만족할 줄 모르는 황금 추구는 구약에 언급된 솔로몬 왕의 전설적인 오빌의 금광을 찾기 위한 노력이 된다(왕상 9:28; 대상 29:4; 대하 8:18). 콜럼버스 제독은 원주민들로부터 몇몇 광산에 관한 이야기를 듣자마자, 이 광산들이 바로 거기서 "솔로몬이 별안간 약 30톤의 금을 가져오고…또한 그 모든 황금과 보석과 은을 실어왔던"(Varela 1986, 292-293) 광산들이라고 확신한다.[1]

신명기 법전(Deuteronomic code)에는 이스라엘과 가나안 족속 간의 거룩한 전쟁에 관한 많은 언급이 있었다. 세풀베다와 라스 카사스 사이의 논쟁은 부분적으로는 그 전쟁들과 그것들의 적실성에 관한 해석에 집중된다(Gines de Sepúlveda 1951, 117; Las Casas 1965, 1:337-349). 세풀베다

---

[1] 또 다른 경우에 그는 가톨릭 군주들을 위한 설명에서 "솔로몬 왕의 광산들"이 분명히 히스파니올라에 있다고 주장한다(Varela 1986, 227). 그러한 "광산" 찾기는 Columbus만의 공상이 아니었다. Martín Alfonso Pinzón의 아들 Arias Pérez는 1508년 Columbus 제독을 상대로 제기한 소송에서 자기의 아버지가 "솔로몬 시대에 작성된" 금과 진주와 보석으로 가득한 섬에 이르는 항로를 보여주는 문서를 바티칸으로부터 하사받아서 갖고 있었다고 주장했다(Las Casas 1986, 1.1.34:177).

3부 정복에 대한 신학적 비평

에 따르면 신명기의 전쟁 법전은 스페인에 의한 아메리카의 무력 정복의 초월적 의미를 밝혀주고 이를 정당화한다. 라스 카사스에 따르면 세풀베다는 "이 은혜와 경건의 시대에" 여전히 "구약의 엄격한 교훈을 고집스럽게 적용하기" 때문에 "관련 사실을 충분히 확인하고서 성경을 연구한 것이 아니다." 이러한 해석의 오류는 비극적인 결과를 가져온다. "그것은 폭군들과 약탈자들에 의한 잔인한 침략과 무고한 민족들의 압제, 착취, 노예화를 위한 길을 닦아준다"(Las Casas 1974, 110).

마르틴 페르난데스 데 엔시소는 여호수아가 여리고를 상대로 행동을 인용하여 인디오 말살을 옹호한다(수 6장).[2] 토착 종교 박멸에 엘리야를 통한 바알의 제사장 처형 등 우상숭배를 반대하는 예언자들의 텍스트들이 사용되었다. 자발적으로 수용된 평화로운 복음화라는 논제를 증명하기 위해서는 마태복음 10장이 사용되었다. 군사력을 통한 개종의 옹호자들은 누가복음 14:23("길과 산울타리 가로 나가서 **사람을 강권하여 데려다가 내 집을 채우라**")을 반복적으로 사용했다(Gines de Sepúlveda 1951, 22, 75-76).[3]

---

2   인디오 문제에서 왕의 권리를 지키기 위해 자신이 수행한 일들에 관한, 엔시소가 제출한 보고서(Memorial que dió el bachiller Enciso de lo ejecutado por él en defensa de los Reales derechos, en la materia de los indios). Manzano(1948, 37)는 이 보고서가 1525년경에 쓰인 것으로 생각한다(출처: Pacheco et al. 1864-1884, 1,441-450).
3   누가복음의 텍스트는 국가에 의한 강제 개종의 옹호자들과 반대자들이 가장 폭넓게 논의한 성경 구절 중 하나다. 아마도 이단자들에 반대해 이 구절을 최초로 사용한 문헌은 아우구스티누스의 서신 93, *Ad Vencentium*(기원후 408년)일 것이다. 그는 이단에 반대하는 교회법과 법률의 제정을 위한 성경의 근거로 이 구절을 인용한다. *Obras de San Agustín*(8:596-597을 보라). 토마스 아퀴나스도 이와 비슷한 의미로 그 성경 구절과 아우구스티누스의 서신을 언급한다. *Summa theologica*(2-2.10.8)를 보라. Covarrubias(출처: Pereña 1956, 227)도 이 구절을 강제 개종에 적용했지만, 불신자들에 대한 강제 개종에 대한 그 구절의 적실성은 부정했다. Acosta(1952, 2,1:137)는 그 구절을 사용해서 아메리카 원주민의 개종에서 "적절한 강제력"이나 "자발적인 폭력"을 정당화했다. 아우구

인디오들을 옹호한 수도사들과 성직자들도 성경을 사용했다. 가스파르 데 레카르테 수사는 성경에 등장하는 이스라엘에 대한 파라오의 속박이라는 유비를 사용하여 인디오의 강제 노예화를 묘사하며, 또한 그 유비를 카스티야 국가가 그 불의한 행위를 회개하지 않을 경우 심판을 받게 될 것이라는 묵시적 경고로 사용한다. "그들이 인디오들에게 가하는 삶은 확실히 이스라엘 자손이 이집트에서 겪었던 삶을 그대로 옮겨놓은 완벽한 그림에 지나지 않는다"(출처: Cuevas 1975, 378).

라스 카사스(1989, 101)는 정복자들의 태도를 스가랴(슥 11:4-5)가 책망한 목자들의 태도에 비유한다. "주 나의 하나님이 이르시되 너는 잡혀 죽을 양 떼를 먹이라. 사들인 자들은 '그들을 잡아도 죄가 없다' 하고 판 자들은 말하기를 '내가 부요하게 되었은즉 주께 찬송하리라' 한다".

라스 카사스가 인디오를 위한 행동주의로 "회심"하게 된 성경적 근거(집회서 34:18-22)는 매우 잘 알려져 있다.

불의하게 얻은 것을 제물로 바치는 것은 부정한 일이므로 악인들이 바치

스티노회 수도사인 Juan de Vascone는 1599년에 이 구절을 사용해서 아라우칸족을 상대로 한 전쟁과 그들의 노예화의 정당성을 옹호했다. 「국왕에게 칠레 왕국에 반기를 든 적들을 노예로 선언할 수 있도록 허락을 구하는⋯법적 청원」(출처: Hanke and Millares 1977, 30). 심지어 17세기 초에도 원주민 종족들에 대한 무력 정복을 정당화하기 위해 **강권하라**는 그 구절이 사용되었다. Las Casas에 반대하는 Vargas Machuca의 저술인 "Apología y discursos de las conquistas occidentales"에 대한 Diez Flores의 서론을 보라(출처: Fabié [1879] 1966, 71:213-214). 몇몇 선교사들은 그 구절을 강제적인 예전 출석과 세례 후 교리문답 교육을 정당화하는 성경적 증거로 사용했다. 이 규범을 위반하면 흔히 가혹한 체벌, 특히 공개적인 채찍질을 당했다. Gómez Canedo 1977(177-180)을 보라. 그는 자신의 전형적인 변증적 문체로 강압을 비판하는 이들이 "노련한 사람들, 사도적인 사역을 해본 경험이 있는 이들"은 받아들일 수 없는 "상아탑에 갇혀 있는 선교학자들"의 꿈에 집착한다고 비난한다.

는 제물은 용납되지 않는다. 지극히 높으신 분은 불경한 자들이 바치는 제물을 기뻐하지 않으시며, 제물을 많이 바친다고 해서 죄를 용서받는 것도 아니다. 가난한 사람들의 재산을 빼앗아 제물로 바치는 것은 남의 자식을 제물로 바치려고 그 아비 앞에서 죽이는 것과 같다. 가난한 사람들에게는 빵 한 조각이 생명이며 그것을 빼앗는 것이 살인이다. 이웃의 살길을 막는 것은 그를 죽이는 것이며 일꾼에게서 품값을 빼앗는 것은 그의 피를 빨아 먹는 것이다(Las Casas 1989, 918).[4]

라스 카사스가 사용한 불가타 역본에는 더 강력한 예언자적 외침— *Qui offert sacrificium* ex substantia pauperum, *quasi qui victimat filium in conspectu patris sui*—이 있다. "*ex substantia pauerum*"(가난한 사람들의 재산으로부터)라는 표현은 도둑맞은 재산이 그것을 빼앗긴 가난한 자의 존재와 생존에 매우 중요한 것임을 암시한다. 정복자들의 강탈 행위는 압제당한 자의 죽음으로 이어진다.

수도사들은 정복자들의 잔학 행위를 비판하면서 성경에 나오는 양과 이리를 대조하는 비유를 일관되게 사용한다. 예수는 제자들에게 내린 전도 명령에서 그들이 마주칠지도 모르는 위험에 대해 "보라, 내가 너희를 보냄이 양을 이리 가운데로 보냄과 같도다"(마 10:16)라고 요약

---

4   Las Casas(1986, 3.3.79:92-95)는 1514년 쿠바에서 정복과 엥코미엔다에 관한 신랄한 비판 중에 발생한 일어난 자신의 회심에 대해 이야기한다. Ramos는 "La 'conversión' de Las Casas en Cuba: El clérigo y Diego velázquez"(출처: Saint-Lu et al. 1974, 247-257)에서 이 증언을 면밀히 검토한다. Las Casas(1986, 1.1.24:130)는 포르투갈인들의 아프리카인 노예 생포에 대해 신랄하게 비판하면서 동일한 집회서 텍스트를 언급한다. 그는 또한 이 텍스트를 교회가 훔친 물건이나 인디오의 강제노동을 통해 얻은 십일조나 헌물이나 예물을 받아서는 안 된다는 자신의 주장을 뒷받침하는 근거로 사용한다(Pérez de Tudela 1957, 520).

한다. 교회는 이교도인 로마 황제 치하에서 박해와 순교를 당할 때마다 이 구절을 기억하곤 했다. 라스 카사스는 이 구절을 선교 활동의 핵심적이고 복음적인 특징으로 본다(Las Casas 1942, 190-200). 그러나 신세계에서 그리스도인과 원주민의 관계를 묘사할 때 이 비유는 뒤집힌다. 즉 불신자들이 유순한 양이고 그리스도인이 사나운 이리다. "이 온순한 양들에게…스페인 사람들이 찾아왔고 이들은 당연히 이리로 인식되었다"(Las Casas 1989, 19). 이러한 성경 비유의 전도(轉倒)는 그리스도인과 이방인 사이의 관계가 온유하고 자비로운 관계에서 폭력적이고 잔인한 관계로 바뀌었음을 보여준다.

"양과 이리"라는 성경의 비유는 전쟁을 통한 강제 개종에 대한 비판자들 사이에서 인기가 있었다. 선교사들이 군인을 대동하는 것을 반대하는 프란치스코회 수사 레카르테의 논문은 주목할 만한 사례다. 그의 견해에 따르면, 이는 예수의 명령에 대한 위반이다. 그는 제자들을 "이리 가운데 있는 양으로 보내셨지, 병사들처럼 양 가운데 있는 이리로 보내신 것이 아니기" 때문이다(출처: Gómez Canedo 1977, App., 270).

라스 카사스는 또한 이 비유를 가톨릭의 해석 전통에서 가장 많이 해석되고 논쟁의 대상이 된 또 다른 텍스트—요한복음 마지막 장에서 예수가 베드로에게 "내 양을 돌보라"고 말한 세 번의 경고(요 21:15-17)—와 연결시킨다. 가톨릭교회와 교황의 책임은 "양을 돌보는 것"이다. 수도사들은 이 해석을 사용해서 인디아스에서 사역하는 고위 성직자들의 일차적이고도 근본적인 책무는 이리들(원주민을 착취하고 노예로 부리는 정복자들과 식민지 개척자들과 엥코멘데로)로부터 그리스도의 양들(압제당하는 가난한 원주민들)을 지키는 것이라고 주장했다.

고위 성직자들이…가난한 자들과 억눌린 자들을 보호해야 할 의무는 다른 사람들의 의무보다 훨씬 더 크다.…그렇다면 대양 너머 인디아스 지역의 주교들은 구원을 위한 신성한 권리이자 의무로서, 앞에서 언급한 억눌린 자들(인디오들)이 스페인 사람들에 의해—때때로 끔찍한 노예 상태에—부당하게 억류되어 있는 상황에서 벗어나 그들이 불의하게 빼앗긴 원래의 자유를 회복할 때까지 왕과 국왕 자문회의 앞에서 계속해서 그렇게 해야 한다고 주장할 의무가 있다(Las Casas 1965, 2:619, 623, 1319, 1320).

그는 앤틸리스 제도의 맨 처음 주교로 지명된 세 명의 고위 성직자가 카스티야 국왕에게 굴복하여 원주민의 금광 노동을 옹호한 것을 비판했다. 페드로 데 데사, 가르시아 데 파디야 수사, 알론소 만소는 "현재 금광에서 일하고 있는 인디오들을 그곳에서 빼내지 말고 오히려 그들에게 이전보다 채굴작업을 훨씬 더 잘 하도록 격려하고 권고하라"는 요구에 동의했다(Las Casas 1986, 2.3.2:436-437). 라스 카사스가 보기에 그들의 동의는 앤틸리스 원주민들의 죽음으로 이어지는 과정에 동의한 것과 마찬가지다. 그들은 교회의 행동과 사고를 안내해야 할 기본적인 교훈을 위반했다.

그는 프란치스코회 소속으로 아메리카 본토의 최초 주교로 임명되었고, 당시에 산타 마리아 델라 안티과 델 다리엔의 교구장이었던 후안 데 케베도 수사에 대해서 훨씬 더 비판적이었다. 케베도는 "양들을 보호하기 위해 자기 목숨을 바치라"고 요구하는 주교의 직무 규범을 어기고 페드라리아스와 그의 관리들이 중앙아메리카 지협에서 실시한 인디오 노예의 할당에 적극적으로 가담하는 죄를 저질렀다(같은 책, 3.3.64:46-47). 라스 카사스는 1519년 왕실에서 케베도와 대면했을 때 예언자적 분노를 띤 극단적인 말로 다음과 같이 그를 질책했다.

> 당신은 당신의 양들을 위해 자기 목숨을 바쳐서 그들을 멸망시키고 있는
> 저 폭군들의 손에서 그들을 해방시키지 않은 죄를 수천 번 지었다.…만일
> 당신이 그곳에서 가져온 모든 것을 마지막 한 푼까지 다 갚지 않는다면,
> 당신은 유다와 마찬가지로 구원을 얻을 수 없을 것이다(같은 책, 47:338).

아메리카의 복음화와 정복을 둘러싼 논쟁의 와중에서 예언이 극적으
로 소생한다. 16세기의 수많은 자료들(강론, 제안서, 논문, 역사, 서신)은 예
언자적인 어조의 책망과 윤리적 환기를 부각한다. 라스 카사스도 특히
"공의의 열매는 화평"이라는 이사야 32:17의 텍스트에 표현된, 평화
와 정의를 연결하는 예언자들의 전통을 계속 강조했다(Las Casas 1965,
2:599, 627).

신율과 자연법 및 국가의 법에서 이교도 군주들이 가진 정치적 권
위의 합법성에 관한 이론적인 논문에서 라스 카사스는 왕과 폭군을 구
분했다. 폭군의 특징을 예시하기 위해 그는 구약성경 에스겔 34:2-4의
텍스트를 인용한다.

> 자기만 먹는 이스라엘 목자들은 화 있을진저! 목자들이 양 떼를 먹이는 것
> 이 마땅하지 아니하냐? 너희가 살진 양을 잡아 그 기름을 먹으며 그 털을
> 입되 양 떼는 먹이지 아니하는도다. 너희가 그 연약한 자를 강하게 아니하
> 며 병든 자를 고치지 아니하며 상한 자를 싸매 주지 아니하며 쫓기는 자를
> 돌아오게 하지 아니하며 잃어버린 자를 찾지 아니하고 다만 포악으로 그
> 것들을 다스렸도다.

라스 카사스가 이 구절을 최초로 인용한 사람은 아니었다. 안토니오 데 몬테시노스는 신세계 원주민들을 옹호하기 위해 카스티야의 왕실에 제출한 제안서에서 이 구절을 기본적인 성경 텍스트로 사용했다. 하지만 라스 카사스는 특이하게도 스스로를 하나님께 선택된 예언자로 보는 자각을 통해 하나님의 말씀에 담긴 예언적 성격을 이해했다. 그는 아메리카 정복 과정에서 자신의 의무라고 생각한 이 섭리적인 비난 역할을 여러 번 언급하는데, 그 역할은 "인간이 죄를 짓기 시작한 이래 저질러진 가장 심각하고 가장 많은 죄들이 죄로 여겨지지 않기 때문에…태양이 세상을 비추듯이 많은 사람이 위험한 상태에 처해 있음을 지적하는" 것이었다(Las Casas 1986, 3.3.160:387).

라스 카사스는 **하나님이 가난한 이들의 아우성을 듣는다고 암시하**는 성경의 전통을 직·간접적으로 자주 언급했다. 그는 또한 신약성경에서 예언자적인 힘이 가장 강한 텍스트 중 하나인 야고보서 5장을 강조했다. 이 텍스트는 부자들이 받을 심판에 대해 분명히 선포하는데, 이 텍스트에 의하면 그들은 가난한 이들을 착취함으로써 과도한 수익을 올리지만 가난한 이들은 하나님께 도움을 청하며 그들의 부르짖음은 헛되지 않을 것이다. 라스 카사스에 따르면 그 텍스트는 스페인 사람들이 인디오들에게 부과한 노예제의 결과에 대해 빛을 비춰준다. 즉 노예제는 하나님의 진노를 불러일으킬 것이다. "숱한 피 흘림 때문에 울부짖는 소리가 이미 하늘에 이르렀다." "불우하고 비참한 가난한 사람들을 압제하는 것은 밤낮으로 울부짖는 소리가 하나님께 도달하는 죄들 중 하나다"(출처: Fabié [1879] 1966, 70:473; Las Casas 1965, 1:597). 프란치스코회 수사인 레카르테는 라스 카사스에게 큰 영향을 받아 1584년 성경의 이 주제를 취하여 다음과 같이 경고한다. "하나님은 보지 못하거나 듣지 못하는 분이 아니라는 것과 가난한 이들의 부르짖음과 그들에 대한 압제가 하나님의 귀에 상달된다는 것을 명심하라. 만일 그 부르짖음에 유의하지 않는다면 그것은 하나님의 진노와 그분의 가장 엄한 심판을 자기 머리 위에 쌓는 일이 될 것이다"(출처: Cuevas 1975, 367). 모톨리니아는 훗날 라스 카사스와 격렬한 논쟁을 벌였지만, 가난한 자들의 부르짖음이라는 성경의 주제를 취해서 인디오들의 고통에 책임이 있는 스페인 사람들에게 "당신들이 그토록 비천하게 여기는 사람들의 피와 죽음이 앤틸리스의 섬들과 본토뿐 아니라 저 멀리 페루 땅에서도 하나님께 상달될 것"이라고 경고한다(Motolinía 1984, 3.11.167).

라스 카사스는 **가난한 이들을 편들고 압제하는 권력을 비난하는 성경의 예언적이고 복음적인 전통에 흠뻑 젖어 있었다.** 그는 구약의 예언자들처럼 빈자들과 피압박자들이 겪는 폭력과 착취의 현장이 하나님이 세상 가운데 임재하는 자리라고 인식한다. 예언서 텍스트들과 예수에 관한 보도에서 현저하게 드러나는 가난한 이들과의 연대 및 힘 있는 자들에 대한 감시가 그의 열정적인 정신을 배양했다. 그가 인용하는 아래의 구절(그는 당시의 관습대로 이 구절을 아우구스티누스의 것으로 간주한다)에서 주목할 만한 예를 찾아볼 수 있다.

당신은 궁핍한 자를 압제하는 사람, 가난한 자에게 짐을 지우는 사람, 다른 사람의 소유물을 탐내는 사람, 다른 사람을 가난하게 만들어서 부자가 되는 사람, 불법적인 소득을 좋아하는 사람, 다른 사람을 희생시켜 먹고 사는 사람, 다른 사람들을 파멸시켜 부자가 되는 사람…을 그리스도인으로 간주할 수 있는가?

나는 악의와 탐욕의 깊은 어둠으로 눈이 멀어…자기들의 힘으로 가난한 이들을 속박하거나 약한 자들을 지배하거나 거짓 증언으로 무고한 사람을 짓밟으면서도…자기들의 악행이 하나님의 은총으로 인해 가능케 되었다고 생각하면서 하나님께 감사를 드리는 사람들이 있음을 알고 있다.…

그리고 어떤 사람들은 가난한 이들에게서 빼앗은 재물로 찔끔 자선을 베풀고, 많은 이들에게서 빼앗은 것의 일부를 한 사람에게 줌으로써 자기들이 의롭게 된다고 생각한다. 많은 이들을 굶주리게 해서 오직 한 사람만 배를 불리고, 많은 이들에게서 벗겨낸 옷을 소수의 사람들만 차려입고 다닌다.…

당신은 자신의 빵으로 누구의 굶주림도 채워준 적이 없고, 자신의 음료수로 누구의 갈증도 풀어준 적이 없으며, 자신의 식탁에 가난한 사람을 한 번도 초대하지 않은 사람을 그리스도인으로 간주할 수 있는가?

그리스도인들은 모든 사람에게 자비롭고, 상처 입은 이들로 인해 마음이 움직이며, 가난한 이들이 자기 목전에서 압제 당하도록 놔두지 않고, 가난한 이들을 도와주고, 궁핍한 이들을 자주 지원하며, 고난당하는 이들과 함께 고난당하고, 다른 사람의 고통을 자신의 고통처럼 느끼는 사람들이다.…그러므로 누구든지 세상과 벗되기를 바라는 자는 하나님의 원수가 된다(약 4:4).[5]

여기서 복음서들이 말하는 가난한 자(하나님의 긍휼을 제일 먼저 받는 자)와 예수 그리스도, 그리고 아메리카 원주민 간의 간접적인 동일시가 나타난다. "가혹한 노예 제도에 의해 부당하게 압제당한" 인디오들은 "모든

---

5   Las Casas 1942(443-451)는 아우구스티누스의 『그리스도인의 삶에 대하여』(*De vita christiana*)를 인용하는데, 오늘날 대다수 학자들은 이 책을 펠라기우스적인 성향을 가진 5세기 저자의 저술로 본다. J. P. Migne, *Patrología latina*(Paris: 1887), 40:1039-1041.

인간 가운데 가장 가난한 이들이다"(Las Casas 1958, 53).

자본주의의 태동기에 유럽인들은 재화와 소유욕의 결여를 심각한
결함으로 간주하였으나, 라스 카사스(1989, 17)는 그것을 신앙에 대한
수용성으로 해석했다. "그들은 모두 세속적 재물을 소유하고 있지 않
으며 소유하기를 원하지도 않는, 매우 가난한 사람들이다. 따라서 그들
은 교만하지 않고, 야심적이지 않고, 탐욕스럽지도 않으며…우리의 가
톨릭 신앙을 받아들이고 도덕적인 습관을 형성하기에 매우 적합한 사
람들이다."

프랑수아 말리(1986, 263)에 따르면, 라스 카사스가 상정하는 원주
민들과 복음서의 가난한 자들 간의 간접적 동일성으로 인해 그의 이론
은 스페인의 다른 법률가들과 신학자들이 인디오의 권리에 관해 전개
한 추상적인 이론들과 차별화되었다.

> 그것은 비토리아의 저술에서와 같이 인디오를 공식적으로 다른 모든 인간
> 과 동등한 권리를 가진 존재로 간주하는 문제가 아니다. 라스 카사스에게
> 있어 인디오들은 무엇보다도 "우리의 형제이며 그리스도는 그들을 위해
> 당신의 생명을 내어놓으셨다."…여기에 라스 카사스 신학의 핵심이 담겨
> 있으며, 이 점에서 그는 16세기의 다른 위대한 신학자들과 구별된다. 그들
> 은 철학적·법률적 차원에 머물렀다.…라스 카사스는 자신의 경험을 통해
> 인디오들을 성경의 가난한 자들로 보게 되었다.

구스타보 구티에레스에게서도 이와 비슷한 견해를 찾아볼 수 있는데,
그는 여러 수도자들을 일반적으로 "가난한 이들의 형제"라고 부른다.

수도사들의 항의는 확실히 모든 인간의 근본적인 평등을 긍정한다.…하지만 인디오들, 더 정확히 말하자면 그 인디오 종족들을 압제받고 있고, 가난하며, 사랑 받을 가치가 있는 **뛰어난** 이웃으로 바라보는 인식은 그 수준을 넘어서며 그보다 더 심오하다. 한 마디로 말하자면 이들에게 인권이 있는 것은 의심할 나위가 없다. 그러나 그것은 자유주의적이고 평등주의적인 의미에서의 권리가 아니라, 가난한 이들의 권리라는 선상(線上)에서의 권리여야 한다.…여기서 우리는 신학적으로뿐만 아니라 성경적으로 깊이 뿌리박은 새로운 권리를 마주하고 있다(Gutiérrez 1981, 146).

라스 카사스 혼자만 원주민들과 가난한 사람들 간의 간접적인 동일시를 주장한 것은 아니었다. 도미니코회 수사인 후안 데 라미레스는 수십 년 후(1595년) 이사야 10:1-2, 하박국 2:12, 미가 3장과 같은 성경 예언서 텍스트를 언급하면서 "그들[인디오들]은 압제당한 가난한 자들이고, 비참하고 학대당한 겸허한 자들"이라고 주장했다(출처: Hanke and Millares 1977, 278-279, 290-291).

도미니코회 수사인 안토니오 데 몬테시노스가 1511년 대림절 네 번째 주일에 "나는 광야에서 외치는 자의 소리다"라는 성경 텍스트(사 40:3을 인용한 마 3:3)를 근거 삼아 선포한 예언자적 강론에는 확실히 정치적·신학적 적실성이 있다. 행키는 이 강론을 "아메리카 대륙 최초의 정의의 촉구"라고 부른다(1967, 40).[6]

---

6   그런 판단은 물론 자민족중심적이다. 최초의 정의 요구는 유럽인의 탐욕에 짓밟힌 원주민들의 목소리에서 나왔다.

당신들은 이 무고한 민족들에게 저지른 잔학 행위와 폭정 때문에 모두 대죄를 범한 상태에 있고 그 상태에서 살다가 죽을 것입니다. 말해 보십시오. 누가 당신들에게 이 사람들을 상대로 그토록 혐오스러운 전쟁을 선포할 권리를 주었습니까?…당신들은 왜 날마다 황금을 캐서 획득하기 위해…당신들이 그들에게 강요하는 과도한 노동으로 인해 그들이 죽어 나갈 정도로…그들을 억압합니까?…이 사람들은 인간이 아닙니까? 그들에게 이성적인 영혼이 없습니까? 당신들은 자신을 사랑하듯 그들도 사랑해야 할 의무를 갖고 있지 않습니까?…당신들은 이런 상태로는 예수 그리스도를 믿지 않고 구원받기를 바라지도 않는 무어인이나 투르크인만큼처럼 구원을 얻지 못할 것이 확실합니다(출처: Las Casas 1986, 2.3.4:441-442).[7]

예상할 수 있는 바와 같이, 이 강론은 식민지 개척자들과 엥코멘데로 편에서 격렬한 반발을 불러일으켰다. 그날 하필이면 주요 식민지 관리들이 교회에 출석했기 때문에 그 강론은 확실한 소동을 일으켰다. 그리고 그 소동은 그럴 만한 이유가 있었다. 인디아스의 그런 가톨릭 지도자들은 당시 기독교 유럽을 대적하는 최악의 적이었던 무어인이나 투르크인에 비유되었다. 따라서 그들은 몬테시노스 수사를 "물의를 일으키는 자, 새로운 교리를 심고…왕께 폐를 끼치고 모든 주민에게 피해를 주는 자"라고 불렀다(Las Casas 1986, 2.3.4:442).

페르난도 왕은 이 설교의 사본을 입수한 뒤 디에고 콜럼버스에게 자신의 불쾌감을 표명하고 그 불온한 도미니코회 수사를 엄벌에 처할 것을 허락했다.

---

7   그 설교가 야기한 논쟁에 대해서는 J. M. Pérez 1988(여러 곳)을 보라.

짐도 안토니오 몬테시노스라는 한 도미니코회 수사가 전한 설교문을 보았다. 그가 항상 물의를 일으키는 방식으로 설교하기는 했지만, 이번에 그가 한 말은 짐을 경악하게 하였다. 이는 교황 알렉산데르 6세 성하께서 우리에게 하사하신 수여장을 검토한 학자, 신학자, 교회법학자들의 말에 의하면 그가 말한 것은 그 어떤 타당한 신학적 토대나 교회법이나 일반 법률의 근거가 없는 까닭이다.…그러므로 이 설교를 전한 자의 잘못이 매우 크기에…그대가 그에게 일정한 형벌을 내리는 것이 마땅하다(출처: Pacheco et al. 1864-1884, 32:375-376).

이 서신에서 언급된 "학자, 신학자, 교회법학자들"은 얼마 지나지 않아 몬테시노스의 이 설교로 촉발된, 자유의지론 신학의 도전에 직면하게 되었다. 이 신학은 아메리카 원주민을 복속시킨 것에 관한 이념적 정당성의 뿌리 자체에 의문을 제기했다. 한편 국왕은 이 사안에서 몬테시노스와 그가 속한 도미니코회의 수도사들에게 침묵을 지키도록 명령했다. 즉 "그들은 이 사안 또는 이것과 관련된 사안들에 대해 강단에서든 외부에서든, 직접적이든 간접적이든…공개적이든 은밀하게든 발언하는 것이 허락되지 않았다"(같은 책, 377-378).[8]

스페인의 도미니코회 관구장인 알폰소 데 로아이사 수사는 왕의 책망에 자신의 질책을 추가했다. 로아이사는 알렉산데르 교황의 칙서 및 이베리아인들이 "전쟁의 권리"에 의해 신세계의 영토를 취득한 것을 언급한 뒤 카스티야의 군주가 아메리카 대륙의 토지와 주민에 대해 주

---

8 Carro 1944(1:58-61)에는 현대식 철자법으로 표기한 페르난도 국왕의 이 편지도 수록되어 있다.

권을 지니고 있음을 확인했다. 그는 몬테시노스가 행한 강론들이 파괴적인 결과를 초래할 수 있음을 지적하고("그대의 설교 때문에 인디아스 전체가 반란을 일으키려 한다"), 히스파니올라에 있는 자기 수도회의 형제들에게 "너희의 지성을 따르라"고 권고했다. 이 논증은 교회와 정치의 권위주의를 수호하기 위해 여러 차례 사용되었다(출처: Carro 1944, 1:62-63).

몬테시노스는 침묵하라는 요구를 따르지 않았다. 그가 외친 항의는 강렬한 반향을 불러일으켰고, 바르톨로메 데 라스 카사스에게 받아들여져 더욱 확대되고 심화되었다.

~~~

신세계 정복자들의 죄

원주민들에 대한 착취를 **죄**라고 부르는 것은 16세기에 전개된 신학 논의의 중심 주제 중 하나였다. 몬테시노스는 설교에서 "당신들은 이 무고한 민족들에게 저지른 잔학 행위와 폭정 때문에…모두 대죄를 범한 상태에 있다"고 단언했다. 산타 마르타의 주교 후안 페르난데스 앙굴로가 인디아스 평의회에 보낸 제안서(1541)도 그에 못지않게 강력하다. 그는 스페인 사람들의 행동을 사탄적이라고 표현한다.

> 이 지역에 그리스도인은 없고 마귀들만 있으며, 하나님이나 왕의 종은 없고 그들의 법을 배반하는 자들만 있다.…나는 대항하는 인디오들을 평화로 인도함에 있어서 최대의 난관은…이 평화로운 사람들이 그리스도인들

에게 거칠고 잔혹한 대우를 받는 것이라는 점을 발견했다. 따라서 그들은 매우 두렵고 의심에 차 있기 때문에 그리스도인이라는 이름을 가장 미워하고 싫어한다. 그 결과 이 땅 전역에서 원주민들은 자기들의 언어로 그들[스페인 사람들]을 '야레스'(*yares*)라고 부르는데, 이 말은 마귀들이란 뜻이다.…이는 그들이 저지르는 짓이 그리스도인의 행동이 아니고, 이성을 사용하는 인간의 행동도 아니며, 마귀들의 행동이기 때문이다(출처: Las Casas 1989, 119-121)

라스 카사스(1972, 61)도 정복자들의 행동을 "그들 자신의 이익 외에는 어떤 목표도 고려하거나 품지 않고 폐하의 백성들을 감소시키고 죽이는…혐오스러운 죄"라고 불렀다. "속죄할 수 없는 죄"라는 말은 그가 「여덟 번째 해결책」(*Octavo remedio*, 1965, 2:843) 등에서 정복행위와 엥코미엔다를 평가하면서 사용하는 일반적인 어구다. 그것들은 "영원한 저주를 받아 마땅하며"(같은 책) 악마적이라고 평가받을 만한 행위다. 인디오들의 압제자들은 자신을 그리스도인이라고 부름에도 불구하고 실제로는 "사탄의 통치를 지지하는 자들이고 그리스도의 거룩한 교회를 대적하는 자들이며…그리스도의 선구자들이 아니라 적그리스도의 선구자들이다"(Las Casas 1942, 454, 459).

이제…그것이 상상할 수 있는 모든 잔인함과 불의를 뛰어넘는다면, 그리고 그것이 마귀라고 불리는 그리스도인들에게 잘 어울린다면, 그리고 인디오들을 인디아스에 있는 그리스도인들보다 지옥에 있는 마귀들에게 맡기는 것이 더 낫다면, 이것이 무엇이겠는지 생각해보라(Las Casas 1989, 189).

라스 카사스는 1565년 인디아스 평의회에 보충서로 보낸 자신의 마지막 논문 중 하나에서 카스티야인들이 인디아스에서 범한 "속죄할 수 없는 대죄"에 대해 자신이 예언자의 열정과 분노를 품고 가했던 신랄한 비판을 요약했다. 그는 왕에게 부당한 전쟁을 포고할 권한이 없으며 아메리카 원주민들을 상대로 한 전쟁은 부당하다고 주장했다. 그는 또한 정복행위와 주민들에 대한 경제적 착취에 어떤 식으로든 가담한 자들은 그 사실만으로도 대죄를 지은 것이라고 단언했다. 그의 생각을 요약하면 다음과 같다.

1. 모든 정복행위는 매우 부당하며 폭군들이 하는 짓이다, 2. 인디아스의 모든 왕국과 주권이 강탈당했다, 3. 엥코미엔다는 그 자체로 매우 사악하며 나쁘다, 4. 엥코미엔다를 수여하는 자들이나 그것을 보유하는 자들은 모두 대죄를 범하는 것이다, 5. 그리스도인에 대한 투르크인들의 전쟁과 약탈을 정당화할 수 없듯이 국왕도 전쟁과 엥코미엔다를 정당화할 권한이 없다, 6. 인디아스에서 가져온 모든 보화는 훔친 것이다, 7. 죄를 짓고 배상하지 않는 자들은 구원받을 수 없다, 8. 인디오들에게는 우리에 맞서 정당한 전쟁을 벌이고 우리를 지상에서 쓸어버릴 권리가 있으며, 그들은 심판날까지 그 권리를 가지고 있을 것이다(Pérez de Tudela 1957, clxxxii에 인용됨).[9]

아메리카에서 유럽인들이 저지른 행동을 죄로 보는 이러한 판단은 신

---

[9] 현대 철자법이 적용된 이 편지의 전문이 *De regia potestate*(Las Casas 1969, 282-283)에 재수록되어 있다.

학적으로 "폭정은 대죄"임을 긍정하는 데서 유래하는데, 이 입장은 다양한 성향을 지닌 성직자들 사이에서 여전히 치열한 논쟁의 대상이었다(Pérez de Tudela 1957, 501, 508). 억압적인 체제가 사람들의 복리를 어느 정도 증진한다 해도 그것은 전제적이며, 그러므로 라스 카사스의 추론에 따르면 그것은 사악하다. 따라서 죄에는 정치적 차원 및 사회적 차원이 있다.

정복자들의 폭력적인 행동에 관한 예언자적 규탄과 라스 카사스의 섭리론은 밀접하게 연결되어 있다. 신세계의 발견이 "너희는 온 천하에 다니며 만민에게 복음을 전파하라"(막 16:15)는 복음적 선교명령을 성취하기 위한 일환으로 인디오들 가운데서 그리스도의 인류 구원에 관한 지식과 참여를 촉진하기 위한 하나님의 경륜에서 비롯되었다면, 신앙을 무색하게 하고 이 선교명령의 성취를 방해하는 그리스도인들의 행동은 매우 답답한 짓이다.

라스 카사스에 의하면 정복자들은 원주민들의 몸을 노예로 삼거나 죽이고 그들의 재산과 여자들을 빼앗을 뿐만 아니라, 자기 영혼의 구원에 극복할 수 없는 장애물을 쌓아올리기 때문에 그들의 죄가 막중하다. 첫째, 그들은 기독교의 평판을 떨어뜨린다. 그리스도인의 폭력적인 행위는 원주민들로 하여금 신앙을 전파하는 이들을 불신하게 하여 이들을 복음화하는 데 걸림돌이 된다. 둘째, 많은 원주민이 전쟁과 스페인 사람들이 강요한 노예 상태에서 학대당하다가 개종하거나 세례를 받지 못한 채 죽는다. 그런 식으로 "많은 종족들이…지옥에 떨어진다"(Las Casas 1989, 49). 스페인 사람들은 "돌아다니면서…하나님의 아들이 자기 피로 구속하신 영혼들을 **지옥으로 보낸다**"(같은 책, 141; 강조는 덧붙인 것임). "이는 그들이 신앙이나 성사 없이 죽기 때문이다"(같은 책, 139).

라스 카사스의 복음적 사고방식에서 보면 인디오들에 대한 압제는 예수 그리스도에 대한 폭력이 된다.[10] 그의 저술 중 몇몇 구절들은 유명한 양과 염소 비유(마 25:31-46)에 나타난 예수와 가난한 자들 간의 간접적인 동일시를 떠올리게 한다. "그들은 황금에 대한 탐욕으로 인해 오늘날까지 예수 그리스도를 팔아넘겼고 지금도 계속 팔아넘기면서 그분을 부인하고 저버린다"(Las Casas 1989, 113). 원주민들에 대한 범죄는 곧 예수께 대한 범죄다. 그런 행동은 나사렛 예수를 다시 십자가에 못 박는 것과 같은 특징들을 띤다.

베르나르도 데 산토 도밍고 수사가 쿠바에서 엥코멘데로들과 식민지 개척자들 앞에서 선포한 강론에 따르면 그리스도와 인디오들은 불의와 압제로 인해 피를 흘렸다. 그의 말은 예언자적 비난의 어조를 풍긴다.

우리는 이미 우리가 이곳에 온 뒤 여러분이 이 사람들을 압제하고 고갈시키고 죽이기 때문에 여러분은 악한 상태에 빠져 있다고 설교했습니다. 여러분은 시정하기를 원하지 않았을 뿐 아니라 우리가 이해하기로는 날마다 사태를 더 악화시켜 여러분에게 잘못을 저지르지 않은 **많은 사람의 피**

---

10 히브리 왕정에 관한 성경의 예언자들의 책망 외에도 Las Casas가 인디아스에 부과된 체제의 특징을 묘사하면서 그토록 자주 강조한 "폭정" 개념의 배후에는 스페인 사실주의의 고유한 전통도 존재할 가능성이 있다. 이 전통에 따르면 "왕의 직함과 권력을 갖고 있지만 정의를 행하지 않는 자는 폭군이다"(Ríos 1957, 84-85). 이 전통은 「여덟 번째 해결책」에 수록된 "열 번째 이유"에서 찾아볼 수 있는데, 이에 따르면 엥코미엔다는 다스림을 받는 자와 다스리는 자 사이의 유익한 관계를 가정하며 전자의 동의에 바탕을 둔 "카스티야의 법들"에 위반되기 때문에 전제적이다. "Octavo remedio"(Las Casas 1965, 2:761-763). Las Casas는 『유일한 방법』(1942, 493)에서도 왕과 폭군을 구별한다. 왕은 폭군과 달리 대중의 동의를 통해서 그리고 모든 이의 복지를 위해 다스린다.

를 흘리고 있습니다. 나는 하나님께 **그리스도가 그들을 위해 흘린 피가** 심판 날에 여러분의 잔인성에 대한 심판자와 증인이 되게 해주실 것을 요청합니다. 그날에 여러분은 아무런 변명도 할 수 없을 것입니다(출처: Las Casas 1986, 3.3.81:100-101; 강조는 덧붙인 것임).

처음에는 부당하게 흘려진 원주민의 피가 쟁점이었는데 설교 진행 도중에 뜻밖에 기독론적으로 반전되어 예수의 피가 심판 날에 정복자들과 엥코멘데로를 비난하는 증인이 될 것이라고 언급된다. 십자가에 달린 구속자의 피가 간접적으로 인디오들의 피와 동일시된다. 원주민들의 죽음에서 예수의 십자가 처형이 새로 발생한다.

라스 카사스의 저술에 수록된 몇몇 텍스트는 그의 예언자적 사고방식과 맥을 같이해서 하나님의 섭리를 바라보는 음울한 관점을 드러낸다. 예언자들과 묵시록 저자들 사이에는 연속성이 있다. 우리는 이미 16세기의 몇몇 저자들이 신세계에 닥친 인구 대재앙을 하나님의 처벌로 이해한 것을 살펴보았다. 이 경우 스페인은 원주민들의 우상숭배와 혐오스러운 행위에 대한 하나님의 분노의 도구로 선택받은 나라였다. 라스 카사스는 스페인의 미덕과 인디오의 악덕을 대립시키는 마니교적인 (또는 마키아벨리적인) 이분법에 반대했음에도 불구하고 때때로 인디오들에게 닥친 죽음의 수수께끼를 섭리적인 관점에서 직면했다. 하나님은 왜 원주민들이 겪은 대학살을 허용하는가? 그들의 죽음은 알려지지 않은, 역사에 대한 하나님의 계획의 일부인가? 어쩌면 "하나님의 판단에 따라 이 겸비한 종족들이 그러한 고난을 당하도록 결정되었을 것이다." 하지만 그들은 결백하지 않은가? 그들은 결백하지만 오직 "우리에 대해서" 시민법상으로 결백할 뿐이다. 그러나 그들은 "하나님께 대해서는" 결백하지 않으며 "지금껏 어떤 인간도 결백하지 않았다"(같은 책, 2.3.17:492). 따라서 이처럼 불가사의하고 비극적인 승리를 보여주는 이 독특한 신정론에서는 그들의 고통은 신적 정의에 대해 지불해야 할 대가다. 그렇다고 해서 스페인 사람들이 즐거워할 이유는 없다. 라스 카사스는 인디오들의 죄에 대한 하나님의 처벌이 끔찍했다면, 인디오들에 대한 처벌을 집행한 자들이 받아야 할 처벌은 훨씬 더 끔찍할 것이라고 주장한다.

> 하나님은 우리의 잔인한 손을 통해 이 종족들을 처리한 뒤에 우리의 폭력과 압제로 인해 우리에게 자신의 분노를 퍼부을 것이다.…그리고 우리는 우리가 그토록 멸시해온 자들이 심판 날에 하나님 우편에 더 많이 있는 모습을 볼 수도 있을 것이다. 이렇게 생각하면 우리는 밤낮으로 크게 두려워해야 한다(같은 책, 3.3.145:332).

이것은 창조주의 윤리적 요구를 칭송하는 한편 피조물의 죄의 측량할 수 없는 깊이를 강조하지 않을 수 없는 섭리론적 관점의 산물인, 매우 비극적인 역사관이다. 이 관점의 특이성은 최후의 역설에 놓여 있다. 종말의 때에 곧 인간들과 나라들이 마지막 저울에서 측정될 때, 인디오 불신자들과 야만인들은 하나님 오른편에 있는 복된 양무리에 들어가는 반면 스페인의 그리스도인들은 하나님 왼편에서 저주를 받을 수도 있다.

하나님의 진노와 고해성사

예언자적 관점에서 보면 폭력적인 정복은 종말론적인 유죄선고를 받는다. 예언자적 책망은 하나님의 진노를 표현한다. "그러한 정복들은…엄하고 영원한 고통을 받아 마땅한, 막중한 대죄다"(Las Casas 1989, 13). "심판의 날에는 스스로 그리스도인이라고 칭하는 자들이 인디아스에서 저지른 것과 같은 끔찍하고 혐오스러운 모욕을 하나님께서 언제 복수하실지가 더 분명해질 것이다"(같은 책, 133).

라스 카사스는 1531년 1월 20일 인디아스 평의회에 보낸 편지에서 신세계의 인디오들이 겪은 참화로 인해 평의회 위원들이 지옥에서 영원히 고통당할 수도 있다는 무서운 가능성(이것은 단지 문학적 은유가 아니었다)을 상기시켰다. "위원 여러분, 부디 조심하십시오. 저는 여러분이 구원받을 수 있을지 의심스러우며, 여러분이 구원받지 못할까봐 두렵습니다." 그것은 경건한 열정으로 가득 찬 외침이다. 그는 위원들에게 불의하게 다스려지는 제국은 "조직 폭력배"에 불과하다는 아우구스티누스의 가르침을 상기시킨다. 그는 알렉산데르 교황이 칙서를 통해 원주민들의 유익을 위해 새로 발견한 땅에 대한 관할권을 허락했다는 사실을 상기한다. 그리고 이사벨 여왕의 유언 보충서에서 인디오들을 선대하도록 주의를 촉구하는 조항을 언급한다. 그는 위원들로 하여금 전통적인 참된 신자에게 결정적인 순간인 하나님이 그들의 행위를 심판하는 날을 직면하게 함으로써 그들의 양심을 돌아보게 한다. "여러분은 대답할 말이나 무슨 변명거리가 있습니까?" 그는 스스로 이 질문에 부정적인 대답을 내놓으면서 그들에게 닥칠 끔찍한 형벌에 대해 경고한다. 이 형벌은 예수를 십자가에 못 박은 데 책임이 있는 자들에게 합당한 형벌 외에는 가장 가혹할 것이다.

> 나의 하나님이자 모든 이의 하나님을 믿는 나는, 예수 그리스도의 끔찍한 수난 때문에 마땅히 받아야 할 형벌과 고통 다음으로…세상에서 일어난 모든 일들 가운데 이보다 더 괘씸한 일이 없으며…어떤 일도 그 두려운 날에 이 일에 책임 있는 저 불행한 이들이 받을 형벌만큼 무거운 벌을 받지는 않을 것이라고 굳게 믿는다(출처: Fabié [1879] 1966, 70:477-478).[11]

라스 카사스(1965, 2:813)는 오스만 제국의 점증하는 위협을 하나님의 심판이 다가오는 것으로 본다. 구약성경에서 그들의 죄 때문에 황폐해지고 포로로 끌려간 이스라엘의 운명이 "인간은 모두 하나님의 신민이며 예수의 귀중한 피로 구속받았기 때문에 그들 중 누구도 무시하거나 잊지 않으시는 복되신 성삼위 하나님의 형상과 모양을 따라 지음 받은" 인간을 그토록 많이 말살하기를 계속해온 스페인의 운명이 될 수도 있다. 그는 엥코멘데로와 정복자들에게 다음과 같이 예언자적인 유죄선고를 내린다.

> 오, 눈멀고 무감각한 불쌍한 사람들이여! 오, 사라센인들과 불신자들보다

---

[11] Las Casas는 1555년 8월 국왕의 고해 신부인 Bartolomé Carranza de Miranda에게 보낸 편지에서 인디아스에서 벌어지는 사건들보다 하나님께서 "더 가까이 지켜보시는" 것은 없다고 말했다(출처: Fabié [1879] 1966, 71:384). 그 점에 관한 군주의 행동이 그의 영원한 행복 또는 파멸을 결정할 것이다.

더 사악한 사람들이여! 불행과 큰 재앙의 날에 누가 당신들을 다가올 진노에서 지켜줄 것인가? "너희는 소돔을 의롭게 했느니라"는 말은 틀림없이 당신들을 가리킨다. 즉 당신들의 행위에 비하면 소돔의 행위가 더 의롭다.…이처럼 당신들은 늘 돌아다니면서 당신들의 죄의 분량을 채우고 있으므로 하나님의 진노가 계속 당신들에게 임했다. 이는 당신들이 자신의 구원을 막는 원수일 뿐 아니라 수 천 명의 사람들이 믿음과 구원에 이르지 못하도록 방해하기 때문이다.…그러므로 당신들은 큰 벌을 받을 것이다(Las Casas 1942, 471).

인디오들을 착취하고 약탈한 정복자들과 엥코멘데로들에게 고해성사의 일부인 사죄선언을 허락하지 않으려는 다양한 시도가 이루어졌다. 과테말라 치아파스의 주교였고 1545년부터 1547년까지 자신의 교구에서 거주했던 라스 카사스는 원주민을 해방하고 그들에게 입힌 피해를 배상하는 것을 고해 신부의 사죄선언('내가 너를 사하노라'라고 말하는 것)의 필요 조건으로 삼았다. 심지어 죽어가는 사람의 고해성사에서도 마찬가지였다(이 경우에는 앞에 언급된 조건에 대한 공증 유언장이 요구되었다). "모든 사람이 연대해서(*in solidum*) 배상해야 할 의무가 있다. 자기가 할 수 있는 만큼 최대로 배상을 하지 않는다면 구원받을 수 없다"(Las Casas 1965, 1:439).[12] 이 참회 요구는 그의 책 『유일한 방법』의 절정이다. "앞에서 열거한 방식 중 어느 것을 통해서든 전쟁의 원인이거나 그에 연루되

---

12 "Disputa o controversia," 439. Las Casas가 거듭 사용하는 '연대해서'라는 어구는 배상해야 할 의무가 정복자들과 식민지 개척자들 또는 엥코멘데로 각자의 개인적인 이익만 일컫는 것이 아니라 그들 모두가 얻은 이익도 가리킴을 의미한다. 그것은 매우 예리한 개념이었다.

어 있는 모든 사람, 그리고 앞으로 그렇게 될 사람은—자신의 구원을 위해 필요한 수단으로서—피해를 입은 불신자들에게 그들에게서 훔친 모든 것에 대해 배상하고…자신들이 입힌 피해에 대해 구체적인, 즉 완전한 배상을 할 의무가 있다(Las Casas 1942, 541).

아마도 그가 치아파스의 주교로 있던 1546년에 작성한 것이겠지만 1552년이 되어서야 출간된, 고해 신부들에게 주는 조언은(출처: Las Casas 1965, 2:852-913) 그가 자신의 성사의 권한을 이용해서 압제당하는 자들을 해방하려는 계획을 갖고 있었음을 보여준다.

노예로 억류된 인디오들에 관하여…고해 신부는 참회자에게 서기의 출석하에 공개적인 행위를 통해 인디오들을 아무 조건 없이 풀어줄 것과 매년 또는 매월 인디오들의 노동과 섬김을 통해 거둔 모든 수입을 그들에게 돌려줄 것을 명해야 한다. 이러한 일은 참회자가 죄를 고백하러 오기 전에 시행되어야 한다. 참회자는 또한 자신이 입힌 피해에 대해 용서를 구해야만 한다.…이는 인디아스를 발견한 때부터 지금까지 인디아스 전역에서 정당하게 노예가 된 인디오가 한 명도 없었고 현재도 없다는 점이…사실일 뿐 아니라 그 근거가 분명하기 때문이다(같은 책, 879).

최근의 선례가 있었다. 에라스무스는 유명한 논문 「평화의 호소」(*Querela pacis* [1517] 1964, 986-987)에서 사제들은 죽어가는 전사들을 도와서는 아니 되며, 그들이 교회 묘지에 매장되는 것을 허락해서도 안 된다고 주장했다. "전쟁 중에 부상당한 자들은 세속의 묘지에 묻히는 것으로 만족해야 한다.…하나님께 봉헌된 사제들은 전쟁이 벌어지는 장소에 출입해서는 아니 되며 오직 전쟁이 끝난 장소에만 갈 수 있다."

라스 카사스가 에라스무스를 언급하지는 않지만 그 이유는 스페인에서 맹위를 떨치던 에라스무스 반대 운동 때문일 수도 있다. 라스 카사스가 「평화의 호소」를 읽었을 가능성이 있다. 이 논문은 출판된 첫 해에 10쇄를 발행했고 신속하게 여러 언어로 번역되었는데, 그중 스페인어 번역본은 1520년에 나왔다. 이 두 저술 사이에는 확실히 이론상 유사한 점이 있는데, 그 유사성은 특히 복음의 평화적 성격을 강조하는 대목에서 두드러진다.[13]

라스 카사스가 치아파스 주교로서 전쟁이나 엥코미엔다에 관여한 자들의 죄에 대한 사죄선언을 거절한 것은 그의 사상에서 새로운 요소가 아니었다. 그는 이미 대중 앞에서 공식적으로 진술하지 않은 것에 대해서는 아무것도 확언하지 않았다. 그가 "회심" 후에 쓴 자전적 회고록에 따르면 그는 자신이 받은 엥코미엔다 농장에서 인디오들을 풀어주었고, 1514년 8월 15일 성모 승천 축일에 쿠바에서 행한 설교에서 "스페인 사람들의 눈멂과 불의와 폭정 및 그들이 저 무고하고 온순한 사람들에게 저지른 잔혹 행위들에 대해, 엥코미엔다를 할당받은 자들이 왜 구원받지 못하는지에 대해…그리고 그들이 치러야 할 배상 의무에 대해" 단호하게 주장했다(Las Casas 1986, 3.3.79:95).[14]

라스 카사스는 히스파니올라의 한 도미니코회 수도원에서 수년간

---

13 Las Casas는 거의 확실히 Erasmus의 또 다른 저술인 *"Ecclesiastes sive…evangelicus"*(1535)의 영향을 받았는데, 이 저술에서 Erasmus는 사도적이고 평화로운 복음화 수단을 제안한다. Bataillon(1966)의 탁월한 연구를 보라.

14 히스파니올라의 도미니코회 수도사들도 1518년 예로니모회 신부들에게 이와 유사한 의견을 제시했다. "그리스도인들의 범죄는 전에도 컸고 지금도 크며, 우리는 그들이 인디오의 노동에서 얻은 재화는 부당하다고 생각합니다. 그리고 우리는 그들에게 배상할 책임이 있다고 생각합니다"(출처: Pacheco et al. 1864-1884, 26:213).

수도 생활에 매진한 뒤 1531년 인디아스 평의회에 다음과 같은 내용의 편지를 보냈다.

> 저는 여전히 이 모든 민족이 신대륙이 처음 발견되었을 때부터 그리스도 인들에 맞서 전쟁을 벌일 정당한 이유를 갖고 있으며, 이 이유들이 법과 정의에 따라 날마다 계속 점점 늘어나고 있다는 사실을 위원 여러분이 알기를 바라기 때문입니다.…게다가 일반적으로 지금껏 그리스도인들이 벌인 전쟁 가운데 정당한 전쟁은 없었으며…국왕이나 이곳에 오거나 이곳을 거쳐 간 어느 누구도 무언가를 정당하게 취득하거나 제대로 번 적이 없으므로 그들은 배상해야 할 의무가 있습니다.…그리고 이는 제게 있어서 거룩한 복음만큼이나 참된 사실입니다.

획득의 부당성과 연대 배상의 의무에 관해 라스 카사스가 공식적으로 쓴 편지가 왕실에도 적용된다는 점을 주목하라. 스페인 당국은 인디아스에 대한 행정적 관할권을 갖고 있기 때문에 그러한 불법적인 이득에 참여하지 않았더라도 부당하게 취득한 재물에 대해 배상할 책임이 있었다. "여러분은 다른 사람들이 이 민족들에게서 훔친 모든 재화와 재물에 대해, 비록 여러분이 거기서 많은 것을 받지 않았다 하더라도, 배상해야 할 의무가 있습니다"(출처: Fabié [1879] 1966, 70:483, 478). 라스 카사스는 그 생각을 결코 포기하려고 하지 않았다. 1555년 바르톨로메 데 카란사에게 보낸 편지에서 그는 이러한 생각—"카스티야의 군주들은, 이치로 보나 필요에 의해서나, 이러한 배상 의무가 있습니다"—을 되풀이하고 있으며(같은 책, 71:418), 1565년 인디아스 평의회에 보낸 마지막 서신에서는 다음과 같이 주장했다.

이 점에 있어 인디아스에서 저질러진 모든 죄와 그에 뒤따라 발생한 피해 및 무한한 불편과 이에 대해 배상할 의무는 폐하와 이 평의회의 양심에 귀 속될 것입니다. 그리고 이 왕국들에서 한 푼의 이익이라도 가져간다면 그 것에 대해 배상할 필요가 있을 것입니다(Las Casas 1969, 280-281).

라스 카사스가 발표한 고해성사 규칙은 격렬한 논쟁의 대상이었고 모 톨리니아[15]와 후안 히네스 데 세풀베다 같은 여러 인물로부터 신랄한 비난을 받았다. 그들은 라스 카사스를 궁정회의에는 반역죄로, 이단 심 문소에는 이단으로 고발했다("경솔한 제안[Proposiciones temerarias]…" Fabié [1879] 1966, 71:335-351에 수록된 글을 보라). "일곱 번째 규칙"은 다음과 같은 주장 때문에 특히 공격을 받았다.

스페인 사람들의 도래부터 그들이 이 민족들에게 가한 예속과 노예제에 이르기까지 인디아스에서 자행된 모든 일은…모든 자연법과 시민법에 반 할 뿐 아니라 하나님의 법에도 어긋나는 것이었다. 따라서 모든 것이 불의 하고 부당하고 전제적이며 지옥불의 형벌에 처해 마땅한 죄악이다. 따라 서 그것들은 무효이며 아무런 가치나 법적 효력이 없다(Las Casas 1965, 2:873).

그것은 라스 카사스에게는 불쾌한 순간이었지만, 두 고발 모두 기각되

---

15 그러나 Motolinía(1984, 3.11:167)는 Las Casas에 반대하는 신랄한 편지를 쓰기 전의 한 저술에서 정복자들과 식민지 개척자들이 인디오들의 땀과 피로 얻은 모든 것에 대해 배 상해야 할 의무가 있음을 강조했다. "이 모든 것들은 먼저 이곳에 되돌려놓지 않으면 심 판의 날에 그들의 유죄에 대한 증거로 제시될 것이기 때문이다."

었다. 하지만 1548년 9월 28일 누에바에스파냐의 왕립 재판소에 보내는, 라스 카사스의 고해 지침의 모든 사본을 수거할 것을 명하는 국왕의 칙령은 피할 수 없었다. 이로써 그 지침은 금지되었다(출처: Manzano 1948, 166, 각주 25).[16] 그는 그의 생애에서 가장 어려운 상황에 처했다. 하지만 그는 치아파스와 과테말라에 있는 도미니코회 수도사들에게 보낸 편지에서 자신의 지침을 되풀이했으며(Las Casas 1969, 235-250), 자기 생애의 마지막 날까지 한 치의 양보도 없이 배상에 관한 자신의 교리가 신학적으로나 도덕적으로 옳다는 입장을 확고하게 유지했다.

라스 카사스는 절도나 약탈로 취득한 모든 것에 대한 의무적 배상을 아메리카에서 시행되는 고해성사를 위한 핵심 규범으로 삼았다. 그는 「열두 가지 의혹에 대한 논문」(Pérez de Tudela 1957, 517-522)에서 교회의 입장이 주로 "수도자들과 설교자들이 그들의 설교에서, 또한 고해와 가족과의 대화를 통해서 남의 물건을 훔친 자들에게 배상하고 참회할 것을 훈계하는가…"와 관련해서 판단되어야 한다는 주장을 열정적으로 전개했다. 성찬 참여와 기독교식 장례를 치를 수 있는 권리도 이 규범에 따라 결정된다.

라스 카사스만이 배상 원칙에 관심을 기울인 유일한 16세기의 스페인 신학자는 아니었다. 도밍고 데 소토([1556] 1967, 2.4.6-7:3327-381) 역시 이 주제를 방대하게 다뤘다. 그의 주된 결론은 다음과 같았다. "훔친 물건에 대한 배상은 지극히 필수적이므로 그것이 없이는 아무도 하나님의 은혜 안에서 견인(堅忍)할 수도 없고 은혜를 다시 얻을 수도 없

---

16 Bataillon(1976, 30)은 이 점에 대해 "이 고해성사 규범 문제에서 치아파스의 주교[Las Casas]가 패배했다"라고 간결하게 말한다.

다"(같은 책, 331).

　이 배상 문제가 라스 카사스의 사목 활동을 통합하는 주제상의 축을 제공한다. 1514년 쿠바에서 디에고 벨라스케스 앞에서 행한 설교부터 1566년 교황 비오 5세에게 보낸 탄원서에 이르기까지, 배상은 이 땅에서의 정의와 영적 구원을 얻기 위한 필수불가결한 전제조건으로 제시된다. 라스 카사스는 그 설교에서 자신의 청중이 "배상할 의무"가 있다고 주장했다(Las Casas 1986, 3.3.79:95). 그 탄원서(출처: Yáñez 1941, 161-63과 Las Casas 1969, App. 15, 284-86)에서 라스 카사스는 최고 사제인 교황에게 아메리카 대륙에서 부유하게 된 "주교들과 수도사들과 성직자들"에게 "자연법과 신율에 따라…그들이 획득한 모든 금과 은과 보석에 대해 배상할 의무가 있다"는 점을 상기시켜줄 것을 요청한다. 라스 카사스는 아퀴나스(*Summa*, 2-2.66.8)가 상정한 원리, 즉 부당한 전쟁 중에 자행한 약탈이나 심지어 정당한 전쟁 중에 발생한 악의적인 절도마저도 훔친 물건들에 대한 배상을 필요로 하는 중죄라는 주장을 극한까지 밀어부쳤다.

　라스 카사스는 교황으로 하여금 아메리카 원주민을 압제하는 자들과 그들을 이론적으로 정당화하는 자들에 대해 파문이라는 강력한 무기를 활용하도록 설득하려고 하였으나 성공하지 못했다.

　저는 교황 성하께 불신자들의 우상숭배 때문에 그들을 상대로 한 전쟁은 정당하다거나, 그것이 특히 우리에게 잘못을 저지른 적이 없는 이방인들에게 복음을 더 잘 전하기 위한 것이라거나, 또는 이방인들은 자기들이 소유한 것의 참된 주인이 아니라고 말하는 자들에게 파문과 제명을 선언하는 칙령을 내려주실 것을 겸손히 간청합니다(Yáñez 161-162; Las Casas

1969, 284-286).[17]

인디오에게 입힌 피해에 대한 배상을 사죄선언의 조건으로 삼으려는 라스 카사스의 시도는 오늘날에는 시대착오적이거나 효과적이지 못한 것으로 보인다. 하지만 16세기에 사죄선언은 임종 때에 성직자를 통해 반드시 받아야 하는 은총으로 간주되었다는 사실을 우리는 잊지 않아야 한다. 사람이 죽기 전에 가장 끔찍한 죄를 포함하여 모든 죄를 고백하고 성사를 통해 사면을 받으면, 그 영혼은 지옥의 영원한 고통을 피할 수 있다는 믿음이 가톨릭 신자 대중 사이에 보편적이었다. 그런 사고방식을 가진 이들에게는 여기에 영원한 개인적 운명이라는 매우 중요한 문제가 걸려 있었다.

정복자들과 엥코멘데로들에 대해 사죄선언을 철회하는 조치는 여러 성경 텍스트들과 고통당한 자들에 대한 해방적 지평에 속한 신학이 수행하는 비판적 성찰에 나타나는 기본적이고 핵심적인 사고, 즉 **가난한 자들에 대한 압제와 성사 참여는 양립할 수 없다**는 생각을 담고 있다. 라스 카사스를 비롯한 여러 수도사들은 "나는 인애를 원하고 제사를 원하지 아니한다"(호 6:6; 마 9:13)라는 성경의 예언자의 표어를 다시 꺼내든다. 압제 관행은 예배를 통해 입증되는 구원의 목표와 모순된다. 이 점에서 수도사들은 패배하는 싸움을 싸웠지만 그 싸움은 복음적 연대에 대한 극적이고 지울 수 없는 기념물을 우리에게 남겨주었다.

---

17 Pereña는 1566년 말 비오 5세가 이탈리아어로 써서 마드리드 주재 교황 대사인 아르헨티나 로사리오의 대주교인 Juan Bautista Castagna에게 보낸 편지(출처: Las Casas 1969, App. 16, 287-292)가 Las Casas의 이 제안에 대한 응답일 수도 있다고 생각하는데, 그 편지에서 최고 사제는 아메리카 원주민을 선대할 것을 강조한다. Las Casas의 청원과 비오 5세의 편지에 대한 유용한 정보는 Pérez Fernández 1981(762-776)에서 찾아볼 수 있다.

라스 카사스의 [배상조건부] 고해성사에 대한 금지령이 내려졌다고 해서 성사의 힘을 사용해 정복자들과 엥코멘데로들 및 식민지 개척자들을 견제하려는 생각이 사라진 것은 아니다. 바타이옹(1976, 311-314)은 스페인 국립 역사기록보관소에서 도미니코회 수사 바르톨로메 데 라 베가가 쿠스코의 임시 주교 페드로 데 토로 수사에게 보낸 1565년 7월 3일자 편지를 발견했다. 베가는 페루 원주민에 대한 압제에 가담한 자들이 참회하고 완전히 배상하지 않는 한 그들에게 사죄선언을 내리지 말아야 한다는 생각을 다시금 강력하게 들고 나온다.

거명된 자들 중 누구도 유다와 마찬가지로 사죄선언을 받을 자격이 없습니다.…언급된 자들 모두 사죄선언을 받기에 합당치 않습니다. 그러니 신부님께서는 성직자나 수사에게 이 사람들 중 누구에게도 사죄선언을 내릴 권한을 허락하지 않으심으로써 페루의 사태를 풀 수 있는 해결책을… 수중에 확보하고 계십시오.…그렇게 하셔야 하는 이유는 그들이 정당한 이유 없이 인디오들로부터 그들의 농장과 자유를 빼앗았기 때문입니다 (Bataillon 1976, 311-14).

의무적 배상을 고해성사에서의 사죄선언을 위한 필수조건으로 삼는 라스 카사스의 입장이 라틴 아메리카 교회의 여러 진영에 끼친 엄청난 영향에 관해 많은 연구가 수행되었다(참조. Lohmann Villena 1966). 로만은 "그리스도인 신사"들이 임종 시에 배상과 조정을 통해 자기들이 부당하게 취득한 재물에 대한 대가를 지불하겠다고 약속한 것을 "윤리적 올바름"과 "고결한 미덕"이라고 과장한다. 그는 한편으로 모두 수상하게도 비슷한 참회 표현의 공허하고 반복적인 성격을 고려하지 않으며, 다른 한편으로 상속자와 유언 집행자가 그런 약속들을 문자대로 이행했는지에 대해 조사하지도 않는다(나는 이것이 매우 어려운 작업이기는 하지만 방법론적으로 필수적이라고 생각한다). 나는 그러한 관용어구들이 로만이 주장하는 것처럼 "윤리적 감수성"을 나타낸다고 확신하지 않는다. 지상의 왕국에서 명성과 재산을 얻기 위해서라면 아무런 양심의 가책도 없이 어떤 일이라도 하던 자들이 마지막 순간에 돈으로 천상의 영역조차 사려고 했다는 좀 더 회의적이고 심지어 냉소적이기까지 한 시각도 있을 수 있는데, 그것이 실상과 더 가까웠을 수도 있다.

기독교로 개종한 인디오들이 예언서의 텍스트를 사용하여 그리스도인들이 저지른 잔혹 행위에 대해 종말론적으로 정죄하는 여러 문헌들도 그에 못지않게 극적이고 비극적이다. 기독교로 개종한 어떤 마야 사람이 남긴 텍스트를 예로 들 수 있다. 이 텍스트는 출애굽기와 요한계시록을 떠올리게 하는 말로 하나님이 정복자들을 처벌할 것이라고 예측한다.

아, 불운한 자들이여! 그 불쌍한 이들은 자신을 노예로 삼은 자들, 지상의 적그리스도, 민족들의 호랑이, 사람들의 살쾡이, 가난한 인디오의 피를 빠는 거머리에게 감히 항의하지 못했다. 하지만 그들의 눈에서 흘린 눈물이 하나님께 올라갈 것이고, 하나님의 정의가 단번에 이 세상에 임할 것이다 (León Portilla 1987, 86).

예언자적 선포와 애국심

수백 년 동안 "라스 카사스의 애국심"에 관해 격렬한 논쟁이 이어졌다. 그의 사후 그가 남긴 저술들은 스페인의 아메리카 정복이 남긴 상처와 흉터에 대한 기억을 생생히 간직하는 데 이용되었다. 그의 저술들은 그의 종교적 양심과 민족적 정체성 사이의 심오한 긴장으로 고동친다. 그것은 섭리론적 사고방식에 특유한 난제다.

라스 카사스는 아메리카 정복을 역설적인 신학 해석의 관점에서 보았다. 스페인 사람들과 인디오들의 만남은 결정적인 사건, 즉 복음서의 선교 명령 성취에 있어서 "11시"였다. 그것은 하나님께서 기독교의 확산과 종말의 묵시록적 '카이로스'(kairos)를 준비하는 일에 결정적인 역할을 감당하도록 이베리아인들에게 주신 특별한 기회였다. 따라서 그것은 이례적으로 섭리적인 성격을 띠고 있었다. 그러나 아메리카 정복은 "택함 받은 백성"인 스페인이 저지른 엄청난 죄악이기도 했다. 기독교의 그 행동은 아이러니하게도 원주민의 구원을 방해하는 주요 장벽이 되었다.

라스 카사스의 섭리론과 죄 사이의 변증법에서 우리는 예언자들이 말하는 성경의 논리를 다시 만난다. 구약성경의 예언자들이 보기에도 택함 받은 백성은 자기들의 사명을 저버리고 하나님을 모독하는 조롱거리가 된다. 그 결과 하나님의 끔찍한 심판이 임한다. 성경과 라스 카사스의 저술에서 발견되는 예언자들의 이해할 수 없는 비극은 그들이 신께 택함받고서 그것을 신성모독으로 바꾸어버린 백성에 속한다는 사실이다. 그 결과 라스 카사스는 말년에 그의 「언약」(*Testamento*)에서 원주민을 보호하지 못한 데 실망하면서, 택함 받은 불의한 민족에게 하나님의 저주가 임할 것을 선포하는 구약성경의 전통을 새롭게 받아들인다.

> 스페인 전체가 많든 적든 피로 물든 장물(贓物) 및 그 민족들을 멸절하는 일에 가담했으므로, 만일 스페인이 크게 회개하지 않는다면, 하나님은 스페인에 분노와 진노를 퍼부으셔야 한다.…70년 동안 스페인 사람들은 그 민족들을 수치스럽게 하고 약탈하고 말살해왔으며, 오늘날까지도 그들이 저지른 그 숱한 추문들과 우리의 거룩한 신앙에 대한 오명들과 도둑질과 불의…와 같은 행동들이 죄라는 것을 인정하지 않고 있다.…만일 하나님께서 스페인을 멸망시키기로 결정하신다면, 그것은 우리가 인디아스에서 자행한 파괴 때문일 것이다(Yánez, "Testamento," 167-68).

이베리아의 조국에 대한 이런 형태의 예언자적 저주로 인해 라스 카사스는 수백 년 동안 스페인 혐오자라는 비난을 받았다. 이는 예레미야나 이사야를 이스라엘을 미워하거나 폄하하는 반유대주의자라고 비난하는 것과 비슷하다. 성경의 예언자들은 구약 백성의 민족적 정체성의 핵심인 윤리적·종교적 사명을 높이 평가했기 때문에 이스라엘을 비판했으며, 이로 인해 비난받았다. 라스 카사스도 똑같이 고상한 이유로 스페인을 비판했고, 그로 인해 비난받았다. 말이 난 김에 이야기하자면 구약성경의 예언자들은 이스라엘의 죄를 부풀리고 과장한 것 때문에 비난받았을 수도 있다.

　많은 식민지 개척자들과 엥코멘데로들은 라스 카사스를 신랄하게 공격했고 "이 성직자는 별로 중요하지 않고, 권위나 신임도 별로 없다"

고 주장했다(Las Casas 1972, "Informes de Narvaez y Velázquez," 55). 세풀베다(Las Casas 1965, 1:327)는 라스 카사스의 한 저술을 "우리의 국왕들과 나라에 대한 자극적인 모욕"이라고 불렀다. 그리고 그는 라스 카사스의 모든 활동에 대해 다음과 같이 말했다. "그의 유일한 의도는 카스티야의 왕들이 인디아스 제국을 모든 정의에 어긋나게, 그리고 전제적으로 통치한다고 온 세상에 알리는 것이었다." 1549년 9월 23일 펠리페 왕에게 보낸 편지에서 세풀베다는 스페인어와 라틴어를 재미있게 섞어서 자신의 숙적에 관해 다음과 같이 말한다.

> 치아파스 주교[라스 카사스]가 작성한 고해 지침과 저의 책(『민주주의 제2부』)에 대해 언급하자면…모든 것이 두 편의 입장을 대변합니다. 한편으로는 저의 책을 통해 그 정당한 명분이 지지받고 있는 스페인 군주들의 입장이 있고, 다른 한편으로는 다른 유사한 사안들에서와 마찬가지로 이 치아파스 주교를 지도자로 두고 있는 사람들의 입장이 있습니다. 이는 그 주교가 괴팍하고 난폭한 성격의 사람이기 때문입니다(출처: Losada 1949, 202).

모톨리니아(1984)는 1555년에 라스 카사스를 강하게 비난하는 또 다른 서신을 카를로스 5세에게 보냈다.

> 그의 무질서는 매우 큰 반면 겸손은 찾아보기 힘듭니다.…저는 폐하와 폐하의 자문관들이 그토록 밉살스럽고, 가만히 있지 않고, 성가시며…그토록 공격적이고 편파적이며…소음과 소동을 일으키며, 언제나… 땅에서 스페인 사람들이 저지른 악행과 죄악을 찾아내는…사람을 그토록 오랫동안

용납하실 수 있었다는 사실이 놀랍습니다.

그는 좋은 일에 관해서는 알려 하지 않고 나쁜 일에 관해서만 알아내려고 애썼습니다. 그가 하는 일은 스페인 사람들이 각처에서 행한 죄악과 사건에 대해 글을 쓰는 것이었습니다.…확실히 이 일 하나만으로도 그는 천국에 가지 못할 것입니다.

모톨리니아의 민족주의적 기질로 인해 그는 라스 카사스의 비판을 매우 불쾌하게 생각한다. "그래서 어떻다는 말인가? 내일이면 인디오들과 다른 국가들이 읽을 글을 써대는 한 경솔한 인간에 의해 스페인 국가와 그 군주가 위신을 손상당해야 하는가?"(같은 책, 207-211)

그러나 라스 카사스에게는 확고한 옹호자들도 있었다. 히스파니올라의 도미니코 수도회 부관구장인 페드로 데 코르도바는 카를로스 5세에게 다음과 같은 글을 써 보냈다.

우리 주 하나님께서는 바르톨로메 데 라스 카사스라는 성직자의 영혼을 일깨우셨습니다.…제가 그에 대해 말씀드리는 것은 그가 덕성을 갖춘 진실한 사람이기 때문입니다.…폐하께서는 커다란 피해를 막기 위해 하나님께서 택하신 하나님의 참된 사역자인 그의 모든 말을 신뢰하셔도 됩니다 (출처: Pacheco et al. 1864-1884, 11:221과 J. M. Pérez 1988, App. 3, 135).

수년 뒤(1540년 4월 17일) 멕시코의 초대 주교 겸 대주교인 수마라가는 황제에게 보낸 또 다른 편지에서 라스 카사스를 "영혼들을 향한 커다란 열정의 소유자로서 많은 이들의 사랑을 받는 성직자"라고 부르면서 "그는 지금껏 하나님과 폐하를 잘 섬겨왔습니다"라고 말한다(출처: Cuevas

1975, 1908).

모톨리니아의 제자인 멘디에타([1596] 1980, 4.1:366)는 라스 카사스
를 칭찬하는 데 인색하지 않았던 또 다른 인물인데, 그는 라스 카사스
사후 수십 년 뒤 자기 스승의 신랄한 서신을 알지 못한 채 다음과 같은
글을 썼다.

나는 그가 천국에서 누리는 영광이 매우 크고 그가 받은 면류관이 지극히
영예로운 것임을 믿어 의심치 않는다. 이는 그가 하나님의 사랑에 힘입어
가난한 사람들을 위해 그리고 어떤 호의나 도움도 없이 정의를 향한 목마
름과 굶주림, 지극히 거룩하고 한결같은 열정을 품고 죽는 날까지 고난을
마다하지 않는 삶을 추구했기 때문이다.

20세기 후반에 역사가이자 문헌학자로서 스페인 지식인들의 지도자였
던 라몬 메넨데스 피달이 『라스 카사스 신부, 그의 이중적 성격』(*El padre
Las Casas, su doble personalidad*, 1963)에서 라스 카사스를 혹독하게 비판한
뒤 그에 관한 논쟁이 재점화되었다. 라스 카사스가 스페인을 비판한 내
용의 신빙성을 떨어뜨리기 위해 메넨데스 피달은 주로 유사정신의학적
분석에 근거하여 자신의 평가를 전개한다. "그는 성인(聖人)이 아니었
고 사기꾼도 아니었고 악인도 아니었으며 미치광이도 아니었다. 그는
단지 편집증 환자였을 뿐이다.…그의 자비심 결여, 금욕 생활을 하는 사
람의 내면에 있는 기괴하고 악의적인 거짓말을 제거하려면…우리는 정
신질환을 이용하여 설명할 수 밖에 없다"(같은 책, xiv). 그런 평가는 몇몇
정권들이 정신의학을 이용하여 반체제 인사들을 탄압했던 사례를 상기
시킨다. 이러한 주관적인 판단은 고질적인 자민족 중심주의와 연결되

어 있는데, 이는 문화적 보편주의가 확대되어 가는 오늘날에는 낡아빠진 사고방식으로 보인다. 예컨대 메넨데스 피달은 이런 식으로 평가한다. "모든 민족의 절대적 평등이라는 [라스 카사스의] 아름다운 공상은 또한 기만적인 공상이다.…모든 민족은 그들의 인간적 존엄이라는 신성한 권리에 있어서는 평등하지만 각자의 정신적 능력에 있어서는 매우 불평등하다. 문명의 발달에 기여하는, 더 독창적인 민족들은 문명을 수용하는 민족들과 매우 다르며, 전자의 권리와 후자의 권리도 상이(相異)하다"(같은 책, 385).[18]

특정한 민족주의자 진영에서 주장하는 것과는 달리 라스 카사스의 목표는 스페인을 하나님의 심판으로부터 구하는 것이었다. 그의 『인디아스의 역사』에 오랫동안 "반민족주의적"이라는 딱지가 붙었지만(Salas 1986, 10), 실상 그 책 전체는 자기 조국을 향한 깊은 애정으로 고동치고 있다. 하지만 그 사랑은 구약성경의 예언자들의 사랑과 마찬가지로 정의와 연대에 대한 요구로 가득찬 사랑이다. 그의 성마르고 예언자적인 비판은 자기의 동포들이 회개하여 "하나님의 채찍질과 신세계에서 일어난 사건들로 인해 하나님께서 스페인 전체에 내리실 가장 참혹한 심판을 피하기"를 바라는 마음에서 비롯되었다(Las Casas 1965, 1:457-459).

---

18 이 주장을 논박한 저명한 학자는 Hanke(1964), Giménez Fernández(1964), Bataillon(1976, 5-42) 등이다. Pérez de Tudela(1957, "Estudio," xlvii)는 Las Casas를 스페인 사람의 최고의 미덕을 보여준 전형적인 인물로 평가하면서 "이 세비야 사람이 보여준 옛 스페인의 가장 순수한 전형적인 인물의 합리주의적 이상주의, 스토아적인 평정, 용기에 대한 숭배, 진리와 정의에 대한 타협하지 않는 열정, 헤아릴 수 없는 이타적 헌신을 통한 인격의 고양 등 다이아몬드의 다채로운 측면을 두루 갖춘 온전성, 한 마디로 돈키호테가 느꼈고 보편화했던 그런 유형의 실현 불가능한 광기"를 칭찬한다.

14

정복자들의 하나님

정복: 구아나 카팍(잉카인)과 칸디아(스페인 사람)
"당신들은 금을 먹는가?"
"그렇다, 우리는 금을 먹는다."

금은 특별합니다. 금은 보물이 되며, 금을 가진 자는 세상에서 원하는 것은 무엇이든 할 수 있고, 심지어 영혼들을 낙원으로 보낼 수도 있습니다.

- 크리스토퍼 콜럼버스

그는 황금 장신구로 가득 찬 바구니를 들고서 이렇게 말했다.
"보시오, 이것이 그리스도인들이 섬기는 신이라오.…"

- 바르톨로메 데 라스 카사스

그리스도인가 맘몬인가?

정복자들의 진짜 신을 밝히는 주된 신학적 문제는 성경에 나타난 하나
님과 맘몬 사이의 선택이라는 맥락 안에서 논의될 수 있다. 라스 카사
스는 "누가 정복자들의 참된 신인가? 하나님인가 황금인가?"라는 수
사적 질문을 통해 이 문제를 예리하게 제시한다. 라스 카사스는 정복
자들이 "그들의 신인 황금이라는 목표에 이르기 위해"(Las Casas 1989,
99; 1974, 291), "인디오들의 피에서 자기들이 신으로 숭배하는 부를 짜
내기 위해"(Las Casas 1965, 2:673) 인디오들과 전쟁을 벌이고 그들을 노
예로 삼는다고 주장한다. 그는 계속해서 이 황금 신에게 "그들은 인
디오를 제물로 바쳤고, 광산에서 그들을 죽였다"고 말한다(Las Casas
1986, 2.3.36:558). 따라서 금은 "피로 물든 불의한 재물"이다(같은 책,
3.3.68:61).[1] 십자가의 그리스도께 바치는 충성이라는 수사 뒤에 맘몬을
섬기는 우상숭배가 숨어 있다.

스페인 사람들이 광산에서 얻은 금은 실상은 인디오들의 피에서
뽑아낸 것이다. 그것은 "피의 대가이며 따라서 영원한 불의 형벌을 받
아야 마땅하다. 왜냐하면 10kg의 금도 그들이 귀금속을 얻기 위해 죽
이는 인디오들의 피의 가치에 미치지 못하기 때문이다." "금은…인디
오의 죽음을 대가로 채굴되었다." "금은 그것을 채굴하는 데 요구되는

---

1   참 하나님께 대한 경배와 맘몬 우상숭배 간의 양자택일이라는 Las Casas의 딜레마에 대
    해서는 Gutiérrez의 *Dios o el oro en las Indias*(1989)에 나오는 아름다운 텍스트, 특히 마
    지막 장(135-172)을 보라.

노동력으로 인해 본성상 사람을 죽이는 것으로 보인다"(Las Casas 1965, 2:809와 1986, 2.2.11:244 그리고 13:253). 이런 말들은 쉽게 잊히지 않는다. 1704년에 리마 대주교이자 페루 부왕 대행이었던 멜코르 데 리난은 페루 고원 지대의 광산에서 은과 금을 추출하는 것을 가리켜 다음과 같이 언급했다. "그는 이 광석들이 인디오의 피에 흠뻑 젖어 있으므로, 거기서 얻는 돈을 쥐어짜면 피가 은보다 더 많이 나올 것이라고 확신했다."[2]

그 어구는 그가 처음 한 말이 아니다. 1517년 도미니코회와 프란치스코회에 속한 몇몇 수도사들은 젊은 황제 카를로스 5세의 자문관에게 보낸 서신에서 호화로운 생활을 영위하려고 하는 스페인 사람들의 열망에 관해 이야기하면서 그것을 예상했다. "그들은 비단 옷을 입고 심지어 신발까지 비단으로 두르고, 그뿐 아니라 노새까지 비단으로 치장하려고 합니다. 비단을 꽉 쥐어짜면 거기서 인디오의 피가 흘러나올 것입니다. 여기에 들어간 모든 과도하고 불필요한 비용은 전부 가련한 인디오들의 내장에서 나온 것이기 때문입니다"(J. M. Pérez 1988, App. 4, 153).

쿠바로 달아났던 산토도밍고 출신의 아투에이 추장의 비극적인 종말 이야기는 라스 카사스가 들려준 가장 유명한 이야기 가운데 하나다 (1989, 43와 1986, 3.3.21:505, 508 그리고 25:522-524). 라스 카사스는 스페인 사람들이 인디오를 핍박하는 동기에 관한 아투에이와 그 부족의 귀족들 간의 대화를 수록했다.

---

2   포토시 광산에서 벌어진 "인디오의 강제적인 '미타'(*mita*; 공공사업을 위해 인디오들을 제비 뽑아 분배하는 것)"에 대한 "인디아스 평의회의 자문" 과정에서 인용된 글(출처: Kopnezke 1953, 3:146). 매우 신중한 사회사가인 James Lockhart(1982, 256)는 페루에서의 금 착취에 관해 다음과 같이 거리낌 없이 단언한다. "카라바야와 키토에서의 금광 열풍은 매우 끔찍한 죽음의 일화에 불과했다."

"그대들은 그들이 왜 그런 짓을 하는지 아는가?" 그들이 말했다. "모릅니다. 하지만 오로지 그들이 본래 잔인하고 악하기 때문입니다." 그가 말했다. "그들이 그런 짓을 하는 것은 그 때문이 아니라 그들이 매우 사랑하는 어떤 신을 숭배하기 때문이오. 그래서 그들은 우리도 그 신을 숭배하도록 강제로 우리에게 일을 시키고 우리를 죽이는 것이오." 그는 황금 장신구로 가득찬 바구니를 들고서 이렇게 말했다. "보시오, 이것이 그리스도인들이 섬기는 신이라오.⋯"[3]

아투에이는 생포되었는데 그가 화형되기 전에 한 프란치스코회 수사가 천국에 대한 약속과 지옥에 대한 위협을 통해 그를 개종시키려고 했다. 라스 카사스(1989, 45)는 이 불운한 추장의 당당한 반응에 대해 다음과 같이 말한다.

[아투에이는] 잠시 생각하더니 이 수도자에게 그리스도인들이 천국에 가는지 물어보았다. 그 수도자는 그렇다고 대답했다.⋯그러자 그 추장은 더 이상 생각하지도 않고 자신은 그들이 있는 곳에 가지 않고 그런 잔인한 사람들을 보지 않기 위해 지옥에 가고 싶다고 말했다. 하나님과 우리의 신앙은 이런 취급을 받고 있다.[4]

---

3 우리는 Las Casas의 역사서술이 지닌 윤리적·예언자적 성격을 고려할 필요가 있다. 그의 역사서술은 자신이 제시하고 옹호하는 생각을 예시하기 위해서는 진정성을 보장할 수 없는 담화와 대화를 삽입하는 고전적인 방식도 배제하지 않는다. 황금을 "그리스도인들의 신"으로 보는 것에 관한 이 일화는 그가 최초로 한 이야기는 아니다. 1517년 일단의 수도사들은 Carlos 5세의 고문관에게 보낸 편지에서 어느 익명의 인디오 추장을 언급하면서 그 일화에 관해 말한다. "Xevres씨에게 보내는 편지(Carta...a Monsieur de Xevres)" (출처: J. M. Pérez 1988, App., 156-157).
4 이 글을 쓰기 25년 전 Las Casas(1972, 54)는 인디오에 관해 대체로 이와 비슷한 이야기

맘몬이 그리스도인 정복자들의 진짜 신이라는 견해는 그전에 토마스 오르티스 수사가 피력했다. "나는 그들이 가르치고 전파하는 하나님과 그 기본 방침은 '내게 금을 다오, 내게 금을 다오'임을 알게 되었다.…"(출처: Friede 1953, 43-44). 모톨리니아(1984, 16)는 인디오 인구를 격감시키고 소멸케 한 "열 가지 재앙"에 대한 설명에서 동일한 주제를 확인했다.

> 여섯 번째 재앙은 금광이었다.…금광에서 죽은 인디오 노예가 헤아릴 수도 없이 많다. **그들은 금을 경배하기 위해 카스티야에 왔기 때문에, 신으로 섬김을 받았던 또 다른 황금 송아지처럼 이 땅의 금이 바로 재앙이었다** (강조는 덧붙인 것임).

정복은 황금이 정복자들의 진짜 신이며, 그들이 신세계 주민들을 대하는 방식을 결정한 우상이라는 사실을 드러냈다. 그들의 탐욕이 너무 커서 "금을 향한 탐욕으로 인해 그들은 예수 그리스도를 팔아넘겼고 지금도 팔아넘기면서 그분을 부정하고 버린다"(Las Casas 1989, 113). 어느 케추아족 인디오는 다음과 같이 말했다고 한다. "기독교의 법 전체가 여기 있다.…너희는 대농장에 우상들과 은을 모시고 있다"(Guamán Poma de Ayala 1988, 1:339). 도미니코회 수사인 도밍고 데 산토 토마스는 페루의 포토시 광산에 관해 다음과 같이 단언한다. "4년 전 이 땅에 종말을 가져오기 위해 지옥문이 발견되었고 그 문을 통해 해마다…엄청난 수

를 썼다. "그들은 그리스도인을 매우 혐오해서 지옥에서는 그리스도인들과 대화할 필요가 없다고 믿고서 그리스도인들과 대화해야 하는 낙원에 가기보다 지옥에 가기를 선호한다."

의 사람들이 들어가 스페인 사람들의 탐욕의 신에게 바치는 제물로 희생되었다"(출처: Armas Medina 1953, 467; Castañeda Delgado 1970, 837). 신학 이론과 탐욕적 실천 사이의 모순은 정복자들의 종교가 우상숭배적인 성격을 띠고 있음을 보여준다

여러 정복자들과 그들을 뒷받침한 신학자들 및 법률가들은 몇몇 인디오 종족이 그들의 신에게 인신을 제물로 바친다는 사실을 정복자들이 인디오들에 무력으로 맞선 것을 정당화하는 근거로 제시했다. 세풀베다는—아마도 코르테스의 영향을 통해—아스텍 부족이 해마다 약 20,000명의 인신 공양을 드린 것으로 추정했다(Losada 1948을 보라). 모톨리니아의 추정치(1984, 205)는 그보다 훨씬 높았다. 그는 "멕시코의 지배자 목테수마의 선왕인 아웃초시는 단 한 곳의 신전에서 단 한 번의 제사에 인디오들에게[그는 "우상들에게"라고 말하려 했던 것 같다]… 84,000명의 인신을 공양했다"고 진술했다. 20,000이라는 충격적인 숫자는 고정관념으로 굳어졌다. 멕시코의 초대 주교이자 대주교였던 후안 데 사마라가는 이 숫자를 언급한 이들 중 한 명인데, 그는 1532년 프랑스의 툴루즈 지부에 모인 프란치스코회 수도사들에게 보낸 편지에서 다음과 같이 말한다. "멕시코의 이 도시에서는 그들이 해마다 연례행사로 자기들의 우상들에게 20,000개가 넘는 심장을 제물로 바치는 관습이 있었습니다"(Mendieta [1596] 1980, 4.30:637). 디에스 플로레스는 바르가스 마추카를 위한 변명(1612) 서론에서 "히스파니올라 섬에서는 1년에 20,000번의 인신 공양이 바쳐졌다고 한다"(출처: Fabié [1879] 1966, 71:213)고 말했다.[5]

---

5   아무도 감히 앤틸리스 제도의 아라와크족에 대해 그런 터무니없는 비난을 반복하지 않

라스 카사스(1965, 1:397)는 이 숫자들이 심하게 과장되었다고 여기는 한편—실제로 그 숫자는 과장되었다—그것을 스페인 사람들이 자기들의 우상인 탐욕에게 바친 인간 제물과 비교한다.

우리는 참으로 스페인 사람들이 인디아스에서 그들이 사랑하고 경배하는 탐욕이라는 여신에게 해마다…인디오들이 100년 동안 그들의 신에게 바친 것보다 더 많은 인명을 바쳤다고 말할 수 있다.

우리가 정복을 합리화하는 신학 이론을 "황금과 개인적인 부요를 찾아온 자들이…나중에 만들어낸 이념상의 몽타주에 지나지 않는 것"으로 평가 절하하면, 예수 그리스도에 대한 경배와 맘몬 숭배 간의 이러한 모순이 사라진다(Nenadich Deglans 1986-1987, 22, 26). 그렇게 하면 그 신학 이론은 단지 이념적인 기만이 될 것이다. 선교적인 성향이 강한 스페인의 가톨릭 신앙은 상반하는 목표들이 충돌하는 매우 복잡한 상황에 놓여 있었는데, 이 목표들은 정복, 식민화, 복음화라는 다양한 과정으로 구성된 역사적 목표라는 다양한 차원에서 모두 나름의 정당성을 지니고 있다. 정복자들은 하나님과 황금과 영광 모두를 추구했다. 예컨대 코르테스는 원주민의 기독교화를 참으로 원했지만, 동시에 그는 엄청난 부자가 되는 것을 갈망했고 자신의 이름을 역사책에 남기는 것도 원했다.

1503년 7월에 콜럼버스는 자메이카에서 파선했을 때 스페인 군주들에게 장문의 보고서를 써 보냈는데, 그 보고서에서 그는 몇몇 비판자

왔으므로, 나는 이것이 인쇄상의 오류이며 Diez Flores는 원래 "히스파니올라 섬"(ysla Española)이 아니라 "누에바에스파냐"라고 쓰려고 했다고 생각한다.

들의 회의론에 맞서 새로 발견된 땅의 풍요를 강조했다. 그 보고서에서 세속적 지배, 황금에 대한 갈구, 구원이라는 영적 목표가—단지 수사적인 것이 아니라—실제로 서로 수렴한다는 사실이 매우 흥미롭다.

> 저는 인디아스를 발견하고서, 그 땅이 세상에서 가장 부유한 지역이라고 말씀드렸습니다.…이 모든 것은 그리스도인들을 위한 보장이며 지배의 확신으로서, 기독교의 명예와 증대에 대한 소망입니다.…금은 특별합니다. 금은 보물이 되며, 금을 가진 자는 세상에서 원하는 것은 무엇이든 할 수 있고, 심지어 영혼들을 낙원으로 보낼 수도 있습니다(출처: Varela 1986, 292).

정치적인 "지배의 확신", 신속하게 엄청난 부를 획득할 가능성 및 "기독교의 증대"가 밀접하게 연결되어 있다. 콜럼버스가 "…심지어 영혼들을 낙원으로 보낼 수도 있다"라고 말하는, 황금이 가진 특별한 능력에 대한 언급도 독특하다. 페르난데스 데 나바레테는 이 말을 사람이 자신의 재물 덕분에 경건한 자선 행위를 통해 구원에 필요한 공로를 얻을 가능성에 대해 언급한 것으로 이해한다(1945, 1:428, 각주 1).[6] 하지만 콜럼버스는 몇 년 뒤 엄청난 결과를 몰고 올 면벌부 판매라는 흔한 관행을 생각하고 있었는지도 모른다.

코르테스가 아스텍의 수도로 진격하기 전 자기 부하들의 사기를 진작하기 위해 사용했던—로페스 데 고마라(1946, 375)가 전해주는—다

---

6 Cummins(1976, 47)는 Columbus 제독이 "황금에 대한 신비한 숭배 의식"을 갖고 있었다고 생각한다.

음과 같은 말은 이에 대한 좋은 예다.

> 우리가 이 지역에 온 주된 이유는 그리스도를 믿는 믿음을 드높이고 전파
> 하기 위한 것이지만 거기에는 명예와 이익도 수반되는데, 이 둘을 함께 얻
> 을 기회는 흔치 않다.…가서 하나님을 섬기고 조국을 명예롭게 하고 국왕
> 께 전과를 드리고 우리 자신도 부자가 되자. 멕시코 정복은 이 모든 목적
> 을 위한 것이다.

선교적 열정, 애국심, 명예와 영광의 추구, 탐욕과 일확천금에 대한 욕
망—이런 요소들이 기독교화, 정치적 지배, 값비싼 광물의 징발이라는
다양한 동기들이 수렴된 정복 사업을 견인했다.

　금에 대한 스페인 사람들의 탐욕에 관한 나우아틀족의 설명은 이
보다 덜 복잡하지만 더 시적이다. 사아군은 익명의 전달자들로부터 코
르테스의 군대가 그 도시에 가까이 온 것을 알고서 아스텍족의 추장이
코르테스와 그의 부하들에게 보낸 황금 선물을 보고서 그들이 얼마나
열광적인 반응을 보였는지에 대해 전해 들었다. 목테수마는 그 정복자
의 탐욕을 배양하고 자극하는 중대한 실수를 저질렀다. "그의 얼굴에
미소가 번졌고, 그들은 매우 기쁘고 행복했다. 그들은 자기들이 마치 원
숭이라도 된 것처럼, 금을 들어올렸다.…그들의 마음은 더 가벼웠다.…
그들은 그것을 몹시 갈망했다.…그들은 그것에 몹시 굶주렸다. 그들은
마치 배고픈 돼지처럼 황금에 목말랐다"(Sahagún [1582] 1985, 12.12:70).

　틀락스칼라의 주교인 훌리안 가르세스는 앞서 언급한 교황 바오로
3세에게 보낸 서신에서—이 서신은 1535년에 작성된 것으로 보인다—
황금을 허영과 탐욕의 대상에서 신앙을 촉진하는 도구로 전환할 수 있

는 또 다른 논거를 제시한다. 유럽에서 무슬림과 투르크인에 맞선 무장 원정에 필요한 자금을 신세계의 광산들에서 캐낸 황금으로 조달할 수 있다는 것이다(Hernáez 1879, 1:61). 라스 카사스마저 한때 인디아스에서 나온 "부와 세속적 보화"가 정복자들과 엥코멘데로들의 개인적인 탐욕에 낭비되기보다는 "우리 가톨릭 신앙의 원수들[투르크인들과 무어인들]이 감히 과거에 그랬던 것처럼 우리의 신앙에 맞서 싸우려 하지 않도록" 기독교의 병력을 강화하는 데 사용되어야 한다고 주장했다(Las Casas 1986, 1.1.76:330)는 점으로 미루어볼 때, 성지를 이슬람의 손에서 "구출"하려는 뿌리깊은 열망을 드러내는 이런 생각이 널리 퍼져 있었다는 것을 우리는 알 수 있다.

인디아스에서 나온 금과 은을 기독교의 가장 소중한 전통적 목표인 성지 회복과 무슬림의 타도를 위해 사용할 수 있다는 생각은 아메리카의 금을 자신이 통제함으로써 장차 십자군 운동의 승리에서 자신이 주역이 되고자 하는 콜럼버스의 야심찬 욕망에 활력을 더해주었다. 콜럼버스 제독은 일기에서 자기가 히스파니올라의 라 나비다드에 남겨두고 온 부하들이 엄청난 금맥을 발견할 것이라는 자기중심적인 환상을 표현했다. "[황금의] 양이 매우 많으므로 군주들께서는 3년 내에 성지 정복 사업에 착수하실 수 있을 것이다.…나는 폐하께 나의 이 사업에서 얻는 모든 소득을 예루살렘 정복에 사용하실 것을 간언했다"(Varela 1986, 155).

1512년 5월 8일—가톨릭 왕 페르난도 5세와 아메리카로 파송된 최초의 주교들인 가르시아 파디야, 페드로 수아레스 데 데사, 알론소 만소 간에—체결된 부르고스 협정은 기독교 신앙을 정치·경제적인 목적에 사용할 수 있는 스페인 국왕의 능력을 보여주는 진정한 기념비다. 그

고위 성직자들은 앤틸리스 제도의 원주민들이 금광에서 수행하는 강도 높은 노동을 지지할 것을 공식적으로 약속했다. 그 직접적인 수혜자는 물론 카스티야 왕실이었고 간접적인 수혜자는 최소한 이념적으로는 기독교 세계였다. 그 텍스트는 또한 이 주교들로 하여금 히스파니올라에서 도미니코회 수도사들이 몬테시노스의 설교를 통해 촉발한 스캔들과 같은 길을 따라가지 못하도록 예방하기를 원했던 명민한 군주의 조심성을 보여준다. 그는 종교적 동기를 유익하게 사용하는 방법을 잘 알고 있었다.

> 다른 이유가 아닌 바로 이 이유 때문에 인디오들은 그들이 지금 금을 캐는 일을 하고 있듯이 앞으로도 직접적으로나 간접적으로 금을 캐는 일을 하지 못하도록 금지되지 않을 것이고, 오히려 금이 불신자들과 전쟁을 벌이는 데 사용될 것과 그들로 하여금 일을 더 잘 할 수 있게 만드는 것에 관한 말을 듣게 되고 금을 캐는 일에 더 열심을 내라는 권고를 듣게 될 것입니다(Hernáez 1879, 1:23.[7]

페루 부왕이었던 루이스 데 벨라스코는 1594년 말 이러한 생각을 되풀이했다. 그는 최근에 귀금속이 발견된 광산에 인디오들을 추가로 배분하는 것의 정당성에 관해 여러 수도회에 자문을 구한 후, 인디아스의 은금은 "기독교 세계의 수호"를 위해 필수불가결한 것이며, 따라서 만일 그것의 채굴이 중단되면 원주민들의 복리에 불리해질 뿐만 아니라 "우

---

7 이념적 동기는 주로 고위 성직자들에게 있을 수 있는 윤리적인 양심의 가책을 줄이기 위해 다루어진다. 아라와크족이 유럽 가톨릭과 무어인 및 오스만 투르크족 간의 전쟁에 기여하는 데 관심이 있었는지는 의문스럽다.

리의 원수들이 폐하의 영토와 대양 너머의 영토에까지 돌이킬 수 없는 해를 입힐 것"이라는 명백히 의심할 나위가 없는 전제를 펼쳤다(출처: Castañeda 1970, 908).

아코스타는 신세계의 정복과 복음화에 대한 평가에서 스페인의 탐욕이 역설적으로 긍정적인 섭리적 결과를 가져왔다고 주장했다. 선교적 열정이나 이웃 사랑 그 어느 것도 카스티야인으로 하여금 미지의 바다를 넘어 많은 이들이 목숨을 잃은 위험한 정복 활동에 투신하도록 동기를 부여하는 데 충분치 않았을 것이다. 황금이 기독교의 확장을 위한 유인책 역할을 했다. 그 결과 그는 채굴 노동을 금지하거나 완화시키려는 여러 수도자들과 인디오 옹호자들의 시도를 거부했다. 그런 시도는 스페인 사람들—그중에는 그리스도의 복음을 전하는 사람들인 선교사들도 있다—을 끌어들일 미끼를 없애버리는 것과 매한가지일 것이다 (교회와 수도원을 짓고 사제들과 수도사들을 부양한 돈은 바로 황금에서 나왔다).

> 광산의 이익이 포기되고…금속 채굴 노동이 소홀히 여겨지면 인디아스는 끝장날 것이고 이곳의 공화국과 인디오들도 멸망할 것이다. 스페인 사람들은 귀금속을 찾아 그처럼 오랫동안 대양을 항해했는데, 금과 은이 없으면 광장의 사람들과 재물도 사라질 것이다. 그리고 머잖아 교양 있는 사람들과 사제들도 사라질 것이다(Acosta 1952, 289).

그는 원주민들이 자기들의 의사에 반하여 광산에서 일하고 있다는 것과 그 일은 심신을 지치게 하며 극도로 위험하다는 것을 알았다.

인디오들로 하여금 광산에서 일하도록 강제하는 명령은 가혹하다.…아무 피해도 입히지 않은 자유민에게 이런 노동을 강요하는 것은 비인간적이고 부당해 보인다. 게다가 이 일에 종사하는 많은 사람이 사망하거나 탈진되거나 사고사를 당한다. 지구의 내장과 같이 땅속 깊숙이 위치한 광산의 갱도의 모습…끝없이 이어지는 공포의 밤, 답답한 지하의 공기…에 대해 이야기하는 것 자체가 끔찍한 일이다(같은 책, 287).

그러나 이것은 영혼 구원이라는 영원한 영적 유익과 맞바꾼 일시적인 필요악으로 이해되었다. 스페인 사람들의 탐욕스러운 귀금속 추구가 신세계와 그곳의 야만인들에게 구원의 좋은 소식을 가져다주었다.

금과 은이 수반되지 않는 한 수백만 명의 영혼이 구원받는다 해도 그것이 우리 영혼에 욕심과 열정을 일깨우지 못할 것이다. 아무 이점이 없다면 영적 유익은 별 영향력이 없다.

그렇다면 죽을 인간의 역병과도 같은 은과 금을 인디오들의 구원으로 변화시키시는 주님의 지혜로운 비밀에 어느 누가 놀라지 않겠는가?(같은 책, 289, 291)

하지만 아코스타는 원주민들의 신체적 건강 또는 영적 구원을 고려하지 않은 채 그들을 무자비하게 착취하는 자는 누구든 "가난한 자의 아버지이시며 고아의 재판장이신 하나님께 해명해야 할 것"이라고 경고했다. 그는 광산에서의 강제노동을 관리하는 자들은 자기들이 죽은 뒤 하나님의 심판을 받을 수도 있다는 이 경고를 심각하게 받아들일 것이

라고 믿었다.[8]

아코스타는 16세기 이베리아 신학계에 전형적이었던 친스페인적·민족주의적 섭리론을 벗어날 수 없었다. 아메리카의 은광과 금광 개발은 "하늘에서 온 특별한 은총"이다. 하나님은 "영광스런 이름을 가진 황제 카를로스 5세의 통치" 및 펠리페 2세 치하에서 스페인의 왕국들과 동서 인디아스가 결합(이는 스페인과 포르투갈의 통일을 가리키며 이를 통해 대양 너머의 광대한 영토가 한 사람의 군주 아래 통합되었다)될 때까지 포토시 광산을 숨겨 놓았다. 스페인에게 그토록 막대한 부를 가져다 준 섭리적 선물은 불가피하게 반 개신교적인 차원을 지닌 것으로 여겨졌다. 즉 이는 "이단자들의 반대와 핍박에 봉착한…가톨릭 신앙과 로마교회를 방어하기 위한 것"이기도 했다. "가톨릭 군주[펠리페 2세]는 경건한 열정 때문에 아메리카에서 얻은 부를 가톨릭 신앙에 합당한 대의를 위해 사용한다"(Acosta 1985, 4.1-8:140-154). 분명 욕심과 탐욕이 많은 정복자들을 지배했지만, 확고한 선교 열정 때문에 바로 이 세속적인 욕망—역설적으로 그리고 하나님의 은밀한 변증법 덕분에 "예수 그리스도보다 자신을 더 추구하는 사람들의 인간적이고 세속적인 수단"—을 통해 기독교가 인디아스에 전파되었고, 이를 통해 "위대한 주님의 섭리"로 구원을 주는 참된 신앙이 전파되었다(같은 책, 7.28:373-377).[9]

황금을 선교 사업을 위한 미끼로 평가하는 신학적 사고가 아코스

---

8   인디오의 광산 노동과 그들에 대한 영적 양육을 연관시키면서도 예수회적인 민감성은 결여된, 이와 비슷한 생각들을 Solórzano y Pereira (1648) 1930 (2.15:261-272)에서 찾아볼 수 있다.

9   스페인에서 예수회를 통제하려는 Felipe 2세의 시도는 Acosta의 강력한 지지를 받았다. 예수회는 그 정관에 따라 로마와 교황에게만 복종하려고 했던 것 같다. 참조. John Lynch 1987 (1:335).

타에게서 비롯된 것은 아니다. 그러한 사고방식은 이미 페루의 부왕이었던 프란시스코 데 톨레도에게서 찾아볼 수 있는데, 그는 1570년 왕실에 보낸 보고서에서 인디오의 광산 노동을 다음과 같이 종교적으로 정당화한다. "그 나라들에서 이루어지는 무역은 이곳의 광산에서 나온 은과 금을 가져갑니다. 그것들이 이용되고 보존되지 않는다면 이곳에 거주하는 스페인 사람들이 이 땅을 지탱하지 못할 것이며, 만일 그들이 없다면 원주민의 개종도 이루어지지 않을 것입니다"(Levillier 1921-1926, 3:327). 또한 그 부왕은 인디오들은 게을러서 악덕과 우상숭배에 빠지게 될 뿐이라고 단언한다.

수수께끼 같은 인물인 "유카이의 익명의 저자"—그는 페루에 거주하는 스페인 출신 식민지 개척자들의 보편적인 관점을 잘 반영한다—역시 페루의 광산에 관해 신학적 해석을 제시한다. 그는 가정(home)의 비유를 사용하는데, 아버지가 못생기고 괴물 같은 딸을 좋은 곳에 시집보내고 싶어서 딸에게 거액의 매혹적인 지참금을 주는 것처럼, 하나님도 "이토록 솜씨도 없고 야수와 같고…못생기고 촌스럽고 아둔하며…사악한" 이 원주민 부족들에게 고귀한 그리스도인 배우자를 끌어당길 만한 엄청난 재물을 주었다. 페루의 엄청난 은과 금은 하나님이 선교적 열정에 제공하는 지참금이다.

> 이처럼 하나님께서는 그들에게 금과 은이 나는 산들, 비옥하고 마음에 드는 땅을 주셔서, 사람들로 하여금 그것에 매혹되어 또한 하나님을 위해 그곳에 가서 복음을 전하고 그들에게 세례를 주기를 원하게 하셨고, 그것을 통해 인디오들이 예수 그리스도의 신부가 되게 하셨다.…그러므로 나는 이들 인디오와 관련해서 그들을 개종케 하는 수단 중 하나는…이 광산들

과 보물들과 재물이었다고 말한다. 우리는 그것들이 존재하는 곳에 복음이 날아가는 것을 분명하게 목격하기 때문이다.

따라서 금광 개발은 "도덕적으로 필수적"이었다. 이 일이 이루어지지 않는다면 카스티야 국왕은 페루에 대한 흥미를 잃어버릴 것이고, "왕이 없으면 인디아스의 왕국들에서 가톨릭 신앙이 더 이상 존재하지 않을 것이 분명하다.…따라서 금광은 거룩하고 선한 것이다"("Anónimo de Yucay," 461-64).[10] 이 "익명의 저자"는 당시 유행했던 또 다른 주장—페루의 광산들이 오스만 제국과의 전쟁에서 그리스도인 군주들 간의 군사적 동맹을 강화하는 데 결정적이고 섭리적으로 기여했다—을 덧붙인다.

이와 대조적으로 도밍고 데 산페드로 수사는 1544년 인디아스를 향해 떠나는 일단의 도미니코회 선교사들과 작별하는 자리에서 그들에게 "거룩한 가난"을 끝까지 지키라고 경고했는데, 이는 탐욕의 유혹에 넘어가지 말라는 분명한 경고였다. 특히 신세계에서는 "금과 은이 지각을 혼란스럽게 하고 영혼을 취하게 하는 것 같기" 때문이다(출처: Manzano 1948, 225, 각주 4). 그리고 멘디에타([1596] 1980, 4.46:555-63)는 인디아스에 진출한 기독교의 타락과 부패에 매우 실망하여 다음과 같은 결론에 이르렀다.

---

10 Acosta(1985, 4.2:143)는 저자를 거명하지 않고서 이 비유를 언급한다. 그는 인디오들의 이성을 찬양함에도 불구하고 그 시대의 전형적인 유럽의 자민족중심주의나 아메리카 원주민을 폄하하는 개념을 피하지 못한다. 유명한 사도 베드로와 부정한 짐승 환상(행 11:1-18)에 대한 해석에서, 그는 그 환상에서 가장 혐오스러운 동물인 파충류는 인디오에 대한 예언적 언급이라고 주장한다(1952, 1.1:54; 6:79-80).

[그렇게 된 이유는] 포도원을 황폐케 하고 박멸한 이 사악한 짐승이자 최악의 동물인…탐욕이 (마치 요한계시록에 등장하는 짐승처럼) 우주의 여왕으로서 자기를 경배할 것을 요구하고, 눈먼 자들로 하여금 마치 소망하고 신뢰할 다른 하나님은 없는 양 그들의 모든 행복과 소망을 더러운 돈에 두게 했기 때문이었다.

아코스타와 달리 멘디에타는 "모든 광산을 심연 속으로 가라앉게" 해서 금과 은에 대한 탐욕이 없는 탁발 수사와 수도자들만 인디아스로 갈 수 있게 해주실 것을 "하나님의 자비"에 기도했다(같은 책, 37:523).

~~~

해방신학의 탄생

신학자이자 역사가인 엔리케 두셀(1981, 406)은 라스 카사스의 "예언자적 회심"을 "라틴 아메리카 해방신학의 탄생으로 간주할 수 있다"고 주장한다. 구스타보 구티에레스(1981, 159)는 16세기에 인디오의 권리를 옹호했던 이들의 해방신학적 사상을 분석하면서 그 당시와 현재 사이의 중요한 유사점, 즉 "라틴 아메리카에서 가난한 이들이 처한 상황과 정의와 사랑을 위한 하나님의 뜻 간의…모순"을 발견한다(참조. Rodríguez León 1989). 이 변증적이고 비통한 인식이 고발과 연대와 해방이 수반되는 신학적 숙고를 위한 출발점이다.

여기서 당신은 라틴 아메리카에서 정복자, 수도사, 식민지 개척자들에 의해 이식된 기독교가 승자의 종교와 희생자의 신앙이 될 때 발생하는 심오한 신학적 연속성을 띤 계열을 발견할 수 있다. 정당화와 고발이라는 이중적인 기능은 언제나 다른 종교들의 이론적 추상성 없이 중대한 절박성을 특징으로 하는 라틴 아메리카의 신학 논쟁을 위한 역사적 기반이 된다(참조. Silva Gotay 1989).

라스 카사스는 자기를 방어할 수 없는 사람들에 대한 핵심적인 옹호자 역할을 떠맡았다. 그의 음성은 관리들에게 그 증언을 무시당했던 사람들을 위한 항의와 고발의 목소리가 되었다. 인디오들과 스페인 사람들 간의 최초의 유혈 충돌이 발생한 뒤 가톨릭 군주들이 콜럼버스 제독의 말을 전적으로 신뢰했던 사실(1496-97)을 회상하면서, 그는 그때 원주민들의 깊은 무력감을 느끼고 그것을 다음과 같이 표현한다,

인디오들과 그들의 권리 및 정의를 대변하고 옹호해줄 사람이 아무도 없었으므로…그들에 대한 파괴의 시작부터 그들이 완전한 소멸에 이르기까지, 그들의 죽음과 상실을 느끼거나 그것을 범죄로 간주하는 사람 하나 없이 그들은 계속 범법자들에 의해 판단받고 그들에게서 잊혀 있다(Las Casas 1986, 1.1.113:439).

"인디아스"의 운명을 둘러싸고 벌어진 어렵고도 중요한 대화와 협상과 논쟁은 그곳 주민들의 운명에 매우 중요했음에도 불구하고 그 과정에서 정작 이 비극의 주인공들의 말을 귀기울여 듣고 그들을 존중하는 사람이 아무도 없었다. 괴로워하는 그들의 음성에 아무도 귀를 기울이지

않았다. 유럽인들의 텍스트는 넘쳐나는 반면 인디오들의 말에 대한 성찰은 찾아보기 힘든 이러한 모순된 상황이 가난하고 압제당하는 이들의 확고한 옹호자인 라스 카사스 같은 여러 수도자들의 목소리에 담긴 실체와 내용을 결정했다.

해방적 관점을 가진 신학을 인간의 노예 상태(여기서는 인디오의 노예 상태)를 정당화하는 종교적 성찰로부터 어떻게 구별할 수 있는가? 라스 카사스는 1549년에 쓴 한 편지에서 심오한 해석학적 열쇠를 제공한다. "신부님, 모두 믿을 만한 수도자들로부터 나온 여러 보고들 가운데 어느 것이 결정적인 요소인지를 분별하기 위해서는 영들의 감춰진 깊이를 분별해야 합니다." "이러한 영들 분별"에서 어느 것이 결정적인 요소인가? "무엇이 영들을 움직이는가? 사로잡힌 자의 해방인가…아니면 사람들의 가죽을 벗겨내는 것인가?"(Bataillon 1976, 261-265; Las Casas 1969, App. 1, 119-124)

～～～

희생자들의 시각

승리자들과 정복자들이 벌이는 법률적·신학적 논쟁이 격렬했다면, 희생자들과 피정복자들이 보인 반응은 고통스럽고 비극적이었다.

아메리카 원주민의 고뇌에 찬 질문들에 관한 증언이 담긴 원본은 비교적 적지만 우리에게 전해진 증언들은 아래의 사례들에서 알 수 있듯이 에우리피데스의 『트로이아 여인들』(The Trojan Women) 못지않은 시적인 웅변으로 희생자들의 시련을 보여준다.

> 길 위에는 부러진 화살들이 널려 있고
> 머리카락들이 흩어져 있다.
> 집들은 지붕이 없어졌고
> 그 벽들은 피로 얼룩졌다.
> 벌레들이 길거리와 광장을 기어다니고
> 벽들은 뇌수로 더럽혀졌다.
> 물들은 마치 염색한 것처럼 붉고
> 우리의 음료는 소금 같은 맛이 난다.
> (Léon Portilla 1987, 53)

> 우리는 괴로워하며 벽을 쳤고
> 거기에 난 구멍들만이 우리의 유산이다.
> 방패들이 우리의 보호물이었으나
> 방패들이 황폐를 막지 못한다.
> (같은 책, 78)

> 그들은 우리에게 두려움을 가르쳤고
> 그들이 오자 꽃이 시들었다.
> 그들의 꽃이 자라기 위해
> 우리의 꽃은 피해를 입고 흡수되었다.
> (같은 책, 80)

붉은 수염을 기른 외국인들이 도착했다.

태양의 자녀들,

피부색이 밝은 사람들.

오호라! 그들의 도래를 슬퍼하자!

그들은 우리를 기독교로 개종시켰으나

그들은 우리를 마치 짐승처럼 이 사람에게서 저 사람에게 넘긴다.

(같은 책, 84)

우리가 죽기를 허용하라.

우리가 소멸하기를 허용하라.

우리 신들이 이미 죽었기 때문이다.

(같은 책, 25)

케추아족의 기록에 따르면 잉카의 왕 아타우알파는 자신의 투옥과 패배를 이렇게 한탄한다.

사악한 전사가

나를 옥에 가두었소. 오, 콜라(Colla: 인디오 부족)여.

우리를 약탈했소. 왕비여.

이제 우리는 죽을 것이오.

우리의 불행이 저절로 떨어지는

눈물의 홍수가 되지 않기를!

그래서 이 일이 일어나야 했구려.

(같은 책, 146)

~~~

성찰할 난제

학문적 정직성과 도덕적 성실성을 연결하는 관점에서 아메리카 정복에 관해 비판적으로 성찰하면 불가피하게 이 대륙에서 가난하고 압제당하는 이들의 해방을 위해 자신의 생명을 바친 순교자들에 대한 고려로 이어진다. 우리의 지정학적 맥락에서, 이는 아메리카 땅에서 순교한 위대한 종교인, 곧 인디오들을 옹호했다는 이유로 1550년에 암살당한 니카라과의 주교 안토니오 데 발디비에소를 회상하는 것이 적절하다.

> 공교롭게도 그는 인디오들의 자유를 옹호하는 설교를 하면서 인디오들을 잔혹하게 취급한 것에 대해 정복자들과 총독들을 책망했다. 그들은 격분해서 말과 행동으로 분노를 표출했다.…불행하게도 페루에서 온 병사들 중에 후안 베르메호라는 사람이 있었는데, 그는 악한 생각을 품고 있었다. 그는 콘테라스 가문의 형제들을 따르게 되었는데 그들 중 한 명이 니카라과의 총독이었다.…베르메호는 다른 사람들과 함께 나가…주교의 집으로 가서 주교가 그의 조수 알론소 수사 및 다른 선량한 성직자와 함께 있는 것을 발견했다. 그는 성직자들에 대한 존경심을 저버리고 주교를 칼로 찔렀다(출처: Dussel 1979, 335-36. Gonzales Dávila 1649, 1:235-36에서 인용한 글).

이 이야기를 주의 깊게 숙고하는 것이 강자들이 약자들을 무력으로 정복한 사건을 기념하는 것보다 더 큰 유익을 준다. 십자가에 달리신 주님께 신실한 그리스도인이 마땅히 해야 할 일은 맘몬의 황금 제단에 제물로 바쳐진 아메리카 원주민들과 학대 받고 고난당한 흑인들의 몸에서 흘린 그리스도의 피를 드러내는 것이다. 이는 1987년 4월 8일 아르헨티나의 살타에서 2,500명의 원주민이 교황 요한 바오로 2세에게 전한 메시지에서 잘 표현된 순교자들의 목소리에 귀를 기울이는 것을 암시한다.

요한 바오로 2세께서 원래 우리 조상들의 소유였지만 오늘날 우리의 소유가 아닌 이 땅에 오신 것을 환영합니다. 그들의 이름과 살육 및 인종 학살에서 살아남은 우리의 이름으로…우리는 교황님을 손님이자 형제로 선언합니다.…

우리는 자유로웠고 인디오들의 어머니인 땅은 우리 것이었습니다. 우리는 그 땅이 우리에게 후하게 준 것을 가지고 살았고 우리 모두 풍족하게 먹었습니다. 먹을 것이 없는 사람은 아무도 없었습니다.…우리는 그 땅 전 지역에서 우리의 언어로, 우리의 의식과 춤으로, 우리가 만든 악기로, 우리의 하나님을 찬양했습니다. 어느날 유럽 문명이 이곳에 도착하기까지 말입니다. 유럽 문명은 칼과 언어와 십자가를 심었고 우리를 십자가에 못 박힌 민족들로 만들었습니다. 자기의 소유물들을 지키기 위해 인디오들이 과거에 흘린 순교의 피가 이제 지난 5세기 동안 십자가를 지고 느릿느릿 걸어온 오늘날의 말없는 순교자들을 낳은 씨앗입니다. 아메리카로 들여온 그 십자가에서 그들[정복자들]은 유대 땅의 그리스도를 인디오의 그리스도로 바꿨습니다.…

우리 원주민 종족들이 겪었던 민족의 집단적 파괴와 대학살로 인해 흘려진 모든 피가 인류의 양심이 되고 민족들 간의 정의와 형제애에 바탕을

둔 새로운 관계를 세워나가는 데 기여하기를 기원합니다(INFORMEDH
1987, 8).

~~~

결론

아메리카의 발견과 정복으로 인류의 역사와 운명이 극적으로 바뀌었
다. 500년 전 스페인의 가톨릭 군주들을 섬기던 한 이탈리아인 선원의
대담무쌍한 항해와 지구의 구조에 대한 무지 덕분에 대서양은 대륙들
을 분리하는 역할을 멈추고 유럽과 아프리카와 아메리카를 연결하는
해상 통로가 되었다. 근대와 전세계적인 기독교가 탄생할 때 당시 서로
분리되어 있던 대륙들이 하나로 결합되었다. 저 머나먼 땅과 영토에 거
주했던 종족들과 민족들이 유럽의 무기의 힘과 기독교 신앙의 힘으로
결합되었다. 하나님과 황금과 영광을 위해 유럽인들은 전인미답의 해
로를 따라 먼 길을 여행했고, 뜻밖에 상상할 수도 없던 땅을 발견해서
지구의 지리를 완성하고 신세계를 탄생시켰다. 탐험가들과 농부들, 선
교사들과 장인들, 건축가들과 기회주의자들이 그 땅을 정복했고, 그 땅
에서 나는 자원과 부를 착취했으며, 그 땅의 주민들을 소멸시키거나 복
음화했고, 잔인함과 경건이 공존하는 화려한 역사를 썼다.

그 발견과 정복은 또한 역사상 유례없는 사상들과 관점들 간의 충
돌을 낳았다. 스페인 제국은 아메리카 대륙의 무력 정복, 아메리카 주
민들에게 부과된 강제 노예제 그리고 그 민족들에게 강요된 기독교화
를 옹호하는 유창한 변론가들을 낳았다. 우아한 문체와 명료한 사고를

지닌 후안 히네스 데 세풀베다는 그런 변론가들에 대한 명백한 사례다. 스페인은 프란시스코 데 비토리아와 같이 "정당한 지배" 곧 법과 신앙을 토대로 삼되, 또한 땅과 노예 노동의 징발 위에 제국을 세우는 것과 같은 복잡한 쟁점을 이론적으로 다룰 수 있는 탁월한 사상가들도 배출했다.

스페인은 성경의 예언자들이 활동했던 시대 이후로 자기들의 사랑하는 조국을 가장 엄격한 윤리적 검토와 비판의 대상으로 삼은 강고한 비판자들도 배출했다. 새로운 예레미야나 아모스의 음성처럼 정의를 요구하는 그들의 성난 외침은 하늘을 찌르며 자기 동족의 영혼을 무자비하게 비판했다. 16세기에는 당대의 불의를 비판적으로 판단하는 데 필요한 윤리적 감수성이 없었다고 생각하는 사람은 오판(誤判)한 것이다. 바르톨로메 데 라스 카사스의 글을 읽어 본 사람이 그의 의분에 찬 산문에서 울려나는 예언자적인 울림, 정의를 향한 굶주림과 목마름, 무자비한 취급을 당하는 자들에 대한 긍휼, 다양한 인간 공동체들 간의 새롭고 색다른 만남을 향한 억제할 수 없고 지칠 줄 모르는 탐구, 하나님의 치유하시는 은혜에 대한 믿음, 인종적·문화적 차이를 넘어 모든 인간이 결국 "세상의 모든 민족은 다 인간이다"라는 그의 기본적인 명제를 수용하게 되리라는 그의 소망을 어떻게 잊을 수 있겠는가?

참고문헌

Abellán, José Luis. 1976. "Los orígenes españoles del mito del 'buen salvaje.' Fray Bartolomé de Las Casa y su antropología utópica." *Revista de Indias* 36, nos. 145-46 (juliodiciembre):157-79.

Abril-Castelló, Vidal. "La bipolarización Sepúlveda-Las Casas y sus consecuencias: La reolución de la duodécima réplica." In Ramos et al. 1984, 229-88.

Achebe, Chinua. 1974. *Arrow of God.* New York: Anchor Books.

————. 1984. *Things Fall Apart.* New York: Fawcett Crest.

Acosta, José de, S.J. 1952. *De procuranda indorum salute (Predicación del evangelio en las Indias, 1588)*, "Proemio." Ed. Francisco Mateo, S.J. Madrid: Colección España Misionera.

————. 1985. *Historia natural y moral de las Indias* (1590). México, D.F.: Fondo de Cultura Económica. [*The Natural and Moral History of the Indies.* 1970. Reprinted from the English translation by Edward Grimston, 1604, and edited with notes and introduction by Clements R. Markham. New York: B. Franklin.]

Alfonso X(the WIse). 1807. *Las siete partidas del ray D. Alfonso el Sabio.* Madrid: Real Academia de la Historia.

Allen, Don Cameron. 1949. *The Legend of Noah: Renaissance Rationalism in Art, Science, and Letters.* Urbana, Ill.: University of Illinois Press.

Alvarz de Chanca, Diego. 1945. "Carta al ayuntamiento de Sevilla." In *Colección de los viages y fines...*Fernández de Navarrete 1945, 1:327-50을 보라.

Amaladoss, Michael, S.J. 1986. "Dialogue and Mission: Conflict or vergence?" *International Review of Mission* 75:222-41.

Anglería, Pedro Mártir de. 1953. "Al conde de Tendilla." Ep. 173, Aprill 6, 1497, in *Epistolario*, vol. 1, study and translaton by José López de Toro. *Documentos inéditos para la historia de España*, vol. 9. Madrid: Imprenta Góngora.

————. 1964-1965. *De Orbe novo.* Latin edition, 150. *Década del nuevo mundo.* 2 vols. Translated by Agustín Millares Carlo and Foreward by Edmundo O'Gorman. México, D.F.: Porrúa. References are for volume, decade, book, and page. [*The Decades of the New World or West India*, by Pietro Martire d'Anghiera.Translation from G. F. de Ovieda y Valdés (1478-1557), R. J. Eden (1480/1491-c. 1534), and Antonio Pigafetta (1480/1491-c. 1534). Ann Arbor, Mich.: University Microhlms, 1966.]

Arana Soto, Salvador. 1968. *Historia de nuestras calamidades.* San Juan.

Arcos, Miguel de. 1977. "Parecer mio sobre un tratado de Ia guerra que se puede hacer a los indios" (1551). In *Cuerpo de Documentos...*Hanke and Millares 1977을 보라.

Arenal, Celestino del. 1975-76. "La teoría de Ia servidumbre natural en el pensamiento español de los siglos XVI y XVII." *Historiografía y bibliografía americanistas* 19-20: 67-124.

Arens, W. 1981. *El mito del canibalismo: Antropología y antropofagia.* México, D.F.: Siglo XXI.

Armas Medina, Fernando de. 1953. *Cristianizacíon del Perú* (1532-1960). Sevilla:Escuela de Estudios Hispano-Americanos de Ia Universidad de Sevilla.

Arrom, José Juan. 1987. "Estudio Preliminar." In Ramón Pané, *Relación acerra de las antigüedades de los indios*, ed. José Juan Arrom, 52-54.

Augustine, Saint. 1958. "Carta 93: A Vicente rogatista." In *Obras de San Agustin.* vol. 8:593-655. Madrid : Biblioteca de Autores Cristianos.

Bataillon, Marcel. 1954. "Novo mundo e fim do mundo." *Revista de Historia* (Sâo Paulo) 18:343-51.

_____. 1966. *Erasmo y España : Estudios sabre la historia espiritual de siglo XVI.* México, D.F.: Fondo de Cultura Económica.

_____. 1976. *Estudios sobre Bartolomé de las Casas.* Barcelona: Península.

Baudet, Henri. 1965. *Paradise on Earth: Some Thoughts on European Images of Non-European Man.* New Haven, Conn.: Yale UniversitY Press.

Benavente, Toribio de. Motolinía로 알려져 있음. 1971. *Memoriales o libro de las cosas de la Nueva España y de los naturales de ella.* Ed. Edmundo O'Gorman. México, D.F. : UNAM.

_____. 1984. *Historia de los indios de Ia Nueva España: Relación de los ritos antiguos, idolatría y sacrificios de los indios de Ia Nueva España, y de Ia maravillosa conversión que Dios en ella ha obrado.* Ed. Edmundo O'Gorman. México, D.F.: Porrúa. "Carta a Carlos V" found here, 203-21.

Biermann, Benno, O.P. 1950. "Das Requerimiento in der Spanishcen Conquista." *Neue Zeitschrift für Missionswissenschaft* 6:94-114.

Borah, Woodrow. 1962. "¿América como modelo? El impacto demográfico de Ia expansión europea sobre el mundo no-europeo." *Cuadernos americanos* (noviembre-diciembre): 176-85.

Borges, Pedro. 1975. "Observaciones sobre la reacción al cristianismo de los aztecas, mayas e incas." In *Estudios sobrt política indigenista española en América: Simposio conmemorativo del V centenario del Padre Las Casas*, 71-83.Terceras jomadas americanistas de la Universidad de Valladolid. Valladolid: Universidad de Valladolid.

Bosch, Juan. 1986. *De Cristobal Colón a Fidel Castro: El Caribe, frontera imperial.* 5th ed. Santo Domingo: Alfa y Omega.

Bowser, Frederick P. 1986. "Africans in Spanish American Colonial Society." In *The Cambridge History of Latin America*, ed. Leslie Bethell, vol. 11: Colonial Latin America.

Boxer, Charles R. 1978. *The Church Militant and Iberian Expansion*, 1440-770. Baltimore: Johns Hopkins University Press.

Brady, Robert L. 1966. "The Role of Las Casas in the Emergence of Negro Slavery in the New World." *Revista de historia de America* 61-62 (enero diciembre), 43-55.

Cárdenas Ruiz, Manuel. 1981. *Crónicas francesas de los indios caribes.* Introduction by Ricardo E. Alegría: "Las primeras noticias sobre los indios caribes," 1-89. Río Piedras: Editorial Universidad de Puerto Rico.

Carpentier, Alejo. 1979. *El arpa y Ia sombra.* México, D.F.: Siglo XXI.

Carro, Venancio D., O.P. 1944. *La teología y los teólogos juristas españoles ante la conquista de América.* 2 vols. Madrid :Escuela de Estudios HispanoAmericanos de Ia Universidad de Sevilla.

Castañeda Delgado, Paulino. 1970a. "Un capítulo de ética indiana española: Los trabajos forzados en las minas:" *Anuario de estudios americanos* 27:815–916.

———. 1970b. "La política española con los Caribes durante el siglo XVI." Revisttt de Indias 119–22 (enero–diciembre): 81–90.

———. 1971. "Las bulas alejandrinas y Ia extensión del poder indirecto." *Misionalia Hispánica* 83 (mayo–agosto): 215–48.

———. 1974. "Los métodos misionales en América. ¿Evangelización pura coacción?" In *Estudios sobret Fray Bartolomé de Las Casas*, André SaintLu et al. Sevilla: Universidad de Sevilla.

Cieza de León, Pedro de. 1962. *La crónica del Perú* (1553). Colección Austral, 507. Madrid: Espasa Calpe.

Colección de documentos inéditos rtlativos al descubrimiento, conquista y organización de las antiguas posesiones españolas de Utramar. 1885–1931. 2nd series, 24 vols. Madrid: Real Academia de Historia. "Real provisión de Ia reina doña Juana para que los vecinos de la Española y islas puedan hacer guerra a los caribes y hacerlos esclavos" (3 June 1511), vol. 5.

Coll y Toste, Cayetano, ed. 1914–27. *Boletín histórico de Puerto Rico. Fuentes documentales para Ia historia de Puerto Rico*. 14 vols. San Juan.

Comas, Juan. 1951. "Realidad del trato dado a los indígenas de América entre los siglos xv y xx," *América Indígena* XI, 323–70.

Cook, Noble D. 1981.*Demographic Collapse: Indian Ptru, 1520-1620*. Cambridge: Cambridge University Press.

Cook, Sherburne, and Woodrow Borah. 1967. "New Demographic Research on the Sixteenth Century in México." In *Latin America History: Essays on Its Study and Teachings, 1898-1965*, ed. Howard F. Cline, 717–22. Austin: University of Texas Press.

———. 1971. *Essays in Population History: Mexico and the Caribbean*. 3 vols.. *Mexico and the Caribbean* (vol. 1, 1971); *Mexico and the Caribbean* (vol. 2,1974); *Mexico and California* (vol. 3, 1979). Berkeley and Los Angeles: University of California Press.

Córdoba, Pedro de, O.P. 1988. *Doctrina cristiana y cartas*. Biblioteca de Clásicos Dominicanos, vol. 3. Santo Domingo: Fundación Corripio.

Córdova, Efrén. 1968. "La encomienda y Ia desaparición de los indios en las Antillas Mayores." *Caribbean Studies* 8, no. 3 (octubre): 23–49.

Cortés, Hernán. 1985. *Cartas det relación*. México, D.F.: Editorial Porrúa. [*Five Letters of Cortés to the Emperor: The Spanish Invasion of Mexico and the Conquest of Montezuma's Empire, as Seen Through the Eyes of the Spanish Conqueror*. Translated and with an introduction by J. Bayard Morris. New York: W. W. Norton & Co., 1969/1991. First published in 1928.]

Crosby, Alfred W. 1967. "Conquistador y Pestilencia: The First New World Pandemic and the Fall of the Great Indian Empires." *Hispanic American Historical Review* 47, no. 3 (August): 321–37.

Cuevas, Mariano. 1946. *Historia de la iglesia en México*. 5 vols. México, D.F.: Editorial Patria.

———. 1975. *Documetos inéditos del siglo XVI para la historia dt México* [1914]. México, D.F.:

Editorial Porrúa (Biblioteca Porrúa, 62).

Cummins, J. S. 1976. "Christopher Columbus: Crusader, Visionary, *Servus Dei.*" In *Medieval Hispanic Studies Presented to Rita Hamilton*, ed . A. D. Deyermond, 45-55. London: Tamesis Books.

Davenport, Frances G. 1917. *European Treaties Bearing on the History of the United States and Its Dependencies to 1648.* 4 vols. Washington: Carnegie Institution.

Dávila, Gil Gonzales. 1959. *Teatro Eclesiástico de Ia primitiva iglesia de las Indias Occidentales, vidas de sus arzobispos, obispos, y cosas memorables de sus sedes.* 2 vols. México.

Davis, David Brion. 1961. *The Problem of Slavery in Western Culture.* Ithaca, N.Y.: Cornell University Press.

Deive, Carlos Esteban. 1980. *La esclavitud del negro en Santo Domingo (1492-1844).* Santo Domingo: Museo del Hombre Dominicano.

Denevan, William M., ed. 1976. *The Native Population of the Americas in 1492.* Madison: University of Wisconsin Press.

Denzinger, Enrique. 1963. *El magisterio de Ia iglesia. Manual de los símbolos, definiciones y declarciones de iglesia en materia de y costumbres.* Barcelona: Herder.

Díaz del Castillo, Bernal. 1986. *Historia verdadera de Ia conquista de Ia Nueva España. México*, D.F.: Editorial Porrúa. [*The True History of the Conquest of New Spain* .5vols. Translation with introduction and notes by Alfred Percival Maudslay. New York: Kraus Reprint 1908/1967.]

Dobyns, Henry F. 1966. "Estimating Aboriginal Population: An Appraisal of Techniques with a New Hemispheric Estimate." *Current Anthropology* 7:395-416.

Dussel, Enrique D. 1979. *El episcopado latinoamericano y la liberración de los pobres (1504-1620).* México, D.F.: Centro de Reflexión Teológica.

_____. 1972. *Historia de Ia iglesia en América Latina.* Barcelona: Editorial Nova Terra. [*A History of the Church in Latin America: Colonialism to Liberation (1492-1979).* Grand Rapids, Mich.:Eerdmans, 1981.]

_____. 1981. "Hipótesis para una historia de la teología en América Latina (1492-1980)." In *Materiales pana una historia de la teología en América Latina.* VII Encuentro latinoamericano de CEHILA, Lima, 1980. San José, Costa Rica: CEHILA DEI.

_____. 1988. "Otra visión del descubrimiento: El camino hacia un desagravio histórico." *Cuadernos americanos*, nueva época, año 2, vol. 3 (9) (mayo-junio): 34-41.

Elliott, John H . 1984. *El viejo mundo y el nuevo, 1492-1650.* Madrid: Alianza Editorial.

_____. 1989. "The Mental World of Henán Cortés." In *Spain and Its World, 1500-1700. Selected Essays*, ed. John H. Elliot, 21-41. New Haven, Conn.: Yale University Press.

Erasmus. 1964. "Querella de la paz" (*Querela pacis*, or The Complaint of Peace). In *Orbas escogidas*, ed. Lorenzo Riber. Madrid: Aguilar.

Ercilla, Alonso de. 1984. *La Araucana.* La Habana: Editorial Arte y Uteratura[영어 행들의 출처는 다음과 같다: *The Araucaniad*, trans. Charles Maxwell Lancaster and Paul Thomas Manchester. Nashville :Vanderbilt University Press, 1945. 괄호 안에 표시된 숫자는 영어 번역본에 해당 내용이 수록된 곳의 페이지 숫자다].

Esteve Barba, Francisco. 1964. *Historiografía indiana.* Madrid: Gredos.

Fabié, Antonio M. 1879. *Vida y escritos de don Fray Bartolomé de Las Casas, Obispo de Chiapa.*

2 vols. Madrid: Imprenta de Miguel Ginesta. [*Colección de documentos inéditos Para la historia de España*. Vols. 70-71에서 재발행됨. Vaduz: Kraus Reprint, 1966.]

Fernández de Navarrete, Marin. 1945. *Colección de los viages y desculmmientos que hicieron por mar los españoles, dade fines del s. XV*. 2 vols. Buenos Aires: Editorial Guarania.

Fernández de Méndez, Eugenio. 1984. *Las encomiendas y esclavitud de indios de Puerto Rico, 1508-50*. 5th illustrated ed. Río Piedras: Editorial de la Universidad de Puerto Rico.

Finley, Moses I. 1980. *Ancient Slavery and Modern Ideology*. London: Penguin Books.

Fiske, John. 1892. *The Discovery of America: With Some Account of Ancient America and the Spanish Conquest*. 2 vols. Boston: Houghton Mifflin Co.

Flores Galindo, Alberto.1987. *Buscando un inca: Identidad y utopia en los Andes*. Lima: Instituto de Apoyo Agrario.

Frankl, Víctor. 1963. "Imperio particular e imperio universal en las cartas de relación de Hernán Cortés. *Cuadernos hispanoamerianos* 55, n. 165:443-82.

_____. 1986. "Un psicológo en un campo de concentración." In *El hombre en busca de sentido*, 11-94. Barcelona: Herder.

Friede, Juan. 1953. "Fray Bartolomé de Las Casas, exponente del movimiento indigenista español del siglo XVI." *Revista de Indias* 51:25-53.

_____. 1976. *Bartolomé de las Casas: Precursor del anticolonialismo*. México, D.F.: Siglo XXI.

Friederici, Georg. 1986. *El carácter del descubrimiento y de la conquista de América: Introducción a la historia de la colonización de América por los pueblos del Viejo Mundo*. México, D.F.: Fondo de Cultura Económica. [Der Charakter der Entdeckung und Eroberung Amerikas durch die Europäer. Stuttgart-Gotha: Verlag Andres Perthes, A. G., 1925-36.]

García, Antonio. 1984. "El sentido de las primeras denundas." In *La ética en la conquista de América*, ed. Demetrio Ramos.

Giménez Fernández, Manuel. 1944. *Nuevas consideraciones sobre la historia, Sentido y valor de las bulas de 1493 referentes a las Indias*. Sevilla: Escuela de Estudios Hispano-Americanos de la Universidad de Sevilla.

_____. 1964. "Sobre Bartolomé de Las Casas." *Anales de la Universidad Hispalense* 24 (Sevilla):1-65.

Ginés de Sepúlveda, Juan. 1951. *Demócrates segundo o de las justas causas de la guerra contra los indios*. Bilingual ed. Introduction, editing, notes, and Spanish translation by Angel Losada. Madrid: Consejo Superior de Investigaciones Científicas.

Gómez Canedo. Uno. 1967. "¿Hombres o bestias? (Nuevo exámen crítico de un viejo tópico)." *Estudios de historia Novohispana*, (México) 1:29-51.

_____. 1977. *Evanns* "Carta a Carlos V." by Franciscan friar Francisco Vitoria, 223-25. México, D.F.: Porrúa.

Gómez Robledo, Antonio. Vitoria 1985를 보라.

Góngora, Mario. 1974. "El Nuevo Mundo en el pensamiento escatológico de Campanella." *Anuario de estudios americanos* 31:385-408.

González Rodríguez, Jaime. 1984. "La Junta de Valladolid convocada por el Emperador." In Demetrio Ramos et al., 199-227.

Gotay, Samuel Silva. 1989. *El pensamiento cristiano revolucionario en América Latina:*

Implicaciones de la teología de la liberación para la sociología de la religión (4th ed.). Río Piedras: Editorial Huracán.

Guamán Poma de Ayala, Felipe.1988. *El primer nueva corónica y buen gobierno*. Annotated ed. by John V. Murra and Rolena Adorno. 3vols. México, D.F.: Siglo XXI.

Guerra, Francisco. 1986. "EI efecto demográfico de las epidemias tras el descubrimiento de América." *Revista de Indias* 46, no. 177 (enerojunio):41-58.

Gutiérrez de Arce, Manuel. 1954. "Regio patronato indiano (Ensayo de valoración históricocanónica)." *Anuario de estudios americanos* 11:107-68.

Gutiérrez, Gustavo. 1981. "En busca de los pobres de Jesucristo: evangelización y teología en el siglo xvi. In *Materilales para una historia de la teología en América Latina*, ed. Pablo Richard, 137-63. VIII Encuentro latinoamericano de CEHILA, Lima, Peru.

_____. 1989. *Dios o el oro en las Indias (siglo XVI)*. Lima: Centro de Estudios y Publicaciones.

Hamilton, Bernice. 1963. *Political Thought in Sixteenth-century Spain: A Study of the Political Ideas of Vitoria, De Soto, Suárez, and Molina*. Oxford: Oxford University Press.

Hamilton, Earl J. 1934. *American Treasure and the Price Revolution in Spain, 1501-1650*. Cambridge: Harvard University Press.

Hanke, Lewis U. 1937. "Pope Paul III and the American Indians." *Harvard Theological Review* 30:65-102.

_____. 1959. *Aristotle and the American Indians: A Study in Race Prejudice in the Modern World* . Chicago: Henry Regnery Co.

_____. 1964. "More Heat and Some Light on the Spanish Struggle for Justice in the Conquest of America." *Hispanic American Historical Review* 44, no. 3 (August): 293-340.

_____. 1967. *La lucha española por la justicia en la conquista de América*. Madrid: Aguilar. [*The Spanish Struggle for Justice in the Conquest of America*. Philadelphia: University of Pennsylvania Press, 1949.]

_____. 1985. *La humnidad es una. Estudio acerca de una querella que sobrt la capacidad intelectual y religiosa de los indígenas americanos sostuvieron en 1550 Bartolomé de Las Casas y Juan Ginés de Sepúlveda*. México, D.F.: Fondo de Cultura Económica.

Hanke, Lewis U., and Agustín Millares Carlo, eds. 1997. *Cuerpo de documentos del siglo XVI sobre los derechos de España en las Indias y las Filipinas*. México, D.F.: Fondo de Cultura Económica.

Henige, David. 1978a. "On the Contact Population of Hispaniola: History as Higher Mathematics." *Hispanic American Historical Review* 58, no. 2 (May): 217-37.

_____. 1978b. "Reply," to Zambardino (1978). *Hispanic American Historical Review* 58, no. 4 (November):709-12.

Henríquez Ureña, Pedro. 1964. *Las corrientes literarias en la América hispánica*. México, D.F.: Fondo de Cultura Económica.

Henráez, Francisco J., S.J. 1879. *Colección de bulas, breves y otros documentos relativos a la iglesia de América y Filipinas*. Vol. 1. Brussels: Imprenta de Alfredo Vromant.

Hernández, Ramón. 1984. "La hipótesis de Francisco de Vitoria. In Ramos et al., 345-81.

Herrejón, Carlos, ed. 1985. *Información en derecho del licenciado Quiroga sobre algunas provisiones del Real Consejo de Indias*. México, D.F.: Secretaría de Educación Pública.

Hodgen, Margaret. 1964. *Early Anthropology in the Sixteenth and Seveteenth Centuries.* Philadelphia: University of Pennsylvania Press.

Höffner, Joseph. 1957. *La ética colonial espaiñola del siglo de oro: Cristianismo y dignidad humana.* Madrid: Ediciones Cultura Hispánica.

Huddleston, Lee Eldridge. 1967. *Origins of the American Indians: European Concepts, 1492-1729.* Austin: University of Texas Press.

Jara, Alvaro. 1971. *Guerra y sociedad en Chile: La transformación de la guerra de Arauco y la esclavitud de los indios.* Santiago, Chile: Editorlal Universitaria.

Jerez, Francisco de. 1947. *Verdadera relación de la conquista del Perú y provincia del Cuzco, llamada la Nueva Castilla, conquistada por Francisco Pizarro, capitán de la sacra católica real majestal del Emperador nuestro señor* (1534). Vol. 26, Ediciones AtLas. Madrid: Biblioteca de Autores Españoles.

Kant, Immanuel. 1914. "Zum ewigen Frieden" (1795), in *Schriften von 1790-96 von Immanuel Kant* (herausgegeben von A. Buchenau, E. Cassirer, B. Kellermann). Berlin: Bruno Cassirer.

Keen, Benjamin. 1971. "The White Legend Revisited: A Reply to Professor Hanke's 'Modest Proposal.'" *Hispanic American Historical Review* 51:336-55.

Kennedy, Paul. 1987. *The Rise and Fall of the Great Powers: Economic Change and Military Conflict from 1500 to 2000.* New York: Random House.

Klein, Herbert S. 1986. "The Establishment of African Slavery in Latin America in the Sixteenth Century." In *African Slavery in Latin America and the Caribbean,* ed. H. Klein. New York: Oxford University Press.

Konetzke, Richard. 1953. *Colección de documentos para la historia de la formación soclal de Hispanoamerica, 1493-1810.* 3 vols. Madrid: Consejo Superior de Investigaciones Científicas.

_____. 1972. *América Latina, II: La época colonial.* México, D.F.: Siglo XXI.

Kroeber, Alfred L. 1939. *Cultural and Natural Arreas of Native North America.* Berkeley: University of California Publications in American Archaeology and Ethnology 38.

Lafaye, Jacques. 1988. *Los conquistadores.* México, D.F.: Siglo XXI.

Lando, Diego de. 1959. *Relación de las cosas de Yucatán.* México, D.F.: Porrúa.

Las Casas, Bartolomé de. O.P. 1942. *Del único modo de atraer a todos los pueblos a la verdadera religión.* México, D.F.: Fondo de Cultura Económica.

_____. 1958. *Los tesoros del Perú.* Ed. Angel Losada. [First edition: *De Thesauris in Perú,* 1563.] 그의 *Tratados,* 85-349에서 발견된 "Tratado comprobatorio"에 대한 개정문이 포함됨. Madrid: Consejo Superior de Investigaciones Científicas.

_____. 1962. *Tratado de Indias y el doctor Sepúlveda.* Caracas: Biblioteca Nacional de la Historia.

_____. 1965. Prologue to *Tratados,* by Lewis Hanke and Manuel Giménez Fernández. Transcription by Juan Pérez de Tudela and translations by Agustín Millares Carlo and Rafael Moreno. 2 vols. México, D.F.: Fondo de Cultura Económica. 이 문서들은 이곳에 나오며 다음의 텍스트들에서 방대하게 사용된다: "*Aquí se contiene una disputa o controvversia,*" 1:217-459; "*Octavo remedio,*" 2:643-849; "*Tratado comprobatorio del imperio soberano y principado universal que los reyes de Castilla y León tienen sobre las*

Indias," 2:914-1233; *"Treinta proposiciones muy jurídicas,"* 1:460-99.

⸻. 1967. *Apologética historia sumaria*. 2 vols. Ed. Edmundo O'Gorman. México, D.F. Universidad Nacional Autónoma.

⸻. 1969. *De regia protestate* (Derecho de autodeterminación) (Right to self determination). Vol. 4 of *Corpus Hispanorum de Pace*. "Memorialsumario a Felipe II sobre la enajenación de los indios." Apéndice 8. Edited and with a preliminary study by Luclano Pereña Vicente. Madrid: Consejo Superior de Investigaciones Científicas.

⸻. 1972. *Los primeros memoriales de fray Bartolomé de Las Casas*. La Habana: Universidad de La Habana.

⸻. 1974. *In Defense of the Indians. The Defense of the Most Reverend Lord, Don Fray Bartolomé de Las Casas, of the Order of Preachers, Late Bishop of Chiapa, Against the Persecutors and Slanderers of the Peoples of the New World Discovered Across the Seas*. Trans. and ed. Stafford Poole, C.M. De Kalb: Northern Illinois University Press.

⸻. 1986. Introduction and editing of *Historia de Las Indias*, by Lewis Hanke. México, D.F.: Fondo de Cultura Económica. [*History of the Indies: Selections*. New York: Harper & Row, 1971]

⸻. 1987. *Los indios de México y Nueva España*. In Antología de *Apologética historia sumaria*, ed. Edmundo O'Gorman. 2 vols. México, D.F.: Universidad Nacional Autónoma.

⸻. 1989. Introduction and notes to *Brevísima relación de la destrucción de Africa: Preludio de la destrucción de lndias. Primera defensa de los guanches y negros contra su esclavización*, by Isacio Pérez Fernández, O.P. Salamanca-Lima: Editorial San Esteban-Instituto Bartolomé de Las Casas.

Lejarza, Fidel de. 1948. "Franciscanismo de Cortés y cortesianismo de los franciscanos." *Missionalia hispánica* 5:43-136.

León Portilla, Miguel. 1987. *El reverso de la conquista: Relaciones aztecas, mayas e incas*. 16th ed. México, D.F.: Editorial Joaquín Moritz.

Leturia, Pedro de, S.J. 1925. "La célebre encíclica de León XII de 24 de septiembre de 1824 sobre la independencía de América, a la luz del Archivo Vaticano." *Razón y fe* 72:31-47.

⸻. 1947. "La encíclica de Pío VII (30 de enero de 1816)." *Anuario de estudios americanos* 4:423-517.

⸻.1959. *Época del real patronato, 1493-1800*. Vol. 1 of *Relaciones entre la santa Sede e Hispanoamérica, 1493-1835*. Caracas: Sociedad Bolivariana de Venezuela; Rome: Universidad Gregoriana.

Levi, Primo. 1988. *The Drowned and the Saved*. London: Abacus.

Levillier, Roberto. 1935. *Don Francisco de Toledo, supremo organiizador del Perú: su vida, su obra (1515-1582)*. Buenos Aires: Biblioteca del Congreso Atgentino.

⸻. 1921-1926. *Gobernantes del Perú, cartas y papeles*. In *Documentos del Archivo de lndias* (14 vols.). Madrid: Sucesores de Rivadeneyra 3:327.

Lockhart, James. 1972. "The Social History of Colonial Spanish America: Evolution and Potential." *Latin-American Research Review* 7, no. 1 (Spring):6-45.

⸻. 1982. *El mundo hispanoperuano, 1532-1560*. Mexico, D.F.: Fondo de Cultura

Económica.

Logan, Rayford W. 1932. "The Attitude of the Church Toward Slavery Prior to 1500." *Journal of Negro History* 17:466-480.

Lohmann Villena, Guiliermo. 1966. "La restitución por conquistadores y encomenderos: Un aspecto de la incidencía lascasiana en el Perú." *Anuario de estudios americanos* 23:21-89.

López Baralt, Mercedes. 1985. *El mito taíno: Levi-Strauss m las Antillas*. Río Piedras: Editorial Huracán.

López de Gómara, Francisco. 1946. *Historia General de las lndias* (1552) (155-294) *and Segunda parte de la historia general de las lndias: La conquista de Méjico* (295-455). *Vol. 22 of Biblioteca de Autores Españoles*, ed. Enrique de Vedía. Madrid: Ediciones Atlas.

López de Palacios Rubios, Juan, and Matías de Paz. 1954. *De las islas del mar océano* (1-209); *Del dominio de los reyes de España sobre los indios*. Published in one volume with an introduction by Silvio A. Zavala and trans. Agustín Millares Carlo. Buenos Aires-Mexico D.F.: Fondo de Cultura Económica.

Losada, Angel. 1948. "Hernán Cortés en la obra del cronista Sepúlveda." *Revista de lndias* 31-32:127-62.

—————. 1949. *Juan Ginés de Sepúlveda a través de su "Epistolario" y nuevos docummtos*. Madrid: Consejo Superior de Investigaciones Científicas.

Lucena, Manuel. 1984. "Crisis de la conciencia nacional: Las dudas de Carlos V," 163-98. In Ramos et al.

Lynch, John S. 1987. *Imperio y absolutismo (1516-1598)*. Vol. 1 of *España bajo los Austrias*. Barcelona: Ediciones Península.

Malley, François. 1986. "Las Casas y las teologías de la liberación" In *Selecciones de teología* 25, no. 100 (octubre-diciembre):254-64.

Maltby, William S. 1982. *La leyenda negra en Inglaterra: Desarrollo del sentimiento antihispánico, 1558-1660*. México, D.F.: Fondo de Cultura Económica.

Manzano Manzano, Juan. 1948. *La incorporación de las lndias a lA corona de Castilla*. Madrid: Ediciones Cultura Hispánica.

Maravall, José Antonio. 1949. "La utopía político-religiosa de los franciscanos en Nueva España." *Estudios americanos* 1:199-227.

—————.1974. "Utopia y primitivismo en Las Casas." *Revista de Occidente* 141 (diciembre):311-88.

Martel de Witte, Charles. 1953, 1954. 1956, 1958. "Les bulle. pontificales et l'expansion portugaise au XVe siecle." *Revue d'histoire ecclésiastique* 48:683-718; 49:438-61; 51:413-53, 809-36; 53:5-46, 443-71.

Martí, José. 1981. *La edad de oro*. La Habana: Gente Nueva.

Martínez, Manuel M. 1974. "Las Casas-Vitoria y la bula *Sublimis Deus.*" In *Estudios sobre Fray Bartolomé de Las Casas*. Saint-Lu 1974:25-51을 보라.

Maxwell, John Francis. 1975. *Slavery and the Catholic Church: The History of Catholic Teaching Concerning the Moral Legitimacy of the Institution of Slavery*. Chichester and London: Barry Publishers.

Meier, Johannes. 1986. "La presencia de las órdenes religiosas en el Caribe durante la dominación española (1500-1630)." *Missionalia Hispanica* 43, no. 124:363-72.

Mellafe, Rolando. 1964. *La esclavitud en Hispanoamérica*. Buenos Aires: EUDEBA.

Mendieta, Gerónimo de. 1980. *Historia eclesiástica indiana* [1596]. 3rd facsimile ed. México, D.F.: Editorial Porrúa.

Menéndez Pidal, Ramón. 1942. "La lengua de Cristóbal Colón." In *El estilo de Santa Teresa y otros estudios sabre el siglo XVI*. Buenos Aires: Espasa Calpe.

_____. 1963. *El padre Las Casas, su doble personalidad*. Madrid: Espasa Calpe.

Mergal Llera, Angel M. 1949. *Reformismo cristiano y alma española*. México, D.F.-Buenos Aires: La Aurora-Casa Unida de Publicaciones.

Milhou, Alain. 1975-1976. "Las Casas frente a las reivindicaciones de los colonos de la isla Española. *Histriografía y bibliografía americanistas*. 19-20:11-67.

Mires, Fernando. 1986. *En nombre de la cruz: Discusiones teológicas y politicas frente al holocausto de los indios (período de conquista)*. San José: Departamento Ecuménico de Investigaciones.

_____.1987. *La colonización de las almas: Misión y conquista en Hispanoamérica*. San José: Departamento Ecuménico de Investigaciones.

Miró Quesada C., Francisco. 1987. "V Centenario del descubrimiento: ¿celebración o conmemoración?" *Diálogo* (March):31.

Montaigne, Miguel de. 1968. "De los caníbales." In *Ensayos*, vol. 1. Barcelona: Editorial Iberia.

Morales Padrón, Francisco. 1955. "Descubrimiento y toma de posesión." In *Anuario de estudios amnicanos*, 12:321-80.

_____. 1979. *Teoría y leyes de la conquista*. Madrid: Ediciones Cultura Hispánia.

Morales Padrón, Francisco, ed. 1988. "Comentarios de Alvar Nuñez Cabeza de Vaca, adelantado y gobernador del Río de la Plata." In *Naufragios y comentarios* (1552), by Alvar Nuñez Cabeza de Vaca. México, D.F.: Editorial Porrúa.

Motolinía. Benavente, Toribio de를 보라.

Movimiento Ecuménico por los Derechos Humanos (Buenos Aires), INFORMEDH, no. 56 (October 1987):8.

Moya Pons, Frank. 1978. *La Española en el siglo XVI, 1493-1520: Trabajo, sociedad y política en la economía del oro*. 3rd ed. Santiago, Dominican Republic: Universidad Católica Madre y Maestra.

Muro Orejón, Antonio. 1959. "Las leyes nuevas, 1542-1543." *Anuario de Estudios Americanos* 16:561-619.

Nenadich Deglans, Ramón. 1986-87. "La ideología de la conquista y colonización de América." *Método y sentido*, Universidad de Puerto Rico, Colegio Regional de Aguadilla 6/7 (junio):19-28.

Nuñez Cabeza de Vaca, Alvar. 1988. *Naufragios y commtarios* (1552). Ed. Francisco Morales Padrón. México, D.F.: Editorial Porrúa.

O'Gorman, Edmundo. 1951. *La idea del descubrimiento de Amća: Historia de esa interpritación y crítica de sus fundamentos*. México, D.F.: Universidad Nacional Autónoma de México.

_____.1984. *La invención de America: Investigación acerca de la estructura histórica del Nuevo Mundo y del sentido de su devenir*. México, D.F.: Fondo de Cultura Económica.

O'Neil, Charles J. 1953. "Aristotle's Natural Slave Reexamined." *The New Scholasticism* 27, 3 (July):247-79.

Olaechea Labayen, Juan B. 1958. "Opinión de los teólogos españoles sobre dar estudios mayores a los indios." *Anuario de estudios americanos* 15:113-200.

Ortega y Medina, Juan A. 1987. *La idea colombina del descubrimiento desde México (1836-1986)*. México, D.F.: UNAM.

Ortíz, Fernando. 1978. "La 'leyenda negra' contra fray Bartolomé de las Casas." *Cuadernos americanos* 217, no. 2 (marzo-abril):84-116.

Ots Capdequí, José María. 1986. *El estado español en Las Indias*. 7th reprint. México, D.F.: Fondo de Cultura Económica.

Otte, Enrique. 1975. "Los jerónimos y el tráfico humano en el Caribe: Una rectificación. *Anuario de estudios americanos* 32:187-204.

Oviedo y Valdés, Gonzalo F. de. 1851. *Historia general y natural de las Indias, islas y tierra firme del mar Océano*. Madrid: Real Academia de Historia. References are to volume, part, book, chapter, and page.

Pacheco, Joaquín F., Francisco de Cárdenas, and Luis Torres de Mendoza, eds. 1864-1884. *Colección de documentos inéditos relativos al descubrimiento, conquista y organización de las antiguas posesiones españolas de América y Oceanía, sacados de los Archivos del Reino y muy especialmente del de Indias*. Vols. 1-31. Madrid: Real Academia de la Historia.

Pagden, Anthony. 1982. *The Fall of Natural Man: The American Indian and the Origins of Comparative Ethnology*. Cambridge: Cambridge University Press.

Pané, Ramón. 1987. *Relación acerca de las antigüedades de los indios*. Ed. José Juan Arrom. México, D.F.: Siglo XXI.

Pastor, Beatriz. 1984. *Discurso narrativo de la conquista de América*. 1983년 Casa de las Américas 에서 실시한 역사 경진 대회 논문 수상작. La Habana: Casa de Las Américas.

Patiño, Victor Manuel. 1966. "La historia natural en la obra de Bartolomé de Las Casas." *Revista de historia de América* (México) 61-62:167-86.

Pereña Vicente, Luciano. 1956. *Misión de España en América (1540-1560)*. Bartolomé de Carranza가 1540년 Valladolid가 강의하고 Diego de Covarrublas가 쓴 *De iustitia belli adversus indos(1548)*를 포함했음. Madrid: Consejo Superior de Investigaciones Científicas.

_____.1984. "La Escuela de Salamanca y la duda indiana." In Ramos et al. 1984.

Pereña Vicente, Luciano, et al. 1982. "Parecer cerca de dar los yndios perpetuos del Perú a los encomenderos." In *Juan de la Peña: De bello contra insulanos. Intervención de España en América. Escuela española de la paz. Segunda generación, 1560-1585. Posición de la corona*, vol. 9, *Corpus Hispanorum de Pace*. Madrid: Consejo Superior de Investigaciones Científicas.

Pérez, Juan Manuel, O.P. 1988. *¿Éstos no son hombres?* "Carta al Rey de Fray Pedro de Córdoba," Apéndice 3; "Carta del padre fray Pedro de Córdoba al padre fray Antonio Montesino," Apéndice 5. Santo Domingo: Fundación García-Arévalo.

Pérez de Tudela, Juan. 1957. "Estudio crítico preliminar." In *Obras escogidas de Bartolomé de las Casas*. Ediciones Atlas. "Memorial de Fray Bartolomé de las Casas y Fray Rodrigo de Andrada al Rey," vol. 5:181-203. "Tratado de lLas doce dudas," vol. 110. [trans. Luis

N. Rivera Pagán from Latin original), 1958. Madrid: Biblioteca de Autores Españoles.

_____.1958. "La gran reforma carolina de Las Indias en 1542." *Revista de Indias* (Madrid) 18:73-74:463-509.

Pérez Fernández, Isacio. 1981. *Inventario documentiado de los escritos de Fray Bartolomé de las Casas*. Bayamón, Puerto Rico: CEDOC.

_____.1984. *Cronologia documentada de los viajes, estancias y actuaciones de Fray Bartolomé de las Casas*. Bayamón, Puerto Rico: CEDOC.

_____. 1988. "Cronología comparada de las intervenciones de Las Casas y Vitoria en los asuntos de América (pauta básica para la comparación de sus doctrinas)." *Studium* (Madrid) 28, fasc. 2:235-64.

Pérez Villanueva, Joaquín, and Bartolomé Escandell Bonet. 1984. *Historia de la Inquisición en España y América*. Vol. 1: *El conocimiento científico y el proceso histórico de la Institución (1478-1834)*. Madrid: Biblioteca de Autores Cristianos, Centro de Estudios Inquisitoriales.

Phelan, John Leddy. 1956. *The Millennial Kingdom of the Franciscans in the New World: A Study of the Writings of Gerónimo de Mendieta (1526-1604)*. Berkeley and Los Angeles: University of California Press.

_____. 1974. "El imperio cristiano de Las Casas, el imperio español de Sepúlveda y el imperio milenario de Mendieta." *Revista de Occidtntt* 141 (diciembre):292-310.

Phelps de Córdova, Loretta. 1989. "Some Slaves Had Smallpox Which Spread, Killing Many." *San Juan Star*, November 21, 1989, p. 18.

Pinelo, Antonio León. 1943. *El paraíso en el Nuevo Mundo. Comentario apologético, historita natural y peregrina de las Indias Occdentales*. Ed. Raúl Porras Barrenechea. Lima: Comité del IV Centenario del Descubrimiento del Amazonas.

Powell, Philip W. 1985. *La guerra chichimea, 1550-1600*. México, D.F.: Fondo de Cultura Económica.

Queraltó Moreno, Ramón Jesús. 1976. *El pensamiento filosófico-político de Bartolomé de las Casas*. Sevilla: Escuela de Estudios Hispanoamericanos de la Universidad de Sevilla.

Quirk, Robert E. 1954. "Some Notes on a Controversial Controversy: Juan Ginés de Sepúlveda and Natural Servitude," *Hispanic American Historical Review* 34, no. 3 (August):357-64.

Ramos, Demetrio. 1975. "Actitudes ante los Caribes desde su conocimiento indirecto hasta la capitulación de Valladolid de 152." In *Estudios sobre política indigenista española en América: Simposio conmemorativo del V centenario del Padre Las Casas*. Terceras jornadas americanistas de la Universidad de Valladolid. Valladolid: Universidad de Valladolid.

_____. 1976. "Sepúlveda, cronista indiano, y los problemas de su crónica. In *Juan Ginés de Sepúlveda y su crónica indiana. En el cuarto centenario de su muerte, 1573-1973*. Valladolid: Universidad de Valladolid.

_____. 1984. "El hecho de la conquista de América." In *La ética*. Ramos et al., 1984를 보라.

Ramos, Demetrio, et al. 1984. *La ética en la conquista de América*. Vol. 25, *Corpus Hispanorum de Pace*. Madrid: Consejo Superior de Investigaciones Científicas.

Recopilación de las de Leyes de los Reinos de las Indias. 1841. Mandadas a imprimir y publicar por la Magestad Católica del Rey Don Carlos II, Nuestro Señor. 4 vols. 5th ed. Madrid:

Boix, Editor. References are to volume, book, title, law, and page.

Remesal, Antonio de. 1932. *Historia general de las Indias Occidentales y particular de la gobernación de Chiapa y Guatemala (1619)*. Guatemala: Biblioteca "Goathemala."

Ricard, Robert. 1986. *La Conquista espiritual de México. Ensayo sobre el apostolado y los métodos misioneros de las ordenes mendicantes en la España de 1523-24 a 1572*. México, D.F.: Fondo de Cultura Económica.

Ríos, Fernando de los. 1957. *Religión y estado en la España del siglo XVI*. México, D.F.: Fonda de Cultura Económica.

Rodríguez León, O.P., Mario A. 1989. *Fray Bartolomé de las Casas y la teología de la liberación: Entrevista a Gustavo Gutiérrez*. Toa Alta, Puerto Rico: Convento Santo Domingo de Guzmàn.

Rosenblat, Angel. 1954. *La población indígena y el mestizaje en América*. 2 vols. Buenos Aires: Editorial Nova.

_____.1967. *La población de América 1492: Viejos y nuevos cálculos*. México, D.F.: Colegio de México.

Rumeu de Armas, Antonio. 1975. "Esclavitud del infiel y primeros atisbos de libertad." In *Estudios sobre política indigenista española en América: Simposio conmemomtivo del V centenario del Padre Las Casas*. Terceras jornadas americanistas de la Universidad de Valladolid. Valladolid: Universidad de Valladolid.

Russell, Frederick H. 1975. *The Just War in the Middle Ages*. Cambridge: Cambridge University Press.

Sahagún, Bernardino de. 1985. *Historia general de las cosas de Nueva España* (1582). Ed. Angel María Garibay. México, D.F.: Editorial Porrúa.

Saint-Lu, André. 1974. *Estudios sobre: Fray Bartolomé de Las Casas*. Sevilla: Universidad de Sevilla.

Salas, Alberto Mario. 1950. *Las armas de la conquista*. Buenos Aires: Emecé Editores.

_____.1986. *Tres cronistas de Indias: Pedro Mártir de Anglería, Gonzalo Fernández de Oviedo, Fray Batolomé de Las Casas*. 2nd ed. corrected and enlarged. México, D.F.: Fondo de Cultura Económica.

Salvá, Miguel, and Pedro Sainz de Baranda, eds. 1848. "*Anónimo de Yucay.*" In *Colección de documentos inéditos para la historia de España*. Vol. 13:425-69. Madrid: Imprenta de la Viuda de Calero, 1848. [Reprinted by Vaduz: Kraus Reprint, 1964.]

Sánchez Albornoz, Nicolás. 1986. "Population of Colonial Spanish America." In *The Cambridge History of Latin America*. Vol. 2: *Colonial Latin America*, ed. Leslie Bethell, 3-35. Cambridge: Cambridge University Press.

Sanders, William T. 1976. "The Population of the Central Mexican Symbiotic Region, the Basin of Mexico, and the Teotihuacán Valley in the Sixteenth Century." In *The Native Population of the Americas in 1492*, ed. William M. Denevan, 85-150. Madison: University of Wisconsin Press.

Sandoval, Alonso de. 1987. *Naturaleza, policia sagrada i profana, costumbres I ritos, disciplina I catecismo evangelico de todos etiiopes*. Sevilla, 1627; revised, 1647. Reedited as *Un tratado sobre la esclavitud*. Introduction, transcription, and translation by Enriqueta Vila Vilar. Madrid: Alianza Editorial.

Sarmiento de Gamboa, Pedro. 1942. *Historia de los incas* [1572]. Buenos Aires: Emecé Editores.

Sauer, Carl Ortwin. 1984. *Descubrimiento y dominación española del Caribe*. México, D.F.: Fondo de Cultura Económica.

Scammel, G. V. 1969. "The New Worlds and Europe in the Sixteenth Century." *Historical Journal* 12 (3):389-412.

Schlaifer, Robert. 1936. "Greek Theories of Slavery from Homer to Aristotle." *Harvard Studies in Classical Philology* 47:165-204.

Scott, James Brown. 1934. *The Spanish Origin of International Law. Francisco de Vitoria and His Law of Nations*. London: Oxford University Press.

Sepúlveda. Ginés de Sepúlveda를 보라.

Servin, Manuel. 1857. "Religious Aspects of Symbolic Acts of Sovereignty." The Americas 13:255-67.

Shiels, William Eugene, S.J. 1961. *King and Church: The Rise and Fall of the Patronato Real*. Chicago: Loyola University Press.

Shirley, Rodney W. 1983. *The Mapping of the World: Early Printed World Maps, 1472-1700*. London: Hollander Press.

Sio, Arnold A. 1965. "Interpretations of Slavery: The Slave Status in the Americas." In *Comparative Studies in Society and History* 7, (April): 289-308.

Sobrino, Jon. 1986. "Lo divino de la lucha por los derechos humanos." In Páginas (Lima, Perú) 11 no. 18, Separata no. 78, 1-7.

Solórzano y Pereyra, Juan de. 1930. *Politica indiana* (1648). Madrid: Compañia Ibero Americana de Publicaciones.

Soto, Domingo de. 1967. *De la justicia y del derecho* (1556). 4 vols. Introduction by Venancio Diego Carro. Trans. Marcelino González Ordoñez. Madrid: Instituto de Estudios Políticos. References are given by volume, book, question, article, and page.

Staedler, E. 1937. "Die 'donatio Alexandrina' und die 'divisio mundi' von 1493. Eine kirchenrechtliche Studie." *Archiv für katolisches Kirchenrecht* 117:3-4 (Mainz): 363-402.

Strachey, William. 1953. *The Historie of Travell into Virginia Britania* (w. 1612; pub. 1849). London: Hakluyt Society.

Suárez de Peralta, Juan. 1949. *Tratado del descubrimiento de Las Indias y su conquista* [1878]. Reedited as *Noticias históricas de Nueva España*. México, D.F.: Secretaría de Educación Pública.

Sued Badillo, Jalil. 1978. *Los caribes: Realidad o fábula. Ensayo de rectificación histórica*. Río Piedras: Editorial Antillana.

_____.1989. *La mujer indígena y su sociedad*. 2nd ed. Río Piedras: Editorial Cultural.

Sued Badillo, Jalil, and Angel López Cantos. 1986. *Puerto Rico negro*. Río Piedras: Editorial Cultural.

Sylvest, Edwin E., Jr. 1975. *Motifs in Franciscan Mission Theory in Sixteenth Century New Spain Province of the Holy Gospel*. Washington, D.C.: Academy of American Franciscan History.

Tannenbaum, Frank. 1946. *Slave and the Citizen: The Negro in the Americas*. New York: Vintage Books.

Terradas Soler, Juan. 1962. *Una epopeya misionera: La conquista y colonización de America vistas desde Roma*. Madrid: Ediciones y Publicaciones Españolas.

Testammto y codicilio de Isabel la Católica. 1956. Madrid: Dirección General de Relaciones Culturales del Ministerio de Relaciones Exteriores.

Tobar, Balthasar de. 1954. *Compendio bulario índico (ca. 1694)*. Ed. Manuel Gutiérez de Arce. Sevilla: Publicaciones de la Escuela de Estudios Hispanoamericanos.

Todorov, Tzvetan. 1987. *La conquista de América: La cuestión del otro*. México, D.F.: Siglo XXI. [프랑스어 원본: *La conquête de l'Amérique, la question de l'autre*. 1982.]

Uncein Tamayo, Luis Alberto. 1981. "El humanismo y las Indias." *Revista de historia de Amêica* 92 (julio-diciembre):71-97.

Urdanoz, Teóblo, O.P., ed. 1960. *Obras de Francisco Vitoria: Relaciones teológicas. Edición crítica del texto latino, versión española, introducción general e introducciones con el estudio de su doctrina teológico-jurídica*. Madrid: Biblioteca de Autores Cristianos.

Valle, Rafael H. 1946. *Santiago en América*. México,D.F.: Editorial Santiago.

Varela, Consuelo, ed. 1986. *Los cuatro viajes. Testamento*. Madrid: Alianza Editorial. [*The Four voyages of Columbus: A History in Eight Documents, Including Five by Christopher Columbus, in the Original Spanish, with English Translations*. Cecil Jane이 번역 및 편집하고 서문과 각주를 첨부했음. 원서는 두 권이었으나 번역서는 1권으로 발행했음. New York: Dover Publications, 1988. 그 책은 각각 1930년과 1933년에 Hakluyt Society, London에서 발행된 2차 시리즈의 65권과 70권을 약간 변경하고 수정하여 재발행한 것임.]

Varela, Consuelo, ed. 1982. "Prólogo," *Textos y documentos completos: Relaciones de viajes, cartas y memoriales*. Madrid: Alianza Editorial.

Vega, Lope de. 1968. *Famosa Comedia del Nuevo Mundo, descubierto por Cristobal Colón*. Vol. 215, Ediciones Atlas. Madrid: Biblioteca de Autores Españoles.

Verlinden, Charles. 1951. "Le problème de la continuité en histoire coloniale: de la colonisation médiévale à la colonisation moderne." *Revista de Indias* 11:219-36.

_____.1968. "Le 'repartimiento' de Rodrigo de Albuquerque a Española en 1514: Aux origines d'une importante institution écomico-sociale de l'empire espagnol." In *Mélanges offerts à G. Jacquemyns*, 633-46. Brussels: Éditions de l'Institut de Sociologie, Université Libre de Bruxelles.

Vespucci, Amerigo. 1951. *El Nueuo Mundo, cartas relativas a sus viajes y descubrimientos*. 이탈리아어, 스페인어, 영어 텍스트가 있음. Roberto Levillier의 예비 연구를 거쳐 편집되었음. Buenos Aires: Editorial Nova.

Vicens Vives, Jaime. 1972. *Manual de historia económia*. Barcelona: Editorial Vicens-Vives.

Vignaud, Henry. 1917. *Americ vespuce, 1451-1512*. Paris: Ernest Leroux, Éditeur.

Villegas, Juan, S.J. 1976. "Providencialismo y denuncia en la 'Historia de las Indias' de Fray Bartolomé de las Casas." In *Bartolomé de las Casas (1474-1911) e historia de la iglesia en América Latina*, 19-44. Edited by the Comisión de Estudios de Historia de la Iglesia en Latinoamérica. Barcelona: Nova Terra.

Vitoria, Francisco de. 1967. *Relectio de indis o libertad de los indios*. Edited by Luciano Pereña Vicente and J. M. Peres Prendes. "Carta de Francisco de Vitoria al P. Arcos," Appendix I, 137-39. Vol. 10, *Corpus Hispanorum de pace*. Madrid: Consejo Superior de

Investigaciones Científicas.

_____. 1967. Introduction to *Relecciones. Del estado, De los indios y Del derecho de la guerra*, by Antonio Gómez Robledo, ix-xc. México, D.F.: Editorial Porrúa.

Washburn, Wilcomb E. 1962. "The Meaning of 'Discovery' in the Fifteenth and Sixteenth Centuries." *American Historical Review* 68 (October):1-21.

Weckmann, Luis. 1949. *Las bulas alejandrinas de 1493 y la teoría política del papado medieval: Estudio de la supremacia papal sobre las islas*. Mexico, D.F.: Universidad Nacional Autónoma de México.

Xirau, Ramón, ed. 1973. *Idea y querella de la Nueva Espana*. Madrid: Alianza Editorial.

Yañez, Agustin, ed. *Fray Bartolomé de Las Casas: Doctrina*. México, D.F.: Universidad Nacional Autónoma de México.

Ybot León, Antonio. 1948. "Juntas de teólogos asesoras del estado para Indias 1512-50," *Anuario de estudios americanmos* 5:397-438.

Zambardino, R. A. 1978. "Critique of David Henige's 'On the Contact Population of Hispaniola: History as Higher Mathematics.'" *Hispanic American Historical Review* 58, no. 4 (November):700-08

Zavala, Silvio. 1935. *La encomienda indiana*. Madrid: Centro de Estudios Históricos.

_____. 1937. "Herńan Cortés y la teoria escolástica de la justa guerra." In *La 'Utopia' de Tomás Moro en la Nueva España y otros estudios*. México, D.F.: Porrúa.

_____. 1944. "¿Las Casas esdavista?" *Cuadernos Americanos*, Año 3, 2, 149-54.

_____. 1949. "Los trabajadores antillanos en eJ siglo XVI." In *Estudios indlanos*, 95-203. México, D.F.: Colegio Nacional.

_____. 1971. *Las instituciones jurídicas en la conquista de América*. 2nd ed. revised and enlarged. México, D.F.: Porrúa.

_____.1981. "Herńan Cortés ante la justificación de la conquista." *Revista de Historia de América* 92 (julio-diciembre):49-69.

_____. 1984. *La filosofía política en la conquista de América*. 3rd ed. revised and enlarged. México, D.F.: Fondo de Cultura Económica.

_____. 1988. "Exámen del título de la conmemoración del V centenario del descubrimiento de América." *Cuadernos Americanos*, Nueva época, Año 2, vol. 3 (9) (mayo-junio):14-20.

Zorraquín Becú, Ricardo. 1975. "Esquema del derecho internacional de las Indias." *Anuario de estudios americanos* 32:573-97.

Zweig, Stefan. 1942. *Américo Vespucio: Historio de una inmortalidad a la que América debe su nombre*. Buenos Aires: Editorial Claridad.

복음 전도를 빙자한 폭력과 수탈의 역사

아메리카는 어떻게 기독교 세계의 희생제물이 되었는가?

Copyright ⓒ 새물결플러스 2020

1쇄 발행 2020년 9월 14일

지은이 루이스 N. 리베라
옮긴이 이용중
펴낸이 김요한
펴낸곳 새물결플러스

편 집 왕희광 정인철 노재현 한바울 정혜인
　　　　이형일 나유영 노동래 최호연
디자인 윤민주 황진주 박인미 이지윤
마케팅 박성민 이원혁
총 무 김명화 이성순
영 상 최정호 곽상원
아카데미 차상희

홈페이지 www.holywaveplus.com
이메일 hwpbooks@hwpbooks.com
출판등록 2008년 8월 21일 제2008-24호
주 소 (우) 04118 서울시 마포구 마포대로19길 33
전 화 02) 2652-3161
팩 스 02) 2652-3191

ISBN 979-11-6129-172-7 93230

책값은 뒤표지에 있습니다.

이 도서의 국립중앙도서관 출판예정도서목록(CIP)은 서지정보유통지원시스템
홈페이지(seoji.nl.go.kr)와 국가자료공동목록시스템(nl.go.kr/kolisnet)에서
이용하실 수 있습니다. CIP 2020036414